Tabellen

Kostentafeln

und andere Tabellen für die juristische Praxis

---

35. Auflage 2021

Stand: 1. April 2021

Herausgegeben von der

Hans Soldan GmbH

DeutscherAnwaltVerlag

Hinweis
Die Ausführungen und Berechnungen in diesem Werk wurden mit Sorgfalt und nach bestem Wissen erstellt. Sie stellen jedoch lediglich Arbeitshilfen und Anregungen für die Lösung typischer Fallgestaltungen dar. Die Eigenverantwortung für die Formulierung von Verträgen, Verfügungen und Schriftsätzen sowie für eigene Berechnungen trägt der Benutzer. Der Verlag übernimmt keinerlei Haftung für die Richtigkeit und Vollständigkeit der in diesem Buch enthaltenen Ausführungen und Berechnungen.

Satz: PMGi – Agentur für intelligente Medien GmbH, Hamm
Druck: Hans Soldan Druck GmbH, Essen
Umschlaggestaltung: gentura, Holger Neumann, Bochum
ISBN 978-3-8240-1678-5

Bibliografische Information der Deutschen Nationalbibliothek
Die Deutsche Nationalbibliothek verzeichnet diese Publikation in der Deutschen Nationalbibliografie; detaillierte bibliografische Daten sind im Internet über http://dnb.d-nb.de abrufbar.

Vorbemerkungen zur 35. Auflage

Die 35. Auflage entspricht dem Rechtsstand vom 1.4.2021 unter Berücksichtigung der bis dahin verkündeten (zum Teil auch erst später in Kraft tretenden) Normen.

An Gesetzesänderungen wurden seit der Vorauflage insbesondere berücksichtigt:

- Gesetz zur Durchführung der Verordnung (EU) Nr. 655/2014 sowie zur Änderung sonstiger zivilprozessualer, grundbuchrechtlicher und vermögensrechtlicher Vorschriften und zur Änderung der Justizbeitreibungsordnung (EuKoPfVODG) vom 21.11.2016 (BGBl. I S. 2016), Inkrafttreten: 18.1.2017
- Gesetz zur Änderung der Vorschriften zur Vergabe von Wegenutzungsrechten zur leitungsgebundenen Energieversorgung (EnVersWNutzRVergÄndG) vom 27.1.2017 (BGBl. I S. 130), Inkrafttreten: 3.2.2017
- Gesetz zur Erleichterung der Bewältigung von Konzerninsolvenzen (KonInsoErlG) vom 13.4.2017 (BGBl. I S. 866), Inkrafttreten: 21.4.2018
- Gesetz zur Reform der strafrechtlichen Vermögensabschöpfung (StrVermAbRefG) vom 13.4.2017 (BGBl. I S. 872), Inkrafttreten: 1.7.2017
- Gesetz zur Neuordnung der Aufbewahrung von Notariatsunterlagen und zur Einrichtung des Elektronischen Urkundenarchivs bei der Bundesnotarkammer sowie zur Änderung weiterer Gesetze (EUrkArchNotUNOGuaÄndG) vom 1.6.2017 (BGBl. I S. 1396), Inkrafttreten: 23.6.2017
- Gesetz zur Durchführung der Verordnung (EU) 2015/848 über Insolvenzverfahren (EUV2015/848DG) vom 5.6.2017 (BGBl. I S. 1476), Inkrafttreten: 26.6.2017 bzw. 21.4.2018
- Zweites Finanzmarktnovellierungsgesetz (2. FiMaNoG) vom 23.6.2017 (BGBl. I S. 1693), Inkrafttreten: 3.1.2018
- Gesetz zur Einführung der elektronischen Akte in der Justiz und zur weiteren Förderung des elektronischen Rechtsverkehrs (EAJEGuERVFöG) vom 5.7.2017 (BGBl. I S. 2208), Inkrafttreten: 1.1.2018
- Gesetz zur Einführung eines familiengerichtlichen Genehmigungsvorbehaltes für freiheitsentziehende Maßnahmen bei Kindern (KiFMaßnFamGenEG) vom 17.7.2017 (BGBl. I S. 2424), Inkrafttreten: 1.10.2017
- Gesetz zur Einführung eines Wettbewerbsregisters und zur Änderung des Gesetzes gegen Wettbewerbsbeschränkungen (WRegG/GWBÄndG) vom 18.7.2017 (BGBl. I S. 2739)
- Siebtes Gesetz zur Änderung des Bundeszentralregistergesetzes (7. BZRGÄndG) vom 18.7.2017 (BGBl. I S. 2732), Inkrafttreten: 31.8.2018 bzw. 31.8.2020
- Gesetz zur Einführung einer zivilprozessualen Musterfeststellungsklage (MustFestKlagEG) vom 12.7.2018 (BGBl. I S. 1151), Inkrafttreten: 1.11.2018
- Gesetz zum Internationalen Güterrecht und zur Änderung von Vorschriften des Internationalen Privatrechts (IntGüRG/IntPRÄndG) vom 17.12.2018 (BGBl. I S. 2573), Inkrafttreten: 29.1.2019

- Gesetz zur Förderung der Freizügigkeit von EU-Bürgerinnen und -Bürgern sowie zur Neuregelung verschiedener Aspekte des Internationalen Adoptionsrechts (FFAdoptRNRG) vom 31.1.2019 (BGBl. I S. 54), Inkrafttreten: 16.2.2019
- Gesetz zur Umsetzung der Richtlinie (EU) 2016/943 zum Schutz von Geschäftsgeheimnissen vor rechtswidrigem Erwerb sowie rechtswidriger Nutzung und Offenlegung (EURL2016/943UmsG) vom 18.4.2019 (BGBl. I S. 466), Inkrafttreten: 26.4.2019
- Gesetz zur Stärkung der Rechte von Betroffenen bei Fixierungen im Rahmen von Freiheitsentziehungen (FrhEntzRStärkG) vom 19.6.2019 (BGBl. I S. 840), Inkrafttreten: 28.6.2019
- Gesetz für mehr Sicherheit in der Arzneimittelversorgung (AMVSichG) vom 9.8.2019 (BGBl. I S. 1202), Inkrafttreten: 1.1.2019
- Zweites Datenschutz-Anpassungs- und Umsetzungsgesetz EU (2. DSAnpUG-EU) vom 20.11.2019 (BGBl. I S. 1626), Inkrafttreten: 26.11.2019 und 31.8.2020
- Gesetz zur Stärkung der Verfahrensrechte von Beschuldigten im Jugendstrafverfahren (JStVRStärkG) vom 9.12.2019 (BGBl. I S. 2146), Inkrafttreten: 17.12.2019
- Gesetz zur Modernisierung des Strafverfahrens (StrVfModG) vom 10.12.2019 (BGBl. I S. 2121), Inkrafttreten: 13.12.2019
- Gesetz zur Neuregelung des Rechts der notwendigen Verteidigung (NotwVertNRG) vom 10.12.2019 (BGBl. I S. 2128), Inkrafttreten: 13.12.2019
- Gesetz zur Änderung des EG-Verbraucherschutzdurchsetzungsgesetzes sowie des Gesetzes über die Errichtung des Bundesamts für Justiz (VSchDG/BfJGÄndG) vom 25.6.2020 (BGBl. I S. 1474), Inkrafttreten: 30.6.2020
- Drittes Gesetz zur Harmonisierung des Haftungsrechts im Luftverkehr (LuftVerkHaftG 3) vom 10.7.2020 (BGBl. I S. 1655), Inkrafttreten: 17.7.2020
- Wohnungseigentumsmodernisierungsgesetz (WEMoG) vom 16.10.2020 (BGBl. I S. 2187), Inkrafttreten: 23.10.2020 und 1.12.2020
- Sechstes Gesetz zur Änderung des Gesetzes über die internationale Rechtshilfe in Strafsachen (IRGÄndG 6) vom 23.11.2020 (BGBl. I S. 2474), Inkrafttreten: 27.11.2020
- Gesetz zur Stärkung des fairen Wettbewerbs (FWettbewStG) vom 26.11.2020 (BGBl. I S. 2568), Inkrafttreten: 2.12.2020
- Kostenrechtsänderungsgesetz 2021 (KostRÄG 2021) vom 21.12.2020 (BGBl. I S. 3229), Inkrafttreten: 1.1.2021
- Sanierungs- und Insolvenzrechtsfortentwicklungsgesetz (SanInsFoG) vom 22.12.2020 (BGBl. I S. 3256), Inkrafttreten: 1.1.2021
- Gesetz zur weiteren Verkürzung des Restschuldbefreiungsverfahrens und zur Anpassung pandemiebedingter Vorschriften im Gesellschafts-, Genossenschafts-, Vereins- und Stiftungsrecht sowie im Miet- und Pachtrecht (RestSchBefrVerf/GesRuaEpiAnpG) vom 22.12.2020 (BGBl. I S. 3328), Inkrafttreten: 31.12.2020
- Gesetz zur Verbesserung des Verbraucherschutzes im Inkassorecht und zur Änderung weiterer Vorschriften (InkassoRVerb/uaÄndG) vom 22.12.2020 (BGBl. I S. 3320), Inkrafttreten: 1.1.2021 und 1.10.2021

- Gesetz zur Änderung des Gesetzes gegen Wettbewerbsbeschränkungen für ein fokussiertes, proaktives und digitales Wettbewerbsrecht 4.0 und anderer Bestimmungen (GWB-Digitalisierungsgesetz) vom 18.1.2021 (BGBl. I S. 2), Inkrafttreten: 19.1.2021
- Adoptionshilfe-Gesetz (AdHilfeG) vom 12.2.2021 (BGBl. I S. 226), Inkrafttreten: 1.4.2021

Inhaltsverzeichnis

2. Übergangsvorschriften

Soweit ein Gesetz keine besondere Übergangsregelung enthält, gelten für die Anwendung von altem bzw. neuem Kostenrecht folgende Regelungen:

GNotKG § 136 **Übergangsvorschrift zum 2. Kostenrechtsmodernisierungsgesetz**

(1) Die Kostenordnung in der im Bundesgesetzblatt Teil III, Gliederungsnummer 361–1, veröffentlichten bereinigten Fassung, die zuletzt durch Artikel 8 des Gesetzes vom 26. Juni 2013 (BGBl. I S. 1800) geändert worden ist, und Verweisungen hierauf sind weiter anzuwenden

1. in gerichtlichen Verfahren, die vor dem Inkrafttreten des 2. Kostenrechtsmodernisierungsgesetzes vom 23.7.2013 (BGBl. I S. 2586) anhängig geworden oder eingeleitet worden sind; die Jahresgebühr 12311 wird in diesen Verfahren nicht erhoben;

2. in gerichtlichen Verfahren über ein Rechtsmittel, das vor dem Inkrafttreten des 2. Kostenrechtsmodernisierungsgesetzes vom 23.7.2013 (BGBl. I S. 2586) eingelegt worden ist;

3. hinsichtlich der Jahresgebühren in Verfahren vor dem Betreuungsgericht, die vor dem Inkrafttreten des 2. Kostenrechtsmodernisierungsgesetzes vom 23.7.2013 (BGBl. I S. 2586) fällig geworden sind;

4. in notariellen Verfahren oder bei notariellen Geschäften, für die ein Auftrag vor dem Inkrafttreten des 2. Kostenrechtsmodernisierungsgesetzes vom 23.7.2013 (BGBl. I S. 2586) erteilt worden ist;

5. in allen übrigen Fällen, wenn die Kosten vor dem Inkrafttreten des 2. Kostenrechtsmodernisierungsgesetzes vom 23.7.2013 (BGBl. I S. 2586) fällig geworden sind.

(2) Soweit Gebühren nach diesem Gesetz anzurechnen sind, sind auch nach der Kostenordnung für entsprechende Tätigkeiten entstandene Gebühren anzurechnen.

(3) Soweit für ein notarielles Hauptgeschäft die Kostenordnung nach Absatz 1 weiter anzuwenden ist, gilt dies auch für die damit zusammenhängenden Vollzugs- und Betreuungstätigkeiten sowie für zu Vollzugszwecken gefertigte Entwürfe.

(4) Bis zum Erlass landesrechtlicher Vorschriften über die Höhe des Haftkostenbeitrags, der von einem Gefangenen zu erheben ist, ist anstelle der Nummern 31010 und 31011 des Kostenverzeichnisses § 137 Absatz 1 Nummer 12 der Kostenordnung in der bis zum 27.12.2010 geltenden Fassung anzuwenden.

(5) Absatz 1 ist auf die folgenden Vorschriften in ihrer bis zum Inkrafttreten des 2. Kostenrechtsmodernisierungsgesetzes vom 23.7.2013 (BGBl. I S. 2586) geltenden Fassung entsprechend anzuwenden:

1. § 30 des Einführungsgesetzes zum Gerichtsverfassungsgesetz,

2. § 15 des Spruchverfahrensgesetzes,

3. § 12 Absatz 3, die §§ 33 bis 43, 44 Absatz 2 sowie die §§ 45 und 47 des Gesetzes über das gerichtliche Verfahren in Landwirtschaftssachen,

4. § 102 des Gesetzes über Rechte an Luftfahrzeugen,

5. § 100 Absatz 1 und 3 des Sachenrechtsbereinigungsgesetzes,

6. § 39b Absatz 1 und 6 des Wertpapiererwerbs- und Übernahmegesetzes,

7. § 99 Absatz 6, § 132 Absatz 5 und § 260 Absatz 4 des Aktiengesetzes,

8. § 51b des Gesetzes betreffend die Gesellschaften mit beschränkter Haftung,

9. § 62 Absatz 5 und 6 des Bereinigungsgesetzes für deutsche Auslandsbonds,

10. § 138 Absatz 2 des Urheberrechtsgesetzes,

11. die §§ 18 bis 24 der Verfahrensordnung für Höfesachen,

12. § 18 des Gesetzes zur Ergänzung des Gesetzes über die Mitbestimmung der Arbeitnehmer in den Aufsichtsräten und Vorständen der Unternehmen des Bergbaus und der Eisen und Stahl erzeugenden Industrie und

13. § 65 Absatz 3 des Landwirtschaftsanpassungsgesetzes.

An die Stelle der Kostenordnung treten dabei die in Satz 1 genannten Vorschriften.

GNotKG § 134 **Übergangsvorschrift (insbes. auch für KostRÄG 2021 ab dem 1.1.2021)**

(1) In gerichtlichen Verfahren, die vor dem Inkrafttreten einer Gesetzesänderung anhängig geworden oder eingeleitet worden sind, werden die Kosten nach bisherigem Recht erhoben. Dies gilt nicht im Verfahren über ein Rechtsmittel, das nach dem Inkrafttreten einer Gesetzesänderung eingelegt worden ist. Die Sätze 1 und 2 gelten auch, wenn Vorschriften geändert werden, auf die dieses Gesetz verweist. In Verfahren, in denen Jahresgebühren erhoben werden, und in Fällen, in denen die Sätze 1 und 2 keine Anwendung finden, gilt für Kosten, die vor dem Inkrafttreten einer Gesetzesänderung fällig geworden sind, das bisherige Recht.

(2) Für notarielle Verfahren oder Geschäfte, für die ein Auftrag vor dem Inkrafttreten einer Gesetzesänderung erteilt worden ist, werden die Kosten nach bisherigem Recht erhoben

GKG § 71 **Übergangsvorschrift (insbes. auch für KostRÄG 2021 ab dem 1.1.2021)**

(1) In Rechtsstreitigkeiten, die vor dem Inkrafttreten einer Gesetzesänderung anhängig geworden sind, werden die Kosten nach bisherigem Recht erhoben. Dies gilt nicht im Verfahren über ein Rechtsmittel, das nach dem Inkrafttreten einer Gesetzesänderung eingelegt worden ist. Die Sätze 1 und 2 gelten auch, wenn Vorschriften geändert werden, auf die dieses Gesetz verweist.

(2) In Strafsachen, in gerichtlichen Verfahren nach dem Gesetz über Ordnungswidrigkeiten und nach dem Strafvollzugsgesetz, auch in Verbindung mit § 92 des Jugendgerichtsgesetzes, werden die Kosten nach dem bisherigen Recht erhoben, wenn die über die Kosten ergehende Entscheidung vor dem Inkrafttreten einer Gesetzesänderung rechtskräftig geworden ist.

(3) In Insolvenzverfahren, Verteilungsverfahren nach der Schifffahrtsrechtlichen Verteilungsordnung und Verfahren der Zwangsversteigerung und Zwangsverwaltung gilt das bisherige Recht für Kosten, die vor dem Inkrafttreten einer Gesetzesänderung fällig geworden sind.

GKG § 73 Übergangsvorschrift für die Erhebung von Haftkosten

Bis zum Erlass landesrechtlicher Vorschriften über die Höhe des Haftkostenbeitrags, der von einem Gefangenen zu erheben ist, sind die Nummern 9010 und 9011 des Kostenverzeichnisses in der bis zum 27.12.2010 geltenden Fassung anzuwenden.

FamGKG § 63 Übergangsvorschrift (insbes. auch für KostRÄG 2021 ab dem 1.1.2021)

(1) In Verfahren, die vor dem Inkrafttreten einer Gesetzesänderung anhängig geworden oder eingeleitet sind, werden die Kosten nach bisherigem Recht erhoben. Dies gilt nicht im Verfahren über ein Rechtsmittel, das nach dem Inkrafttreten einer Gesetzesänderung eingelegt worden ist. Die Sätze 1 und 2 gelten auch, wenn Vorschriften geändert werden, auf die dieses Gesetz verweist.

(2) In Verfahren, in denen Jahresgebühren erhoben werden, und in Fällen, in denen Absatz 1 keine Anwendung findet, gilt für Kosten, die vor dem Inkrafttreten einer Gesetzesänderung fällig geworden sind, das bisherige Recht.

FamGKG § 64 Übergangsvorschrift für die Erhebung von Haftkosten

Bis zum Erlass landesrechtlicher Vorschriften über die Höhe des Haftkostenbeitrags, der von einem Gefangenen zu erheben ist, sind die Nummern 2008 und 2009 des Kostenverzeichnisses in der bis zum 27.12.2010 geltenden Fassung anzuwenden.

RVG § 60 Übergangsvorschrift (Abs. 1 insbes. auch für KostRÄG 2021 ab dem 1.1.2021)

(1) Für die Vergütung ist das bisherige Recht anzuwenden, wenn der unbedingte Auftrag zur Erledigung derselben Angelegenheit vor dem Inkrafttreten einer Gesetzesänderung erteilt worden ist. Dies gilt auch für einen Vergütungsanspruch gegen die Staatskasse (§ 45, auch in Verbindung mit § 59a). Steht dem Rechtsanwalt ein Vergütungsanspruch zu, ohne dass ihm zum Zeitpunkt der Beiordnung oder Bestellung ein unbedingter Auftrag desjenigen erteilt worden ist, dem er beigeordnet oder für den er bestellt wurde, so ist für diese Vergütung in derselben Angelegenheit bisheriges Recht anzuwenden, wenn die Beiordnung oder Bestellung des Rechtsanwalts vor dem Inkrafttreten einer Gesetzesänderung wirksam geworden ist. Erfasst die Beiordnung oder Bestellung auch eine Angelegenheit, in der der Rechtsanwalt erst nach dem Inkrafttreten einer Gesetzesänderung erstmalig beauftragt oder tätig wird, so ist insoweit für die Vergütung neues Recht anzuwenden. Das nach den Sätzen 2 bis 4 anzuwendende Recht findet auch auf Ansprüche des beigeordneten oder bestellten Rechtsanwalts Anwendung, die sich nicht gegen die Staatskasse richten. Die Sätze 1 bis 5 gelten auch, wenn Vorschriften geändert werden, auf die dieses Gesetz verweist.

(2) Sind Gebühren nach dem zusammengerechneten Wert mehrerer Gegenstände zu bemessen, gilt für die gesamte Vergütung das bisherige Recht auch dann, wenn dies nach Absatz 1 nur für einen der Gegenstände gelten würde.

(3) In Angelegenheiten nach dem Pflegeberufegesetz ist bei der Bestimmung des Gegenstandswerts § 52 Absatz 4 Nummer 4 des Gerichtskostengesetzes nicht anzuwenden, wenn der unbedingte Auftrag zur Erledigung derselben Angelegenheit vor dem 15. August 2019 erteilt worden ist.

GvKostG § 18 **Übergangsvorschrift (insbes. auch für KostRÄG 2021 ab dem 1.1.2021)**

(1) Die Kosten sind nach bisherigem Recht zu erheben, wenn der Auftrag vor dem Inkrafttreten einer Gesetzesänderung erteilt worden ist, Kosten der in § 15 Abs. 1 genannten Art jedoch nur, wenn sie vor dem Inkrafttreten einer Gesetzesänderung entstanden sind. Wenn der Auftrag zur Abnahme der Vermögensauskunft mit einem Vollstreckungsauftrag verbunden ist, ist der Zeitpunkt maßgebend, zu dem der Vollstreckungsauftrag erteilt ist.

(2) Absatz 1 gilt auch, wenn Vorschriften geändert werden, auf die dieses Gesetz verweist.

JVKostG § 24 **Übergangsvorschrift (insbes. auch für KostRÄG 2021 ab dem 1.1.2021)**

Das bisherige Recht ist anzuwenden auf Kosten

1. für Amtshandlungen, die auf Antrag durchgeführt werden, wenn der Antrag vor dem Inkrafttreten einer Gesetzesänderung bei der Justizbehörde eingegangen ist,

2. für ein gerichtliches Verfahren, wenn das Verfahren vor dem Inkrafttreten einer Gesetzesänderung anhängig geworden ist,

3. für den Abruf von Daten und Dokumenten aus einem Register oder dem Grundbuch, wenn die Kosten vor dem ersten Tag des auf das Inkrafttreten einer Gesetzesänderung folgenden Monats fällig geworden sind,

4. in den übrigen Fällen, wenn die Kosten vor dem Inkrafttreten einer Gesetzesänderung fällig geworden sind.

Dies gilt auch, wenn Vorschriften geändert werden, auf die das Justizverwaltungskostengesetz verweist.

JVEG § 24 **Übergangsvorschrift (insbes. auch für KostRÄG 2021 ab dem 1.1.2021)**

Die Vergütung und die Entschädigung sind nach bisherigem Recht zu berechnen, wenn der Auftrag an den Sachverständigen, Dolmetscher oder Übersetzer vor dem Inkrafttreten einer Gesetzesänderung erteilt oder der Berechtigte vor diesem Zeitpunkt herangezogen worden ist. Dies gilt auch, wenn Vorschriften geändert werden, auf die dieses Gesetz verweist.

HReg-GebV § 5a **Übergangsvorschrift**

Für Kosten, die vor dem Inkrafttreten einer Änderung der Rechtsverordnung fällig geworden sind, gilt das bisherige Recht.

EGZPO § 39 **Besondere Übergangsvorschrift für die Reform der Sachaufklärung in der Zwangsvollstreckung**

Für das Gesetz zur Reform der Sachaufklärung in der Zwangsvollstreckung vom 29.7.2009 (BGBl I S. 2258) gelten folgende Übergangsvorschriften:

1. Für Vollstreckungsaufträge, die vor dem 1.1.2013 beim Gerichtsvollzieher eingegangen sind, sind anstelle der §§ 754, 755, 758a Abs. 2, von § 788

Abs. 4, der §§ 802a bis 802l, 807, 836 Abs. 3, der §§ 851b, 882b bis 882h, 883 Abs. 2 und von § 933 Satz 1 der Zivilprozessordnung die §§ 754, 806b, 807, 813a, 813b, 836 Abs. 3, der § 845 Abs. 1 Satz 3, die §§ 851b, 883 Abs. 2 und 4, der § 888 Abs. 1 Satz 3, die §§ 899 bis 915h und § 933 Satz 1 der Zivilprozessordnung in der bis zum 31.12.2012 geltenden Fassung weiter anzuwenden.

2. Für Vollstreckungsaufträge, die vor dem 1.1.2013 beim Vollziehungsbeamten eingegangen sind, sind die §§ 6 und 7 der Justizbeitreibungsordnung und die darin genannten Bestimmungen der Zivilprozessordnung in der bis zum 31.12.2012 geltenden Fassung weiter anzuwenden.

3. § 16 Abs. 3 des Verwaltungs-Vollstreckungsgesetzes, § 15 Satz 1 des Ausführungsgesetzes zum deutsch-österreichischen Konkursvertrag, § 98 Abs. 3 der Insolvenzordnung, § 463b Abs. 3 der Strafprozessordnung, § 35 Abs. 3, § 89 Abs. 3, § 91 Abs. 2 und § 94 des Gesetzes über das Verfahren in Familiensachen und in den Angelegenheiten der freiwilligen Gerichtsbarkeit, § 90 Abs. 3 des Gesetzes über Ordnungswidrigkeiten, §§ 284, 326 Abs. 3, § 334 Abs. 3 der Abgabenordnung und § 25 Abs. 4 des Straßenverkehrsgesetzes sowie die darin genannten Bestimmungen der Zivilprozessordnung sind in der bis zum 31.12.2012 geltenden Fassung weiter anzuwenden, wenn die Auskunftserteilung oder die Haft vor dem 1.1.2013 angeordnet worden ist.

4. Im Rahmen des § 802d Abs. 1 Satz 1 der Zivilprozessordnung und des § 284 Abs. 4 Satz 1 der Abgabenordnung steht die Abgabe einer eidesstattlichen Versicherung nach § 807 der Zivilprozessordnung oder nach § 284 der Abgabenordnung in der bis zum 31.12.2012 geltenden Fassung der Abgabe einer Vermögensauskunft nach § 802c der Zivilprozessordnung oder nach § 284 der Abgabenordnung in der ab dem 1.1.2013 geltenden Fassung gleich. Kann ein Gläubiger aus diesem Grund keine Vermögensauskunft verlangen, ist er nach Maßgabe des § 299 Abs. 1 der Zivilprozessordnung dazu befugt, das beim Vollstreckungsgericht verwahrte Vermögensverzeichnis einzusehen, das der eidesstattlichen Versicherung zugrunde liegt, und sich aus ihm Abschriften erteilen zu lassen. Insoweit sind die bis zum 31.12.2012 geltenden Vorschriften des Gerichtskostengesetzes über die Erteilung einer Ablichtung oder eines Ausdrucks des mit eidesstattlicher Versicherung abgegebenen Vermögensverzeichnisses oder den Antrag auf Gewährung der Einsicht in dieses Vermögensverzeichnis weiter anzuwenden.

5. Das Schuldnerverzeichnis nach § 915 der Zivilprozessordnung in der bis zum 31.12.2012 geltenden Fassung wird hinsichtlich der Eintragungen fortgeführt, die vor dem 1.1.2013 vorzunehmen waren oder die nach den Nummern 1 bis 3 nach dem 31.12.2012 vorzunehmen sind. Die §§ 915 bis 915h der Zivilprozessordnung sowie § 26 Absatz 2 der Insolvenzordnung jeweils in der bis zum 31.12.2012 geltenden Fassung sind insoweit weiter anzuwenden. Unbeschadet des § 915a Abs. 2 der Zivilprozessordnung in der bis zum 31.12.2012 geltenden Fassung ist eine Eintragung in dem nach Satz 1 fortgeführten Schuldnerverzeichnis vorzeitig zu löschen, wenn der Schuldner in das Schuldnerverzeichnis nach § 882b der Zivilprozessordnung in der ab dem 1.1.2013 geltenden Fassung eingetragen wird.

6. Soweit eine gesetzliche Bestimmung die Eintragung in das Schuldnerverzeichnis nach § 882b der Zivilprozessordnung in der ab dem 1.1.2013 geltenden Fassung voraussetzt, steht dem die Eintragung in das nach Nummer 5 fortgeführte Schuldnerverzeichnis gleich.

3. Rechtsanwaltsgebühren

Schnellübersicht

Gebührensätze

Abänderung von Entscheidungen

– aufgrund von Beschwerden nach VV RVG Teil 3, soweit keine besonderen Gebühren bestimmt sind

Verfahrensgebühr VV RVG Nr. 3500	0,5
Terminsgebühr VV RVG Nr. 3513	0,5

– Erinnerung gegen Entscheidungen des Rechtspflegers, u.a. gem. § 11 Abs. 2 RPflG, § 4 Abs. 3 JVEG (vgl. auch § 16 Nr. 10 und § 18 Abs. 1 Nr. 3 RVG); in den Fällen der §§ 573, 766 ZPO nur als Einzelauftrag (vgl. § 19 Abs. 1 S. 2 Nr. 5, Abs. 2 Nr. 2 RVG)

Verfahrensgebühr VV RVG Nr. 3500	0,5
Terminsgebühr VV RVG Nr. 3513	0,5

– von Unterhaltstiteln gem. §§ 238, 239, 240 FamFG

Verfahrensgebühr VV RVG Nr. 3100	1,3
Terminsgebühr VV RVG Nr. 3104	1,2

Abgabe § 20 RVG

Abschlussschreiben

Fordert der Rechtsanwalt im Auftrag seines Mandanten nach Erwirkung einer auf Unterlassung gerichteten einstweiligen Verfügung den Anspruchsgegner dazu auf, die einstweilige Verfügung als endgültige Regelung anzuerkennen und auf die Rechte aus §§ 924, 926 und 927 ZPO zu verzichten, gehört die entfaltete weitere Tätigkeit sachlich zum Hauptsacheprozess und damit zu einer nach § 17 Nr. 4 Buchst. b RVG vom Verfahren über den Antrag auf Erlass einer einstweiligen Verfügung verschiedenen Angelegenheit.

Abschriften siehe Dokumentenpauschale

Abtrennung siehe Trennung

Abtretung Anspruch auf Erstattung notwendiger Auslagen in Verfahren nach VV RVG Teil 4–6, § 43 RVG

Abwesenheitsgeld siehe Reisekosten

Adhäsionsverfahren

Verfahrensgebühr für das erstinstanzliche Verfahren sowie bei Einzeltätigkeit

VV RVG Nr. 4143, VV RVG Vorbem. 4.3 Abs. 2 2,0

(1) Die Gebühr entsteht auch, wenn der Anspruch erstmalig im Berufungsverfahren geltend gemacht wird.

(2) Die Gebühr wird zu einem Drittel auf die Verfahrensgebühr, die für einen bürgerlichen Rechtsstreit wegen desselben Anspruchs entsteht, angerechnet.

Verfahrensgebühr im Berufungs- und Revisionsverfahren sowie bei Einzeltätigkeit

VV RVG Nr. 4144, VV RVG Vorbem. 4.3 Abs. 2 2,5

Verfahrensgebühr für das Verfahren über die Beschwerde gegen den Beschluss, mit dem nach § 406 Abs. 5 S. 2 StPO von einer Entscheidung abgesehen wird

VV RVG Nr. 4145, VV RVG Vorbem. 4.3 Abs. 2 0,5

Allgemeine Geschäftskosten VV RVG Vorbem. 7 Abs. 1 S. 1

Angelegenheit §§ 15 ff. RVG

Anhörungsrüge siehe Gehörsrüge

Anrechnung

Durch die im RVG im Vergütungsverzeichnis an verschiedenen Stellen vorgeschriebene Anrechnung von Gebühren aufeinander verringert sich die Gebühr, auf die angerechnet wird, nicht aber die Gebühr, mit der angerechnet wird (Beispiele für Gebührenanrechnungen: Anm. zu VV RVG Nr. 2100, Anm. zu VV RVG Nr. 2102, VV RVG Vorbem. 2.3 Abs. 3 und 6, Anm. Abs. 2 zu VV RVG Nr. 2501, Anm. Abs. 2 S. 1 zu VV RVG Nr. 2503, VV RVG Vorbem. 3 Abs. 4–7, Anm. Abs. 1 und 2 zu VV RVG Nr. 3100, Anm. Abs. 1 zu VV RVG Nr. 3101, Anm. Abs. 2, 4 zu VV RVG Nr. 3104)

Beachten Sie bitte bei den verschiedenen Anrechnungsvorschriften § 15a RVG:

§ 15a

Anrechnung einer Gebühr

(1) Sieht dieses Gesetz die Anrechnung einer Gebühr auf eine andere Gebühr vor, kann der Rechtsanwalt beide Gebühren fordern, jedoch nicht mehr als den um den Anrechnungsbetrag verminderten Gesamtbetrag der beiden Gebühren.

(2) Sind mehrere Gebühren teilweise auf dieselbe Gebühr anzurechnen, so ist der anzurechnende Betrag für jede anzurechnende Gebühr gesondert zu ermitteln. Bei Wertgebühren darf der Gesamtbetrag der Anrechnung jedoch denjenigen Anrechnungsbetrag nicht übersteigen, der sich ergeben würde, wenn eine Gebühr anzurechnen wäre, die sich aus dem Gesamtbetrag der betroffenen Wertteile nach dem höchsten für die Anrechnungen einschlägigen Gebührensatz berechnet. Bei Betragsrahmengebühren darf der Gesamtbetrag der Anrechnung den für die Anrechnung bestimmten Höchstbetrag nicht übersteigen.

(3) Ein Dritter kann sich auf die Anrechnung nur berufen, soweit er den Anspruch auf eine der beiden Gebühren erfüllt hat, wegen eines dieser Ansprüche gegen ihn ein Vollstreckungstitel besteht oder beide Gebühren in demselben Verfahren gegen ihn geltend gemacht werden.

Anrechnung einer Rahmengebühr, Gebührenbemessung

§ 14 Abs. 2 RVG bestimmt, wie bei der Anrechnung einer Rahmengebühr auf eine andere Rahmengebühr (siehe dazu VV RVG Vorbem. 2.3 Abs. 4, VV RVG Vorbem. 3 Abs. 4 S. 2, VV RVG Vorbem. 6.4 Abs. 2), auf die anzurechnen ist, zu bestimmen ist:

(2) Ist eine Rahmengebühr auf eine andere Rahmengebühr anzurechnen, ist die Gebühr, auf die angerechnet wird, so zu bestimmen, als sei der Rechtsanwalt zuvor nicht tätig gewesen.

Arbeitssachen

Gebühren grundsätzlich wie im Prozessverfahren, vgl. VV RVG Vorbem. 3.1, u.a. mit folgenden Ausnahmen:

- In Verfahren über Beschwerden oder Rechtsbeschwerden gegen die den Rechtszug beendenden Entscheidungen im Beschlussverfahren vor den Gerichten für Arbeitssachen ist jedoch VV RVG Teil 3 Abschnitt 2 Unterabschnitt 1 anzuwenden, vgl. VV RVG Vorbem. 3.2.1 Nr. 2 c)
- Verfahren vor den Gerichten für Arbeitssachen, wenn sich die Tätigkeit auf eine gerichtliche Entscheidung über die Bestimmung einer Frist (§ 102 Abs. 3 ArbGG), die Ablehnung eines Schiedsrichters (§ 103 Abs. 3 ArbGG) oder die Vornahme einer Beweisaufnahme oder einer Vereidigung (§ 106 Abs. 2 ArbGG) beschränkt:

Verfahrensgebühr VV RVG Nr. 3326 0,75

Vorzeitige Beendigung des Auftrags: Gebühr VV RVG Nr. 3326 reduziert sich gem. VV RVG Nr. 3337 auf 0,5

Terminsgebühr VV RVG Nr. 3332 0,5

Arrest Grundsätzlich Gebühren wie im Prozessverfahren 1. und 2. Instanz (VV RVG Teil 3 Abschnitt 1 und 2).

Wenn im Verfahren über einen Antrag auf Anordnung, Abänderung oder Aufhebung eines Arrests oder einer einstweiligen Verfügung das Rechtsmittelgericht als Gericht der Hauptsache anzusehen ist (§ 943 ZPO), bestimmen sich die Gebühren nach den für die erste Instanz geltenden Vorschriften (VV RVG Teil 3 Abschnitt 1), vgl. VV RVG Vorbem. 3.2. Abs. 2 S. 1.

Im Beschwerdeverfahren gegen die Zurückweisung des Arrestantrags erhält der Rechtsanwalt eine

Verfahrensgebühr VV RVG Nr. 3500 0,5

Terminsgebühr VV RVG Nr. 3513 0,5

Wenn das Beschwerdegericht im Verfahren über eine Beschwerde gegen die Zurückweisung des Antrags auf Anordnung eines Arrests oder einer einstweiligen Verfügung Termin zur mündlichen Verhandlung bestimmt – ob der Verhandlung tatsächlich ein Urteil folgt oder das Verfahren ohne Entscheidung durch Zurücknahme des Antrags oder durch Vergleich erledigt wird ist unerheblich –, beträgt die Gebühr VV RVG Nr. 3513 gem. VV RVG Nr. 3514 1,2

Beachte auch § 15 Abs. 2, § 17 Nr. 1, Nr. 4 und § 16 Nr. 5 RVG zur Frage derselben Angelegenheit.

Asylverfahren

Grundsätzlich Gebühren im gerichtlichen Verfahren nach dem Asylgesetz (Klageverfahren) wie im Prozessverfahren 1. und 2. Instanz (VV RVG Teil 3 Abschnitt 1 und 2).

Gegenstandswert § 30 RVG.

Aufgebotsverfahren

Verfahrensgebühr VV RVG Nr. 3324 1,0

Bei vorzeitiger Beendigung des Auftrags reduziert sich die Verfahrensgebühr VV RVG Nr. 3324 gem. VV RVG Nr. 3337 auf 0,5

Terminsgebühr VV RVG Nr. 3332 0,5

Auftrag § 15 Abs. 1 RVG: Die Gebühren entgelten, soweit dieses Gesetz nichts anderes bestimmt, die gesamte Tätigkeit des Rechtsanwalts vom Auftrag bis zur Erledigung der Angelegenheit.

Der Auftrag entscheidet darüber, welche Gebühren abgerechnet werden können.

VV RVG Vorbem. 3 Abs. 1: Gebühren nach VV RVG Teil 3 erhält der Rechtsanwalt, dem ein unbedingter Auftrag als Prozess- oder Verfahrensbevollmächtigter, als Beistand für einen Zeugen oder Sachverständigen oder für eine sonstige Tätigkeit in einem gerichtlichen Verfahren erteilt worden ist.

Aufwendungen VV RVG Vorbem. 7 Abs. 1 S. 2

Ausdrucke siehe Dokumentenpauschale

Auskunft siehe Beratung

Auslagen VV RVG Teil 7

Auslagen aus der Staatskasse VV RVG Teil 7, § 46 RVG

Auslandsunterhaltsgesetz

Jedes Verfahren über Anträge nach § 31 des Auslandsunterhaltsgesetzes auf Verweigerung, Beschränkung oder Aussetzung der Vollstreckung nach Artikel 21 der Verordnung (EG) Nr. 4/2009 stellt gem. § 18 Abs. 1 Nr. 6 RVG eine besondere Angelegenheit dar. In diesen Verfahren erwachsen Gebühren für eine Tätigkeit in der Zwangsvollstreckung nach VV RVG Nrn. 3309, 3310.

Soweit es in diesem Rahmen einstweilige Anordnungsverfahren gibt, wird die Tätigkeit des Rechtsanwalts durch die Vergütung für das Verfahren als solches mitumfasst. Nur wenn darüber eine abgesonderte mündliche Verhandlung stattfindet, entstehen zusätzliche Gebühren nach VV RVG Nrn. 3328, 3332 (§ 19 Abs. 1 S. 2 Nr. 11 RVG).

Für die Ausstellung des Formblatts oder der Bescheinigung nach § 71 Abs. 1 des Auslandsunterhaltsgesetzes zum Zwecke der Vollstreckung eines inländischen Titels im Ausland erhält der Rechtsanwalt, der bereits im Erkenntnisverfahren tätig war, keine gesonderte Gebühr, weil diese Tätigkeit zum Rechtszug gehört, § 19 Abs. 1 S. 2 Nr. 9a lit. e RVG. Für den nur mit der Durchführung der Zwangsvollstreckung im Ausland beauftragten Rechtsanwalt gehören die vorgenannten Tätigkeiten zum Rechtszug des Vollstreckungsverfahrens, können also ebenfalls nicht gesondert berechnet werden.

Entsprechendes gilt, wenn für die Geltendmachung im Ausland eine Vervollständigung der Entscheidung und die Bezifferung eines dynamisierten Unterhaltstitels vorgesehen ist, § 19 Abs. 1 S. 2 Nr. 8 RVG.

Auslieferungssachen siehe Internationale Rechtshilfe in Strafsachen

Außergerichtliche Vertretung siehe Vertretung für außergerichtliche Tätigkeiten

Aussöhnung von Ehegatten/eingetragenen Lebenspartnern

Aussöhnungsgebühr VV RVG Nr. 1001 1,5

Der dem Antragsgegner gem. § 138 FamFG beigeordnete Rechtsanwalt kann von diesem die Vergütung eines zum Verfahrensbevollmächtigten bestellten Rechtsanwalts und einen Vorschuss verlangen. Bei Zahlungsverzug des Zahlungsverpflichteten Vergütung aus der Landeskasse (§ 45 Abs. 2 RVG).

Über die Ehesache ist ein anderes gerichtliches Verfahren als ein selbstständiges Beweisverfahren anhängig:

Gebühr VV RVG Nr. 1001 beträgt gem. VV RVG Nr. 1003 ... 1,0

Über den Gegenstand ist ein Beschwerde- oder Rechtsbeschwerdeverfahren, ein Verfahren über die Beschwerde gegen die Nichtzulassung eines dieser Rechtsmittel oder ein Verfahren vor dem Rechtsmittelgericht über die Zulassung des Rechtsmittels anhängig:

Gebühr VV RVG Nr. 1001 beträgt gem. VV RVG Nr. 1004 ... 1,3

Beigeordneter Rechtsanwalt, von Amts wegen § 39 RVG

Beratung, Auskunft, Gutachten, Mediation

Der Rechtsanwalt soll nach § 34 RVG für einen mündlichen oder schriftlichen Rat oder eine Auskunft (Beratung), die nicht mit einer anderen gebührenpflichtigen Tätigkeit zusammenhängen, für die Ausarbeitung eines schriftlichen Gutachtens und für die Tätigkeit als Mediator auf eine Gebührenvereinbarung hinwirken, soweit in Teil 2 Abschnitt 1 des VV RVG (Nrn. 2100–2103) keine Gebühren bestimmt sind.

Ist keine Vereinbarung getroffen worden, erhält der Rechtsanwalt Gebühren nach §§ 612, 632 BGB. Ist keine Vereinbarung getroffen und ist der Auftraggeber Verbraucher, beträgt die Gebühr für die Beratung oder für die Ausarbeitung eines schriftlichen Gutachtens jeweils höchstens 250,00 €; § 14 Abs. 1 RVG gilt entsprechend; für ein erstes Beratungsgespräch beträgt die Gebühr jedoch höchstens 190,00 €.

Wenn nichts anderes vereinbart ist, ist die Gebühr für die Beratung auf eine Gebühr für eine sonstige Tätigkeit, die mit der Beratung zusammenhängt, anzurechnen.

Beratungshilfe

Siehe auch S. 167 f. (Übersicht Beratungshilfevergütung)

Nach dem Beratungshilfegesetz (BerHG)

VV RVG Nr. 2500: Dem Rechtsanwalt steht gegen den Rechtsuchenden, dem er Beratungshilfe gewährt, eine Gebühr von 15,00 €

zu, die er nach dessen Verhältnissen erlassen kann. Neben der Gebühr werden keine Auslagen erhoben.

Vereinbarungen über eine Vergütung sind nichtig, § 8 BerHG.

Aus der Landeskasse erhält der Rechtsanwalt für seine Tätigkeit nach VV RVG Teil 2 Abschnitt 5 folgende Vergütung:

Beratungsgebühr VV RVG Nr. 2501 .... 38,50 €

(1) Die Gebühr entsteht für eine Beratung, wenn die Beratung nicht mit einer anderen gebührenpflichtigen Tätigkeit zusammenhängt.

(2) Die Gebühr ist auf eine Gebühr für eine sonstige Tätigkeit anzurechnen, die mit der Beratung zusammenhängt.

Beratungstätigkeit mit dem Ziel einer außergerichtlichen Einigung mit den Gläubigern über die Schuldenbereinigung auf der Grundlage eines Plans (§ 305 Abs. 1 Nr. 1 InsO):

Die Gebühr VV RVG Nr. 2501 beträgt gem. VV RVG Nr. 2502 77,00 €

Geschäftsgebühr VV RVG Nr. 2503 .... 93,50 €

(1) Die Gebühr entsteht für das Betreiben des Geschäfts einschließlich der Information oder die Mitwirkung bei der Gestaltung eines Vertrags.

(2) Auf die Gebühren für ein anschließendes gerichtliches oder behördliches Verfahren ist diese Gebühr zur Hälfte anzurechnen. Auf die Gebühren für ein Verfahren auf Vollstreckbarerklärung eines Vergleichs nach den §§ 796a, 796b und 796c Abs. 2 Satz 2 ZPO ist die Gebühr zu einem Viertel anzurechnen.

Tätigkeit mit dem Ziel einer außergerichtlichen Einigung mit den Gläubigern über die Schuldenbereinigung auf der Grundlage eines Plans (§ 305 Abs. 1 Nr. 1 InsO): Die Geschäftsgebühr VV RVG Nr. 2503 beträgt bei

- bis zu 5 Gläubigern, VV RVG Nr. 2504 .... 297,00 €
- es sind 6 bis 10 Gläubiger, VV RVG Nr. 2505.......... 446,00 €

- es sind 11 bis 15 Gläubiger, VV RVG Nr. 2506 . . . . 594,00 €
- es sind mehr als 15 Gläubiger, VV RVG Nr. 2507 . . . . 743,00 €

Einigungs- und Erledigungsgebühr VV RVG Nr. 2508 . . . . 165,00 €

(1) Die Anmerkungen zu Nummern 1000 und 1002 sind anzuwenden.

(2) Die Gebühr entsteht auch für die Mitwirkung bei einer außergerichtlichen Einigung mit den Gläubigern über die Schuldenbereinigung auf der Grundlage eines Plans (§ 305 Abs. 1 Nr. 1 InsO).

Beratungshilfegebühr VV RVG Nr. 2500

Berechnung der Vergütung § 10 RVG

Berufungsverfahren in Zivilsachen und in verwaltungsgerichtlichen Verfahren

Verfahrensgebühr VV RVG Nr. 3200 1,6

Bei vorzeitiger Beendigung des Auftrags reduziert sich die Gebühr VV RVG Nr. 3200 gem. VV RVG Nr. 3201 auf 1,1

Terminsgebühr VV RVG Nr. 3202 1,2

Reduzierte Terminsgebühr VV RVG Nr. 3203 0,5

Zu den Gebühren in Berufungsverfahren in Strafsachen siehe Strafsachen

Beschwerde

Gebühren in unterschiedlicher Höhe je nach Art der Beschwerde, siehe u.a.

- VV RVG Vorbem. 3.1 Abs. 2
- VV RVG Vorbem. 3.2.1
- VV RVG Vorbem. 3.2.2
- VV RVG Teil 3 Abschnitt 5

Beschwerde in Familiensachen

siehe die Stichworte zu den in § 111 FamFG aufgeführten Familiensachen sowie die Aufstellung über Rechtsanwaltsgebühren in Familiensachen S. 169 ff.

Beweisgebühr siehe Zusatzgebühr für besonders umfangreiche Beweisaufnahmen

Bußgeldsachen – Gebühren des Anwalts (VV RVG Teil 5 Abschnitt 1)

Gebührentatbestand[1]	VV	Wahlanwalt				Gerichtlich bestellter oder beigeordneter RA	
		Mindestgebühr €	Höchstgebühr €	Mittelgebühr €	Zusätzliche Gebühr[2] €	Gebühr €	Zusätzliche Gebühr[2] €
1. Grundgebühr	5100	33,00	187,00	110,00		88,00	
2. Vorbereitende Verfahren							
a) Verfahrensgebühr							
Bußgeld weniger als 60 €	5101	22,00	121,00	71,50	71,50	57,00	57,00
Bußgeld von 60 bis 5.000 €	5103	33,00	319,00	176,00	176,00	141,00	141,00
Bußgeld über 5.000 €	5105	44,00	330,00	187,00	220,00	150,00	176,00
b) Terminsgebühr							
Bußgeld weniger als 60 €	5102	22,00	121,00	71,50		57,00	
Bußgeld von 60 bis 5.000 €	5104	33,00	319,00	176,00		141,00	
Bußgeld über 5.000 €	5106	44,00	330,00	187,00		150,00	
3. Gerichtliches Verfahren im ersten Rechtszug							
a) Verfahrensgebühr							
Bußgeld weniger als 60 €	5107	22,00	121,00	71,50	71,50	57,00	57,00
Bußgeld von 60 bis 5.000 €	5109	33,00	319,00	176,00	176,00	141,00	141,00
Bußgeld über 5.000 €	5111	55,00	385,00	220,00	220,00	176,00	176,00
b) Terminsgebühr							
Bußgeld weniger als 60 €	5108	22,00	264,00	143,00		114,00	
Bußgeld von 60 bis 5.000 €	5110	44,00	517,00	280,50		224,00	
Bußgeld über 5.000 €	5112	88,00	616,00	352,00		282,00	
4. Rechtsbeschwerde und Verfahren auf Zulassung der Rechtsbeschwerde							
a) Verfahrensgebühr	5113	88,00	616,00	352,00	352,00	282,00	282,00
b) Terminsgebühr	5114	88,00	616,00	352,00		282,00	
5. Einzeltätigkeiten							
Verfahrensgebühr	5200	22,00	121,00	71,50		57,00	

1 Auf die Ausrechnung der Auslagen wurde verzichtet, da durch mögliche Anrechnung bzw. Addition mit anderen Gebühren die Berechnung unzutreffend wäre.

2 Zusätzliche Gebühr bei Erledigung des Verfahrens gem. VV RVG Nr. 5115 in Höhe der jeweiligen Verfahrensmittelgebühr des Rechtszugs, in dem die Hauptverhandlung vermieden wurde. Zusätzliche Gebühr bei Einziehung und verwandten Maßnahmen gem. VV RVG Nr. 5116 für Wahl- wie Pflichtverteidiger i.H.v. 1,0 (Wertgebühr); für Pflichtverteidiger allerdings nur aus den Beträgen des § 49 RVG.

Disziplinarmaßnahme für das Verfahren nach der WDO vor einem Disziplinarvorgesetzten auf Aufhebung oder Änderung einer Disziplinarmaßnahme und im gerichtlichen Verfahren vor dem Wehrdienstgericht; Einzeltätigkeit

VV	Gebührentatbestand	Wahlverteidiger oder Verfahrensbevollmächtigter			Gerichtlich bestellter oder beigeordneter RA
		Mindestgebühr €	Höchstgebühr €	Mittelgebühr €	€
6500	Verfahrensgebühr (1) Für eine Einzeltätigkeit entsteht die Gebühr, wenn dem Rechtsanwalt nicht die Verteidigung oder Vertretung übertragen ist. (2) Die Gebühr entsteht für jede einzelne Tätigkeit gesondert, soweit nichts anderes bestimmt ist. § 15 RVG bleibt unberührt. (3) Wird dem Rechtsanwalt die Verteidigung oder Vertretung für das Verfahren übertragen, werden die nach dieser Nummer entstandenen Gebühren auf die für die Verteidigung oder Vertretung entstehenden Gebühren angerechnet. (4) Eine Gebühr nach dieser Vorschrift entsteht jeweils auch für das Verfahren nach der WDO vor einem Disziplinarvorgesetzten auf Aufhebung oder Änderung einer Disziplinarmaßnahme und im gerichtlichen Verfahren vor dem Wehrdienstgericht.	22,00	330,00	176,00	141,00

Disziplinarverfahren nach der WBO, auch i.V.m. § 42 WDO, wenn das Verfahren vor dem Truppendienstgericht oder vor dem BVerwG an die Stelle des Verwaltungsrechtswegs gem. § 82 SG tritt, siehe Wehrbeschwerdeverfahren

Disziplinarverfahren und berufsgerichtliche Verfahren wegen der Verletzung einer Berufspflicht – Gebühren des Rechtsanwalts (VV RVG Teil 6 Abschnitt 2)

Gebührentatbestand[1]	VV	Wahlverteidiger oder Verfahrensbevollmächtigter				Gerichtlich bestellter oder beigeordneter RA	
		Mindest-gebühr €	Höchst-gebühr €	Mittel-gebühr €	Zusätz-liche Gebühr[2] €	Gebühr €	Zusätz-liche Gebühr[2] €
Allgemeine Gebühren							
Grundgebühr	6200	44,00	385,00	214,50		172,00	
Terminsgebühr	6201	44,00	407,00	225,50		180,00	
Außergerichtliches Verfahren							
Verfahrensgebühr	6202	44,00	319,00	181,50	181,50	145,00	145,00
Gerichtliches Verfahren							
1. Instanz							
Verfahrensgebühr	6203	55,00	352,00	203,50	203,50	163,00	163,00
Terminsgebühr je Verhandlungstag	6204	88,00	616,00	352,00		282,00	
Der gerichtlich bestellte Rechtsanwalt nimmt mehr als 5 und bis 8 Stunden an der Hauptverhandlung teil: Zusätzliche Gebühr neben der Gebühr 6204	6205					141,00	
Der gerichtlich bestellte Rechtsanwalt nimmt mehr als 8 Stunden an der Hauptverhandlung teil: Zusätzliche Gebühr neben der Gebühr 6204	6206					282,00	

1 Auf die Ausrechnung der Auslagen wurde verzichtet, da durch mögliche Anrechnung bzw. Addition mit anderen Gebühren die Berechnung unzutreffend wäre.

2 Wird durch die anwaltliche Mitwirkung die mündliche Verhandlung entbehrlich, erhält der Anwalt eine zusätzliche Gebühr gem. VV RVG Nr. 6216 in Höhe der jeweiligen Verfahrensgebühr für den jeweiligen Rechtszug, wobei sich für den Wahlanwalt die Gebühr nach der Rahmenmitte bemisst.Die Gebühr entsteht, wenn eine gerichtliche Entscheidung mit Zustimmung der Beteiligten ohne mündliche Verhandlung ergeht oder einer beabsichtigten Entscheidung ohne Hauptverhandlungstermin nicht widersprochen wird.Die Gebühr entsteht nicht, wenn eine auf die Förderung des Verfahrens gerichtete Tätigkeit nicht ersichtlich ist.

Disziplinarverfahren und berufsgerichtliche Verfahren wegen der Verletzung einer Berufspflicht – Gebühren des Rechtsanwalts (VV RVG Teil 6 Abschnitt 2)

Gebührentatbestand[1]	VV	Wahlverteidiger oder Verfahrensbevollmächtigter				Gerichtlich bestellter oder beigeordneter RA	
		Mindestgebühr €	Höchstgebühr €	Mittelgebühr €	Zusätzliche Gebühr[2] €	Gebühr €	Zusätzliche Gebühr[2] €
2. Instanz							
Verfahrensgebühr	6207	88,00	616,00	352,00	352,00	282,00	282,00
Terminsgebühr je Verhandlungstag	6208	88,00	616,00	352,00		282,00	
Der gerichtlich bestellte Rechtsanwalt nimmt mehr als 5 und bis 8 Stunden an der Hauptverhandlung teil: Zusätzliche Gebühr neben der Gebühr 6208	6209					141,00	
Der gerichtlich bestellte Rechtsanwalt nimmt mehr als 8 Stunden an der Hauptverhandlung teil: Zusätzliche Gebühr neben der Gebühr 6208	6210					282,00	
3. Instanz							
Verfahrensgebühr	6211	132,00	1.221,00	676,50	676,50	541,00	541,00
Terminsgebühr je Verhandlungstag	6212	132,00	605,00	368,50		294,00	
Der gerichtlich bestellte Rechtsanwalt nimmt mehr als 5 und bis 8 Stunden an der Hauptverhandlung teil: Zusätzliche Gebühr neben der Gebühr 6212	6213					147,00	
Der gerichtlich bestellte Rechtsanwalt nimmt mehr als 8 Stunden an der Hauptverhandlung teil: Zusätzliche Gebühr neben der Gebühr 6212	6214					294,00	
Verfahrensgebühr für das Verfahren über die Beschwerde gegen die Nichtzulassung der Revision	6215	77,00	1.221,00	649,00		519,00	

1 Auf die Ausrechnung der Auslagen wurde verzichtet, da durch mögliche Anrechnung bzw. Addition mit anderen Gebühren die Berechnung unzutreffend wäre.

2 Wird durch die anwaltliche Mitwirkung die mündliche Verhandlung entbehrlich, erhält der Anwalt eine zusätzliche Gebühr gem. VV RVG Nr. 6216 in Höhe der jeweiligen Verfahrensgebühr für den jeweiligen Rechtszug, wobei sich für den Wahlanwalt die Gebühr nach der Rahmenmitte bemisst.Die Gebühr entsteht, wenn eine gerichtliche Entscheidung mit Zustimmung der Beteiligten ohne mündliche Verhandlung ergeht oder einer beabsichtigten Entscheidung ohne Hauptverhandlungstermin nicht widersprochen wird.Die Gebühr entsteht nicht, wenn eine auf die Förderung des Verfahrens gerichtete Tätigkeit nicht ersichtlich ist.

Dokumentenpauschale

Der Rechtsanwalt erhält nach VV RVG Nr. 7000 eine Dokumentenpauschale für die Herstellung und Überlassung von Dokumenten:

1. für Kopien und Ausdrucke
   a) aus Behörden- und Gerichtsakten, soweit deren Herstellung zur sachgemäßen Bearbeitung der Rechtssache geboten war,
   b) zur Zustellung oder Mitteilung an Gegner oder Beteiligte und Verfahrensbevollmächtigte auf Grund einer Rechtsvorschrift oder nach Aufforderung durch das Gericht, die Behörde oder die sonst das Verfahren führende Stelle, soweit hierfür mehr als 100 Seiten zu fertigen waren,
   c) zur notwendigen Unterrichtung des Auftraggebers, soweit hierfür mehr als 100 Seiten zu fertigen waren,
   d) in sonstigen Fällen nur, wenn sie im Einverständnis mit dem Auftraggeber zusätzlich, auch zur Unterrichtung Dritter, angefertigt worden sind:

für die ersten 50 abzurechnenden Seiten je Seite	0,50 €
für jede weitere Seite	0,15 €
für die ersten 50 abzurechnenden Seiten in Farbe je Seite	1,00 €
für jede weitere Seite in Farbe	0,30 €

2. für die Überlassung von elektronisch gespeicherten Dateien oder deren Bereitstellung zum Abruf anstelle der in Nummer 1 Buchstabe d genannten Ablichtungen und Ausdrucke:

je Datei	1,50 €
für die in einem Arbeitsgang überlassenen, bereitgestellten oder in einem Arbeitsgang auf denselben Datenträger übertragenen Dokumente höchstens	5,00 €

(1) Die Höhe der Dokumentenpauschale nach Nummer 1 ist in derselben Angelegenheit und in gerichtlichen Verfahren in demselben Rechtszug einheitlich zu berechnen. Eine Übermittlung durch den Rechtsanwalt per Telefax steht der Herstellung einer Kopie gleich.

(2) Werden zum Zweck der Überlassung von elektronisch gespeicherten Dateien Dokumente im Einverständnis mit dem Auftraggeber zuvor von der Papierform in die elektronische Form übertragen, beträgt die Dokumentenpauschale nach Nummer 2 nicht weniger, als die Dokumentenpauschale im Fall der Nummer 1 betragen würde.

Dolmetscherkosten

VV RVG Vorbem. 7 Abs. 1 S. 2, § 46 Abs. 2 S. 3 RVG

Drittauskünfte nach § 802l ZPO

Verfahrensgebühr VV RVG Nr. 3309	0,3
Terminsgebühr VV RVG Nr. 3310	0,3

Gegenstandswert höchstens 2.000,00 € (§ 25 Abs. 1 Nr. 4 RVG)

Siehe auch Zwangsvollstreckung

Durchschriften siehe Dokumentenpauschale

Ehesachen (§ 121 FamFG)

1. Scheidungs- und Scheidungsfolgesachen

Gebühren wie im Prozessverfahren gem. Teil 3 Abschnitt 1 und 2

Scheidungssachen und Folgesachen (§ 137 FamFG) gelten als **dieselbe Angelegenheit**, § 16 Nr. 4 RVG.

Die Gebühren sind nach dem zusammengerechneten Wert der Gegenstände zu berechnen (§ 22 Abs. 1 RVG).

Zum **Gegenstandswert** siehe Tabelle Gegenstandswerte in familiengerichtlichen Verfahren S. 175 ff.

In Verfahren über **Beschwerden** gegen Endentscheidungen in Familiensachen wegen des Hauptgegenstands findet Teil 3 Abschnitt 2 Unterabschnitt 1 – VV RVG Nrn. 3200 ff. – Anwendung, vgl. VV RVG Vorbem. 3.2.1 Nr. 2 b; u.a. also:

Verfahrensgebühr VV RVG Nr. 3200	1,6
Ermäßigte Verfahrensgebühr VV RVG Nr. 3201	1,1
Terminsgebühr VV RVG Nr. 3202	1,2

In Verfahren über **Rechtsbeschwerden** gegen Endentscheidungen in Familiensachen wegen des Hauptgegenstands findet Teil 3 Abschnitt 2 Unterabschnitt 2 – VV RVG Nr. 3206 ff. – Anwendung, vgl. VV RVG Nr. Vorbem. 3.2.2 Nr. 1 a;

u.a. also:

Verfahrensgebühr VV RVG Nrn. 3206, 3208	2,3
Ermäßigte Verfahrensgebühr VV RVG Nr. 3209	1,8
Terminsgebühr VV RVG Nr. 3210	1,5

2. Aussöhnung von Ehegatten

Aussöhnungsgebühr VV RVG Nr. 1001 1,5

Der dem Antragsgegner gem. § 138 FamFG beigeordnete Rechtsanwalt kann von diesem die Vergütung eines zum Prozessbevollmächtigten bestellten Rechtsanwalts und einen Vorschuss verlangen (§ 39 Abs. 1 RVG). Bei Zahlungsverzug des Zahlungsverpflichteten Vergütung aus der Landeskasse (§ 45 Abs. 2 RVG).

Über die Ehesache ist ein anderes gerichtliches Verfahren anhängig:

Gebühr VV RVG Nr. 1001 beträgt gem. VV RVG Nr. 1003 1,0

Über den Gegenstand ist ein Beschwerde- oder Rechtsbeschwerdeverfahren, ein Verfahren über die Beschwerde gegen die Nichtzulassung eines dieser Rechtsmittel oder ein Verfahren vor dem Rechtsmittelgericht über die Zulassung des Rechtsmittels anhängig:

Gebühr VV RVG Nr. 1001 beträgt gem. VV RVG Nr. 1004 1,3

Ehren- und berufsgerichtliche Verfahren siehe Disziplinarverfahren

Eidesstattliche Versicherung

Nach §§ 836 Abs. 3, 883 Abs. 2 und 889 ZPO, besondere Angelegenheit (vgl. auch § 18 Abs. 1 Nr. 16 RVG):

Verfahrensgebühr VV RVG Nr. 3309 0,3

Terminsgebühr VV RVG Nr. 3310 0,3

Gegenstandswert § 25 Abs. 1 Nr. 2 RVG

Einfaches Schreiben

Auftrag beschränkt sich auf ein einfaches Schreiben und dieses enthält weder schwierige rechtliche Ausführungen noch größere sachliche Auseinandersetzungen, VV RVG Nr. 2301 und VV RVG Nr. 3404 0,3

Einigungsgebühr

Unter den Voraussetzungen der Anmerkung Abs. 1 bis 5 des VV RVG Nr. 1000 1,5

(1) Die Gebühr entsteht für die Mitwirkung beim Abschluss eines Vertrags, durch den

1. der Streit oder die Ungewissheit über ein Rechtsverhältnis beseitigt wird oder

2. die Erfüllung des Anspruchs bei gleichzeitigem vorläufigem Verzicht auf die gerichtliche Geltendmachung und, wenn bereits ein zur Zwangsvollstreckung geeigneter Titel vorliegt, bei gleichzeitigem vorläufigem Verzicht auf Vollstreckungsmaßnahmen geregelt wird (Zahlungsvereinbarung).

Die Gebühr entsteht nicht, wenn sich der Vertrag ausschließlich auf ein Anerkenntnis oder einen Verzicht beschränkt. Im Privatklageverfahren ist Nummer 4147 anzuwenden.

(2) Die Gebühr entsteht auch für die Mitwirkung bei Vertragsverhandlungen, es sei denn, dass diese für den Abschluss des Vertrags im Sinne des Absatzes 1 nicht ursächlich war.

(3) Für die Mitwirkung bei einem unter einer aufschiebenden Bedingung oder unter dem Vorbehalt des Widerrufs geschlossenen Vertrag entsteht die Gebühr, wenn die Bedingung eingetreten ist oder der Vertrag nicht mehr widerrufen werden kann.

(4) Soweit über die Ansprüche vertraglich verfügt werden kann, gelten die Absätze 1 und 2 auch bei Rechtsverhältnissen des öffentlichen Rechts.

(5) Die Gebühr entsteht nicht in Ehesachen und in Lebenspartnerschaftssachen (§ 269 Abs. 1 Nr. 1 und 2 FamFG). Wird ein Vertrag, insbesondere über den Unterhalt, im Hinblick auf die in Satz 1 genannten Verfahren geschlossen, bleibt der Wert dieser Verfahren bei der Berechnung der Gebühr außer Betracht. In Kindschaftssachen ist Absatz 1 Satz 1 und 2 auch für die Mitwirkung an einer Vereinbarung, über deren Gegenstand nicht vertraglich verfügt werden kann, entsprechend anzuwenden.

Über den Gegenstand ist ein anderes gerichtliches Verfahren als ein selbstständiges Beweisverfahren anhängig:

Gebühr RVG Nr. 1000 beträgt gem. VV RVG Nr. 1003. 1,0

(1) Dies gilt auch, wenn ein Verfahren über die Prozesskostenhilfe anhängig ist, soweit nicht lediglich Prozesskostenhilfe für ein selbständiges Beweisverfahren oder die gerichtliche Protokollierung des Vergleichs beantragt wird oder sich die Beiordnung auf den Abschluss eines Vertrags im Sinne der Nummer 1000 erstreckt (§ 48 Abs. 3 RVG). Die Anmeldung eines Anspruchs zum Musterverfahren nach dem KapMuG steht einem anhängigen gerichtlichen Verfahren gleich. Das Verfahren vor dem Gerichtsvollzieher steht einem gerichtlichen Verfahren gleich.

(2) In Kindschaftssachen entsteht die Gebühr auch für die Mitwirkung am Abschluss eines gerichtlich gebilligten Vergleichs (§ 156 Abs. 2 FamFG) und an einer Vereinbarung, über deren Gegenstand nicht vertraglich verfügt werden kann, wenn hierdurch eine gerichtliche Entscheidung entbehrlich wird oder wenn die Entscheidung der getroffenen Vereinbarung folgt.

Über den Gegenstand ist ein Berufungs- oder Revisionsverfahren, ein Verfahren über die Beschwerde gegen die Nichtzulassung eines dieser Rechtsmittel oder ein Verfahren vor dem Rechtsmittelgericht über die Zulassung des Rechtsmittels anhängig:

Gebühr RVG Nrn. 1000 bis 1002 betragen gem. VV RVG Nr. 1004. 1,3

(1) Dies gilt auch in den in den Vorbemerkungen 3.2.1 und 3.2.2 genannten Beschwerde- und Rechtsbeschwerdeverfahren.

(2) Absatz 2 der Anmerkung zu Nummer 1003 ist anzuwenden.

Einigungsgebühr

Ab 1.10.2021:

Unter den Voraussetzungen der Anmerkung Abs. 1 bis 5 des VV RVG Nr. 1000 . . . .

Einigungsgebühr für die Mitwirkung beim Abschluss eines Vertrags

1. durch den der Streit oder die Ungewissheit über ein Rechtsverhältnis beseitigt wird. 1,5

2. durch den die Erfüllung des Anspruchs bei gleichzeitigem vorläufigem Verzicht auf die gerichtliche Geltendmachung und, wenn bereits ein zur Zwangsvollstreckung geeigneter Titel vorliegt, bei gleichzeitigem vorläufigem Verzicht auf Vollstreckungsmaßnahmen geregelt wird (Zahlungsvereinbarung) 0,7

(1) Die Gebühr nach Nummer 1 entsteht nicht, wenn der Hauptanspruch anerkannt oder auf ihn verzichtet wird. Im Privatklageverfahren ist Nummer 4147 anzuwenden.

(2) Die Gebühr entsteht auch für die Mitwirkung bei Vertragsverhandlungen, es sei denn, dass diese für den Abschluss des Vertrags im Sinne des Absatzes 1 nicht ursächlich war.

(3) Für die Mitwirkung bei einem unter einer aufschiebenden Bedingung oder unter dem Vorbehalt des Widerrufs geschlossenen Vertrag entsteht die Gebühr, wenn die Bedingung eingetreten ist oder der Vertrag nicht mehr widerrufen werden kann.

(4) Soweit über die Ansprüche vertraglich verfügt werden kann, gelten die Absätze 1 und 2 auch bei Rechtsverhältnissen des öffentlichen Rechts.

(5) Die Gebühr entsteht nicht in Ehesachen und in Lebenspartnerschaftssachen (§ 269 Abs. 1 Nr. 1 und 2 FamFG). Wird ein Vertrag, insbesondere über den Unterhalt, im Hinblick auf die in Satz 1 genannten Verfahren geschlossen, bleibt der Wert dieser Verfahren bei der Berechnung der Gebühr außer Betracht. In Kindschaftssachen ist Absatz 1 Satz 1 und 2 auch für die Mitwirkung an einer Vereinbarung, über deren Gegenstand nicht vertraglich verfügt werden kann, entsprechend anzuwenden.

Über den Gegenstand ist ein anderes gerichtliches Verfahren als ein selbstständiges Beweisverfahren anhängig:

Gebühr RVG Nr. 1000 Nr. 1 beträgt gem. VV RVG Nr. 1003 . . . 1,0

(1) Dies gilt auch, wenn ein Verfahren über die Prozesskostenhilfe anhängig ist, soweit nicht lediglich Prozesskostenhilfe für ein selbständiges Beweisverfahren oder die gerichtliche Protokollierung des Vergleichs beantragt wird oder sich die Beiordnung auf den Abschluss eines Vertrags im Sinne der Nummer 1000 erstreckt (§ 48 Abs. 3 RVG). Die Anmeldung eines Anspruchs zum Musterverfahren nach dem KapMuG steht einem anhängigen gerichtlichen Verfahren gleich. Das Verfahren vor dem Gerichtsvollzieher steht einem gerichtlichen Verfahren gleich.

(2) In Kindschaftssachen entsteht die Gebühr auch für die Mitwirkung am Abschluss eines gerichtlich gebilligten Vergleichs (§ 156 Abs. 2 FamFG) und an einer Vereinbarung, über deren Gegenstand nicht vertraglich verfügt werden kann, wenn hierdurch eine gerichtliche Entscheidung entbehrlich wird oder wenn die Entscheidung der getroffenen Vereinbarung folgt.

Einigungsgebühr in sozialrechtlichen Angelegenheiten mit Betragsrahmengebühren siehe Erledigungsgebühr

Einspruchsrücknahme

- Bußgeldsachen VV RVG Nr. 5115
- Strafsachen VV RVG Nr. 4141

Einstweilige Anordnungen in Ehe-, Abstammungs- und Lebenspartnerschaftssachen

Verfahren nach

a) § 49 FamFG,

b) § 246 FamFG,

c) § 247 FamFG,

d) § 248 FamFG,

e) § 214 FamFG

sind im Verhältnis zueinander wie auch im Verhältnis zum Hauptverfahren verschiedene Angelegenheiten (§ 17 Nr. 4b) und 4d) RVG). Das gilt auch für einstweilige Anordnungen, die nicht auf Antrag, sondern von Amts wegen ergehen.

Gem. VV RVG Vorbem. 3.1 Abs. 1 Gebühren wie im Prozessverfahren.

Einstweilige Verfügung siehe Arrest und Abschlussschreiben

Einvernehmen nach § 28 EuRAG

Der Rechtsanwalt erhält nach VV RVG Nr. 2200 für die Herstellung des Einvernehmens nach § 28 EuRAG eine Geschäftsgebühr in Höhe der einem Bevollmächtigten oder Verteidiger zustehenden Verfahrensgebühr. Kann das beabsichtigte Einvernehmen nicht hergestellt werden, ermäßigt sich die Gebühr VV RVG Nr. 2200 auf 0,1 bis 0,5 oder den Mindestbetrag der einem Bevollmächtigten oder Verteidiger zustehenden Verfahrensgebühr, VV RVG Nr. 2201.

Einzeltätigkeiten des nicht zum Prozessbevollmächtigten bestellten Rechtsanwalts in Verfahren nach VV RVG Teil 3

Der **Verkehrsanwalt** erhält gem. VV RVG Nr. 3400 eine Verfahrensgebühr in Höhe der dem Verfahrensbevollmächtigten zustehenden Verfahrensgebühr, höchstens 1,0

bei Betragsrahmengebühren .... höchstens 500,00 €

Der **Terminsvertreter** erhält gem. VV RVG Nr. 3401 eine Verfahrensgebühr in Höhe der Hälfte der dem Verfahrensbevollmächtigten zustehenden Verfahrensgebühr sowie gem. VV RVG Nr. 3402 zudem eine Terminsgebühr in Höhe der einem Verfahrensbevollmächtigten zustehenden Terminsgebühr.

Gebühr für **sonstige Einzeltätigkeiten** in einem gerichtlichen Verfahren, wenn der Rechtsanwalt nicht zum Prozess- oder Verfahrensbevollmächtigten bestellt ist, soweit in VV RVG Teil 3 Abschnitt 4 nichts anderes bestimmt ist, VV RVG Nr. 3403 0,8

Der Auftrag beschränkt sich auf ein **Schreiben einfacher Art**: Die Gebühr VV RVG Nr. 3403 beträgt gem. VV RVG Nr. 3404 . 0,3

Endet der Auftrag im Falle der VV RVG Nr. 3400, **bevor** der Verfahrensbevollmächtigte beauftragt oder der Rechtsanwalt gegenüber dem Verfahrensbevollmächtigten tätig geworden ist, oder im Falle der VV RVG Nr. 3401, bevor der Termin begonnen hat, gilt gem. VV RVG Nr. 3405:

Die Gebühren VV RVG Nr. 3400 und VV RVG Nr. 3401 betragen höchstens 0,5

bei Betragsrahmengebühren .... höchstens 250,00 €

Einzeltätigkeiten in Bußgeldsachen siehe Bußgeldsachen

Einzeltätigkeiten in Strafsachen siehe Strafsachen

Einzeltätigkeit in sonstigen Verfahren nach VV RVG Teil 6 VV 6500

Einziehungs- und Nebenbeteiligter VV RVG Vorbem. 4 Abs. 1

Einziehung und verwandte Maßnahmen

- Bußgeldsachen VV RVG Nr. 5116
- Strafsachen VV RVG Nr. 4142

Elektronische Akte § 12b RVG

Energiewirtschaftsgesetz

In Beschwerdeverfahren nach dem EnWG erwachsen für den Rechtsanwalt gem. VV RVG Vorbem. 3.2.1 Nr. 2 f Gebühren nach VV RVG Teil 3 Abschnitt 2 Unterabschnitt 1 (VV RVG Nrn. 3200 ff.).

In Rechtsbeschwerdeverfahren ist Unterabschnitt 2 (VV RVG Nr. 3206 ff.) anwendbar, VV RVG Vorbem. 3.2.2 Nr. 1 a), VV RVG Vorbem. 3.2.1 Nr. 2 f). Die Anwendung von VV RVG Nrn. 3208 f. scheidet aus, weil die dafür notwendige Voraussetzung – Vertretung der Parteien nur durch einen beim BGH zugelassenen Rechtsanwalt – nicht erfüllt wird (vgl. § 80 EnwG).

Entgelte für Post- und Telekommunikationsdienstleistungen

Auslagenersatz nach VV RVG Nr. 7001	in voller Höhe der tatsächlich angefallenen Beträge
Stattdessen kann nach VV RVG Nr. 7002 auch eine Pauschale verlangt werden. Diese beträgt . . . . Werden Gebühren aus der Staatskasse gezahlt, sind diese maßgebend (Abs. 2 der Anm. zu VV RVG Nr. 7002).	20 % der gesetzlichen Gebühren, jedoch höchstens 20,00 € je Angelegenheit

Entscheidung nach Lage der Akten

Terminsgebühr

1. Instanz VV RVG Nr. 3104.	1,2
2. Instanz VV RVG Nr. 3202.	1,2

Erfolgshonorar siehe § 4a RVG

Erfolgsunabhängige Vergütung siehe § 4 RVG

Erinnerung

Gegen Entscheidungen des Rechtspflegers, u.a. gem. § 11 Abs. 2 RPflG, § 4 Abs. 3 JVEG (vgl. auch §§ 16 Nr. 10 und 18 Abs. 1 Nr. 3 RVG); in den Fällen der §§ 573, 766 ZPO nur als Einzelauftrag (vgl. § 19 Abs. 1 S. 2 Nr. 5, Abs. 2 Nr. 2 RVG)

Verfahrensgebühr VV RVG Nr. 3500 0,5

Terminsgebühr VV RVG Nr. 3513 0,5

Erledigungsgebühr

Erledigungsgebühr, soweit nicht VV RVG Nrn. 1005, 1006 gilt, VV RVG Nr. 1002 1,5

Die Gebühr entsteht, wenn sich eine Rechtssache ganz oder teilweise nach Aufhebung oder Änderung des mit einem Rechtsbehelf angefochtenen Verwaltungsakts durch die anwaltliche Mitwirkung erledigt. Das Gleiche gilt, wenn sich eine Rechtssache ganz oder teilweise durch Erlass eines bisher abgelehnten Verwaltungsakts erledigt.

Über den Gegenstand ist ein anderes gerichtliches Verfahren als ein selbstständiges Beweisverfahren anhängig:

Die Gebühr VV RVG Nr. 1002 beträgt nach VV RVG Nr. 1003 1,0

Dies gilt auch, wenn ein Verfahren über die Prozesskostenhilfe anhängig ist, soweit nicht lediglich Prozesskostenhilfe für ein selbständiges Beweisverfahren oder die gerichtliche Protokollierung des Vergleichs beantragt wird oder sich die Beiordnung auf den Abschluss eines Vertrags im Sinne der Nummer 1000 erstreckt (§ 48 Abs. 3 RVG). Die Anmeldung eines Anspruchs zum Musterverfahren nach dem KapMuG steht einem anhängigen gerichtlichen Verfahren gleich. Das Verfahren vor dem Gerichtsvollzieher steht einem gerichtlichen Verfahren gleich.

Über den Gegenstand ist ein Berufungs- oder Revisionsverfahren, ein Verfahren über die Beschwerde gegen die Nichtzulassung eines dieser Rechtsmittel oder ein Verfahren vor dem Rechtsmittelgericht über die Zulassung des Rechtsmittels anhängig:

Die Gebühr VV RVG Nr. 1002 beträgt nach VV RVG Nr. 1004 1,3

(1) Dies gilt auch in den in den Vorbemerkungen 3.2.1 und 3.2.2 genannten Beschwerde- und Rechtsbeschwerdeverfahren.

(2) Absatz 2 der Anmerkung zu Nummer 1003 ist anzuwenden.

Erledigungsgebühr oder Einigungsgebühr in sozialrechtlichen Angelegenheiten mit Betragsrahmengebühren

Einigung oder Erledigung in sozialrechtlichen Angelegenheiten, in denen im gerichtlichen Verfahren Betragsrahmengebühren entstehen (§ 3 RVG):

Die Gebühren VV RVG Nrn. 1000 und 1002 entstehen nach VV RVG Nr. 1005 . . . . in Höhe der Geschäftsgebühr

(1) Die Gebühr bestimmt sich einheitlich nach dieser Vorschrift, wenn in die Einigung Ansprüche aus anderen Verwaltungsverfahren einbezogen werden. Ist über einen Gegenstand ein gerichtliches Verfahren anhängig, bestimmt sich die Gebühr nach Nummer 1006. Maßgebend ist die höchste entstandene Geschäftsgebühr ohne Berücksichtigung einer Erhöhung nach Nummer 1008. Steht dem Rechtsanwalt eine Gebühr nach § 34 RVG zu (Beratung), beträgt die Gebühr die Hälfte des in der Anm. zu Nummer 2302 genannten Betrages (= 179,50 €).

(2) Betrifft die Einigung oder Erledigung nur einen Teil der Angelegenheit, ist der auf diesen Teil der Angelegenheit entfallende Anteil an der Geschäftsgebühr unter Berücksichtigung der in § 14 Abs. 1 RVG genannten Umstände zu schätzen.

Über den Gegenstand ist ein gerichtliches Verfahren anhängig:

Die Gebühr VV RVG Nr. 1005 entsteht nach VV RVG Nr. 1006. . . . . in Höhe der Verfahrensgebühr

(1) Die Gebühr bestimmt sich auch dann einheitlich nach dieser Vorschrift, wenn in die Einigung Ansprüche einbezogen werden, die nicht in diesem Verfahren rechtshängig sind. Maßgebend für die Höhe der Gebühr ist die im Einzelfall bestimmte Verfahrensgebühr in der Angelegenheit, in der die Einigung erfolgt. Eine Erhöhung nach Nummer 1008 ist nicht zu berücksichtigen.

(2) Betrifft die Einigung oder Erledigung nur einen Teil der Angelegenheit, ist der auf diesen Teil der Angelegenheit entfallende Anteil an der Verfahrensgebühr unter Berücksichtigung der in § 14 Abs. 1 RVG genannten Umstände zu schätzen.

Erörterung Terminsgebühr, siehe dort

Erstberatung siehe Beratung

Erstreckung der Pflichtverteidigerbestellung siehe § 48 Abs. 6 S. 3 RVG: in Verfahren nach den VV RVG Teilen 4–6; siehe auch Verbindung

Europäische Geldsanktionen (§§ 86 ff. IRG) siehe Internationale Rechtshilfe in Strafsachen

Europäische Kontenpfändung

VV RVG Vorbem. 3.3.3 Abs. 2:

Im Verfahren nach der Verordnung (EU) Nr. 655/2014 – Gläubiger hat bereits einen Zahlungstitel – werden Gebühren nach VV RVG Nrn. 3309 f. nur im Fall des Artikels 5 Buchstabe b der Verordnung (EU) Nr. 655/2014 erhoben.

In den Fällen des Artikels 5 Buchstabe a der Verordnung (EU) Nr. 655/2014 – Gläubiger hat noch keinen Zahlungstitel – bestimmen sich die Gebühren nach den für Arrestverfahren geltenden Vorschriften (VV RVG Nrn. 3100 ff.).

Europäischer Gerichtshof (EuGH) siehe Gerichtshof der Europäischen Gemeinschaft

Europäischer Gerichtshof für Menschenrechte

Gem. § 38a S. 1 RVG gelten die Vorschriften in VV RVG Teil 3 Abschnitt 2 Unterabschnitt 2, also

Verfahrensgebühr (VV RVG Nr. 3206) mit einem Gebührensatz von. 1,6

Terminsgebühr (VV RVG Nr. 3210) mit einem Gebührensatz von. . 1,5

Der Gegenstandswert ist gem. § 38a S. 2 RVG unter Berücksichtigung der in § 14 Abs. 1 RVG genannten Umstände nach billigem Ermessen zu bestimmen. Der Mindestwert beträgt 5.000,00 €.

Europäischer Vollstreckungstitel über unbestrittene Forderungen / Europäischer Zahlungsbefehl / Verfahren über geringfügige Forderungen

Jedes Verfahren über Anträge nach § 1084 Abs. 1, § 1096 oder § 1109 ZPO auf Verweigerung, Aussetzung oder Beschränkung der Zwangsvollstreckung aus einem Europäischen Vollstreckungstitel, einem Europäischen Zahlungsbefehl einem Titel über geringfügige Forderungen stellt gem. § 18 Abs. 1 Nr. 6 RVG eine besondere Angelegenheit dar. In diesen Verfahren erwachsen Gebühren für eine Tätigkeit in der Zwangsvollstreckung nach VV RVG Nrn. 3309, 3310.

Soweit es in diesem Rahmen einstweilige Anordnungsverfahren gibt, wird die Tätigkeit des Rechtsanwalts durch die Vergütung für das Verfahren als solches mitumfasst. Nur wenn darüber eine abgesonderte mündliche Verhandlung stattfindet, entstehen zusätzliche Gebühren nach VV RVG Nrn. 3328, 3332 (§ 19 Abs. 1 S. 2 Nr. 11 RVG).

Fahrtkosten Auslagen nach VV RVG Nr. 7003 bzw. VV RVG Nr. 7004, siehe Reisekosten

Fälligkeit der Vergütung Einforderbarkeit der Vergütung, § 8 Abs. 1 RVG

Familiensachen

- Gebühren siehe Übersicht „Rechtsanwaltsgebühren in familiengerichtlichen Verfahren“, S. 169 ff.
- Gegenstandswerte siehe Übersicht „Die wichtigsten Gegenstandswerte in familiengerichtlichen Verfahren“, S. 175 ff.

Farbausdrucke siehe Dokumentenpauschale

Farbkopien siehe Dokumentenpauschale

Festsetzung der Vergütung

gegen den eigenen Mandanten § 11 RVG
gegen die Staatskasse § 55 RVG

Fiktive Terminsgebühr siehe Terminsgebühr schriftliches Verfahren

Finanzgerichtsbarkeit

In Verfahren vor dem Finanzgericht richten sich die Gebühren gem. VV RVG Vorbem. 3.2.1 Nr. 1 nach VV RVG Teil 3 Abschnitt 2 Unterabschnitt 1, also nach den für das Berufungsverfahren vorgesehenen Gebühren (VV RVG Nrn. 3200 ff.).

Im Revisionsverfahren bestimmen sich die Gebühren nach VV RVG Teil 3 Abschnitt 2 Unterabschnitt 2.

Für das Verfahren über die **Beschwerde gegen die Nichtzulassung der Revision** durch das Finanzgericht erhält der Rechtsanwalt eine gesonderte Verfahrensgebühr nach VV RVG Nr. 3506 mit einem Gebührensatz von 1,6. Bei vorzeitiger Beendigung des Auftrags reduziert sich die Verfahrensgebühr gem. VV RVG Nr. 3505 auf 1,0. Ferner kann eine Terminsgebühr nach VV RVG Nr. 3516 von 1,2 anfallen. Kommt es zur Durchführung der Revision, ist diese Gebühr auf die Verfahrensgebühr des Revisionsverfahrens anzurechnen.

Es kann ferner eine **Erledigungsgebühr** nach VV RVG Nr. 1002 entstehen; siehe „Erledigungsgebühr“.

Eine wegen desselben Gegenstands entstandene **Geschäftsgebühr** nach VV RVG Teil 2 wird gem. VV RVG Vorbem. 3 Abs. 4 zur Hälfte, jedoch höchstens mit einem Gebührenansatz von 0,75, auf die Verfahrensgebühr des gerichtlichen Verfahrens angerechnet. Sind mehrere Geschäftsgebühren entstanden, ist für die Anrechnung die zuletzt entstandene Gebühr maßgebend. Die Anrechnung erfolgt nach dem Wert des Gegenstands, der auch Gegenstand des gerichtlichen Verfahrens ist.
Vgl. zur Anrechnung auch § 15a RVG!

Fotokopien siehe Dokumentenpauschale

Freiheitsentziehungen

VV	Gebührentatbestand	Wahlverteidiger oder Verfahrensbevollmächtigter			gerichtlich bestellter oder beigeordneter RA
		Mindestgebühr	Höchstgebühr	Mittelgebühr	
		€	€	€	€
6300	Verfahrensgebühr in Freiheitsentziehungssachen nach § 415 FamFG, in Unterbringungssachen nach § 312 FamFG und in Verfahren nach § 151 Nr. 6 und 7 FamFG Die Gebühr entsteht für jeden Rechtszug.	44,00	517,00	280,50	224,00
6301	Terminsgebühr in den Fällen der Nummer 6300. Die Gebühr entsteht für die Teilnahme an gerichtlichen Terminen.	44,00	517,00	280,50	224,00
6302	Verfahrensgebühr in sonstigen Fällen Die Gebühr entsteht für jeden Rechtszug des Verfahrens über die Verlängerung oder Aufhebung einer Freiheitsentziehung nach den §§ 425 und 426 FamFG oder einer Unterbringungsmaßnahme nach den §§ 329 und 330 FamFG.	22,00	330,00	176,00	141,00
6303	Terminsgebühr in den Fällen der Nummer 6302. Die Gebühr entsteht für die Teilnahme an gerichtlichen Terminen.	22,00	330,00	176,00	141,00

Gebührensätze

Gegenstandswert, Berechnung §§ 22 ff. RVG

Gegenstandswert, Definition

§ 2 Abs. 1 RVG: Die Gebühren werden, soweit dieses Gesetz nichts anderes bestimmt, nach dem Wert berechnet, den der Gegenstand der anwaltlichen Tätigkeit hat.

Gegenstandswert, Festsetzung §§ 32, 33 RVG

Gegenstandswert, Hinweispflicht § 49b Abs. 5 BRAO

Gehörsrüge

Gebühr für Verfahren über eine Rüge wegen Verletzung des Anspruchs auf rechtliches Gehör, soweit nicht nach § 19 Abs. 1 S. 2 Nr. 5 b) RVG zur Hauptsache gehörig

Verfahrensgebühr VV RVG Nr. 3330	In Höhe der Verfahrensgebühr für das Verfahren, in dem die Rüge erhoben wird, höchstens 0,5, bei Betragsrahmengebühren höchstens 260,00 €
Terminsgebühr VV RVG Nr. 3331	In Höhe der Terminsgebühr für das Verfahren, in dem die Rüge erhoben wird, höchstens 0,5, bei Betragsrahmengebühren höchstens 260,00 €

Gerichtshof der Europäischen Gemeinschaften (EuGH)

In Vorabentscheidungsverfahren vor dem EuGH (§ 38 RVG)

Verfahren mit Wertgebühren: Es gelten die Vorschriften in VV RVG Teil 3 Abschnitt 2 Unterabschnitt 2 (vgl. § 38 Abs. 1 S. 1 RVG), also:

Verfahrensgebühr (VV RVG Nr. 3206) mit einem Gebührensatz von.	1,6
Terminsgebühr (VV RVG Nr. 3210) mit einem Gebührensatz von.	1,5

Der Gegenstandswert bestimmt sich nach den Wertvorschriften, die für die Gerichtsgebühren des Verfahrens gelten, in dem vorgelegt wird.

Gebührensätze

Sozialgerichtliche Verfahren, in denen das GKG nicht gilt: Auch hier gelten die Vorschriften in VV RVG Teil 3 Abschnitt 2; der Rechtsanwalt erhält

als Verfahrensgebühr (VV RVG Nr. 3212)	96,00 bis 1.056,00 € Mittelgebühr 576,00 €
als Terminsgebühr (VV RVG Nr. 3213)	96,00 bis 990,00 € Mittelgebühr 543,00 €

Verfahren nach VV RVG Teil 4, 5 oder 6: VV RVG Nr. 4130 und VV RVG Nr. 4132 sind entsprechend anzuwenden. Gem. § 38 Abs. 3 wird die Verfahrensgebühr des Verfahrens, in dem vorgelegt worden ist, auf die Verfahrensgebühr des Verfahrens vor dem EuGH **angerechnet**, wenn nicht eine im Verfahrensrecht vorgesehene schriftliche Stellungnahme gegenüber dem EuGH abgegeben wird.

Geschäftsgebühr siehe Vertretung für außergerichtliche Tätigkeiten

Güteverfahren

Geschäftsgebühr gem. VV RVG Nr. 2303 mit einem Gebührensatz von	1,5

für

1. Güteverfahren vor einer durch die Landesjustizverwaltung eingerichteten oder anerkannten Gütestelle (§ 794 Abs. 1 Nr. 1 ZPO) oder, wenn die Parteien den Einigungsversuch einvernehmlich unternehmen, vor einer Gütestelle, die Streitbeilegung betreibt (§ 15a Abs. 3 EGZPO),
2. Verfahren vor einem Ausschuss der in § 111 Abs. 2 ArbGG bezeichneten Art,
3. Verfahren vor dem Seemannsamt zur vorläufigen Entscheidung von Arbeitssachen und
4. Verfahren vor sonstigen gesetzlich eingerichteten Einigungsstellen, Gütestellen oder Schiedsstellen.

   Anrechnung Geschäftsgebühr VV RVG Nr. 2300 auf VV RVG Nr. 2303 nach VV RVG Vorbem. 2.3 Abs. 6
   Vgl. zur Anrechnung auch § 15a RVG!

Gutachten siehe Beratung

Gutachten des Vorstands der Rechtsanwaltskammer § 14 Abs. 3 RVG

Haftpflichtversicherungsprämie VV RVG Nr. 7007

Haushaltssachen (§ 200 Abs. 2 FamFG)

Es fallen erstinstanzlich Gebühren nach Teil 3 Abschnitt 1 an, also u.a.

Verfahrensgebühr VV RVG Nr. 3100 mit einem Gebührensatz von. 1,3

Terminsgebühr VV RVG Nr. 3104 mit einem Gebührensatz von. 1,2

Soweit wegen desselben Gegenstands eine Geschäftsgebühr nach VV RVG Teil 2 entstanden ist, wird diese Gebühr zur Hälfte, jedoch höchstens mit einem Gebührensatz von 0,75, auf die Verfahrensgebühr des gerichtlichen Verfahrens angerechnet.

Vgl. zur Anrechnung auch § 15a RVG!

In Verfahren über **Beschwerden** gegen Endentscheidungen wegen des Hauptgegenstands in Familien- und Lebenspartnerschaftssachen findet Teil 3 Abschnitt 2 Unterabschnitt 1 – VV RVG Nrn. 3200 ff. – Anwendung, vgl. VV RVG Vorbem. 3.2.1 Abs. 1 Nr. 2 b; u.a. also:

Verfahrensgebühr VV RVG Nr. 3200 1,6

Terminsgebühr VV RVG Nr. 3202 1,2

In Verfahren über **Rechtsbeschwerden** gegen Endentscheidungen wegen des Hauptgegenstands in Familien- und Lebenspartnerschaftssachen findet Teil 3 Abschnitt 2 Unterabschnitt 2 – VV RVG Nrn. 3206 ff. – Anwendung, vgl. VV RVG Vorbem. 3.2.2 Nr. 1 a); u.a. also:

Verfahrensgebühr VV RVG Nrn. 3206, 3208. 2,3

Ermäßigte Verfahrensgebühr VV RVG Nr. 3209. 1,8

Terminsgebühr VV RVG Nr. 3210 1,5

Hebegebühr VV RVG Nr. 1009, siehe Berechnungsbeispiele S. 635

Herstellung des Einvernehmens siehe Einvernehmen

Hilfeleistung in Steuersachen § 35 RVG

Hinterlegungsverfahren VV RVG Nrn. 2300 ff.

Inkassodienstleistung siehe Vertretung für außergerichtliche Tätigkeiten

Insolvenzverfahren

VV	Gebührentatbestand	Gebührensatz
3313	Verfahrensgebühr für die Vertretung des Schuldners im Eröffnungsverfahren	1,0
3314	Verfahrensgebühr für die Vertretung des Gläubigers im Eröffnungsverfahren	0,5
3315	Tätigkeit auch im Verfahren über den Schuldenbereinigungsplan: Die Verfahrensgebühr 3313 beträgt	1,5
3316	Tätigkeit auch im Verfahren über den Schuldenbereinigungsplan: Die Verfahrensgebühr 3314 beträgt	1,0
3317	Verfahrensgebühr für das Insolvenzverfahren	1,0
3318	Verfahrensgebühr für das Verfahren über einen Insolvenzplan	1,0
3319	Vertretung des Schuldners, der den Plan vorgelegt hat: Die Verfahrensgebühr 3318 beträgt	3,0
3320	Die Tätigkeit beschränkt sich auf die Anmeldung einer Insolvenzforderung: Die Verfahrensgebühr 3317 beträgt	0,5
3321	Verfahrensgebühr für das Verfahren über einen Antrag auf Versagung oder Widerruf der Restschuldbefreiung (1) Das Verfahren über mehrere gleichzeitig anhängige Anträge ist eine Angelegenheit. (2) Die Gebühr entsteht auch gesondert, wenn der Antrag bereits vor Aufhebung des Insolvenzverfahrens gestellt wird.	0,5
3322	Verfahrensgebühr für das Verfahren über Anträge auf Zulassung der Zwangsvollstreckung nach § 17 Abs. 4 SvertO	0,5
3323	Verfahrensgebühr für das Verfahren über Anträge auf Aufhebung von Vollstreckungsmaßregeln (§ 8 Abs. 5 und § 41 SVertO	0.5

VV RVG Vorbem. 3.3.5:

(1) Die Gebührenvorschriften gelten für die Verteilungsverfahren nach der SVertO und Verfahren nach dem StaRUG, soweit dies ausdrücklich angeordnet ist.

(2) Bei der Vertretung mehrerer Gläubiger, die verschiedene Forderungen geltend machen, entstehen die Gebühren jeweils besonders. Das Gleiche gilt in Verfahren nach dem StaRUG, wenn mehrere Gläubiger verschiedene Rechte oder wenn mehrere am Schuldner beteiligte Personen Ansprüche aus ihren jeweiligen Beteiligungen geltend machen.

(3) Für die Vertretung des ausländischen Insolvenzverwalters im Sekundärinsolvenzverfahren entstehen die gleichen Gebühren wie für die Vertretung des Schuldners.

Insolvenzverwalter

Der Insolvenzverwalter erhält nach der Insolvenzrechtlichen Vergütungsverordnung (InsVV) vom 19.8.1998 – (BGBl. I S. 2205), zuletzt geändert durch Art. 6 G v. 22.12.2020 (BGBl. I S. 3256), in der Regel (§ 2 InsVV):

1. von den ersten 35.000,00 € der Insolvenzmasse.	40 Prozent
2. von dem Mehrbetrag bis zu 70.000,00 €	26 Prozent
3. von dem Mehrbetrag bis zu 350.000,00 €	7,5 Prozent
4. von dem Mehrbetrag bis zu 700.000,00 €	3,3 Prozent
5. von dem Mehrbetrag bis zu 35.000.000,00 €.	2,2 Prozent
6. von dem Mehrbetrag bis zu 70.000.000,00 €.	1,1 Prozent
7. von dem Mehrbetrag bis zu 350.000.000,00 €.	0,5 Prozent
8. von dem Mehrbetrag bis zu 700.000.000,00 €.	0,4 Prozent
9. von dem darüber hinausgehenden Betrag	0,2 Prozent

Haben in dem Verfahren nicht mehr als 10 Gläubiger ihre Forderungen angemeldet, so soll die Vergütung in der Regel mindestens 1.400,00 € betragen. Von 11 bis zu 30 Gläubigern erhöht sich die Vergütung für je angefangene 5 Gläubiger um 210,00 €. Ab 31 Gläubiger erhöht sich die Vergütung je angefangene 5 Gläubiger um 140,00 €. Das Insolvenzgericht kann die Vergütung abweichend vom Regelsatz festsetzen, insbesondere im Hinblick auf die detaillierte Auflistung von Zu- und Abschlägen in § 3 InsVV.

Vorläufiger Insolvenzverwalter. Dessen Tätigkeit wird besonders vergütet. Die Vergütung soll in der Regel einen angemessenen Bruchteil der Vergütung des Insolvenzverwalters nicht überschreiten. Art, Dauer und Umfang sind bei der Festsetzung durch das Insolvenzgericht zu berücksichtigen (§ 11 InsVV).

Vergütung des Insolvenzverwalters im Verbraucherinsolvenzverfahren. Werden in einem Verfahren nach dem Neunten Teil der Insolvenzordnung die Unterlagen nach § 305 Abs. 1 Nr. 3 InsO von einer geeigneten Person oder Stelle erstellt, ermäßigt sich die Vergütung gem. § 13 InsO nach § 2 Abs. 2 S. 1 InsO auf 1.120,00 €.

Internationale Rechtshilfe in Strafsachen und Verfahren nach dem Gesetz über die Zusammenarbeit mit dem Internationalen Strafgerichtshof

Vergütungsverzeichnis (RVG-VV)

Nr.	Gebührentatbestand	Gebühr	
		Wahlverteidiger oder Verfahrensbevollmächtigter	gerichtlich bestellter oder beigeordneter Rechtsanwalt

Teil 6: Sonstige Verfahren

Vorbemerkung 6:

(1) Für die Tätigkeit als Beistand für einen Zeugen oder Sachverständigen in einem Verfahren, für das sich die Gebühren nach diesem Teil bestimmen, entstehen die gleichen Gebühren wie für einen Verfahrensbevollmächtigten in diesem Verfahren.

(2) Die Verfahrensgebühr entsteht für das Betreiben des Geschäfts einschließlich der Information.

(3) Die Terminsgebühr entsteht für die Teilnahme an gerichtlichen Terminen, soweit nichts anderes bestimmt ist. Der Rechtsanwalt erhält die Terminsgebühr auch, wenn er zu einem anberaumten Termin erscheint, dieser aber aus Gründen, die er nicht zu vertreten hat, nicht stattfindet. Dies gilt nicht, wenn er rechtzeitig von der Aufhebung oder Verlegung des Termins in Kenntnis gesetzt worden ist.

Abschnitt 1
Verfahren nach dem Gesetz über die internationale Rechtshilfe in Strafsachen und Verfahren nach dem Gesetz über die Zusammenarbeit mit dem Internationalen Strafgerichtshof

Unterabschnitt 1: Verfahren vor der Verwaltungsbehörde

Vorbemerkung 6.1.1:

Die Gebühr nach diesem Unterabschnitt entsteht für die Tätigkeit gegenüber der Bewilligungsbehörde in Verfahren nach Abschnitt 2 Unterabschnitt 2 des Neunten Teils des Gesetzes über die internationale Rechtshilfe in Strafsachen.

6100	Verfahrensgebühr	55,00 bis 374,00 €	172,00 €
	Unterabschnitt 2: Gerichtliches Verfahren		
6101	Verfahrensgebühr	110,00 bis 759,00 €	348,00 €
6102	Terminsgebühr je Verhandlungstag . .	143,00 bis 1.023,00 €	466,00 €

Gebührensätze

Internationales Unterhaltsverfahren siehe Auslandsunterhaltsgesetz

Kapitalanleger-Musterverfahren

Zur Minimierung des Prozesskostenrisikos der geschädigten Kapitalanleger bilden das erstinstanzliche Prozessverfahren und der erste Rechtszug des Musterverfahrens nach dem KapMuG **dieselbe gebührenrechtliche Angelegenheit**, in der die Gebühren nur einmal anfallen, obwohl das OLG über das Musterverfahren entscheidet, § 16 Nr. 13 RVG.

Für den Rechtsanwalt eines Anmelders im Musterverfahren (§ 10 Abs. 2 KapMuG) entsteht eine 0,8 Verfahrensgebühr nach VV RVG Nr. 3338. Wegen § 16 Nr. 13 RVG geht diese Verfahrensgebühr ggf. in der Verfahrensgebühr VV RVG Nr. 3100 für ein sich anschließendes Prozessverfahren auf.

Gem. § 15 Abs. 5 S. 3 RVG entsteht aber eine **neue Angelegenheit**, wenn mehr als zwei Kalenderjahre nach Zustellung eines Beschlusses nach § 23 Abs. 3 S. 1 KapMuG der Kläger einen Antrag nach § 23 Abs. 4 KapMuG auf Wiedereröffnung des Verfahrens stellt.

Wird gegen die Entscheidung Rechtsbeschwerde zum BGH eingelegt, entstehen im Verfahren über die Rechtsbeschwerde gem. VV RVG Vorbem. 3.2.2 Nr. 1b) Gebühren nach Teil 3 Abschnitt 2 Unterabschnitt 2, also nach VV RVG Nrn. 3206 ff.

Für das erstinstanzliche Musterverfahren nach dem KapMuG kann das Oberlandesgericht gem. § 41a RVG dem Rechtsanwalt, der den Musterkläger vertritt, auf Antrag eine **besondere Gebühr** (Satz 0,3) bewilligen, wenn sein Aufwand im Vergleich zu dem Aufwand der Vertreter der beigeladenen Kläger höher ist. Die Gebühr ist einschließlich der anfallenden Umsatzsteuer aus der Landeskasse zu zahlen. Ein Vorschuss kann nicht gefordert werden.

Gegenstandswert gem. § 23b RVG im Musterverfahren nach dem KapMuG: Höhe des von dem Auftraggeber oder gegen diesen im Ausgangsverfahren geltend gemachten Anspruchs, soweit dieser Gegenstand des Musterverfahrens ist.

Kappungsgrenze

Anm. Abs. 1 und Abs. 2 zu VV RVG Nrn. 2300 und 2302, siehe Vertretung außergerichtliche Tätigkeiten

Kontaktperson

Gebühr für den als Kontaktperson beigeordneten Rechtsanwalt (§ 34a EGGVG) VV RVG Nr. 4304. . . . . 3.850,00 €

Kostenfestsetzungsverfahren

Antrag auf Festsetzung: keine gesonderte Gebühr, soweit es sich nicht um eine Einzeltätigkeit handelt (vgl. § 19 Abs. 1 S. 2 Nr. 14 RVG); anderenfalls VV RVG Nr. 3403.

Erinnerung bzw. **Beschwerde** in Angelegenheiten, in denen sich die Gebühren nach VV RVG Teil 3 richten: Jedes Beschwerdeverfahren, jedes Verfahren über eine Erinnerung gegen einen Kostenfestsetzungsbeschluss und jedes sonstige Verfahren über eine Erinnerung gegen eine Entscheidung des

Rechtspflegers ist eine besondere Angelegenheit, § 18 Abs. 1 Nr. 3 RVG; Entsprechendes gilt für Straf- und Bußgeldsachen gem. VV RVG Vorbem. 4 Abs. 5 und VV RVG Vorbem. 5 Abs. 4. Bei mehreren Verfahren in demselben Rechtszug handelt es sich jedoch um dieselbe Angelegenheit, § 16 Nr. 10 RVG.

Verfahrensgebühr VV RVG Nr. 3500 0,5

Terminsgebühr VV RVG Nr. 3513 0,5

Korrespondenzanwalt siehe Verkehrsanwalt

Längenzuschlag in Strafsachen VV RVG Nrn. 4110, 4111, 4116, 4117, 4122, 4123, 4128, 4129, 4134, 4135

Landwirtschaftssachen

Es fallen erstinstanzlich Gebühren nach Teil 3 Abschnitt 1 an, also

Verfahrensgebühr VV RVG Nr. 3100 mit einem Gebührensatz von. 1,3

Terminsgebühr VV RVG Nr. 3104 mit einem Gebührensatz von. 1,2

Soweit wegen desselben Gegenstands eine Geschäftsgebühr nach VV RVG Teil 2 entstanden ist, wird diese Gebühr zur Hälfte, jedoch höchstens mit einem Gebührensatz von 0,75, auf die Verfahrensgebühr des gerichtlichen Verfahrens angerechnet.

Vgl. zur Anrechnung auch § 15a RVG!

In Verfahren über **Beschwerden** gegen Endentscheidungen in Verfahren nach dem Gesetz über das gerichtliche Verfahren in Landwirtschaftssachen findet Teil 3 Abschnitt 2 Unterabschnitt 1 – VV RVG Nrn. 3200 ff. – Anwendung, vgl. VV RVG Vorbem. 3.2.1 Nr. 2 b; u.a. also:

Verfahrensgebühr VV RVG Nr. 3200 1,6

Terminsgebühr VV RVG Nr. 3202 1,2

In Verfahren über **Rechtsbeschwerden** gegen Endentscheidungen in Verfahren nach dem Gesetz über das gerichtliche Verfahren in Landwirtschaftssachen findet Teil 3 Abschnitt 2 Unterabschnitt 2 – VV RVG Nrn. 3206 ff. – Anwendung, vgl. VV RVG Vorbem. 3.2.2 Nr. 1 a; u.a. also:

Verfahrensgebühr VV RVG Nrn. 3206, 3208. 2,3

Ermäßigte Verfahrensgebühr VV RVG Nr. 3209. 1,8

Terminsgebühr VV RVG Nr. 3210 1,5

Lebenspartnerschaft

1. Aufhebung der Lebenspartnerschaft und Folgesachen

Gebühren wie im Prozessverfahren gem. Teil 3 Abschnitt 1 und 2

Aufhebung und Folgesachen (§ 137 Abs. 2, §§ 269 ff. FamFG) gelten als **dieselbe Angelegenheit**, § 16 Nr. 4 RVG.

Die Gebühren sind nach dem zusammengerechneten Wert der Gegenstände zu berechnen (§ 22 Abs. 1 RVG).

Zum **Gegenstandswert** siehe Übersicht „Die wichtigsten Gegenstandswerte in familiengerichtlichen Verfahren" S. 175 ff.

In Verfahren über **Beschwerden** gegen Endentscheidungen wegen des Hauptgegenstands in Lebenspartnerschaftssachen findet Teil 3 Abschnitt 2 Unterabschnitt 1 – VV RVG Nrn. 3200 ff. – Anwendung, vgl. VV RVG Vorbem. 3.2.1 Nr. 2 b; u.a. also:

Verfahrensgebühr VV RVG Nr. 3200	1,6
Terminsgebühr VV RVG Nr. 3202	1,2

In Verfahren über **Rechtsbeschwerden** gegen Endentscheidungen in Lebenspartnerschaftssachen findet Teil 3 Abschnitt 2 Unterabschnitt 2 – VV RVG Nrn. 3206 ff. – Anwendung, vgl. VV RVG Vorbem. 3.2.2 Nr. 2 b (Familiensachen, vgl. § 111 Nr. 11 FamFG); u.a. also:

Verfahrensgebühr VV RVG Nrn. 3206, 3208.	2,3
Ermäßigte Verfahrensgebühr VV RVG Nr. 3209.	1,8
Terminsgebühr VV RVG Nr. 3210	1,5

2. Aussöhnung von Lebenspartnern

Aussöhnungsgebühr VV RVG Nr. 1001	1,5

Der dem Antragsgegner gem. § 138 FamFG beigeordnete Rechtsanwalt kann von diesem die Vergütung eines zum Prozessbevollmächtigten bestellten Rechtsanwalts und einen Vorschuss verlangen (§ 39 Abs. 1 RVG). Bei Zahlungsverzug des Zahlungsverpflichteten Vergütung aus der Landeskasse (§ 45 Abs. 2 RVG).

Über den Gegenstand ist ein anderes gerichtliches Verfahren anhängig:

Gebühr VV RVG Nr. 1001 beträgt gem. VV RVG Nr. 1003 . . .	1,0

Über den Gegenstand ist ein Beschwerde- oder Rechtsbeschwerdeverfahren, ein Verfahren über die Beschwerde gegen die Nichtzulassung eines dieser Rechtsmittel oder ein Verfahren vor dem Rechtsmittelgericht über die Zulassung des Rechtsmittels anhängig:

Gebühr VV RVG Nr. 1001 beträgt gem. VV RVG Nr. 1004 . . . 1,3

Mahnverfahren

Verfahrensgebühr für die Vertretung des Antragstellers

VV RVG Nr. 3305 1,0

Die Gebühr wird auf die Verfahrensgebühr für einen nachfolgenden Rechtsstreit angerechnet.

Beendigung des Auftrags, bevor der Rechtsanwalt den verfahrenseinleitenden Antrag oder einen Schriftsatz, der Sachanträge, Sachvortrag oder die Zurücknahme des Antrags enthält, eingereicht hat, VV RVG Nr. 3306:

Die Gebühr VV RVG Nr. 3305 beträgt 0,5

Verfahrensgebühr für die Vertretung des Antragsgegners, VV RVG Nr. 3307 0,5

Die Gebühr wird auf die Verfahrensgebühr für einen nachfolgenden Rechtsstreit angerechnet.

Verfahrensgebühr für die Vertretung des Antragstellers im Verfahren über den Antrag auf Erlass eines Vollstreckungsbescheids, VV RVG Nr. 3308 0,5

Die Gebühr entsteht neben der Gebühr 3305 nur, wenn innerhalb der Widerspruchsfrist kein Widerspruch erhoben oder der Widerspruch gemäß § 703 a Abs. 2 Nr. 4 ZPO beschränkt worden ist. Nummer 1008 ist nicht anzuwenden, wenn sich bereits die Gebühr 3305 erhöht.

Terminsgebühr für die Vertretung des Antragstellers bzw. des Antragsgegners, VV RVG Vorbem. 3.3.2, VV RVG Nr. 3104 . . 1,2

Nach § 4 Abs. 2 RVG kann sich der Rechtsanwalt für gerichtliche Mahnverfahren verpflichten, dass er, wenn der Anspruch des Auftraggebers auf Erstattung der gesetzlichen Vergütung nicht beigetrieben werden kann, einen Teil des Erstattungsanspruchs an Erfüllungs statt annehmen werde. Der nicht durch Abtretung zu erfüllende Teil der gesetzlichen Vergütung muss in einem angemessenen Verhältnis zu Leistung, Verantwortung und Haftungsrisiko des Rechtsanwalts stehen.

Mediation siehe Beratung (§ 34 RVG)

Mehrere Anwälte § 6 RVG

Mehrere Auftraggeber, § 7 RVG, VV RVG Nr. 1008

Wird der Rechtsanwalt in derselben Angelegenheit für mehrere Auftraggeber tätig, erhält er die Gebühren nur einmal (§ 7 Abs. 1 RVG). Jeder der Auftraggeber schuldet die Gebühren und Auslagen, die er schulden würde, wenn der Rechtsanwalt nur in seinem Auftrag tätig geworden wäre; die Dokumentenpauschale nach VV RVG Nr. 7000 schuldet er auch insoweit, wie diese nur durch die Unterrichtung mehrerer Auftraggeber entstanden ist (§ 7 Abs. 2 S. 1 RVG). Der Rechtsanwalt kann aber insgesamt nicht mehr als die nach Absatz 1 berechneten Gebühren und die insgesamt entstandenen Auslagen fordern (§ 7 Abs. 2 S. 2 RVG).

Sind Auftraggeber in derselben Angelegenheit mehrere Personen, erhöht sich gem. VV RVG Nr. 1008 die Verfahrens- oder Geschäftsgebühr

für jede weitere Person um .... 0,3 oder 30 % bei Festgebühren, bei Betragsrahmengebühren erhöhen sich der Mindest- und Höchstbetrag um 30 %

(1) Dies gilt bei Wertgebühren nur, soweit der Gegenstand der anwaltlichen Tätigkeit derselbe ist.

(2) Die Erhöhung wird nach dem Betrag berechnet, an dem die Personen gemeinschaftlich beteiligt sind.

(3) Mehrere Erhöhungen dürfen einen Gebührensatz von 2,0 nicht übersteigen; bei Festgebühren dürfen die Erhöhungen das Doppelte der Festgebühr und bei Betragsrahmengebühren das Doppelte des Mindest- und Höchstbetrags nicht übersteigen.

(4) Im Fall der Gebühren 2300 und 2302 erhöht sich der Gebührensatz oder Betrag dieser Gebühren entsprechend.

Mindestgebühr

§ 13 Abs. 2 RVG .... 15,00 €

Gebühren werden auf den nächstliegenden Cent auf- oder abgerundet; 0,5 Cent werden aufgerundet (§ 2 Abs. 2 S. 2 RVG).

Mittelgebühr

Bei Satz- oder Betragsrahmengebühren:

$$\frac{\text{Mindestsatz/Mindestbetrag + Höchstsatz/Höchstbetrag}}{\text{geteilt durch 2}}$$

Nachprüfungsverfahren siehe Vertretung für außergerichtliche Tätigkeiten

Nebenkläger

Gem. VV RVG Vorbem. 4 Abs. 1 erhält der Rechtsanwalt dieselben Gebühren wie ein Verteidiger in Strafsachen; siehe daher die Tabelle auf S. 61 ff.

Bei Vertretung mehrerer Nebenkläger Erhöhung nach VV RVG Nr. 1008, aber nur der Geschäfts- oder Verfahrensgebühr des Nebenkläger-Vertreters.
Bei gemeinschaftlicher Nebenklagevertretung vgl. § 53a RVG

Pauschgebühr gem. § 51 RVG

Gem. § 51 RVG kann dem gerichtlich bestellten oder beigeordneten Rechtsanwalt auf Antrag vom OLG

- in Straf- und Bußgeldsachen,
- in Verfahren nach dem Gesetz über die internationale Rechtshilfe in Strafsachen und in Verfahren nach dem IStGH-Gesetz
- in Freiheitsentziehungs- und Unterbringungssachen sowie
- in Verfahren nach § 151 Nr. 6 und 7 FamFG

für das ganze Verfahren oder für einzelne Verfahrensabschnitte auf Antrag eine Pauschgebühr bewilligt werden, die über die Gebühren nach dem VV RVG hinausgeht, wenn die in den VV RVG Teilen 4 bis 6 bestimmten Gebühren wegen des besonderen Umfangs oder der besonderen Schwierigkeit nicht zumutbar sind.

Die Pauschgebühr ist aus der Staatskasse zu zahlen.

Pauschgebühr gem. § 42 RVG

Gem. § 42 RVG stellt das OLG auf Antrag

- in Straf- und Bußgeldsachen,
- in Verfahren nach dem Gesetz über die internationale Rechtshilfe in Strafsachen und in Verfahren nach dem IStGH-Gesetz
- in Freiheitsentziehungs- und Unterbringungssachen sowie
- In Verfahren nach § 151 Nr. 6 und 7 FamFG

eine Pauschgebühr für das ganze Verfahren oder für einzelne Verfahrensabschnitte fest, wenn die in den VV RVG Teilen 4 bis 6 bestimmten Gebühren eines Wahlanwalts wegen des besonderen Umfangs oder der besonderen Schwierigkeit nicht zumutbar sind.

Die Feststellung ist für das Kostenfestsetzungsverfahren, das Vergütungsfestsetzungsverfahren gem. § 11 RVG und für einen Vergütungsprozess bindend.

Pflichtverteidiger siehe hierzu die Tabellen auf S. 23 und 63 ff.

Postgebühren siehe Entgelte für Post- und Telekommunikationsdienstleistungen

Privatklageverfahren

Gem. VV RVG Vorbem. 4 Abs. 1 erhält der Rechtsanwalt dieselben Gebühren wie ein Verteidiger in Strafsachen; siehe daher die Tabelle auf S. 63 ff.

Bei Vertretung mehrerer Privatkläger Erhöhung nach VV RVG Nr. 1008, aber nur der Geschäfts- oder Verfahrensgebühr des Nebenkläger-Vertreters.

Sühneterminsgebühr VV RVG Nr. 4102 Nr. 5

– für den Wahlanwalt .... 44,00 bis 330,00 €

– für den gerichtlich bestellten oder beigeordneten Rechtsanwalt .... 150,00 €

Einigungsgebühr VV RVG Nr. 4147

– für den Wahlanwalt .... in Höhe der jeweiligen Verfahrensgebühr (ohne Zuschlag)

– für den gerichtlich bestellten oder beigeordneten Rechtsanwalt .... 150,00 €

Prozesspfleger § 41 RVG

Prozesskostenhilfesachen §§ 45 ff. RVG; die Tabelle zu § 49 RVG befindet sich auf S. 160 f.

Prozesskostenhilfeverfahren

Im Verfahren über die Prozesskostenhilfe erhält der Rechtsanwalt gem. VV RVG Nr. 3335 eine Gebühr in Höhe der Verfahrensgebühr für das Verfahren, für das die Prozesskostenhilfe beantragt wird, höchstens .... 1,0, bei Betragsrahmengebühren höchstens 500,00 €

	Gebührensätze
Im Falle vorzeitiger Beendigung gem. VV RVG Nr. 3337 beträgt die Verfahrensgebühr höchstens	0,5
Terminsgebühr VV RVG Vorbem. 3.3.6	Die Terminsgebühr bestimmt sich nach den für dasjenige Verfahren geltenden Vorschriften, für das die PKH beantragt wird.

Für das Verfahren über die Prozesskostenhilfe vor Gerichten der Sozialgerichtsbarkeit, wenn in dem Verfahren, für das Prozesskostenhilfe beantragt wird, Betragsrahmengebühren entstehen (§ 3 RVG), gilt VV RVG Nr. 3335 (höchstens 500,00 €)

Gegenstandswert gem. § 23a RVG:

Im Verfahren über die Bewilligung der Prozesskostenhilfe oder die Aufhebung der Bewilligung nach § 124 Nr. 1 ZPO bestimmt sich der Gegenstandswert nach dem für die Hauptsache maßgebenden Wert. In den übrigen Verfahren (§ 124 Nr. 2–4 ZPO, § 120 Abs. 4 ZPO) ist er nach dem Kosteninteresse nach billigem Ermessen zu bestimmen. Der Wert nach § 23a Abs. 1 RVG und der Wert für das Verfahren, für das die Prozesskostenhilfe beantragt worden ist, werden nicht zusammengerechnet (vgl. auch § 22 Abs. 1 RVG). Das PKH-Verfahren und das Verfahren, für das die Prozesskostenhilfe beantragt worden ist, bilden gem. § 16 Nr. 2 RVG dieselbe Angelegenheit (Gebühren entstehen nur einmal).

Angelegenheit:

Gem. § 16 Nr. 2 RVG sind das Verfahren über die Prozesskostenhilfe und das Verfahren, für das die Prozesskostenhilfe beantragt worden ist, dieselbe Angelegenheit (vgl. § 15 Abs. 1 und 2 RVG).

Prozess- und Sachleitung VV RVG Nr. 3105

Prüfung der Erfolgsaussicht eines Rechtsmittels

1. Abrechnung nach Wertgebühren

– eines Rechtsmittels VV RVG Nr. 2100 (soweit nicht VV RVG Nr. 2102)	0,5 bis 1,0

Die Gebühr ist auf eine Gebühr für das Rechtsmittelverfahren anzurechnen.

– eines Rechtsmittels, verbunden mit der Ausarbeitung eines schriftlichen Gutachtens, VV RVG Nr. 2101 1,3

2. Abrechnung nach Betragsrahmengebühren

– eines Rechtsmittels VV RVG Nr. 2102 .... 36,00 bis 384,00 €

Die Gebühr ist auf eine Gebühr für das Rechtsmittelverfahren anzurechnen.

– eines Rechtsmittels, verbunden mit der Ausarbeitung eines schriftlichen Gutachtens, VV RVG Nr. 2103 .... 60,00 bis 660,00 €

Rahmengebühren § 14 RVG

Rat, Auskunft, Erstberatung siehe Beratung

Räumungsfrist

Für Verfahren vor dem Prozessgericht oder dem Amtsgericht auf Bewilligung, Verlängerung oder Verkürzung einer Räumungsfrist (§§ 721, 794a ZPO), wenn das Verfahren mit dem Verfahren über die Hauptsache nicht verbunden ist,

Verfahrensgebühr VV RVG Nr. 3334 1,0

Bei vorzeitiger Beendigung des Auftrags reduziert sich gem. VV RVG Nr. 3337 die Verfahrensgebühr auf 0,5

Terminsgebühr VV RVG Vorbem. 3.3.6, VV RVG Nr. 3104 ... 1,2

Rechtsbehelfsbelehrung § 12c RVG

Rechtsbeschwerden in den nicht in VV RVG Vorbem. 3.1 Abs. 2, Vorbem. 3.2.1 und 3.2.2 genannten Verfahren

Verfahrensgebühr VV RVG Nr. 3502 1,0

Bei vorzeitiger Beendigung des Auftrags reduziert sich diese Gebühr gem. VV RVG Nr. 3503 auf. 0,5

Die Anmerkung zu Nummer 3201 ist entsprechend anzuwenden.

Terminsgebühr VV RVG Nr. 3516 1,2

Wegen weiterer Rechtsbeschwerden siehe VV RVG Nr. 3500, VV RVG Vorbem. 3.2.1 und 3.2.2

Regelgebühr Anm. zu VV RVG Nrn. 2300 und 2302, siehe Vertretung außergerichtliche Tätigkeiten

Rehabilitierung

VV RVG Vorbem. 4 Abs. 1 bestimmt **generell**, dass der Rechtsanwalt im Verfahren nach dem Strafrechtlichen Rehabilitierungsgesetz (StrRehaG) dieselben Gebühren wie ein Verteidiger in Strafsachen erhält; siehe daher die Tabelle auf S. 63 ff.

Bei Vertretung mehrerer Beteiligter Erhöhung nach VV RVG Nr. 1008, aber nur der Geschäfts- oder Verfahrensgebühr.

Nach VV RVG Nr. 4112 beträgt im Rehabilitierungsverfahren nach Abschnitt 2 StrRehaG die Verfahrensgebühr für den **ersten Rechtszug** für den Wahlanwalt 55,00 bis 352,00 €, für den gerichtlich bestellten oder beigeordneten Rechtsanwalt 163,00 €.

Im **Beschwerdeverfahren** nach § 13 StrRehaG erhält der Wahlanwalt eine Verfahrensgebühr (VV RVG Nr. 4124) und eine Terminsgebühr (VV RVG Nr. 4126) von jeweils 88,00 bis 616,00 €, der gerichtlich bestellte oder beigeordnete Rechtsanwalt erhält jeweils 282,00 €.

Für das Verfahren über einen Antrag auf gerichtliche Entscheidung oder über die Beschwerde gegen eine den Rechtszug beendende Entscheidung nach § 25 Abs. 1 S. 3 bis 5, § 13 StrRehaG erwächst sowohl für den Wahlanwalt als auch den gerichtlich bestellten oder beigeordneten Rechtsanwalt eine zusätzliche Verfahrensgebühr nach VV RVG Nr. 4146 mit einem Gebührensatz von. 1,5

Der Wahlanwalt entnimmt die Höhe der Wertgebühr der Tabelle zu § 13 RVG, der gerichtlich bestellte oder beigeordnete Rechtsanwalt dagegen aus der Tabelle zu § 49 RVG.

Reisekosten

Für Geschäftsreisen sind zu erstatten:

1. Fahrtkosten

a) Benutzung eines eigenen Kfz, VV RVG Nr. 7003 für jeden gefahrenen Kilometer. . . . . 0,42 €

Mit den Fahrtkosten sind die Anschaffungs-, Unterhaltungs- und Betriebskosten sowie die Abnutzung des Kraftfahrzeugs abgegolten.

b) Benutzung eines anderen Verkehrsmittels, soweit sie angemessen sind, VV RVG Nr. 7004. in voller Höhe

2. Tage- und Abwesenheitsgeld, VV RVG Nr. 7005

a) von nicht mehr als 4 Stunden	30,00 €
b) von mehr als 4 bis 8 Stunden	50,00 €
c) von mehr als 8 Stunden	80,00 €

Bei Auslandsreisen kann zu diesen Beträgen ein Zuschlag von 50 % berechnet werden.

3. Sonstige Auslagen (z.B. Übernachtungskosten), soweit sie angemessen sind, VV RVG Nr. 7006	in voller Höhe

Revisionsverfahren in Zivilsachen

– Verfahrensgebühr VV RVG Nr. 3206	1,6
– Bei vorzeitiger Beendigung des Auftrags reduziert sich die Gebühr VV RVG Nr. 3206 gem. VV RVG Nr. 3207 auf	1,1
– Im Verfahren können sich die Parteien nur durch einen beim BGH zugelassenen Rechtsanwalt vertreten lassen:	
Gebühr VV RVG Nr. 3206 beträgt gem. VV RVG Nr. 3208	2,3
– Vorzeitige Beendigung des Auftrags, wenn sich die Parteien nur durch einen beim BGH zugelassenen Rechtsanwalt vertreten lassen können:	
Gebühr VV RVG Nr. 3206 beträgt gem. VV RVG Nr. 3209	1,8
– Terminsgebühr VV RVG Nr. 3210	1,5
– Reduzierte Terminsgebühr VV RVG Nr. 3211	0,8

Zu den Gebühren in Revisionsverfahren betr. Strafsachen siehe unter „Strafsachen“.

Sachwalter

Gem. § 12 InsVV erhält der Sachwalter in der Regel 60 vom Hundert der für den Insolvenzverwalter bestimmten Vergütung. Eine den Regelsatz übersteigende Vergütung ist insbesondere festzusetzen, wenn das Insolvenzgericht gem. § 277 Abs. 1 InsO angeordnet hat, dass bestimmte Rechtsgeschäfte des Schuldners nur mit Zustimmung des Sachwalters wirksam sind.

Der Sachwalter kann nach seiner Wahl anstelle der tatsächlich entstandenen Auslagen einen Pauschsatz fordern, der im ersten Jahr 15 vom Hundert, danach 10 vom Hundert der gesetzlichen Vergütung, höchstens jedoch 175,00 € je angefangenen Monat der Dauer der Tätigkeit des Sachwalters beträgt. Der Pauschsatz darf 30 vom Hundert der Regelvergütung nicht übersteigen.

Sachwalter, vorläufiger

Gem. § 12a InsVV erhält der vorläufige Sachwalter in der Regel 25 Prozent der Vergütung des Sachwalters bezogen auf das Vermögen, auf das sich seine Tätigkeit während des Eröffnungsverfahrens erstreckt.

Der vorläufige Sachwalter kann nach seiner Wahl anstelle der tatsächlich entstandenen Auslagen einen Pauschsatz fordern, der im ersten Jahr 15 vom Hundert, danach 10 vom Hundert der gesetzlichen Vergütung, höchstens jedoch 175,00 € je angefangenen Monat der Dauer der Tätigkeit des Sachwalters beträgt. Der Pauschsatz darf 30 vom Hundert der Regelvergütung nicht übersteigen.

Scheckprozess VV RVG Nrn. 3100 ff., vgl. aber Anm. Abs. 1 zu VV RVG Nr. 3100

Schiedsrichterliches Verfahren

Gem. § 36 RVG erhält der Rechtsanwalt Gebühren nach VV RVG Teil 3 Abschnitt 1, 2 und 4 im schiedsrichterlichen Verfahren nach dem Zehnten Buch der ZPO. Die Terminsgebühr erwächst auch dann, wenn der Schiedsspruch ohne mündliche Verhandlung erlassen wird.

Im Verfahren der **Rechtsbeschwerde** nach § 1065 ZPO richten sich die Gebühren nach VV RVG Teil 3 Abschnitt 1, vgl. VV RVG Vorbem. 3.1 Abs. 2.

Für die Tätigkeit als Verfahrensbevollmächtigter im Verfahren über die **Vollstreckbarerklärung** eines Schiedsspruchs erhält der Rechtsanwalt die Gebühren nach VV RVG Teil 3.

Gerichtliche Verfahren über die **Bestellung** eines Schiedsrichters oder Ersatzschiedsrichters, über die **Ablehnung** eines Schiedsrichters oder über die **Beendigung** des Schiedsrichteramts, zur **Unterstützung** bei der Beweisaufnahme oder bei der **Vornahme** sonstiger richterlicher Handlungen anlässlich eines schiedsrichterlichen Verfahrens:

Verfahrensgebühr VV RVG Nr. 3327 0,75

Terminsgebühr VV RVG Nr. 3332 0,5

Im Falle der **vorzeitigen Beendigung** nach Maßgabe der VV RVG Nr. 3337 reduziert sich die Verfahrensgebühr auf 0,5

Zur **Frage derselben Angelegenheit** vgl. § 16 Nr. 7 und 8 sowie § 17 Nr. 6 RVG.

Schifffahrtsrechtliche Verteilungsordnung siehe Insolvenzverfahren

Schlichtungsverfahren

Geschäftsgebühr VV RVG Nr. 2303 1,5

Schreibauslagen siehe Dokumentenpauschale

Schriftliches Verfahren siehe Terminsgebühr schriftliches Verfahren

Schutzschriften

Gem. § 19 Abs. 1 S. 2 Nr. 1a RVG gehört die Einreichung von Schutzschriften zu dem Rechtszug oder dem Verfahren (Eilverfahren) und ist mit den dort verdienten Gebühren abgegolten.

Schwellengebühr

Anm. zu VV RVG Nrn. 2300 und 2302, siehe Vertretung außergerichtliche Tätigkeiten

Selbständiges Beweisverfahren

Der Rechtsanwalt erhält für eine Tätigkeit im selbständigen Beweisverfahren nach §§ 485 ff. ZPO Gebühren nach VV RVG Teil 3 Abschnitt 1 und 2 (VV RVG Vorbem. 3.1 Abs. 1).

Es kann auch eine **Einigungsgebühr** nach VV RVG Nr. 1000 mit einem Gebührensatz von 1,5 entstehen. Die Anhängigkeit des selbständigen Beweisverfahrens führt nicht zu deren Reduzierung auf 1,0, vgl. VV RVG Nr. 1003.

Nach VV RVG Vorbem. 3 Abs. 5 werden, soweit der Gegenstand eines selbständigen Beweisverfahrens auch Gegenstand eines Rechtsstreits ist oder wird, die Verfahrensgebühr des selbstständigen Beweisverfahrens auf die Verfahrensgebühr des Rechtszugs (Hauptsacheverfahrens) **angerechnet**.

Sicherungsverwahrung VV RVG Vorbem. 4.1 Abs. 1

Sofortige Beschwerde siehe Beschwerde

Sonstige Angelegenheiten siehe Vertretung beschränkt sich auf die Vertretung in einem Termin bzw. Vertretung für außergerichtliche Tätigkeiten einschl. Verwaltungsverfahren, jedoch ohne Verwaltungszwangsverfahren und ohne Bußgeldsachen.

Sozialgerichtsverfahren – Gebühren nach § 3 RVG[1]

Gebührentatbestand	VV/RVG	Mindestgebühr €	Höchstgebühr €	Mittelgebühr €
1. Beratung und Gutachten				
Beratung	§ 34 Abs. 1 S. 1 RVG	Vereinbarung		
Beratung eines Unternehmers ohne Gebührenvereinbarung	§ 34 Abs. 1 S. 2 RVG	Vergütung nach BGB	Keine Höchstgebühr	Vergütung nach BGB
Beratung eines Verbrauchers ohne Gebührenvereinbarung	§ 34 Abs. 1 S. 3 RVG	Vergütung nach BGB	250,00	Vergütung nach BGB
Beratung eines Verbrauchers in einem ersten Beratungsgespräch ohne Gebührenvereinbarung	§ 34 Abs. 1 S. 3 RVG	Vergütung nach BGB	190,00	Vergütung nach BGB
Einigungs- oder Erledigungsgebühr	1005, 1006		179,50[2]	
2. Rechtsmittelprüfung				
Rechtsmittelprüfung	2102	36,00	384,00	210,00
Rechtsmittelprüfung mit Gutachten	2103	60,00	660,00	360,00
3. Außergerichtliche Vertretung				
Geschäftsgebühr[3]	2302	60,00	768,00	414,00
Geschäftsgebühr[3,4]	Anm. zu 2302		359,00	
Einigungs- oder Erledigungsgebühr[5]	1005	In Höhe der konkret abgerechneten (höchsten entstandenen) Geschäftsgebühr VV RVG Nr. 2302 ohne Erhöhung nach VV RVG Nr. 1008.		
	2302			414,00
	Anm. zu 2302			359,00

1 Sozialsachen, in denen das GKG nicht anzuwenden ist. Soweit sich die Gebühren in Sozialsachen nach dem Gegenstandswert richten, berechnen sich die Gebühren nach den Tabellen zu § 13 RVG (S. 140) bzw. bei PKH zu § 49 RVG (S. 160).

2 Die Hälfte des in der Anm. zu VV RVG Nr. 2302 genannten Betrages i.H.v. 359,00 €, Abs. 1 S. 4 der Anm. zu VV RVG Nr. 1005.

3 Die Geschäftsgebühr nach VV RVG Nr. 2302 wird gem. VV RVG Vorbem. 2.3 Abs. 4 zur Hälfte, höchstens mit 207,00 € auf eine Geschäftsgebühr für eine Tätigkeit im weiteren Verwaltungsverfahren, das der Nachprüfung des Verwaltungsakts dient, angerechnet.

4 Wenn die Sache weder umfangreich noch schwierig war, beträgt die Höchstgebühr 359,00 € (Anm. zu VV RVG Nr. 2302).

5 Die Auslagenpauschale entsteht nur, soweit nach der Verfahrensgebühr/Geschäftsgebühr der Höchstbetrag i.H.v. 20,00 € noch nicht erreicht ist.

Sozialgerichtsverfahren – Gebühren nach § 3 RVG

Gebührentatbestand	VV/RVG	Mindestgebühr €	Höchstgebühr €	Mittelgebühr €
4. Einigung				
a) nicht anhängig[1]	1005	In Höhe der konkret abgerechneten (höchsten entstandenen) Geschäftsgebühr ohne Erhöhung nach VV RVG Nr. 1008.		
b) erstinstanzlich anhängig[1]	1006	In Höhe der konkret abgerechneten bzw. der im Einzelfall bestimmten Verfahrensgebühr ohne Erhöhung nach VV RVG Nr. 1008.		
c) Berufungs- oder Revisionsverfahren anhängig[1]	1006	In Höhe der konkret abgerechneten bzw. der im Einzelfall bestimmten Verfahrensgebühr ohne Erhöhung nach VV RVG Nr. 1008.		
5. PKH-Prüfungsverfahren				
a) Verfahrensgebühr	3335	In Höhe der Verfahrensgebühr für das Verfahren, für das PKH beantragt wird, höchstens 500,00.		
b) Terminsgebühr	Vorbem. 3.3.6	In Höhe der Terminsgebühr des zugrunde liegenden Verfahrens, für das PKH beantragt wird.		
6. Zusatzgebühr für besonders umfangreiche Beweisaufnahmen	1010	Der Mindest- und der Höchstbetrag der Terminsgebühr erhöhen sich um 30 %.		
7. Verfahren 1. Instanz				
a) Verfahrensgebühr	3102	60,00	660,00	360,00
b) Terminsgebühr[2]	3106	60,00	610,00	335,00
c) Terminsgebühr ohne mündliche Verhandlung (Anm. zu VV RVG Nr. 3106)[2]	3106	90 % der in derselben Angelegenheit dem Rechtsanwalt zustehenden Verfahrensgebühr VV RVG Nr. 3102 ohne Erhöhung nach VV RVG Nr. 1008.		
	3102			360,00
Davon 90 %	3106			324,00
d) Zusatzgebühr für besonders umfangreiche Beweisaufnahmen[2,3]	1010	Der Mindest- und der Höchstbetrag der Terminsgebühr erhöhen sich um 30 %.		
Erhöhter Gebührenrahmen der Terminsgebühr	3106, 1010	78,00	793,00	435,50
Terminsgebühr	3106			335,00

1 Die Auslagenpauschale entsteht nur, soweit nach der Verfahrensgebühr/Geschäftsgebühr der Höchstbetrag i.H.v. 20,00 € noch nicht erreicht ist.

2 Die Auslagenpauschale entsteht nur, soweit nach der Verfahrensgebühr der Höchstbetrag i.H.v. 20,00 € noch nicht erreicht ist.

3 Die Zusatzgebühr entsteht für den durch besonders umfangreiche Beweisaufnahmen anfallenden Mehraufwand, wenn mindestens drei gerichtliche Termine stattfinden, in denen Sachverständige oder Zeugen vernommen werden.

Sozialgerichtsverfahren – Gebühren nach § 3 RVG

Gebührentatbestand	VV/RVG	Mindestgebühr €	Höchstgebühr €	Mittelgebühr €
e) Einigungs- oder Erledigungsgebühr[1]	1006	In Höhe der konkret abgerechneten bzw. der im Einzelfall bestimmten Verfahrensgebühr VV RVG Nr. 3102 VV ohne Erhöhung nach VV RVG Nr. 1008.		
	3102			360,00
8. Berufung				
a) Verfahrensgebühr	3204	72,00	816,00	444,00
b) Terminsgebühr[1]	3205	60,00	610,00	335,00
c) Terminsgebühr ohne mündliche Verhandlung (Anm. zu VV RVG Nr. 3205)[1]	3205	75 % der in derselben Angelegenheit dem Rechtsanwalt zustehenden Verfahrensgebühr VV RVG Nr. 3204 ohne Erhöhung nach VV RVG Nr. 1008.		
	3204			444,00
Davon 75 %	3205			333,00
d) Zusatzgebühr für besonders umfangreiche Beweisaufnahmen[1,2]	1010	Der Mindest- und der Höchstbetrag der Terminsgebühr erhöhen sich um 30 %.		
Erhöhter Gebührenrahmen der Terminsgebühr	3205, 1010	78,00	793,00	435,50
Terminsgebühr	3205			335,00
e) Einigungs- oder Erledigungsgebühr[1]	1006	In Höhe der konkret abgerechneten bzw. der im Einzelfall bestimmten Verfahrensgebühr VV RVG Nr. 3204 ohne Erhöhung nach VV RVG Nr. 1008.		
	3204			444,00
9. Revision				
a) Verfahrensgebühr	3212	96,00	1.056,00	576,00
b) Terminsgebühr[1]	3213	96,00	990,00	543,00
c) Terminsgebühr ohne mündliche Verhandlung (Anm. zu VV RVG Nr. 3213)[1]	3213	90 % der in derselben Angelegenheit dem Rechtsanwalt zustehenden Verfahrensgebühr VV RVG Nr. 3212 ohne Erhöhung nach VV RVG Nr. 1008.		
	3212			576,00
Davon 90 %	3213			518,40

1 Die Auslagenpauschale entsteht nur, soweit nach der Verfahrensgebühr der Höchstbetrag i.H.v. 20,00 € noch nicht erreicht ist.

2 Die Zusatzgebühr entsteht für den durch besonders umfangreiche Beweisaufnahmen anfallenden Mehraufwand, wenn mindestens drei gerichtliche Termine stattfinden, in denen Sachverständige oder Zeugen vernommen werden.

Sozialgerichtsverfahren – Gebühren nach § 3 RVG

Gebührentatbestand	VV/RVG	Mindestgebühr €	Höchstgebühr €	Mittelgebühr €
d) Zusatzgebühr für besonders umfangreiche Beweisaufnahmen[1,2]	1010	Der Mindest- und der Höchstbetrag der Terminsgebühr erhöhen sich um 30 %.		
Erhöhter Gebührenrahmen der Terminsgebühr	3213, 1010	124,80	1.287,00	705,90
Terminsgebühr	3213			543,00
e) Einigungs- oder Erledigungsgebühr[1]	1006	In Höhe der konkret abgerechneten bzw. der im Einzelfall bestimmten Verfahrensgebühr VV RVG Nr. 3212 ohne Erhöhung nach VV RVG Nr. 1008.		
	3212			576,00
10. Beschwerde (vgl. aber VV RVG Vorbem. 3.2.1 Nr. 3a)				
a) Verfahrensgebühr	3501	24,00	250,00	137,00
b) Terminsgebühr[1]	3515	24,00	250,00	137,00
c) Einigungs- oder Erledigungsgebühr[1]	1006	In Höhe der konkret abgerechneten bzw. der im Einzelfall bestimmten Verfahrensgebühr VV RVG Nr. 3501 ohne Erhöhung nach VV RVG Nr. 1008.		
	3501			137,00
11. Beschwerde gegen die Nichtzulassung der Berufung				
a) Verfahrensgebühr	3511	72,00	816,00	444,00
b) Terminsgebühr[1]	3517	60,00	610,00	335,00
c) Einigungs- oder Erledigungsgebühr[1]	1006	In Höhe der konkret abgerechneten Verfahrensgebühr VV RVG Nr. 3511 ohne Erhöhung nach VV RVG Nr. 1008.		
12. Beschwerde gegen die Nichtzulassung der Revision				
a) Verfahrensgebühr	3512	96,00	1.056,00	576,00
b) Terminsgebühr[1]	3518	72,00	792,00	432,00
c) Einigungs- oder Erledigungsgebühr[1]	1006	In Höhe der konkret abgerechneten Verfahrensgebühr VV RVG Nr. 3512 ohne Erhöhung nach VV RVG Nr. 1008.		
13. Einzeltätigkeiten				
Verfahrensgebühr	3406	36,00	408,00	222,00

1 Die Auslagenpauschale entsteht nur, soweit nach der Verfahrensgebühr der Höchstbetrag i.H.v. 20,00 € noch nicht erreicht ist.

2 Die Zusatzgebühr entsteht für den durch besonders umfangreiche Beweisaufnahmen anfallenden Mehraufwand, wenn mindestens drei gerichtliche Termine stattfinden, in denen Sachverständige oder Zeugen vernommen werden.

Strafsachen – Gebühren des Anwalts (VV RVG Teil 4 Abschnitt 1)

Gebührentatbestand[1]	VV	Wahlanwalt				Gerichtlich bestellter oder beigeordneter Rechtsanwalt	
		Mindestgebühr €	Höchstgebühr €	Mittelgebühr €	Zusätzliche Gebühr[2] €	Gebühr €	Zusätzliche Gebühr[2] €
1. Allgemeine Gebühren							
a) Grundgebühr	4100	44,00	396,00	220,00		176,00	
mit Haftzuschlag	4101	44,00	495,00	269,50		216,00	
b) Terminsgebühr[3]	4102	44,00	330,00	187,00		150,00	
mit Haftzuschlag	4103	44,00	413,00	228,50		183,00	
2. Vorbereitendes Verfahren							
a) Verfahrensgebühr	4104	44,00	319,00	181,50	181,50	145,00	145,00
mit Haftzuschlag	4105	44,00	399,00	221,50	181,50	177,00	145,00
3. Verfahren 1. Instanz							
a) Verfahrensgebühr							
Amtsgericht	4106	44,00	319,00	181,50	181,50	145,00	145,00
mit Haftzuschlag	4107	44,00	399,00	221,50	181,50	177,00	145,00
Strafkammer; Jugendkammer, soweit nicht VV RVG Nr. 4118	4112	55,00	352,00	203,50	203,50	163,00	163,00
mit Haftzuschlag	4113	55,00	440,00	247,50	203,50	198,00	163,00
OLG, Schwurgericht (auch Jugendkammer), Strafkammer nach §§ 74a und 74c GVG	4118	110,00	759,00	434,50	434,50	348,00	348,00
mit Haftzuschlag	4119	110,00	949,00	529,50	434,50	424,00	348,00

1 Auf die Ausrechnung der Auslagen wurde verzichtet, da durch mögliche Anrechnung bzw. Addition mit anderen Gebühren die Berechnung unzutreffend wäre.

2 Zusätzliche Gebühr bei Erledigung des Verfahrens gem. VV RVG Nr. 4141 in Höhe der jeweiligen Verfahrensmittelgebühr des Rechtszugs (ohne Zuschlag und ohne Erhöhung nach VV RVG Nr. 1008), in dem die Hauptverhandlung vermieden wurde. Wertgebühren: Zusätzliche Gebühr bei Einziehung und verwandten Maßnahmen gem. VV RVG Nr. 4142 i.H.v. 1,0, im Verfahren über vermögensrechtliche Ansprüche des Verletzten oder seines Erben gem. VV RVG Nr. 4143 i.H.v. 2,0 und VV RVG Nr. 4144 i.H.v. 2,5 für Wahlanwälte (z.B. Wahlverteidiger, Nebenkläger-Vertreter) und gerichtlich beigeordnete oder bestellte Rechtsanwälte (z.B. Pflichtverteidiger, im Rahmen bewilligter PKH zugezogene Nebenkläger-Vertreter); für gerichtlich beigeordnete oder bestellte Rechtsanwälte allerdings nur aus den Beträgen des § 49 RVG. Das gilt in den Fällen von § 59a RVG entsprechend.Im vorbereitenden Verfahren richtet sich die Höhe der zusätzlichen Gebühr nach VV RVG Nr. 4141 nach dem Rechtszug, der eingeleitet worden wäre, wenn sich das Verfahren nicht erledigt hätte.

3 Die Gebühr entsteht im vorbereitenden Verfahren und in jedem Rechtszug für die Teilnahme an jeweils bis zu drei Terminen einmal.

Strafsachen – Gebühren des Anwalts (VV RVG Teil 4 Abschnitt 1)

Gebührentatbestand[1]	VV	Wahlanwalt				Gerichtlich bestellter oder beigeordneter Rechtsanwalt	
		Mindestgebühr	Höchstgebühr	Mittelgebühr	Zusätzliche Gebühr[2]	Gebühr	Zusätzliche Gebühr[2]
		€	€	€	€	€	€
b) Terminsgebühr							
Amtsgericht	4108	77,00	528,00	302,50		242,00	
mit Haftzuschlag	4109	77,00	660,00	368,50		295,00	
Zuschlag bei Dauer 5 bis 8 Std.	4110					121,00	
Zuschlag bei Dauer über 8 Std.	4111					242,00	
Strafkammer; Jugendkammer, soweit nicht VV RVG Nr. 4118	4114	88,00	616,00	352,00		282,00	
mit Haftzuschlag	4115	88,00	770,00	429,00		343,00	
Zuschlag bei Dauer 5 bis 8 Std.	4116					141,00	
Zuschlag bei Dauer über 8 Std.	4117					282,00	
OLG, Schwurgericht (auch Jugendkammer), Strafkammer nach §§ 74a und 74c GVG	4120	143,00	1.023,00	583,00		466,00	
mit Haftzuschlag	4121	143,00	1.279,00	711,00		569,00	
Zuschlag bei Dauer 5 bis 8 Std.	4122					233,00	
Zuschlag bei Dauer über 8 Std.	4123					466,00	
4. Berufung							
a) Verfahrensgebühr	4124	88,00	616,00	352,00	352,00	282,00	282,00
mit Haftzuschlag	4125	88,00	770,00	429,00	352,00	343,00	282,00
b) Terminsgebühr	4126	88,00	616,00	352,00		282,00	
mit Haftzuschlag	4127	88,00	770,00	429,00		343,00	
Zuschlag bei Dauer 5 bis 8 Std.	4128					141,00	
Zuschlag bei Dauer über 8 Std.	4129					282,00	

1 Auf die Ausrechnung der Auslagen wurde verzichtet, da durch mögliche Anrechnung bzw. Addition mit anderen Gebühren die Berechnung unzutreffend wäre.

2 Zusätzliche Gebühr bei Erledigung des Verfahrens gem. VV RVG Nr. 4141 in Höhe der jeweiligen Verfahrensmittelgebühr des Rechtszugs (ohne Zuschlag und ohne Erhöhung nach VV RVG Nr. 1008), in dem die Hauptverhandlung vermieden wurde. Wertgebühren: Zusätzliche Gebühr bei Einziehung und verwandten Maßnahmen gem. VV RVG Nr. 4142 i.H.v. 1,0, im Verfahren über vermögensrechtliche Ansprüche des Verletzten oder seines Erben gem. VV RVG Nr. 4143 i.H.v. 2,0 und VV RVG Nr. 4144 i.H.v. 2,5 für Wahlanwälte (z.B. Wahlverteidiger, Nebenkläger-Vertreter) und gerichtlich beigeordnete oder bestellte Rechtsanwälte (z.B. Pflichtverteidiger, im Rahmen bewilligter PKH zugezogene Nebenkläger-Vertreter); für gerichtlich beigeordnete oder bestellte Rechtsanwälte allerdings nur aus den Beträgen des § 49 RVG. Das gilt in den Fällen von § 59a RVG entsprechend.Im vorbereitenden Verfahren richtet sich die Höhe der zusätzlichen Gebühr nach VV RVG Nr. 4141 nach dem Rechtszug, der eingeleitet worden wäre, wenn sich das Verfahren nicht erledigt hätte.

Strafsachen – Gebühren des Anwalts (VV RVG Teil 4 Abschnitt 1)

Gebührentatbestand[1]	VV	Wahlanwalt				Gerichtlich bestellter oder beigeordneter Rechtsanwalt	
		Mindestgebühr	Höchstgebühr	Mittelgebühr	Zusätzliche Gebühr[2]	Gebühr	Zusätzliche Gebühr[2]
		€	€	€	€	€	€
5. Revision							
a) Verfahrensgebühr	4130	132,00	1.221,00	676,50	676,50	541,00	541,00
mit Haftzuschlag	4131	132,00	1.526,00	829,00	676,50	663,00	541,00
b) Terminsgebühr	4132	132,00	616,00	374,00		300,00	
mit Haftzuschlag	4133	132,00	770,00	451,00		361,00	
Zuschlag bei Dauer 5 bis 8 Std.	4134					150,00	
Zuschlag bei Dauer über 8 Std.	4135					300,00	
6. Strafvollstreckung							
a) Verfahren nach VV RVG Nr. 4200							
Verfahrensgebühr	4200	66,00	737,00	401,50		321,00	
mit Haftzuschlag	4201	66,00	921,00	493,50		395,00	
Terminsgebühr	4202	66,00	330,00	198,00		158,00	
mit Haftzuschlag	4203	66,00	413,00	239,50		192,00	
b) Sonstige Verfahren							
Verfahrensgebühr	4204	33,00	330,00	181,50		145,00	
mit Haftzuschlag	4205	33,00	413,00	223,00		178,00	
Terminsgebühr	4206	33,00	330,00	181,50		145,00	
mit Haftzuschlag	4207	33,00	413,00	223,00		178,00	
7. Einzeltätigkeiten							
Verfahren nach	4300	66,00	737,00	401,50		321,00	
Verfahren nach	4301	44,00	506,00	275,00		220,00	
Verfahren nach	4302	33,00	319,00	176,00		141,00	
8. Gnadensachen	4303	33,00	330,00	181,50			

1 Auf die Ausrechnung der Auslagen wurde verzichtet, da durch mögliche Anrechnung bzw. Addition mit anderen Gebühren die Berechnung unzutreffend wäre.

2 Zusätzliche Gebühr bei Erledigung des Verfahrens gem. VV RVG Nr. 4141 in Höhe der jeweiligen Verfahrensmittelgebühr des Rechtszugs (ohne Zuschlag und ohne Erhöhung nach VV RVG Nr. 1008), in dem die Hauptverhandlung vermieden wurde. Wertgebühren: Zusätzliche Gebühr bei Einziehung und verwandten Maßnahmen gem. VV RVG Nr. 4142 i.H.v. 1,0, im Verfahren über vermögensrechtliche Ansprüche des Verletzten oder seines Erben gem. VV RVG Nr. 4143 i.H.v. 2,0 und VV RVG Nr. 4144 i.H.v. 2,5 für Wahlanwälte (z.B. Wahlverteidiger, Nebenkläger-Vertreter) und gerichtlich beigeordnete oder bestellte Rechtsanwälte (z.B. Pflichtverteidiger, im Rahmen bewilligter PKH zugezogene Nebenkläger-Vertreter); für gerichtlich beigeordnete oder bestellte Rechtsanwälte allerdings nur aus den Beträgen des § 49 RVG. Das gilt in den Fällen von § 59a RVG entsprechend.Im vorbereitenden Verfahren richtet sich die Höhe der zusätzlichen Gebühr nach VV RVG Nr. 4141 nach dem Rechtszug, der eingeleitet worden wäre, wenn sich das Verfahren nicht erledigt hätte.

Gebührentatbestand[1]	VV	Wahlanwalt				Gerichtlich bestellter oder beigeordneter Rechtsanwalt	
		Mindestgebühr €	Höchstgebühr €	Mittelgebühr €	Zusätzliche Gebühr[2] €	Gebühr €	Zusätzliche Gebühr[2] €
9. Zusätzliche Verfahrensgebühr (Wertgebühren)							
a) bei Einziehung und verwandten Maßnahmen[3]	4142		1,0[4]			1,0[5]	
b) für das erstinstanzliche Verfahren über vermögensrechtliche Ansprüche des Verletzten oder seines Erben (§§ 403 ff. StPO)	4143		2,0[4]			2,0[5]	
für das Berufungs- und Revisionsverfahren über vermögensrechtliche Ansprüche des Verletzten oder seines Erben	4144		2,5[4]			2,5[5]	
für das Verfahren über die Beschwerde gegen den Beschluss, mit dem nach § 406 Abs. 5 Satz 2 StPO von einer Entscheidung abgesehen wird	4145		0,5[4]			0,5[5]	
c) für das Verfahren über einen Antrag auf gerichtliche Entscheidung oder über die Beschwerde gegen eine den Rechtszug beendende Entscheidung nach § 25 Abs. 1 Satz 3 bis 5, § 13 StrRehaG	4146		1,5[4]			1,5[5]	

Gebühren im Adhäsionsverfahren siehe Adhäsionsverfahren

1 Auf die Ausrechnung der Auslagen wurde verzichtet, da durch mögliche Anrechnung bzw. Addition mit anderen Gebühren die Berechnung unzutreffend wäre.

2 Zusätzliche Gebühr bei Erledigung des Verfahrens gem. VV RVG Nr. 4141 in Höhe der jeweiligen Verfahrensmittelgebühr des Rechtszugs (ohne Zuschlag und ohne Erhöhung nach VV RVG Nr. 1008), in dem die Hauptverhandlung vermieden wurde. Wertgebühren: Zusätzliche Gebühr bei Einziehung und verwandten Maßnahmen gem. VV RVG Nr. 4142 i.H.v. 1,0, im Verfahren über vermögensrechtliche Ansprüche des Verletzten oder seines Erben gem. VV RVG Nr. 4143 i.H.v. 2,0 und VV RVG Nr. 4144 i.H.v. 2,5 für Wahlanwälte (z.B. Wahlverteidiger, Nebenkläger-Vertreter) und gerichtlich beigeordnete oder bestellte Rechtsanwälte (z.B. Pflichtverteidiger, im Rahmen bewilligter PKH zugezogene Nebenkläger-Vertreter); für gerichtlich beigeordnete oder bestellte Rechtsanwälte allerdings nur aus den Beträgen des § 49 RVG. Das gilt in den Fällen von § 59a RVG entsprechend.Im vorbereitenden Verfahren richtet sich die Höhe der zusätzlichen Gebühr nach VV RVG Nr. 4141 nach dem Rechtszug, der eingeleitet worden wäre, wenn sich das Verfahren nicht erledigt hätte.

3 Zusätzliche Verfahrensgebühr als Wertgebühr bei Einziehung und verwandten Maßnahmen bei Gegenstandswert ab 30,00 €. Die Gebühr entsteht für das Verfahren des ersten Rechtszugs einschließlich des vorbereitenden Verfahrens und für jeden weiteren Rechtszug.

4 Aus der Tabelle zu § 13 RVG.

5 Aus der Tabelle zu § 49 RVG.

Strafrechtliches Rehabilitierungsverfahren siehe VV RVG Vorbem. 4 Abs. 1, VV RVG Nr. 4146

Strafvollstreckung siehe Strafsachen, VV RVG Nrn. 4200 ff.

Steuersachen

Hilfeleistung in Steuersachen, § 35 RVG

Tagegeld siehe Reisekosten

Teilungsversteigerung

Gebühren wie Zwangsversteigerung; siehe dort

Terminsgebühr

Die Höhe ist in den einzelnen Verfahren unterschiedlich.

Die Terminsgebühr **entsteht** in **Bürgerlichen Rechtsstreitigkeiten, Verfahren der freiwilligen Gerichtsbarkeit, der öffentlich-rechtlichen Gerichtsbarkeit, Verfahren nach dem Strafvollzugsgesetz und ähnlichen Verfahren** (VV RVG Teil 3) gem. VV RVG Vorbem. 3 Abs. 3 sowohl für die Wahrnehmung von gerichtlichen Terminen als auch für die Wahrnehmung von außergerichtlichen Terminen und Besprechungen, soweit nichts anderes bestimmt ist. Sie entsteht jedoch nicht für die Wahrnehmung eines gerichtlichen Termins zur Verkündung einer Entscheidung. Die Terminsgebühr für außergerichtliche Termine und Besprechungen entsteht für

1. Die Wahrnehmung eines von einem gerichtlich bestellten Sachverständigen anberaumten Termins und

2. die Mitwirkung an Besprechungen, die auf die Vermeidung oder Erledigung des Verfahrens gerichtet sind; dies gilt nicht für Besprechungen mit dem Auftraggeber.

In **Straf-** und **Bußgeldsachen** sowie in **sonstigen Verfahren** (VV RVG Teil 4–6) entsteht die Terminsgebühr gem. VV RVG Vorbem. 4 Abs. 3, Vorbem. 5 Abs. 3 und Vorbem. 6 Abs. 3 für die Teilnahme an gerichtlichen Terminen, soweit nichts anderes bestimmt ist. Der Rechtsanwalt erhält die Terminsgebühr auch, wenn er zu einem anberaumten Termin erscheint, dieser aber aus Gründen, die er nicht zu vertreten hat, nicht stattfindet. Dies gilt nicht, wenn er rechtzeitig von der Aufhebung oder Verlegung des Termins in Kenntnis gesetzt worden ist.

Terminsgebühr im schriftlichen Verfahren

Die Terminsgebühr **entsteht** in den von VV RVG Teil 3 erfassten Angelegenheiten in der ersten Instanz nach Abs. 1 der Anm. zu VV RVG Nr. 3104, wenn

1. in einem Verfahren, für das mündliche Verhandlung vorgeschrieben ist, im Einverständnis den Parteien oder Beteiligten oder gemäß § 307 oder § 495a ZPO ohne mündliche Verhandlung entschieden oder in einem solchen Verfahren mit oder ohne Mitwirkung des Gerichts ein Vertrag im Sinne der Nummer 1000 geschlossen wird oder eine Erledigung der Rechtssache im Sinne der Nummer 1002 eingetreten ist,

2. nach § 84 Abs. 1 Satz 1 VwGO oder § 105 Abs. 1 SGG ohne mündliche Verhandlung durch Gerichtsbescheid entschieden wird und eine mündliche Verhandlung beantragt werden kann oder

3. das Verfahren vor dem Sozialgericht, für das mündliche Verhandlung vorgeschrieben ist, nach angenommenem Anerkenntnis ohne mündliche Verhandlung endet.

Für die Rechtsmittelinstanzen finden sich vergleichbare Regelungen in den Anm. zu VV RVG Nrn. 3202 und 3210.

Bei schriftlichen Versäumnisurteilen bzw. Versäumnisentscheidungen gelten in der ersten Instanz Abs. 1 der Anm. zu VV RVG Nr. 3105 und in den Rechtsmittelinstanzen die Anm. zu VV RVG Nrn. 3203 und 3211.

Für die Terminsgebühr bei schriftlichen Entscheidungen oder schriftlichen Vergleichen in Verfahren vor den Sozialgerichten, in denen Betragsrahmengebühren entstehen (§ 3 RVG), gilt in der ersten Instanz die Anm. zu VV RVG Nr. 3106. Diese Terminsgebühr beträgt nach Satz 2 der Anm. zu VV RVG Nr. 3106 allerdings lediglich 90 % der in derselben Angelegenheit dem Rechtsanwalt zustehenden Verfahrensgebühr VV RVG Nr. 3102 ohne Berücksichtigung einer Erhöhung nach VV RVG Nr. 1008 für mehrere Auftraggeber.

Für das Berufungsverfahren vor dem LSG gilt insoweit VV RVG Nr. 3205. Diese Terminsgebühr beträgt nach Satz 2 der Anm. zu VV RVG Nr. 3205 lediglich 75 % der in derselben Angelegenheit dem Rechtsanwalt zustehenden Verfahrensgebühr VV RVG Nr. 3204 ohne Berücksichtigung einer Erhöhung nach VV 1008 für mehrere Auftraggeber.

Im Revisionsverfahren gilt VV RVG Nr. 3213. Diese Terminsgebühr beträgt nach der Anm. zu VV RVG Nr. 3106 wie in der ersten Instanz lediglich 90 % der in derselben Angelegenheit dem Rechtsanwalt zustehenden Verfahrensgebühr VV RVG Nr. 3212 ohne Berücksichtigung einer nach VV RVG Nr. 1008 für mehrere Auftraggeber.

Terminsvertreter siehe Vertretung beschränkt sich auf die Vertretung in einem Termin

Therapieunterbringung

In Verfahren nach dem Therapieunterbringungsgesetz (ThUG) bleiben dessen Regelungen zur Rechtsanwaltsvergütung gem. § 62 RVG unberührt. In Verfahren nach dem ThuG über die Anordnung, Verlängerung oder Aufhebung der Therapieunterbringung erhält der Rechtsanwalt gem. § 20 ThUG Gebühren in entsprechender Anwendung von VV RVG Teil 6 Abschnitt 3 (siehe Freiheitsentziehungen).

§ 52 Abs. 1 bis 3 und 5 RVG ist auf den beigeordneten Rechtsanwalt (§ 7 ThUG) entsprechend anzuwenden. Der beigeordnete Rechtsanwalt erhält für seine Tätigkeit nach rechtskräftigem Abschluss eines Verfahrens nach § 20 Abs. 1 ThUG bis zur ersten Tätigkeit in einem weiteren Verfahren eine Verfahrensgebühr nach VV RVG Nr. 6302 (besondere Angelegenheit).

Trennung von Verfahren

Bis zur Trennung liegt nur eine gebührenrechtliche Angelegenheit vor. Die dort angefallenen Gebühren fallen durch die Trennung nicht weg.

Ab Trennung liegen so viele gebührenrechtliche Angelegenheiten wie die (ab)getrennte Verfahren vor. Alle Gebühren können erneut anfallen. Der Rechtsanwalt darf grundsätzlich wählen, ob er die Gebühren aus dem Verfahren vor der Trennung oder aus den getrennten Verfahren mit den jeweiligen Einzelwerten verlangt.

Treuhänder nach § 293 InsO (Restschuldbefreiung)

Die Vergütung wird gem. § 14 InsVV nach der Summe der Beträge berechnet, die auf Grund der Abtretungserklärung des Schuldners (§ 287 Abs. 2 InsO) oder auf andere Weise zur Befriedigung der Gläubiger des Schuldners beim Treuhänder eingehen.

Der Treuhänder erhält

1. von den ersten 35.000,00 € . . . . 5 v. H.,
2. von dem Mehrbetrag bis 70.000,00 € . . . . 3 v. H.,
3. von dem darüber hinausgehenden Betrag . . . . 1 v. H.

Die Vergütung beträgt mindestens 140,00 € für jedes Jahr der Tätigkeit des Treuhänders. Hat er die durch Abtretung eingehenden Beträge an mehr als 5 Gläubiger verteilt, so erhöht sich diese Vergütung je 5 Gläubiger

um 70 €.

Hat der Treuhänder die Aufgabe, die Erfüllung der Obliegenheiten des Schuldners zu **überwachen** (§ 292 Abs. 2 InsO), so erhält er gem. § 15 InsVV eine zusätzliche Vergütung. Diese beträgt regelmäßig 50,00 € je Stunde. Der Gesamtbetrag der zusätzlichen Vergütung darf den Gesamtbetrag der Vergütung nach § 14 InsVV nicht überschreiten. Die Gläubigerversammlung kann eine abweichende Regelung treffen.

Überlassung elektronisch gespeicherter Dateien siehe Dokumentenpauschale

Übergangsrecht siehe S. 9 f. und § 60 RVG

Umsatzsteuer VV RVG Nr. 7008

Unterbevollmächtigter siehe Vertretung beschränkt sich auf die Vertretung in einem Termin

Unterbringungssachen siehe Freiheitsentziehungen, VV RVG Nrn. 6300 ff.

Unterhalt, international siehe Auslandsunterhaltsgesetz und Vollstreckung inländischer Titel im Ausland

Unternehmensstabilisierungs- und – restrukturierungsgesetz siehe Insolvenzverfahren

Urheberrechtsverfahren vor dem OLG

Verfahrensgebühr VV RVG Nr. 3300	1,6
Vorzeitige Beendigung des Auftrags VV RVG Nr. 3301	1,0
Terminsgebühr VV RVG Vorbem. 3.3.1, VV RVG Nr. 3104	1,2

Urkundenprozess VV RVG Nrn. 3100 ff., vgl. aber Anm. Abs. 1 zu VV RVG Nr. 3100

Verbindung von Verfahren

Bis zur Verbindung sind die einzelnen Verfahren gebührenrechtlich getrennte Angelegenheiten. Die dort jeweils angefallenen Gebühren fallen durch die Verbindung nicht weg. Ab Verbindung liegt nur noch eine gebührenrechtliche Angelegenheit vor. Es können nur die Gebühren anfallen, die in den getrennten Verfahren bis zur Verbindung noch nicht entstanden sind.

Verbraucherschutzdurchsetzungsgesetz

In Beschwerde- und Rechtsbeschwerdeverfahren nach dem EU-VSchDG erwachsen für den Rechtsanwalt gem. VV RVG Vorbem. 3.2.1 Nr. 2 h) Gebühren nach VV RVG Teil 3 Abschnitt 2 Unterabschnitt 1 (VV RVG Nrn. 3200 ff.).

In Rechtsbeschwerdeverfahren ist Unterabschnitt 2 (VV RVG Nrn. 3206 ff.) anwendbar, VV RVG Vorbem. 3.2.2 Nr. 1 a), VV RVG Vorbem. 3.2.1 Nr. 2 h). Die Anwendung von VV RVG Nrn. 3208 f. scheidet aus, weil die dafür notwendige Voraussetzung – Vertretung der Parteien nur durch einen beim BGH zugelassenen Rechtsanwalt – nicht erfüllt sind (vgl. § 17 EU-VSchDG i.V.m. § 26 Abs. 5 EU-VSchDG).

Vereinfachtes Verfahren über den Unterhalt Minderjähriger

Verfahren über einen Antrag auf Festsetzung des Unterhalts nach § 249 FamFG

Verfahrensgebühr VV RVG Nr. 3100 1,3

(1) Die Verfahrensgebühr für ein vereinfachtes Verfahren über den Unterhalt Minderjähriger wird auf die Verfahrensgebühr angerechnet, die in dem nachfolgenden Rechtsstreit entsteht (§ 255 FamFG).

(2) ...

Bei vorzeitiger Beendigung des Auftrags reduziert sich die Gebühr der VV RVG Nr. 3100 gem. VV RVG Nr. 3301 auf 0,8

Der Wert bestimmt sich nach § 51 FamFG.

Verfahren auf Vollstreckbarerklärung der durch Rechtsmittelanträge nicht angefochtenen Teile eines Urteils (§§ 537, 558 ZPO), soweit nicht nach § 19 Abs. 1 S. 2 Nr. 9 RVG zum Rechtszug gehörig

Verfahrensgebühr VV RVG Nr. 3329 0,5

Terminsgebühr VV RVG Nr. 3332 0,5

Verfahrenskostenhilfeverfahren siehe Prozesskostenhilfeverfahren

Verfahrens- und Sachleitung VV RVG Nr. 3105

Vergleichsgebühr ersetzt durch Einigungsgebühr, siehe dort

Vergütungsvereinbarung siehe § 3a RVG

Verhandlungsgebühr ersetzt durch Terminsgebühr, siehe dort

Verjährung des Vergütungsanspruchs § 8 Abs. 2 RVG, § 195 BGB

Verkehrsanwalt

Der Auftrag beschränkt sich auf die Führung des Verkehrs der Partei mit dem Verfahrensbevollmächtigten:

Verfahrensgebühr VV RVG Nr. 3400 ..... in Höhe der dem Verfahrensbevollmächtigten zustehenden Verfahrensgebühr, höchstens 1,0, bei Betragsrahmengebühren höchstens 500,00 €

Bei vorzeitiger Beendigung beträgt die Gebühr VV RVG Nr. 3400 gem. VV RVG Nr. 3405. .... höchstens 0,5, bei Betragsrahmengebühren höchstens 250,00 €

Verkehrsanwalt in Strafsachen

Der Auftrag beschränkt sich auf die Führung des Verkehrs der Partei mit dem Verteidiger:

Verfahrensgebühr VV RVG Nr. 4301 Wahlverteidiger. .... 44,00 bis 506,00 €

Verfahrensgebühr VV RVG Nr. 4301 gerichtlich bestellter oder beigeordneter Rechtsanwalt .... 220,00 €

Vermittlungsverfahren nach § 165 FamFG siehe Rechtsanwaltsgebühren in familiengerichtlichen Verfahren S. 169 ff.

siehe auch VV RVG Anm. Abs. 2 zu Nr. 3100

Vermögensauskunft nach §§ 802c und 802g ZPO

Verfahrensgebühr VV RVG Nr. 3309 0,3

Terminsgebühr VV RVG Nr. 3310 0,3

Gegenstandswert höchstens 2.000,00 € (§ 25 Abs. 1 Nr. 4 RVG)

Siehe auch Zwangsvollstreckung

Versäumnisurteil/Versäumnisentscheidung

Verminderte Terminsgebühr unter den in VV RVG Nrn. 3105, 3203 und 3211 aufgeführten Voraussetzungen.

Verteilungsverfahren außerhalb der Zwangsversteigerung und Zwangsverwaltung

Verfahrensgebühr VV RVG Nr. 3333 0,4

Der Wert bestimmt sich nach § 26 Nr. 1 und 2. Eine Terminsgebühr entsteht nicht.

Vertreter des Rechtsanwalts § 5 RVG

Vertretung beschränkt auf die Vertretung in einem Termin

Ein gerichtliches Verfahren ist anhängig, der Auftrag an den anderen Rechtsanwalt beschränkt sich auf die Vertretung in einem Termin im Sinne der VV RVG Vorbem. 3 Abs. 3:

Verfahrensgebühr VV RVG Nr. 3401 ..... in Höhe der Hälfte der dem Verfahrensbevollmächtigten zustehenden Verfahrensgebühr

Terminsgebühr VV RVG Nr. 3402 .... in Höhe der einem Verfahrensbevollmächtigten zustehenden Terminsgebühr

Bei vorzeitiger Beendigung betragen die Gebühren VV RVG Nrn. 3400 und 3401 gem. VV RVG Nr. 3405 .... höchstens 0,5, bei Betragsrahmengebühren höchstens 250,00 €

Vertretung für außergerichtliche Tätigkeiten einschl. Verwaltungsverfahren, jedoch ohne: Verwaltungszwangsverfahren, Straf- und Bußgeldsachen sowie die in Teil 6 geregelten sonstigen Verfahren

Für die außergerichtliche Vertretung erhält der Rechtsanwalt nach VV RVG Nr. 2300 eine Geschäftsgebühr mit einem Gebührensatz von .... 0,5 bis 2,5

Anm. zu VV RVG Nr. 2300

Eine Gebühr von mehr als 1,3 kann nur gefordert werden, wenn die Tätigkeit umfangreich oder schwierig war.

Ab 1.10.2021:

Anm. zu VV RVG Nr. 2300:

(1) Eine Gebühr von mehr als 1,3 kann nur gefordert werden, wenn die Tätigkeit umfangreich oder schwierig war.

(2) Ist Gegenstand der Tätigkeit eine Inkassodienstleistung, die eine unbestrittene Forderung betrifft, kann eine Gebühr von mehr als 0,9 nur gefordert werden, wenn die Inkassodienstleistung besonders umfangreich oder schwierig war. In einfachen Fällen kann nur eine Gebühr von 0,5 gefordert werden; ein einfacher Fall liegt in der Regel vor, wenn die Forderung auf die erste Zahlungsaufforderung hin beglichen wird. Der Gebührenbetrag beträgt höchstens 1,3.

Beachte § 13 Abs. 2 RVG ab 1.10.2021:

Bei der Geschäftsgebühr für eine Inkassodienstleistung, die eine unbestrittene Forderung betrifft (Abs. 2 der Anm. zu VV RVG Nr. 2300), beträgt bei einem Gegenstandswert bis 50 € die Gebühr abweichend von § 13 Abs. 1 S. 1 RVG (dort Mindestgebühr bei Wert bis 50 €: 49 €) lediglich 30 €.

Gem. § 17 Nr. 1a RVG bilden das Verwaltungsverfahren und das einem gerichtlichen Verfahren vorausgehende und der Nachprüfung des Verwaltungsakts dienende weitere Verwaltungsverfahren (Vorverfahren, Einspruchsverfahren, Beschwerdeverfahren, Abhilfeverfahren) **verschiedene Angelegenheiten**, in denen die Geschäftsgebühr VV RVG Nr. 2300 jeweils gesondert entsteht.. 0,3

Anrechnung mehrerer Geschäftsgebühren VV RVG Nr. 2300:

Soweit wegen desselben Gegenstands eine Geschäftsgebühr für eine Tätigkeit im Verwaltungsverfahren entstanden ist, wird diese Gebühr nach VV RVG Vorbem. 2.3 Abs. 4 zur Hälfte, bei Wertgebühren jedoch höchstens mit einem Gebührensatz von 0,75, auf eine Geschäftsgebühr für eine Tätigkeit im weiteren Verwaltungsverfahren, das der Nachprüfung des Verwaltungsakts dient, angerechnet. Bei einer Wertgebühr erfolgt die Anrechnung nach dem Wert des Gegenstands, der auch Gegenstand des weiteren Verfahrens ist.

Zur Gebührenbemessung siehe § 14 Abs. 2 RVG und Anrechnung einer Rahmengebühr, Gebührenbemessung.

VV RVG Nr. 2301

Der Auftrag beschränkt sich auf ein Schreiben einfacher Art:

Die Gebühr 2300 beträgt 0,3

Es handelt sich um ein Schreiben einfacher Art, wenn dieses weder schwierige rechtliche Ausführungen noch größere sachliche Auseinandersetzungen enthält.

Anrechnung der Geschäftsgebühren VV RVG Nr. 2300 auf die Verfahrensgebühr des gerichtlichen Verfahrens:

Ist wegen desselben Gegenstands eine Geschäftsgebühr entstanden, wird diese Gebühr gem. VV RVG Vorbem. 3 Abs. 4 zur Hälfte, jedoch höchstens mit einem Gebührensatz von 0,75, auf die Verfahrensgebühr des **gerichtlichen Verfahrens** angerechnet. Sind mehrere Gebühren entstanden, ist für die Anrechnung die zuletzt entstandene Gebühr maßgebend. Bei einer wertabhängigen Gebühr erfolgt die Anrechnung nach dem Wert des Gegenstands, der auch Gegenstand des gerichtlichen Verfahrens ist.

Vgl. zur Anrechnung auch § 15a RVG!

Geschäftsgebühr VV RVG Nr. 2302 in

1. sozialrechtlichen Angelegenheiten, in denen im gerichtlichen Verfahren Betragsrahmengebühren entstehen (§ 3 RVG), und

2. Verfahren nach der Wehrbeschwerdeordnung (WBO), wenn im gerichtlichen Verfahren das Verfahren vor dem Truppendienstgericht oder vor dem Bundesverwaltungsgericht an die Stelle des Verwaltungsrechtswegs gemäß § 82 SG tritt . . . 60,00 bis 768,00 €

Eine Gebühr von mehr als 359,00 EUR kann nur gefordert werden, wenn die Tätigkeit umfangreich oder schwierig war.

Gem. § 17 Nr. 1a RVG bilden das Verwaltungsverfahren und das einem gerichtlichen Verfahren vorausgehende und der Nachprüfung des Verwaltungsakts dienende weitere Verwaltungsverfahren (Vorverfahren, Einspruchsverfahren, Beschwerdeverfahren, Abhilfeverfahren) **verschiedene Angelegenheiten**, in denen die Geschäftsgebühr VV RVG Nr. 2302 jeweils gesondert entsteht.

Anrechnung mehrerer Geschäftsgebühren VV RVG Nr. 2302:

Soweit wegen desselben Gegenstands eine Geschäftsgebühr für eine Tätigkeit im Verwaltungsverfahren entstanden ist, wird diese Gebühr nach VV RVG Vorbem. 2.3 Abs. 4 zur Hälfte, höchstens aber i.H.v. 207,00 € auf eine Geschäftsgebühr für eine Tätigkeit im weiteren Verwaltungsverfahren, das der Nachprüfung des Verwaltungsakts dient, angerechnet.

Zur Gebührenbemessung siehe § 14 Abs. 2 RVG und Anrechnung einer Rahmengebühr, Gebührenbemessung.

Anrechnung der Geschäftsgebühren VV RVG Nr. 2302 auf die Verfahrensgebühr des gerichtlichen Verfahrens:

Ist wegen desselben Gegenstands eine Geschäftsgebühr entstanden, wird diese Gebühr gem. VV RVG Vorbem. 3 Abs. 4 zur Hälfte, jedoch höchstens mit 207,00 € auf die Verfahrensgebühr des **gerichtlichen Verfahrens** angerechnet. Sind mehrere Gebühren entstanden, ist für die Anrechnung die zuletzt entstandene Gebühr maßgebend. Zur Gebührenbemessung siehe § 14 Abs. 2 RVG und Anrechnung einer Rahmengebühr, Gebührenbemessung.

Verwaltungsgerichtsbarkeit

In Verfahren vor den Verwaltungsgerichten bestimmen sich die Gebühren grundsätzlich nach **VV RVG Teil 3 Abschnitt 1 und 2** (VV RVG Nrn. 3100, 3200 ff.).

Für das **erstinstanzliche Verfahren vor dem Bundesverwaltungsgericht und dem Oberverwaltungsgericht** (Verwaltungsgerichtshof) beträgt die

Verfahrensgebühr VV RVG Nr. 3300 1,6

Vorzeitige Beendigung des Auftrags VV RVG Nr. 3301:

Die Gebühr 3300 beträgt 1,0

Die Anmerkung zu Nummer 3201 gilt entsprechend.

Terminsgebühr VV RVG Vorbem. 3.3.1, Nr. 3104 1,2

Beschwerde gegen Entscheidungen der Verwaltungsgerichte, bei denen es sich nicht um Urteile oder Rechtsentscheide handelt:

Verfahrensgebühr VV RVG Nr. 3500 0,5

Terminsgebühr VV RVG Nr. 3513 0,5

Für das Verfahren über die **Beschwerde gegen die Nichtzulassung der Revision** durch das OVG/den VGH erhält der Rechtsanwalt eine gesonderte Verfahrensgebühr nach VV RVG Nr. 3506 mit einem Gebührensatz von 1,6. Bei vorzeitiger Beendigung des Auftrags reduziert sich die Verfahrensgebühr gem. VV RVG Nr. 3507 auf 1,1. Ferner kann eine Terminsgebühr nach VV RVG Nr. 3516 von 1,2 anfallen. Kommt es zur Durchführung der Revision, ist diese Gebühr auf die Verfahrensgebühr des Revisionsverfahrens anzurechnen.

Eine wegen desselben Gegenstandes entstandene **Geschäftsgebühr** nach VV RVG Teil 2 wird gem. VV RVG Vorbem. 3 Abs. 4 zur Hälfte, jedoch höchstens mit einem Gebührenansatz von 0,75 auf die Verfahrensgebühr des gerichtlichen Verfahrens angerechnet. Sind mehrere Geschäftsgebühren entstanden, ist für die Anrechnung die zuletzt entstandene Gebühr maßgebend. Bei einer wertabhängigen Gebühr erfolgt die Anrechnung nach dem Wert des Gegenstands, der auch Gegenstand des gerichtlichen Verfahrens ist.

Vgl. zur Anrechnung auch § 15a RVG!

Verwaltungszwangsverfahren

Sowohl für das außergerichtliche Verwaltungszwangsverfahren (VV RVG Vorbem. 2.3 Abs. 1) als auch für das gerichtliche Verfahren über einen Akt der Zwangsvollstreckung (des Verwaltungszwangs, vgl. VV RVG Vorbem. 3.3.3 Nr. 3) bestimmen sich die Gebühren nach VV RVG Teil 3 Abschnitt 3 Unterabschnitt 3, also

Gebührensätze

Verfahrensgebühr VV RVG Nr. 3309	0,3
Terminsgebühr VV RVG Nr. 3310	0,3

Die Gebühr entsteht nur für die Teilnahme an einem gerichtlichen Termin, einem Termin zur Abgabe der Vermögensauskunft oder zur Abnahme der eidesstattlichen Versicherung.

Der Gegenstandswert ist nach § 25 RVG zu ermitteln.

Verweisung, Abgabe

§ 20 RVG

Vollstreckbarerklärung von Schiedssprüchen und Anwaltsvergleichen

Für die Tätigkeit als Verfahrensbevollmächtigter im Verfahren über die Vollstreckbarerklärung eines Schiedsspruchs oder Anwaltsvergleichs erhält der Rechtsanwalt die Gebühren nach VV RVG Teil 3.

Gerichtliche Verfahren über die **Bestellung** eines Schiedsrichters oder Ersatzschiedsrichters, über die **Ablehnung** eines Schiedsrichters oder über die **Beendigung** des Schiedsrichteramts, zur **Unterstützung** bei der Beweisaufnahme oder bei der **Vornahme** sonstiger richterlicher Handlungen anlässlich eines schiedsrichterlichen Verfahrens

Verfahrensgebühr VV RVG Nr. 3327	0,75
Terminsgebühr VV RVG Nr. 3332	0,5
Im Falle der **vorzeitigen Beendigung** nach Maßgabe der VV RVG Nr. 3337 reduziert sich die Verfahrensgebühr auf	0,5

Vollstreckbarerklärung ausländischer Titel

Für die Tätigkeit als Verfahrensbevollmächtigter im Verfahren über die Vollstreckbarerklärung eines ausländischen Urteils erhält der Rechtsanwalt die Gebühren nach **VV RVG Teil 3 Abschnitt 1**.

In **Beschwerdeverfahren** gegen Endentscheidungen über Anträge auf Vollstreckbarerklärung ausländischer Titel oder auf Erteilung der Vollstreckungsklausel zu ausländischen Titeln sowie Anträge auf Aufhebung oder Abänderung der Vollstreckbarerklärung oder der Vollstreckungsklausel richten sich die Gebühren gem. VV RVG Vorbem. 3.2.1 Nr. 2 a) nach VV RVG Teil 3 Abschnitt 2 Unterabschnitt 1, also nach den VV RVG Nrn. 3200 ff.

In den entsprechenden **Rechtsbeschwerdeverfahren** findet Teil 3 Abschnitt 2 Unterabschnitt 2 – VV RVG Nrn. 3206 ff. – Anwendung, vgl. VV RVG Vorbem. 3.2.2 Nr. 1 a).

Vollstreckung europäischer Geldsanktionen (§§ 86 ff. IRG) siehe Internationale Rechtshilfe in Strafsachen

Vollstreckung inländischer Titel im Ausland

Für die Ausstellung von Bescheinigungen, Bestätigungen oder Formblättern einschließlich deren Berichtigung, Aufhebung oder Widerruf nach

a) § 1079 oder § 1110 der Zivilprozessordnung,

b) § 48 des Internationalen Familienrechtsverfahrensgesetzes,

c) § 57 oder § 58 des Anerkennungs- und Vollstreckungsausführungsgesetzes,

d) § 14 des EU-Gewaltschutzverfahrensgesetzes,

e) § 71 Absatz 1 des Auslandsunterhaltsgesetzes und

f) § 27 des Internationalen Erbrechtsverfahrensgesetzes und

g) § 27 des Internationalen Güterrechtsverfahrensgesetzes

erhält der Rechtsanwalt, der bereits im Erkenntnisverfahren tätig war, keine gesonderte Gebühr, weil diese Tätigkeit zum Rechtszug gehört, § 19 Abs. 1 S. 2 Nr. 9a RVG. Für den nur mit der Durchführung der Zwangsvollstreckung im Ausland beauftragten Rechtsanwalt gehören die vorgenannten Tätigkeiten zum Rechtszug des Vollstreckungsverfahrens, können also ebenfalls nicht gesondert berechnet werden (§ 18 Abs. 1 Nr. 1 RVG).

Entsprechendes gilt, wenn für die Geltendmachung im Ausland eine Vervollständigung der Entscheidung und die Bezifferung eines dynamisierten Unterhaltstitels vorgesehen ist, § 19 Abs. 1 S. 2 Nr. 8 RVG.

siehe auch Auslandsunterhaltsgesetz und Europäische Vollstreckungstitel

Vorläufiger Insolvenzverwalter siehe Insolvenzverwalter

Vollziehung eines Arrestes,
Vollziehung einer einstweiligen Verfügung

vgl. VV RVG Vorbem. 3.3.3 Nr. 4: Die Gebühren bestimmen sich nach VV RVG Teil 3 Abschnitt 3 Unterabschnitt 3, also

Verfahrensgebühr VV RVG Nr. 3309	0,3
Terminsgebühr VV RVG Nr. 3310	0,3

Die Gebühr entsteht nur für die Teilnahme an einem gerichtlichen Termin, einem Termin zur Abgabe der Vermögensauskunft oder zur Abnahme der eidesstattlichen Versicherung.

Der Gegenstandswert ist nach § 25 RVG zu ermitteln.

Wahlanwaltsgebühren in Verfahren nach VV RVG Teil 3 § 13 RVG

Wahlanwaltsgebühren in Straf- und Bußgeldsachen und sonstigen Verfahren

siehe die Spalten Wahlanwalt bzw. Wahlverteidiger oder Verfahrensbevollmächtigter in den VV RVG Teilen 4 und 5 §§ 52, 53 RVG

Wechselprozess VV RVG Nrn. 3100 ff., vgl. aber VV RVG Vorbem. 3 Abs. 7

Wehrbeschwerdeverfahren

Gem. VV RVG Vorbem. 6.4 Abs. 1 richten sich die Gebühren in Verfahren auf gerichtliche Entscheidung nach der WBO, auch i.V.m. § 42 WDO, wenn das Verfahren vor dem Truppendienstgericht oder vor dem Bundesverwaltungsgericht an die Stelle des Verwaltungsrechtswegs gemäß § 82 SG tritt, nach Teil 6 Abschnitt 4.

VV	Gebührentatbestand	Gleiche Gebühr für Wahlverteidiger, Verfahrensbevollmächtigten, gerichtlich bestellten oder beigeordneten Rechtsanwalt
6400	Verfahrensgebühr für das Verfahren auf gerichtliche Entscheidung vor dem Truppendienstgericht	88,00 bis 748,00 €
6401	Terminsgebühr je Verhandlungstag in den in Nummer 6400 genannten Verfahren	88,00 bis 748,00 €
6402	Verfahrensgebühr für das Verfahren auf gerichtliche Entscheidung vor dem Bundesverwaltungsgericht, im Verfahren über die Rechtsbeschwerde oder im Verfahren über die Beschwerde gegen die Nichtzulassung der Rechtsbeschwerde Die Gebühr für ein Verfahren über die Beschwerde gegen die Nichtzulassung der Rechtsbeschwerde wird auf die Gebühr für ein nachfolgendes Verfahren über die Rechtsbeschwerde angerechnet.	110,00 bis 869,00 €
6403	Terminsgebühr je Verhandlungstag in den in Nummer 6402 genannten Verfahren	110,00 bis 869,00 €

Zur Anrechnung der Geschäftsgebühr vgl. VV Vorbem. 6.4 Abs. 2:

> Soweit wegen desselben Gegenstands eine Geschäftsgebühr nach Nummer 2302 für eine Tätigkeit im Verfahren über die Beschwerde oder über die weitere Beschwerde vor einem Disziplinarvorgesetzten entstanden ist, wird diese Gebühr zur Hälfte, höchstens jedoch mit einem Betrag von 207,00 €, auf die Verfahrensgebühr des gerichtlichen Verfahrens vor dem Truppendienstgericht (VV RVG Nr. 6400) oder dem Bundesverwaltungsgericht (VV RVG Nr. 6402) angerechnet. Sind mehrere Gebühren entstanden, ist für die Anrechnung die zuletzt entstandene Gebühr maßgebend.

Zur Gebührenbemessung siehe § 14 Abs. 2 RVG und Anrechnung einer Rahmengebühr, Gebührenbemessung.

Zur Anrechnung mehrerer Geschäftsgebühren nach VV RVG Nr. 2302 aufeinander vgl. VV RVG Vorbem. 2.3 Abs. 5.

Weitere Vergütung bei PKH und VKH § 50 RVG

Wertpapiererwerbs- und Übernahmegesetz (WpÜG)

In **Beschwerdeverfahren** nach dem WpÜG erwachsen für den Rechtsanwalt gem. VV RVG Vorbem. 3.2.1 Nr. 3 b) Gebühren nach VV RVG Teil 3 Abschnitt 2 Unterabschnitt 1 (VV RVG Nrn. 3200 ff.).

In **Rechtsbeschwerdeverfahren** nach dem WpÜG ist Unterabschnitt 2 (VV RVG Nrn. 3206 ff.) anwendbar, VV RVG Vorbem. 3.2.2 Nr. 1 a), VV RVG Vorbem. 3.2.1 Nr. 2 j)

Wertpapierhandelsgesetz (WpHG)

In Beschwerde- und Rechtsbeschwerdeverfahren nach dem WpHG erwachsen für den Rechtsanwalt gem. VV RVG Vorbem. 3.2.1 Nr. 3 b) Gebühren nach VV RVG Teil 3 Abschnitt 2 Unterabschnitt 1 (VV RVG Nrn. 3200 ff.).

Wettbewerbsbeschränkungen

In **Beschwerdeverfahren** nach dem GWB erwachsen für den Rechtsanwalt gem. Vorbem. 3.2.1 Nr. 2 e) Gebühren nach VV RVG Teil 3 Abschnitt 2 Unterabschnitt 1 (VV RVG Nrn. 3200 ff.).

In **Rechtsbeschwerdeverfahren** ist Unterabschnitt 2 (VV RVG Nrn. 3206 ff.) anwendbar, VV RVG Vorbem. 3.2.2 Nr. 1 a), VV RVG Vorbem. 3.2.1 Nr. 2 e). Die Anwendung von VV RVG Nrn. 3208 f. scheidet aus, weil die dafür notwendige Voraussetzung – Vertretung der Parteien nur durch einen beim BGH zugelassenen Rechtsanwalt – nicht erfüllt wird (vgl. §§ 68, 75 Abs. 4, 76 Abs. 5 GWB).

Für das Verfahren über einen Antrag nach **§ 169 Abs. 2 S. 5 und 6, § 173 Abs. 1 S. 3** oder nach **§ 176 GWB** bestimmen sich die Gebühren nach VV RVG Vorbem. 3.2 Abs. 2 S. 3 nach VV RVG Teil 3 Abschnitt 1.

Wiederaufnahmeverfahren in Bußgeldsachen

VV RVG Vorbem. 5.1.3 Abs. 2: Die Gebühren nach VV RVG Nrn. 5107–5112 entstehen für das Wiederaufnahmeverfahren einschließlich seiner Vorbereitung gesondert; die Verfahrensgebühr entsteht auch, wenn von der Stellung eines Wiederaufnahmeantrags abgeraten wird (§ 45 Abs. 4, § 46 Abs. 3 RVG).

Wiederaufnahmeverfahren in Strafsachen

VV RVG Nrn. 4136, 4140, § 45 Abs. 4, § 46 Abs. 3 RVG

Wohnungseigentumssachen

Wegen § 43 WEG (ZPO-Verfahren) ergeben sich gebührenrechtlich keine Besonderheiten. Die erstinstanzlichen Gebühren richten sich nach VV RVG Teil 3 Abschnitt 1, die in Verfahren über Berufungen, Beschwerden und Revisionen gegen die den ersten Rechtszug beendenden Entscheidungen nach VV RVG Teil 3 Abschnitt 2.

Zahlungsvereinbarung

1. Einigungsgebühr; Anm. Abs. 1 Nr. 2 zu VV RVG Nr. 1000:

Die Einigungsgebühr entsteht für die Mitwirkung beim Abschluss eines Vertrags, durch den die Erfüllung des Anspruchs bei gleichzeitigem vorläufigen Verzicht auf die gerichtliche Geltendmachung und, wenn bereits ein zur Zwangsvollstreckung geeigneter Titel vorliegt, bei gleichzeitigem vorläufigen Verzicht auf Vollstreckungsmaßnahmen geregelt wird (Zahlungsvereinbarung). . . . . 1,5 oder 1,0

Die Gebühr entsteht nicht, wenn sich der Vertrag ausschließlich auf ein Anerkenntnis oder einen Verzicht beschränkt.

2. Gegenstandswert bei der Zahlungsvereinbarung, § 31b RVG:

Ist Gegenstand einer Einigung **nur** eine Zahlungsvereinbarung (VV RVG Nr. 1000), beträgt der Gegenstandswert der Einigungsgebühr 20 Prozent des Anspruchs.

Ab 1.10.2021:

1. Einigungsgebühr; VV RVG Nr. 1000 Nr. 2:

Die Einigungsgebühr entsteht für die Mitwirkung beim Abschluss eines Vertrags, durch den die Erfüllung des Anspruchs bei gleichzeitigem vorläufigen Verzicht auf die gerichtliche Geltendmachung oder, wenn bereits ein zur Zwangsvollstreckung geeigneter Titel vorliegt, bei gleichzeitigem vorläufigen Verzicht auf Vollstreckungsmaßnahmen geregelt wird (Zahlungsvereinbarung). 0,7

2. Gegenstandswert bei der Zahlungsvereinbarung, § 31b RVG:

Ist Gegenstand einer Einigung eine Zahlungsvereinbarung (VV RVG Nr. 1000 Nr. 2), beträgt der Gegenstandswert der Einigungsgebühr 50 Prozent des Anspruchs.

Zeugenbeistand

In Strafsachen erhält der Zeugenbeistand gem. VV RVG Vorbem. 4 Abs. 1 die gleichen Gebühren wie ein Verteidiger in Strafsachen; siehe daher die Tabelle auf S. 63 ff.

In Angelegenheiten nach VV RVG Teil 3 vgl. VV RVG Vorbem. 3 Abs. 1 S. 2: Der Zeugenbeistand erhält die gleichen Gebühren wie ein Verfahrensbevollmächtigter.

Zeugenbeistand in Bußgeldsachen: VV RVG Vorbem. 5 Abs. 1.

Zeugenbeistand in sonstigen Verfahren nach VV RVG Teil 6: VV Vorbem. 6 Abs. 1.

Zusatzgebühr für besonders umfangreiche Beweisaufnahmen

Zusatzgebühr für besonders umfangreiche Beweisaufnahmen in Angelegenheiten, in denen sich die Gebühren nach VV RVG Teil 3 richten und mindestens drei gerichtliche Termine stattfinden, in denen Sachverständige oder Zeugen vernommen werden . . . . 0,3 oder bei Betragsrahmengebühren erhöhen sich der Mindest- und Höchstbetrag der Terminsgebühr um 30 %

Die Gebühr entsteht für den durch besonders umfangreiche Beweisaufnahmen anfallenden Mehraufwand

Zurückverweisung § 21 RVG, VV RVG Vorbem. 3 Abs. 6

Zusätzliche Verfahrensgebühr siehe Strafsachen (VV RVG Nrn. 4141 – 4147), Bußgeldsachen (VV RVG Nrn. 5115 und 5116) und Disziplinarverfahren und berufsgerichtliche Verfahren (VV RVG Nr. 6216).

Zwangshypothek siehe Zwangsvollstreckung, vgl. VV RVG Vorbem. 3.3.3 Nr. 4 S. 2.

Zwangsversteigerung

Verfahrensgebühr VV RVG Nr. 3311 0,4

Die Gebühr entsteht jeweils gesondert

1. für die Tätigkeit im Zwangsversteigerungsverfahren bis zur Einleitung des Verteilungsverfahrens;
2. im Zwangsversteigerungsverfahren für die Tätigkeit im Verteilungsverfahren, und zwar auch für eine Mitwirkung an einer außergerichtlichen Verteilung;
3. ...
4. ...
5. ...
6. für die Tätigkeit im Verfahren über Anträge auf einstweilige Einstellung oder Beschränkung der Zwangsvollstreckung und einstweilige Einstellung des Verfahrens sowie für Verhandlungen zwischen Gläubiger und Schuldner mit dem Ziel der Aufhebung des Verfahrens.

Terminsgebühr VV RVG Nr. 3312 0,4

Die Gebühr entsteht nur für die Wahrnehmung eines Versteigerungstermins für einen Beteiligten. Im Übrigen entsteht im Verfahren der Zwangsversteigerung und der Zwangsverwaltung keine Terminsgebühr.

Der **Gegenstandswert** bestimmt sich gem. § 26 RVG:

1. bei der Vertretung des Gläubigers oder eines anderen nach § 9 Nr. 1 und 2 ZVG Beteiligten nach dem Wert des dem Gläubiger oder dem Beteiligten zustehenden Rechts; wird das Verfahren wegen einer Teilforderung betrieben, ist der Teilbetrag nur maßgebend, wenn es sich um einen nach § 10 Abs. 1 Nr. 5 ZVG zu befriedigenden Anspruch handelt; Nebenforderungen sind mitzurechnen; der Wert des Gegenstands der Zwangsversteigerung (§ 66 Abs. 1, § 74a Abs. 5 ZVG), im Verteilungsverfahren der zur Verteilung kommende Erlös, sind maßgebend, wenn sie geringer sind;

2. bei der Vertretung eines anderen Beteiligten, insbesondere des Schuldners, nach dem Wert des Gegenstands der Zwangsversteigerung, im Verteilungsverfahren nach dem zur Verteilung kommenden Erlös; bei Miteigentümern oder sonstigen Mitberechtigten ist der Anteil maßgebend;
3. bei der Vertretung eines Bieters, der nicht Beteiligter ist, nach dem Betrag des höchsten für den Auftraggeber abgegebenen Gebots, wenn ein solches Gebot nicht abgegeben ist, nach dem Wert des Gegenstands der Zwangsversteigerung.

Zwangsverwalter

Zwangsverwalterverordnung (ZwVwV) vom 19.12.2003 (BGBl. I S. 2804)

Gem. § 17 ZwVwV hat der Verwalter Anspruch auf eine **angemessene Vergütung** für seine Geschäftsführung sowie auf Erstattung seiner **Auslagen** nach Maßgabe des § 21 ZwVwV. Die Höhe der Vergütung ist an der Art und dem Umfang der Aufgabe sowie an der Leistung des Zwangsverwalters auszurichten. Zusätzlich zur Vergütung und zur Erstattung der Auslagen wird ein Betrag in Höhe der vom Verwalter zu zahlenden Umsatzsteuer festgesetzt. Ist der Verwalter als Rechtsanwalt zugelassen, so kann er für Tätigkeiten, die ein nicht als Rechtsanwalt zugelassener Verwalter einem Rechtsanwalt übertragen hätte, die gesetzliche Vergütung eines Rechtsanwalts abrechnen. Ist der Verwalter Steuerberater oder besitzt er eine andere besondere Qualifikation, gilt dies sinngemäß.

§ 18 Regelvergütung

(1) Bei der Zwangsverwaltung von Grundstücken, die durch Vermieten oder Verpachten genutzt werden, erhält der Verwalter als Vergütung in der Regel 10 Prozent des für den Zeitraum der Verwaltung an Mieten oder Pachten eingezogenen Bruttobetrags. Für vertraglich geschuldete, nicht eingezogene Mieten oder Pachten erhält er 20 Prozent der Vergütung, die er erhalten hätte, wenn diese Mieten eingezogen worden wären. Soweit Mietrückstände eingezogen werden, für die der Verwalter bereits eine Vergütung nach Satz 2 erhalten hat, ist diese anzurechnen.

(2) Ergibt sich im Einzelfall ein **Missverhältnis** zwischen der Tätigkeit des Verwalters und der Vergütung nach Absatz 1, so kann der in Absatz 1 Satz 1 genannte Prozentsatz bis auf 5 vermindert oder bis auf 15 angehoben werden.

(3) Für die **Fertigstellung von Bauvorhaben** erhält der Verwalter 6 Prozent der von ihm verwalteten Bausumme. Planungs-, Ausführungs- und Abnahmekosten sind Bestandteil der Bausumme und finden keine Anrechnung auf die Vergütung des Verwalters.

§ 19 Abweichende Berechnung der Vergütung

(1) Wenn dem Verwalter eine Vergütung nach § 18 nicht zusteht, bemisst sich die Vergütung nach Zeitaufwand. In diesem Fall erhält er für jede Stunde der für die Verwaltung erforderlichen Zeit, die er oder einer seiner Mitarbeiter aufgewendet hat, eine Vergütung von mindestens 35,00 € und höchstens 95,00 €. Der Stundensatz ist für den jeweiligen Abrechnungszeitraum einheitlich zu bemessen.

(2) Der Verwalter kann für den Abrechnungszeitraum einheitlich nach Absatz 1 abrechnen, wenn die Vergütung nach § 18 Abs. 1 und 2 offensichtlich unangemessen ist.

§ 20 Mindestvergütung

(1) Ist das Zwangsverwaltungsobjekt von dem Verwalter in Besitz genommen, so beträgt die Vergütung des Verwalters mindestens 600 €.

(2) Ist das Verfahren der Zwangsverwaltung aufgehoben worden, bevor der Verwalter das Grundstück in Besitz genommen hat, so erhält er eine Vergütung von 200 €, sofern er bereits tätig geworden ist.

Zwangsverwaltung

Verfahrensgebühr VV RVG Nr. 3311 0,4

Die Gebühr entsteht jeweils gesondert

1. ...
2. ...
3. im Verfahren der Zwangsverwaltung für die Vertretung des Antragstellers im Verfahren über den Antrag auf Anordnung der Zwangsverwaltung oder auf Zulassung des Beitritts;
4. im Verfahren der Zwangsverwaltung für die Vertretung des Antragstellers im weiteren Verfahren einschließlich des Verteilungsverfahrens;
5. im Verfahren der Zwangsverwaltung für die Vertretung eines sonstigen Beteiligten im ganzen Verfahren einschließlich des Verteilungsverfahrens und
6. für die Tätigkeit im Verfahren über Anträge auf einstweilige Einstellung oder Beschränkung der Zwangsvollstreckung und einstweilige Einstellung des Verfahrens sowie für Verhandlun-

gen zwischen Gläubiger und Schuldner mit dem Ziel der Aufhebung des Verfahrens.

Terminsgebühr VV RVG Nr. 3312 0,4

Die Gebühr entsteht nur für die Wahrnehmung eines Versteigerungstermins für einen Beteiligten. Im Übrigen entsteht im Verfahren der Zwangsversteigerung und der Zwangsverwaltung keine Terminsgebühr.

Der **Gegenstandswert** bestimmt sich gem. § 27 RVG:

In der Zwangsverwaltung bestimmt sich der Gegenstandswert bei der Vertretung des Antragstellers nach dem Anspruch, wegen dessen das Verfahren beantragt ist; Nebenforderungen sind mitzurechnen; bei Ansprüchen auf wiederkehrende Leistungen ist der Wert der Leistungen eines Jahres maßgebend. Bei der Vertretung des Schuldners bestimmt sich der Gegenstandswert nach dem zusammengerechneten Wert aller Ansprüche, wegen derer das Verfahren beantragt ist, bei der Vertretung eines sonstigen Beteiligten nach § 23 Abs. 3 S. 2.

Zwangsvollstreckung

Verfahrensgebühr VV RVG Nr. 3309 0,3

Terminsgebühr VV RVG Nr. 3310 0,3

Die Gebühr entsteht nur für die Teilnahme an einem gerichtlichen Termin, einem Termin zur Abgabe der Vermögensauskunft oder zur Abnahme der eidesstattlichen Versicherung.

Verfahrensgebühr für Verfahren über die vorläufige Einstellung, Beschränkung oder Aufhebung der Zwangsvollstreckung VV RVG Nr. 3328............................ 0,5

Die Gebühr entsteht nur, wenn eine abgesonderte mündliche Verhandlung hierüber stattfindet. Wird der Antrag beim Vollstreckungsgericht und beim Prozessgericht gestellt, entsteht die Gebühr nur einmal.

Terminsgebühr VV RVG Nr. 3332 0,5

Bei Vertretung **mehrerer Auftraggeber** Erhöhung nach VV RVG Nr. 1008.

Nach § 4 Abs. 2 kann sich der Rechtsanwalt für Zwangsvollstreckungsverfahren nach den §§ 802a bis 863 und 882b bis 882f ZPO verpflichten, dass er, wenn der Anspruch des Auftraggebers auf Erstattung der gesetzlichen Vergütung nicht beigetrieben werden kann, einen Teil des **Erstattungsanspruchs** an Erfüllungs statt annehmen werde. Der nicht durch Abtretung zu erfüllende Teil der gesetzlichen Vergütung muss in einem angemessenen Verhältnis zu Leistung, Verantwortung und Haftungsrisiko des Rechtsanwalts stehen.

Der **Gegenstandswert** bestimmt sich gem. § 25 Abs. 1 RVG:

1. nach dem Betrag der zu vollstreckenden Geldforderung einschließlich der Nebenforderungen; soll ein bestimmter Gegenstand gepfändet werden und hat dieser einen geringeren Wert, ist der geringere Wert maßgebend; wird künftig fällig werdendes Arbeitseinkommen nach § 850d Abs. 3 ZPO gepfändet, sind die noch nicht fälligen Ansprüche nach § 51 Abs. 1 S. 1 FamGKG und § 9 ZPO zu bewerten; im Verteilungsverfahren (§ 858 Abs. 5, §§ 872 bis 877 und 882 ZPO) ist höchstens der zu verteilende Geldbetrag maßgebend;
2. nach dem Wert der herauszugebenden oder zu leistenden Sachen; der Gegenstandswert darf jedoch den Wert nicht übersteigen, mit dem der Herausgabe- oder Räumungsanspruch nach den für die Berechnung von Gerichtskosten maßgeblichen Vorschriften zu bewerten ist;
3. nach dem Wert, den die zu erwirkende Handlung, Duldung oder Unterlassung für den Gläubiger hat, und
4. in Verfahren über die Erteilung der Vermögensauskunft nach § 802c ZPO sowie in Verfahren über die Einholung von Auskünften Dritter über das Vermögen des Schuldners (§ 802l der Zivilprozessordnung nach dem Betrag, der einschließlich der Nebenforderungen aus dem Vollstreckungstitel noch geschuldet wird; der Wert beträgt jedoch höchstens 2.000 €.

In Verfahren über Anträge des Schuldners ist der Wert nach dem Interesse des Antragstellers nach billigem Ermessen zu bestimmen (§ 25 Abs. 2 RVG).

4. Vergütungsverzeichnis zum Rechtanwaltsvergütungsgesetz (RVG-VV)

Anlage 1

(zu § 2 Abs. 2)

Gliederung

Unterabschnitt 4 Wiederaufnahmeverfahren
Unterabschnitt 5 Zusätzliche Gebühren
Abschnitt 2 Gebühren in der Strafvollstreckung
Abschnitt 3 Einzeltätigkeiten

Teil 5 Bußgeldsachen

Abschnitt 1 Gebühren des Verteidigers
Unterabschnitt 1 Allgemeine Gebühr
Unterabschnitt 2 Verfahren vor der Verwaltungsbehörde
Unterabschnitt 3 Gerichtliches Verfahren im ersten Rechtszug
Unterabschnitt 4 Verfahren über die Rechtsbeschwerde
Unterabschnitt 5 Zusätzliche Gebühren
Abschnitt 2 Einzeltätigkeiten

Teil 6 Sonstige Verfahren

Abschnitt 1 Verfahren nach dem Gesetz über die internationale Rechtshilfe in Strafsachen und Verfahren nach dem Gesetz über die Zusammenarbeit mit dem Internationalen Strafgerichtshof
Unterabschnitt 1 Verfahren vor der Verwaltungsbehörde
Unterabschnitt 2 Gerichtliches Verfahren
Abschnitt 2 Disziplinarverfahren, berufsgerichtliche Verfahren wegen der Verletzung einer Berufspflicht
Unterabschnitt 1 Allgemeine Gebühren
Unterabschnitt 2 Außergerichtliches Verfahren
Unterabschnitt 3 Gerichtliches Verfahren
Erster Rechtszug
Zweiter Rechtszug
Dritter Rechtszug
Unterabschnitt 4 Zusatzgebühr
Abschnitt 3 Gerichtliche Verfahren bei Freiheitsentziehung, bei Unterbringung und bei sonstigen Zwangsmaßnahmen
Abschnitt 4 Gerichtliche Verfahren nach der Wehrbeschwerdeordnung
Abschnitt 5 Einzeltätigkeiten und Verfahren auf Aufhebung oder Änderung einer Disziplinarmaßnahme

Teil 7 Auslagen

Vergütungsverzeichnis Rechtsanwaltsvergütungsgesetz (RVG-VV)

Teil 1:
Allgemeine Gebühren

Nr.	Gebührentatbestand	Gebühr oder Satz der Gebühr nach § 13 RVG

Vorbemerkung 1:

Die Gebühren dieses Teils entstehen neben den in anderen Teilen bestimmten Gebühren oder einer Gebühr für die Beratung nach § 34 RVG.

1000	Einigungsgebühr.	1,5
	(1) Die Gebühr entsteht für die Mitwirkung beim Abschluss eines Vertrags, durch den 1. der Streit oder die Ungewissheit über ein Rechtsverhältnis beseitigt wird oder 2. die Erfüllung des Anspruchs bei gleichzeitigem vorläufigem Verzicht auf die gerichtliche Geltendmachung und, wenn bereits ein zur Zwangsvollstreckung geeigneter Titel vorliegt, bei gleichzeitigem vorläufigem Verzicht auf Vollstreckungsmaßnahmen geregelt wird (Zahlungsvereinbarung). Die Gebühr entsteht nicht, wenn sich der Vertrag ausschließlich auf ein Anerkenntnis oder einen Verzicht beschränkt. Im Privatklageverfahren ist Nummer 4147 anzuwenden. (2) Die Gebühr entsteht auch für die Mitwirkung bei Vertragsverhandlungen, es sei denn, dass diese für den Abschluss des Vertrags im Sinne des Absatzes 1 nicht ursächlich war. (3) Für die Mitwirkung bei einem unter einer aufschiebenden Bedingung oder unter dem Vorbehalt des Widerrufs geschlossenen Vertrag entsteht die Gebühr, wenn die Bedingung eingetreten ist oder der Vertrag nicht mehr widerrufen werden kann. (4) Soweit über die Ansprüche vertraglich verfügt werden kann, gelten die Absätze 1 und 2 auch bei Rechtsverhältnissen des öffentlichen Rechts. (5) Die Gebühr entsteht nicht in Ehesachen und in Lebenspartnerschaftssachen (§ 269 Abs. 1 Nr. 1 und 2 FamFG). Wird ein Vertrag, insbesondere über den Unterhalt, im Hinblick auf die in Satz 1 genannten Verfahren geschlossen, bleibt der Wert dieser Verfahren bei der Berechnung der Gebühr außer Betracht. In Kindschaftssachen ist Absatz 1 Satz 1 und 2 auch für die Mitwirkung an einer Vereinbarung, über deren Gegenstand nicht vertraglich verfügt werden kann, entsprechend anzuwenden.	
	Fassung ab dem 1.10.2021:[1]	
1000	*Einigungsgebühr für die Mitwirkung beim Abschluss eines Vertrags*	
	1. durch den der Streit oder die Ungewissheit über ein Rechtsverhältnis beseitigt wird	*1,5*

1 Fassung nach Artikel 2 des Gesetzes zur Verbesserung des Verbraucherschutzes im Inkassorecht und zur Änderung weiterer Vorschriften vom 22.12.2020.

Nr.	Gebührentatbestand	Gebühr oder Satz der Gebühr nach § 13 RVG
	2. durch den die Erfüllung des Anspruchs geregelt wird bei gleichzeitigem vorläufigem Verzicht auf seine gerichtliche Geltendmachung oder, wenn bereits ein zur Zwangsvollstreckung geeigneter Titel vorliegt, bei gleichzeitigem vorläufigem Verzicht auf Vollstreckungsmaßnahmen (Zahlungsvereinbarung)	*0,7*
	(1) Die Gebühr nach Nummer 1 entsteht nicht, wenn der Hauptanspruch anerkannt oder wenn auf ihn verzichtet wird. Im Privatklageverfahren ist Nummer 4147 anzuwenden.	
	(2) Die Gebühr entsteht auch für die Mitwirkung bei Vertragsverhandlungen, es sei denn, dass diese für den Abschluss des Vertrags im Sinne dieser Vorschrift nicht ursächlich war.	
	(3) Für die Mitwirkung bei einem unter einer aufschiebenden Bedingung oder unter dem Vorbehalt des Widerrufs geschlossenen Vertrag entsteht die Gebühr, wenn die Bedingung eingetreten ist oder der Vertrag nicht mehr widerrufen werden kann.	
	(4) Bei Rechtsverhältnissen des öffentlichen Rechts entsteht die Gebühr, soweit über die Ansprüche vertraglich verfügt werden kann. Absatz 1 Satz 1 und Absatz 2 sind anzuwenden.	
	(5) Die Gebühr entsteht nicht in Ehesachen und in Lebenspartnerschaftssachen (§ 269 Abs. 1 Nr. 1 und 2 FamFG). Wird ein Vertrag, insbesondere über den Unterhalt, im Hinblick auf die in Satz 1 genannten Verfahren geschlossen, bleibt der Wert dieser Verfahren bei der Berechnung der Gebühr außer Betracht. In Kindschaftssachen entsteht die Gebühr auch für die Mitwirkung an einer Vereinbarung, über deren Gegenstand nicht vertraglich verfügt werden kann. Absatz 1 Satz 1 ist entsprechend anzuwenden.	
1001	Aussöhnungsgebühr	1,5
	Die Gebühr entsteht für die Mitwirkung bei der Aussöhnung, wenn der ernstliche Wille eines Ehegatten, eine Scheidungssache oder ein Verfahren auf Aufhebung der Ehe anhängig zu machen, hervorgetreten ist und die Ehegatten die eheliche Lebensgemeinschaft fortsetzen oder die eheliche Lebensgemeinschaft wieder aufnehmen. Dies gilt entsprechend bei Lebenspartnerschaften.	
1002	Erledigungsgebühr, soweit nicht Nummer 1005 gilt . . .	1,5
	Die Gebühr entsteht, wenn sich eine Rechtssache ganz oder teilweise nach Aufhebung oder Änderung des mit einem Rechtsbehelf angefochtenen Verwaltungsakts durch die anwaltliche Mitwirkung erledigt. Das Gleiche gilt, wenn sich eine Rechtssache ganz oder teilweise durch Erlass eines bisher abgelehnten Verwaltungsakts erledigt.	

Vergütungsverzeichnis Rechtsanwaltsvergütungsgesetz (RVG-VV)

Nr.	Gebührentatbestand	Gebühr oder Satz der Gebühr nach § 13 RVG
1003	Über den Gegenstand ist ein anderes gerichtliches Verfahren als ein selbstständiges Beweisverfahren anhängig: Die Gebühren 1000 bis 1002 betragen	1,0
	Fassung ab dem 1.10.2021:[1] *Die Gebühr 1000 Nr. 1 sowie die Gebühren 1001 und 1002 betragen*	*1,0*
	(1) Dies gilt auch, wenn ein Verfahren über die Prozesskostenhilfe anhängig ist, soweit nicht lediglich Prozesskostenhilfe für ein selbständiges Beweisverfahren oder die gerichtliche Protokollierung des Vergleichs beantragt wird oder sich die Beiordnung auf den Abschluss eines Vertrags im Sinne der Nummer 1000 erstreckt (§ 48 Abs. 1 und 3 RVG). Die Anmeldung eines Anspruchs zum Musterverfahren nach dem KapMuG steht einem anhängigen gerichtlichen Verfahren gleich. Das Verfahren vor dem Gerichtsvollzieher steht einem gerichtlichen Verfahren gleich. (2) In Kindschaftssachen entsteht die Gebühr auch für die Mitwirkung am Abschluss eines gerichtlich gebilligten Vergleichs (§ 156 Abs. 2 FamFG) und an einer Vereinbarung, über deren Gegenstand nicht vertraglich verfügt werden kann, wenn hierdurch eine gerichtliche Entscheidung entbehrlich wird oder wenn die Entscheidung der getroffenen Vereinbarung folgt.	
1004	Über den Gegenstand ist ein Berufungs- oder Revisionsverfahren, ein Verfahren über die Beschwerde gegen die Nichtzulassung eines dieser Rechtsmittel oder ein Verfahren vor dem Rechtsmittelgericht über die Zulassung des Rechtsmittels anhängig: Die Gebühren 1000 bis 1002 betragen	1,3
	Fassung ab dem 1.10.2021:[1] *Die Gebühr 1000 Nr. 1 sowie die Gebühren 1001 und 1002 betragen*	*1,3*
	(1) Dies gilt auch in den in den Vorbemerkungen 3.2.1 und 3.2.2 genannten Beschwerde- und Rechtsbeschwerdeverfahren. (2) Absatz 2 der Anmerkung zu Nummer 1003 ist anzuwenden.	
1005	Einigung oder Erledigung in einem Verwaltungsverfahren in sozialrechtlichen Angelegenheiten, in denen im gerichtlichen Verfahren Betragsrahmengebühren entstehen (§ 3 RVG): Die Gebühren 1000 und 1002 entstehen	in Höhe der Geschäftsgebühr

1 Fassung nach Artikel 2 des Gesetzes zur Verbesserung des Verbraucherschutzes im Inkassorecht und zur Änderung weiterer Vorschriften vom 22.12.2020.

Nr.	Gebührentatbestand	Gebühr oder Satz der Gebühr nach § 13 RVG
	(1) Die Gebühr bestimmt sich einheitlich nach dieser Vorschrift, wenn in die Einigung Ansprüche aus anderen Verwaltungsverfahren einbezogen werden. Ist über einen Gegenstand ein gerichtliches Verfahren anhängig, bestimmt sich die Gebühr nach Nummer 1006. Maßgebend für die Höhe der Gebühr ist die höchste entstandene Geschäftsgebühr ohne Berücksichtigung einer Erhöhung nach Nummer 1008. Steht dem Rechtsanwalt ausschließlich eine Gebühr nach § 34 RVG zu, beträgt die Gebühr die Hälfte des in der Anmerkung zu Nummer 2302 genannten Betrags. (2) Betrifft die Einigung oder Erledigung nur einen Teil der Angelegenheit, ist der auf diesen Teil der Angelegenheit entfallende Anteil an der Geschäftsgebühr unter Berücksichtigung der in § 14 Abs. 1 RVG genannten Umstände zu schätzen.	
1006	Über den Gegenstand ist ein gerichtliches Verfahren anhängig: Die Gebühr 1005 entsteht . . . . (1) Die Gebühr bestimmt sich auch dann einheitlich nach dieser Vorschrift, wenn in die Einigung Ansprüche einbezogen werden, die nicht in diesem Verfahren rechtshängig sind. Maßgebend für die Höhe der Gebühr ist die im Einzelfall bestimmte Verfahrensgebühr in der Angelegenheit, in der die Einigung erfolgt. Eine Erhöhung nach Nummer 1008 ist nicht zu berücksichtigen. (2) Betrifft die Einigung oder Erledigung nur einen Teil der Angelegenheit, ist der auf diesen Teil der Angelegenheit entfallende Anteil an der Verfahrensgebühr unter Berücksichtigung der in § 14 Abs. 1 RVG genannten Umstände zu schätzen.	in Höhe der Verfahrensgebühr
1007	*(aufgehoben)*	
1008	Auftraggeber sind in derselben Angelegenheit mehrere Personen: Die Verfahrens- oder Geschäftsgebühr erhöht sich für jede weitere Person um . . . . (1) Dies gilt bei Wertgebühren nur, soweit der Gegenstand der anwaltlichen Tätigkeit derselbe ist. (2) Die Erhöhung wird nach dem Betrag berechnet, an dem die Personen gemeinschaftlich beteiligt sind. (3) Mehrere Erhöhungen dürfen einen Gebührensatz von 2,0 nicht übersteigen; bei Festgebühren dürfen die Erhöhungen das Doppelte der Festgebühr und bei Betragsrahmengebühren das Doppelte des Mindest- und Höchstbetrags nicht übersteigen. (4) Im Fall der Anmerkung zu den Gebühren 2300 und 2302 erhöht sich der Gebührensatz oder Betrag dieser Gebühren entsprechend.	0,3 oder 30 % bei Festgebühren, bei Betragsrahmengebühren erhöhen sich der Mindest- und Höchstbetrag um 30 %

Vergütungsverzeichnis Rechtsanwaltsvergütungsgesetz (RVG-VV)

Nr.	Gebührentatbestand	Gebühr oder Satz der Gebühr nach § 13 RVG
1009	Hebegebühr 1. bis einschließlich 2 500,00 €	1,0 %
	2. von dem Mehrbetrag bis einschließlich 10 000,00 €.	0,5 %
	3. von dem Mehrbetrag über 10 000,00 €. . . . . (1) Die Gebühr wird für die Auszahlung oder Rückzahlung von entgegengenommenen Geldbeträgen erhoben. (2) Unbare Zahlungen stehen baren Zahlungen gleich. Die Gebühr kann bei der Ablieferung an den Auftraggeber entnommen werden. (3) Ist das Geld in mehreren Beträgen gesondert ausgezahlt oder zurückgezahlt, wird die Gebühr von jedem Betrag besonders erhoben. (4) Für die Ablieferung oder Rücklieferung von Wertpapieren und Kostbarkeiten entsteht die in den Absätzen 1 bis 3 bestimmte Gebühr nach dem Wert. (5) Die Hebegebühr entsteht nicht, soweit Kosten an ein Gericht oder eine Behörde weitergeleitet oder eingezogene Kosten an den Auftraggeber abgeführt oder eingezogene Beträge auf die Vergütung verrechnet werden.	0,25 % des aus- oder zurückgezahlten Betrags – mindestens 1,00 €
1010	Zusatzgebühr für besonders umfangreiche Beweisaufnahmen in Angelegenheiten, in denen sich die Gebühren nach Teil 3 richten und mindestens drei gerichtliche Termine stattfinden, in denen Sachverständige oder Zeugen vernommen werden . . . . Die Gebühr entsteht für den durch besonders umfangreiche Beweisaufnahmen anfallenden Mehraufwand.	0,3 oder bei Betragsrahmengebühren erhöhen sich der Mindest- und Höchstbetrag der Terminsgebühr um 30 %

Teil 2:
Außergerichtliche Tätigkeiten einschließlich der Vertretung im Verwaltungsverfahren

Nr.	Gebührentatbestand	Gebühr oder Satz der Gebühr nach § 13 RVG

Vorbemerkung 2:

(1) Die Vorschriften dieses Teils sind nur anzuwenden, soweit nicht die §§ 34 bis 36 RVG etwas anderes bestimmen.

(2) Für die Tätigkeit als Beistand für einen Zeugen oder Sachverständigen in einem Verwaltungsverfahren, für das sich die Gebühren nach diesem Teil bestimmen, entstehen die gleichen Gebühren wie für einen Bevollmächtigten in diesem Verfahren. Für die Tätigkeit als Beistand eines Zeugen oder Sachverständigen vor einem parlamentarischen Untersuchungsausschuss entstehen die gleichen Gebühren wie für die entsprechende Beistandsleistung in einem Strafverfahren des ersten Rechtszugs vor dem Oberlandesgericht.

Nr.	Gebührentatbestand	Gebühr oder Satz der Gebühr nach § 13 RVG
	Abschnitt 1 ***Prüfung der Erfolgsaussicht eines Rechtsmittels***	
2100	Gebühr für die Prüfung der Erfolgsaussicht eines Rechtsmittels, soweit in Nummer 2102 nichts anderes bestimmt ist. . . . . Die Gebühr ist auf eine Gebühr für das Rechtsmittelverfahren anzurechnen.	0,5 bis 1,0
2101	Die Prüfung der Erfolgsaussicht eines Rechtsmittels ist mit der Ausarbeitung eines schriftlichen Gutachtens verbunden: Die Gebühr 2100 beträgt	1,3
2102	Gebühr für die Prüfung der Erfolgsaussicht eines Rechtsmittels in sozialrechtlichen Angelegenheiten, in denen im gerichtlichen Verfahren Betragsrahmengebühren entstehen (§ 3 RVG), und in den Angelegenheiten, für die nach den Teilen 4 bis 6 Betragsrahmengebühren entstehen . . . . Die Gebühr ist auf eine Gebühr für das Rechtsmittelverfahren anzurechnen.	36,00 bis 384,00 €
2103	Die Prüfung der Erfolgsaussicht eines Rechtsmittels ist mit der Ausarbeitung eines schriftlichen Gutachtens verbunden: Die Gebühr 2102 beträgt	60,00 bis 660,00 €
	Abschnitt 2 ***Herstellung des Einvernehmens***	
2200	Geschäftsgebühr für die Herstellung des Einvernehmens nach § 28 EuRAG	in Höhe der einem Bevollmächtigten oder Verteidiger zustehenden Verfahrensgebühr
2201	Das Einvernehmen wird nicht hergestellt: Die Gebühr 2200 beträgt	0,1 bis 0,5 oder Mindestbetrag der einem Bevollmächtigten oder Verteidiger zustehenden Verfahrensgebühr

Vergütungsverzeichnis Rechtsanwaltsvergütungsgesetz (RVG-VV)

Nr.	Gebührentatbestand	Gebühr oder Satz der Gebühr nach § 13 RVG

Abschnitt 3
Vertretung

Vorbemerkung 2.3:

(1) Im Verwaltungszwangsverfahren ist Teil 3 Abschnitt 3 Unterabschnitt 3 entsprechend anzuwenden.

(2) Dieser Abschnitt gilt nicht für die in den Teilen 4 bis 6 geregelten Angelegenheiten.

(3) Die Geschäftsgebühr entsteht für das Betreiben des Geschäfts einschließlich der Information und für die Mitwirkung bei der Gestaltung eines Vertrags.

(4) Soweit wegen desselben Gegenstands eine Geschäftsgebühr für eine Tätigkeit im Verwaltungsverfahren entstanden ist, wird diese Gebühr zur Hälfte, bei Wertgebühren jedoch höchstens mit einem Gebührensatz von 0,75, auf eine Geschäftsgebühr für eine Tätigkeit im weiteren Verwaltungsverfahren, das der Nachprüfung des Verwaltungsakts dient, angerechnet. Bei einer Betragsrahmengebühr beträgt der Anrechnungsbetrag höchstens 207,00 €. Bei einer Wertgebühr erfolgt die Anrechnung nach dem Wert des Gegenstands, der auch Gegenstand des weiteren Verfahrens ist.

(5) Absatz 4 gilt entsprechend bei einer Tätigkeit im Verfahren nach der Wehrbeschwerdeordnung, wenn darauf eine Tätigkeit im Beschwerdeverfahren oder wenn der Tätigkeit im Beschwerdeverfahren eine Tätigkeit im Verfahren der weiteren Beschwerde vor den Disziplinarvorgesetzten folgt.

(6) Soweit wegen desselben Gegenstands eine Geschäftsgebühr nach Nummer 2300 entstanden ist, wird diese Gebühr zur Hälfte, jedoch höchstens mit einem Gebührensatz von 0,75, auf eine Geschäftsgebühr nach Nummer 2303 angerechnet. Absatz 4 Satz 3 gilt entsprechend.

2300	Geschäftsgebühr, soweit in den Nummern 2302 und 2303 nichts anderes bestimmt ist . . . . Eine Gebühr von mehr als 1,3 kann nur gefordert werden, wenn die Tätigkeit umfangreich oder schwierig war. *Fassung ab dem 1.10.2021:*[1] *(1) Eine Gebühr von mehr als 1,3 kann nur gefordert werden, wenn die Tätigkeit umfangreich oder schwierig war.* *(2) Ist Gegenstand der Tätigkeit eine Inkassodienstleistung, die eine unbestrittene Forderung betrifft, kann eine Gebühr von mehr als 0,9 nur gefordert werden, wenn die Inkassodienstleistung besonders umfangreich oder besonders schwierig war. In einfachen Fällen kann nur eine Gebühr von 0,5 gefordert werden; ein einfacher Fall liegt in der Regel vor, wenn die Forderung auf die erste Zahlungsaufforderung hin beglichen wird. Der Gebührensatz beträgt höchstens 1,3.*	0,5 bis 2,5
2301	Der Auftrag beschränkt sich auf ein Schreiben einfacher Art: Die Gebühr 2300 beträgt . . . . Es handelt sich um ein Schreiben einfacher Art, wenn dieses weder schwierige rechtliche Ausführungen noch größere sachliche Auseinandersetzungen enthält.	0,3

1 Fassung nach Artikel 2 des Gesetzes zur Verbesserung des Verbraucherschutzes im Inkassorecht und zur Änderung weiterer Vorschriften vom 22.12.2020.

Nr.	Gebührentatbestand	Gebühr oder Satz der Gebühr nach § 13 RVG
2302	Geschäftsgebühr in 1. sozialrechtlichen Angelegenheiten, in denen im gerichtlichen Verfahren Betragsrahmengebühren entstehen (§ 3 RVG), und 2. Verfahren nach der Wehrbeschwerdeordnung, wenn im gerichtlichen Verfahren das Verfahren vor dem Truppendienstgericht oder vor dem Bundesverwaltungsgericht an die Stelle des Verwaltungsrechtswegs gemäß § 82 SG tritt.	60,00 bis 768,00 €
	Eine Gebühr von mehr als 359,00 € kann nur gefordert werden, wenn die Tätigkeit umfangreich oder schwierig war.	
2303	Geschäftsgebühr für 1. Güteverfahren vor einer durch die Landesjustizverwaltung eingerichteten oder anerkannten Gütestelle (§ 794 Abs. 1 Nr. 1 ZPO) oder, wenn die Parteien den Einigungsversuch einvernehmlich unternehmen, vor einer Gütestelle, die Streitbeilegung betreibt (§ 15a Abs. 3 EGZPO), 2. Verfahren vor einem Ausschuss der in § 111 Abs. 2 des Arbeitsgerichtsgesetzes bezeichneten Art, 3. Verfahren vor dem Seemannsamt zur vorläufigen Entscheidung von Arbeitssachen und 4. Verfahren vor sonstigen gesetzlich eingerichteten Einigungsstellen, Gütestellen oder Schiedsstellen .	1,5

Abschnitt 4
(aufgehoben)

Abschnitt 5
Beratungshilfe

Vorbemerkung 2.5:

Im Rahmen der Beratungshilfe entstehen Gebühren ausschließlich nach diesem Abschnitt.

2500	Beratungshilfegebühr	15,00 €
	Neben der Gebühr werden keine Auslagen erhoben. Die Gebühr kann erlassen werden.	
2501	Beratungsgebühr	38,50 €
	(1) Die Gebühr entsteht für eine Beratung, wenn die Beratung nicht mit einer anderen gebührenpflichtigen Tätigkeit zusammenhängt. (2) Die Gebühr ist auf eine Gebühr für eine sonstige Tätigkeit anzurechnen, die mit der Beratung zusammenhängt.	

Vergütungsverzeichnis Rechtsanwaltsvergütungsgesetz (RVG-VV)

Nr.	Gebührentatbestand	Gebühr oder Satz der Gebühr nach § 13 RVG
2502	Beratungstätigkeit mit dem Ziel einer außergerichtlichen Einigung mit den Gläubigern über die Schuldenbereinigung auf der Grundlage eines Plans (§ 305 Abs. 1 Nr. 1 InsO): Die Gebühr 2501 beträgt	77,00 €
2503	Geschäftsgebühr . . . . (1) Die Gebühr entsteht für das Betreiben des Geschäfts einschließlich der Information oder die Mitwirkung bei der Gestaltung eines Vertrags. (2) Auf die Gebühren für ein anschließendes gerichtliches oder behördliches Verfahren ist diese Gebühr zur Hälfte anzurechnen. Auf die Gebühren für ein Verfahren auf Vollstreckbarerklärung eines Vergleichs nach den §§ 796a, 796b und 796c Abs. 2 Satz 2 ZPO ist die Gebühr zu einem Viertel anzurechnen.	93,50 €
2504	Tätigkeit mit dem Ziel einer außergerichtlichen Einigung mit den Gläubigern über die Schuldenbereinigung auf der Grundlage eines Plans (§ 305 Abs. 1 Nr. 1 InsO): Die Gebühr 2503 beträgt bei bis zu 5 Gläubigern	297,00 €
2505	Es sind 6 bis 10 Gläubiger vorhanden: Die Gebühr 2503 beträgt	446,00 €
2506	Es sind 11 bis 15 Gläubiger vorhanden: Die Gebühr 2503 beträgt	594,00 €
2507	Es sind mehr als 15 Gläubiger vorhanden: Die Gebühr 2503 beträgt	743,00 €
2508	Einigungs- und Erledigungsgebühr . . . . (1) Die Anmerkungen zu Nummern 1000 und 1002 sind anzuwenden. (2) Die Gebühr entsteht auch für die Mitwirkung bei einer außergerichtlichen Einigung mit den Gläubigern über die Schuldenbereinigung auf der Grundlage eines Plans (§ 305 Abs. 1 Nr. 1 InsO).	165,00 €

Vergütungsverzeichnis Rechtsanwaltsvergütungsgesetz (RVG-VV)

Teil 3:
Zivilsachen, Verfahren der öffentlich-rechtlichen Gerichtsbarkeiten, Verfahren nach dem Strafvollzugsgesetz, auch in Verbindung mit § 92 des Jugendgerichtsgesetzes, und ähnliche Verfahren

Nr.	Gebührentatbestand	Gebühr oder Satz der Gebühr nach § 13 RVG

Vorbemerkung 3:

(1) Gebühren nach diesem Teil erhält der Rechtsanwalt, dem ein unbedingter Auftrag als Prozess- oder Verfahrensbevollmächtigter, als Beistand für einen Zeugen oder Sachverständigen oder für eine sonstige Tätigkeit in einem gerichtlichen Verfahren erteilt worden ist. Der Beistand für einen Zeugen oder Sachverständigen erhält die gleichen Gebühren wie ein Verfahrensbevollmächtigter.

(2) Die Verfahrensgebühr entsteht für das Betreiben des Geschäfts einschließlich der Information.

(3) Die Terminsgebühr entsteht sowohl für die Wahrnehmung von gerichtlichen Terminen als auch für die Wahrnehmung von außergerichtlichen Terminen und Besprechungen, wenn nichts anderes bestimmt ist. Sie entsteht jedoch nicht für die Wahrnehmung eines gerichtlichen Termins nur zur Verkündung einer Entscheidung. Die Gebühr für außergerichtliche Termine und Besprechungen entsteht für

1. die Wahrnehmung eines von einem gerichtlich bestellten Sachverständigen anberaumten Termins und
2. die Mitwirkung an Besprechungen, die auf die Vermeidung oder Erledigung des Verfahrens gerichtet sind; dies gilt nicht für Besprechungen mit dem Auftraggeber.

(4) Soweit wegen desselben Gegenstands eine Geschäftsgebühr nach Teil 2 entsteht, wird diese Gebühr zur Hälfte, bei Wertgebühren jedoch höchstens mit einem Gebührensatz von 0,75, auf die Verfahrensgebühr des gerichtlichen Verfahrens angerechnet. Bei Betragsrahmengebühren beträgt der Anrechnungsbetrag höchstens 207,00 €. Sind mehrere Gebühren entstanden, ist für die Anrechnung die zuletzt entstandene Gebühr maßgebend. Bei einer wertabhängigen Gebühr erfolgt die Anrechnung nach dem Wert des Gegenstands, der auch Gegenstand des gerichtlichen Verfahrens ist.

(5) Soweit der Gegenstand eines selbstständigen Beweisverfahrens auch Gegenstand eines Rechtsstreits ist oder wird, wird die Verfahrensgebühr des selbstständigen Beweisverfahrens auf die Verfahrensgebühr des Rechtszugs angerechnet.

(6) Soweit eine Sache an ein untergeordnetes Gericht zurückverwiesen wird, das mit der Sache bereits befasst war, ist die vor diesem Gericht bereits entstandene Verfahrensgebühr auf die Verfahrensgebühr für das erneute Verfahren anzurechnen.

(7) Die Verfahrensgebühr für einen Urkunden- oder Wechselprozess wird auf die Verfahrensgebühr für das ordentliche Verfahren angerechnet, wenn dieses nach Abstandnahme vom Urkunden- oder Wechselprozess oder nach einem Vorbehaltsurteil anhängig bleibt (§§ 596 und 600 ZPO).

(8) Die Vorschriften dieses Teils sind nicht anzuwenden, soweit Teil 6 besondere Vorschriften enthält.

Abschnitt 1
Erster Rechtszug

Vorbemerkung 3.1:

Die Gebühren dieses Abschnitts entstehen in allen Verfahren, für die in den folgenden Abschnitten dieses Teils keine Gebühren bestimmt sind.

3100	Verfahrensgebühr, soweit in Nummer 3102 nichts anderes bestimmt ist . . . . (1) Die Verfahrensgebühr für ein vereinfachtes Verfahren über den Unterhalt Minderjähriger wird auf die Verfahrensgebühr angerechnet, die in dem nachfolgenden Rechtsstreit entsteht (§ 255 FamFG).	1,3

Vergütungsverzeichnis Rechtsanwaltsvergütungsgesetz (RVG-VV)

Nr.	Gebührentatbestand	Gebühr oder Satz der Gebühr nach § 13 RVG
	(2) Die Verfahrensgebühr für ein Vermittlungsverfahren nach § 165 FamFG wird auf die Verfahrensgebühr für ein sich anschließendes Verfahren angerechnet.	
3101	1. Endigt der Auftrag, bevor der Rechtsanwalt die Klage, den ein Verfahren einleitenden Antrag oder einen Schriftsatz, der Sachanträge, Sachvortrag, die Zurücknahme der Klage oder die Zurücknahme des Antrags enthält, eingereicht oder bevor er einen gerichtlichen Termin wahrgenommen hat; 2. soweit Verhandlungen vor Gericht zur Einigung der Parteien oder der Beteiligten oder mit Dritten über in diesem Verfahren nicht rechtshängige Ansprüche geführt werden; der Verhandlung über solche Ansprüche steht es gleich, wenn beantragt ist, eine Einigung zu Protokoll zu nehmen oder das Zustandekommen einer Einigung festzustellen (§ 278 Abs. 6 ZPO), oder wenn eine Einigung dadurch erfolgt, dass die Beteiligten einen in der Form eines Beschlusses ergangenen Vorschlag schriftlich oder durch Erklärung zu Protokoll in der mündlichen Verhandlung gegenüber dem Gericht annehmen (§ 101 Abs. 1 Satz 2 SGG, § 106 Satz 2 VwGO); oder 3. soweit in einer Familiensache, die nur die Erteilung einer Genehmigung oder die Zustimmung des Familiengerichts zum Gegenstand hat, oder in einem Verfahren der freiwilligen Gerichtsbarkeit lediglich ein Antrag gestellt und eine Entscheidung entgegengenommen wird, beträgt die Gebühr 3100	0,8
	(1) Soweit in den Fällen der Nummer 2 der sich nach § 15 Abs. 3 RVG ergebende Gesamtbetrag der Verfahrensgebühren die Gebühr 3100 übersteigt, wird der übersteigende Betrag auf eine Verfahrensgebühr angerechnet, die wegen desselben Gegenstands in einer anderen Angelegenheit entsteht. (2) Nummer 3 ist in streitigen Verfahren der freiwilligen Gerichtsbarkeit, insbesondere in Verfahren nach dem Gesetz über das gerichtliche Verfahren in Landwirtschaftssachen, nicht anzuwenden.	
3102	Verfahrensgebühr für Verfahren vor den Sozialgerichten, in denen Betragsrahmengebühren entstehen (§ 3 RVG)	60,00 bis 660,00 €
3103	*(aufgehoben)*	

Nr.	Gebührentatbestand	Gebühr oder Satz der Gebühr nach § 13 RVG
3104	Terminsgebühr, soweit in Nummer 3106 nichts anderes bestimmt ist	1,2
	(1) Die Gebühr entsteht auch, wenn 1. in einem Verfahren, für das mündliche Verhandlung vorgeschrieben ist, im Einverständnis mit den Parteien oder Beteiligten oder gemäß § 307 oder § 495a ZPO ohne mündliche Verhandlung entschieden oder in einem solchen Verfahren mit oder ohne Mitwirkung des Gerichts ein Vertrag im Sinne der Nummer 1000 geschlossen wird oder eine Erledigung der Rechtssache im Sinne der Nummer 1002 eingetreten ist, 2. nach § 84 Abs. 1 Satz 1 VwGO oder § 105 Abs. 1 Satz 1 SGG durch Gerichtsbescheid entschieden wird und eine mündliche Verhandlung beantragt werden kann oder 3. das Verfahren vor dem Sozialgericht, für das mündliche Verhandlung vorgeschrieben ist, nach angenommenem Anerkenntnis ohne mündliche Verhandlung endet. (2) Sind in dem Termin auch Verhandlungen zur Einigung über in diesem Verfahren nicht rechtshängige Ansprüche geführt worden, wird die Terminsgebühr, soweit sie den sich ohne Berücksichtigung der nicht rechtshängigen Ansprüche ergebenden Gebührenbetrag übersteigt, auf eine Terminsgebühr angerechnet, die wegen desselben Gegenstands in einer anderen Angelegenheit entsteht. (3) Die Gebühr entsteht nicht, soweit lediglich beantragt ist, eine Einigung der Parteien oder der Beteiligten oder mit Dritten über nicht rechtshängige Ansprüche zu Protokoll zu nehmen. (4) Eine in einem vorausgegangenen Mahnverfahren oder vereinfachten Verfahren über den Unterhalt Minderjähriger entstandene Terminsgebühr wird auf die Terminsgebühr des nachfolgenden Rechtsstreits angerechnet.	
3105	Wahrnehmung nur eines Termins, in dem eine Partei oder ein Beteiligter nicht erschienen oder nicht ordnungsgemäß vertreten ist und lediglich ein Antrag auf Versäumnisurteil, Versäumnisentscheidung oder zur Prozess-, Verfahrens- oder Sachleitung gestellt wird: Die Gebühr 3104 beträgt	0,5
	(1) Die Gebühr entsteht auch, wenn 1. das Gericht bei Säumnis lediglich Entscheidungen zur Prozess-, Verfahrens- oder Sachleitung von Amts wegen trifft oder 2. eine Entscheidung gemäß § 331 Abs. 3 ZPO ergeht. (2) § 333 ZPO ist nicht entsprechend anzuwenden.	

Nr.	Gebührentatbestand	Gebühr oder Satz der Gebühr nach § 13 RVG
3106	Terminsgebühr in Verfahren vor den Sozialgerichten, in denen Betragsrahmengebühren entstehen (§ 3 RVG)	60,00 bis 610,00 €
	Die Gebühr entsteht auch, wenn 1. in einem Verfahren, für das mündliche Verhandlung vorgeschrieben ist, im Einverständnis mit den Parteien ohne mündliche Verhandlung entschieden oder in einem solchen Verfahren mit oder ohne Mitwirkung des Gerichts ein Vertrag im Sinne der Nummer 1000 geschlossen wird oder eine Erledigung der Rechtssache im Sinne der Nummer 1002 eingetreten ist, 2. nach § 105 Abs. 1 Satz 1 SGG durch Gerichtsbescheid entschieden wird und eine mündliche Verhandlung beantragt werden kann oder 3. das Verfahren, für das mündliche Verhandlung vorgeschrieben ist, nach angenommenem Anerkenntnis ohne mündliche Verhandlung endet. In den Fällen des Satzes 1 beträgt die Gebühr 90 % der in derselben Angelegenheit dem Rechtsanwalt zustehenden Verfahrensgebühr ohne Berücksichtigung einer Erhöhung nach Nummer 1008.	

Abschnitt 2
Berufung, Revision, bestimmte Beschwerden und Verfahren vor dem Finanzgericht

Vorbemerkung 3.2:

(1) Dieser Abschnitt ist auch in Verfahren vor dem Rechtsmittelgericht über die Zulassung des Rechtsmittels anzuwenden.

(2) Wenn im Verfahren auf Anordnung eines Arrests, zur Erwirkung eines Europäischen Beschlusses zur vorläufigen Kontenpfändung oder auf Erlass einer einstweiligen Verfügung sowie im Verfahren über die Aufhebung, den Widerruf oder die Abänderung der genannten Entscheidungen das Rechtsmittelgericht als Gericht der Hauptsache anzusehen ist (§ 943, auch i.V.m. § 946 Abs. 1 Satz 2 ZPO), bestimmen sich die Gebühren nach den für die erste Instanz geltenden Vorschriften. Dies gilt entsprechend im Verfahren der einstweiligen Anordnung und im Verfahren auf Anordnung oder Wiederherstellung der aufschiebenden Wirkung, auf Aussetzung oder Aufhebung der Vollziehung oder Anordnung der sofortigen Vollziehung eines Verwaltungsakts. Satz 1 gilt ferner entsprechend in Verfahren über einen Antrag nach § 169 Abs. 2 Satz 5 und 6, § 173 Abs. 1 Satz 3 oder nach § 176 GWB.

Nr.	Gebührentatbestand	Gebühr oder Satz der Gebühr nach § 13 RVG

Unterabschnitt 1
Berufung, bestimmte Beschwerden und Verfahren vor dem Finanzgericht

Vorbemerkung 3.2.1:

Dieser Unterabschnitt ist auch anzuwenden in Verfahren

1. vor dem Finanzgericht,
2. über Beschwerden
   a) gegen die den Rechtszug beendenden Entscheidungen in Verfahren über Anträge auf Vollstreckbarerklärung ausländischer Titel oder auf Erteilung der Vollstreckungsklausel zu ausländischen Titeln sowie über Anträge auf Aufhebung oder Abänderung der Vollstreckbarerklärung oder der Vollstreckungsklausel,
   b) gegen die Endentscheidung wegen des Hauptgegenstands in Familiensachen und in den Angelegenheiten der freiwilligen Gerichtsbarkeit,
   c) gegen die den Rechtszug beendenden Entscheidungen im Beschlussverfahren vor den Gerichten für Arbeitssachen,
   d) gegen die den Rechtszug beendenden Entscheidungen im personalvertretungsrechtlichen Beschlussverfahren vor den Gerichten der Verwaltungsgerichtsbarkeit,
   e) nach dem GWB,
   f) nach dem EnWG,
   g) nach dem KSpG,
   h) nach dem EU-VSchDG,
   i) nach dem SpruchG,
   j) nach dem WpÜG,
   k) nach dem WRegG,[1]
3. über Beschwerden
   a) gegen die Entscheidung des Verwaltungs- oder Sozialgerichts wegen des Hauptgegenstands in Verfahren des vorläufigen oder einstweiligen Rechtsschutzes,
   b) nach dem WpHG,
   c) gegen die Entscheidung über den Widerspruch des Schuldners (§ 954 Abs. 1 Satz 1 ZPO) im Fall des Artikels 5 Buchstabe a der Verordnung (EU) Nr. 655/2014,
4. über Rechtsbeschwerden nach dem StVollzG, auch i.V.m. § 92 JGG.

3200	Verfahrensgebühr, soweit in Nummer 3204 nichts anderes bestimmt ist	1,6
3201	Vorzeitige Beendigung des Auftrags oder eingeschränkte Tätigkeit des Anwalts: Die Gebühr 3200 beträgt . . . . (1) Eine vorzeitige Beendigung liegt vor, 1. wenn der Auftrag endigt, bevor der Rechtsanwalt das Rechtsmittel eingelegt oder einen Schriftsatz, der Sachanträge, Sachvortrag, die Zurücknahme der Klage oder die Zurücknahme des Rechtsmittels enthält, eingereicht oder bevor er einen gerichtlichen Termin wahrgenommen hat, oder	1,1

1 Fassung mit Inkrafttreten der Rechtsverordnung nach § 10 des Wettbewerbsregistergesetzes. Das Bundesministerium für Wirtschaft und Energie gibt den Tag des Inkrafttretens im Bundesgesetzblatt bekannt.

Vergütungsverzeichnis Rechtsanwaltsvergütungsgesetz (RVG-VV)

Nr.	Gebührentatbestand	Gebühr oder Satz der Gebühr nach § 13 RVG
	2. soweit Verhandlungen vor Gericht zur Einigung der Parteien oder der Beteiligten oder mit Dritten über in diesem Verfahren nicht rechtshängige Ansprüche geführt werden; der Verhandlung über solche Ansprüche steht es gleich, wenn beantragt ist, eine Einigung zu Protokoll zu nehmen oder das Zustandekommen einer Einigung festzustellen (§ 278 Abs. 6 ZPO). Soweit in den Fällen der Nummer 2 der sich nach § 15 Abs. 3 RVG ergebende Gesamtbetrag der Verfahrensgebühren die Gebühr 3200 übersteigt, wird der übersteigende Betrag auf eine Verfahrensgebühr angerechnet, die wegen desselben Gegenstands in einer anderen Angelegenheit entsteht. (2) Eine eingeschränkte Tätigkeit des Anwalts liegt vor, wenn sich seine Tätigkeit 1. in einer Familiensache, die nur die Erteilung einer Genehmigung oder die Zustimmung des Familiengerichts zum Gegenstand hat, oder 2. in einer Angelegenheit der freiwilligen Gerichtsbarkeit auf die Einlegung und Begründung des Rechtsmittels und die Entgegennahme der Rechtsmittelentscheidung beschränkt.	
3202	Terminsgebühr, soweit in Nummer 3205 nichts anderes bestimmt ist .... (1) Absatz 1 Nr. 1 und 3 sowie die Absätze 2 und 3 der Anmerkung zu Nummer 3104 gelten entsprechend. (2) Die Gebühr entsteht auch, wenn nach § 79a Abs. 2, § 90a oder § 94a FGO ohne mündliche Verhandlung durch Gerichtsbescheid entschieden wird.	1,2
3203	Wahrnehmung nur eines Termins, in dem eine Partei oder ein Beteiligter, im Berufungsverfahren der Berufungskläger, im Beschwerdeverfahren der Beschwerdeführer, nicht erschienen oder nicht ordnungsgemäß vertreten ist und lediglich ein Antrag auf Versäumnisurteil, Versäumnisentscheidung oder zur Prozess-, Verfahrens- oder Sachleitung gestellt wird: Die Gebühr 3202 beträgt .... Die Anmerkung zu Nummer 3105 und Absatz 2 der Anmerkung zu Nummer 3202 gelten entsprechend.	0,5
3204	Verfahrensgebühr für Verfahren vor den Landessozialgerichten, in denen Betragsrahmengebühren entstehen (§ 3 RVG)	72,00 bis 816,00 €
3205	Terminsgebühr in Verfahren vor den Landessozialgerichten, in denen Betragsrahmengebühren entstehen (§ 3 RVG) .... Satz 1 Nr. 1 und 3 der Anmerkung zu Nummer 3106 gilt entsprechend. In den Fällen des Satzes 1 beträgt die Gebühr	60,00 bis 610,00 €

Nr.	Gebührentatbestand	Gebühr oder Satz der Gebühr nach § 13 RVG
	75 % der in derselben Angelegenheit dem Rechtsanwalt zustehenden Verfahrensgebühr ohne Berücksichtigung einer Erhöhung nach Nummer 1008.	

Unterabschnitt 2
Revision, bestimmte Beschwerden und Rechtsbeschwerden

Vorbemerkung 3.2.2:

Dieser Unterabschnitt ist auch anzuwenden in Verfahren

1. über Rechtsbeschwerden
   a) in den in der Vorbemerkung 3.2.1 Nr. 2 genannten Fällen,
   b) nach § 20 KapMuG und
   c) nach § 1065 ZPO,
2. vor dem Bundesgerichtshof über Berufungen, Beschwerden oder Rechtsbeschwerden gegen Entscheidungen des Bundespatentgerichts und
3. vor dem Bundesfinanzhof über Beschwerden nach § 128 Abs. 3 FGO.

Nr.	Gebührentatbestand	Gebühr oder Satz der Gebühr nach § 13 RVG
3206	Verfahrensgebühr, soweit in Nummer 3212 nichts anderes bestimmt ist	1,6
3207	Vorzeitige Beendigung des Auftrags oder eingeschränkte Tätigkeit des Anwalts: Die Gebühr 3206 beträgt .... Die Anmerkung zu Nummer 3201 gilt entsprechend.	1,1
3208	Im Verfahren können sich die Parteien oder die Beteiligten nur durch einen beim Bundesgerichtshof zugelassenen Rechtsanwalt vertreten lassen: Die Gebühr 3206 beträgt	2,3
3209	Vorzeitige Beendigung des Auftrags, wenn sich die Parteien oder die Beteiligten nur durch einen beim Bundesgerichtshof zugelassenen Rechtsanwalt vertreten lassen können: Die Gebühr 3206 beträgt .... Die Anmerkung zu Nummer 3201 gilt entsprechend.	1,8
3210	Terminsgebühr, soweit in Nummer 3213 nichts anderes bestimmt ist .... Absatz 1 Nr. 1 und 3 sowie die Absätze 2 und 3 der Anmerkung zu Nummer 3104 und Absatz 2 der Anmerkung zu Nummer 3202 gelten entsprechend.	1,5
3211	Wahrnehmung nur eines Termins, in dem der Revisionskläger oder Beschwerdeführer nicht ordnungsgemäß vertreten ist und lediglich ein Antrag auf Versäumnisurteil, Versäumnisentscheidung oder zur Prozess-, Verfahrens- oder Sachleitung gestellt wird: Die Gebühr 3210 beträgt	0,8

Vergütungsverzeichnis Rechtsanwaltsvergütungsgesetz (RVG-VV)

Nr.	Gebührentatbestand	Gebühr oder Satz der Gebühr nach § 13 RVG
	Die Anmerkung zu Nummer 3105 und Absatz 2 der Anmerkung zu Nummer 3202 gelten entsprechend.	
3212	Verfahrensgebühr für Verfahren vor dem Bundessozialgericht, in denen Betragsrahmengebühren entstehen (§ 3 RVG)	96,00 bis 1 056,00 €
3213	Terminsgebühr in Verfahren vor dem Bundessozialgericht, in denen Betragsrahmengebühren entstehen (§ 3 RVG)	96,00 bis 990,00 €
	Satz 1 Nr. 1 und 3 sowie Satz 2 der Anmerkung zu Nummer 3106 gelten entsprechend.	

Abschnitt 3
Gebühren für besondere Verfahren

Unterabschnitt 1
Besondere erstinstanzliche Verfahren

Vorbemerkung 3.3.1:

Die Terminsgebühr bestimmt sich nach Abschnitt 1.

Nr.	Gebührentatbestand	Gebühr oder Satz der Gebühr nach § 13 RVG
3300	Verfahrensgebühr 1. für das Verfahren vor dem Oberlandesgericht nach § 129 VGG, 2. für das erstinstanzliche Verfahren vor dem Bundesverwaltungsgericht, dem Bundessozialgericht, dem Oberverwaltungsgericht (Verwaltungsgerichtshof) und dem Landessozialgericht sowie 3. für das Verfahren bei überlangen Gerichtsverfahren und strafrechtlichen Ermittlungsverfahren vor den Oberlandesgerichten, den Landessozialgerichten, den Oberverwaltungsgerichten, den Landesarbeitsgerichten oder einem obersten Gerichtshof des Bundes	1,6
3301	Vorzeitige Beendigung des Auftrags: Die Gebühr 3300 beträgt	1,0
	Die Anmerkung zu Nummer 3201 gilt entsprechend.	

Unterabschnitt 2
Mahnverfahren

Vorbemerkung 3.3.2:

Die Terminsgebühr bestimmt sich nach Abschnitt 1.

Nr.	Gebührentatbestand	Gebühr oder Satz der Gebühr nach § 13 RVG
3305	Verfahrensgebühr für die Vertretung des Antragstellers	1,0
	Die Gebühr wird auf die Verfahrensgebühr für einen nachfolgenden Rechtsstreit angerechnet.	

Nr.	Gebührentatbestand	Gebühr oder Satz der Gebühr nach § 13 RVG
3306	Beendigung des Auftrags, bevor der Rechtsanwalt den verfahrenseinleitenden Antrag oder einen Schriftsatz, der Sachanträge, Sachvortrag oder die Zurücknahme des Antrags enthält, eingereicht hat: Die Gebühr 3305 beträgt	0,5
3307	Verfahrensgebühr für die Vertretung des Antragsgegners Die Gebühr wird auf die Verfahrensgebühr für einen nachfolgenden Rechtsstreit angerechnet.	0,5
3308	Verfahrensgebühr für die Vertretung des Antragstellers im Verfahren über den Antrag auf Erlass eines Vollstreckungsbescheids Die Gebühr entsteht neben der Gebühr 3305 nur, wenn innerhalb der Widerspruchsfrist kein Widerspruch erhoben oder der Widerspruch gemäß § 703a Abs. 2 Nr. 4 ZPO beschränkt worden ist. Nummer 1008 ist nicht anzuwenden, wenn sich bereits die Gebühr 3305 erhöht.	0,5

Unterabschnitt 3
Vollstreckung und Vollziehung

Vorbemerkung 3.3.3:

(1) Dieser Unterabschnitt gilt für

1. die Zwangsvollstreckung,
2. die Vollstreckung,
3. Verfahren des Verwaltungszwangs und
4. die Vollziehung eines Arrestes oder einstweiligen Verfügung,

soweit nachfolgend keine besonderen Gebühren bestimmt sind. Er gilt auch für Verfahren auf Eintragung einer Zwangshypothek (§§ 867 und 870a ZPO).

(2) Im Verfahren nach der Verordnung (EU) Nr. 655/2014 werden Gebühren nach diesem Unterabschnitt nur im Fall des Artikels 5 Buchstabe b der Verordnung (EU) Nr. 655/2014 erhoben. In den Fällen des Artikels 5 Buchstabe a der Verordnung (EU) Nr. 655/2014 bestimmen sich die Gebühren nach den für Arrestverfahren geltenden Vorschriften.

Nr.	Gebührentatbestand	Gebühr oder Satz der Gebühr nach § 13 RVG
3309	Verfahrensgebühr	0,3
3310	Terminsgebühr Die Gebühr entsteht für die Teilnahme an einem gerichtlichen Termin, einem Termin zur Abgabe der Vermögensauskunft oder zur Abnahme der eidesstattlichen Versicherung.	0,3

Vergütungsverzeichnis Rechtsanwaltsvergütungsgesetz (RVG-VV)

Nr.	Gebührentatbestand	Gebühr oder Satz der Gebühr nach § 13 RVG

Unterabschnitt 4
Zwangsversteigerung und Zwangsverwaltung

3311	Verfahrensgebühr .... Die Gebühr entsteht jeweils gesondert 1. für die Tätigkeit im Zwangsversteigerungsverfahren bis zur Einleitung des Verteilungsverfahrens; 2. im Zwangsversteigerungsverfahren für die Tätigkeit im Verteilungsverfahren, und zwar auch für eine Mitwirkung an einer außergerichtlichen Verteilung; 3. im Verfahren der Zwangsverwaltung für die Vertretung des Antragstellers im Verfahren über den Antrag auf Anordnung der Zwangsverwaltung oder auf Zulassung des Beitritts; 4. im Verfahren der Zwangsverwaltung für die Vertretung des Antragstellers im weiteren Verfahren einschließlich des Verteilungsverfahrens; 5. im Verfahren der Zwangsverwaltung für die Vertretung eines sonstigen Beteiligten im ganzen Verfahren einschließlich des Verteilungsverfahrens und 6. für die Tätigkeit im Verfahren über Anträge auf einstweilige Einstellung oder Beschränkung der Zwangsvollstreckung und einstweilige Einstellung des Verfahrens sowie für Verhandlungen zwischen Gläubiger und Schuldner mit dem Ziel der Aufhebung des Verfahrens.	0,4
3312	Terminsgebühr .... Die Gebühr entsteht nur für die Wahrnehmung eines Versteigerungstermins für einen Beteiligten. Im Übrigen entsteht im Verfahren der Zwangsversteigerung und der Zwangsverwaltung keine Terminsgebühr.	0,4

Unterabschnitt 5
Insolvenzverfahren, Verteilungsverfahren nach der Schifffahrtsrechtlichen Verteilungsordnung, Verfahren nach dem Unternehmensstabilisierungs- und -restrukturierungsgesetz

Vorbemerkung 3.3.5:

(1) Die Gebührenvorschriften gelten für die Verteilungsverfahren nach der SVertO und Verfahren nach dem StaRUG, soweit dies ausdrücklich angeordnet ist.

(2) Bei der Vertretung mehrerer Gläubiger, die verschiedene Forderungen geltend machen, entstehen die Gebühren jeweils besonders. Das Gleiche gilt in Verfahren nach dem StaRUG, wenn mehrere Gläubiger verschiedene Rechte oder wenn mehrere am Schuldner beteiligte Personen Ansprüche aus ihren jeweiligen Beteiligungen geltend machen.

(3) Für die Vertretung des ausländischen Insolvenzverwalters entstehen die gleichen Gebühren wie für die Vertretung des Schuldners.

3313	Verfahrensgebühr für die Vertretung des Schuldners im Eröffnungsverfahren .... Die Gebühr entsteht auch im Verteilungsverfahren nach der SVertO.	1,0

Nr.	Gebührentatbestand	Gebühr oder Satz der Gebühr nach § 13 RVG
3314	Verfahrensgebühr für die Vertretung des Gläubigers im Eröffnungsverfahren . . . . Die Gebühr entsteht auch im Verteilungsverfahren nach der SVertO.	0,5
3315	Tätigkeit auch im Verfahren über den Schuldenbereinigungsplan: Die Verfahrensgebühr 3313 beträgt.	1,5
3316	Tätigkeit auch im Verfahren über den Schuldenbereinigungsplan: Die Verfahrensgebühr 3314 beträgt.	1,0
3317	Verfahrensgebühr für das Insolvenzverfahren. . . . . Die Gebühr entsteht auch im Verteilungsverfahren nach der SVertO, in einem Verfahren nach dem StaRUG und im Verfahren über Anträge nach Artikel 36 Abs. 9 der Verordnung (EU) 2015/848.	1,0
3318	Verfahrensgebühr für das Verfahren über einen Insolvenzplan	1,0
3319	Vertretung des Schuldners, der den Plan vorgelegt hat: Die Verfahrensgebühr 3318 beträgt.	3,0
3320	Die Tätigkeit beschränkt sich auf die Anmeldung einer Insolvenzforderung: Die Verfahrensgebühr 3317 beträgt. . . . . Die Gebühr entsteht auch im Verteilungsverfahren nach der SVertO.	0,5
3321	Verfahrensgebühr für das Verfahren über einen Antrag auf Versagung oder Widerruf der Restschuldbefreiung (1) Das Verfahren über mehrere gleichzeitig anhängige Anträge ist eine Angelegenheit. (2) Die Gebühr entsteht auch gesondert, wenn der Antrag bereits vor Aufhebung des Insolvenzverfahrens gestellt wird.	0,5
3322	Verfahrensgebühr für das Verfahren über Anträge auf Zulassung der Zwangsvollstreckung nach § 17 Abs. 4 SVertO	0,5
3323	Verfahrensgebühr für das Verfahren über Anträge auf Aufhebung von Vollstreckungsmaßregeln (§ 8 Abs. 5 und § 41 SVertO)	0,5

Vergütungsverzeichnis Rechtsanwaltsvergütungsgesetz (RVG-VV)

Nr.	Gebührentatbestand	Gebühr oder Satz der Gebühr nach § 13 RVG

Unterabschnitt 6
Sonstige besondere Verfahren

Vorbemerkung 3.3.6:

Die Terminsgebühr bestimmt sich nach Abschnitt 1, soweit in diesem Unterabschnitt nichts anderes bestimmt ist. Im Verfahren über die Prozesskostenhilfe bestimmt sich die Terminsgebühr nach den für dasjenige Verfahren geltenden Vorschriften, für das die Prozesskostenhilfe beantragt wird.

Nr.	Gebührentatbestand	Gebühr oder Satz der Gebühr nach § 13 RVG
3324	Verfahrensgebühr für das Aufgebotsverfahren	1,0
3325	Verfahrensgebühr für Verfahren nach § 148 Abs. 1 und 2, nach § 246a des Aktiengesetzes (auch i.V.m. § 20 Abs. 3 Satz 4 SchVG), nach § 319 Abs. 6 des Aktiengesetzes (auch i.V.m. § 327e Abs. 2 des Aktiengesetzes) oder nach § 16 Abs. 3 UmwG	0,75
3326	Verfahrensgebühr für Verfahren vor den Gerichten für Arbeitssachen, wenn sich die Tätigkeit auf eine gerichtliche Entscheidung über die Bestimmung einer Frist (§ 102 Abs. 3 des Arbeitsgerichtsgesetzes), die Ablehnung eines Schiedsrichters (§ 103 Abs. 3 des Arbeitsgerichtsgesetzes) oder die Vornahme einer Beweisaufnahme oder einer Vereidigung (§ 106 Abs. 2 des Arbeitsgerichtsgesetzes) beschränkt	0,75
3327	Verfahrensgebühr für gerichtliche Verfahren über die Bestellung eines Schiedsrichters oder Ersatzschiedsrichters, über die Ablehnung eines Schiedsrichters oder über die Beendigung des Schiedsrichteramts, zur Unterstützung bei der Beweisaufnahme oder bei der Vornahme sonstiger richterlicher Handlungen anlässlich eines schiedsrichterlichen Verfahrens	0,75
3328	Verfahrensgebühr für Verfahren über die vorläufige Einstellung, Beschränkung oder Aufhebung der Zwangsvollstreckung oder die einstweilige Einstellung oder Beschränkung der Vollstreckung und die Anordnung, dass Vollstreckungsmaßnahmen aufzuheben sind	0,5
	Die Gebühr entsteht nur, wenn eine abgesonderte mündliche Verhandlung hierüber oder ein besonderer gerichtlicher Termin stattfindet. Wird der Antrag beim Vollstreckungsgericht und beim Prozessgericht gestellt, entsteht die Gebühr nur einmal.	
3329	Verfahrensgebühr für Verfahren auf Vollstreckbarerklärung der durch Rechtsmittelanträge nicht angefochtenen Teile eines Urteils (§§ 537, 558 ZPO)...........	0,5

Nr.	Gebührentatbestand	Gebühr oder Satz der Gebühr nach § 13 RVG
3330	Verfahrensgebühr für Verfahren über eine Rüge wegen Verletzung des Anspruchs auf rechtliches Gehör .	in Höhe der Verfahrensgebühr für das Verfahren, in dem die Rüge erhoben wird, höchstens 0,5, bei Betragsrahmengebühren höchstens 260,00 €
3331	Terminsgebühr in Verfahren über eine Rüge wegen Verletzung des Anspruchs auf rechtliches Gehör.	in Höhe der Terminsgebühr für das Verfahren, in dem die Rüge erhoben wird, höchstens 0,5, bei Betragsrahmengebühren höchstens 260,00 €
3332	Terminsgebühr in den in Nummern 3324 bis 3329 genannten Verfahren	0,5
3333	Verfahrensgebühr für ein Verteilungsverfahren außerhalb der Zwangsversteigerung und der Zwangsverwaltung . . . . Der Wert bestimmt sich nach § 26 Nr. 1 und 2 RVG. Eine Terminsgebühr entsteht nicht.	0,4
3334	Verfahrensgebühr für Verfahren vor dem Prozessgericht oder dem Amtsgericht auf Bewilligung, Verlängerung oder Verkürzung einer Räumungsfrist (§§ 721, 794a ZPO), wenn das Verfahren mit dem Verfahren über die Hauptsache nicht verbunden ist	1,0
3335	Verfahrensgebühr für das Verfahren über die Prozesskostenhilfe	in Höhe der Verfahrensgebühr für das Verfahren, für das die Prozesskostenhilfe beantragt wird, höchstens 1,0, bei Betragsrahmengebühren höchstens 500,00 €
3336	*(aufgehoben)*	
3337	Vorzeitige Beendigung des Auftrags im Fall der Nummern 3324 bis 3327, 3334 und 3335: Die Gebühren 3324 bis 3327, 3334 und 3335 betragen höchstens . . . . Eine vorzeitige Beendigung liegt vor, 1. wenn der Auftrag endigt, bevor der Rechtsanwalt den das Verfahren einleitenden Antrag oder einen Schriftsatz, der Sachanträge, Sachvortrag oder die Zurücknahme des Antrags enthält, eingereicht oder bevor er einen gerichtlichen Termin wahrgenommen hat, oder	0,5

Vergütungsverzeichnis Rechtsanwaltsvergütungsgesetz (RVG-VV)

Nr.	Gebührentatbestand	Gebühr oder Satz der Gebühr nach § 13 RVG
	2. soweit lediglich beantragt ist, eine Einigung der Parteien oder der Beteiligten zu Protokoll zu nehmen oder soweit lediglich Verhandlungen vor Gericht zur Einigung geführt werden.	
3338	Verfahrensgebühr für die Tätigkeit als Vertreter des Anmelders eines Anspruchs zum Musterverfahren (§ 10 Abs. 2 KapMuG)	0,8

Abschnitt 4
Einzeltätigkeiten

Vorbemerkung 3.4:

Für in diesem Abschnitt genannte Tätigkeiten entsteht eine Terminsgebühr nur, wenn dies ausdrücklich bestimmt ist.

Nr.	Gebührentatbestand	Gebühr oder Satz der Gebühr nach § 13 RVG
3400	Der Auftrag beschränkt sich auf die Führung des Verkehrs der Partei oder des Beteiligten mit dem Verfahrensbevollmächtigten: Verfahrensgebühr Die gleiche Gebühr entsteht auch, wenn im Einverständnis mit dem Auftraggeber mit der Übersendung der Akten an den Rechtsanwalt des höheren Rechtszugs gutachterliche Äußerungen verbunden sind.	in Höhe der dem Verfahrensbevollmächtigten zustehenden Verfahrensgebühr, höchstens 1,0, bei Betragsrahmengebühren höchstens 500,00 €
3401	Der Auftrag beschränkt sich auf die Vertretung in einem Termin im Sinne der Vorbemerkung 3 Abs. 3: Verfahrensgebühr	in Höhe der Hälfte der dem Verfahrensbevollmächtigten zustehenden Verfahrensgebühr
3402	Terminsgebühr in dem in Nummer 3401 genannten Fall	in Höhe der einem Verfahrensbevollmächtigten zustehenden Terminsgebühr
3403	Verfahrensgebühr für sonstige Einzeltätigkeiten, soweit in Nummer 3406 nichts anderes bestimmt ist Die Gebühr entsteht für sonstige Tätigkeiten in einem gerichtlichen Verfahren, wenn der Rechtsanwalt nicht zum Prozess- oder Verfahrensbevollmächtigten bestellt ist, soweit in diesem Abschnitt nichts anderes bestimmt ist.	0,8
3404	Der Auftrag beschränkt sich auf ein Schreiben einfacher Art: Die Gebühr 3403 beträgt Die Gebühr entsteht insbesondere, wenn das Schreiben weder schwierige rechtliche Ausführungen noch größere sachliche Auseinandersetzungen enthält.	0,3

Nr.	Gebührentatbestand	Gebühr oder Satz der Gebühr nach § 13 RVG
3405	Endet der Auftrag 1. im Fall der Nummer 3400, bevor der Verfahrensbevollmächtigte beauftragt oder der Rechtsanwalt gegenüber dem Verfahrensbevollmächtigten tätig geworden ist, 2. im Fall der Nummer 3401, bevor der Termin begonnen hat: Die Gebühren 3400 und 3401 betragen . . . . Im Fall der Nummer 3403 gilt die Vorschrift entsprechend.	höchstens 0,5, bei Betragsrahmengebühren höchstens 250,00 €
3406	Verfahrensgebühr für sonstige Einzeltätigkeiten in Verfahren vor Gerichten der Sozialgerichtsbarkeit, wenn Betragsrahmengebühren entstehen (§ 3 RVG). . . . . . . Die Anmerkung zu Nummer 3403 gilt entsprechend.	36,00 bis 408,00 €

Abschnitt 5
Beschwerde, Nichtzulassungsbeschwerde und Erinnerung

Vorbemerkung 3.5:

Die Gebühren nach diesem Abschnitt entstehen nicht in den in Vorbemerkung 3.1 Abs. 2 und in den Vorbemerkungen 3.2.1 und 3.2.2 genannten Beschwerdeverfahren.

Nr.	Gebührentatbestand	Gebühr oder Satz der Gebühr nach § 13 RVG
3500	Verfahrensgebühr für Verfahren über die Beschwerde und die Erinnerung, soweit in diesem Abschnitt keine besonderen Gebühren bestimmt sind.	0,5
3501	Verfahrensgebühr für Verfahren vor den Gerichten der Sozialgerichtsbarkeit über die Beschwerde und die Erinnerung, wenn in den Verfahren Betragsrahmengebühren entstehen (§ 3 RVG), soweit in diesem Abschnitt keine besonderen Gebühren bestimmt sind . . .	24,00 bis 250,00 €
3502	Verfahrensgebühr für das Verfahren über die Rechtsbeschwerde	1,0
3503	Vorzeitige Beendigung des Auftrags: Die Gebühr 3502 beträgt . . . . Die Anmerkung zu Nummer 3201 ist entsprechend anzuwenden.	0,5
3504	Verfahrensgebühr für das Verfahren über die Beschwerde gegen die Nichtzulassung der Berufung, soweit in Nummer 3511 nichts anderes bestimmt ist . . . . Die Gebühr wird auf die Verfahrensgebühr für ein nachfolgendes Berufungsverfahren angerechnet.	1,6

Vergütungsverzeichnis Rechtsanwaltsvergütungsgesetz (RVG-VV)

Nr.	Gebührentatbestand	Gebühr oder Satz der Gebühr nach § 13 RVG
3505	Vorzeitige Beendigung des Auftrags: Die Gebühr 3504 beträgt . . . . Die Anmerkung zu Nummer 3201 ist entsprechend anzuwenden.	1,0
3506	Verfahrensgebühr für das Verfahren über die Beschwerde gegen die Nichtzulassung der Revision oder über die Beschwerde gegen die Nichtzulassung einer der in der Vorbemerkung 3.2.2 genannten Rechtsbeschwerden, soweit in Nummer 3512 nichts anderes bestimmt ist . . . . Die Gebühr wird auf die Verfahrensgebühr für ein nachfolgendes Revisions- oder Rechtsbeschwerdeverfahren angerechnet.	1,6
3507	Vorzeitige Beendigung des Auftrags: Die Gebühr 3506 beträgt . . . . Die Anmerkung zu Nummer 3201 ist entsprechend anzuwenden.	1,1
3508	In dem Verfahren über die Beschwerde gegen die Nichtzulassung der Revision können sich die Parteien nur durch einen beim Bundesgerichtshof zugelassenen Rechtsanwalt vertreten lassen: Die Gebühr 3506 beträgt	2,3
3509	Vorzeitige Beendigung des Auftrags, wenn sich die Parteien nur durch einen beim Bundesgerichtshof zugelassenen Rechtsanwalt vertreten lassen können: Die Gebühr 3506 beträgt . . . . Die Anmerkung zu Nummer 3201 ist entsprechend anzuwenden.	1,8
3510	Verfahrensgebühr für Beschwerdeverfahren vor dem Bundespatentgericht 1. nach dem Patentgesetz, wenn sich die Beschwerde gegen einen Beschluss richtet, a) durch den die Vergütung bei Lizenzbereitschaftserklärung festgesetzt wird oder Zahlung der Vergütung an das Deutsche Patent- und Markenamt angeordnet wird, b) durch den eine Anordnung nach § 50 Abs. 1 PatG oder die Aufhebung dieser Anordnung erlassen wird, c) durch den die Anmeldung zurückgewiesen oder über die Aufrechterhaltung, den Widerruf oder die Beschränkung des Patents entschieden wird,	

Nr.	Gebührentatbestand	Gebühr oder Satz der Gebühr nach § 13 RVG
	2. nach dem Gebrauchsmustergesetz, wenn sich die Beschwerde gegen einen Beschluss richtet, a) durch den die Anmeldung zurückgewiesen wird, b) durch den über den Löschungsantrag entschieden wird, 3. nach dem Markengesetz, wenn sich die Beschwerde gegen einen Beschluss richtet, a) durch den über die Anmeldung einer Marke, einen Widerspruch oder einen Antrag auf Löschung oder über die Erinnerung gegen einen solchen Beschluss entschieden worden ist oder b) durch den ein Antrag auf Eintragung einer geographischen Angabe oder einer Ursprungsbezeichnung zurückgewiesen worden ist, 4. nach dem Halbleiterschutzgesetz, wenn sich die Beschwerde gegen einen Beschluss richtet, a) durch den die Anmeldung zurückgewiesen wird, b) durch den über den Löschungsantrag entschieden wird, 5. nach dem Designgesetz, wenn sich die Beschwerde gegen einen Beschluss richtet, a) durch den die Anmeldung eines Designs zurückgewiesen worden ist, b) durch den über den Löschungsantrag gemäß § 36 DesignG entschieden worden ist, c) durch den über den Antrag auf Feststellung oder Erklärung der Nichtigkeit gemäß § 34a DesignG entschieden worden ist, 6. nach dem Sortenschutzgesetz, wenn sich die Beschwerde gegen einen Beschluss des Widerspruchsausschusses richtet	1,3
3511	Verfahrensgebühr für das Verfahren über die Beschwerde gegen die Nichtzulassung der Berufung vor dem Landessozialgericht, wenn Betragsrahmengebühren entstehen (§ 3 RVG) . . . . Die Gebühr wird auf die Verfahrensgebühr für ein nachfolgendes Berufungsverfahren angerechnet.	72,00 bis 816,00 €
3512	Verfahrensgebühr für das Verfahren über die Beschwerde gegen die Nichtzulassung der Revision vor dem Bundessozialgericht, wenn Betragsrahmengebühren entstehen (§ 3 RVG) . . . . Die Gebühr wird auf die Verfahrensgebühr für ein nachfolgendes Revisionsverfahren angerechnet.	96,00 bis 1 056,00 €

Vergütungsverzeichnis Rechtsanwaltsvergütungsgesetz (RVG-VV)

Nr.	Gebührentatbestand	Gebühr oder Satz der Gebühr nach § 13 RVG
3513	Terminsgebühr in den in Nummer 3500 genannten Verfahren	0,5
3514	In dem Verfahren über die Beschwerde gegen die Zurückweisung des Antrags auf Anordnung eines Arrests, des Antrags auf Erlass eines Europäischen Beschlusses zur vorläufigen Kontenpfändung oder des Antrags auf Erlass einer einstweiligen Verfügung bestimmt das Beschwerdegericht Termin zur mündlichen Verhandlung: Die Gebühr 3513 beträgt	1,2
3515	Terminsgebühr in den in Nummer 3501 genannten Verfahren	24,00 bis 250,00 €
3516	Terminsgebühr in den in Nummern 3502, 3504, 3506 und 3510 genannten Verfahren	1,2
3517	Terminsgebühr in den in Nummer 3511 genannten Verfahren	60,00 bis 610,00 €
3518	Terminsgebühr in den in Nummer 3512 genannten Verfahren	72,00 bis 792,00 €

Teil 4:
Strafsachen

Nr.	Gebührentatbestand	Gebühr oder Satz der Gebühr nach § 13 oder § 49 RVG	
		Wahlanwalt	gerichtlich bestellter oder beigeordneter Rechtsanwalt

Vorbemerkung 4:

(1) Für die Tätigkeit als Beistand oder Vertreter eines Privatklägers, eines Nebenklägers, eines Einziehungs- oder Nebenbeteiligten, eines Verletzten, eines Zeugen oder Sachverständigen und im Verfahren nach dem Strafrechtlichen Rehabilitierungsgesetz sind die Vorschriften dieses Teils entsprechend anzuwenden.

(2) Die Verfahrensgebühr entsteht für das Betreiben des Geschäfts einschließlich der Information.

(3) Die Terminsgebühr entsteht für die Teilnahme an gerichtlichen Terminen, soweit nichts anderes bestimmt ist. Der Rechtsanwalt erhält die Terminsgebühr auch, wenn er zu einem anberaumten Termin erscheint, dieser aber aus Gründen, die er nicht zu vertreten hat, nicht stattfindet. Dies gilt nicht, wenn er rechtzeitig von der Aufhebung oder Verlegung des Termins in Kenntnis gesetzt worden ist.

(4) Befindet sich der Beschuldigte nicht auf freiem Fuß, entsteht die Gebühr mit Zuschlag.

(5) Für folgende Tätigkeiten entstehen Gebühren nach den Vorschriften des Teils 3:

1. im Verfahren über die Erinnerung oder die Beschwerde gegen einen Kostenfestsetzungsbeschluss (§ 464b StPO) und im Verfahren über die Erinnerung gegen den Kostenansatz und im Verfahren über die Beschwerde gegen die Entscheidung über diese Erinnerung,

Nr.	Gebührentatbestand	Gebühr oder Satz der Gebühr nach § 13 oder § 49 RVG	
		Wahlanwalt	gerichtlich bestellter oder beigeordneter Rechtsanwalt

2. in der Zwangsvollstreckung aus Entscheidungen, die über einen aus der Straftat erwachsenen vermögensrechtlichen Anspruch oder die Erstattung von Kosten ergangen sind (§§ 406b, 464b StPO), für die Mitwirkung bei der Ausübung der Veröffentlichungsbefugnis und im Beschwerdeverfahren gegen eine dieser Entscheidungen.

Abschnitt 1
Gebühren des Verteidigers

Vorbemerkung 4.1:

(1) Dieser Abschnitt ist auch anzuwenden auf die Tätigkeit im Verfahren über die im Urteil vorbehaltene Sicherungsverwahrung und im Verfahren über die nachträgliche Anordnung der Sicherungsverwahrung.

(2) Durch die Gebühren wird die gesamte Tätigkeit als Verteidiger entgolten. Hierzu gehören auch Tätigkeiten im Rahmen des Täter-Opfer-Ausgleichs, soweit der Gegenstand nicht vermögensrechtlich ist.

(3) Kommt es für eine Gebühr auf die Dauer der Teilnahme an der Hauptverhandlung an, so sind auch Wartezeiten und Unterbrechungen an einem Hauptverhandlungstag als Teilnahme zu berücksichtigen. Dies gilt nicht für Wartezeiten und Unterbrechungen, die der Rechtsanwalt zu vertreten hat, sowie für Unterbrechungen von jeweils mindestens einer Stunde, soweit diese unter Angabe einer konkreten Dauer der Unterbrechung oder eines Zeitpunkts der Fortsetzung der Hauptverhandlung angeordnet wurden.

Unterabschnitt 1
Allgemeine Gebühren

4100	Grundgebühr .... (1) Die Gebühr entsteht neben der Verfahrensgebühr für die erstmalige Einarbeitung in den Rechtsfall nur einmal, unabhängig davon, in welchem Verfahrensabschnitt sie erfolgt. (2) Eine wegen derselben Tat oder Handlung bereits entstandene Gebühr 5100 ist anzurechnen.	44,00 bis 396,00 €	176,00 €
4101	Gebühr 4100 mit Zuschlag	44,00 bis 495,00 €	216,00 €
4102	Terminsgebühr für die Teilnahme an 1. richterlichen Vernehmungen und Augenscheinseinnahmen, 2. Vernehmungen durch die Staatsanwaltschaft oder eine andere Strafverfolgungsbehörde, 3. Terminen außerhalb der Hauptverhandlung, in denen über die Anordnung oder Fortdauer der Untersuchungshaft oder der einstweiligen Unterbringung verhandelt wird,		

Vergütungsverzeichnis Rechtsanwaltsvergütungsgesetz (RVG-VV)

Nr.	Gebührentatbestand	Gebühr oder Satz der Gebühr nach § 13 oder § 49 RVG – Wahlanwalt	Gebühr oder Satz der Gebühr nach § 13 oder § 49 RVG – gerichtlich bestellter oder beigeordneter Rechtsanwalt
	4. Verhandlungen im Rahmen des Täter-Opfer-Ausgleichs sowie 5. Sühneterminen nach § 380 StPO Mehrere Termine an einem Tag gelten als ein Termin. Die Gebühr entsteht im vorbereitenden Verfahren und in jedem Rechtszug für die Teilnahme an jeweils bis zu drei Terminen einmal.	44,00 bis 330,00 €	150,00 €
4103	Gebühr 4102 mit Zuschlag	44,00 bis 413,00 €	183,00 €

Unterabschnitt 2
Vorbereitendes Verfahren

Vorbemerkung 4.1.2:

Die Vorbereitung der Privatklage steht der Tätigkeit im vorbereitenden Verfahren gleich.

4104	Verfahrensgebühr Die Gebühr entsteht für eine Tätigkeit in dem Verfahren bis zum Eingang der Anklageschrift, des Antrags auf Erlass eines Strafbefehls bei Gericht oder im beschleunigten Verfahren bis zum Vortrag der Anklage, wenn diese nur mündlich erhoben wird.	44,00 bis 319,00 €	145,00 €
4105	Gebühr 4104 mit Zuschlag	44,00 bis 399,00 €	177,00 €

Unterabschnitt 3
Gerichtliches Verfahren

Erster Rechtszug

4106	Verfahrensgebühr für den ersten Rechtszug vor dem Amtsgericht	44,00 bis 319,00 €	145,00 €
4107	Gebühr 4106 mit Zuschlag	44,00 bis 399,00 €	177,00 €
4108	Terminsgebühr je Hauptverhandlungstag in den in Nummer 4106 genannten Verfahren	77,00 bis 528,00 €	242,00 €
4109	Gebühr 4108 mit Zuschlag	77,00 bis 660,00 €	295,00 €

Nr.	Gebührentatbestand	Gebühr oder Satz der Gebühr nach § 13 oder § 49 RVG	
		Wahlanwalt	gerichtlich bestellter oder beigeordneter Rechtsanwalt
4110	Der gerichtlich bestellte oder beigeordnete Rechtsanwalt nimmt mehr als 5 und bis 8 Stunden an der Hauptverhandlung teil: Zusätzliche Gebühr neben der Gebühr 4108 oder 4109		121,00 €
4111	Der gerichtlich bestellte oder beigeordnete Rechtsanwalt nimmt mehr als 8 Stunden an der Hauptverhandlung teil: Zusätzliche Gebühr neben der Gebühr 4108 oder 4109		242,00 €
4112	Verfahrensgebühr für den ersten Rechtszug vor der Strafkammer Die Gebühr entsteht auch für Verfahren 1. vor der Jugendkammer, soweit sich die Gebühr nicht nach Nummer 4118 bestimmt, 2. im Rehabilitierungsverfahren nach Abschnitt 2 StrRehaG.	55,00 bis 352,00 €	163,00 €
4113	Gebühr 4112 mit Zuschlag	55,00 bis 440,00 €	198,00 €
4114	Terminsgebühr je Hauptverhandlungstag in den in Nummer 4112 genannten Verfahren	88,00 bis 616,00 €	282,00 €
4115	Gebühr 4114 mit Zuschlag	88,00 bis 770,00 €	343,00 €
4116	Der gerichtlich bestellte oder beigeordnete Rechtsanwalt nimmt mehr als 5 und bis 8 Stunden an der Hauptverhandlung teil: Zusätzliche Gebühr neben der Gebühr 4114 oder 4115		141,00 €
4117	Der gerichtlich bestellte oder beigeordnete Rechtsanwalt nimmt mehr als 8 Stunden an der Hauptverhandlung teil: Zusätzliche Gebühr neben der Gebühr 4114 oder 4115		282,00 €

Vergütungsverzeichnis Rechtsanwaltsvergütungsgesetz (RVG-VV)

Nr.	Gebührentatbestand	Gebühr oder Satz der Gebühr nach § 13 oder § 49 RVG – Wahlanwalt	gerichtlich bestellter oder beigeordneter Rechtsanwalt
4118	Verfahrensgebühr für den ersten Rechtszug vor dem Oberlandesgericht, dem Schwurgericht oder der Strafkammer nach den §§ 74a und 74c GVG . . Die Gebühr entsteht auch für Verfahren vor der Jugendkammer, soweit diese in Sachen entscheidet, die nach den allgemeinen Vorschriften zur Zuständigkeit des Schwurgerichts gehören.	110,00 bis 759,00 €	348,00 €
4119	Gebühr 4118 mit Zuschlag	110,00 bis 949,00 €	424,00 €
4120	Terminsgebühr je Hauptverhandlungstag in den in Nummer 4118 genannten Verfahren	143,00 bis 1 023,00 €	466,00 €
4121	Gebühr 4120 mit Zuschlag	143,00 bis 1 279,00 €	569,00 €
4122	Der gerichtlich bestellte oder beigeordnete Rechtsanwalt nimmt mehr als 5 und bis 8 Stunden an der Hauptverhandlung teil: Zusätzliche Gebühr neben der Gebühr 4120 oder 4121		233,00 €
4123	Der gerichtlich bestellte oder beigeordnete Rechtsanwalt nimmt mehr als 8 Stunden an der Hauptverhandlung teil: Zusätzliche Gebühr neben der Gebühr 4120 oder 4121		466,00 €
	Berufung		
4124	Verfahrensgebühr für das Berufungsverfahren . . . . . Die Gebühr entsteht auch für Beschwerdeverfahren nach § 13 StrRehaG.	88,00 bis 616,00 €	282,00 €
4125	Gebühr 4124 mit Zuschlag	88,00 bis 770,00 €	343,00 €
4126	Terminsgebühr je Hauptverhandlungstag im Berufungsverfahren . . . . Die Gebühr entsteht auch für Beschwerdeverfahren nach § 13 StrRehaG.	88,00 bis 616,00 €	282,00 €
4127	Gebühr 4126 mit Zuschlag	88,00 bis 770,00 €	343,00 €

Nr.	Gebührentatbestand	Gebühr oder Satz der Gebühr nach § 13 oder § 49 RVG – Wahlanwalt	Gebühr oder Satz der Gebühr nach § 13 oder § 49 RVG – gerichtlich bestellter oder beigeordneter Rechtsanwalt
4128	Der gerichtlich bestellte oder beigeordnete Rechtsanwalt nimmt mehr als 5 und bis 8 Stunden an der Hauptverhandlung teil: Zusätzliche Gebühr neben der Gebühr 4126 oder 4127		141,00 €
4129	Der gerichtlich bestellte oder beigeordnete Rechtsanwalt nimmt mehr als 8 Stunden an der Hauptverhandlung teil: Zusätzliche Gebühr neben der Gebühr 4126 oder 4127		282,00 €
	Revision		
4130	Verfahrensgebühr für das Revisionsverfahren	132,00 bis 1 221,00 €	541,00 €
4131	Gebühr 4130 mit Zuschlag	132,00 bis 1 526,00 €	663,00 €
4132	Terminsgebühr je Hauptverhandlungstag im Revisionsverfahren	132,00 bis 616,00 €	300,00 €
4133	Gebühr 4132 mit Zuschlag	132,00 bis 770,00 €	361,00 €
4134	Der gerichtlich bestellte oder beigeordnete Rechtsanwalt nimmt mehr als 5 und bis 8 Stunden an der Hauptverhandlung teil: Zusätzliche Gebühr neben der Gebühr 4132 oder 4133		150,00 €
4135	Der gerichtlich bestellte oder beigeordnete Rechtsanwalt nimmt mehr als 8 Stunden an der Hauptverhandlung teil: Zusätzliche Gebühr neben der Gebühr 4132 oder 4133		300,00 €

Vergütungsverzeichnis Rechtsanwaltsvergütungsgesetz (RVG-VV)

Nr.	Gebührentatbestand	Gebühr oder Satz der Gebühr nach § 13 oder § 49 RVG	
		Wahlanwalt	gerichtlich bestellter oder beigeordneter Rechtsanwalt

Unterabschnitt 4
Wiederaufnahmeverfahren

Vorbemerkung 4.1.4:
Eine Grundgebühr entsteht nicht.

4136	Geschäftsgebühr für die Vorbereitung eines Antrags Die Gebühr entsteht auch, wenn von der Stellung eines Antrags abgeraten wird.	in Höhe der Verfahrensgebühr für den ersten Rechtszug
4137	Verfahrensgebühr für das Verfahren über die Zulässigkeit des Antrags	in Höhe der Verfahrensgebühr für den ersten Rechtszug
4138	Verfahrensgebühr für das weitere Verfahren	in Höhe der Verfahrensgebühr für den ersten Rechtszug
4139	Verfahrensgebühr für das Beschwerdeverfahren (§ 372 StPO)	in Höhe der Verfahrensgebühr für den ersten Rechtszug
4140	Terminsgebühr für jeden Verhandlungstag	in Höhe der Terminsgebühr für den ersten Rechtszug

Unterabschnitt 5
Zusätzliche Gebühren

4141	Durch die anwaltliche Mitwirkung wird die Hauptverhandlung entbehrlich: Zusätzliche Gebühr . . . . (1) Die Gebühr entsteht, wenn 1. das Strafverfahren nicht nur vorläufig eingestellt wird oder 2. das Gericht beschließt, das Hauptverfahren nicht zu eröffnen oder 3. sich das gerichtliche Verfahren durch Rücknahme des Einspruchs gegen den Strafbefehl, der Berufung oder der Revision des Angeklagten oder eines anderen Verfahrensbeteiligten erledigt; ist bereits ein Termin zur Hauptverhandlung bestimmt, entsteht die Gebühr nur, wenn der Einspruch, die Berufung oder die Revision frü-	in Höhe der Verfahrensgebühr

Nr.	Gebührentatbestand	Gebühr oder Satz der Gebühr nach § 13 oder § 49 RVG – Wahlanwalt	Gebühr oder Satz der Gebühr nach § 13 oder § 49 RVG – gerichtlich bestellter oder beigeordneter Rechtsanwalt
	her als zwei Wochen vor Beginn des Tages, der für die Hauptverhandlung vorgesehen war, zurückgenommen wird; oder 4. das Verfahren durch Beschluss nach § 411 Abs. 1 Satz 3 StPO endet. Nummer 3 ist auf den Beistand oder Vertreter eines Privatklägers entsprechend anzuwenden, wenn die Privatklage zurückgenommen wird. (2) Die Gebühr entsteht nicht, wenn eine auf die Förderung des Verfahrens gerichtete Tätigkeit nicht ersichtlich ist. Sie entsteht nicht neben der Gebühr 4147. (3) Die Höhe der Gebühr richtet sich nach dem Rechtszug, in dem die Hauptverhandlung vermieden wurde. Für den Wahlanwalt bemisst sich die Gebühr nach der Rahmenmitte. Eine Erhöhung nach Nummer 1008 und der Zuschlag (Vorbemerkung 4 Abs. 4) sind nicht zu berücksichtigen.		
4142	Verfahrensgebühr bei Einziehung und verwandten Maßnahmen . . . . (1) Die Gebühr entsteht für eine Tätigkeit für den Beschuldigten, die sich auf die Einziehung, dieser gleichstehende Rechtsfolgen (§ 439 StPO), die Abführung des Mehrerlöses oder auf eine diesen Zwecken dienende Beschlagnahme bezieht. (2) Die Gebühr entsteht nicht, wenn der Gegenstandswert niedriger als 30,00 € ist. (3) Die Gebühr entsteht für das Verfahren des ersten Rechtszugs einschließlich des vorbereitenden Verfahrens und für jeden weiteren Rechtszug.	1,0	1,0
4143	Verfahrensgebühr für das erstinstanzliche Verfahren über vermögensrechtliche Ansprüche des Verletzten oder seines Erben . . . . (1) Die Gebühr entsteht auch, wenn der Anspruch erstmalig im Berufungsverfahren geltend gemacht wird. (2) Die Gebühr wird zu einem Drittel auf die Verfahrensgebühr, die für einen bürgerlichen Rechtsstreit wegen desselben Anspruchs entsteht, angerechnet.	2,0	2,0
4144	Verfahrensgebühr im Berufungs- und Revisionsverfahren über vermögensrechtliche Ansprüche des Verletzten oder seines Erben.	2,5	2,5

Vergütungsverzeichnis Rechtsanwaltsvergütungsgesetz (RVG-VV)

Nr.	Gebührentatbestand	Gebühr oder Satz der Gebühr nach § 13 oder § 49 RVG – Wahlanwalt	Gebühr oder Satz der Gebühr nach § 13 oder § 49 RVG – gerichtlich bestellter oder beigeordneter Rechtsanwalt
4145	Verfahrensgebühr für das Verfahren über die Beschwerde gegen den Beschluss, mit dem nach § 406 Abs. 5 Satz 2 StPO von einer Entscheidung abgesehen wird	0,5	0,5
4146	Verfahrensgebühr für das Verfahren über einen Antrag auf gerichtliche Entscheidung oder über die Beschwerde gegen eine den Rechtszug beendende Entscheidung nach § 25 Abs. 1 Satz 3 bis 5, § 13 StrRehaG	1,5	1,5
4147	Einigungsgebühr im Privatklageverfahren bezüglich des Strafanspruchs und des Kostenerstattungsanspruchs: Die Gebühr 1000 entsteht ..... Für einen Vertrag über sonstige Ansprüche entsteht eine weitere Einigungsgebühr nach Teil 1. Maßgebend für die Höhe der Gebühr ist die im Einzelfall bestimmte Verfahrensgebühr in der Angelegenheit, in der die Einigung erfolgt. Eine Erhöhung nach Nummer 1008 und der Zuschlag (Vorbemerkung 4 Abs. 4) sind nicht zu berücksichtigen.	in Höhe der Verfahrensgebühr	

Abschnitt 2
Gebühren in der Strafvollstreckung

Vorbemerkung 4.2:

Im Verfahren über die Beschwerde gegen die Entscheidung in der Hauptsache entstehen die Gebühren besonders.

Nr.	Gebührentatbestand	Wahlanwalt	gerichtlich bestellter oder beigeordneter Rechtsanwalt
4200	Verfahrensgebühr als Verteidiger für ein Verfahren über 1. die Erledigung oder Aussetzung der Maßregel der Unterbringung a) in der Sicherungsverwahrung, b) in einem psychiatrischen Krankenhaus oder c) in einer Entziehungsanstalt, 2. die Aussetzung des Restes einer zeitigen Freiheitsstrafe oder einer lebenslangen Freiheitsstrafe oder 3. den Widerruf einer Strafaussetzung zur Bewährung oder den Widerruf der Aussetzung einer Maßregel der Besserung und Sicherung zur Bewährung	66,00 bis 737,00 €	321,00 €

Nr.	Gebührentatbestand	Gebühr oder Satz der Gebühr nach § 13 oder § 49 RVG	
		Wahlanwalt	gerichtlich bestellter oder beigeordneter Rechtsanwalt
4201	Gebühr 4200 mit Zuschlag	66,00 bis 921,00 €	395,00 €
4202	Terminsgebühr in den in Nummer 4200 genannten Verfahren..................................	66,00 bis 330,00 €	158,00 €
4203	Gebühr 4202 mit Zuschlag	66,00 bis 413,00 €	192,00 €
4204	Verfahrensgebühr für sonstige Verfahren in der Strafvollstreckung	33,00 bis 330,00 €	145,00 €
4205	Gebühr 4204 mit Zuschlag	33,00 bis 413,00 €	178,00 €
4206	Terminsgebühr für sonstige Verfahren............	33,00 bis 330,00 €	145,00 €
4207	Gebühr 4206 mit Zuschlag	33,00 bis 413,00 €	178,00 €

Abschnitt 3
Einzeltätigkeiten

Vorbemerkung 4.3:

(1) Die Gebühren entstehen für einzelne Tätigkeiten, ohne dass dem Rechtsanwalt sonst die Verteidigung oder Vertretung übertragen ist.

(2) Beschränkt sich die Tätigkeit des Rechtsanwalts auf die Geltendmachung oder Abwehr eines aus der Straftat erwachsenen vermögensrechtlichen Anspruchs im Strafverfahren, so erhält er die Gebühren nach den Nummern 4143 bis 4145.

(3) Die Gebühr entsteht für jede der genannten Tätigkeiten gesondert, soweit nichts anderes bestimmt ist. § 15 RVG bleibt unberührt. Das Beschwerdeverfahren gilt als besondere Angelegenheit.

(4) Wird dem Rechtsanwalt die Verteidigung oder die Vertretung für das Verfahren übertragen, werden die nach diesem Abschnitt entstandenen Gebühren auf die für die Verteidigung oder Vertretung entstehenden Gebühren angerechnet.

4300	Verfahrensgebühr für die Anfertigung oder Unterzeichnung einer Schrift 1. zur Begründung der Revision, 2. zur Erklärung auf die von dem Staatsanwalt, Privatkläger oder Nebenkläger eingelegte Revision oder 3. in Verfahren nach den §§ 57a und 67e StGB .... Neben der Gebühr für die Begründung der Revision entsteht für die Einlegung der Revision keine besondere Gebühr.	66,00 bis 737,00 €	321,00 €

Vergütungsverzeichnis Rechtsanwaltsvergütungsgesetz (RVG-VV)

Nr.	Gebührentatbestand	Gebühr oder Satz der Gebühr nach § 13 oder § 49 RVG – Wahlanwalt	Gebühr oder Satz der Gebühr nach § 13 oder § 49 RVG – gerichtlich bestellter oder beigeordneter Rechtsanwalt
4301	Verfahrensgebühr für 1. die Anfertigung oder Unterzeichnung einer Privatklage, 2. die Anfertigung oder Unterzeichnung einer Schrift zur Rechtfertigung der Berufung oder zur Beantwortung der von dem Staatsanwalt, Privatkläger oder Nebenkläger eingelegten Berufung, 3. die Führung des Verkehrs mit dem Verteidiger, 4. die Beistandsleistung für den Beschuldigten bei einer richterlichen Vernehmung, einer Vernehmung durch die Staatsanwaltschaft oder eine andere Strafverfolgungsbehörde oder in einer Hauptverhandlung, einer mündlichen Anhörung oder bei einer Augenscheinseinnahme, 5. die Beistandsleistung im Verfahren zur gerichtlichen Erzwingung der Anklage (§ 172 Abs. 2 bis 4, § 173 StPO) oder 6. sonstige Tätigkeiten in der Strafvollstreckung	44,00 bis 506,00 €	220,00 €
	Neben der Gebühr für die Rechtfertigung der Berufung entsteht für die Einlegung der Berufung keine besondere Gebühr.		
4302	Verfahrensgebühr für 1. die Einlegung eines Rechtsmittels, 2. die Anfertigung oder Unterzeichnung anderer Anträge, Gesuche oder Erklärungen oder 3. eine andere nicht in Nummer 4300 oder 4301 erwähnte Beistandsleistung	33,00 bis 319,00 €	141,00 €
4303	Verfahrensgebühr für die Vertretung in einer Gnadensache . . . . Der Rechtsanwalt erhält die Gebühr auch, wenn ihm die Verteidigung übertragen war.	33,00 bis 330,00 €	
4304	Gebühr für den als Kontaktperson beigeordneten Rechtsanwalt (§ 34a EGGVG).		3 850,00 €

Teil 5:
Bußgeldsachen

Nr.	Gebührentatbestand	Gebühr oder Satz der Gebühr nach § 13 oder § 49 RVG	
		Wahlanwalt	gerichtlich bestellter oder beigeordneter Rechtsanwalt

Vorbemerkung 5:

(1) Für die Tätigkeit als Beistand oder Vertreter eines Einziehungs- oder Nebenbeteiligten, eines Zeugen oder eines Sachverständigen sind die Vorschriften dieses Teils entsprechend anzuwenden.

(2) Die Verfahrensgebühr entsteht für das Betreiben des Geschäfts einschließlich der Information.

(3) Die Terminsgebühr entsteht für die Teilnahme an gerichtlichen Terminen, soweit nichts anderes bestimmt ist. Der Rechtsanwalt erhält die Terminsgebühr auch, wenn er zu einem anberaumten Termin erscheint, dieser aber aus Gründen, die er nicht zu vertreten hat, nicht stattfindet. Dies gilt nicht, wenn er rechtzeitig von der Aufhebung oder Verlegung des Termins in Kenntnis gesetzt worden ist.

(4) Für folgende Tätigkeiten entstehen Gebühren nach den Vorschriften des Teils 3:

1. für das Verfahren über die Erinnerung oder die Beschwerde gegen einen Kostenfestsetzungsbeschluss, für das Verfahren über die Erinnerung gegen den Kostenansatz, für das Verfahren über die Beschwerde gegen die Entscheidung über diese Erinnerung und für Verfahren über den Antrag auf gerichtliche Entscheidung gegen einen Kostenfestsetzungsbescheid und den Ansatz der Gebühren und Auslagen (§ 108 OWiG), dabei steht das Verfahren über den Antrag auf gerichtliche Entscheidung dem Verfahren über die Erinnerung oder die Beschwerde gegen einen Kostenfestsetzungsbeschluss gleich,
2. in der Zwangsvollstreckung aus Entscheidungen, die über die Erstattung von Kosten ergangen sind, und für das Beschwerdeverfahren gegen die gerichtliche Entscheidung nach Nummer 1.

Abschnitt 1
Gebühren des Verteidigers

Vorbemerkung 5.1:

(1) Durch die Gebühren wird die gesamte Tätigkeit als Verteidiger entgolten.

(2) Hängt die Höhe der Gebühren von der Höhe der Geldbuße ab, ist die zum Zeitpunkt des Entstehens der Gebühr zuletzt festgesetzte Geldbuße maßgebend. Ist eine Geldbuße nicht festgesetzt, richtet sich die Höhe der Gebühren im Verfahren vor der Verwaltungsbehörde nach dem mittleren Betrag der in der Bußgeldvorschrift angedrohten Geldbuße. Sind in einer Rechtsvorschrift Regelsätze bestimmt, sind diese maßgebend. Mehrere Geldbußen sind zusammenzurechnen.

Unterabschnitt 1
Allgemeine Gebühr

5100	Grundgebühr .... (1) Die Gebühr entsteht neben der Verfahrensgebühr für die erstmalige Einarbeitung in den Rechtsfall nur einmal, unabhängig davon, in welchem Verfahrensabschnitt sie erfolgt. (2) Die Gebühr entsteht nicht, wenn in einem vorangegangenen Strafverfahren für dieselbe Handlung oder Tat die Gebühr 4100 entstanden ist.	33,00 bis 187,00 €	88,00 €

Vergütungsverzeichnis Rechtsanwaltsvergütungsgesetz (RVG-VV)

Nr.	Gebührentatbestand	Gebühr oder Satz der Gebühr nach § 13 oder § 49 RVG	
		Wahlanwalt	gerichtlich bestellter oder beigeordneter Rechtsanwalt

Unterabschnitt 2
Verfahren vor der Verwaltungsbehörde

Vorbemerkung 5.1.2:

(1) Zu dem Verfahren vor der Verwaltungsbehörde gehört auch das Verwarnungsverfahren und das Zwischenverfahren (§ 69 OWiG) bis zum Eingang der Akten bei Gericht.

(2) Die Terminsgebühr entsteht auch für die Teilnahme an Vernehmungen vor der Polizei oder der Verwaltungsbehörde.

5101	Verfahrensgebühr bei einer Geldbuße von weniger als 60,00 €	22,00 bis 121,00 €	57,00 €
5102	Terminsgebühr für jeden Tag, an dem ein Termin in den in Nummer 5101 genannten Verfahren stattfindet	22,00 bis 121,00 €	57,00 €
5103	Verfahrensgebühr bei einer Geldbuße von 60,00 € bis 5 000,00 €	33,00 bis 319,00 €	141,00 €
5104	Terminsgebühr für jeden Tag, an dem ein Termin in den in Nummer 5103 genannten Verfahren stattfindet	33,00 bis 319,00 €	141,00 €
5105	Verfahrensgebühr bei einer Geldbuße von mehr als 5 000,00 €	44,00 bis 330,00 €	150,00 €
5106	Terminsgebühr für jeden Tag, an dem ein Termin in den in Nummer 5105 genannten Verfahren stattfindet	44,00 bis 330,00 €	150,00 €

Unterabschnitt 3
Gerichtliches Verfahren im ersten Rechtszug

Vorbemerkung 5.1.3:

(1) Die Terminsgebühr entsteht auch für die Teilnahme an gerichtlichen Terminen außerhalb der Hauptverhandlung.

(2) Die Gebühren dieses Unterabschnitts entstehen für das Wiederaufnahmeverfahren einschließlich seiner Vorbereitung gesondert; die Verfahrensgebühr entsteht auch, wenn von der Stellung eines Wiederaufnahmeantrags abgeraten wird.

Nr.	Gebührentatbestand	Gebühr oder Satz der Gebühr nach § 13 oder § 49 RVG	
		Wahlanwalt	gerichtlich bestellter oder beigeordneter Rechtsanwalt
5107	Verfahrensgebühr bei einer Geldbuße von weniger als 60,00 €	22,00 bis 121,00 €	57,00 €
5108	Terminsgebühr je Hauptverhandlungstag in den in Nummer 5107 genannten Verfahren	22,00 bis 264,00 €	114,00 €
5109	Verfahrensgebühr bei einer Geldbuße von 60,00 bis 5 000,00 €.	33,00 bis 319,00 €	141,00 €
5110	Terminsgebühr je Hauptverhandlungstag in den in Nummer 5109 genannten Verfahren	44,00 bis 517,00 €	224,00 €
5111	Verfahrensgebühr bei einer Geldbuße von mehr als 5 000,00 €.	55,00 bis 385,00 €	176,00 €
5112	Terminsgebühr je Hauptverhandlungstag in den in Nummer 5111 genannten Verfahren	88,00 bis 616,00 €	282,00 €
	Unterabschnitt 4 **Verfahren über die Rechtsbeschwerde**		
5113	Verfahrensgebühr.	88,00 bis 616,00 €	282,00 €
5114	Terminsgebühr je Hauptverhandlungstag	88,00 bis 616,00 €	282,00 €
	Unterabschnitt 5 **Zusätzliche Gebühren**		
5115	Durch die anwaltliche Mitwirkung wird das Verfahren vor der Verwaltungsbehörde erledigt oder die Hauptverhandlung entbehrlich: Zusätzliche Gebühr . . . . (1) Die Gebühr entsteht, wenn 1. das Verfahren nicht nur vorläufig eingestellt wird oder 2. der Einspruch gegen den Bußgeldbescheid zurückgenommen wird oder 3. der Bußgeldbescheid nach Einspruch von der Verwaltungsbehörde zurückgenommen und gegen einen neuen Bußgeldbescheid kein Einspruch eingelegt wird oder	in Höhe der jeweiligen Verfahrensgebühr	

Vergütungsverzeichnis Rechtsanwaltsvergütungsgesetz (RVG-VV)

Nr.	Gebührentatbestand	Gebühr oder Satz der Gebühr nach § 13 oder § 49 RVG – Wahlanwalt	Gebühr oder Satz der Gebühr nach § 13 oder § 49 RVG – gerichtlich bestellter oder beigeordneter Rechtsanwalt
	4. sich das gerichtliche Verfahren durch Rücknahme des Einspruchs gegen den Bußgeldbescheid oder der Rechtsbeschwerde des Betroffenen oder eines anderen Verfahrensbeteiligten erledigt; ist bereits ein Termin zur Hauptverhandlung bestimmt, entsteht die Gebühr nur, wenn der Einspruch oder die Rechtsbeschwerde früher als zwei Wochen vor Beginn des Tages, der für die Hauptverhandlung vorgesehen war, zurückgenommen wird, oder 5. das Gericht nach § 72 Abs. 1 Satz 1 OWiG durch Beschluss entscheidet. (2) Die Gebühr entsteht nicht, wenn eine auf die Förderung des Verfahrens gerichtete Tätigkeit nicht ersichtlich ist. (3) Die Höhe der Gebühr richtet sich nach dem Rechtszug, in dem die Hauptverhandlung vermieden wurde. Für den Wahlanwalt bemisst sich die Gebühr nach der Rahmenmitte.		
5116	Verfahrensgebühr bei Einziehung und verwandten Maßnahmen . . . . (1) Die Gebühr entsteht für eine Tätigkeit für den Betroffenen, die sich auf die Einziehung oder dieser gleichstehende Rechtsfolgen (§ 46 Abs. 1 OWiG, § 439 StPO) oder auf eine diesen Zwecken dienende Beschlagnahme bezieht. (2) Die Gebühr entsteht nicht, wenn der Gegenstandswert niedriger als 30,00 € ist. (3) Die Gebühr entsteht nur einmal für das Verfahren vor der Verwaltungsbehörde und für das gerichtliche Verfahren im ersten Rechtszug. Im Rechtsbeschwerdeverfahren entsteht die Gebühr besonders.	1,0	1,0
	Abschnitt 2 ***Einzeltätigkeiten***		
5200	Verfahrensgebühr . . . . (1) Die Gebühr entsteht für einzelne Tätigkeiten, ohne dass dem Rechtsanwalt sonst die Verteidigung übertragen ist. (2) Die Gebühr entsteht für jede Tätigkeit gesondert, soweit nichts anderes bestimmt ist. § 15 RVG bleibt unberührt. (3) Wird dem Rechtsanwalt die Verteidigung für das Verfahren übertragen, werden die nach dieser Nummer entstandenen Gebühren auf die für die Verteidigung entstehenden Gebühren angerechnet. (4) Der Rechtsanwalt erhält die Gebühr für die Vertretung in der Vollstreckung und in einer Gnadensache auch, wenn ihm die Verteidigung übertragen war.	22,00 bis 121,00 €	57,00 €

Vergütungsverzeichnis Rechtsanwaltsvergütungsgesetz (RVG-VV)

Teil 6:
Sonstige Verfahren

Nr.	Gebührentatbestand	Gebühr	
		Wahlverteidiger oder Verfahrensbevollmächtigter	gerichtlich bestellter oder beigeordneter Rechtsanwalt

Vorbemerkung 6:

(1) Für die Tätigkeit als Beistand für einen Zeugen oder Sachverständigen in einem Verfahren, für das sich die Gebühren nach diesem Teil bestimmen, entstehen die gleichen Gebühren wie für einen Verfahrensbevollmächtigten in diesem Verfahren.

(2) Die Verfahrensgebühr entsteht für das Betreiben des Geschäfts einschließlich der Information.

(3) Die Terminsgebühr entsteht für die Teilnahme an gerichtlichen Terminen, soweit nichts anderes bestimmt ist. Der Rechtsanwalt erhält die Terminsgebühr auch, wenn er zu einem anberaumten Termin erscheint, dieser aber aus Gründen, die er nicht zu vertreten hat, nicht stattfindet. Dies gilt nicht, wenn er rechtzeitig von der Aufhebung oder Verlegung des Termins in Kenntnis gesetzt worden ist.

Abschnitt 1
Verfahren nach dem Gesetz über die internationale Rechtshilfe in Strafsachen und Verfahren nach dem Gesetz über die Zusammenarbeit mit dem Internationalen Strafgerichtshof

Unterabschnitt 1
Verfahren vor der Verwaltungsbehörde

Vorbemerkung 6.1.1:

Die Gebühr nach diesem Unterabschnitt entsteht für die Tätigkeit gegenüber der Bewilligungsbehörde in Verfahren nach Abschnitt 2 Unterabschnitt 2 des Neunten Teils des Gesetzes über die internationale Rechtshilfe in Strafsachen.

6100	Verfahrensgebühr	55,00 bis 374,00 €	172,00 €

Unterabschnitt 2
Gerichtliches Verfahren

6101	Verfahrensgebühr	110,00 bis 759,00 €	348,00 €
6102	Terminsgebühr je Verhandlungstag	143,00 bis 1 023,00 €	466,00 €

Abschnitt 2
Disziplinarverfahren, berufsgerichtliche Verfahren wegen der Verletzung einer Berufspflicht

Vorbemerkung 6.2:

(1) Durch die Gebühren wird die gesamte Tätigkeit im Verfahren abgegolten.

(2) Für die Vertretung gegenüber der Aufsichtsbehörde außerhalb eines Disziplinarverfahrens entstehen Gebühren nach Teil 2.

Vergütungsverzeichnis Rechtsanwaltsvergütungsgesetz (RVG-VV)

Nr.	Gebührentatbestand	Gebühr Wahlverteidiger oder Verfahrensbevollmächtigter	Gebühr gerichtlich bestellter oder beigeordneter Rechtsanwalt

(3) Für folgende Tätigkeiten entstehen Gebühren nach Teil 3:
1. für das Verfahren über die Erinnerung oder die Beschwerde gegen einen Kostenfestsetzungsbeschluss, für das Verfahren über die Erinnerung gegen den Kostenansatz und für das Verfahren über die Beschwerde gegen die Entscheidung über diese Erinnerung,
2. in der Zwangsvollstreckung aus einer Entscheidung, die über die Erstattung von Kosten ergangen ist, und für das Beschwerdeverfahren gegen diese Entscheidung.

Unterabschnitt 1
Allgemeine Gebühren

Nr.	Gebührentatbestand	Wahlverteidiger oder Verfahrensbevollmächtigter	gerichtlich bestellter oder beigeordneter Rechtsanwalt
6200	Grundgebühr Die Gebühr entsteht neben der Verfahrensgebühr für die erstmalige Einarbeitung in den Rechtsfall nur einmal, unabhängig davon, in welchem Verfahrensabschnitt sie erfolgt.	44,00 bis 385,00 €	172,00 €
6201	Terminsgebühr für jeden Tag, an dem ein Termin stattfindet Die Gebühr entsteht für die Teilnahme an außergerichtlichen Anhörungsterminen und außergerichtlichen Terminen zur Beweiserhebung.	44,00 bis 407,00 €	180,00 €

Unterabschnitt 2
Außergerichtliches Verfahren

Nr.	Gebührentatbestand	Wahlverteidiger oder Verfahrensbevollmächtigter	gerichtlich bestellter oder beigeordneter Rechtsanwalt
6202	Verfahrensgebühr (1) Die Gebühr entsteht gesondert für eine Tätigkeit in einem dem gerichtlichen Verfahren vorausgehenden und der Überprüfung der Verwaltungsentscheidung dienenden weiteren außergerichtlichen Verfahren. (2) Die Gebühr entsteht für eine Tätigkeit in dem Verfahren bis zum Eingang des Antrags oder der Anschuldigungsschrift bei Gericht.	44,00 bis 319,00 €	145,00 €

Unterabschnitt 3
Gerichtliches Verfahren

Erster Rechtszug

Vorbemerkung 6.2.3:

(1) Die nachfolgenden Gebühren entstehen für das Wiederaufnahmeverfahren einschließlich seiner Vorbereitung gesondert.

(2) Kommt es für eine Gebühr auf die Dauer der Teilnahme an der Hauptverhandlung an, sind auch Wartezeiten und Unterbrechungen an einem Hauptverhandlungstag als Teilnahme zu berücksichtigen. Dies gilt nicht für Wartezeiten und Unterbrechungen, die der Rechtsanwalt zu vertreten hat, sowie für Unterbrechungen von jeweils mindestens einer Stunde, soweit diese unter Angabe einer kon-

Nr.	Gebührentatbestand	Gebühr Wahlverteidiger oder Verfahrensbevollmächtigter	Gebühr gerichtlich bestellter oder beigeordneter Rechtsanwalt
	kreten Dauer der Unterbrechung oder eines Zeitpunkts der Fortsetzung der Hauptverhandlung angeordnet wurden.		
6203	Verfahrensgebühr	55,00 bis 352,00 €	163,00 €
6204	Terminsgebühr je Verhandlungstag	88,00 bis 616,00 €	282,00 €
6205	Der gerichtlich bestellte Rechtsanwalt nimmt mehr als 5 und bis 8 Stunden an der Hauptverhandlung teil: Zusätzliche Gebühr neben der Gebühr 6204		141,00 €
6206	Der gerichtlich bestellte Rechtsanwalt nimmt mehr als 8 Stunden an der Hauptverhandlung teil: Zusätzliche Gebühr neben der Gebühr 6204		282,00 €
	Zweiter Rechtszug		
6207	Verfahrensgebühr	88,00 bis 616,00 €	282,00 €
6208	Terminsgebühr je Verhandlungstag	88,00 bis 616,00 €	282,00 €
6209	Der gerichtlich bestellte Rechtsanwalt nimmt mehr als 5 und bis 8 Stunden an der Hauptverhandlung teil: Zusätzliche Gebühr neben der Gebühr 6208		141,00 €
6210	Der gerichtlich bestellte Rechtsanwalt nimmt mehr als 8 Stunden an der Hauptverhandlung teil: Zusätzliche Gebühr neben der Gebühr 6208		282,00 €
	Dritter Rechtszug		
6211	Verfahrensgebühr	132,00 bis 1 221,00 €	541,00 €
6212	Terminsgebühr je Verhandlungstag	132,00 bis 605,00 €	294,00 €
6213	Der gerichtlich bestellte Rechtsanwalt nimmt mehr als 5 und bis 8 Stunden an der Hauptverhandlung teil: Zusätzliche Gebühr neben der Gebühr 6212		147,00 €

Vergütungsverzeichnis Rechtsanwaltsvergütungsgesetz (RVG-VV)

Nr.	Gebührentatbestand	Gebühr: Wahlverteidiger oder Verfahrensbevollmächtigter	Gebühr: gerichtlich bestellter oder beigeordneter Rechtsanwalt
6214	Der gerichtlich bestellte Rechtsanwalt nimmt mehr als 8 Stunden an der Hauptverhandlung teil: Zusätzliche Gebühr neben der Gebühr 6212		294,00 €
6215	Verfahrensgebühr für das Verfahren über die Beschwerde gegen die Nichtzulassung der Revision .. Die Gebühr wird auf die Verfahrensgebühr für ein nachfolgendes Revisionsverfahren angerechnet.	77,00 bis 1 221,00 €	519,00 €
	Unterabschnitt 4 Zusatzgebühr		
6216	Durch die anwaltliche Mitwirkung wird die mündliche Verhandlung entbehrlich: Zusätzliche Gebühr .... (1) Die Gebühr entsteht, wenn eine gerichtliche Entscheidung mit Zustimmung der Beteiligten ohne mündliche Verhandlung ergeht oder einer beabsichtigten Entscheidung ohne Hauptverhandlungstermin nicht widersprochen wird. (2) Die Gebühr entsteht nicht, wenn eine auf die Förderung des Verfahrens gerichtete Tätigkeit nicht ersichtlich ist. (3) Die Höhe der Gebühr richtet sich nach dem Rechtszug, in dem die Hauptverhandlung vermieden wurde. Für den Wahlanwalt bemisst sich die Gebühr nach der Rahmenmitte.	in Höhe der jeweiligen Verfahrensgebühr	
	Abschnitt 3 ***Gerichtliche Verfahren bei Freiheitsentziehung, bei Unterbringung und bei sonstigen Zwangsmaßnahmen***		
6300	Verfahrensgebühr in Freiheitsentziehungssachen nach § 415 FamFG, in Unterbringungssachen nach § 312 FamFG und in Verfahren nach § 151 Nr. 6 und 7 FamFG .... Die Gebühr entsteht für jeden Rechtszug.	44,00 bis 517,00 €	224,00 €
6301	Terminsgebühr in den Fällen der Nummer 6300.... Die Gebühr entsteht für die Teilnahme an gerichtlichen Terminen.	44,00 bis 517,00 €	224,00 €
6302	Verfahrensgebühr in sonstigen Fällen .... Die Gebühr entsteht für jeden Rechtszug des Verfahrens über die Verlängerung oder Aufhebung einer Freiheitsentziehung nach den §§ 425 und 426 FamFG oder einer Unterbringungsmaßnahme nach den §§ 329 und 330 FamFG.	22,00 bis 330,00 €	141,00 €

Nr.	Gebührentatbestand	Gebühr: Wahlverteidiger oder Verfahrensbevollmächtigter	Gebühr: gerichtlich bestellter oder beigeordneter Rechtsanwalt
6303	Terminsgebühr in den Fällen der Nummer 6302. . . . Die Gebühr entsteht für die Teilnahme an gerichtlichen Terminen.	22,00 bis 330,00 €	141,00 €

Abschnitt 4
Gerichtliche Verfahren nach der Wehrbeschwerdeordnung

Vorbemerkung 6.4:

(1) Die Gebühren nach diesem Abschnitt entstehen in Verfahren auf gerichtliche Entscheidung nach der WBO, auch i.V.m. § 42 WDO, wenn das Verfahren vor dem Truppendienstgericht oder vor dem Bundesverwaltungsgericht an die Stelle des Verwaltungsrechtswegs gemäß § 82 SG tritt.

(2) Soweit wegen desselben Gegenstands eine Geschäftsgebühr nach Nummer 2302 für eine Tätigkeit im Verfahren über die Beschwerde oder über die weitere Beschwerde vor einem Disziplinarvorgesetzten entstanden ist, wird diese Gebühr zur Hälfte, höchstens jedoch mit einem Betrag von 207,00 €, auf die Verfahrensgebühr des gerichtlichen Verfahrens vor dem Truppendienstgericht oder dem Bundesverwaltungsgericht angerechnet. Sind mehrere Gebühren entstanden, ist für die Anrechnung die zuletzt entstandene Gebühr maßgebend.

Nr.	Gebührentatbestand	Gebühr: Wahlverteidiger oder Verfahrensbevollmächtigter	Gebühr: gerichtlich bestellter oder beigeordneter Rechtsanwalt
6400	Verfahrensgebühr für das Verfahren auf gerichtliche Entscheidung vor dem Truppendienstgericht	88,00 bis 748,00 €	
6401	Terminsgebühr je Verhandlungstag in den in Nummer 6400 genannten Verfahren	88,00 bis 748,00 €	
6402	Verfahrensgebühr für das Verfahren auf gerichtliche Entscheidung vor dem Bundesverwaltungsgericht, im Verfahren über die Rechtsbeschwerde oder im Verfahren über die Beschwerde gegen die Nichtzulassung der Rechtsbeschwerde . . . . Die Gebühr für ein Verfahren über die Beschwerde gegen die Nichtzulassung der Rechtsbeschwerde wird auf die Gebühr für ein nachfolgendes Verfahren über die Rechtsbeschwerde angerechnet.	110,00 bis 869,00 €	
6403	Terminsgebühr je Verhandlungstag in den in Nummer 6402 genannten Verfahren	110,00 bis 869,00 €	

Vergütungsverzeichnis Rechtsanwaltsvergütungsgesetz (RVG-VV)

Nr.	Gebührentatbestand	Gebühr	
		Wahlverteidiger oder Verfahrensbevollmächtigter	gerichtlich bestellter oder beigeordneter Rechtsanwalt
	Abschnitt 5 ***Einzeltätigkeiten und Verfahren auf Aufhebung oder Änderung einer Disziplinarmaßnahme***		
6500	Verfahrensgebühr . . . . (1) Für eine Einzeltätigkeit entsteht die Gebühr, wenn dem Rechtsanwalt nicht die Verteidigung oder Vertretung übertragen ist. (2) Die Gebühr entsteht für jede einzelne Tätigkeit gesondert, soweit nichts anderes bestimmt ist. § 15 RVG bleibt unberührt. (3) Wird dem Rechtsanwalt die Verteidigung oder Vertretung für das Verfahren übertragen, werden die nach dieser Nummer entstandenen Gebühren auf die für die Verteidigung oder Vertretung entstehenden Gebühren angerechnet. (4) Eine Gebühr nach dieser Vorschrift entsteht jeweils auch für das Verfahren nach der WDO vor einem Disziplinarvorgesetzten auf Aufhebung oder Änderung einer Disziplinarmaßnahme und im gerichtlichen Verfahren vor dem Wehrdienstgericht.	22,00 bis 330,00 €	141,00 €

Teil 7: Auslagen

Nr.	Auslagentatbestand	Höhe

Vorbemerkung 7:

(1) Mit den Gebühren werden auch die allgemeinen Geschäftskosten entgolten. Soweit nachfolgend nichts anderes bestimmt ist, kann der Rechtsanwalt Ersatz der entstandenen Aufwendungen (§ 675 i.V.m. § 670 BGB) verlangen.

(2) Eine Geschäftsreise liegt vor, wenn das Reiseziel außerhalb der Gemeinde liegt, in der sich die Kanzlei oder die Wohnung des Rechtsanwalts befindet.

(3) Dient eine Reise mehreren Geschäften, sind die entstandenen Auslagen nach den Nummern 7003 bis 7006 nach dem Verhältnis der Kosten zu verteilen, die bei gesonderter Ausführung der einzelnen Geschäfte entstanden wären. Ein Rechtsanwalt, der seine Kanzlei an einen anderen Ort verlegt, kann bei Fortführung eines ihm vorher erteilten Auftrags Auslagen nach den Nummern 7003 bis 7006 nur insoweit verlangen, als sie auch von seiner bisherigen Kanzlei aus entstanden wären.

Nr.	Auslagentatbestand	Höhe
7000	Pauschale für die Herstellung und Überlassung von Dokumenten: 1. für Kopien und Ausdrucke a) aus Behörden- und Gerichtsakten, soweit deren Herstellung zur sachgemäßen Bearbeitung der Rechtssache geboten war, b) zur Zustellung oder Mitteilung an Gegner oder Beteiligte und Verfahrensbevollmächtigte aufgrund einer Rechtsvorschrift oder nach Aufforderung durch das Gericht, die Behörde oder die sonst das Verfahren führende Stelle, soweit hierfür mehr als 100 Seiten zu fertigen waren, c) zur notwendigen Unterrichtung des Auftraggebers, soweit hierfür mehr als 100 Seiten zu fertigen waren, d) in sonstigen Fällen nur, wenn sie im Einverständnis mit dem Auftraggeber zusätzlich, auch zur Unterrichtung Dritter, angefertigt worden sind:	
	für die ersten 50 abzurechnenden Seiten je Seite	0,50 €
	für jede weitere Seite	0,15 €
	für die ersten 50 abzurechnenden Seiten in Farbe je Seite	1,00 €
	für jede weitere Seite in Farbe	0,30 €
	2. Überlassung von elektronisch gespeicherten Dateien oder deren Bereitstellung zum Abruf anstelle der in Nummer 1 Buchstabe d genannten Kopien und Ausdrucke: je Datei	1,50 €
	für die in einem Arbeitsgang überlassenen, bereitgestellten oder in einem Arbeitsgang auf denselben Datenträger übertragenen Dokumente insgesamt höchstens	5,00 €
	(1) Die Höhe der Dokumentenpauschale nach Nummer 1 ist in derselben Angelegenheit und in gerichtlichen Verfahren in demselben Rechtszug einheitlich zu berechnen. Eine Übermittlung durch den Rechtsanwalt per Telefax steht der Herstellung einer Kopie gleich. (2) Werden zum Zweck der Überlassung von elektronisch gespeicherten Dateien Dokumente im Einverständnis mit dem Auftraggeber zuvor von der Papierform in die elektronische Form übertragen, beträgt die Dokumentenpauschale nach Nummer 2 nicht weniger, als die Dokumentenpauschale im Fall der Nummer 1 betragen würde.	

Vergütungsverzeichnis Rechtsanwaltsvergütungsgesetz (RVG-VV)

Nr.	Auslagentatbestand	Höhe
7001	Entgelte für Post- und Telekommunikationsdienstleistungen . . . . Für die durch die Geltendmachung der Vergütung entstehenden Entgelte kann kein Ersatz verlangt werden.	in voller Höhe
7002	Pauschale für Entgelte für Post- und Telekommunikationsdienstleistungen . . . . (1) Die Pauschale kann in jeder Angelegenheit anstelle der tatsächlichen Auslagen nach Nummer 7001 gefordert werden. (2) Werden Gebühren aus der Staatskasse gezahlt, sind diese maßgebend.	20 % der Gebühren – höchstens 20,00 €
7003	Fahrtkosten für eine Geschäftsreise bei Benutzung eines eigenen Kraftfahrzeugs für jeden gefahrenen Kilometer . . . . Mit den Fahrtkosten sind die Anschaffungs-, Unterhaltungs- und Betriebskosten sowie die Abnutzung des Kraftfahrzeugs abgegolten.	0,42 €
7004	Fahrtkosten für eine Geschäftsreise bei Benutzung eines anderen Verkehrsmittels, soweit sie angemessen sind	in voller Höhe
7005	Tage- und Abwesenheitsgeld bei einer Geschäftsreise	
	1. von nicht mehr als 4 Stunden	30,00 €
	2. von mehr als 4 bis 8 Stunden	50,00 €
	3. von mehr als 8 Stunden . . . . Bei Auslandsreisen kann zu diesen Beträgen ein Zuschlag von 50 % berechnet werden.	80,00 €
7006	Sonstige Auslagen anlässlich einer Geschäftsreise, soweit sie angemessen sind	in voller Höhe
7007	Im Einzelfall gezahlte Prämie für eine Haftpflichtversicherung für Vermögensschäden, soweit die Prämie auf Haftungsbeträge von mehr als 30 Mio. € entfällt . . Soweit sich aus der Rechnung des Versicherers nichts anderes ergibt, ist von der Gesamtprämie der Betrag zu erstatten, der sich aus dem Verhältnis der 30 Mio. € übersteigenden Versicherungssumme zu der Gesamtversicherungssumme ergibt.	in voller Höhe
7008	Umsatzsteuer auf die Vergütung . . . . Dies gilt nicht, wenn die Umsatzsteuer nach § 19 Abs. 1 UStG unerhoben bleibt.	in voller Höhe

5. Rechtsanwaltsgebühren nach § 13 RVG

Wert bis ... €	0,1	0,2	0,3	0,4	0,5	0,55	0,6
500	15,00[1]	15,00[1]	15,00[1]	19,60	24,50	26,95	29,40
1.000	15,00[1]	17,60	26,40	35,20	44,00	48,40	52,80
1.500	15,00[1]	25,40	38,10	50,80	63,50	69,85	76,20
2.000	16,60	33,20	49,80	66,40	83,00	91,30	99,60
3.000	22,20	44,40	66,60	88,80	111,00	122,10	133,20
4.000	27,80	55,60	83,40	111,20	139,00	152,90	166,80
5.000	33,40	66,80	100,20	133,60	167,00	183,70	200,40
6.000	39,00	78,00	117,00	156,00	195,00	214,50	234,00
7.000	44,60	89,20	133,80	178,40	223,00	245,30	267,60
8.000	50,20	100,40	150,60	200,80	251,00	276,10	301,20
9.000	55,80	111,60	167,40	223,20	279,00	306,90	334,80
10.000	61,40	122,80	184,20	245,60	307,00	337,70	368,40
13.000	66,60	133,20	199,80	266,40	333,00	366,30	399,60
16.000	71,80	143,60	215,40	287,20	359,00	394,90	430,80
19.000	77,00	154,00	231,00	308,00	385,00	423,50	462,00
22.000	82,20	164,40	246,60	328,80	411,00	452,10	493,20
25.000	87,40	174,80	262,20	349,60	437,00	480,70	524,40
30.000	95,50	191,00	286,50	382,00	477,50	525,25	573,00
35.000	103,60	207,20	310,80	414,40	518,00	569,80	621,60
40.000	111,70	223,40	335,10	446,80	558,50	614,35	670,20
45.000	119,80	239,60	359,40	479,20	599,00	658,90	718,80
50.000	127,90	255,80	383,70	511,60	639,50	703,45	767,40
65.000	137,30	274,60	411,90	549,20	686,50	755,15	823,80
80.000	146,70	293,40	440,10	586,80	733,50	806,85	880,20
95.000	156,10	312,20	468,30	624,40	780,50	858,55	936,60
110.000	165,50	331,00	496,50	662,00	827,50	910,25	993,00
125.000	174,90	349,80	524,70	699,60	874,50	961,95	1.049,40
140.000	184,30	368,60	552,90	737,20	921,50	1.013,65	1.105,80
155.000	193,70	387,40	581,10	774,80	968,50	1.065,35	1.162,20
170.000	203,10	406,20	609,30	812,40	1.015,50	1.117,05	1.218,60
185.000	212,50	425,00	637,50	850,00	1.062,50	1.168,75	1.275,00
200.000	221,90	443,80	665,70	887,60	1.109,50	1.220,45	1.331,40
230.000	235,10	470,20	705,30	940,40	1.175,50	1.293,05	1.410,60
260.000	248,30	496,60	744,90	993,20	1.241,50	1.365,65	1.489,80
290.000	261,50	523,00	784,50	1.046,00	1.307,50	1.438,25	1.569,00

1 Mindestgebühr nach § 13 Abs. 2 RVG. Als Erhöhungswert für mehrere Auftraggeber (Nr. 1008 VV) sind 14,70 € anzusetzen (0,3 Ausgangsgebühr in Höhe von 14,70 € [und nicht die Mindestgebühr in Höhe von 15,00 €] + 0,3 Erhöhung pro weiterem Auftraggeber in Höhe von 14,70 € = 0,6 von 500,00 € = 29,40 €).

Rechtsanwaltsgebühren nach § 13 RVG

Wert bis ... €	0,65	0,7	0,75	0,8	0,9	1,0	1,1
500	31,85	34,30	36,75	39,20	44,10	49,00	53,90
1.000	57,20	61,60	66,00	70,40	79,20	88,00	96,80
1.500	82,55	88,90	95,25	101,60	114,30	127,00	139,70
2.000	107,90	116,20	124,50	132,80	149,40	166,00	182,60
3.000	144,30	155,40	166,50	177,60	199,80	222,00	244,20
4.000	180,70	194,60	208,50	222,40	250,20	278,00	305,80
5.000	217,10	233,80	250,50	267,20	300,60	334,00	367,40
6.000	253,50	273,00	292,50	312,00	351,00	390,00	429,00
7.000	289,90	312,20	334,50	356,80	401,40	446,00	490,60
8.000	326,30	351,40	376,50	401,60	451,80	502,00	552,20
9.000	362,70	390,60	418,50	446,40	502,20	558,00	613,80
10.000	399,10	429,80	460,50	491,20	552,60	614,00	675,40
13.000	432,90	466,20	499,50	532,80	599,40	666,00	732,60
16.000	466,70	502,60	538,50	574,40	646,20	718,00	789,80
19.000	500,50	539,00	577,50	616,00	693,00	770,00	847,00
22.000	534,30	575,40	616,50	657,60	739,80	822,00	904,20
25.000	568,10	611,80	655,50	699,20	786,60	874,00	961,40
30.000	620,75	668,50	716,25	764,00	859,50	955,00	1.050,50
35.000	673,40	725,20	777,00	828,80	932,40	1.036,00	1.139,60
40.000	726,05	781,90	837,75	893,60	1.005,30	1.117,00	1.228,70
45.000	778,70	838,60	898,50	958,40	1.078,20	1.198,00	1.317,80
50.000	831,35	895,30	959,25	1.023,20	1.151,10	1.279,00	1.406,90
65.000	892,45	961,10	1.029,75	1.098,40	1.235,70	1.373,00	1.510,30
80.000	953,55	1.026,90	1.100,25	1.173,60	1.320,30	1.467,00	1.613,70
95.000	1.014,65	1.092,70	1.170,75	1.248,80	1.404,90	1.561,00	1.717,10
110.000	1.075,75	1.158,50	1.241,25	1.324,00	1.489,50	1.655,00	1.820,50
125.000	1.136,85	1.224,30	1.311,75	1.399,20	1.574,10	1.749,00	1.923,90
140.000	1.197,95	1.290,10	1.382,25	1.474,40	1.658,70	1.843,00	2.027,30
155.000	1.259,05	1.355,90	1.452,75	1.549,60	1.743,30	1.937,00	2.130,70
170.000	1.320,15	1.421,70	1.523,25	1.624,80	1.827,90	2.031,00	2.234,10
185.000	1.381,25	1.487,50	1.593,75	1.700,00	1.912,50	2.125,00	2.337,50
200.000	1.442,35	1.553,30	1.664,25	1.775,20	1.997,10	2.219,00	2.440,90
230.000	1.528,15	1.645,70	1.763,25	1.880,80	2.115,90	2.351,00	2.586,10
260.000	1.613,95	1.738,10	1.862,25	1.986,40	2.234,70	2.483,00	2.731,30
290.000	1.699,75	1.830,50	1.961,25	2.092,00	2.353,50	2.615,00	2.876,50

Rechtsanwaltsgebühren nach § 13 RVG

Wert bis ... €	0,1	0,2	0,3	0,4	0,5	0,55	0,6
320.000	274,70	549,40	824,10	1.098,80	1.373,50	1.510,85	1.648,20
350.000	287,90	575,80	863,70	1.151,60	1.439,50	1.583,45	1.727,40
380.000	301,10	602,20	903,30	1.204,40	1.505,50	1.656,05	1.806,60
410.000	314,30	628,60	942,90	1.257,20	1.571,50	1.728,65	1.885,80
440.000	327,50	655,00	982,50	1.310,00	1.637,50	1.801,25	1.965,00
470.000	340,70	681,40	1.022,10	1.362,80	1.703,50	1.873,85	2.044,20
500.000	353,90	707,80	1.061,70	1.415,60	1.769,50	1.946,45	2.123,40
550.000	370,40	740,80	1.111,20	1.481,60	1.852,00	2.037,20	2.222,40
600.000	386,90	773,80	1.160,70	1.547,60	1.934,50	2.127,95	2.321,40
650.000	403,40	806,80	1.210,20	1.613,60	2.017,00	2.218,70	2.420,40
700.000	419,90	839,80	1.259,70	1.679,60	2.099,50	2.309,45	2.519,40
750.000	436,40	872,80	1.309,20	1.745,60	2.182,00	2.400,20	2.618,40
800.000	452,90	905,80	1.358,70	1.811,60	2.264,50	2.490,95	2.717,40
850.000	469,40	938,80	1.408,20	1.877,60	2.347,00	2.581,70	2.816,40
900.000	485,90	971,80	1.457,70	1.943,60	2.429,50	2.672,45	2.915,40
950.000	502,40	1.004,80	1.507,20	2.009,60	2.512,00	2.763,20	3.014,40
1.000.000	518,90	1.037,80	1.556,70	2.075,60	2.594,50	2.853,95	3.113,40
1.050.000	535,40	1.070,80	1.606,20	2.141,60	2.677,00	2.944,70	3.212,40
1.100.000	551,90	1.103,80	1.655,70	2.207,60	2.759,50	3.035,45	3.311,40
1.150.000	568,40	1.136,80	1.705,20	2.273,60	2.842,00	3.126,20	3.410,40
1.200.000	584,90	1.169,80	1.754,70	2.339,60	2.924,50	3.216,95	3.509,40
1.250.000	601,40	1.202,80	1.804,20	2.405,60	3.007,00	3.307,70	3.608,40
1.300.000	617,90	1.235,80	1.853,70	2.471,60	3.089,50	3.398,45	3.707,40
1.350.000	634,40	1.268,80	1.903,20	2.537,60	3.172,00	3.489,20	3.806,40
1.400.000	650,90	1.301,80	1.952,70	2.603,60	3.254,50	3.579,95	3.905,40
1.450.000	667,40	1.334,80	2.002,20	2.669,60	3.337,00	3.670,70	4.004,40
1.500.000	683,90	1.367,80	2.051,70	2.735,60	3.419,50	3.761,45	4.103,40
1.550.000	700,40	1.400,80	2.101,20	2.801,60	3.502,00	3.852,20	4.202,40
1.600.000	716,90	1.433,80	2.150,70	2.867,60	3.584,50	3.942,95	4.301,40
1.650.000	733,40	1.466,80	2.200,20	2.933,60	3.667,00	4.033,70	4.400,40
1.700.000	749,90	1.499,80	2.249,70	2.999,60	3.749,50	4.124,45	4.499,40
1.750.000	766,40	1.532,80	2.299,20	3.065,60	3.832,00	4.215,20	4.598,40
1.800.000	782,90	1.565,80	2.348,70	3.131,60	3.914,50	4.305,95	4.697,40
1.850.000	799,40	1.598,80	2.398,20	3.197,60	3.997,00	4.396,70	4.796,40
1.900.000	815,90	1.631,80	2.447,70	3.263,60	4.079,50	4.487,45	4.895,40
1.950.000	832,40	1.664,80	2.497,20	3.329,60	4.162,00	4.578,20	4.994,40
2.000.000	848,90	1.697,80	2.546,70	3.395,60	4.244,50	4.668,95	5.093,40
2.050.000	865,40	1.730,80	2.596,20	3.461,60	4.327,00	4.759,70	5.192,40
2.100.000	881,90	1.763,80	2.645,70	3.527,60	4.409,50	4.850,45	5.291,40
2.150.000	898,40	1.796,80	2.695,20	3.593,60	4.492,00	4.941,20	5.390,40

Wert bis ... €	0,65	0,7	0,75	0,8	0,9	1,0	1,1
320.000	1.785,55	1.922,90	2.060,25	2.197,60	2.472,30	2.747,00	3.021,70
350.000	1.871,35	2.015,30	2.159,25	2.303,20	2.591,10	2.879,00	3.166,90
380.000	1.957,15	2.107,70	2.258,25	2.408,80	2.709,90	3.011,00	3.312,10
410.000	2.042,95	2.200,10	2.357,25	2.514,40	2.828,70	3.143,00	3.457,30
440.000	2.128,75	2.292,50	2.456,25	2.620,00	2.947,50	3.275,00	3.602,50
470.000	2.214,55	2.384,90	2.555,25	2.725,60	3.066,30	3.407,00	3.747,70
500.000	2.300,35	2.477,30	2.654,25	2.831,20	3.185,10	3.539,00	3.892,90
550.000	2.407,60	2.592,80	2.778,00	2.963,20	3.333,60	3.704,00	4.074,40
600.000	2.514,85	2.708,30	2.901,75	3.095,20	3.482,10	3.869,00	4.255,90
650.000	2.622,10	2.823,80	3.025,50	3.227,20	3.630,60	4.034,00	4.437,40
700.000	2.729,35	2.939,30	3.149,25	3.359,20	3.779,10	4.199,00	4.618,90
750.000	2.836,60	3.054,80	3.273,00	3.491,20	3.927,60	4.364,00	4.800,40
800.000	2.943,85	3.170,30	3.396,75	3.623,20	4.076,10	4.529,00	4.981,90
850.000	3.051,10	3.285,80	3.520,50	3.755,20	4.224,60	4.694,00	5.163,40
900.000	3.158,35	3.401,30	3.644,25	3.887,20	4.373,10	4.859,00	5.344,90
950.000	3.265,60	3.516,80	3.768,00	4.019,20	4.521,60	5.024,00	5.526,40
1.000.000	3.372,85	3.632,30	3.891,75	4.151,20	4.670,10	5.189,00	5.707,90
1.050.000	3.480,10	3.747,80	4.015,50	4.283,20	4.818,60	5.354,00	5.889,40
1.100.000	3.587,35	3.863,30	4.139,25	4.415,20	4.967,10	5.519,00	6.070,90
1.150.000	3.694,60	3.978,80	4.263,00	4.547,20	5.115,60	5.684,00	6.252,40
1.200.000	3.801,85	4.094,30	4.386,75	4.679,20	5.264,10	5.849,00	6.433,90
1.250.000	3.909,10	4.209,80	4.510,50	4.811,20	5.412,60	6.014,00	6.615,40
1.300.000	4.016,35	4.325,30	4.634,25	4.943,20	5.561,10	6.179,00	6.796,90
1.350.000	4.123,60	4.440,80	4.758,00	5.075,20	5.709,60	6.344,00	6.978,40
1.400.000	4.230,85	4.556,30	4.881,75	5.207,20	5.858,10	6.509,00	7.159,90
1.450.000	4.338,10	4.671,80	5.005,50	5.339,20	6.006,60	6.674,00	7.341,40
1.500.000	4.445,35	4.787,30	5.129,25	5.471,20	6.155,10	6.839,00	7.522,90
1.550.000	4.552,60	4.902,80	5.253,00	5.603,20	6.303,60	7.004,00	7.704,40
1.600.000	4.659,85	5.018,30	5.376,75	5.735,20	6.452,10	7.169,00	7.885,90
1.650.000	4.767,10	5.133,80	5.500,50	5.867,20	6.600,60	7.334,00	8.067,40
1.700.000	4.874,35	5.249,30	5.624,25	5.999,20	6.749,10	7.499,00	8.248,90
1.750.000	4.981,60	5.364,80	5.748,00	6.131,20	6.897,60	7.664,00	8.430,40
1.800.000	5.088,85	5.480,30	5.871,75	6.263,20	7.046,10	7.829,00	8.611,90
1.850.000	5.196,10	5.595,80	5.995,50	6.395,20	7.194,60	7.994,00	8.793,40
1.900.000	5.303,35	5.711,30	6.119,25	6.527,20	7.343,10	8.159,00	8.974,90
1.950.000	5.410,60	5.826,80	6.243,00	6.659,20	7.491,60	8.324,00	9.156,40
2.000.000	5.517,85	5.942,30	6.366,75	6.791,20	7.640,10	8.489,00	9.337,90
2.050.000	5.625,10	6.057,80	6.490,50	6.923,20	7.788,60	8.654,00	9.519,40
2.100.000	5.732,35	6.173,30	6.614,25	7.055,20	7.937,10	8.819,00	9.700,90
2.150.000	5.839,60	6.288,80	6.738,00	7.187,20	8.085,60	8.984,00	9.882,40

Wert bis ... €	0,1	0,2	0,3	0,4	0,5	0,55	0,6
2.200.000	914,90	1.829,80	2.744,70	3.659,60	4.574,50	5.031,95	5.489,40
2.250.000	931,40	1.862,80	2.794,20	3.725,60	4.657,00	5.122,70	5.588,40
2.300.000	947,90	1.895,80	2.843,70	3.791,60	4.739,50	5.213,45	5.687,40
2.350.000	964,40	1.928,80	2.893,20	3.857,60	4.822,00	5.304,20	5.786,40
2.400.000	980,90	1.961,80	2.942,70	3.923,60	4.904,50	5.394,95	5.885,40
2.450.000	997,40	1.994,80	2.992,20	3.989,60	4.987,00	5.485,70	5.984,40
2.500.000	1.013,90	2.027,80	3.041,70	4.055,60	5.069,50	5.576,45	6.083,40
2.550.000	1.030,40	2.060,80	3.091,20	4.121,60	5.152,00	5.667,20	6.182,40
2.600.000	1.046,90	2.093,80	3.140,70	4.187,60	5.234,50	5.757,95	6.281,40
2.650.000	1.063,40	2.126,80	3.190,20	4.253,60	5.317,00	5.848,70	6.380,40
2.700.000	1.079,90	2.159,80	3.239,70	4.319,60	5.399,50	5.939,45	6.479,40
2.750.000	1.096,40	2.192,80	3.289,20	4.385,60	5.482,00	6.030,20	6.578,40
2.800.000	1.112,90	2.225,80	3.338,70	4.451,60	5.564,50	6.120,95	6.677,40
2.850.000	1.129,40	2.258,80	3.388,20	4.517,60	5.647,00	6.211,70	6.776,40
2.900.000	1.145,90	2.291,80	3.437,70	4.583,60	5.729,50	6.302,45	6.875,40
2.950.000	1.162,40	2.324,80	3.487,20	4.649,60	5.812,00	6.393,20	6.974,40
3.000.000	1.178,90	2.357,80	3.536,70	4.715,60	5.894,50	6.483,95	7.073,40
3.050.000	1.195,40	2.390,80	3.586,20	4.781,60	5.977,00	6.574,70	7.172,40
3.100.000	1.211,90	2.423,80	3.635,70	4.847,60	6.059,50	6.665,45	7.271,40
3.150.000	1.228,40	2.456,80	3.685,20	4.913,60	6.142,00	6.756,20	7.370,40
3.200.000	1.244,90	2.489,80	3.734,70	4.979,60	6.224,50	6.846,95	7.469,40
3.250.000	1.261,40	2.522,80	3.784,20	5.045,60	6.307,00	6.937,70	7.568,40
3.300.000	1.277,90	2.555,80	3.833,70	5.111,60	6.389,50	7.028,45	7.667,40
3.350.000	1.294,40	2.588,80	3.883,20	5.177,60	6.472,00	7.119,20	7.766,40
3.400.000	1.310,90	2.621,80	3.932,70	5.243,60	6.554,50	7.209,95	7.865,40
3.450.000	1.327,40	2.654,80	3.982,20	5.309,60	6.637,00	7.300,70	7.964,40
3.500.000	1.343,90	2.687,80	4.031,70	5.375,60	6.719,50	7.391,45	8.063,40
3.550.000	1.360,40	2.720,80	4.081,20	5.441,60	6.802,00	7.482,20	8.162,40
3.600.000	1.376,90	2.753,80	4.130,70	5.507,60	6.884,50	7.572,95	8.261,40
3.650.000	1.393,40	2.786,80	4.180,20	5.573,60	6.967,00	7.663,70	8.360,40
3.700.000	1.409,90	2.819,80	4.229,70	5.639,60	7.049,50	7.754,45	8.459,40
3.750.000	1.426,40	2.852,80	4.279,20	5.705,60	7.132,00	7.845,20	8.558,40
3.800.000	1.442,90	2.885,80	4.328,70	5.771,60	7.214,50	7.935,95	8.657,40
3.850.000	1.459,40	2.918,80	4.378,20	5.837,60	7.297,00	8.026,70	8.756,40
3.900.000	1.475,90	2.951,80	4.427,70	5.903,60	7.379,50	8.117,45	8.855,40
3.950.000	1.492,40	2.984,80	4.477,20	5.969,60	7.462,00	8.208,20	8.954,40
4.000.000	1.508,90	3.017,80	4.526,70	6.035,60	7.544,50	8.298,95	9.053,40
4.050.000	1.525,40	3.050,80	4.576,20	6.101,60	7.627,00	8.389,70	9.152,40
4.100.000	1.541,90	3.083,80	4.625,70	6.167,60	7.709,50	8.480,45	9.251,40
4.150.000	1.558,40	3.116,80	4.675,20	6.233,60	7.792,00	8.571,20	9.350,40

Rechtsanwaltsgebühren nach § 13 RVG

Wert bis ... €	0,65	0,7	0,75	0,8	0,9	1,0	1,1
2.200.000	5.946,85	6.404,30	6.861,75	7.319,20	8.234,10	9.149,00	10.063,90
2.250.000	6.054,10	6.519,80	6.985,50	7.451,20	8.382,60	9.314,00	10.245,40
2.300.000	6.161,35	6.635,30	7.109,25	7.583,20	8.531,10	9.479,00	10.426,90
2.350.000	6.268,60	6.750,80	7.233,00	7.715,20	8.679,60	9.644,00	10.608,40
2.400.000	6.375,85	6.866,30	7.356,75	7.847,20	8.828,10	9.809,00	10.789,90
2.450.000	6.483,10	6.981,80	7.480,50	7.979,20	8.976,60	9.974,00	10.971,40
2.500.000	6.590,35	7.097,30	7.604,25	8.111,20	9.125,10	10.139,00	11.152,90
2.550.000	6.697,60	7.212,80	7.728,00	8.243,20	9.273,60	10.304,00	11.334,40
2.600.000	6.804,85	7.328,30	7.851,75	8.375,20	9.422,10	10.469,00	11.515,90
2.650.000	6.912,10	7.443,80	7.975,50	8.507,20	9.570,60	10.634,00	11.697,40
2.700.000	7.019,35	7.559,30	8.099,25	8.639,20	9.719,10	10.799,00	11.878,90
2.750.000	7.126,60	7.674,80	8.223,00	8.771,20	9.867,60	10.964,00	12.060,40
2.800.000	7.233,85	7.790,30	8.346,75	8.903,20	10.016,10	11.129,00	12.241,90
2.850.000	7.341,10	7.905,80	8.470,50	9.035,20	10.164,60	11.294,00	12.423,40
2.900.000	7.448,35	8.021,30	8.594,25	9.167,20	10.313,10	11.459,00	12.604,90
2.950.000	7.555,60	8.136,80	8.718,00	9.299,20	10.461,60	11.624,00	12.786,40
3.000.000	7.662,85	8.252,30	8.841,75	9.431,20	10.610,10	11.789,00	12.967,90
3.050.000	7.770,10	8.367,80	8.965,50	9.563,20	10.758,60	11.954,00	13.149,40
3.100.000	7.877,35	8.483,30	9.089,25	9.695,20	10.907,10	12.119,00	13.330,90
3.150.000	7.984,60	8.598,80	9.213,00	9.827,20	11.055,60	12.284,00	13.512,40
3.200.000	8.091,85	8.714,30	9.336,75	9.959,20	11.204,10	12.449,00	13.693,90
3.250.000	8.199,10	8.829,80	9.460,50	10.091,20	11.352,60	12.614,00	13.875,40
3.300.000	8.306,35	8.945,30	9.584,25	10.223,20	11.501,10	12.779,00	14.056,90
3.350.000	8.413,60	9.060,80	9.708,00	10.355,20	11.649,60	12.944,00	14.238,40
3.400.000	8.520,85	9.176,30	9.831,75	10.487,20	11.798,10	13.109,00	14.419,90
3.450.000	8.628,10	9.291,80	9.955,50	10.619,20	11.946,60	13.274,00	14.601,40
3.500.000	8.735,35	9.407,30	10.079,25	10.751,20	12.095,10	13.439,00	14.782,90
3.550.000	8.842,60	9.522,80	10.203,00	10.883,20	12.243,60	13.604,00	14.964,40
3.600.000	8.949,85	9.638,30	10.326,75	11.015,20	12.392,10	13.769,00	15.145,90
3.650.000	9.057,10	9.753,80	10.450,50	11.147,20	12.540,60	13.934,00	15.327,40
3.700.000	9.164,35	9.869,30	10.574,25	11.279,20	12.689,10	14.099,00	15.508,90
3.750.000	9.271,60	9.984,80	10.698,00	11.411,20	12.837,60	14.264,00	15.690,40
3.800.000	9.378,85	10.100,30	10.821,75	11.543,20	12.986,10	14.429,00	15.871,90
3.850.000	9.486,10	10.215,80	10.945,50	11.675,20	13.134,60	14.594,00	16.053,40
3.900.000	9.593,35	10.331,30	11.069,25	11.807,20	13.283,10	14.759,00	16.234,90
3.950.000	9.700,60	10.446,80	11.193,00	11.939,20	13.431,60	14.924,00	16.416,40
4.000.000	9.807,85	10.562,30	11.316,75	12.071,20	13.580,10	15.089,00	16.597,90
4.050.000	9.915,10	10.677,80	11.440,50	12.203,20	13.728,60	15.254,00	16.779,40
4.100.000	10.022,35	10.793,30	11.564,25	12.335,20	13.877,10	15.419,00	16.960,90
4.150.000	10.129,60	10.908,80	11.688,00	12.467,20	14.025,60	15.584,00	17.142,40

Wert bis ... €	0,1	0,2	0,3	0,4	0,5	0,55	0,6
4.200.000	1.574,90	3.149,80	4.724,70	6.299,60	7.874,50	8.661,95	9.449,40
4.250.000	1.591,40	3.182,80	4.774,20	6.365,60	7.957,00	8.752,70	9.548,40
4.300.000	1.607,90	3.215,80	4.823,70	6.431,60	8.039,50	8.843,45	9.647,40
4.350.000	1.624,40	3.248,80	4.873,20	6.497,60	8.122,00	8.934,20	9.746,40
4.400.000	1.640,90	3.281,80	4.922,70	6.563,60	8.204,50	9.024,95	9.845,40
4.450.000	1.657,40	3.314,80	4.972,20	6.629,60	8.287,00	9.115,70	9.944,40
4.500.000	1.673,90	3.347,80	5.021,70	6.695,60	8.369,50	9.206,45	10.043,40
4.550.000	1.690,40	3.380,80	5.071,20	6.761,60	8.452,00	9.297,20	10.142,40
4.600.000	1.706,90	3.413,80	5.120,70	6.827,60	8.534,50	9.387,95	10.241,40
4.650.000	1.723,40	3.446,80	5.170,20	6.893,60	8.617,00	9.478,70	10.340,40
4.700.000	1.739,90	3.479,80	5.219,70	6.959,60	8.699,50	9.569,45	10.439,40
4.750.000	1.756,40	3.512,80	5.269,20	7.025,60	8.782,00	9.660,20	10.538,40
4.800.000	1.772,90	3.545,80	5.318,70	7.091,60	8.864,50	9.750,95	10.637,40
4.850.000	1.789,40	3.578,80	5.368,20	7.157,60	8.947,00	9.841,70	10.736,40
4.900.000	1.805,90	3.611,80	5.417,70	7.223,60	9.029,50	9.932,45	10.835,40
4.950.000	1.822,40	3.644,80	5.467,20	7.289,60	9.112,00	10.023,20	10.934,40
5.000.000	1.838,90	3.677,80	5.516,70	7.355,60	9.194,50	10.113,95	11.033,40

Von dem Mehrbetrag über 5.000.000 € entstehen für je 50.000 € Gebühren in Höhe von 165 € (bei der 1,0 Gebühr). Gegenstandswerte über 5.000.000 € sind auf volle 50.000 € aufzurunden.

Die Errechnung der Gebühren aus Werten von über 5.000.000 bis 12.500.000 € kann auch anhand der nachfolgenden Tabellen vorgenommen werden. Dabei sind jeweils die Zwischenwerte (S. 148, 149) hinzuzurechnen.

5.500.000	2.003,90	4.007,80	6.011,70	8.015,60	10.019,50	11.021,45	12.023,40
6.000.000	2.168,90	4.337,80	6.506,70	8.675,60	10.844,50	11.928,95	13.013,40
6.500.000	2.333,90	4.667,80	7.001,70	9.335,60	11.669,50	12.836,45	14.003,40
7.000.000	2.498,90	4.997,80	7.496,70	9.995,60	12.494,50	13.743,95	14.993,40
7.500.000	2.663,90	5.327,80	7.991,70	10.655,60	13.319,50	14.651,45	15.983,40
8.000.000	2.828,90	5.657,80	8.486,70	11.315,60	14.144,50	15.558,95	16.973,40
8.500.000	2.993,90	5.987,80	8.981,70	11.975,60	14.969,50	16.466,45	17.963,40
9.000.000	3.158,90	6.317,80	9.476,70	12.635,60	15.794,50	17.373,95	18.953,40
9.500.000	3.323,90	6.647,80	9.971,70	13.295,60	16.619,50	18.281,45	19.943,40
10.000.000	3.488,90	6.977,80	10.466,70	13.955,60	17.444,50	19.188,95	20.933,40
10.500.000	3.653,90	7.307,80	10.961,70	14.615,60	18.269,50	20.096,45	21.923,40
11.000.000	3.818,90	7.637,80	11.456,70	15.275,60	19.094,50	21.003,95	22.913,40
11.500.000	3.983,90	7.967,80	11.951,70	15.935,60	19.919,50	21.911,45	23.903,40
12.000.000	4.148,90	8.297,80	12.446,70	16.595,60	20.744,50	22.818,95	24.893,40
12.500.000	4.313,90	8.627,80	12.941,70	17.255,60	21.569,50	23.726,45	25.883,40

Rechtsanwaltsgebühren nach § 13 RVG

Wert bis ... €	0,65	0,7	0,75	0,8	0,9	1,0	1,1
4.200.000	10.236,85	11.024,30	11.811,75	12.599,20	14.174,10	15.749,00	17.323,90
4.250.000	10.344,10	11.139,80	11.935,50	12.731,20	14.322,60	15.914,00	17.505,40
4.300.000	10.451,35	11.255,30	12.059,25	12.863,20	14.471,10	16.079,00	17.686,90
4.350.000	10.558,60	11.370,80	12.183,00	12.995,20	14.619,60	16.244,00	17.868,40
4.400.000	10.665,85	11.486,30	12.306,75	13.127,20	14.768,10	16.409,00	18.049,90
4.450.000	10.773,10	11.601,80	12.430,50	13.259,20	14.916,60	16.574,00	18.231,40
4.500.000	10.880,35	11.717,30	12.554,25	13.391,20	15.065,10	16.739,00	18.412,90
4.550.000	10.987,60	11.832,80	12.678,00	13.523,20	15.213,60	16.904,00	18.594,40
4.600.000	11.094,85	11.948,30	12.801,75	13.655,20	15.362,10	17.069,00	18.775,90
4.650.000	11.202,10	12.063,80	12.925,50	13.787,20	15.510,60	17.234,00	18.957,40
4.700.000	11.309,35	12.179,30	13.049,25	13.919,20	15.659,10	17.399,00	19.138,90
4.750.000	11.416,60	12.294,80	13.173,00	14.051,20	15.807,60	17.564,00	19.320,40
4.800.000	11.523,85	12.410,30	13.296,75	14.183,20	15.956,10	17.729,00	19.501,90
4.850.000	11.631,10	12.525,80	13.420,50	14.315,20	16.104,60	17.894,00	19.683,40
4.900.000	11.738,35	12.641,30	13.544,25	14.447,20	16.253,10	18.059,00	19.864,90
4.950.000	11.845,60	12.756,80	13.668,00	14.579,20	16.401,60	18.224,00	20.046,40
5.000.000	11.952,85	12.872,30	13.791,75	14.711,20	16.550,10	18.389,00	20.227,90

Von dem Mehrbetrag über 5.000.000 € entstehen für je 50.000 € Gebühren in Höhe von 165 € (bei der 1,0 Gebühr). Gegenstandswerte über 5.000.000 € sind auf volle 50.000 € aufzurunden.

Die Errechnung der Gebühren aus Werten von über 5.000.000 bis 12.500.000 € kann auch anhand der nachfolgenden Tabellen vorgenommen werden. Dabei sind jeweils die Zwischenwerte (S. 148, 149) hinzuzurechnen.

Wert bis ... €	0,65	0,7	0,75	0,8	0,9	1,0	1,1
5.500.000	13.025,35	14.027,30	15.029,25	16.031,20	18.035,10	20.039,00	22.042,90
6.000.000	14.097,85	15.182,30	16.266,75	17.351,20	19.520,10	21.689,00	23.857,90
6.500.000	15.170,35	16.337,30	17.504,25	18.671,20	21.005,10	23.339,00	25.672,90
7.000.000	16.242,85	17.492,30	18.741,75	19.991,20	22.490,10	24.989,00	27.487,90
7.500.000	17.315,35	18.647,30	19.979,25	21.311,20	23.975,10	26.639,00	29.302,90
8.000.000	18.387,85	19.802,30	21.216,75	22.631,20	25.460,10	28.289,00	31.117,90
8.500.000	19.460,35	20.957,30	22.454,25	23.951,20	26.945,10	29.939,00	32.932,90
9.000.000	20.532,85	22.112,30	23.691,75	25.271,20	28.430,10	31.589,00	34.747,90
9.500.000	21.605,35	23.267,30	24.929,25	26.591,20	29.915,10	33.239,00	36.562,90
10.000.000	22.677,85	24.422,30	26.166,75	27.911,20	31.400,10	34.889,00	38.377,90
10.500.000	23.750,35	25.577,30	27.404,25	29.231,20	32.885,10	36.539,00	40.192,90
11.000.000	24.822,85	26.732,30	28.641,75	30.551,20	34.370,10	38.189,00	42.007,90
11.500.000	25.895,35	27.887,30	29.879,25	31.871,20	35.855,10	39.839,00	43.822,90
12.000.000	26.967,85	29.042,30	31.116,75	33.191,20	37.340,10	41.489,00	45.637,90
12.500.000	28.040,35	30.197,30	32.354,25	34.511,20	38.825,10	43.139,00	47.452,90

Wert bis ... €	0,1	0,2	0,3	0,4	0,5	0,55	0,6

Zwischenwerte (bei Werten über 5.000.000 €)

50.000	16,50	33,00	49,50	66,00	82,50	90,75	99,00
100.000	33,00	66,00	99,00	132,00	165,00	181,50	198,00
150.000	49,50	99,00	148,50	198,00	247,50	272,25	297,00
200.000	66,00	132,00	198,00	264,00	330,00	363,00	396,00
250.000	82,50	165,00	247,50	330,00	412,50	453,75	495,00
300.000	99,00	198,00	297,00	396,00	495,00	544,50	594,00
350.000	115,50	231,00	346,50	462,00	577,50	635,25	693,00
400.000	132,00	264,00	396,00	528,00	660,00	726,00	792,00
450.000	148,50	297,00	445,50	594,00	742,50	816,75	891,00
500.000	165,00	330,00	495,00	660,00	825,00	907,50	990,00
550.000	181,50	363,00	544,50	726,00	907,50	998,25	1.089,00
600.000	198,00	396,00	594,00	792,00	990,00	1.089,00	1.188,00
650.000	214,50	429,00	643,50	858,00	1.072,50	1.179,75	1.287,00
700.000	231,00	462,00	693,00	924,00	1.155,00	1.270,50	1.386,00
750.000	247,50	495,00	742,50	990,00	1.237,50	1.361,25	1.485,00
800.000	264,00	528,00	792,00	1.056,00	1.320,00	1.452,00	1.584,00
850.000	280,50	561,00	841,50	1.122,00	1.402,50	1.542,75	1.683,00
900.000	297,00	594,00	891,00	1.188,00	1.485,00	1.633,50	1.782,00
950.000	313,50	627,00	940,50	1.254,00	1.567,50	1.724,25	1.881,00
1.000.000	330,00	660,00	990,00	1.320,00	1.650,00	1.815,00	1.980,00

Die Vorschrift des § 13 Abs. 1 RVG sieht für Gegenstandswerte von über 5.000.000 € Stufen von jeweils 50.000 € vor. So sind z.B. Gebühren nach einem Wert von 5.562.500 € auf 5.600.000 € aufzurunden. Nachfolgende Schritte ermitteln zunächst die Gebühren für 5.000.000 € und anschließend für 600.000 €

5.000.000	1.838,90	3.677,80	5.516,70	7.355,60	9.194,50	10.113,95	11.033,40
+ 600.000	198,00	396,00	594,00	792,00	990,00	1.089,00	1.188,00
	2.036,90	4.073,80	6.110,70	8.147,60	10.184,50	11.202,95	12.221,40

Außerdem können die Gebühren für Werte über 5.000.000 € wie folgt errechnet werden.

‰	0,33	0,66	0,99	1,32	1,65	1,815	1,98
von dem auf 50.000 € aufgerundeten Wert							
+ €	188,90	377,80	566,70	755,60	944,50	1.038,95	1.133,40

Bei einem angenommenen Gegenstandswert von 5.562.500 € erfolgt zunächst die Rundung auf den nächsten Wert, der durch 50.000 € teilbar ist. Dies wäre hier 5.600.000 €. Anschließend erfolgen die Multiplikation mit dem Promillewert und die Addition des vorgenannten Festbetrages.

	5.600.000	5.600.000	5.600.000	5.600.000	5.600.000	5.600.000	5.600.000
x	0,00033	0,00066	0,00099	0,00132	0,00165	0,001815	0,00198
=	1.848,00	3.696,00	5.544,00	7.392,00	9.240,00	10.164,00	11.088,00
+	188,90	377,80	566,70	755,60	944,50	1.038,95	1.133,40
=	2.036,90	4.073,80	6.110,70	8.147,60	10.184,50	11.202,95	12.221,40

Rechtsanwaltsgebühren nach § 13 RVG

Wert bis ... €	0,65	0,7	0,75	0,8	0,9	1,0	1,1

Zwischenwerte (bei Werten über 5.000.000 €)

Wert bis ... €	0,65	0,7	0,75	0,8	0,9	1,0	1,1
50.000	107,25	115,50	123,75	132,00	148,50	165,00	181,50
100.000	214,50	231,00	247,50	264,00	297,00	330,00	363,00
150.000	321,75	346,50	371,25	396,00	445,50	495,00	544,50
200.000	429,00	462,00	495,00	528,00	594,00	660,00	726,00
250.000	536,25	577,50	618,75	660,00	742,50	825,00	907,50
300.000	643,50	693,00	742,50	792,00	891,00	990,00	1.089,00
350.000	750,75	808,50	866,25	924,00	1.039,50	1.155,00	1.270,50
400.000	858,00	924,00	990,00	1.056,00	1.188,00	1.320,00	1.452,00
450.000	965,25	1.039,50	1.113,75	1.188,00	1.336,50	1.485,00	1.633,50
500.000	1.072,50	1.155,00	1.237,50	1.320,00	1.485,00	1.650,00	1.815,00
550.000	1.179,75	1.270,50	1.361,25	1.452,00	1.633,50	1.815,00	1.996,50
600.000	1.287,00	1.386,00	1.485,00	1.584,00	1.782,00	1.980,00	2.178,00
650.000	1.394,25	1.501,50	1.608,75	1.716,00	1.930,50	2.145,00	2.359,50
700.000	1.501,50	1.617,00	1.732,50	1.848,00	2.079,00	2.310,00	2.541,00
750.000	1.608,75	1.732,50	1.856,25	1.980,00	2.227,50	2.475,00	2.722,50
800.000	1.716,00	1.848,00	1.980,00	2.112,00	2.376,00	2.640,00	2.904,00
850.000	1.823,25	1.963,50	2.103,75	2.244,00	2.524,50	2.805,00	3.085,50
900.000	1.930,50	2.079,00	2.227,50	2.376,00	2.673,00	2.970,00	3.267,00
950.000	2.037,75	2.194,50	2.351,25	2.508,00	2.821,50	3.135,00	3.448,50
1.000.000	2.145,00	2.310,00	2.475,00	2.640,00	2.970,00	3.300,00	3.630,00

Die Vorschrift des § 13 Abs. 1 RVG sieht für Gegenstandswerte von über 5.000.000 € Stufen von jeweils 50.000 € vor. So sind z.B. Gebühren nach einem Wert von 5.562.500 € auf 5.600.000 € aufzurunden. Nachfolgende Schritte ermitteln zunächst die Gebühren für 5.000.000 € und anschließend für 600.000 €

5.000.000	11.952,85	12.872,30	13.791,75	14.711,20	16.550,10	18.389,00	20.227,90
+ 600.000	1.287,00	1.386,00	1.485,00	1.584,00	1.782,00	1.980,00	2.178,00
	13.239,85	14.258,30	15.276,75	16.295,20	18.332,10	20.369,00	22.405,90

Außerdem können die Gebühren für Werte über 5.000.000 € wie folgt errechnet werden.

‰	2,145	2,31	2,475	2,64	2,97	3,30	3,63
von dem auf 50.000 € aufgerundeten Wert							
+ €	1.227,85	1.322,30	1.416,75	1.511,20	1.700,10	1.889,00	2.077,90

Bei einem angenommenen Gegenstandswert von 5.562.500 € erfolgt zunächst die Rundung auf den nächsten Wert, der durch 50.000 € teilbar ist. Dies wäre hier 5.600.000 €. Anschließend erfolgen die Multiplikation mit dem Promillewert und die Addition des vorgenannten Festbetrages.

	5.600.000	5.600.000	5.600.000	5.600.000	5.600.000	5.600.000	5.600.000
x	0,002145	0,00231	0,002475	0,00264	0,00297	0,00330	0,00363
=	12.012,00	12.936,00	13.860,00	14.784,00	16.632,00	18.480,00	20.328,00
+	1.227,85	1.322,30	1.416,75	1.511,20	1.700,10	1.889,00	2.077,90
=	13.239,85	14.258,30	15.276,75	16.295,20	18.332,10	20.369,00	22.405,90

Rechtsanwaltsgebühren nach § 13 RVG

Wert bis ... €	1,2	1,3	1,4	1,5	1,6	1,7
500	58,80	63,70	68,60	73,50	78,40	83,30
1.000	105,60	114,40	123,20	132,00	140,80	149,60
1.500	152,40	165,10	177,80	190,50	203,20	215,90
2.000	199,20	215,80	232,40	249,00	265,60	282,20
3.000	266,40	288,60	310,80	333,00	355,20	377,40
4.000	333,60	361,40	389,20	417,00	444,80	472,60
5.000	400,80	434,20	467,60	501,00	534,40	567,80
6.000	468,00	507,00	546,00	585,00	624,00	663,00
7.000	535,20	579,80	624,40	669,00	713,60	758,20
8.000	602,40	652,60	702,80	753,00	803,20	853,40
9.000	669,60	725,40	781,20	837,00	892,80	948,60
10.000	736,80	798,20	859,60	921,00	982,40	1.043,80
13.000	799,20	865,80	932,40	999,00	1.065,60	1.132,20
16.000	861,60	933,40	1.005,20	1.077,00	1.148,80	1.220,60
19.000	924,00	1.001,00	1.078,00	1.155,00	1.232,00	1.309,00
22.000	986,40	1.068,60	1.150,80	1.233,00	1.315,20	1.397,40
25.000	1.048,80	1.136,20	1.223,60	1.311,00	1.398,40	1.485,80
30.000	1.146,00	1.241,50	1.337,00	1.432,50	1.528,00	1.623,50
35.000	1.243,20	1.346,80	1.450,40	1.554,00	1.657,60	1.761,20
40.000	1.340,40	1.452,10	1.563,80	1.675,50	1.787,20	1.898,90
45.000	1.437,60	1.557,40	1.677,20	1.797,00	1.916,80	2.036,60
50.000	1.534,80	1.662,70	1.790,60	1.918,50	2.046,40	2.174,30
65.000	1.647,60	1.784,90	1.922,20	2.059,50	2.196,80	2.334,10
80.000	1.760,40	1.907,10	2.053,80	2.200,50	2.347,20	2.493,90
95.000	1.873,20	2.029,30	2.185,40	2.341,50	2.497,60	2.653,70
110.000	1.986,00	2.151,50	2.317,00	2.482,50	2.648,00	2.813,50
125.000	2.098,80	2.273,70	2.448,60	2.623,50	2.798,40	2.973,30
140.000	2.211,60	2.395,90	2.580,20	2.764,50	2.948,80	3.133,10
155.000	2.324,40	2.518,10	2.711,80	2.905,50	3.099,20	3.292,90
170.000	2.437,20	2.640,30	2.843,40	3.046,50	3.249,60	3.452,70
185.000	2.550,00	2.762,50	2.975,00	3.187,50	3.400,00	3.612,50
200.000	2.662,80	2.884,70	3.106,60	3.328,50	3.550,40	3.772,30
230.000	2.821,20	3.056,30	3.291,40	3.526,50	3.761,60	3.996,70
260.000	2.979,60	3.227,90	3.476,20	3.724,50	3.972,80	4.221,10
290.000	3.138,00	3.399,50	3.661,00	3.922,50	4.184,00	4.445,50

Rechtsanwaltsgebühren nach § 13 RVG

Wert bis … €	1,8	1,9	2,0	2,2	2,3	2,5	2,6
500	88,20	93,10	98,00	107,80	112,70	122,50	127,40
1.000	158,40	167,20	176,00	193,60	202,40	220,00	228,80
1.500	228,60	241,30	254,00	279,40	292,10	317,50	330,20
2.000	298,80	315,40	332,00	365,20	381,80	415,00	431,60
3.000	399,60	421,80	444,00	488,40	510,60	555,00	577,20
4.000	500,40	528,20	556,00	611,60	639,40	695,00	722,80
5.000	601,20	634,60	668,00	734,80	768,20	835,00	868,40
6.000	702,00	741,00	780,00	858,00	897,00	975,00	1.014,00
7.000	802,80	847,40	892,00	981,20	1.025,80	1.115,00	1.159,60
8.000	903,60	953,80	1.004,00	1.104,40	1.154,60	1.255,00	1.305,20
9.000	1.004,40	1.060,20	1.116,00	1.227,60	1.283,40	1.395,00	1.450,80
10.000	1.105,20	1.166,60	1.228,00	1.350,80	1.412,20	1.535,00	1.596,40
13.000	1.198,80	1.265,40	1.332,00	1.465,20	1.531,80	1.665,00	1.731,60
16.000	1.292,40	1.364,20	1.436,00	1.579,60	1.651,40	1.795,00	1.866,80
19.000	1.386,00	1.463,00	1.540,00	1.694,00	1.771,00	1.925,00	2.002,00
22.000	1.479,60	1.561,80	1.644,00	1.808,40	1.890,60	2.055,00	2.137,20
25.000	1.573,20	1.660,60	1.748,00	1.922,80	2.010,20	2.185,00	2.272,40
30.000	1.719,00	1.814,50	1.910,00	2.101,00	2.196,50	2.387,50	2.483,00
35.000	1.864,80	1.968,40	2.072,00	2.279,20	2.382,80	2.590,00	2.693,60
40.000	2.010,60	2.122,30	2.234,00	2.457,40	2.569,10	2.792,50	2.904,20
45.000	2.156,40	2.276,20	2.396,00	2.635,60	2.755,40	2.995,00	3.114,80
50.000	2.302,20	2.430,10	2.558,00	2.813,80	2.941,70	3.197,50	3.325,40
65.000	2.471,40	2.608,70	2.746,00	3.020,60	3.157,90	3.432,50	3.569,80
80.000	2.640,60	2.787,30	2.934,00	3.227,40	3.374,10	3.667,50	3.814,20
95.000	2.809,80	2.965,90	3.122,00	3.434,20	3.590,30	3.902,50	4.058,60
110.000	2.979,00	3.144,50	3.310,00	3.641,00	3.806,50	4.137,50	4.303,00
125.000	3.148,20	3.323,10	3.498,00	3.847,80	4.022,70	4.372,50	4.547,40
140.000	3.317,40	3.501,70	3.686,00	4.054,60	4.238,90	4.607,50	4.791,80
155.000	3.486,60	3.680,30	3.874,00	4.261,40	4.455,10	4.842,50	5.036,20
170.000	3.655,80	3.858,90	4.062,00	4.468,20	4.671,30	5.077,50	5.280,60
185.000	3.825,00	4.037,50	4.250,00	4.675,00	4.887,50	5.312,50	5.525,00
200.000	3.994,20	4.216,10	4.438,00	4.881,80	5.103,70	5.547,50	5.769,40
230.000	4.231,80	4.466,90	4.702,00	5.172,20	5.407,30	5.877,50	6.112,60
260.000	4.469,40	4.717,70	4.966,00	5.462,60	5.710,90	6.207,50	6.455,80
290.000	4.707,00	4.968,50	5.230,00	5.753,00	6.014,50	6.537,50	6.799,00

Rechtsanwaltsgebühren nach § 13 RVG

Wert bis ... €	1,2	1,3	1,4	1,5	1,6	1,7
320.000	3.296,40	3.571,10	3.845,80	4.120,50	4.395,20	4.669,90
350.000	3.454,80	3.742,70	4.030,60	4.318,50	4.606,40	4.894,30
380.000	3.613,20	3.914,30	4.215,40	4.516,50	4.817,60	5.118,70
410.000	3.771,60	4.085,90	4.400,20	4.714,50	5.028,80	5.343,10
440.000	3.930,00	4.257,50	4.585,00	4.912,50	5.240,00	5.567,50
470.000	4.088,40	4.429,10	4.769,80	5.110,50	5.451,20	5.791,90
500.000	4.246,80	4.600,70	4.954,60	5.308,50	5.662,40	6.016,30
550.000	4.444,80	4.815,20	5.185,60	5.556,00	5.926,40	6.296,80
600.000	4.642,80	5.029,70	5.416,60	5.803,50	6.190,40	6.577,30
650.000	4.840,80	5.244,20	5.647,60	6.051,00	6.454,40	6.857,80
700.000	5.038,80	5.458,70	5.878,60	6.298,50	6.718,40	7.138,30
750.000	5.236,80	5.673,20	6.109,60	6.546,00	6.982,40	7.418,80
800.000	5.434,80	5.887,70	6.340,60	6.793,50	7.246,40	7.699,30
850.000	5.632,80	6.102,20	6.571,60	7.041,00	7.510,40	7.979,80
900.000	5.830,80	6.316,70	6.802,60	7.288,50	7.774,40	8.260,30
950.000	6.028,80	6.531,20	7.033,60	7.536,00	8.038,40	8.540,80
1.000.000	6.226,80	6.745,70	7.264,60	7.783,50	8.302,40	8.821,30
1.050.000	6.424,80	6.960,20	7.495,60	8.031,00	8.566,40	9.101,80
1.100.000	6.622,80	7.174,70	7.726,60	8.278,50	8.830,40	9.382,30
1.150.000	6.820,80	7.389,20	7.957,60	8.526,00	9.094,40	9.662,80
1.200.000	7.018,80	7.603,70	8.188,60	8.773,50	9.358,40	9.943,30
1.250.000	7.216,80	7.818,20	8.419,60	9.021,00	9.622,40	10.223,80
1.300.000	7.414,80	8.032,70	8.650,60	9.268,50	9.886,40	10.504,30
1.350.000	7.612,80	8.247,20	8.881,60	9.516,00	10.150,40	10.784,80
1.400.000	7.810,80	8.461,70	9.112,60	9.763,50	10.414,40	11.065,30
1.450.000	8.008,80	8.676,20	9.343,60	10.011,00	10.678,40	11.345,80
1.500.000	8.206,80	8.890,70	9.574,60	10.258,50	10.942,40	11.626,30
1.550.000	8.404,80	9.105,20	9.805,60	10.506,00	11.206,40	11.906,80
1.600.000	8.602,80	9.319,70	10.036,60	10.753,50	11.470,40	12.187,30
1.650.000	8.800,80	9.534,20	10.267,60	11.001,00	11.734,40	12.467,80
1.700.000	8.998,80	9.748,70	10.498,60	11.248,50	11.998,40	12.748,30
1.750.000	9.196,80	9.963,20	10.729,60	11.496,00	12.262,40	13.028,80
1.800.000	9.394,80	10.177,70	10.960,60	11.743,50	12.526,40	13.309,30
1.850.000	9.592,80	10.392,20	11.191,60	11.991,00	12.790,40	13.589,80
1.900.000	9.790,80	10.606,70	11.422,60	12.238,50	13.054,40	13.870,30
1.950.000	9.988,80	10.821,20	11.653,60	12.486,00	13.318,40	14.150,80
2.000.000	10.186,80	11.035,70	11.884,60	12.733,50	13.582,40	14.431,30
2.050.000	10.384,80	11.250,20	12.115,60	12.981,00	13.846,40	14.711,80
2.100.000	10.582,80	11.464,70	12.346,60	13.228,50	14.110,40	14.992,30
2.150.000	10.780,80	11.679,20	12.577,60	13.476,00	14.374,40	15.272,80

Wert bis ... €	1,8	1,9	2,0	2,2	2,3	2,5	2,6
320.000	4.944,60	5.219,30	5.494,00	6.043,40	6.318,10	6.867,50	7.142,20
350.000	5.182,20	5.470,10	5.758,00	6.333,80	6.621,70	7.197,50	7.485,40
380.000	5.419,80	5.720,90	6.022,00	6.624,20	6.925,30	7.527,50	7.828,60
410.000	5.657,40	5.971,70	6.286,00	6.914,60	7.228,90	7.857,50	8.171,80
440.000	5.895,00	6.222,50	6.550,00	7.205,00	7.532,50	8.187,50	8.515,00
470.000	6.132,60	6.473,30	6.814,00	7.495,40	7.836,10	8.517,50	8.858,20
500.000	6.370,20	6.724,10	7.078,00	7.785,80	8.139,70	8.847,50	9.201,40
550.000	6.667,20	7.037,60	7.408,00	8.148,80	8.519,20	9.260,00	9.630,40
600.000	6.964,20	7.351,10	7.738,00	8.511,80	8.898,70	9.672,50	10.059,40
650.000	7.261,20	7.664,60	8.068,00	8.874,80	9.278,20	10.085,00	10.488,40
700.000	7.558,20	7.978,10	8.398,00	9.237,80	9.657,70	10.497,50	10.917,40
750.000	7.855,20	8.291,60	8.728,00	9.600,80	10.037,20	10.910,00	11.346,40
800.000	8.152,20	8.605,10	9.058,00	9.963,80	10.416,70	11.322,50	11.775,40
850.000	8.449,20	8.918,60	9.388,00	10.326,80	10.796,20	11.735,00	12.204,40
900.000	8.746,20	9.232,10	9.718,00	10.689,80	11.175,70	12.147,50	12.633,40
950.000	9.043,20	9.545,60	10.048,00	11.052,80	11.555,20	12.560,00	13.062,40
1.000.000	9.340,20	9.859,10	10.378,00	11.415,80	11.934,70	12.972,50	13.491,40
1.050.000	9.637,20	10.172,60	10.708,00	11.778,80	12.314,20	13.385,00	13.920,40
1.100.000	9.934,20	10.486,10	11.038,00	12.141,80	12.693,70	13.797,50	14.349,40
1.150.000	10.231,20	10.799,60	11.368,00	12.504,80	13.073,20	14.210,00	14.778,40
1.200.000	10.528,20	11.113,10	11.698,00	12.867,80	13.452,70	14.622,50	15.207,40
1.250.000	10.825,20	11.426,60	12.028,00	13.230,80	13.832,20	15.035,00	15.636,40
1.300.000	11.122,20	11.740,10	12.358,00	13.593,80	14.211,70	15.447,50	16.065,40
1.350.000	11.419,20	12.053,60	12.688,00	13.956,80	14.591,20	15.860,00	16.494,40
1.400.000	11.716,20	12.367,10	13.018,00	14.319,80	14.970,70	16.272,50	16.923,40
1.450.000	12.013,20	12.680,60	13.348,00	14.682,80	15.350,20	16.685,00	17.352,40
1.500.000	12.310,20	12.994,10	13.678,00	15.045,80	15.729,70	17.097,50	17.781,40
1.550.000	12.607,20	13.307,60	14.008,00	15.408,80	16.109,20	17.510,00	18.210,40
1.600.000	12.904,20	13.621,10	14.338,00	15.771,80	16.488,70	17.922,50	18.639,40
1.650.000	13.201,20	13.934,60	14.668,00	16.134,80	16.868,20	18.335,00	19.068,40
1.700.000	13.498,20	14.248,10	14.998,00	16.497,80	17.247,70	18.747,50	19.497,40
1.750.000	13.795,20	14.561,60	15.328,00	16.860,80	17.627,20	19.160,00	19.926,40
1.800.000	14.092,20	14.875,10	15.658,00	17.223,80	18.006,70	19.572,50	20.355,40
1.850.000	14.389,20	15.188,60	15.988,00	17.586,80	18.386,20	19.985,00	20.784,40
1.900.000	14.686,20	15.502,10	16.318,00	17.949,80	18.765,70	20.397,50	21.213,40
1.950.000	14.983,20	15.815,60	16.648,00	18.312,80	19.145,20	20.810,00	21.642,40
2.000.000	15.280,20	16.129,10	16.978,00	18.675,80	19.524,70	21.222,50	22.071,40
2.050.000	15.577,20	16.442,60	17.308,00	19.038,80	19.904,20	21.635,00	22.500,40
2.100.000	15.874,20	16.756,10	17.638,00	19.401,80	20.283,70	22.047,50	22.929,40
2.150.000	16.171,20	17.069,60	17.968,00	19.764,80	20.663,20	22.460,00	23.358,40

Wert bis ... €	1,2	1,3	1,4	1,5	1,6	1,7
2.200.000	10.978,80	11.893,70	12.808,60	13.723,50	14.638,40	15.553,30
2.250.000	11.176,80	12.108,20	13.039,60	13.971,00	14.902,40	15.833,80
2.300.000	11.374,80	12.322,70	13.270,60	14.218,50	15.166,40	16.114,30
2.350.000	11.572,80	12.537,20	13.501,60	14.466,00	15.430,40	16.394,80
2.400.000	11.770,80	12.751,70	13.732,60	14.713,50	15.694,40	16.675,30
2.450.000	11.968,80	12.966,20	13.963,60	14.961,00	15.958,40	16.955,80
2.500.000	12.166,80	13.180,70	14.194,60	15.208,50	16.222,40	17.236,30
2.550.000	12.364,80	13.395,20	14.425,60	15.456,00	16.486,40	17.516,80
2.600.000	12.562,80	13.609,70	14.656,60	15.703,50	16.750,40	17.797,30
2.650.000	12.760,80	13.824,20	14.887,60	15.951,00	17.014,40	18.077,80
2.700.000	12.958,80	14.038,70	15.118,60	16.198,50	17.278,40	18.358,30
2.750.000	13.156,80	14.253,20	15.349,60	16.446,00	17.542,40	18.638,80
2.800.000	13.354,80	14.467,70	15.580,60	16.693,50	17.806,40	18.919,30
2.850.000	13.552,80	14.682,20	15.811,60	16.941,00	18.070,40	19.199,80
2.900.000	13.750,80	14.896,70	16.042,60	17.188,50	18.334,40	19.480,30
2.950.000	13.948,80	15.111,20	16.273,60	17.436,00	18.598,40	19.760,80
3.000.000	14.146,80	15.325,70	16.504,60	17.683,50	18.862,40	20.041,30
3.050.000	14.344,80	15.540,20	16.735,60	17.931,00	19.126,40	20.321,80
3.100.000	14.542,80	15.754,70	16.966,60	18.178,50	19.390,40	20.602,30
3.150.000	14.740,80	15.969,20	17.197,60	18.426,00	19.654,40	20.882,80
3.200.000	14.938,80	16.183,70	17.428,60	18.673,50	19.918,40	21.163,30
3.250.000	15.136,80	16.398,20	17.659,60	18.921,00	20.182,40	21.443,80
3.300.000	15.334,80	16.612,70	17.890,60	19.168,50	20.446,40	21.724,30
3.350.000	15.532,80	16.827,20	18.121,60	19.416,00	20.710,40	22.004,80
3.400.000	15.730,80	17.041,70	18.352,60	19.663,50	20.974,40	22.285,30
3.450.000	15.928,80	17.256,20	18.583,60	19.911,00	21.238,40	22.565,80
3.500.000	16.126,80	17.470,70	18.814,60	20.158,50	21.502,40	22.846,30
3.550.000	16.324,80	17.685,20	19.045,60	20.406,00	21.766,40	23.126,80
3.600.000	16.522,80	17.899,70	19.276,60	20.653,50	22.030,40	23.407,30
3.650.000	16.720,80	18.114,20	19.507,60	20.901,00	22.294,40	23.687,80
3.700.000	16.918,80	18.328,70	19.738,60	21.148,50	22.558,40	23.968,30
3.750.000	17.116,80	18.543,20	19.969,60	21.396,00	22.822,40	24.248,80
3.800.000	17.314,80	18.757,70	20.200,60	21.643,50	23.086,40	24.529,30
3.850.000	17.512,80	18.972,20	20.431,60	21.891,00	23.350,40	24.809,80
3.900.000	17.710,80	19.186,70	20.662,60	22.138,50	23.614,40	25.090,30
3.950.000	17.908,80	19.401,20	20.893,60	22.386,00	23.878,40	25.370,80
4.000.000	18.106,80	19.615,70	21.124,60	22.633,50	24.142,40	25.651,30
4.050.000	18.304,80	19.830,20	21.355,60	22.881,00	24.406,40	25.931,80
4.100.000	18.502,80	20.044,70	21.586,60	23.128,50	24.670,40	26.212,30
4.150.000	18.700,80	20.259,20	21.817,60	23.376,00	24.934,40	26.492,80

Wert bis ... €	1,8	1,9	2,0	2,2	2,3	2,5	2,6
2.200.000	16.468,20	17.383,10	18.298,00	20.127,80	21.042,70	22.872,50	23.787,40
2.250.000	16.765,20	17.696,60	18.628,00	20.490,80	21.422,20	23.285,00	24.216,40
2.300.000	17.062,20	18.010,10	18.958,00	20.853,80	21.801,70	23.697,50	24.645,40
2.350.000	17.359,20	18.323,60	19.288,00	21.216,80	22.181,20	24.110,00	25.074,40
2.400.000	17.656,20	18.637,10	19.618,00	21.579,80	22.560,70	24.522,50	25.503,40
2.450.000	17.953,20	18.950,60	19.948,00	21.942,80	22.940,20	24.935,00	25.932,40
2.500.000	18.250,20	19.264,10	20.278,00	22.305,80	23.319,70	25.347,50	26.361,40
2.550.000	18.547,20	19.577,60	20.608,00	22.668,80	23.699,20	25.760,00	26.790,40
2.600.000	18.844,20	19.891,10	20.938,00	23.031,80	24.078,70	26.172,50	27.219,40
2.650.000	19.141,20	20.204,60	21.268,00	23.394,80	24.458,20	26.585,00	27.648,40
2.700.000	19.438,20	20.518,10	21.598,00	23.757,80	24.837,70	26.997,50	28.077,40
2.750.000	19.735,20	20.831,60	21.928,00	24.120,80	25.217,20	27.410,00	28.506,40
2.800.000	20.032,20	21.145,10	22.258,00	24.483,80	25.596,70	27.822,50	28.935,40
2.850.000	20.329,20	21.458,60	22.588,00	24.846,80	25.976,20	28.235,00	29.364,40
2.900.000	20.626,20	21.772,10	22.918,00	25.209,80	26.355,70	28.647,50	29.793,40
2.950.000	20.923,20	22.085,60	23.248,00	25.572,80	26.735,20	29.060,00	30.222,40
3.000.000	21.220,20	22.399,10	23.578,00	25.935,80	27.114,70	29.472,50	30.651,40
3.050.000	21.517,20	22.712,60	23.908,00	26.298,80	27.494,20	29.885,00	31.080,40
3.100.000	21.814,20	23.026,10	24.238,00	26.661,80	27.873,70	30.297,50	31.509,40
3.150.000	22.111,20	23.339,60	24.568,00	27.024,80	28.253,20	30.710,00	31.938,40
3.200.000	22.408,20	23.653,10	24.898,00	27.387,80	28.632,70	31.122,50	32.367,40
3.250.000	22.705,20	23.966,60	25.228,00	27.750,80	29.012,20	31.535,00	32.796,40
3.300.000	23.002,20	24.280,10	25.558,00	28.113,80	29.391,70	31.947,50	33.225,40
3.350.000	23.299,20	24.593,60	25.888,00	28.476,80	29.771,20	32.360,00	33.654,40
3.400.000	23.596,20	24.907,10	26.218,00	28.839,80	30.150,70	32.772,50	34.083,40
3.450.000	23.893,20	25.220,60	26.548,00	29.202,80	30.530,20	33.185,00	34.512,40
3.500.000	24.190,20	25.534,10	26.878,00	29.565,80	30.909,70	33.597,50	34.941,40
3.550.000	24.487,20	25.847,60	27.208,00	29.928,80	31.289,20	34.010,00	35.370,40
3.600.000	24.784,20	26.161,10	27.538,00	30.291,80	31.668,70	34.422,50	35.799,40
3.650.000	25.081,20	26.474,60	27.868,00	30.654,80	32.048,20	34.835,00	36.228,40
3.700.000	25.378,20	26.788,10	28.198,00	31.017,80	32.427,70	35.247,50	36.657,40
3.750.000	25.675,20	27.101,60	28.528,00	31.380,80	32.807,20	35.660,00	37.086,40
3.800.000	25.972,20	27.415,10	28.858,00	31.743,80	33.186,70	36.072,50	37.515,40
3.850.000	26.269,20	27.728,60	29.188,00	32.106,80	33.566,20	36.485,00	37.944,40
3.900.000	26.566,20	28.042,10	29.518,00	32.469,80	33.945,70	36.897,50	38.373,40
3.950.000	26.863,20	28.355,60	29.848,00	32.832,80	34.325,20	37.310,00	38.802,40
4.000.000	27.160,20	28.669,10	30.178,00	33.195,80	34.704,70	37.722,50	39.231,40
4.050.000	27.457,20	28.982,60	30.508,00	33.558,80	35.084,20	38.135,00	39.660,40
4.100.000	27.754,20	29.296,10	30.838,00	33.921,80	35.463,70	38.547,50	40.089,40
4.150.000	28.051,20	29.609,60	31.168,00	34.284,80	35.843,20	38.960,00	40.518,40

Wert bis ... €	1,2	1,3	1,4	1,5	1,6	1,7
4.200.000	18.898,80	20.473,70	22.048,60	23.623,50	25.198,40	26.773,30
4.250.000	19.096,80	20.688,20	22.279,60	23.871,00	25.462,40	27.053,80
4.300.000	19.294,80	20.902,70	22.510,60	24.118,50	25.726,40	27.334,30
4.350.000	19.492,80	21.117,20	22.741,60	24.366,00	25.990,40	27.614,80
4.400.000	19.690,80	21.331,70	22.972,60	24.613,50	26.254,40	27.895,30
4.450.000	19.888,80	21.546,20	23.203,60	24.861,00	26.518,40	28.175,80
4.500.000	20.086,80	21.760,70	23.434,60	25.108,50	26.782,40	28.456,30
4.550.000	20.284,80	21.975,20	23.665,60	25.356,00	27.046,40	28.736,80
4.600.000	20.482,80	22.189,70	23.896,60	25.603,50	27.310,40	29.017,30
4.650.000	20.680,80	22.404,20	24.127,60	25.851,00	27.574,40	29.297,80
4.700.000	20.878,80	22.618,70	24.358,60	26.098,50	27.838,40	29.578,30
4.750.000	21.076,80	22.833,20	24.589,60	26.346,00	28.102,40	29.858,80
4.800.000	21.274,80	23.047,70	24.820,60	26.593,50	28.366,40	30.139,30
4.850.000	21.472,80	23.262,20	25.051,60	26.841,00	28.630,40	30.419,80
4.900.000	21.670,80	23.476,70	25.282,60	27.088,50	28.894,40	30.700,30
4.950.000	21.868,80	23.691,20	25.513,60	27.336,00	29.158,40	30.980,80
5.000.000	22.066,80	23.905,70	25.744,60	27.583,50	29.422,40	31.261,30

Von dem Mehrbetrag über 5.000.000 € entstehen für je 50.000 € Gebühren in Höhe von 165 € (bei der 1,0 Gebühr). Gegenstandswerte über 5.000.000 € sind auf volle 50.000 € aufzurunden.

Die Errechnung der Gebühren aus Werten von über 5.000.000 bis 12.500.000 € kann auch anhand der nachfolgenden Tabellen vorgenommen werden. Dabei sind jeweils die Zwischenwerte (S. 158, 159) hinzuzurechnen.

5.500.000	24.046,80	26.050,70	28.054,60	30.058,50	32.062,40	34.066,30
6.000.000	26.026,80	28.195,70	30.364,60	32.533,50	34.702,40	36.871,30
6.500.000	28.006,80	30.340,70	32.674,60	35.008,50	37.342,40	39.676,30
7.000.000	29.986,80	32.485,70	34.984,60	37.483,50	39.982,40	42.481,30
7.500.000	31.966,80	34.630,70	37.294,60	39.958,50	42.622,40	45.286,30
8.000.000	33.946,80	36.775,70	39.604,60	42.433,50	45.262,40	48.091,30
8.500.000	35.926,80	38.920,70	41.914,60	44.908,50	47.902,40	50.896,30
9.000.000	37.906,80	41.065,70	44.224,60	47.383,50	50.542,40	53.701,30
9.500.000	39.886,80	43.210,70	46.534,60	49.858,50	53.182,40	56.506,30
10.000.000	41.866,80	45.355,70	48.844,60	52.333,50	55.822,40	59.311,30
10.500.000	43.846,80	47.500,70	51.154,60	54.808,50	58.462,40	62.116,30
11.000.000	45.826,80	49.645,70	53.464,60	57.283,50	61.102,40	64.921,30
11.500.000	47.806,80	51.790,70	55.774,60	59.758,50	63.742,40	67.726,30
12.000.000	49.786,80	53.935,70	58.084,60	62.233,50	66.382,40	70.531,30
12.500.000	51.766,80	56.080,70	60.394,60	64.708,50	69.022,40	73.336,30

Rechtsanwaltsgebühren nach § 13 RVG

Wert bis ... €	1,8	1,9	2,0	2,2	2,3	2,5	2,6
4.200.000	28.348,20	29.923,10	31.498,00	34.647,80	36.222,70	39.372,50	40.947,40
4.250.000	28.645,20	30.236,60	31.828,00	35.010,80	36.602,20	39.785,00	41.376,40
4.300.000	28.942,20	30.550,10	32.158,00	35.373,80	36.981,70	40.197,50	41.805,40
4.350.000	29.239,20	30.863,60	32.488,00	35.736,80	37.361,20	40.610,00	42.234,40
4.400.000	29.536,20	31.177,10	32.818,00	36.099,80	37.740,70	41.022,50	42.663,40
4.450.000	29.833,20	31.490,60	33.148,00	36.462,80	38.120,20	41.435,00	43.092,40
4.500.000	30.130,20	31.804,10	33.478,00	36.825,80	38.499,70	41.847,50	43.521,40
4.550.000	30.427,20	32.117,60	33.808,00	37.188,80	38.879,20	42.260,00	43.950,40
4.600.000	30.724,20	32.431,10	34.138,00	37.551,80	39.258,70	42.672,50	44.379,40
4.650.000	31.021,20	32.744,60	34.468,00	37.914,80	39.638,20	43.085,00	44.808,40
4.700.000	31.318,20	33.058,10	34.798,00	38.277,80	40.017,70	43.497,50	45.237,40
4.750.000	31.615,20	33.371,60	35.128,00	38.640,80	40.397,20	43.910,00	45.666,40
4.800.000	31.912,20	33.685,10	35.458,00	39.003,80	40.776,70	44.322,50	46.095,40
4.850.000	32.209,20	33.998,60	35.788,00	39.366,80	41.156,20	44.735,00	46.524,40
4.900.000	32.506,20	34.312,10	36.118,00	39.729,80	41.535,70	45.147,50	46.953,40
4.950.000	32.803,20	34.625,60	36.448,00	40.092,80	41.915,20	45.560,00	47.382,40
5.000.000	33.100,20	34.939,10	36.778,00	40.455,80	42.294,70	45.972,50	47.811,40

Von dem Mehrbetrag über 5.000.000 € entstehen für je 50.000 € Gebühren in Höhe von 165 € (bei der 1,0 Gebühr). Gegenstandswerte über 5.000.000 € sind auf volle 50.000 € aufzurunden.

Die Errechnung der Gebühren aus Werten von über 5.000.000 bis 12.500.000 € kann auch anhand den nachfolgenden Tabellen vorgenommen werden. Dabei sind jeweils die Zwischenwerte (S. 158, 159) hinzuzurechnen.

5.500.000	36.070,20	38.074,10	40.078,00	44.085,80	46.089,70	50.097,50	52.101,40
6.000.000	39.040,20	41.209,10	43.378,00	47.715,80	49.884,70	54.222,50	56.391,40
6.500.000	42.010,20	44.344,10	46.678,00	51.345,80	53.679,70	58.347,50	60.681,40
7.000.000	44.980,20	47.479,10	49.978,00	54.975,80	57.474,70	62.472,50	64.971,40
7.500.000	47.950,20	50.614,10	53.278,00	58.605,80	61.269,70	66.597,50	69.261,40
8.000.000	50.920,20	53.749,10	56.578,00	62.235,80	65.064,70	70.722,50	73.551,40
8.500.000	53.890,20	56.884,10	59.878,00	65.865,80	68.859,70	74.847,50	77.841,40
9.000.000	56.860,20	60.019,10	63.178,00	69.495,80	72.654,70	78.972,50	82.131,40
9.500.000	59.830,20	63.154,10	66.478,00	73.125,80	76.449,70	83.097,50	86.421,40
10.000.000	62.800,20	66.289,10	69.778,00	76.755,80	80.244,70	87.222,50	90.711,40
10.500.000	65.770,20	69.424,10	73.078,00	80.385,80	84.039,70	91.347,50	95.001,40
11.000.000	68.740,20	72.559,10	76.378,00	84.015,80	87.834,70	95.472,50	99.291,40
11.500.000	71.710,20	75.694,10	79.678,00	87.645,80	91.629,70	99.597,50	103.581,40
12.000.000	74.680,20	78.829,10	82.978,00	91.275,80	95.424,70	103.722,50	107.871,40
12.500.000	77.650,20	81.964,10	86.278,00	94.905,80	99.219,70	107.847,50	112.161,40

Rechtsanwaltsgebühren nach § 13 RVG

Wert bis … €	1,2	1,3	1,4	1,5	1,6	1,7
Zwischenwerte (bei Werten über 5.000.000 €)						
50.000	198,00	214,50	231,00	247,50	264,00	280,50
100.000	396,00	429,00	462,00	495,00	528,00	561,00
150.000	594,00	643,50	693,00	742,50	792,00	841,50
200.000	792,00	858,00	924,00	990,00	1.056,00	1.122,00
250.000	990,00	1.072,50	1.155,00	1.237,50	1.320,00	1.402,50
300.000	1.188,00	1.287,00	1.386,00	1.485,00	1.584,00	1.683,00
350.000	1.386,00	1.501,50	1.617,00	1.732,50	1.848,00	1.963,50
400.000	1.584,00	1.716,00	1.848,00	1.980,00	2.112,00	2.244,00
450.000	1.782,00	1.930,50	2.079,00	2.227,50	2.376,00	2.524,50
500.000	1.980,00	2.145,00	2.310,00	2.475,00	2.640,00	2.805,00
550.000	2.178,00	2.359,50	2.541,00	2.722,50	2.904,00	3.085,50
600.000	2.376,00	2.574,00	2.772,00	2.970,00	3.168,00	3.366,00
650.000	2.574,00	2.788,50	3.003,00	3.217,50	3.432,00	3.646,50
700.000	2.772,00	3.003,00	3.234,00	3.465,00	3.696,00	3.927,00
750.000	2.970,00	3.217,50	3.465,00	3.712,50	3.960,00	4.207,50
800.000	3.168,00	3.432,00	3.696,00	3.960,00	4.224,00	4.488,00
850.000	3.366,00	3.646,50	3.927,00	4.207,50	4.488,00	4.768,50
900.000	3.564,00	3.861,00	4.158,00	4.455,00	4.752,00	5.049,00
950.000	3.762,00	4.075,50	4.389,00	4.702,50	5.016,00	5.329,50
1.000.000	3.960,00	4.290,00	4.620,00	4.950,00	5.280,00	5.610,00

Die Vorschrift des § 13 Abs. 1 RVG sieht für Gegenstandswerte von über 5.000.000 € Stufen von jeweils 50.000 € vor. So sind z.B. Gebühren nach einem Wert von 5.562.500 € auf 5.600.000 € aufzurunden. Nachfolgende Schritte ermitteln zunächst die Gebühren für 5.000.000 € und anschließend für 600.000 €

5.000.000	22.066,80	23.905,70	25.744,60	27.583,50	29.422,40	31.261,30
+ 600.000	2.376,00	2.574,00	2.772,00	2.970,00	3.168,00	3.366,00
	24.442,80	26.479,70	28.516,60	30.553,50	32.590,40	34.627,30

Außerdem können die Gebühren für Werte über 5.000.000 € wie folgt errechnet werden.

‰	3,96	4,29	4,62	4,95	5,28	5,61
von dem auf 50.000 € aufgerundeten Wert						
+ €	2.266,80	2.455,70	2.644,60	2.833,50	3.022,40	3.211,30

Bei einem angenommenen Gegenstandswert von 5.562.500 € erfolgt zunächst die Rundung auf den nächsten Wert, der durch 50.000 € teilbar ist. Dies wäre hier 5.600.000 €. Anschließend erfolgen die Multiplikation mit dem Promillewert und die Addition des vorgenannten Festbetrages.

	5.600.000	5.600.000	5.600.000	5.600.000	5.600.000	5.600.000
x	0,00396	0,00429	0,00462	0,00495	0,00528	0,00561
=	22.176,00	24.024,00	25.872,20	27.720,00	29.568,00	31.416,00
+	2.266,80	2.455,70	2.644,60	2.833,50	3.022,40	3.211,30
=	24.442,80	26.479,70	28.516,60	30.553,50	32.590,40	34.627,30

Wert bis ... €	1,8	1,9	2,0	2,2	2,3	2,5	2,6

Zwischenwerte (bei Werten über 5.000.000 €)

50.000	297,00	313,50	330,00	363,00	379,50	412,50	429,00
100.000	594,00	627,00	660,00	726,00	759,00	825,00	858,00
150.000	891,00	940,50	990,00	1.089,00	1.138,50	1.237,50	1.287,00
200.000	1.188,00	1.254,00	1.320,00	1.452,00	1.518,00	1.650,00	1.716,00
250.000	1.485,00	1.567,50	1.650,00	1.815,00	1.897,50	2.062,50	2.145,00
300.000	1.782,00	1.881,00	1.980,00	2.178,00	2.277,00	2.475,00	2.574,00
350.000	2.079,00	2.194,50	2.310,00	2.541,00	2.656,50	2.887,50	3.003,00
400.000	2.376,00	2.508,00	2.640,00	2.904,00	3.036,00	3.300,00	3.432,00
450.000	2.673,00	2.821,50	2.970,00	3.267,00	3.415,50	3.712,50	3.861,00
500.000	2.970,00	3.135,00	3.300,00	3.630,00	3.795,00	4.125,00	4.290,00
550.000	3.267,00	3.448,50	3.630,00	3.993,00	4.174,50	4.537,50	4.719,00
600.000	3.564,00	3.762,00	3.960,00	4.356,00	4.554,00	4.950,00	5.148,00
650.000	3.861,00	4.075,50	4.290,00	4.719,00	4.933,50	5.362,50	5.577,00
700.000	4.158,00	4.389,00	4.620,00	5.082,00	5.313,00	5.775,00	6.006,00
750.000	4.455,00	4.702,50	4.950,00	5.445,00	5.692,50	6.187,50	6.435,00
800.000	4.752,00	5.016,00	5.280,00	5.808,00	6.072,00	6.600,00	6.864,00
850.000	5.049,00	5.329,50	5.610,00	6.171,00	6.451,50	7.012,50	7.293,00
900.000	5.346,00	5.643,00	5.940,00	6.534,00	6.831,00	7.425,00	7.722,00
950.000	5.643,00	5.956,50	6.270,00	6.897,00	7.210,50	7.837,50	8.151,00
1.000.000	5.940,00	6.270,00	6.600,00	7.260,00	7.590,00	8.250,00	8.580,00

Die Vorschrift des § 13 Abs. 1 RVG sieht für Gegenstandswerte von über 5.000.000 € Stufen von jeweils 50.000 € vor. So sind z.B. Gebühren nach einem Wert von 5.562.500 € auf 5.600.000 € aufzurunden. Nachfolgende Schritte ermitteln zunächst die Gebühren für 5.000.000 € und anschließend für 600.000 €

5.000.000	33.100,20	34.939,10	36.778,00	40.455,80	42.294,70	45.972,50	47.811,40
+ 600.000	3.564,00	3.762,00	3.960,00	4.356,00	4.554,00	4.950,00	5.148,00
	36.664,20	38.701,10	40.738,00	44.811,80	46.848,70	50.922,50	52.959,40

Außerdem können die Gebühren für Werte über 5.000.000 € wie folgt errechnet werden.

‰	5,94	6,27	6,60	7,26	7,59	8,25	8,58
von dem auf 50.000 € aufgerundeten Wert							
+ €	3.400,20	3.589,10	3.778,00	4.155,80	4.344,70	4.722,50	4.911,40

Bei einem angenommenen Gegenstandswert von 5.562.500 € erfolgt zunächst die Rundung auf den nächsten Wert, der durch 50.000 € teilbar ist. Dies wäre hier 5.600.000 €. Anschließend erfolgen die Multiplikation mit dem Promillewert und die Addition des vorgenannten Festbetrages.

	5.600.000	5.600.000	5.600.000	5.600.000	5.600.000	5.600.000	5.600.000
x	0,00594	0,00627	0,00660	0,00726	0,00759	0,00825	0,00858
=	33.264,00	35.112,00	36.960,00	40.656,00	42.504,00	46.200,00	48.048,00
+	3.400,20	3.589,10	3.778,00	4.155,80	4.344,70	4.722,50	4.911,40
=	36.664,20	38.701,10	40.738,00	44.811,80	46.848,70	50.922,50	52.959,40

6. Prozess- und Verfahrenskostenhilfe nach § 49 RVG[1]

Wert bis ... €	0,3	0,4	0,5	0,6	0,8	1,0	1,1	1,2
500	15,00[2]	19,60	24,50	29,40	39,20	49,00	53,90	58,80
1.000	26,40	35,20	44,00	52,80	70,40	88,00	96,80	105,60
1.500	38,10	50,80	63,50	76,20	101,60	127,00	139,70	152,40
2.000	49,80	66,40	83,00	99,60	132,80	166,00	182,60	199,20
3.000	66,60	88,80	111,00	133,20	177,60	222,00	244,20	266,40
4.000	83,40	111,20	139,00	166,80	222,40	278,00	305,80	333,60
5.000	85,20	113,60	142,00	170,40	227,20	284,00	312,40	340,80
6.000	88,50	118,00	147,50	177,00	236,00	295,00	324,50	354,00
7.000	91,80	122,40	153,00	183,60	244,80	306,00	336,60	367,20
8.000	95,10	126,80	158,50	190,20	253,60	317,00	348,70	380,40
9.000	98,40	131,20	164,00	196,80	262,40	328,00	360,80	393,60
10.000	101,70	135,60	169,50	203,40	271,20	339,00	372,90	406,80
13.000	106,20	141,60	177,00	212,40	283,20	354,00	389,40	424,80
16.000	110,70	147,60	184,50	221,40	295,20	369,00	405,90	442,80
19.000	115,20	153,60	192,00	230,40	307,20	384,00	422,40	460,80
22.000	119,70	159,60	199,50	239,40	319,20	399,00	438,90	478,80
25.000	124,20	165,60	207,00	248,40	331,20	414,00	455,40	496,80
30.000	135,90	181,20	226,50	271,80	362,40	453,00	498,30	543,60
35.000	147,60	196,80	246,00	295,20	393,60	492,00	541,20	590,40
40.000	159,30	212,40	265,50	318,60	424,80	531,00	584,10	637,20
45.000	171,00	228,00	285,00	342,00	456,00	570,00	627,00	684,00
50.000	182,70	243,60	304,50	365,40	487,20	609,00	669,90	730,80
über 50.000	197,70	263,60	329,50	395,40	527,20	659,00	724,90	790,80

1 Die Tabelle betrifft Wertgebühren aus der Staatskasse für im Wege der Prozess- und Verfahrenskostenhilfe (§ 12 RVG) beigeordnete sowie gerichtlich bestellte Rechtsanwälte (vgl. § 45 RVG). Bis zu einem Gegenstandswert von 4.000 € entsprechen die Anwaltsgebühren den Regelgebühren; bei mehr als 4.000 € treten die in der Tabelle aufgeführten Gebühren an die Stelle der Regelgebühren (§ 49 RVG). Die Auslagenpauschale (VV RVG Nr. 7002) bemisst sich nach den aus der Staatskasse zu zahlenden Gebühren. Zu § 115 ZPO und den Raten siehe S. 163 ff.

2 Mindestgebühr nach § 13 Abs. 2 RVG. Als Erhöhungswert für mehrere Auftraggeber (VV RVG Nr. 1008) sind 14,70 € anzusetzen (0,3 Ausgangsgebühr in Höhe von 14,70 € [nicht die Mindestgebühr in Höhe von 15,00 €] + 0,3 Erhöhung pro weiterem Auftraggeber in Höhe von 14,70 € = 0,6 von 500,00 €).

Prozess- und Verfahrenskostenhilfe (§ 49 RVG)

Wert bis ... €	1,3	1,4	1,5	1,6	1,8	1,9	2,0	2,3
500	63,70	68,60	73,50	78,40	88,20	93,10	98,00	112,70
1.000	114,40	123,20	132,00	140,80	158,40	167,20	176,00	202,40
1.500	165,10	177,80	190,50	203,20	228,60	241,30	254,00	292,10
2.000	215,80	232,40	249,00	265,60	298,80	315,40	332,00	381,80
3.000	288,60	310,80	333,00	355,20	399,60	421,80	444,00	510,60
4.000	361,40	389,20	417,00	444,80	500,40	528,20	556,00	639,40
5.000	369,20	397,60	426,00	454,40	511,20	539,60	568,00	653,20
6.000	383,50	413,00	442,50	472,00	531,00	560,50	590,00	678,50
7.000	397,80	428,40	459,00	489,60	550,80	581,40	612,00	703,80
8.000	412,10	443,80	475,50	507,20	570,60	602,30	634,00	729,10
9.000	426,40	459,20	492,00	524,80	590,40	623,20	656,00	754,40
10.000	440,70	474,60	508,50	542,40	610,20	644,10	678,00	779,70
13.000	460,20	495,60	531,00	566,40	637,20	672,60	708,00	814,20
16.000	479,70	516,60	553,50	590,40	664,20	701,10	738,00	848,70
19.000	499,20	537,60	576,00	614,40	691,20	729,60	768,00	883,20
22.000	518,70	558,60	598,50	638,40	718,20	758,10	798,00	917,70
25.000	538,20	579,60	621,00	662,40	745,20	786,60	828,00	952,20
30.000	588,90	634,20	679,50	724,80	815,40	860,70	906,00	1.041,90
35.000	639,60	688,80	738,00	787,20	885,60	934,80	984,00	1.131,60
40.000	690,30	743,40	796,50	849,60	955,80	1.008,90	1.062,00	1.221,30
45.000	741,00	798,00	855,00	912,00	1.026,00	1.083,00	1.140,00	1.311,00
50.000	791,70	852,60	913,50	974,40	1.096,20	1.157,10	1.218,00	1.400,70
über 50.000	856,70	922,60	988,50	1.054,40	1.186,20	1.252,10	1.318,00	1.515,70

7. Prozesskostenhilfe – Einsatz von Einkommen und Vermögen, § 115 ZPO

§ 115 ZPO in der Fassung der Neubekanntmachung der ZPO vom 5.12.2005, BGBl. I S. 3202, ergänzt durch Prozesskostenhilfebekanntmachung 2021 – PKHB 2021 vom 28.12.2020, BGBl. I S. 3344[1)]

§ 115 ZPO Einsatz von Einkommen und Vermögen

(1) [1]Die Partei hat ihr Einkommen einzusetzen. [2]Zum Einkommen gehören alle Einkünfte in Geld oder Geldeswert. [3]Von ihm sind abzusetzen:

1. a) die in § 82 Abs. 2 des Zwölften Buches Sozialgesetzbuch bezeichneten Beträge[2)];
   b) bei Parteien, die ein Einkommen aus Erwerbstätigkeit erzielen, ein Betrag in Höhe von 50 vom Hundert des Regelsatzes, der für den alleinstehenden oder alleinerziehenden Leistungsberechtigten vom Bund gemäß der Regelbedarfsstufe 1 nach der Anlage zu § 28 des Zwölften Buches Sozialgesetzbuch festgesetzt oder fortgeschrieben worden ist[3)];
2. a) für die Partei und ihren Ehegatten oder ihren Lebenspartner jeweils ein Betrag in Höhe des um 10 vom Hundert erhöhten Regelsatzes, der für den alleinstehenden oder alleinerziehenden Leistungsberechtigten vom Bund gemäß der Regelbedarfsstufe 1 nach der Anlage zu § 28 des Zwölften Buches Sozialgesetzbuch festgesetzt oder fortgeschrieben worden ist[3)];
   b) bei weiteren Unterhaltsleistungen auf Grund gesetzlicher Unterhaltspflicht für jede unterhaltsberechtigte Person jeweils ein Betrag in Höhe des um 10 vom Hundert erhöhten Regelsatzes, der für eine Person ihres Alters vom Bund gemäß den Regelbedarfsstufen 3 bis 6 nach der Anlage zu § 28 des Zwölften Buches Sozialgesetzbuch festgesetzt oder fortgeschrieben worden ist[3)];
3. die Kosten der Unterkunft und Heizung, soweit sie nicht in einem auffälligen Missverhältnis zu den Lebensverhältnissen der Partei stehen;
4. Mehrbedarfe nach § 21 des Zweiten Buches Sozialgesetzbuch und nach § 30 des Zwölften Buches Sozialgesetzbuch;
5. weitere Beträge, soweit dies mit Rücksicht auf besondere Belastungen angemessen ist; § 1610 a des Bürgerlichen Gesetzbuchs gilt entsprechend.

[4]Maßgeblich sind die Beträge, die zum Zeitpunkt der Bewilligung der Prozesskostenhilfe gelten. [5]Soweit am Wohnsitz der Partei aufgrund einer Neufestsetzung oder Fortschreibung nach § 29 Absatz 2 bis 4 des Zwölften Buches Sozialgesetzbuch höhere Regelsätze gelten, sind diese heranzuziehen. [6]Das Bundesministerium der Justiz und für Verbrau-

1) § 115 ZPO gilt auch für die Verfahrenskostenhilfe in Familiensachen, § 76 Abs. 1 und § 113 Abs. 1 S. 2 FamFG.

2) **§ 82 SGB XII Begriff des Einkommens**
(1) ...
(2) [1]Von dem Einkommen sind abzusetzen
1. auf das Einkommen entrichtete Steuern,
2. Pflichtbeiträge zur Sozialversicherung einschließlich der Beiträge zur Arbeitsförderung,
3. Beiträge zu öffentlichen oder privaten Versicherungen oder ähnlichen Einrichtungen, soweit diese Beiträge gesetzlich vorgeschrieben oder nach Grund und Höhe angemessen sind, sowie geförderte Altersvorsorgebeiträge nach § 82 des Einkommensteuergesetzes, soweit sie den Mindesteigenbeitrag nach § 86 des Einkommensteuergesetzes nicht überschreiten, und
4. die mit der Erzielung des Einkommens verbundenen notwendigen Ausgaben.
... (3)–(7) ...

3) Siehe Tabelle zu § 115 ZPO PKHB 2021 auf S. 165.

cherschutz gibt bei jeder Neufestsetzung oder jeder Fortschreibung die maßgebenden Beträge nach Satz 3 Nummer 1 Buchstabe b und Nummer 2 und nach Satz 5 im Bundesgesetzblatt bekannt. [7]Diese Beträge sind, soweit sie nicht volle Euro ergeben, bis zu 0,49 Euro abzurunden und von 0,50 Euro an aufzurunden. [8]Die Unterhaltsfreibeträge nach Satz 3 Nr. 2 vermindern sich um eigenes Einkommen der unterhaltsberechtigten Person. [9]Wird eine Geldrente gezahlt, so ist sie anstelle des Freibetrages abzusetzen, soweit dies angemessen ist.

(2) [1]Von dem nach den Abzügen verbleibenden Teil des monatlichen Einkommens (einzusetzendes Einkommen) sind Monatsraten in Höhe der Hälfte des einzusetzenden Einkommens festzusetzen; die Monatsraten sind auf volle Euro abzurunden. [2]Beträgt die Höhe einer Monatsrate weniger als 10 Euro, ist von der Festsetzung von Monatsraten abzusehen. [3]Bei einem einzusetzenden Einkommen von mehr als 600 Euro beträgt die Monatsrate 300 Euro zuzüglich des Teils des einzusetzenden Einkommens, der 600 Euro übersteigt. [4]Unabhängig von der Zahl der Rechtszüge sind höchstens 48 Monatsraten aufzubringen.

(3) [1]Die Partei hat ihr Vermögen einzusetzen, soweit dies zumutbar ist. [2]§ 90 des Zwölften Buches Sozialgesetzbuch gilt entsprechend.

(4) [1]Prozesskostenhilfe wird nicht bewilligt, wenn die Kosten der Prozessführung der Partei vier Monatsraten und die aus dem Vermögen aufzubringenden Teilbeträge voraussichtlich nicht übersteigen.

Beispiele für die Berechnung (kein Gesetzestext):

einzusetzendes Einkommen bis zu ... Euro	eine Monatsrate von ... Euro
bis 19,99	0
20	10
50	25
85	42
100	50
150	75
200	100
250	125
300	150
350	175
400	200
450	225
500	250
550	275
600	300
601*)	301*)
650	350
700	400
750	450
über 750	300 zuzüglich des 600 Euro übersteigenden Teils des einzusetzenden Einkommens (X – 600 Euro + 300 Euro).
z.B. 1.283	1.283 Euro – 600 Euro + 300 Euro = 983 Euro

*) 601 €: 300 € + der Teil des Einkommens, der 600 € übersteigt, i.H.v. 1 € = 301 € (601 € – 600 € + 300 €).

Die ab dem 1. Januar 2021 maßgebenden **Beträge, die nach § 115 Abs. 1 S. 3 Nr. 1 Buchst. b und Nr. 2 ZPO vom Einkommen der Partei abzusetzen sind**, betragen:

Tabelle zu § 115 ZPO PKHB 2021

	Freibetrag Bund	Freibetrag in den Landkreisen Fürstenfeldbruck und Starnberg	Freibetrag im Landkreis München	Freibetrag in der Landeshauptstadt München
Parteien, die ein Einkommen aus Erwerbstätigkeit erzielen (§ 115 Abs. 1 S. 3 Nr. 1 Buchst. b ZPO)	223 Euro	235 Euro	235 Euro	234 Euro
Partei, Ehegatte oder Lebenspartner (§ 115 Abs. 1 S. 3 Nr. 2 Buchst. a ZPO)	491 Euro	516 Euro	517 Euro	515 Euro
Freibetrag für unterhaltsberechtigte Erwachsene (§ 115 Abs. 1 S. 3 Nr. 2 Buchst. b ZPO – Regelbedarfsstufe 3)	393 Euro	414 Euro	414 Euro	411 Euro
Freibetrag für unterhaltsberechtigte Jugendliche vom Beginn des 15. bis zur Vollendung des 18. Lebensjahres (§ 115 Abs. 1 S. 3 Nr. 2 Buchst. b ZPO – Regelbedarfsstufe 4)	410 Euro	430 Euro	432 Euro	429 Euro
Freibetrag für unterhaltsberechtigte Kinder vom Beginn des siebten bis zur Vollendung des 14. Lebensjahres (§ 115 Abs. 1 S. 3 Nr. 2 Buchst. b ZPO – Regelbedarfsstufe 5)	340 Euro	353 Euro	359 Euro	353 Euro
Freibetrag für unterhaltsberechtigte Kinder bis zur Vollendung des sechsten Lebensjahres (§ 115 Abs. 1 S. 3 Nr. 2 Buchst. b ZPO – Regelbedarfsstufe 6)	311 Euro	325 Euro	328 Euro	323 Euro

8. Beratungshilfevergütung (Teil 2 Abschnitt 5, Nr. 7002 RVG-VV)

I. Tätigkeit in der Beratungshilfe für einen Auftraggeber, wenn nicht Ziffer II. vorliegt:

Gebührentatbestand	VV-Nr.	Gebühr	Auslagen (VV RVG Nr. 7002)	Netto	USt	Gesamt
1. Beratungshilfegebühr[1]	2500	12,61	0,00	12,61	2,39	15,00
2. Beratungsgebühr	2501	38,50	7,70[2]	46,20	8,78	54,98
– mit Einigungs- oder Erledigungsgebühr[3] insgesamt	2501/2508	203,50	20,00[2]	223,50	42,47	265,97
3. Geschäftsgebühr	2503	93,50	18,70	112,20	21,32	133,52
– mit Einigungs- oder Erledigungsgebühr[3] insgesamt	2503/2508	258,50	20,00	278,50	52,92	331,42

II. Tätigkeit in der Beratungshilfe mit dem Ziel einer außergerichtlichen Einigung mit den Gläubigern über die Schuldenbereinigung auf der Grundlage eines Plans (§ 305 Abs. 1 Nr. 1 InsO):

Gebührentatbestand	VV-Nr.	Gebühr	Auslagen (VV RVG Nr. 7002)	Netto	USt	Gesamt
1. Beratungsgebühr	2502	77,00	15,40	92,40	17,56	109,96
2. Geschäftsgebühr:						
bis 5 Gläubiger vorhanden	2504	297,00	20,00	317,00	60,23	377,23
bis 10 Gläubiger vorhanden	2505	446,00	20,00	466,00	88,54	554,54
bis 15 Gläubiger vorhanden	2506	594,00	20,00	614,00	116,66	730,66
über 15 Gläubiger vorhanden	2507	743,00	20,00	763,00	144,97	909,97

III. Einigung oder Erledigung (auch bei Ziffer II. möglich):

Gebührentatbestand	VV-Nr.	Gebühr	Netto	USt	Gesamt
Einigungs- oder Erledigungsgebühr	2508	165,00	165,00	31,35	196,35

1) Kein Auslagenersatz bei der Gebühr nach VV RVG Nr. 2500 (siehe VV RVG Anm. S. 1 zu Nr. 2500), Umsatzsteuer ist im Betrag enthalten (Brutto-Gebühr).

2) Soweit die unter VV RVG Nrn. 7001, 7002 fallenden Entgelte für Post- und Telekommunikationsdienstleistungen tatsächlich anfallen.

3) Die Einigungs- oder Erledigungsgebühr beträgt 165,00 €.

IV. Mehrere Auftraggeber (VV RVG Nr. 1008):

Zahl der Auftraggeber	Beratungsgebühr VV RVG Nr. 2501 inkl. Erhöhung nach VV RVG Nr. 1008	Gesamt Netto	Geschäftsgebühr VV RVG Nr. 2503 inkl. Erhöhung nach VV RVG Nr. 1008	Gesamt Netto
2	38,50 + 30 % (11,55)	50,05	93,50 + 30 % (28,05)	121,55
3	38,50 + 60 % (23,10)	61,60	93,50 + 60 % (56,10)	149,60
4	38,50 + 90 % (34,65)	73,15	93,50 + 90 % (84,15)	177,65
5	38,50 + 120 % (46,20)	84,70	93,50 + 120 % (112,20)	205,70
6	38,50 + 150 % (57,75)	96,25	93,50 + 150 % (140,25)	233,75
7	38,50 + 180 % (69,30)	107,80	93,50 + 180 % (168,30)	261,80
8 und mehr[4)]	38,50 + 200 % (77,00)	115,50	93,50 + 200 % (187,00)	280,50

4) Die Erhöhungen dürfen das Doppelte der Festgebühr (200 %) nicht übersteigen. Der Höchstbetrag wird bei mehr als 7 weiteren Auftraggebern erreicht.

9. Wichtige Rechtsanwaltsgebühren in familiengerichtlichen Verfahren

Angelegenheit	Nr. des VV	Gebührensatz
I. Verbundverfahren		
1. 1. Instanz		
a) Verfahrensgebühr	3100	1,3
b) Ermäßigte Verfahrensgebühr	3100, 3101	0,8
c) Terminsgebühr	3104	1,2
d) Ermäßigte Terminsgebühr[1]	3104, 3105	0,5
e) Einigungsgebühr	1000, 1003	1,0[2]
	1004	1,3[3]
f) Aussöhnungsgebühr	1001, 1003	1,0[2]
	1004	1,3[4]
2. Beschwerde gegen Endentscheidung wegen des Hauptgegenstands[5] in Scheidungs- und/oder Folgesachen	Vorbem. 3.2.1 Nr. 2b):	
a) Verfahrensgebühr	3200	1,6
b) Ermäßigte Verfahrensgebühr	3200, 3201	1,1
c) Terminsgebühr	3202	1,2
d) Ermäßigte Terminsgebühr[1]	3202, 3203	0,5
e) Einigungsgebühr	1000, 1004	1,3[6]
f) Aussöhnungsgebühr	1001, 1004	1,3[6]
3. Rechtsbeschwerde gegen Endentscheidung wegen des Hauptgegenstands[5] in Scheidungs- und/oder Folgesachen	Vorbem. 3.2.2 Nr. 1a):	
a) Verfahrensgebühr		
aa) BGH-Anwalt erforderlich[7]	3206, 3208	2,3
bb) BGH-Anwalt nicht erforderlich[8]	3206	1,6

Familiensachen
RA-Gebühren
Gegenstandswerte

1 Beachte § 130 FamFG.
2 Wenn über den Gegenstand der Einigung ein erstinstanzliches gerichtliches Verfahren (ohne selbständiges Beweisverfahren) oder ein Verfahren über die Verfahrenskostenhilfe anhängig ist; sonst beträgt der Satz 1,5 oder 1,3.
3 Wenn über den Gegenstand der Einigung ein Beschwerde- oder Rechtsbeschwerdeverfahren anhängig ist; sonst beträgt der Satz 1,0 oder 1,5.
4 Wenn über den Gegenstand der Aussöhnung ein Beschwerde- oder Rechtsbeschwerdeverfahren anhängig ist, beträgt der Satz 1,0 oder 1,5.
5 Gilt nicht für Beschwerden gegen Zwischen- oder Nebenentscheidungen.
6 Wenn über den Gegenstand der Einigung ein Beschwerde- oder Rechtsbeschwerdeverfahren oder insoweit ein Verfahren über die Verfahrenskostenhilfe anhängig ist; sonst beträgt der Satz 1,5, siehe erste Instanz.
7 Grundsätzlich erforderlich, vgl. § 114 Abs. 2 FamFG.
8 In den Ausnahmefällen des § 114 Abs. 4 FamFG.

Angelegenheit	Nr. des VV	Gebührensatz
b) Ermäßigte Verfahrensgebühr		
aa) BGH-Anwalt erforderlich[9]	3206, 3207, 3209	1,8
bb) BGH-Anwalt nicht erforderlich[10]	3206, 3207	1,1
c) Terminsgebühr		
aa) BGH-Anwalt erforderlich[9]	3210	1,5
bb) BGH-Anwalt nicht erforderlich[10]	3210	1,5
d) Ermäßigte Terminsgebühr[11]		
aa) BGH-Anwalt erforderlich[9]	3211	0,8
bb) BGH-Anwalt nicht erforderlich[10]	3211	0,8
e) Einigungsgebühr	1000, 1004	1,3[12]
II. Isolierte Verfahren		
1. Erste Instanz		
a) Verfahrensgebühr	3100	1,3
b) Ermäßigte Verfahrensgebühr	3100, 3101	0,8
c) Terminsgebühr	3104	1,2
d) Ermäßigte Terminsgebühr	3104, 3105	0,5
e) Einigungsgebühr	1000, 1003	1,0[13]
f) Aussöhnungsgebühr	1001, 1003	1,0[14]
2. Beschwerde gegen Endentscheidung wegen des Hauptgegenstands[15] in Scheidungs- und/oder Folgesachen	Vorbem. 3.2.1 Nr. 2b):	
a) Verfahrensgebühr	3200	1,6
b) Ermäßigte Verfahrensgebühr	3200, 3201	1,1
c) Terminsgebühr	3202	1,2
d) Ermäßigte Terminsgebühr	3202, 3203	0,5
e) Einigungsgebühr	1000, 1004	1,3[12]
f) Aussöhnungsgebühr	1000, 1004	1,3[12]

9 Grundsätzlich erforderlich, vgl. § 114 Abs. 2 FamFG.

10 In den Ausnahmefällen des § 114 Abs. 4 FamFG.

11 Beachte § 130 FamFG.

12 Wenn über den Gegenstand der Einigung ein Beschwerde- oder Rechtsbeschwerdeverfahren oder insoweit ein Verfahren über die Verfahrenskostenhilfe anhängig ist; sonst beträgt der Satz 1,5, siehe erste Instanz.

13 Wenn über den Gegenstand der Einigung ein erstinstanzliches gerichtliches Verfahren (ohne selbständiges Beweisverfahren) oder ein Verfahren über die Verfahrenskostenhilfe anhängig ist; sonst beträgt der Satz 1,5, siehe erste Instanz.

14 Wenn über den Gegenstand der Einigung ein erstinstanzliches gerichtliches Verfahren (ohne selbständiges Beweisverfahren) oder ein Verfahren über die Verfahrenskostenhilfe anhängig ist; sonst beträgt der Satz 1,5 oder 1,3, siehe erste Instanz.

15 Gilt nicht für Beschwerden gegen Zwischen- oder Nebenentscheidungen.

Angelegenheit	Nr. des VV	Gebührensatz
3. Rechtsbeschwerde gegen Endentscheidung wegen des Hauptgegenstands[16] in Scheidungs- und/oder Folgesachen		
a) Verfahrensgebühr		
aa) BGH-Anwalt erforderlich[17]	3206, 3208	2,3
bb) BGH-Anwalt nicht erforderlich[18]	3206	1,6
b) Ermäßigte Verfahrensgebühr		
aa) BGH-Anwalt erforderlich[17]	3206, 3207, 3209	1,8
bb) BGH-Anwalt nicht erforderlich[18]	3206, 3207	1,1
c) Terminsgebühr		
aa) BGH-Anwalt erforderlich[17]	3210	1,5
bb) BGH-Anwalt nicht erforderlich[18]	3210	1,5
d) Ermäßigte Terminsgebühr[19]		
aa) BGH-Anwalt erforderlich[17]	3211	0,8
bb) BGH-Anwalt nicht erforderlich[18]	3211	0,8
e) Einigungsgebühr	1000, 1004	1,3[20]
III. Besondere Verfahren		
1. Mahnverfahren		
a) Verfahrensgebühr	3305	1,0[21]
b) Ermäßigte Verfahrensgebühr	3305, 3306	0,5
c) Verfahrensgebühr Antragsgegner	3307	0,5[22]
d) Verfahrensgebühr Vollstreckungsbescheid	3308	0,5
e) Terminsgebühr	Vorbem. 3.3.2, 3104	1,2
f) Einigungsgebühr	1000, 1003	1,0
2. Vereinfachtes Verfahren über den Unterhalt Minderjähriger		
a) Verfahrensgebühr	3100	1,3[23]
b) Ermäßigte Verfahrensgebühr	3100, 3101	0,8

16 Gilt nicht für Beschwerden gegen Zwischen- oder Nebenentscheidungen.
17 Grundsätzlich erforderlich, vgl. § 114 Abs. 2 FamFG.
18 In den Ausnahmefällen des § 114 Abs. 4 FamFG.
19 Beachte § 130 FamFG.
20 Wenn über den Gegenstand der Einigung ein Beschwerde- oder Rechtsbeschwerdeverfahren oder insoweit ein Verfahren über die Verfahrenskostenhilfe anhängig ist; sonst beträgt der Satz 1,5, siehe erste Instanz.
21 Gem. VV RVG Anm. zu Nr. 3305 anzurechnen auf die Verfahrensgebühr des streitigen Verfahrens.
22 Gem. VV RVG Anm. zu Nr. 3307 anzurechnen auf die Verfahrensgebühr des streitigen Verfahrens.
23 Gem. VV RVG Anm. 1 Abs. 1 zu Nr. 3100 anzurechnen auf die Verfahrensgebühr des streitigen Verfahrens.

Angelegenheit	Nr. des VV	Gebührensatz
c) Terminsgebühr	3104	1,2
d) Einigungsgebühr	1000, 1003	1,0
3. Sofortige Beschwerde gegen den Unterhaltsfestsetzungsbeschluss gem. § 256 FamFG[24]	Vorbem. 3.2.1 Nr. 2b):	
a) Verfahrensgebühr	3200	1,6
b) Ermäßigte Verfahrensgebühr	3200, 3201	1,1
c) Terminsgebühr	3202	1,2
d) Ermäßigte Terminsgebühr	3202, 3203	0,5
e) Einigungsgebühr	1000, 1004	1,3[25]
4. Vermittlungsverfahren nach § 165 FamFG		
a) Verfahrensgebühr	3100	1,3[26]
b) Ermäßigte Verfahrensgebühr	3100, 3101	0,8
c) Terminsgebühr	3104	1,2
d) Einigungsgebühr	1000, 1003	1,0

IV. Einstweilige Anordnungen

1. Hauptsache ist nicht anhängig

Zuständig ist immer das Gericht erster Instanz, also das AG. Die Gebühren sind daher wie unter Ziff. I. 1. Das Verfahren bildet gem. § 17 Nr. 4b RVG eine besondere Angelegenheit, und zwar unabhängig davon, ob die einstweilige Anordnung auf Antrag oder von Amts wegen erlassen wird.

2. Hauptsache ist anhängig

a) Einstweilige Anordnung in erster Instanz

Gebühren wie in Ziff. I. 1.

b) Einstweilige Anordnung im Beschwerdeverfahren

Gebühren wie in Ziff. I. 1.[27]

c) Einstweilige Anordnung im Rechtsbeschwerdeverfahren

Gebühren daher wie unter Ziff. I. 1.[27]

3. Beschwerde gegen einstweilige Anordnung[28]

Gebühren wie in Ziff. I. 2.

24 VV RVG Vorbem. 3.2.1 Nr. 2 b) ist anzuwenden, weil eine die Instanz abschließende Entscheidung vorliegt.

25 Wenn über den Gegenstand der Einigung ein Beschwerde- oder Rechtsbeschwerdeverfahren oder insoweit ein Verfahren über die Verfahrenskostenhilfe anhängig ist; sonst beträgt der Satz 1,5.

26 Gem. VV RVG Anm. Abs. 2 zu Nr. 3100 anzurechnen auf die Verfahrensgebühr des streitigen Verfahrens.

27 Das Verfahren über die einstweilige Anordnung ist ein erstinstanzliches Verfahren, in dem gem. VV RVG Vorbem. 3.2.1 Abs. 2 S. 2 die erstinstanzlichen Gebühren nach VV RVG Nrn. 3100 ff. entstehen.

28 Eine Beschwerde ist nur beschränkt zulässig, vgl. § 57 FamFG.

Angelegenheit	Nr. des VV	Gebührensatz
V. Verfahrenskostenhilfe (Prozesskostenhilfe)-Prüfungsverfahren		
1. Verfahrensgebühr	3335	Höchstens 1,0[29]
2. Ermäßigte Verfahrensgebühr	3337	Höchstens 0,5[29]
3. Terminsgebühr	Vorbem. 3.3.6, 3104[30]	1,2[31]
4. Einigungsgebühr	1000, 1003	1,0
5. Aussöhnungsgebühr	1001, 1003	1,0
VI. Einzeltätigkeiten		
1. Terminsvertreter		
a) Erste Instanz		
aa) Verfahrensgebühr	3401, 3100	0,65
bb) Ermäßigte Verfahrensgebühr	3401, 3405	Höchstens 0,5
cc) Terminsgebühr	3402, 3104	1,2
dd) Ermäßigte Terminsgebühr	3402, 3105	0,5
ee) Einigungsgebühr	1000, 1003	1,0
b) Beschwerdeverfahren		
aa) Verfahrensgebühr	3401, 3200	0,8
bb) Ermäßigte Verfahrensgebühr	3401, 3405	Höchstens 0,5
cc) Terminsgebühr	3402, 3202	1,2
dd) Ermäßigte Terminsgebühr	3402, 3203	0,5
ee) Einigungsgebühr	1000, 1004	1,3
2. Verkehrsanwalt		
a) Erste Instanz		
aa) Verfahrensgebühr	3400, 3100	1,0
bb) Ermäßigte Verfahrensgebühr	3400, 3405	Höchstens 0,5
cc) Einigungsgebühr	1000, 1003	1,0

29 Kommt es nachfolgend zum Verfahren, geht die Gebühr in der Verfahrensgebühr des betreffenden Verfahrens auf (dieselbe Angelegenheit § 16 Nr. 2 RVG).

30 VV RVG Vorbem. 3.3.6 S. 2: Die Terminsgebühr bestimmt sich nach den für dasjenige Verfahren geltenden Vorschriften, für das die VKH beantragt wird (in Familiensachen erste Instanz: VV RVG Nr. 3104).

31 Kommt es nachfolgend zum Verfahren, geht die Gebühr in der Verfahrensgebühr des betreffenden Verfahrens auf (§ 16 Nr. 2 RVG).

Angelegenheit	Nr. des VV	Gebührensatz
b) Beschwerdeverfahren		
aa) Verfahrensgebühr	3400, 3200	1,0
bb) Ermäßigte Verfahrensgebühr	3400, 3405	Höchstens 0,5
cc) Einigungsgebühr	1000, 1004	1,3
c) Rechtsbeschwerdeverfahren		
aa) Verfahrensgebühr	3400, 3206	1,0
bb) Ermäßigte Verfahrensgebühr	3400, 3405	Höchstens 0,5
cc) Einigungsgebühr	1000, 1004	1,3
3. Sonstige Einzeltätigkeiten, insbes. Protokollierung einer Einigung oder Erklärung eines Rechtsmittelverzichts (Fluranwalt)		
a) Verfahrensgebühr	3403	0,8
b) Ermäßigte Verfahrensgebühr	3403, 3405	Höchstens 0,5
c) Schreiben einfacher Art	3403, 3404	0,3
d) Einigungsgebühr	1000, 1003	1,0
VII. Vollstreckung von Endentscheidungen, verfahrensabschließenden Entscheidungen und von Zwischenentscheidungen gem. § 35 FamFG Ohne Bedeutung ist insoweit, ob die Vollstreckung sich nach der ZPO oder nach dem FamFG richtet, vgl. VV RVG Vorbem. 3.3.3.		
1. Verfahrensgebühr	3309	0,3
2. Terminsgebühr	3310	0,3
3. Einigungsgebühr	1000, 1003	1,0[32]

32 Gem. VV RVG Abs. 1 S. 3 der Anm. zu Nr. 1003 auch im Verfahren vor dem Gerichtsvollzieher.

10. Die wichtigsten Gegenstandswerte in familiengerichtlichen Verfahren[1]

Gegenstand	Vorschrift	Bemessung
I. Verbundverfahren		
1. Ehesache	§ 43 FamGKG	Abs. 1: Berücksichtigung aller Umstände des Einzelfalls, insbesondere des Umfangs und der Bedeutung der Sache und der Vermögens- und Einkommensverhältnisse der Ehegatten; Wert nicht unter 3.000 € und nicht über 1.000.000 €. Abs. 2: Für die Einkommensverhältnisse ist das in drei Monaten erzielte Nettoeinkommen der Ehegatten einzusetzen.
2. Elterliche Sorge	§ 44 Abs. 2 und 3 FamGKG	Abs. 2: Der Verfahrenswert nach § 43 erhöht sich für jede Kindschaftssache (§ 151 Nr. 1–3 FamFG) um 20 %, höchstens um jeweils 4.000 €; eine Kindschaftssache ist auch dann als ein Gegenstand zu bewerten, wenn sie mehrere Kinder betrifft. Die Werte der übrigen Folgesachen werden hinzugerechnet. § 33 Abs. 1 S. 2 FamGKG ist nicht anzuwenden. Abs. 3: Ist der Betrag, um den sich der Verfahrenswert der Ehesache erhöht (Abs. 2), nach den besonderen Umständen des Einzelfalls unbillig, kann das Gericht einen höheren oder einen niedrigeren Betrag berücksichtigen.
3. Umgangsrecht	§ 44 Abs. 2 und 3 FamGKG	wie Ziff. 2
4. Kindesherausgabe	§ 44 Abs. 2 und 3 FamGKG	wie Ziff. 2
5. Unterhalt		
a) Kindesunterhalt	§ 44 Abs. 2 S. 2 FamGKG	Der Verfahrenswert nach § 43 FamGKG erhöht sich:
Bezifferter Unterhalt:	§ 51 Abs. 1 S. 1, Abs. 2 FamGKG	Abs. 1 S. 1: Geforderter Betrag der auf die Antragseinreichung folgenden 12 Monate, max. der Gesamtbetrag.[2]

1 Die Wertvorschriften gelten in Lebenspartnerschaftssachen entsprechend.
2 Rückstände gem. Abs. 2 sind nicht denkbar. Als Folgesache kann nur Kindesunterhalt für die Zeit ab Rechtskraft der Scheidung verlangt werden (vgl. §§ 148 FamFG, 1569 ff. BGB; OLG Koblenz FamRZ 2002, 965).

Gegenstand			Vorschrift	Bemessung
		Dynamisierter Unterhalt:	§ 51 Abs. 1 S. 2, Abs. 2 FamGKG	Abs. 1 S. 2: Wird Unterhalt als Prozentsatz des jeweiligen Mindestunterhalts verlangt, ist dem Wert nach Satz 1 der Monatsbetrag des zum Zeitpunkt der Einreichung des Antrags geltenden Mindestunterhalts nach der zu diesem Zeitpunkt maßgebenden Altersstufe zugrunde zu legen, es sei denn, der verlangte Betrag ist geringer.
	b)	Ehegattenunterhalt, nachehelicher[3]	§ 44 Abs. 2 S. 2 FamGKG	Der Verfahrenswert nach § 43 erhöht sich:
			§ 51 Abs. 1 FamGKG	Geforderter Betrag der auf die Rechtskraft der Scheidung folgenden 12 Monate, max. der Gesamtbetrag.[4]
	c)	Auskunft	§ 38 FamGKG	Bruchteil des erwarteten Anspruchs, bei der eidesstattlichen Versicherung Bruchteil des Auskunftsanspruchs; Insgesamt gilt nur der höhere Wert der Auskunfts- oder Zahlungsstufe.
6.	Versorgungsausgleich		§ 44 Abs. 2 S. 2 FamGKG	Der Verfahrenswert nach § 43 FamGKG erhöht sich:
			§ 50 FamGKG	Abs. 1: Verfahrenswert für jedes Anrecht 10 %, bei Ausgleichsansprüchen nach der Scheidung für jedes Anrecht 20 % des in 3 Monaten erzielten Nettoeinkommens der Ehegatten. Der Wert nach Satz 1 beträgt insgesamt mindestens 1.000 €. Abs. 2: In Verfahren über einen Auskunftsanspruch oder über die Abtretung von Versorgungsansprüchen beträgt der Verfahrenswert 500 €. Abs. 3: Ist der nach den Absätzen 1 und 2 bestimmte Wert nach den besonderen Umständen des Einzelfalls unbillig, kann das Gericht einen höheren oder einen niedrigeren Wert festsetzen.

3 Trennungsunterhalt ist nicht verbundfähig (vgl. § 137 FamFG).
4 Rückstände gem. Abs. 2 sind nicht denkbar.

Gegenstandswerte in familiengerichtlichen Verfahren

Gegenstand	Vorschrift	Bemessung
7. Zuweisung der Ehewohnung	§ 44 Abs. 2 S. 2 FamGKG	Der Verfahrenswert nach § 43 FamGKG erhöht sich:
	§ 48 Abs. 1 Hs. 1, Abs. 3 FamGKG	Festwert: 4.000 € Abs. 3: Ist der Wert nach den besonderen Umständen des Einzelfalls unbillig, kann das Gericht einen höheren oder einen niedrigeren Wert festsetzen; das gilt z.B. bei Zuweisung nur eines Teils der Ehewohnung oder besonders teuren Wohnungen.
8. Zuweisung von Haushaltsgegenständen	§ 44 Abs. 2 S. 2 FamGKG	Der Verfahrenswert nach § 43 FamGKG erhöht sich:
	§ 48 Abs. 2 Hs. 1, Abs. 3 FamGKG	Regelwert: 3.000 € Abs. 3: Ist der Wert nach den besonderen Umständen des Einzelfalls unbillig, kann das Gericht einen höheren oder einen niedrigeren Wert festsetzen, so z.B. bei Zuweisung von nur einzelnen, geringwertigen Sachen.
9. Zugewinnausgleich	§ 44 Abs. 2 S. 2 FamGKG	Der Verfahrenswert nach § 43 FamGKG erhöht sich:
	§ 35, § 44 Abs. 2 S. 3, Abs. 3 FamGKG	Wert des verlangten Ausgleichsanspruchs. Bei wechselseitigen Anträgen auf Zugewinn wird addiert. Es liegt nicht derselbe Streitwert i.S.v. § 39 Abs. 1 S. 3 FamGKG vor.[5]
10. Stundung der Ausgleichsforderung	§ 44 Abs. 2 S. 2 FamGKG	Der Verfahrenswert nach § 43 FamGKG erhöht sich:
	§§ 42, 52 FamGKG	§ 42: Kosten der ersparten Finanzierung.[6] Ohne Anhaltspunkte beträgt der Wert 5.000 €, max. 500.000 €. § 52: Der Wert von Stundungs- und Zahlungsantrag wird zusammengerechnet.

5 So zu den entsprechenden §§ 48 Abs. 1, 45 Abs. 1 S. 3 GKG: OLG Köln FamRZ 2001, 1386 = MDR 2001, 941.
6 OLG Köln AGS 2003, 362 m. Anm. *N. Schneider.*

Gegenstand	Vorschrift	Bemessung
II. Isolierte Verfahren		
1. Elterliche Sorge	§ 45 Abs. 1 Nr. 1, Abs. 2 und 3 FamGKG	Abs. 1 Nr. 1: Regelwert: 4.000 €. Abs. 2: Auch nur ein Gegenstand, wenn mehrere Kinder betroffen sind. Abs. 3: Höherer oder niedrigerer Wert bei Unbilligkeit.
2. Umgangsrecht	§ 45 Abs. 1 Nr. 2, Abs. 2 und 3 FamGKG	Abs. 1 Nr. 2: Regelwert: 4.000 €. Abs. 2: Auch nur ein Gegenstand, wenn mehrere Kinder betroffen sind. Abs. 3: Höherer oder niedrigerer Wert bei Unbilligkeit.
3. Kindesherausgabe	§ 45 Abs. 1 Nr. 3, Abs. 2 und 3 FamGKG	Abs. 1 Nr. 3: Regelwert: 4.000 €. Abs. 2: Auch nur ein Gegenstand, wenn mehrere Kinder betroffen sind. Abs. 3: Höherer oder niedrigerer Wert bei Unbilligkeit.
4. Kindesunterhalt		
a) Hauptsacheverfahren	§ 51 Abs. 1 S. 1 und Abs. 2 FamGKG	Abs. 1 S. 1: Geforderter Betrag der auf die Antragseinreichung folgenden 12 Monate, max. der Gesamtbetrag.
	§ 51 Abs. 1 S. 2 und Abs. 2 FamGKG	Abs. 1 S. 2: Wird Unterhalt als Prozentsatz des jeweiligen Mindestunterhalts verlangt, ist dem Wert nach Satz 1 der Monatsbetrag des zum Zeitpunkt der Einreichung des Antrags geltenden Mindestunterhalts nach der zu diesem Zeitpunkt maßgebenden Altersstufe zugrunde zu legen. Abs. 2: Bei Einreichung fällige Beträge werden hinzugerechnet.

Gegenstand	Vorschrift	Bemessung
b) Vereinfachtes Verfahren nach §§ 249 ff. FamFG	§ 51 Abs. 1 S. 2 und Abs. 2 FamGKG	Abs. 1 S. 2: Prozentsatz des verlangten Mindestunterhalts; maßgebend ist der Wert des Monatsbetrag des zum Zeitpunkt der Einreichung des Antrags geltenden Mindestunterhalts nach der zu diesem Zeitpunkt maßgebenden Altersstufe. Abs. 2: Bei Einreichung fällige Beträge werden hinzugerechnet.
5. Ehegattenunterhalt, nachehelicher	§ 51 Abs. 1 S. 1 und Abs. 2 FamGKG	Abs. 1 S. 1: Geforderter Betrag der auf die Antragseinreichung folgenden 12 Monate, max. der Gesamtbetrag. Abs. 2: Bei Einreichung fällige Beträge werden hinzugerechnet. Kindergeld ist abzuziehen.[7]
6. Trennungsunterhalt	wie Ziff. 5	wie Ziff. 5
7. Unterhaltssachen, die nicht Familienstreitsachen sind (Kindergeldverfahren gem. § 3 Abs. 3 S. 3 BKKG, § 64 Abs. 2 S. 3 EStG)	§ 51 Abs. 3 FamGKG	500 €. Bei Unbilligkeit kann ein höherer Wert festgesetzt werden.
8. Versorgungsausgleich	§ 50 FamGKG	Abs. 1: Verfahrenswert für jedes Anrecht 10 %, bei Ausgleichsansprüchen nach der Scheidung für jedes Anrecht 20 % des in 3 Monaten erzielten Nettoeinkommens der Ehegatten. Der Wert nach Satz 1 beträgt insgesamt mindestens 1.000 €. Abs. 2: In Verfahren über einen Auskunftsanspruch oder über die Abtretung von Versorgungsansprüchen beträgt der Verfahrenswert 500 €. Abs. 3: Ist der nach den Absätzen 1 und 2 bestimmte Wert nach den besonderen Umständen des Einzelfalls unbillig, kann das Gericht einen höheren oder einen niedrigeren Wert festsetzen.

7 OLG München FamRZ 2005, 1766.

Gegenstand	Vorschrift	Bemessung
9. Zuweisung Ehewohnung	§ 48 Abs. 1 Hs. 2, Abs. 3 FamGKG	Regelwert: 3.000 € Abs. 3: Ist der Wert nach den besonderen Umständen des Einzelfalls unbillig, kann das Gericht einen höheren oder einen niedrigeren Wert festsetzen; das gilt z.B. bei Zuweisung nur eines Teils der Ehewohnung oder besonders teuren Wohnungen.
10. Zuweisung von Haushaltsgegenständen	§ 48 Abs. 2 Hs. 2, Abs. 3 FamGKG	Regelwert: 2.000 € Abs. 3: Ist der Wert nach den besonderen Umständen des Einzelfalls unbillig, kann das Gericht einen höheren oder einen niedrigeren Wert festsetzen; das gilt z.B. bei Zuweisung von nur einzelnen, geringwertigen Sachen.
11. Zugewinnausgleich	§ 35, § 44 Abs. 2 S. 3, Abs. 3 FamGKG	Wert des verlangten Ausgleichsanspruchs. Bei wechselseitigen Anträgen auf Zugewinn wird addiert. Es liegt nicht derselbe Streitwert i.S.v. § 39 Abs. 1 S. 3 FamGKG vor.[8]
12. Stundung einer Ausgleichsforderung	§§ 42, 52 FamGKG	§ 42: Kosten der ersparten Finanzierung.[9] Ohne Anhaltspunkte beträgt der Wert 5.000 €, max. 500.000 €. § 52: Der Wert von Stundungs- und Zahlungsantrag wird zusammengerechnet.
13. Abstammungssachen	§ 47 FamGKG	Abs. 1: Solche nach § 169 Nr. 1 und 4 FamFG: Regelwert: 2.000 €, in den übrigen: 1.000 €. Abs. 2: Bei Unbilligkeit höher oder niedriger.
14. Gewaltschutzsachen	§ 49 FamGKG	Abs. 1: In Gewaltschutzsachen nach § 1 GewSchG und in Verfahren nach dem EUGewSchVG: 2.000 €, nach § 2 GewSchG: 3.000 €. Abs. 2: Bei Unbilligkeit höher oder niedriger.

8 So zu den entsprechenden §§ 48 Abs. 1, 45 Abs. 1 S. 3 GKG: OLG Köln FamRZ 2001, 1386 = MDR 2001, 941.
9 OLG Köln AGS 2003, 362 m. Anm. *N. Schneider*.

Gegenstand	Vorschrift	Bemessung
15. Zustimmung zu einer bestimmten steuerlichen Veranlagung	§§ 35, 42 FamGKG	Wert des zu erwartenden Steuervorteils ohne Abschlag.[10]
16. Verfahrenskostenvorschuss	§ 35 FamGKG	Wert des verlangten Vorschusses.

III. Einstweilige Anordnungsverfahren

Diese sind nach dem FamFG unabhängig von der Anhängigkeit einer entsprechenden Hauptsache möglich, §§ 49 ff. FamFG. Einer gesonderten Regelung für die Werte der verschiedenen Verfahren bedarf es daher nicht.

Der **Wert** für die einstweilige Anordnung ist gem. § 41 FamGKG in der Regel unter Berücksichtigung der geringeren Bedeutung gegenüber der Hauptsache zu ermäßigen. Dabei ist grundsätzlich von der Hälfte des für die Hauptsache bestimmten Werts auszugehen.

Die in der vorstehenden Tabelle aufgeführten Werte ermäßigen sich daher regelmäßig auf die jeweilige Hälfte der dort angegebenen Werte.

IV. Verfahrenskostenhilfe-Prüfungsverfahren

Die erstinstanzlichen Verfahren sind gerichtsgebührenfrei. Für die Zurückweisung oder Verwerfung der sofortigen Beschwerde entsteht aber eine Gebühr nach KV FamGKG Nr. 1912 i.H.v. 66 €.

Der Gegenstandswert für die Anwaltsgebühren ergibt sich aus § 23a RVG (Hauptsachewert bzw. Kosteninteresse).

V. Außergerichtliche Tätigkeiten

Bei außergerichtlichen Tätigkeiten in Familiensachen ist gem. § 23 Abs. 1 S. 3 RVG zu prüfen, ob der Gegenstand der Tätigkeit auch Gegenstand eines gerichtlichen Verfahrens sein könnte. Wird das bejaht, gelten die o.g. Wertvorschriften auch entsprechend für die Tätigkeit außerhalb eines gerichtlichen Verfahrens. Wird das verneint, gilt § 23 Abs. 3 RVG.

10 OLG Düsseldorf JurBüro 1995, 254.

11. Gerichtskostengesetz (GKG)

in der Fassung der Bekanntmachung vom 27.2.2014, BGBl. I S. 154

zuletzt geändert durch das Gesetz zur Änderung des Gesetzes gegen Wettbewerbsbeschränkungen für ein fokussiertes, proaktives und digitales Wettbewerbsrecht 4.0 und anderer Bestimmungen (GWB-Digitalisierungsgesetz) vom 18.1.2021, BGBl. I S. 2

– Auszug –

Abschnitt 6: Gebührenvorschriften

§ 34 Wertgebühren

(1) [1]Wenn sich die Gebühren nach dem Streitwert richten, beträgt bei einem Streitwert bis 500 Euro die Gebühr 38 Euro. [2]Die Gebühr erhöht sich bei einem

Streitwert bis ... Euro	für jeden angefangenen Betrag von weiteren ... Euro	um ... Euro
2 000	500	20
10 000	1 000	21
25 000	3 000	29
50 000	5 000	38
200 000	15 000	132
500 000	30 000	198
über 500 000	50 000	198.

[3]Eine Gebührentabelle für Streitwerte bis 500 000 Euro ist diesem Gesetz als Anlage 2 beigefügt.

(2) Der Mindestbetrag einer Gebühr ist 15 Euro.

§ 35 Einmalige Erhebung der Gebühren

Die Gebühr für das Verfahren im Allgemeinen und die Gebühr für eine Entscheidung werden in jedem Rechtszug hinsichtlich eines jeden Teils des Streitgegenstands nur einmal erhoben.

§ 36 Teile des Streitgegenstands

(1) Für Handlungen, die einen Teil des Streitgegenstands betreffen, sind die Gebühren nur nach dem Wert dieses Teils zu berechnen.

(2) Sind von einzelnen Wertteilen in demselben Rechtszug für gleiche Handlungen Gebühren zu berechnen, darf nicht mehr erhoben werden, als wenn die Gebühr von dem Gesamtbetrag der Wertteile zu berechnen wäre.

(3) Sind für Teile des Gegenstands verschiedene Gebührensätze anzuwenden, sind die Gebühren für die Teile gesondert zu berechnen; die aus dem Gesamtbetrag der Wertteile nach dem höchsten Gebührensatz berechnete Gebühr darf jedoch nicht überschritten werden.

§ 37 Zurückverweisung

Wird eine Sache zur anderweitigen Verhandlung an das Gericht des unteren Rechtszugs zurückverwiesen, bildet das weitere Verfahren mit dem früheren Verfahren vor diesem Gericht im Sinne des § 35 einen Rechtszug.

§ 38 Verzögerung des Rechtsstreits

[1]Wird außer im Fall des § 335 der Zivilprozessordnung durch Verschulden des Klägers, des Beklagten oder eines Vertreters die Vertagung einer mündlichen Verhandlung oder die Anberaumung eines neuen Termins zur mündlichen Verhandlung nötig oder ist die Erledigung des Rechtsstreits durch nachträgliches Vorbringen von Angriffs- oder Verteidigungsmitteln, Beweismitteln oder Beweiseinreden, die früher vorgebracht werden konnten, verzögert worden, kann das Gericht dem Kläger oder dem Beklagten von Amts wegen eine besondere Gebühr mit einem Gebührensatz von 1,0 auferlegen. [2]Die Gebühr kann bis auf einen Gebührensatz von 0,3 ermäßigt werden. [3]Dem Kläger, dem Beklagten oder dem Vertreter stehen gleich der Nebenintervenient, der Beigeladene, der Vertreter des Bundesinteresses beim Bundesverwaltungsgericht und der Vertreter des öffentlichen Interesses sowie ihre Vertreter.

Abschnitt 7: Wertvorschriften

Unterabschnitt 1: Allgemeine Wertvorschriften

§ 39 Grundsatz

(1) In demselben Verfahren und in demselben Rechtszug werden die Werte mehrerer Streitgegenstände zusammengerechnet, soweit nichts anderes bestimmt ist.

(2) Der Streitwert beträgt höchstens 30 Millionen Euro, soweit kein niedrigerer Höchstwert bestimmt ist.

§ 40 Zeitpunkt der Wertberechnung

Für die Wertberechnung ist der Zeitpunkt der den jeweiligen Streitgegenstand betreffenden Antragstellung maßgebend, die den Rechtszug einleitet.

§ 41 Miet-, Pacht- und ähnliche Nutzungsverhältnisse

(1) [1]Ist das Bestehen oder die Dauer eines Miet-, Pacht- oder ähnlichen Nutzungsverhältnisses streitig, ist der Betrag des auf die streitige Zeit entfallenden Entgelts und, wenn das einjährige Entgelt geringer ist, dieser Betrag für die Wertberechnung maßgebend. [2]Das Entgelt nach Satz 1 umfasst neben dem Nettogrundentgelt Nebenkosten dann, wenn diese als Pauschale vereinbart sind und nicht gesondert abgerechnet werden.

(2) [1]Wird wegen Beendigung eines Miet-, Pacht- oder ähnlichen Nutzungsverhältnisses die Räumung eines Grundstücks, Gebäudes oder Gebäudeteils verlangt, ist ohne Rücksicht darauf, ob über das Bestehen des Nutzungsverhältnisses Streit besteht, das für die Dauer eines Jahres zu zahlende Entgelt maßgebend, wenn sich nicht nach Absatz 1 ein geringerer Streitwert ergibt. [2]Wird die Räumung oder Herausgabe auch aus einem anderen Rechtsgrund verlangt, ist der Wert der Nutzung eines Jahres maßgebend.

(3) Werden der Anspruch auf Räumung von Wohnraum und der Anspruch nach den §§ 574 bis 574b des Bürgerlichen Gesetzbuchs auf Fortsetzung des Mietverhältnisses über diesen Wohnraum in demselben Prozess verhandelt, werden die Werte nicht zusammengerechnet.

(4) Bei Ansprüchen nach den §§ 574 bis 574b des Bürgerlichen Gesetzbuchs ist auch für die Rechtsmittelinstanz der für den ersten Rechtszug maßgebende Wert zugrunde zu legen, sofern nicht die Beschwer geringer ist.

(5) [1]Bei Ansprüchen auf Erhöhung der Miete für Wohnraum ist der Jahresbetrag der zusätzlich geforderten Miete, bei Feststellung einer Minderung der Miete für Wohnraum der Jahresbetrag der Mietminderung, bei Ansprüchen des Mieters auf Durchführung von Instandsetzungsmaßnahmen der Jahresbetrag einer angemessenen Mietminderung und bei Ansprüchen des Vermieters auf Duldung einer Durchführung von Modernisierungs- oder Erhaltungsmaßnahmen der Jahresbetrag einer möglichen Mieterhöhung, in Ermangelung dessen einer sonst möglichen Mietminderung durch den Mieter maßgebend. [2]Endet das Mietverhältnis vor Ablauf eines Jahres, ist ein entsprechend niedrigerer Betrag maßgebend.

§ 42 Wiederkehrende Leistungen

(1) [1]Bei Ansprüchen auf wiederkehrende Leistungen aus einem öffentlich-rechtlichen Dienst- oder Amtsverhältnis, einer Dienstpflicht oder einer Tätigkeit, die anstelle einer gesetzlichen Dienstpflicht geleistet werden kann, bei Ansprüchen von Arbeitnehmern auf wiederkehrende Leistungen sowie in Verfahren vor Gerichten der Sozialgerichtsbarkeit, in denen Ansprüche auf wiederkehrende Leistungen dem Grunde oder der Höhe nach geltend gemacht oder abgewehrt werden, ist der dreifache Jahresbetrag der wiederkehrenden Leistungen maßgebend, wenn nicht der Gesamtbetrag der geforderten Leistungen geringer ist. [2]Ist im Verfahren vor den Gerichten der Verwaltungs- und Sozialgerichtsbarkeit die Höhe des Jahresbetrags nicht nach dem Antrag des Klägers bestimmt oder nach diesem Antrag mit vertretbarem Aufwand bestimmbar, ist der Streitwert nach § 52 Abs. 1 und 2 zu bestimmen.

(2) [1]Für die Wertberechnung bei Rechtsstreitigkeiten vor den Gerichten für Arbeitssachen über das Bestehen, das Nichtbestehen oder die Kündigung eines Arbeitsverhältnisses ist höchstens der Betrag des für die Dauer eines Vierteljahres zu leistenden Arbeitsentgelts maßgebend; eine Abfindung wird nicht hinzugerechnet. [2]Bei Rechtsstreitigkeiten über Eingruppierungen ist der Wert des dreijährigen Unterschiedsbetrags zur begehrten Vergütung maßgebend, sofern nicht der Gesamtbetrag der geforderten Leistungen geringer ist.

(3) [1]Die bei Einreichung der Klage fälligen Beträge werden dem Streitwert hinzugerechnet; dies gilt nicht in Rechtsstreitigkeiten vor den Gerichten für Arbeitssachen. [2]Der Einreichung der Klage steht die Einreichung eines Antrags auf Bewilligung der Prozesskostenhilfe gleich, wenn die Klage alsbald nach Mitteilung der Entscheidung über den Antrag oder über eine alsbald eingelegte Beschwerde eingereicht wird.

§ 43 Nebenforderungen

(1) Sind außer dem Hauptanspruch auch Früchte, Nutzungen, Zinsen oder Kosten als Nebenforderungen betroffen, wird der Wert der Nebenforderungen nicht berücksichtigt.

(2) Sind Früchte, Nutzungen, Zinsen oder Kosten als Nebenforderungen ohne den Hauptanspruch betroffen, ist der Wert der Nebenforderungen maßgebend, soweit er den Wert des Hauptanspruchs nicht übersteigt.

(3) Sind die Kosten des Rechtsstreits ohne den Hauptanspruch betroffen, ist der Betrag der Kosten maßgebend, soweit er den Wert des Hauptanspruchs nicht übersteigt.

§ 44 Stufenklage

Wird mit der Klage auf Rechnungslegung oder auf Vorlegung eines Vermögensverzeichnisses oder auf Abgabe einer eidesstattlichen Versicherung die Klage auf Herausgabe desjenigen verbunden, was der Beklagte aus dem zugrunde liegenden Rechtsverhältnis schuldet, ist für die Wertberechnung nur einer der verbundenen Ansprüche, und zwar der höhere, maßgebend.

§ 45 Klage und Widerklage, Hilfsanspruch, wechselseitige Rechtsmittel, Aufrechnung

(1) [1]In einer Klage und in einer Widerklage geltend gemachte Ansprüche, die nicht in getrennten Prozessen verhandelt werden, werden zusammengerechnet. [2]Ein hilfsweise geltend gemachter Anspruch wird mit dem Hauptanspruch zusammengerechnet, soweit eine Entscheidung über ihn ergeht. [3]Betreffen die Ansprüche im Fall des Satzes 1 oder 2 denselben Gegenstand, ist nur der Wert des höheren Anspruchs maßgebend.

(2) Für wechselseitig eingelegte Rechtsmittel, die nicht in getrennten Prozessen verhandelt werden, ist Absatz 1 Satz 1 und 3 entsprechend anzuwenden.

(3) Macht der Beklagte hilfsweise die Aufrechnung mit einer bestrittenen Gegenforderung geltend, erhöht sich der Streitwert um den Wert der Gegenforderung, soweit eine der Rechtskraft fähige Entscheidung über sie ergeht.

(4) Bei einer Erledigung des Rechtsstreits durch Vergleich sind die Absätze 1 bis 3 entsprechend anzuwenden.

§ 46 (aufgehoben)

§ 47 Rechtsmittelverfahren

(1) [1]Im Rechtsmittelverfahren bestimmt sich der Streitwert nach den Anträgen des Rechtsmittelführers. [2]Endet das Verfahren, ohne dass solche Anträge eingereicht werden, oder werden, wenn eine Frist für die Rechtsmittelbegründung vorgeschrieben ist, innerhalb dieser Frist Rechtsmittelanträge nicht eingereicht, ist die Beschwer maßgebend.

(2) [1]Der Streitwert ist durch den Wert des Streitgegenstands des ersten Rechtszugs begrenzt. [2]Das gilt nicht, soweit der Streitgegenstand erweitert wird.

(3) Im Verfahren über den Antrag auf Zulassung des Rechtsmittels und im Verfahren über die Beschwerde gegen die Nichtzulassung des Rechtsmittels ist Streitwert der für das Rechtsmittelverfahren maßgebende Wert.

Unterabschnitt 2: Besondere Wertvorschriften

§ 48 Bürgerliche Rechtsstreitigkeiten

(1) [1]In bürgerlichen Rechtsstreitigkeiten richten sich die Gebühren nach den für die Zuständigkeit des Prozessgerichts oder die Zulässigkeit des Rechtsmittels geltenden Vorschriften über den Wert des Streitgegenstands, soweit nichts anderes bestimmt ist. [2]In Musterfeststellungsklagen nach Buch 6 der Zivilprozessordnung und in Rechtsstreitigkeiten aufgrund des Unterlassungsklagengesetzes darf der Streitwert 250 000 Euro nicht übersteigen.

(2) [1]In nichtvermögensrechtlichen Streitigkeiten ist der Streitwert unter Berücksichtigung aller Umstände des Einzelfalls, insbesondere des Umfangs und der Bedeutung der Sache und der Vermögens- und Einkommensverhältnisse der Parteien, nach Ermessen zu bestimmen. [2]Der Wert darf nicht über eine Million Euro angenommen werden.

(3) Ist mit einem nichtvermögensrechtlichen Anspruch ein aus ihm hergeleiteter vermögensrechtlicher Anspruch verbunden, ist nur ein Anspruch, und zwar der höhere, maßgebend.

§ 49 Beschlussklagen nach dem Wohnungseigentumsgesetz

[1]Der Streitwert in Verfahren nach § 44 Absatz 1 des Wohnungseigentumsgesetzes ist auf das Interesse aller Wohnungseigentümer an der Entscheidung festzusetzen. [2]Er darf den siebeneinhalbfachen Wert des Interesses des Klägers und der auf seiner Seite Beigetretenen sowie den Verkehrswert ihres Wohnungseigentums nicht übersteigen.

§ 49a (aufgehoben)

§ 50 Bestimmte Beschwerdeverfahren

(1) [1]In folgenden Verfahren bestimmt sich der Wert nach § 3 der Zivilprozessordnung:

1. über Beschwerden gegen Verfügungen der Kartellbehörden und über Rechtsbeschwerden (§§ 73 und 77 des Gesetzes gegen Wettbewerbsbeschränkungen),
2. über Beschwerden gegen Entscheidungen der Regulierungsbehörde und über Rechtsbeschwerden (§§ 75 und 86 des Energiewirtschaftsgesetzes oder § 35 Absatz 3 und 4 des Kohlendioxid-Speicherungsgesetzes),
3. über Beschwerden gegen Verfügungen der Bundesanstalt für Finanzdienstleistungsaufsicht (§ 48 des Wertpapiererwerbs- und Übernahmegesetzes) und § 113 Absatz 1 des Wertpapierhandelsgesetzes und
4. über Beschwerden gegen Entscheidungen der zuständigen Behörde und über Rechtsbeschwerden (§§ 13 und 24 des EU-Verbraucherschutzdurchführungsgesetzes).

[2]Im Verfahren über Beschwerden eines Beigeladenen (§ 54 Abs. 2 Nr. 3 des Gesetzes gegen Wettbewerbsbeschränkungen, § 79 Abs. 1 Nr. 3 des Energiewirtschaftsgesetzes und § 16 Nr. 3 des EU-Verbraucherschutzdurchführungsgesetzes) ist der Streitwert unter Berücksichtigung der sich für den Beigeladenen ergebenden Bedeutung der Sache nach Ermessen zu bestimmen.

(2) Im Verfahren über die Beschwerde gegen die Entscheidung der Vergabekammer (§ 171 des Gesetzes gegen Wettbewerbsbeschränkungen) einschließlich des Verfahrens über den Antrag nach § 169 Absatz 2 Satz 5 und 6, Absatz 4 Satz 2, § 173 Absatz 1 Satz 3 und nach § 176 des Gesetzes gegen Wettbewerbsbeschränkungen beträgt der Streitwert 5 Prozent der Bruttoauftragssumme.

§ 51 Gewerblicher Rechtsschutz

(1) In Rechtsmittelverfahren des gewerblichen Rechtsschutzes (§ 1 Absatz 1 Satz 1 Nummer 14) und in Verfahren über Ansprüche nach dem Patentgesetz, dem Gebrauchsmustergesetz, dem Markengesetz, dem Designgesetz, dem Halbleiterschutzgesetz und dem Sortenschutzgesetz ist der Wert nach billigem Ermessen zu bestimmen.

(2) In Verfahren über Ansprüche nach dem Gesetz gegen den unlauteren Wettbewerb und nach dem Gesetz zum Schutz von Geschäftsgeheimnissen ist, soweit nichts anderes bestimmt ist, der Streitwert nach der sich aus dem Antrag des Klägers für ihn ergebenden Bedeutung der Sache nach Ermessen zu bestimmen.

(3) [1]Ist die Bedeutung der Sache für den Beklagten erheblich geringer zu bewerten als der nach Absatz 2 ermittelte Streitwert, ist dieser angemessen zu mindern. [2]Bietet der Sach- und Streitstand für die Bestimmung des Streitwerts hinsichtlich des Beseitigungs- oder Unterlassungsanspruchs keine genügenden Anhaltspunkte, ist insoweit ein Streitwert von 1 000 Euro anzunehmen. [3]Dieser Wert ist auch anzunehmen, wenn die dem Rechtsstreit zugrunde liegende Zuwiderhandlung angesichts ihrer Art, ihres Ausmaßes und ihrer Folgen die Interessen von Verbrauchern, Mitbewerbern oder sonstigen Marktteilnehmern in nur unerheblichem Maße beeinträchtigt. [4]Der nach Satz 2 oder Satz 3 anzunehmende Wert ist auch maßgebend, wenn in den dort genannten Fällen die Ansprüche auf Beseitigung und Unterlassung nebeneinander geltend gemacht werden.

(4) Im Verfahren des einstweiligen Rechtsschutzes ist der sich aus den Absätzen 2 und 3 ergebende Wert in der Regel unter Berücksichtigung der geringeren Bedeutung gegenüber der Hauptsache zu ermäßigen.

(5) Die Vorschriften über die Anordnung der Streitwertbegünstigung (§ 12 Absatz 3 des Gesetzes gegen den unlauteren Wettbewerb, § 144 des Patentgesetzes, § 26 des Gebrauchsmustergesetzes, § 142 des Markengesetzes, § 54 des Designgesetzes, § 22 des Gesetzes zum Schutz von Geschäftsgeheimnissen) sind anzuwenden.

§ 51a Verfahren nach dem Kapitalanleger-Musterverfahrensgesetz

(1) Für die Anmeldung eines Anspruchs zum Musterverfahren (§ 10 Absatz 2 des Kapitalanleger- Musterverfahrensgesetzes) bestimmt sich der Wert nach der Höhe des Anspruchs.

(2) Im Rechtsbeschwerdeverfahren ist bei der Bestimmung des Streitwerts von der Summe der in sämtlichen nach § 8 des Kapitalanleger-Musterverfahrensgesetzes ausgesetzten Verfahren geltend gemachten Ansprüche auszugehen, soweit diese von den Feststellungszielen des Musterverfahrens betroffen sind.

(3) Der Musterkläger und die Beigeladenen schulden im Rechtsbeschwerdeverfahren Gerichtsgebühren jeweils nur nach dem Wert, der sich aus den von ihnen im Ausgangsver-

fahren geltend gemachten Ansprüchen, die von den Feststellungszielen des Musterverfahrens betroffen sind, ergibt.

(4) Die Musterbeklagten schulden im Rechtsbeschwerdeverfahren Gerichtsgebühren jeweils nur nach dem Wert, der sich aus den gegen sie im Ausgangsverfahren geltend gemachten Ansprüchen, die von den Feststellungszielen des Musterverfahrens betroffen sind, ergibt.

§ 52 Verfahren vor Gerichten der Verwaltungs-, Finanz- und Sozialgerichtsbarkeit

(1) In Verfahren vor den Gerichten der Verwaltungs-, Finanz- und Sozialgerichtsbarkeit ist, soweit nichts anderes bestimmt ist, der Streitwert nach der sich aus dem Antrag des Klägers für ihn ergebenden Bedeutung der Sache nach Ermessen zu bestimmen.

(2) Bietet der Sach- und Streitstand für die Bestimmung des Streitwerts keine genügenden Anhaltspunkte, ist ein Streitwert von 5 000 Euro anzunehmen.

(3) [1]Betrifft der Antrag des Klägers eine bezifferte Geldleistung oder einen hierauf bezogenen Verwaltungsakt, ist deren Höhe maßgebend. [2]Hat der Antrag des Klägers offensichtlich absehbare Auswirkungen auf künftige Geldleistungen oder auf noch zu erlassende, auf derartige Geldleistungen bezogene Verwaltungsakte, ist die Höhe des sich aus Satz 1 ergebenden Streitwerts um den Betrag der offensichtlich absehbaren zukünftigen Auswirkungen für den Kläger anzuheben, wobei die Summe das Dreifache des Werts nach Satz 1 nicht übersteigen darf. [3]In Verfahren in Kindergeldangelegenheiten vor den Gerichten der Finanzgerichtsbarkeit ist § 42 Absatz 1 Satz 1 und Absatz 3 entsprechend anzuwenden; an die Stelle des dreifachen Jahresbetrags tritt der einfache Jahresbetrag.

(4) In Verfahren

1. vor den Gerichten der Finanzgerichtsbarkeit, mit Ausnahme der Verfahren nach § 155 Satz 2 der Finanzgerichtsordnung und der Verfahren in Kindergeldangelegenheiten, darf der Streitwert nicht unter 1 500 Euro,
2. vor den Gerichten der Sozialgerichtsbarkeit und bei Rechtsstreitigkeiten nach dem Krankenhausfinanzierungsgesetz nicht über 2 500 000 Euro,
3. vor den Gerichten der Verwaltungsgerichtsbarkeit über Ansprüche nach dem Vermögensgesetz nicht über 500 000 Euro und
4. bei Rechtsstreitigkeiten nach § 36 Absatz 6 Satz 1 des Pflegeberufegesetzes nicht über 1 500 000 Euro

angenommen werden.

(5) Solange in Verfahren vor den Gerichten der Finanzgerichtsbarkeit der Wert nicht festgesetzt ist und sich der nach den Absätzen 3 und 4 Nummer 1 maßgebende Wert auch nicht unmittelbar aus den gerichtlichen Verfahrensakten ergibt, sind die Gebühren vorläufig nach dem in Absatz 4 Nummer 1 bestimmten Mindestwert zu bemessen.

(6) [1]In Verfahren, die die Begründung, die Umwandlung, das Bestehen, das Nichtbestehen oder die Beendigung eines besoldeten öffentlich-rechtlichen Dienst- oder Amtsverhältnisses betreffen, ist Streitwert

1. die Summe der für ein Kalenderjahr zu zahlenden Bezüge mit Ausnahme nicht ruhegehaltsfähiger Zulagen, wenn Gegenstand des Verfahrens ein Dienst- oder Amtsverhältnis auf Lebenszeit ist,

2. im Übrigen die Hälfte der für ein Kalenderjahr zu zahlenden Bezüge mit Ausnahme nicht ruhegehaltsfähiger Zulagen.

[2]Maßgebend für die Berechnung ist das laufende Kalenderjahr. [3]Bezügebestandteile, die vom Familienstand oder von Unterhaltsverpflichtungen abhängig sind, bleiben außer Betracht. [4]Betrifft das Verfahren die Verleihung eines anderen Amts oder den Zeitpunkt einer Versetzung in den Ruhestand, ist Streitwert die Hälfte des sich nach den Sätzen 1 bis 3 ergebenden Betrags.

(7) Ist mit einem in Verfahren nach Absatz 6 verfolgten Klagebegehren ein aus ihm hergeleiteter vermögensrechtlicher Anspruch verbunden, ist nur ein Klagebegehren, und zwar das wertmäßig höhere, maßgebend.

(8) Dem Kläger steht gleich, wer sonst das Verfahren des ersten Rechtszugs beantragt hat.

§ 53 Einstweiliger Rechtsschutz und Verfahren nach § 148 Abs. 1 und 2 des Aktiengesetzes

(1) In folgenden Verfahren bestimmt sich der Wert nach § 3 der Zivilprozessordnung:

1. über die Anordnung eines Arrests, zur Erwirkung eines Europäischen Beschlusses zur vorläufigen Kontenpfändung, wenn keine Festgebühren bestimmt sind, und auf Erlass einer einstweiligen Verfügung sowie im Verfahren über die Aufhebung, den Widerruf oder die Abänderung der genannten Entscheidungen,
2. über den Antrag auf Zulassung der Vollziehung einer vorläufigen oder sichernden Maßnahme des Schiedsgerichts,
3. auf Aufhebung oder Abänderung einer Entscheidung auf Zulassung der Vollziehung (§ 1041 der Zivilprozessordnung),
4. nach § 47 Absatz 5 des Energiewirtschaftsgesetzes über gerügte Rechtsverletzungen, der Wert beträgt höchstens 100 000 Euro, und
5. nach § 148 Abs. 1 und 2 des Aktiengesetzes; er darf jedoch ein Zehntel des Grundkapitals oder Stammkapitals des übertragenden oder formwechselnden Rechtsträgers oder, falls der übertragende oder formwechselnde Rechtsträger ein Grundkapital oder Stammkapital nicht hat, ein Zehntel des Vermögens dieses Rechtsträgers, höchstens jedoch 500 000 Euro, nur insoweit übersteigen, als die Bedeutung der Sache für die Parteien höher zu bewerten ist.

(2) In folgenden Verfahren bestimmt sich der Wert nach § 52 Abs. 1 und 2:

1. über einen Antrag auf Erlass, Abänderung oder Aufhebung einer einstweiligen Anordnung nach § 123 der Verwaltungsgerichtsordnung oder § 114 der Finanzgerichtsordnung,
2. nach § 47 Abs. 6, § 80 Abs. 5 bis 8, § 80a Abs. 3 oder § 80b Abs. 2 und 3 der Verwaltungsgerichtsordnung,
3. nach § 69 Abs. 3, 5 der Finanzgerichtsordnung,
4. nach § 86b des Sozialgerichtsgesetzes und
5. nach § 50 Abs. 3 bis 5 des Wertpapiererwerbs- und Übernahmegesetzes.

§ 53a Sanierungs- und Reorganisationsverfahren nach dem Kreditinstitute-Reorganisationsgesetz

Die Gebühren im Sanierungs- und Reorganisationsverfahren werden nach der Bilanzsumme des letzten Jahresabschlusses vor der Stellung des Antrags auf Durchführung des Sanierungs- oder Reorganisationsverfahrens erhoben.

§ 54 Zwangsversteigerung

(1) [1]Bei der Zwangsversteigerung von Grundstücken sind die Gebühren für das Verfahren im Allgemeinen und für die Abhaltung des Versteigerungstermins nach dem gemäß § 74a Abs. 5 des Gesetzes über die Zwangsversteigerung und die Zwangsverwaltung festgesetzten Wert zu berechnen. [2]Ist ein solcher Wert nicht festgesetzt, ist der Einheitswert maßgebend. [3]Weicht der Gegenstand des Verfahrens vom Gegenstand der Einheitsbewertung wesentlich ab oder hat sich der Wert infolge bestimmter Umstände, die nach dem Feststellungszeitpunkt des Einheitswerts eingetreten sind, wesentlich verändert oder ist ein Einheitswert noch nicht festgestellt, ist der nach den Grundsätzen der Einheitsbewertung geschätzte Wert maßgebend. [4]Wird der Einheitswert nicht nachgewiesen, ist das Finanzamt um Auskunft über die Höhe des Einheitswerts zu ersuchen; § 30 der Abgabenordnung steht der Auskunft nicht entgegen.

(2) [1]Die Gebühr für die Erteilung des Zuschlags bestimmt sich nach dem Gebot ohne Zinsen, für das der Zuschlag erteilt ist, einschließlich des Werts der nach den Versteigerungsbedingungen bestehen bleibenden Rechte zuzüglich des Betrags, in dessen Höhe der Ersteher nach § 114a des Gesetzes über die Zwangsversteigerung und die Zwangsverwaltung als aus dem Grundstück befriedigt gilt. [2]Im Fall der Zwangsversteigerung zur Aufhebung einer Gemeinschaft vermindert sich der Wert nach Satz 1 um den Anteil des Erstehers an dem Gegenstand des Verfahrens; bei Gesamthandeigentum ist jeder Mitberechtigte wie ein Eigentümer nach dem Verhältnis seines Anteils anzusehen.

(3) [1]Die Gebühr für das Verteilungsverfahren bestimmt sich nach dem Gebot ohne Zinsen, für das der Zuschlag erteilt ist, einschließlich des Werts der nach den Versteigerungsbedingungen bestehen bleibenden Rechte. [2]Der Erlös aus einer gesonderten Versteigerung oder sonstigen Verwertung (§ 65 des Gesetzes über die Zwangsversteigerung und die Zwangsverwaltung) wird hinzugerechnet.

(4) Sind mehrere Gegenstände betroffen, ist der Gesamtwert maßgebend.

(5) [1]Bei Zuschlägen an verschiedene Ersteher wird die Gebühr für die Erteilung des Zuschlags von jedem Ersteher nach dem Wert der auf ihn entfallenden Gegenstände erhoben. [2]Eine Bietergemeinschaft gilt als ein Ersteher.

§ 55 Zwangsverwaltung

Die Gebühr für die Durchführung des Zwangsverwaltungsverfahrens bestimmt sich nach dem Gesamtwert der Einkünfte.

§ 56 Zwangsversteigerung von Schiffen, Schiffsbauwerken, Luftfahrzeugen und grundstücksgleichen Rechten

Die §§ 54 und 55 gelten entsprechend für die Zwangsversteigerung von Schiffen, Schiffsbauwerken und Luftfahrzeugen sowie für die Zwangsversteigerung und die Zwangsverwaltung von Rechten, die den Vorschriften der Zwangsvollstreckung in das unbewegliche Vermögen unterliegen, einschließlich der unbeweglichen Kuxe.

§ 57 Zwangsliquidation einer Bahneinheit

Bei der Zwangsliquidation einer Bahneinheit bestimmt sich die Gebühr für das Verfahren nach dem Gesamtwert der Bestandteile der Bahneinheit.

§ 58 Insolvenzverfahren

(1) [1]Die Gebühren für den Antrag auf Eröffnung des Insolvenzverfahrens und für die Durchführung des Insolvenzverfahrens werden nach dem Wert der Insolvenzmasse zur Zeit der Beendigung des Verfahrens erhoben. [2]Gegenstände, die zur abgesonderten Befriedigung dienen, werden nur in Höhe des für diese nicht erforderlichen Betrags angesetzt. [3]Wird das Unternehmen des Schuldners fortgeführt, so ist von den bei der Fortführung erzielten Einnahmen nur der Überschuss zu berücksichtigen, der sich nach Abzug der Ausgaben ergibt. [4]Dies gilt auch, wenn nur Teile des Unternehmens fortgeführt werden.

(2) Ist der Antrag auf Eröffnung des Insolvenzverfahrens von einem Gläubiger gestellt, wird die Gebühr für das Verfahren über den Antrag nach dem Betrag seiner Forderung, wenn jedoch der Wert der Insolvenzmasse geringer ist, nach diesem Wert erhoben.

(3) [1]Bei der Beschwerde des Schuldners oder des ausländischen Insolvenzverwalters gegen die Eröffnung des Insolvenzverfahrens oder gegen die Abweisung des Eröffnungsantrags mangels Masse gilt Absatz 1. [2]Bei der Beschwerde eines Gläubigers gegen die Eröffnung des Insolvenzverfahrens oder gegen die Abweisung des Eröffnungsantrags gilt Absatz 2.

(4) Im Verfahren über einen Antrag nach Artikel 36 Absatz 7 Satz 2 der Verordnung (EU) 2015/848 bestimmt sich der Wert nach dem Mehrbetrag, den der Gläubiger bei der Verteilung anstrebt.

(5) Im Verfahren über Anträge nach Artikel 36 Absatz 9 der Verordnung (EU) 2015/848 bestimmt sich der Wert nach dem Betrag der Forderung des Gläubigers.

(6) Im Verfahren über die sofortige Beschwerde nach Artikel 102c § 26 des Einführungsgesetzes zur Insolvenzordnung gegen die Entscheidung über die Kosten des Gruppen-Koordinationsverfahrens bestimmt sich der Wert nach der Höhe der Kosten.

§ 59 Verteilungsverfahren nach der Schifffahrtsrechtlichen Verteilungsordnung

[1]Die Gebühren für den Antrag auf Eröffnung des Verteilungsverfahrens nach der Schifffahrtsrechtlichen Verteilungsordnung und für die Durchführung des Verteilungsverfahrens richten sich nach dem Betrag der festgesetzten Haftungssumme. [2]Ist diese höher als der Gesamtbetrag der Ansprüche, für deren Gläubiger das Recht auf Teilnahme an dem Verteilungsverfahren festgestellt wird, richten sich die Gebühren nach dem Gesamtbetrag der Ansprüche.

§ 60 Gerichtliche Verfahren nach dem Strafvollzugsgesetz, auch in Verbindung mit § 92 des Jugendgerichtsgesetzes

Für die Bestimmung des Werts in gerichtlichen Verfahren nach dem Strafvollzugsgesetz, auch in Verbindung mit § 92 des Jugendgerichtsgesetzes, ist § 52 Abs. 1 bis 3 entsprechend anzuwenden; im Verfahren über den Antrag auf Aussetzung des Vollzugs einer Maßnahme der Vollzugsbehörde oder auf Erlass einer einstweiligen Anordnung gilt § 52 Abs. 1 und 2 entsprechend.

Unterabschnitt 3: Wertfestsetzung

§ 61 Angabe des Werts

[1]Bei jedem Antrag ist der Streitwert, sofern dieser nicht in einer bestimmten Geldsumme besteht, kein fester Wert bestimmt ist oder sich nicht aus früheren Anträgen ergibt, und nach Aufforderung auch der Wert eines Teils des Streitgegenstands schriftlich oder zu Protokoll der Geschäftsstelle anzugeben. [2]Die Angabe kann jederzeit berichtigt werden.

§ 62 Wertfestsetzung für die Zuständigkeit des Prozessgerichts oder die Zulässigkeit des Rechtsmittels

[1]Ist der Streitwert für die Entscheidung über die Zuständigkeit des Prozessgerichts oder die Zulässigkeit des Rechtsmittels festgesetzt, ist die Festsetzung auch für die Berechnung der Gebühren maßgebend, soweit die Wertvorschriften dieses Gesetzes nicht von den Wertvorschriften des Verfahrensrechts abweichen. [2]Satz 1 gilt nicht in Verfahren vor den Gerichten für Arbeitssachen.

§ 63 Wertfestsetzung für die Gerichtsgebühren

(1) [1]Sind Gebühren, die sich nach dem Streitwert richten, mit der Einreichung der Klage-, Antrags-, Einspruchs- oder Rechtsmittelschrift oder mit der Abgabe der entsprechenden Erklärung zu Protokoll fällig, setzt das Gericht sogleich den Wert ohne Anhörung der Parteien durch Beschluss vorläufig fest, wenn Gegenstand des Verfahrens nicht eine bestimmte Geldsumme in Euro ist oder gesetzlich kein fester Wert bestimmt ist. [2]Einwendungen gegen die Höhe des festgesetzten Werts können nur im Verfahren über die Beschwerde gegen den Beschluss, durch den die Tätigkeit des Gerichts aufgrund dieses Gesetzes von der vorherigen Zahlung von Kosten abhängig gemacht wird, geltend gemacht werden. [3]Die Sätze 1 und 2 gelten nicht in Verfahren vor den Gerichten der Finanzgerichtsbarkeit.

(2) [1]Soweit eine Entscheidung nach § 62 Satz 1 nicht ergeht oder nicht bindet, setzt das Prozessgericht den Wert für die zu erhebenden Gebühren durch Beschluss fest, sobald eine Entscheidung über den gesamten Streitgegenstand ergeht oder sich das Verfahren anderweitig erledigt. [2]In Verfahren vor den Gerichten für Arbeitssachen oder der Finanzgerichtsbarkeit gilt dies nur dann, wenn ein Beteiligter oder die Staatskasse die Festsetzung beantragt oder das Gericht sie für angemessen hält.

(3) [1]Die Festsetzung kann von Amts wegen geändert werden
1. von dem Gericht, das den Wert festgesetzt hat, und
2. von dem Rechtsmittelgericht, wenn das Verfahren wegen der Hauptsache oder wegen der Entscheidung über den Streitwert, den Kostenansatz oder die Kostenfestsetzung in der Rechtsmittelinstanz schwebt.

[2]Die Änderung ist nur innerhalb von sechs Monaten zulässig, nachdem die Entscheidung in der Hauptsache Rechtskraft erlangt oder das Verfahren sich anderweitig erledigt hat.

§ 64 Schätzung des Werts

[1]Wird eine Abschätzung durch Sachverständige erforderlich, ist in dem Beschluss, durch den der Wert festgesetzt wird (§ 63), über die Kosten der Abschätzung zu entscheiden. [2]Diese Kosten können ganz oder teilweise der Partei auferlegt werden, welche die Abschätzung durch Unterlassen der ihr obliegenden Wertangabe, durch unrichtige Angabe des Werts, durch unbegründetes Bestreiten des angegebenen Werts oder durch eine unbegründete Beschwerde veranlasst hat.

§ 65 Wertfestsetzung in gerichtlichen Verfahren nach dem Strafvollzugsgesetz, auch in Verbindung mit § 92 des Jugendgerichtsgesetzes

[1]In gerichtlichen Verfahren nach dem Strafvollzugsgesetz, auch in Verbindung mit § 92 des Jugendgerichtsgesetzes, ist der Wert von Amts wegen festzusetzen. [2]§ 63 Abs. 3 gilt entsprechend.

Abschnitt 8: Erinnerung und Beschwerde

§ 66 Erinnerung gegen den Kostenansatz, Beschwerde

(1) [1]Über Erinnerungen des Kostenschuldners und der Staatskasse gegen den Kostenansatz entscheidet das Gericht, bei dem die Kosten angesetzt sind. [2]Sind die Kosten bei der Staatsanwaltschaft angesetzt, ist das Gericht des ersten Rechtszugs zuständig. [3]War das Verfahren im ersten Rechtszug bei mehreren Gerichten anhängig, ist das Gericht, bei dem es zuletzt anhängig war, auch insoweit zuständig, als Kosten bei den anderen Gerichten angesetzt worden sind. [4]Soweit sich die Erinnerung gegen den Ansatz der Auslagen des erstinstanzlichen Musterverfahrens nach dem Kapitalanleger-Musterverfahrensgesetz richtet, entscheidet hierüber das für die Durchführung des Musterverfahrens zuständige Oberlandesgericht.

(2) [1]Gegen die Entscheidung über die Erinnerung findet die Beschwerde statt, wenn der Wert des Beschwerdegegenstands 200 Euro übersteigt. [2]Die Beschwerde ist auch zulässig, wenn sie das Gericht, das die angefochtene Entscheidung erlassen hat, wegen der grundsätzlichen Bedeutung der zur Entscheidung stehenden Frage in dem Beschluss zulässt.

(3) [1]Soweit das Gericht die Beschwerde für zulässig und begründet hält, hat es ihr abzuhelfen; im Übrigen ist die Beschwerde unverzüglich dem Beschwerdegericht vorzulegen. [2]Beschwerdegericht ist das nächsthöhere Gericht. [3]Eine Beschwerde an einen obersten Gerichtshof des Bundes findet nicht statt. [4]Das Beschwerdegericht ist an die Zulassung der Beschwerde gebunden; die Nichtzulassung ist unanfechtbar.

(4) [1]Die weitere Beschwerde ist nur zulässig, wenn das Landgericht als Beschwerdegericht entschieden und sie wegen der grundsätzlichen Bedeutung der zur Entscheidung stehenden Frage in dem Beschluss zugelassen hat. [2]Sie kann nur darauf gestützt werden, dass die Entscheidung auf einer Verletzung des Rechts beruht; die §§ 546 und 547 der Zivilprozessordnung gelten entsprechend. [3]Über die weitere Beschwerde entscheidet das Oberlandesgericht. Absatz 3 Satz 1 und 4 gilt entsprechend.

(5) [1]Anträge und Erklärungen können ohne Mitwirkung eines Bevollmächtigten schriftlich eingereicht oder zu Protokoll der Geschäftsstelle abgegeben werden; § 129a der Zivilprozessordnung gilt entsprechend. [2]Die Erinnerung ist bei dem Gericht einzulegen, das für die Entscheidung über die Erinnerung zuständig ist. [3]Für die Bevollmächtigung gelten die Regelungen der für das zugrunde liegende Verfahren geltenden Verfahrensordnung entsprechend. [4]Die Erinnerung kann auch bei der Staatsanwaltschaft eingelegt werden, wenn die Kosten bei dieser angesetzt worden sind. [5]Die Beschwerde ist bei dem Gericht einzulegen, dessen Entscheidung angefochten wird.

(6) [1]Das Gericht entscheidet über die Erinnerung durch eines seiner Mitglieder als Einzelrichter; dies gilt auch für die Beschwerde, wenn die angefochtene Entscheidung von einem Einzelrichter oder einem Rechtspfleger erlassen wurde. [2]Der Einzelrichter überträgt das Verfahren der Kammer oder dem Senat, wenn die Sache besondere Schwierigkeiten tatsächlicher oder rechtlicher Art aufweist oder die Rechtssache grundsätzliche Bedeutung hat. [3]Das Gericht entscheidet jedoch immer ohne Mitwirkung ehrenamtlicher Richter. [4]Auf eine erfolgte oder unterlassene Übertragung kann ein Rechtsmittel nicht gestützt werden.

(7) [1]Erinnerung und Beschwerde haben keine aufschiebende Wirkung. [2]Das Gericht oder das Beschwerdegericht kann auf Antrag oder von Amts wegen die aufschiebende Wirkung ganz oder teilweise anordnen; ist nicht der Einzelrichter zur Entscheidung berufen, entscheidet der Vorsitzende des Gerichts.

(8) [1]Die Verfahren sind gebührenfrei. [2]Kosten werden nicht erstattet.

§ 67 Beschwerde gegen die Anordnung einer Vorauszahlung

(1) [1]Gegen den Beschluss, durch den die Tätigkeit des Gerichts nur aufgrund dieses Gesetzes von der vorherigen Zahlung von Kosten abhängig gemacht wird, und wegen der Höhe des in diesem Fall im Voraus zu zahlenden Betrags findet stets die Beschwerde statt. [2]§ 66 Abs. 3 Satz 1 bis 3, Abs. 4, 5 Satz 1 und 5, Abs. 6 und 8 ist entsprechend anzuwenden. [3]Soweit sich die Partei in dem Hauptsacheverfahren vor dem Gericht, dessen Entscheidung angefochten werden soll, durch einen Prozessbevollmächtigten vertreten lassen muss, gilt dies auch im Beschwerdeverfahren.

(2) Im Fall des § 17 Abs. 2 ist § 66 entsprechend anzuwenden.

§ 68 Beschwerde gegen die Festsetzung des Streitwerts

(1) [1]Gegen den Beschluss, durch den der Wert für die Gerichtsgebühren festgesetzt worden ist (§ 63 Abs. 2), findet die Beschwerde statt, wenn der Wert des Beschwerdegegenstands 200 Euro übersteigt. [2]Die Beschwerde findet auch statt, wenn sie das Gericht, das die angefochtene Entscheidung erlassen hat, wegen der grundsätzlichen Bedeutung der zur Entscheidung stehenden Frage in dem Beschluss zulässt. [3]Die Beschwerde ist nur

zulässig, wenn sie innerhalb der in § 63 Abs. 3 Satz 2 bestimmten Frist eingelegt wird; ist der Streitwert später als einen Monat vor Ablauf dieser Frist festgesetzt worden, kann sie noch innerhalb eines Monats nach Zustellung oder formloser Mitteilung des Festsetzungsbeschlusses eingelegt werden. [4]Im Fall der formlosen Mitteilung gilt der Beschluss mit dem dritten Tage nach Aufgabe zur Post als bekannt gemacht. [5]§ 66 Abs. 3, 4, 5 Satz 1, 2 und 5 sowie Abs. 6 ist entsprechend anzuwenden. [6]Die weitere Beschwerde ist innerhalb eines Monats nach Zustellung der Entscheidung des Beschwerdegerichts einzulegen.

(2) [1]War der Beschwerdeführer ohne sein Verschulden verhindert, die Frist einzuhalten, ist ihm auf Antrag von dem Gericht, das über die Beschwerde zu entscheiden hat, Wiedereinsetzung in den vorigen Stand zu gewähren, wenn er die Beschwerde binnen zwei Wochen nach der Beseitigung des Hindernisses einlegt und die Tatsachen, welche die Wiedereinsetzung begründen, glaubhaft macht. Ein Fehlen des Verschuldens wird vermutet, wenn eine Rechtsbehelfsbelehrung unterblieben oder fehlerhaft ist. [2]Nach Ablauf eines Jahres, von dem Ende der versäumten Frist an gerechnet, kann die Wiedereinsetzung nicht mehr beantragt werden. [3]Gegen die Ablehnung der Wiedereinsetzung findet die Beschwerde statt. [4]Sie ist nur zulässig, wenn sie innerhalb von zwei Wochen eingelegt wird. [5]Die Frist beginnt mit der Zustellung der Entscheidung. [6]§ 66 Abs. 3 Satz 1 bis 3, Abs. 5 Satz 1, 2 und 5 sowie Abs. 6 ist entsprechend anzuwenden.

(3) [1]Die Verfahren sind gebührenfrei. [2]Kosten werden nicht erstattet.

§ 69 Beschwerde gegen die Auferlegung einer Verzögerungsgebühr

[1]Gegen den Beschluss nach § 38 findet die Beschwerde statt, wenn der Wert des Beschwerdegegenstands 200 Euro übersteigt oder das Gericht, das die angefochtene Entscheidung erlassen hat, die Beschwerde wegen der grundsätzlichen Bedeutung in dem Beschluss der zur Entscheidung stehenden Frage zugelassen hat. [2]§ 66 Abs. 3, 4, 5 Satz 1, 2 und 5, Abs. 6 und 8 ist entsprechend anzuwenden.

§ 69a Abhilfe bei Verletzung des Anspruchs auf rechtliches Gehör

(1) Auf die Rüge eines durch die Entscheidung beschwerten Beteiligten ist das Verfahren fortzuführen, wenn

1. ein Rechtsmittel oder ein anderer Rechtsbehelf gegen die Entscheidung nicht gegeben ist und
2. das Gericht den Anspruch dieses Beteiligten auf rechtliches Gehör in entscheidungserheblicher Weise verletzt hat.

(2) [1]Die Rüge ist innerhalb von zwei Wochen nach Kenntnis von der Verletzung des rechtlichen Gehörs zu erheben; der Zeitpunkt der Kenntniserlangung ist glaubhaft zu machen. [2]Nach Ablauf eines Jahres seit Bekanntmachung der angegriffenen Entscheidung kann die Rüge nicht mehr erhoben werden. [3]Formlos mitgeteilte Entscheidungen gelten mit dem dritten Tage nach Aufgabe zur Post als bekannt gemacht. [4]Die Rüge ist bei dem Gericht zu erheben, dessen Entscheidung angegriffen wird; § 66 Abs. 5 Satz 1 und 2 gilt entsprechend. [5]Die Rüge muss die angegriffene Entscheidung bezeichnen und das Vorliegen der in Absatz 1 Nr. 2 genannten Voraussetzungen darlegen.

(3) Den übrigen Beteiligten ist, soweit erforderlich, Gelegenheit zur Stellungnahme zu geben.

(4) [1]Das Gericht hat von Amts wegen zu prüfen, ob die Rüge an sich statthaft und ob sie in der gesetzlichen Form und Frist erhoben ist. [2]Mangelt es an einem dieser Erfordernisse, so ist die Rüge als unzulässig zu verwerfen. [3]Ist die Rüge unbegründet, weist das Gericht sie zurück. [4]Die Entscheidung ergeht durch unanfechtbaren Beschluss. [5]Der Beschluss soll kurz begründet werden.

(5) Ist die Rüge begründet, so hilft ihr das Gericht ab, indem es das Verfahren fortführt, soweit dies aufgrund der Rüge geboten ist.

(6) Kosten werden nicht erstattet.

Abschnitt 9: Schluss- und Übergangsvorschriften

§ 69b Verordnungsermächtigung

[1]Die Landesregierungen werden ermächtigt, durch Rechtsverordnung zu bestimmen, dass die von den Gerichten der Länder zu erhebenden Verfahrensgebühren über die in den Nummern 1211, 1411, 5111, 5113, 5211, 5221, 6111, 6211, 7111, 7113 und 8211 des Kostenverzeichnisses bestimmte Ermäßigung hinaus weiter ermäßigt werden oder entfallen, wenn das gesamte Verfahren nach einer Mediation oder nach einem anderen Verfahren der außergerichtlichen Konfliktbeilegung durch Zurücknahme der Klage oder des Antrags beendet wird und in der Klage- oder Antragsschrift mitgeteilt worden ist, dass eine Mediation oder ein anderes Verfahren der außergerichtlichen Konfliktbeilegung unternommen wird oder beabsichtigt ist, oder wenn das Gericht den Parteien die Durchführung einer Mediation oder eines anderen Verfahrens der außergerichtlichen Konfliktbeilegung vorgeschlagen hat. [2]Satz 1 gilt entsprechend für die in den Rechtsmittelzügen von den Gerichten der Länder zu erhebenden Verfahrensgebühren; an die Stelle der Klage- oder Antragsschrift tritt der Schriftsatz, mit dem das Rechtsmittel eingelegt worden ist.

§ 70 (aufgehoben)

§ 70a Bekanntmachung von Neufassungen

[1]Das Bundesministerium der Justiz und für Verbraucherschutz kann nach Änderungen den Wortlaut des Gesetzes feststellen und als Neufassung im Bundesgesetzblatt bekannt machen. [2]Die Bekanntmachung muss auf diese Vorschrift Bezug nehmen und angeben

1. den Stichtag, zu dem der Wortlaut festgestellt wird,
2. die Änderungen seit der letzten Veröffentlichung des vollständigen Wortlauts im Bundesgesetzblatt sowie
3. das Inkrafttreten der Änderungen.

12. Kostenverzeichnis zum Gerichtskostengesetz (GKG-KV)

Anlage 1

(zu § 3 Abs. 2 GKG)

Gliederung

Hauptabschnitt 6 Sonstige Verfahren

Abschnitt 1 Selbstständiges Beweisverfahren

Abschnitt 2 Schiedsrichterliches Verfahren

Unterabschnitt 1 Erster Rechtszug

Unterabschnitt 2 Rechtsbeschwerde

Abschnitt 3 Besondere Verfahren nach dem Gesetz gegen Wettbewerbsbeschränkungen, dem Wertpapiererwerbs und Übernahmegesetz und dem Wertpapierhandelsgesetz

Abschnitt 4 Besondere Verfahren nach dem Aktiengesetz und dem Umwandlungsgesetz

Unterabschnitt 1 Erster Rechtszug

Unterabschnitt 2 Beschwerde

Abschnitt 5 Sanierungs- und Reorganisationsverfahren nach dem Kreditinstitute-Reorganisationsgesetz

Hauptabschnitt 7 Rüge wegen Verletzung des Anspruchs auf rechtliches Gehör

Hauptabschnitt 8 Sonstige Beschwerden und Rechtsbeschwerden

Abschnitt 1 Sonstige Beschwerden

Abschnitt 2 Sonstige Rechtsbeschwerden

Hauptabschnitt 9 Besondere Gebühren

Teil 2 Zwangsvollstreckung nach der Zivilprozessordnung, Insolvenzverfahren und ähnliche Verfahren

Hauptabschnitt 1 Zwangsvollstreckung nach der Zivilprozessordnung

Abschnitt 1 Erster Rechtszug

Abschnitt 2 Beschwerden

Unterabschnitt 1 Beschwerde

Unterabschnitt 2 Rechtsbeschwerde

Hauptabschnitt 2 Verfahren nach dem Gesetz über die Zwangsversteigerung und die Zwangsverwaltung; Zwangsliquidation einer Bahneinheit

Abschnitt 1 Zwangsversteigerung

Abschnitt 2 Zwangsverwaltung

Abschnitt 3 Zwangsliquidation einer Bahneinheit

Abschnitt 4 Beschwerden

Unterabschnitt 1 Beschwerde

Unterabschnitt 2 Rechtsbeschwerde

Hauptabschnitt 3 Insolvenzverfahren

Abschnitt 1 Eröffnungsverfahren

Abschnitt 2 Durchführung des Insolvenzverfahrens auf Antrag des Schuldners

Abschnitt 3 Durchführung des Insolvenzverfahrens auf Antrag eines Gläubigers

Abschnitt 4 Besonderer Prüfungstermin und schriftliches Prüfungsverfahren (§ 177 InsO)

Abschnitt 5 Restschuldbefreiung

Abschnitt 6 Besondere Verfahren nach der Verordnung (EU) 2015/848

Abschnitt 7 Koordinationsverfahren

Abschnitt 8 Beschwerden

Unterabschnitt 1 Beschwerde

Unterabschnitt 2 Rechtsbeschwerde

Hauptabschnitt 4 Schifffahrtsrechtliches Verteilungsverfahren

Abschnitt 1 Eröffnungsverfahren

Abschnitt 2 Verteilungsverfahren

Abschnitt 3 Besonderer Prüfungstermin und schriftliches Prüfungsverfahren (§ 18 Satz 3 SVertO, § 177 InsO)

Abschnitt 4 Beschwerde und Rechtsbeschwerde

Hauptabschnitt 5 Verfahren nach dem Unternehmensstabilisierungs- und -restrukturierungsgesetz

Abschnitt 1 Verfahren vor dem Restrukturierungsgericht

Abschnitt 2 Beschwerden

Unterabschnitt 1 Sofortige Beschwerde

Unterabschnitt 2 Rechtsbeschwerde

Hauptabschnitt 6 Rüge wegen Verletzung des Anspruchs auf rechtliches Gehör

Teil 3 Strafsachen und gerichtliche Verfahren nach dem Strafvollzugsgesetz, auch in Verbindung mit § 92 des Jugendgerichtsgesetzes, sowie Verfahren nach dem Gesetz über die internationale Rechtshilfe in Strafsachen

Hauptabschnitt 1 Offizialverfahren

Abschnitt 1 Erster Rechtszug

Abschnitt 2 Berufung

Teil 4 Verfahren nach dem Gesetz über Ordnungswidrigkeiten

Hauptabschnitt 1 Bußgeldverfahren

Abschnitt 1 Erster Rechtszug

Abschnitt 2 Rechtsbeschwerde

Abschnitt 3 Wiederaufnahmeverfahren

Hauptabschnitt 2 Einziehung und verwandte Maßnahmen

Abschnitt 1 Beschwerde

Abschnitt 2 Rechtsbeschwerde

Abschnitt 3 Wiederaufnahmeverfahren

Hauptabschnitt 3 Besondere Gebühren

Hauptabschnitt 4 Sonstige Beschwerden

Hauptabschnitt 5 Rüge wegen Verletzung des Anspruchs auf rechtliches Gehör

Teil 5 Verfahren vor den Gerichten der Verwaltungsgerichtsbarkeit

Hauptabschnitt 1 Prozessverfahren

Abschnitt 1 Erster Rechtszug

Unterabschnitt 1 Verwaltungsgericht

Unterabschnitt 2 Oberverwaltungsgericht (Verwaltungsgerichtshof)

Unterabschnitt 3 Bundesverwaltungsgericht

Abschnitt 2 Zulassung und Durchführung der Berufung

Abschnitt 3 Revision

Hauptabschnitt 2 Vorläufiger Rechtsschutz

Abschnitt 1 Verwaltungsgericht sowie Oberverwaltungsgericht (Verwaltungsgerichtshof) und Bundesverwaltungsgericht als Rechtsmittelgerichte in der Hauptsache

Abschnitt 2 Oberverwaltungsgericht (Verwaltungsgerichtshof)

Abschnitt 3 Bundesverwaltungsgericht

Abschnitt 4 Beschwerde

Hauptabschnitt 3 Besondere Verfahren

Hauptabschnitt 4 Rüge wegen Verletzung des Anspruchs auf rechtliches Gehör

Hauptabschnitt 5 Sonstige Beschwerden

Hauptabschnitt 6 Besondere Gebühren

Kostenverzeichnis zum Gerichtskostengesetz (GKG-KV)

Kostenverzeichnis zum Gerichtskostengesetz (GKG-KV)

Kostenverzeichnis zum Gerichtskostengesetz (GKG-KV)

Teil 1:
Zivilrechtliche Verfahren vor den ordentlichen Gerichten

Nr.	Gebührentatbestand	Gebühr oder Satz der Gebühr nach § 34 GKG

Vorbemerkung 1:

Die Vorschriften dieses Teils gelten nicht für die in Teil 2 geregelten Verfahren.

Hauptabschnitt 1
Mahnverfahren

1100	Verfahren über den Antrag auf Erlass eines Mahnbescheids oder eines Europäischen Zahlungsbefehls	0,5 – mindestens 36,00 €

Hauptabschnitt 2
Prozessverfahren

Abschnitt 1
Erster Rechtszug

Vorbemerkung 1.2.1:

Die Gebühren dieses Abschnitts entstehen nicht im Musterverfahren nach dem KapMuG; das erstinstanzliche Musterverfahren gilt als Teil des ersten Rechtszugs des Prozessverfahrens.

Unterabschnitt 1
Verfahren vor dem Amts- oder Landgericht

1210	Verfahren im Allgemeinen	3,0
	(1) Soweit wegen desselben Streitgegenstands ein Mahnverfahren vorausgegangen ist, entsteht die Gebühr mit dem Eingang der Akten bei dem Gericht, an das der Rechtsstreit nach Erhebung des Widerspruchs oder Einlegung des Einspruchs abgegeben wird; in diesem Fall wird eine Gebühr 1110 nach dem Wert des Streitgegenstands angerechnet, der in das Prozessverfahren übergegangen ist. Satz 1 gilt entsprechend, wenn wegen desselben Streitgegenstands ein Europäisches Mahnverfahren vorausgegangen ist. (2) Soweit der Kläger wegen desselben Streitgegenstands einen Anspruch zum Musterverfahren angemeldet hat (§ 10 Abs. 2 KapMuG), wird insoweit die Gebühr 1902 angerechnet.	
1211	Beendigung des gesamten Verfahrens durch 1. Zurücknahme der Klage a) vor dem Schluss der mündlichen Verhandlung, b) in den Fällen des § 128 Abs. 2 ZPO vor dem Zeitpunkt, der dem Schluss der mündlichen Verhandlung entspricht,	

Nr.	Gebührentatbestand	Gebühr oder Satz der Gebühr nach § 34 GKG
	c) im Verfahren nach § 495a ZPO, in dem eine mündliche Verhandlung nicht stattfindet, vor Ablauf des Tages, an dem eine Ladung zum Termin zur Verkündung des Urteils zugestellt oder das schriftliche Urteil der Geschäftsstelle übermittelt wird, d) im Fall des § 331 Abs. 3 ZPO vor Ablauf des Tages, an dem das Urteil der Geschäftsstelle übermittelt wird oder e) im europäischen Verfahren für geringfügige Forderungen, in dem eine mündliche Verhandlung nicht stattfindet, vor Ablauf des Tages, an dem das schriftliche Urteil der Geschäftsstelle übermittelt wird, wenn keine Entscheidung nach § 269 Abs. 3 Satz 3 ZPO über die Kosten ergeht oder die Entscheidung einer zuvor mitgeteilten Einigung der Parteien über die Kostentragung oder der Kostenübernahmeerklärung einer Partei folgt, 2. Anerkenntnisurteil, Verzichtsurteil oder Urteil, das nach § 313a Abs. 2 ZPO keinen Tatbestand und keine Entscheidungsgründe enthält oder nur deshalb Tatbestand und die Entscheidungsgründe enthält, weil zu erwarten ist, dass das Urteil im Ausland geltend gemacht wird (§ 313a Abs. 4 Nr. 5 ZPO), 3. gerichtlichen Vergleich oder Beschluss nach § 23 Abs. 3 KapMuG oder 4. Erledigungserklärungen nach § 91a ZPO, wenn keine Entscheidung über die Kosten ergeht oder die Entscheidung einer zuvor mitgeteilten Einigung der Parteien über die Kostentragung oder der Kostenübernahmeerklärung einer Partei folgt, es sei denn, dass bereits ein anderes als eines der in Nummer 2 genannten Urteile, eine Entscheidung über einen Antrag auf Erlass einer Sicherungsanordnung vorausgegangen ist: Die Gebühr 1210 ermäßigt sich auf	1,0
	Die Zurücknahme des Antrags auf Durchführung des streitigen Verfahrens, des Widerspruchs gegen den Mahnbescheid oder des Einspruchs gegen den Vollstreckungsbescheid stehen der Zurücknahme der Klage gleich. Die Vervollständigung eines ohne Tatbestand und Entscheidungsgründe hergestellten Urteils (§ 313a Abs. 5 ZPO) steht der Ermäßigung nicht	

Nr.	Gebührentatbestand	Gebühr oder Satz der Gebühr nach § 34 GKG
	entgegen. Die Gebühr ermäßigt sich auch, wenn mehrere Ermäßigungstatbestände erfüllt sind.	
	Unterabschnitt 2 Verfahren vor dem Oberlandesgericht	
1212	Verfahren im Allgemeinen	4,0
1213	Beendigung des gesamten Verfahrens durch 1. Zurücknahme der Klage a) vor dem Schluss der mündlichen Verhandlung, b) in den Fällen des § 128 Abs. 2 ZPO vor dem Zeitpunkt, der dem Schluss der mündlichen Verhandlung entspricht, oder c) im Fall des § 331 Abs. 3 ZPO vor Ablauf des Tages, an dem das Urteil der Geschäftsstelle übermittelt wird, wenn keine Entscheidung nach § 269 Abs. 3 Satz 3 ZPO über die Kosten ergeht oder die Entscheidung einer zuvor mitgeteilten Einigung der Parteien über die Kostentragung oder der Kostenübernahmeerklärung einer Partei folgt, 2. Anerkenntnisurteil, Verzichtsurteil oder Urteil, das nach § 313a Abs. 2 ZPO keinen Tatbestand und keine Entscheidungsgründe enthält, 3. gerichtlichen Vergleich oder 4. Erledigungserklärungen nach § 91a ZPO, wenn keine Entscheidung über die Kosten ergeht oder die Entscheidung einer zuvor mitgeteilten Einigung der Parteien über die Kostentragung oder der Kostenübernahmeerklärung einer Partei folgt, es sei denn, dass bereits ein anderes als eines der in Nummer 2 genannten Urteile vorausgegangen ist: Die Gebühr 1212 ermäßigt sich auf	2,0
	Die Gebühr ermäßigt sich auch, wenn mehrere Ermäßigungstatbestände erfüllt sind.	

Nr.	Gebührentatbestand	Gebühr oder Satz der Gebühr nach § 34 GKG
	Unterabschnitt 3 Verfahren vor dem Bundesgerichtshof	
1214	Verfahren im Allgemeinen	5,0
1215	Beendigung des gesamten Verfahrens durch 1. Zurücknahme der Klage a) vor dem Schluss der mündlichen Verhandlung, b) in den Fällen des § 128 Abs. 2 ZPO vor dem Zeitpunkt, der dem Schluss der mündlichen Verhandlung entspricht, oder c) im Fall des § 331 Abs. 3 ZPO vor Ablauf des Tages, an dem das Urteil der Geschäftsstelle übermittelt wird, wenn keine Entscheidung nach § 269 Abs. 3 Satz 3 ZPO über die Kosten ergeht oder die Entscheidung einer zuvor mitgeteilten Einigung der Parteien über die Kostentragung oder der Kostenübernahmeerklärung einer Partei folgt, 2. Anerkenntnisurteil, Verzichtsurteil oder Urteil, das nach § 313a Abs. 2 ZPO keinen Tatbestand und keine Entscheidungsgründe enthält, 3. gerichtlichen Vergleich oder 4. Erledigungserklärungen nach § 91a ZPO, wenn keine Entscheidung über die Kosten ergeht oder die Entscheidung einer zuvor mitgeteilten Einigung der Parteien über die Kostentragung oder der Kostenübernahmeerklärung einer Partei folgt, es sei denn, dass bereits ein anderes als eines der in Nummer 2 genannten Urteile vorausgegangen ist: Die Gebühr 1214 ermäßigt sich auf . . . . Die Gebühr ermäßigt sich auch, wenn mehrere Ermäßigungstatbestände erfüllt sind.	3,0

Nr.	Gebührentatbestand	Gebühr oder Satz der Gebühr nach § 34 GKG

Abschnitt 2
Berufung und bestimmte Beschwerden

Vorbemerkung 1.2.2:

Dieser Abschnitt ist auf Beschwerdeverfahren nach

1. den §§ 73 und 171 GWB,
2. § 48 WpÜG,
3. § 37u Abs. 1 WpHG,
4. § 75 EnWG,
5. § 13 EU-VSchDG und
6. § 35 KSpG

anzuwenden.

1220	Verfahren im Allgemeinen	4,0
1221	Beendigung des gesamten Verfahrens durch Zurücknahme des Rechtsmittels, der Klage oder des Antrags, bevor die Schrift zur Begründung des Rechtsmittels bei Gericht eingegangen ist: Die Gebühr 1220 ermäßigt sich auf	1,0
	Erledigungserklärungen nach § 91a ZPO stehen der Zurücknahme gleich, wenn keine Entscheidung über die Kosten ergeht oder die Entscheidung einer zuvor mitgeteilten Einigung der Parteien über die Kostentragung oder der Kostenübernahmeerklärung einer Partei folgt.	
1222	Beendigung des gesamten Verfahrens, wenn nicht Nummer 1221 anzuwenden ist, durch 1. Zurücknahme des Rechtsmittels, der Klage oder des Antrags a) vor dem Schluss der mündlichen Verhandlung, b) in den Fällen des § 128 Abs. 2 ZPO vor dem Zeitpunkt, der dem Schluss der mündlichen Verhandlung entspricht, 2. Anerkenntnisurteil, Verzichtsurteil oder Urteil, das nach § 313a Abs. 2 ZPO keinen Tatbestand und keine Entscheidungsgründe enthält, 3. gerichtlichen Vergleich oder 4. Erledigungserklärungen nach § 91a ZPO, wenn keine Entscheidung über die Kosten ergeht oder die Entscheidung einer zuvor mitgeteilten Einigung der Parteien über die Kostentragung oder der Kostenübernahmeerklärung einer Partei folgt,	

Nr.	Gebührentatbestand	Gebühr oder Satz der Gebühr nach § 34 GKG
	es sei denn, dass bereits ein anderes als eines der in Nummer 2 genannten Urteile, eine Entscheidung über einen Antrag auf Erlass einer Sicherungsanordnung oder ein Beschluss in der Hauptsache vorausgegangen ist:	
	Die Gebühr 1220 ermäßigt sich auf	2,0
	Die Gebühr ermäßigt sich auch, wenn mehrere Ermäßigungstatbestände erfüllt sind.	
1223	Beendigung des gesamten Verfahrens durch ein Urteil, das wegen eines Verzichts der Parteien nach § 313a Abs. 1 Satz 2 ZPO keine schriftliche Begründung enthält, wenn nicht bereits ein anderes als eines der in Nummer 1222 Nr. 2 genannten Urteile, eine Entscheidung über einen Antrag auf Erlass einer Sicherungsanordnung oder ein Beschluss in der Hauptsache vorausgegangen ist:	
	Die Gebühr 1220 ermäßigt sich auf	3,0
	Die Gebühr ermäßigt sich auch, wenn daneben Ermäßigungstatbestände nach Nummer 1222 erfüllt sind.	

Abschnitt 3
Revision, Rechtsbeschwerden nach § 77 GWB, § 86 EnWG, § 35 KSpG und § 24 EU-VSchDG

Nr.	Gebührentatbestand	Gebühr oder Satz der Gebühr nach § 34 GKG
1230	Verfahren im Allgemeinen	5,0
1231	Beendigung des gesamten Verfahrens durch Zurücknahme des Rechtsmittels, der Klage oder des Antrags, bevor die Schrift zur Begründung des Rechtsmittels bei Gericht eingegangen ist:	
	Die Gebühr 1230 ermäßigt sich auf	1,0
	Erledigungserklärungen nach § 91a ZPO stehen der Zurücknahme gleich, wenn keine Entscheidung über die Kosten ergeht oder die Entscheidung einer zuvor mitgeteilten Einigung der Parteien über die Kostentragung oder der Kostenübernahmeerklärung einer Partei folgt.	
1232	Beendigung des gesamten Verfahrens, wenn nicht Nummer 1231 anzuwenden ist, durch 1. Zurücknahme des Rechtsmittels, der Klage oder des Antrags a) vor dem Schluss der mündlichen Verhandlung,	

GKG
Streitwert-§§
Text GKG-KV

Nr.	Gebührentatbestand	Gebühr oder Satz der Gebühr nach § 34 GKG
	b) in den Fällen des § 128 Abs. 2 ZPO vor dem Zeitpunkt, der dem Schluss der mündlichen Verhandlung entspricht, 2. Anerkenntnis- oder Verzichtsurteil, 3. gerichtlichen Vergleich oder 4. Erledigungserklärungen nach § 91a ZPO, wenn keine Entscheidung über die Kosten ergeht oder die Entscheidung einer zuvor mitgeteilten Einigung der Parteien über die Kostentragung oder der Kostenübernahmeerklärung einer Partei folgt, es sei denn, dass bereits ein anderes als eines der in Nummer 2 genannten Urteile, eine Entscheidung über einen Antrag auf Erlass einer Sicherungsanordnung oder ein Beschluss in der Hauptsache vorausgegangen ist: Die Gebühr 1230 ermäßigt sich auf	3,0
	Die Gebühr ermäßigt sich auch, wenn mehrere Ermäßigungstatbestände erfüllt sind.	

Abschnitt 4

Zulassung der Sprungrevision, Beschwerde gegen die Nichtzulassung der Revision sowie der Rechtsbeschwerden nach § 77 GWB, § 86 EnWG, § 35 KSpG und § 24 EU-VSchDG

Nr.	Gebührentatbestand	Gebühr oder Satz der Gebühr nach § 34 GKG
1240	Verfahren über die Zulassung der Sprungrevision: Soweit der Antrag abgelehnt wird	1,5
1241	Verfahren über die Zulassung der Sprungrevision: Soweit der Antrag zurückgenommen oder das Verfahren durch anderweitige Erledigung beendet wird	1,0
	Die Gebühr entsteht nicht, soweit die Sprungrevision zugelassen wird.	
1242	Verfahren über die Beschwerde gegen die Nichtzulassung des Rechtsmittels: Soweit die Beschwerde verworfen oder zurückgewiesen wird	2,0
1243	Verfahren über die Beschwerde gegen die Nichtzulassung des Rechtsmittels: Soweit die Beschwerde zurückgenommen oder das Verfahren durch anderweitige Erledigung beendet wird	1,0
	Die Gebühr entsteht nicht, soweit der Beschwerde stattgegeben wird.	

Nr.	Gebührentatbestand	Gebühr oder Satz der Gebühr nach § 34 GKG

Abschnitt 5
Rechtsmittelverfahren des gewerblichen Rechtsschutzes vor dem Bundesgerichtshof

Unterabschnitt 1
Berufungsverfahren

1250	Verfahren im Allgemeinen	6,0
1251	Beendigung des gesamten Verfahrens durch Zurücknahme der Berufung oder der Klage, bevor die Schrift zur Begründung der Berufung bei Gericht eingegangen ist: Die Gebühr 1250 ermäßigt sich auf	1,0
	Erledigungserklärungen nach § 91a ZPO i.V.m. § 121 Abs. 2 Satz 2 PatG, § 20 GebrMG stehen der Zurücknahme gleich, wenn keine Entscheidung über die Kosten ergeht oder die Entscheidung einer zuvor mitgeteilten Einigung der Parteien über die Kostentragung oder der Kostenübernahmeerklärung einer Partei folgt.	
1252	Beendigung des gesamten Verfahrens, wenn nicht Nummer 1251 anzuwenden ist, durch 1. Zurücknahme der Berufung oder der Klage vor dem Schluss der mündlichen Verhandlung, 2. Anerkenntnis- oder Verzichtsurteil, 3. gerichtlichen Vergleich oder 4. Erledigungserklärungen nach § 91a ZPO i.V.m. § 121 Abs. 2 Satz 2 PatG, § 20 GebrMG, wenn keine Entscheidung über die Kosten ergeht oder die Entscheidung einer zuvor mitgeteilten Einigung der Parteien über die Kostentragung oder der Kostenübernahmeerklärung einer Partei folgt, es sei denn, dass bereits ein anderes als eines der in Nummer 2 genannten Urteile vorausgegangen ist: Die Gebühr 1250 ermäßigt sich auf	3,0
	Die Gebühr ermäßigt sich auch, wenn mehrere Ermäßigungstatbestände erfüllt sind.	

Nr.	Gebührentatbestand	Gebühr oder Satz der Gebühr nach § 34 GKG
	Unterabschnitt 2 Beschwerdeverfahren und Rechtsbeschwerdeverfahren	
1253	Verfahren über die Beschwerde nach § 122 PatG oder § 20 GebrMG i.V.m. § 122 PatG gegen ein Urteil über den Erlass einer einstweiligen Verfügung in Zwangslizenzsachen	2,0
1254	Beendigung des gesamten Verfahrens durch Zurücknahme der Beschwerde, bevor die Schrift zur Begründung der Beschwerde bei Gericht eingegangen ist: Die Gebühr 1253 ermäßigt sich auf . . . . Erledigungserklärungen nach § 91a ZPO i.V.m. § 121 Abs. 2 Satz 2 PatG, § 20 GebrMG stehen der Zurücknahme gleich, wenn keine Entscheidung über die Kosten ergeht oder die Entscheidung einer zuvor mitgeteilten Einigung der Parteien über die Kostentragung oder der Kostenübernahmeerklärung einer Partei folgt.	1,0
1255	Verfahren über die Rechtsbeschwerde	825,00 €
1256	Beendigung des gesamten Verfahrens durch Zurücknahme der Rechtsbeschwerde, bevor die Schrift zur Begründung der Rechtsbeschwerde bei Gericht eingegangen ist: Die Gebühr 1255 ermäßigt sich auf . . . . Erledigungserklärungen in entsprechender Anwendung des § 91a ZPO stehen der Zurücknahme gleich, wenn keine Entscheidung über die Kosten ergeht oder die Entscheidung einer zuvor mitgeteilten Einigung der Parteien über die Kostentragung oder der Kostenübernahmeerklärung einer Partei folgt.	110,00 €

Hauptabschnitt 3
(weggefallen)

Hauptabschnitt 4
Arrest, Europäischer Beschluss zur vorläufigen Kontenpfändung und einstweilige Verfügung

Vorbemerkung 1.4:

(1) Im Verfahren zur Erwirkung eines Europäischen Beschlusses zur vorläufigen Kontenpfändung werden Gebühren nach diesem Hauptabschnitt nur im Fall des Artikels 5 Buchstabe a der Verordnung (EU) Nr. 655/2014 erhoben. In den Fällen des Artikels 5 Buchstabe b der Verordnung (EU) Nr. 655/2014 bestimmen sich die Gebühren nach Teil 2 Hauptabschnitt 1.

(2) Im Verfahren auf Anordnung eines Arrests oder auf Erlass einer einstweiligen Verfügung sowie im Verfahren über die Aufhebung oder die Abänderung (§ 926 Abs. 2, §§ 927, 936 ZPO) werden die Gebühren jeweils gesondert erhoben. Im Fall des § 942 ZPO gilt das Verfahren vor dem Amtsgericht und dem Gericht der Hauptsache als ein Rechtsstreit.

Nr.	Gebührentatbestand	Gebühr oder Satz der Gebühr nach § 34 GKG

(3) Im Verfahren zur Erwirkung eines Europäischen Beschlusses zur vorläufigen Kontenpfändung sowie im Verfahren über den Widerruf oder die Abänderung werden die Gebühren jeweils gesondert erhoben.

	Abschnitt 1 ***Erster Rechtszug***	
1410	Verfahren im Allgemeinen	1,5
1411	Beendigung des gesamten Verfahrens durch 1. Zurücknahme des Antrags a) vor dem Schluss der mündlichen Verhandlung oder b) wenn eine mündliche Verhandlung nicht stattfindet, vor Ablauf des Tages, an dem der Beschluss der Geschäftsstelle übermittelt wird, 2. Anerkenntnisurteil, Verzichtsurteil oder Urteil, das nach § 313a Abs. 2 ZPO keinen Tatbestand und keine Entscheidungsgründe enthält, 3. gerichtlichen Vergleich oder 4. Erledigungserklärungen nach § 91a ZPO, wenn keine Entscheidung über die Kosten ergeht oder die Entscheidung einer zuvor mitgeteilten Einigung der Parteien über die Kostentragung oder der Kostenübernahmeerklärung einer Partei folgt, es sei denn, dass bereits ein Beschluss nach § 922 Abs. 1, auch i.V.m. § 936 ZPO, oder ein anderes als eines der in Nummer 2 genannten Urteile vorausgegangen ist: Die Gebühr 1410 ermäßigt sich auf	1,0
	Die Vervollständigung eines ohne Tatbestand und Entscheidungsgründe hergestellten Urteils § 313a Abs. 5 ZPO) steht der Ermäßigung nicht entgegen. Die Gebühr ermäßigt sich auch, wenn mehrere Ermäßigungstatbestände erfüllt sind.	
1412	Es wird durch Urteil entschieden oder es ergeht ein Beschluss nach § 91a oder § 269 Abs. 3 Satz 3 ZPO, wenn nicht Nummer 1411 erfüllt ist: Die Gebühr 1410 erhöht sich nach dem Wert des Streitgegenstands, auf den sich die Entscheidung bezieht, auf	3,0

Nr.	Gebührentatbestand	Gebühr oder Satz der Gebühr nach § 34 GKG
	Abschnitt 2 ***Berufung***	
1420	Verfahren im Allgemeinen	4,0
1421	Beendigung des gesamten Verfahrens durch Zurücknahme der Berufung, des Antrags oder des Widerspruchs, bevor die Schrift zur Begründung der Berufung bei Gericht eingegangen ist: Die Gebühr 1420 ermäßigt sich auf	1,0
	Erledigungserklärungen nach § 91a ZPO stehen der Zurücknahme gleich, wenn keine Entscheidung über die Kosten ergeht oder die Entscheidung einer zuvor mitgeteilten Einigung der Parteien über die Kostentragung oder der Kostenübernahmeerklärung einer Partei folgt.	
1422	Beendigung des gesamten Verfahrens, wenn nicht Nummer 1421 erfüllt ist, durch 1. Zurücknahme der Berufung oder des Antrags a) vor dem Schluss der mündlichen Verhandlung, b) in den Fällen des § 128 Abs. 2 ZPO vor dem Zeitpunkt, der dem Schluss der mündlichen Verhandlung entspricht, 2. Anerkenntnis- oder Verzichtsurteil, 3. gerichtlichen Vergleich oder 4. Erledigungserklärungen nach § 91a ZPO, wenn keine Entscheidung über die Kosten ergeht oder die Entscheidung einer zuvor mitgeteilten Einigung der Parteien über die Kostentragung oder der Kostenübernahmeerklärung einer Partei folgt, es sei denn, dass bereits ein anderes als eines der in Nummer 2 genannten Urteile vorausgegangen ist: Die Gebühr 1420 ermäßigt sich auf	2,0
	Die Gebühr ermäßigt sich auch, wenn mehrere Ermäßigungstatbestände erfüllt sind.	
1423	Beendigung des gesamten Verfahrens durch ein Urteil, das wegen eines Verzichts der Parteien nach § 313a Abs. 1 Satz 2 ZPO keine schriftliche Begründung enthält, wenn nicht bereits ein anderes als eines der in Nummer 1422 Nr. 2 genannten Urteile mit schriftlicher Begründung oder ein Versäumnisurteil vorausgegangen ist: Die Gebühr 1420 ermäßigt sich auf	3,0

Nr.	Gebührentatbestand	Gebühr oder Satz der Gebühr nach § 34 GKG
	Die Gebühr ermäßigt sich auch, wenn daneben Ermäßigungstatbestände nach Nummer 1422 erfüllt sind.	
	Abschnitt 3 ***Beschwerde***	
1430	Verfahren über die Beschwerde 1. gegen die Zurückweisung eines Antrags auf Anordnung eines Arrests oder eines Antrags auf Erlass einer einstweiligen Verfügung oder 2. in Verfahren nach der Verordnung (EU) Nr. 655/2014	1,5
1431	Beendigung des gesamten Verfahrens durch Zurücknahme der Beschwerde: Die Gebühr 1430 ermäßigt sich auf	1,0

Hauptabschnitt 5
Vorbereitung der grenzüberschreitenden Zwangsvollstreckung

Vorbemerkung 1.5:
Die Vollstreckbarerklärung eines ausländischen Schiedsspruchs oder deren Aufhebung bestimmt sich nach Nummer 1620.

Nr.	Gebührentatbestand	Gebühr oder Satz der Gebühr nach § 34 GKG
	Abschnitt 1 ***Erster Rechtszug***	
1510	Verfahren über Anträge auf 1. Vollstreckbarerklärung ausländischer Titel, 2. Feststellung, ob die ausländische Entscheidung anzuerkennen ist, 3. Erteilung der Vollstreckungsklausel zu ausländischen Titeln, 4. Aufhebung oder Abänderung von Entscheidungen in den in den Nummern 1 bis 3 genannten Verfahren und 5. Versagung der Anerkennung oder der Vollstreckung (§ 1115 ZPO) oder über die Klage auf Erlass eines Vollstreckungsurteils.	264,00 €

GKG
Streitwert-§§
Text GKG-KV

Nr.	Gebührentatbestand	Gebühr oder Satz der Gebühr nach § 34 GKG
1511	Beendigung des gesamten Verfahrens durch Zurücknahme der Klage oder des Antrags vor dem Schluss der mündlichen Verhandlung oder, wenn eine mündliche Verhandlung nicht stattfindet, vor Ablauf des Tages, an dem die Entscheidung der Geschäftsstelle übermittelt wird: Die Gebühr 1510 ermäßigt sich auf . . . . Erledigungserklärungen nach § 91a ZPO stehen der Zurücknahme gleich, wenn keine Entscheidung über die Kosten ergeht oder die Entscheidung einer zuvor mitgeteilten Einigung der Parteien über die Kostentragung oder der Kostenübernahmeerklärung einer Partei folgt.	99,00 €
1512	Verfahren über Anträge auf Ausstellung einer Bescheinigung nach § 57 AVAG oder § 27 IntErbRVG	17,00 €
1513	Verfahren über Anträge auf Ausstellung einer Bestätigung nach § 1079 ZPO oder über Anträge auf Ausstellung einer Bescheinigung nach § 1110 ZPO oder nach § 58 AVAG.	22,00 €
1514	Verfahren nach § 3 Abs. 2 des Gesetzes zur Ausführung des Vertrages zwischen der Bundesrepublik Deutschland und der Republik Österreich vom 6. Juni 1959 über die gegenseitige Anerkennung und Vollstreckung von gerichtlichen Entscheidungen, Vergleichen und öffentlichen Urkunden in Zivil- und Handelssachen in der im Bundesgesetzblatt Teil III, Gliederungsnummer 319–12, veröffentlichten bereinigten Fassung, das zuletzt durch Artikel 23 des Gesetzes vom 27. Juli 2001 (BGBl. I S. 1887) geändert worden ist	66,00 €
	Abschnitt 2: Rechtsmittelverfahren	
1520	Verfahren über Rechtsmittel in den in den Nummern 1510 und 1514 genannten Verfahren	396,00 €
1521	Beendigung des gesamten Verfahrens durch Zurücknahme des Rechtsmittels, der Klage oder des Antrags, bevor die Schrift zur Begründung des Rechtsmittels bei Gericht eingegangen ist: Die Gebühr 1520 ermäßigt sich auf	99,00 €

Nr.	Gebührentatbestand	Gebühr oder Satz der Gebühr nach § 34 GKG
1522	Beendigung des gesamten Verfahrens durch Zurücknahme des Rechtsmittels, der Klage oder des Antrags vor dem Schluss der mündlichen Verhandlung oder, wenn eine mündliche Verhandlung nicht stattfindet, vor Ablauf des Tages, an dem die Entscheidung der Geschäftsstelle übermittelt wird, wenn nicht Nummer 1521 erfüllt ist: Die Gebühr 1520 ermäßigt sich auf	198,00 €
	Erledigungserklärungen nach § 91a ZPO stehen der Zurücknahme gleich, wenn keine Entscheidung über die Kosten ergeht oder die Entscheidung einer zuvor mitgeteilten Einigung der Parteien über die Kostentragung oder der Kostenübernahmeerklärung einer Partei folgt.	
1523	Verfahren über Rechtsmittel in 1. den in den Nummern 1512 und 1513 genannten Verfahren und 2. Verfahren über die Berichtigung oder den Widerruf einer Bestätigung nach § 1079 ZPO: Das Rechtsmittel wird verworfen oder zurückgewiesen	66,00 €
	Hauptabschnitt 6 **Sonstige Verfahren**	
	Abschnitt 1 ***Selbständiges Beweisverfahren***	
1610	Verfahren im Allgemeinen	1,0
	Abschnitt 2 ***Schiedsrichterliches Verfahren***	
	Unterabschnitt 1 Erster Rechtszug	
1620	Verfahren über die Aufhebung oder die Vollstreckbarerklärung eines Schiedsspruchs oder über die Aufhebung der Vollstreckbarerklärung	2,0
	Die Gebühr ist auch im Verfahren über die Vollstreckbarerklärung eines ausländischen Schiedsspruchs oder deren Aufhebung zu erheben.	
1621	Verfahren über den Antrag auf Feststellung der Zulässigkeit oder Unzulässigkeit des schiedsrichterlichen Verfahrens.	2,0

Nr.	Gebührentatbestand	Gebühr oder Satz der Gebühr nach § 34 GKG
1622	Verfahren bei Rüge der Unzuständigkeit des Schiedsgerichts	2,0
1623	Verfahren bei der Bestellung eines Schiedsrichters oder Ersatzschiedsrichters.	0,5
1624	Verfahren über die Ablehnung eines Schiedsrichters oder über die Beendigung des Schiedsrichteramts . . .	0,5
1625	Verfahren zur Unterstützung bei der Beweisaufnahme oder zur Vornahme sonstiger richterlicher Handlungen	0,5
1626	Verfahren über die Zulassung der Vollziehung einer vorläufigen oder sichernden Maßnahme oder über die Aufhebung oder Änderung einer Entscheidung über die Zulassung der Vollziehung	2,0
	Im Verfahren über die Zulassung der Vollziehung und in dem Verfahren über die Aufhebung oder Änderung einer Entscheidung über die Zulassung der Vollziehung werden die Gebühren jeweils gesondert erhoben.	
1627	Beendigung des gesamten Verfahrens durch Zurücknahme des Antrags: Die Gebühren 1620 bis 1622 und 1626 ermäßigen sich auf	1,0
	Unterabschnitt 2 Rechtsbeschwerde	
1628	Verfahren über die Rechtsbeschwerde in den in den Nummern 1620 bis 1622 und 1626 genannten Verfahren	3,0
1629	Beendigung des gesamten Verfahrens durch Zurücknahme der Rechtsbeschwerde oder des Antrags: Die Gebühr 1628 ermäßigt sich auf	1,0
	Abschnitt 3 ***Besondere Verfahren nach dem Gesetz gegen Wettbewerbsbeschränkungen, dem Wertpapiererwerbs- und Übernahmegesetz und dem Wertpapierhandelsgesetz***	
1630	Verfahren über einen Antrag nach § 169 Abs. 2 Satz 5 und 6, Abs. 4 Satz 2, § 173 Abs. 1 Satz 3 oder nach § 176 GWB	3,0
1631	Beendigung des gesamten Verfahrens durch Zurücknahme des Antrags: Die Gebühr 1630 ermäßigt sich auf	1,0

Nr.	Gebührentatbestand	Gebühr oder Satz der Gebühr nach § 34 GKG
1632	Verfahren über den Antrag nach § 50 Abs. 3 bis 5 WpÜG, auch i.V.m. § 37 u. Abs. 2 WPhG	0,5
	Mehrere Verfahren gelten innerhalb eines Rechtszugs als ein Verfahren.	

Abschnitt 4
Besondere Verfahren nach dem Aktiengesetz und dem Umwandlungsgesetz

Unterabschnitt 1
Erster Rechtszug

Nr.	Gebührentatbestand	Gebühr oder Satz der Gebühr nach § 34 GKG
1640	Verfahren nach § 148 Abs. 1 und 2 des Aktiengesetzes.	1,0
1641	Verfahren nach § 246a des Aktiengesetzes (auch i.V.m. § 20 Abs. 3 Satz 4 SchVG), nach § 319 Abs. 6 des Aktiengesetzes (auch i.V.m. § 327e Abs. 2 des Aktiengesetzes) oder nach § 16 Abs. 3 UmwG.	1,5
1642	Beendigung des gesamten Verfahrens ohne Entscheidung: Die Gebühren 1640 und 1641 ermäßigen sich auf . . .	0,5
	(1) Die Gebühr ermäßigt sich auch im Fall der Zurücknahme des Antrags vor Ablauf des Tages, an dem die Entscheidung der Geschäftsstelle übermittelt wird. (2) Eine Entscheidung über die Kosten steht der Ermäßigung nicht entgegen, wenn die Entscheidung einer zuvor mitgeteilten Einigung der Parteien über die Kostentragung oder der Kostenübernahmeerklärung einer Partei folgt.	

Unterabschnitt 2
Beschwerde

Nr.	Gebührentatbestand	Gebühr oder Satz der Gebühr nach § 34 GKG
1643	Verfahren über die Beschwerde in den in Nummer 1640 genannten Verfahren.	1,0
1644	Beendigung des Verfahrens ohne Entscheidung: Die Gebühr 1643 ermäßigt sich auf	0,5
	(1) Die Gebühr ermäßigt sich auch im Fall der Zurücknahme der Beschwerde vor Ablauf des Tages, an dem die Entscheidung der Geschäftsstelle übermittelt wird. (2) Eine Entscheidung über die Kosten steht der Ermäßigung nicht entgegen, wenn die Entscheidung einer zuvor mitgeteilten Einigung der Parteien über die Kostentragung oder der Kostenübernahmeerklärung einer Partei folgt.	

Nr.	Gebührentatbestand	Gebühr oder Satz der Gebühr nach § 34 GKG
	Abschnitt 5 ***Sanierungs- und Reorganisationsverfahren nach dem Kreditinstitute-Reorganisationsgesetz***	
1650	Sanierungsverfahren	0,5
1651	Die Durchführung des Sanierungsverfahrens wird nicht angeordnet: Die Gebühr 1650 beträgt	0,2
1652	Reorganisationsverfahren	1,0
1653	Die Durchführung des Reorganisationsverfahrens wird nicht angeordnet: Die Gebühr 1652 beträgt	0,2
	Hauptabschnitt 7 **Rüge wegen Verletzung des Anspruchs auf rechtliches Gehör**	
1700	Verfahren über die Rüge wegen Verletzung des Anspruchs auf rechtliches Gehör (§ 321a ZPO, auch i.V.m. § 122a PatG oder § 89a MarkenG; § 69 GWB): Die Rüge wird in vollem Umfang verworfen oder zurückgewiesen	66,00 €
	Hauptabschnitt 8 **Sonstige Beschwerden und Rechtsbeschwerden**	
	Abschnitt 1 ***Sonstige Beschwerden***	
1810	Verfahren über Beschwerden nach § 71 Abs. 2, § 91a Abs. 2, § 99 Abs. 2, § 269 Abs. 5 oder § 494a Abs. 2 Satz 2 ZPO	99,00 €
1811	Beendigung des Verfahrens ohne Entscheidung: Die Gebühr 1810 ermäßigt sich auf . . . . (1) Die Gebühr ermäßigt sich auch im Fall der Zurücknahme der Beschwerde vor Ablauf des Tages, an dem die Entscheidung der Geschäftsstelle übermittelt wird. (2) Eine Entscheidung über die Kosten steht der Ermäßigung nicht entgegen, wenn die Entscheidung einer zuvor mitgeteilten Einigung der Parteien über die Kostentragung oder der Kostenübernahmeerklärung einer Partei folgt.	66,00 €

Nr.	Gebührentatbestand	Gebühr oder Satz der Gebühr nach § 34 GKG
1812	Verfahren über nicht besonders aufgeführte Beschwerden, die nicht nach anderen Vorschriften gebührenfrei sind: Die Beschwerde wird verworfen oder zurückgewiesen	66,00 €
	Wird die Beschwerde nur teilweise verworfen oder zurückgewiesen, kann das Gericht die Gebühr nach billigem Ermessen auf die Hälfte ermäßigen oder bestimmen, dass eine Gebühr nicht zu erheben ist.	
	Abschnitt 2 ***Sonstige Rechtsbeschwerden***	
1820	Verfahren über Rechtsbeschwerden gegen den Beschluss, durch den die Berufung als unzulässig verworfen wurde (§ 522 Abs. 1 Satz 2 und 3 ZPO)	2,0
1821	Verfahren über Rechtsbeschwerden nach § 20 KapMuG	5,0
1822	Beendigung des gesamten Verfahrens durch Zurücknahme der Rechtsbeschwerde, bevor die Schrift zur Begründung der Rechtsbeschwerde bei Gericht eingegangen ist: Die Gebühr 1820 und 1821 ermäßigen sich auf.	1,0
	Erledigungserklärungen nach § 91a ZPO stehen der Zurücknahme gleich, wenn keine Entscheidung über die Kosten ergeht oder die Entscheidung einer zuvor mitgeteilten Einigung der Parteien über die Kostentragung oder der Kostenübernahmeerklärung einer Partei folgt.	
1823	Verfahren über Rechtsbeschwerden in den Fällen des § 71 Abs. 1, § 91a Abs. 1, § 99 Abs. 2, § 269 Abs. 4, § 494a Abs. 2 Satz 2 oder § 516 Abs. 3 ZPO	198,00 €
1824	Beendigung des gesamten Verfahrens durch Zurücknahme der Rechtsbeschwerde, des Antrags oder der Klage, bevor die Schrift zur Begründung der Rechtsbeschwerde bei Gericht eingegangen ist: Die Gebühr 1823 ermäßigt sich auf	66,00 €
1825	Beendigung des gesamten Verfahrens durch Zurücknahme der Rechtsbeschwerde, des Antrags oder der Klage vor Ablauf des Tages, an dem die Entscheidung der Geschäftsstelle übermittelt wird, wenn nicht Nummer 1824 erfüllt ist: Die Gebühr 1823 ermäßigt sich auf	99,00 €

Nr.	Gebührentatbestand	Gebühr oder Satz der Gebühr nach § 34 GKG
1826	Verfahren über nicht besonders aufgeführte Rechtsbeschwerden, die nicht nach anderen Vorschriften gebührenfrei sind: Die Rechtsbeschwerde wird verworfen oder zurückgewiesen . . . . Wird die Rechtsbeschwerde nur teilweise verworfen oder zurückgewiesen, kann das Gericht die Gebühr nach billigem Ermessen auf die Hälfte ermäßigen oder bestimmen, dass eine Gebühr nicht zu erheben ist.	132,00 €
1827	Verfahren über die in Nummer 1826 genannten Rechtsbeschwerden: Beendigung des gesamten Verfahrens durch Zurücknahme der Rechtsbeschwerde, des Antrags oder der Klage vor Ablauf des Tages, an dem die Entscheidung der Geschäftsstelle übermittelt wird.	66,00 €
	Hauptabschnitt 9 **Besondere Gebühren**	
1900	Abschluss eines gerichtlichen Vergleichs: Soweit ein Vergleich über nicht gerichtlich anhängige Gegenstände geschlossen wird . . . . Die Gebühr entsteht nicht im Verfahren über die Prozesskostenhilfe. Im Verhältnis zur Gebühr für das Verfahren im Allgemeinen ist § 36 Abs. 3 GKG entsprechend anzuwenden.	0,25
1901	Auferlegung einer Gebühr nach § 38 GKG wegen Verzögerung des Rechtsstreits	wie vom Gericht bestimmt
1902	Anmeldung eines Anspruchs zum Musterverfahren (§ 10 Abs. 2 KapMuG)	0,5

Teil 2: Zwangsvollstreckung nach der Zivilprozessordnung, Insolvenzverfahren und ähnliche Verfahren

Nr.	Gebührentatbestand	Gebühr oder Satz der Gebühr nach § 34 GKG

Hauptabschnitt 1 Zwangsvollstreckung nach der Zivilprozessordnung

Vorbemerkung 2.1:

Dieser Hauptabschnitt ist auch auf Verfahren zur Erwirkung eines Europäischen Beschlusses zur vorläufigen Kontenpfändung im Fall des Artikels 5 Buchstabe b der Verordnung (EU) Nr. 655/2014 sowie auf alle Verfahren über Anträge auf Einschränkung oder Beendigung der Vollstreckung eines Europäischen Beschlusses zur vorläufigen Kontenpfändung (§ 954 Abs. 2 ZPO i.V.m. Artikel 34 der Verordnung (EU) Nr. 655/2014) anzuwenden. Im Übrigen bestimmen sich die Gebühren nach Teil 1 Hauptabschnitt 4 oder Teil 8 Hauptabschnitt 3.

Abschnitt 1 Erster Rechtszug

Nr.	Gebührentatbestand	Gebühr oder Satz der Gebühr nach § 34 GKG
2110	Verfahren über den Antrag auf Erteilung einer weiteren vollstreckbaren Ausfertigung (§ 733 ZPO).	22,00 €
	Die Gebühr wird für jede weitere vollstreckbare Ausfertigung gesondert erhoben. Sind wegen desselben Anspruchs in einem Mahnverfahren gegen mehrere Personen gesonderte Vollstreckungsbescheide erlassen worden und werden hiervon gleichzeitig mehrere weitere vollstreckbare Ausfertigungen beantragt, wird die Gebühr nur einmal erhoben.	
2111	Verfahren über Anträge auf gerichtliche Handlungen der Zwangsvollstreckung gemäß § 829 Abs. 1, §§ 835, 839, 846 bis 848, 857, 858, 886 bis 888 oder § 890 ZPO sowie im Verfahren zur Erwirkung eines Europäischen Beschlusses zur vorläufigen Kontenpfändung im Fall des Artikels 5 Buchstabe b der Verordnung (EU) Nr. 655/2014.	22,00 €
	Richtet sich ein Verfahren gegen mehrere Schuldner, wird die Gebühr für jeden Schuldner gesondert erhoben. Mehrere Verfahren innerhalb eines Rechtszugs gelten als ein Verfahren, wenn sie denselben Anspruch und denselben Vollstreckungsgegenstand betreffen.	
2112	In dem Verfahren zur Erwirkung eines Europäischen Beschlusses zur vorläufigen Kontenpfändung wird ein Antrag auf Einholung von Kontoinformationen gestellt: Die Gebühr 2111 erhöht sich auf.	37,00 €
2113	Verfahren über den Antrag auf Vollstreckungsschutz nach § 765a ZPO	22,00 €

Nr.	Gebührentatbestand	Gebühr oder Satz der Gebühr nach § 34 GKG
2114	Verfahren über den Antrag auf Erlass eines Haftbefehls (§ 802g Abs. 1 ZPO)	22,00 €
2115	Verfahren über den Antrag auf Abnahme der eidesstattlichen Versicherung nach § 889 ZPO	35,00 €
2116	*(aufgehoben)*	
2117	Verteilungsverfahren	0,5
2118	Verfahren über die Vollstreckbarerklärung eines Anwaltsvergleichs nach § 796a ZPO	66,00 €
2119	Verfahren über Anträge auf Beendigung, Verweigerung, Aussetzung oder Beschränkung der Zwangsvollstreckung nach § 954 Abs. 2, § 1084 ZPO auch i.V.m. § 1096 oder § 1109 ZPO oder nach § 31 AUG	33,00 €
	Abschnitt 2 ***Beschwerden***	
	Unterabschnitt 1 Beschwerde	
2120	Verfahren über die Beschwerde im Verteilungsverfahren: Soweit die Beschwerde verworfen oder zurückgewiesen wird	1,0
2121	Verfahren über nicht besonders aufgeführte Beschwerden, die nicht nach anderen Vorschriften gebührenfrei sind: Die Beschwerde wird verworfen oder zurückgewiesen	33,00 €
	Wird die Beschwerde nur teilweise verworfen oder zurückgewiesen, kann das Gericht die Gebühr nach billigem Ermessen auf die Hälfte ermäßigen oder bestimmen, dass eine Gebühr nicht zu erheben ist.	

Nr.	Gebührentatbestand	Gebühr oder Satz der Gebühr nach § 34 GKG
	Unterabschnitt 2 Rechtsbeschwerde	
2122	Verfahren über die Rechtsbeschwerde im Verteilungsverfahren: Soweit die Beschwerde verworfen oder zurückgewiesen wird.	2,0
2123	Verfahren über die Rechtsbeschwerde im Verteilungsverfahren: Soweit die Beschwerde zurückgenommen oder das Verfahren durch anderweitige Erledigung beendet wird Die Gebühr entsteht nicht, soweit der Beschwerde stattgegeben wird.	1,0
2124	Verfahren über nicht besonders aufgeführte Rechtsbeschwerden, die nicht nach anderen Vorschriften gebührenfrei sind: Die Rechtsbeschwerde wird verworfen oder zurückgewiesen. . . . . Wird die Rechtsbeschwerde nur teilweise verworfen oder zurückgewiesen, kann das Gericht die Gebühr nach billigem Ermessen auf die Hälfte ermäßigen oder bestimmen, dass eine Gebühr nicht zu erheben ist.	66,00 €

Hauptabschnitt 2
Verfahren nach dem Gesetz über die Zwangsversteigerung und die Zwangsverwaltung; Zwangsliquidation einer Bahneinheit

Vorbemerkung 2.2:

Die Gebühren 2210, 2220 und 2230 werden für jeden Antragsteller gesondert erhoben. Wird der Antrag von mehreren Gesamtgläubigern, Gesamthandsgläubigern oder im Fall der Zwangsversteigerung zum Zweck der Aufhebung der Gemeinschaft von mehreren Miteigentümern gemeinsam gestellt, gelten diese als ein Antragsteller. Betrifft ein Antrag mehrere Gegenstände, wird die Gebühr nur einmal erhoben, soweit durch einen einheitlichen Beschluss entschieden wird. Für ein Verfahren nach § 765a ZPO wird keine, für das Beschwerdeverfahren die Gebühr 2240 erhoben; richtet sich die Beschwerde auch gegen eine Entscheidung nach § 30a ZVG, gilt Satz 3 entsprechend.

Abschnitt 1
Zwangsversteigerung

2210	Entscheidung über den Antrag auf Anordnung der Zwangsversteigerung oder über den Beitritt zum Verfahren	110,00 €
2211	Verfahren im Allgemeinen	0,5

Nr.	Gebührentatbestand	Gebühr oder Satz der Gebühr nach § 34 GKG
2212	Beendigung des Verfahrens vor Ablauf des Tages, an dem die Verfügung mit der Bestimmung des ersten Versteigerungstermins unterschrieben ist: Die Gebühr 2211 ermäßigt sich auf	0,25
2213	Abhaltung mindestens eines Versteigerungstermins mit Aufforderung zur Abgabe von Geboten..........	0,5
	Die Gebühr entfällt, wenn der Zuschlag aufgrund des § 74a oder des § 85a ZVG versagt bleibt.	
2214	Erteilung des Zuschlags.........................	0,5
	Die Gebühr entfällt, wenn der Zuschlagsbeschluss aufgehoben wird.	
2215	Verteilungsverfahren............................	0,5
2216	Es findet keine oder nur eine beschränkte Verteilung des Versteigerungserlöses durch das Gericht statt (§§ 143, 144 ZVG): Die Gebühr 2215 ermäßigt sich auf	0,25
	Abschnitt 2 ***Zwangsverwaltung***	
2220	Entscheidung über den Antrag auf Anordnung der Zwangsverwaltung oder über den Beitritt zum Verfahren......................................	110,00 €
2221	Jahresgebühr für jedes Kalenderjahr bei Durchführung des Verfahrens	0,5 – mindestens 132,00 €, im ersten und letzten Kalenderjahr jeweils mindestens 66,00 €
	Die Gebühr wird auch für das jeweilige Kalenderjahr erhoben, in das der Tag der Beschlagnahme fällt und in dem das Verfahren aufgehoben wird.	
	Abschnitt 3 ***Zwangsliquidation einer Bahneinheit***	
2230	Entscheidung über den Antrag auf Eröffnung der Zwangsliquidation.............................	66,00 €
2231	Verfahren im Allgemeinen	0,5

Nr.	Gebührentatbestand	Gebühr oder Satz der Gebühr nach § 34 GKG
2232	Das Verfahren wird eingestellt: Die Gebühr 2231 ermäßigt sich auf	0,25
	Abschnitt 4 ***Beschwerden***	
	Unterabschnitt 1 Beschwerde	
2240	Verfahren über Beschwerden, wenn für die angefochtene Entscheidung eine Festgebühr bestimmt ist: Die Beschwerde wird verworfen oder zurückgewiesen	132,00 €
	Wird die Beschwerde nur teilweise verworfen oder zurückgewiesen, kann das Gericht die Gebühr nach billigem Ermessen auf die Hälfte ermäßigen oder bestimmen, dass eine Gebühr nicht zu erheben ist.	
2241	Verfahren über nicht besonders aufgeführte Beschwerden, die nicht nach anderen Vorschriften gebührenfrei sind: Soweit die Beschwerde verworfen oder zurückgewiesen wird.	1,0
	Unterabschnitt 2 Rechtsbeschwerde	
2242	Verfahren über Rechtsbeschwerden, wenn für die angefochtene Entscheidung eine Festgebühr bestimmt ist: Die Rechtsbeschwerde wird verworfen oder zurückgewiesen.	264,00 €
	Wird die Rechtsbeschwerde nur teilweise verworfen oder zurückgewiesen, kann das Gericht die Gebühr nach billigem Ermessen auf die Hälfte ermäßigen oder bestimmen, dass eine Gebühr nicht zu erheben ist.	
2243	Verfahren über nicht besonders aufgeführte Rechtsbeschwerden, die nicht nach anderen Vorschriften gebührenfrei sind: Soweit die Rechtsbeschwerde verworfen oder zurückgewiesen wird.	2,0

Nr.	Gebührentatbestand	Gebühr oder Satz der Gebühr nach § 34 GKG

Hauptabschnitt 3
Insolvenzverfahren

Vorbemerkung 2.3:

Der Antrag des ausländischen Insolvenzverwalters steht dem Antrag des Schuldners gleich.

Abschnitt 1
Eröffnungsverfahren

2310	Verfahren über den Antrag des Schuldners auf Eröffnung des Insolvenzverfahrens	0,5
	Die Gebühr entsteht auch, wenn das Verfahren nach § 306 InsO ruht.	
2311	Verfahren über den Antrag eines Gläubigers auf Eröffnung des Insolvenzverfahrens	0,5 – mindestens 198,00 €

Abschnitt 2
Durchführung des Insolvenzverfahrens auf Antrag des Schuldners

Vorbemerkung 2.3.2:

Die Gebühren dieses Abschnitts entstehen auch, wenn das Verfahren gleichzeitig auf Antrag eines Gläubigers eröffnet wurde.

2320	Durchführung des Insolvenzverfahrens	2,5
	Die Gebühr entfällt, wenn der Eröffnungsbeschluss auf Beschwerde aufgehoben wird.	
2321	Einstellung des Verfahrens vor dem Ende des Prüfungstermins nach den §§ 207, 211, 212, 213 InsO: Die Gebühr 2320 ermäßigt sich auf	0,5
2322	Einstellung des Verfahrens nach dem Ende des Prüfungstermins nach den §§ 207, 211, 212, 213 InsO: Die Gebühr 2320 ermäßigt sich auf	1,5

Abschnitt 3
Durchführung des Insolvenzverfahrens auf Antrag eines Gläubigers

Vorbemerkung 2.3.3:

Dieser Abschnitt ist nicht anzuwenden, wenn das Verfahren gleichzeitig auf Antrag des Schuldners eröffnet wurde.

2330	Durchführung des Insolvenzverfahrens	3,0
	Die Gebühr entfällt, wenn der Eröffnungsbeschluss auf Beschwerde aufgehoben wird.	

Nr.	Gebührentatbestand	Gebühr oder Satz der Gebühr nach § 34 GKG
2331	Einstellung des Verfahrens vor dem Ende des Prüfungstermins nach den §§ 207, 211, 212, 213 InsO: Die Gebühr 2330 ermäßigt sich auf	1,0
2332	Einstellung des Verfahrens nach dem Ende des Prüfungstermins nach den §§ 207, 211, 212, 213 InsO: Die Gebühr 2330 ermäßigt sich auf	2,0
	Abschnitt 4	
	Besonderer Prüfungstermin und schriftliches Prüfungsverfahren (§ 177 InsO)	
2340	Prüfung von Forderungen je Gläubiger	22,00 €
	Abschnitt 5	
	Restschuldbefreiung	
2350	Entscheidung über den Antrag auf Versagung oder Widerruf der Restschuldbefreiung (§§ 296 bis 297a, 300 und 303 InsO)	39,00 €
	Abschnitt 6	
	Besondere Verfahren nach der Verordnung (EU) 2015/848	
2360	Verfahren über einen Antrag nach Artikel 36 Abs. 7 Satz 2 der Verordnung (EU) 2015/848	3,0
2361	Verfahren über einstweilige Maßnahmen nach Artikel 36 Abs. 9 der Verordnung (EU) 2015/848	1,0
2362	Verfahren über einen Antrag auf Eröffnung eines Gruppen-Koordinationsverfahrens nach Artikel 61 der Verordnung (EU) 2015/848	4 440,00 €
	Abschnitt 7	
	Koordinationsverfahren	
2370	Verfahren im Allgemeinen	550,00 €
2371	In dem Verfahren wird ein Koordinationsplan zur Bestätigung vorgelegt: Die Gebühr 2370 beträgt	1 100,00 €

Nr.	Gebührentatbestand	Gebühr oder Satz der Gebühr nach § 34 GKG
	Abschnitt 8 ***Beschwerden***	
	Unterabschnitt 1 Beschwerde	
2380	Verfahren über die Beschwerde gegen die Entscheidung über den Antrag auf Eröffnung des Insolvenzverfahrens	1,0
2381	Verfahren über nicht besonders aufgeführte Beschwerden, die nicht nach anderen Vorschriften gebührenfrei sind: Die Beschwerde wird verworfen oder zurückgewiesen Wird die Beschwerde nur teilweise verworfen oder zurückgewiesen, kann das Gericht die Gebühr nach billigem Ermessen auf die Hälfte ermäßigen oder bestimmen, dass eine Gebühr nicht zu erheben ist.	66,00 €
2382	Verfahren über die sofortige Beschwerde gegen die Entscheidung über die Kosten des Gruppen-Koordinationsverfahrens nach Artikel 102c § 26 EGInsO	1,0
	Unterabschnitt 2 Rechtsbeschwerde	
2383	Verfahren über die Rechtsbeschwerde gegen die Beschwerdeentscheidung im Verfahren über den Antrag auf Eröffnung des Insolvenzverfahrens	2,0
2384	Beendigung des gesamten Verfahrens durch Zurücknahme der Rechtsbeschwerde oder des Antrags: Die Gebühr 2383 ermäßigt sich auf	1,0
2385	Verfahren über nicht besonders aufgeführte Rechtsbeschwerden, die nicht nach anderen Vorschriften gebührenfrei sind: Die Rechtsbeschwerde wird verworfen oder zurückgewiesen. . . . . Wird die Rechtsbeschwerde nur teilweise verworfen oder zurückgewiesen, kann das Gericht die Gebühr nach billigem Ermessen auf die Hälfte ermäßigen oder bestimmen, dass eine Gebühr nicht zu erheben ist.	132,00 €

Nr.	Gebührentatbestand	Gebühr oder Satz der Gebühr nach § 34 GKG
2386	Verfahren über die Rechtsbeschwerde gegen die Beschwerdeentscheidung über die Kosten des Gruppen-Koordinationsverfahrens nach Artikel 102c § 26 EGInsO i.V.m. § 574 ZPO.	2,0
	Hauptabschnitt 4 **Schifffahrtsrechtliches Verteilungsverfahren**	
	Abschnitt 1 ***Eröffnungsverfahren***	
2410	Verfahren über den Antrag auf Eröffnung des Verteilungsverfahrens	1,0
	Abschnitt 2 ***Verteilungsverfahren***	
2420	Durchführung des Verteilungsverfahrens	2,0
	Abschnitt 3 ***Besonderer Prüfungstermin und schriftliches Prüfungsverfahren (§ 18 Satz 3 SVertO, § 177 InsO)***	
2430	Prüfung von Forderungen je Gläubiger.	22,00 €
	Abschnitt 4 ***Beschwerde und Rechtsbeschwerde***	
2440	Verfahren über Beschwerden, die nicht nach anderen Vorschriften gebührenfrei sind: Die Beschwerde wird verworfen oder zurückgewiesen Wird die Beschwerde nur teilweise verworfen oder zurückgewiesen, kann das Gericht die Gebühr nach billigem Ermessen auf die Hälfte ermäßigen oder bestimmen, dass eine Gebühr nicht zu erheben ist.	66,00 €
2441	Verfahren über Rechtsbeschwerden: Die Rechtsbeschwerde wird verworfen oder zurückgewiesen. . . . . Wird die Rechtsbeschwerde nur teilweise verworfen oder zurückgewiesen, kann das Gericht die Gebühr nach billigem Ermessen auf die Hälfte ermäßigen oder bestimmen, dass eine Gebühr nicht zu erheben ist.	132,00 €

Nr.	Gebührentatbestand	Gebühr oder Satz der Gebühr nach § 34 GKG

Hauptabschnitt 5
Verfahren nach dem Unternehmensstabilisierungs- und -restrukturierungsgesetz

Abschnitt 1
Verfahren vor dem Restrukturierungsgericht

2510	Entgegennahme der Anzeige des Restrukturierungsvorhabens (§ 31 StaRUG)	150,00 €
	Mit der Gebühr sind sämtliche Tätigkeiten des Gerichts im Zusammenhang mit der Anzeige des Restrukturierungsvorhabens einschließlich der Aufhebung der Restrukturierungssache abgegolten.	
2511	Verfahren über den Antrag auf Inanspruchnahme von Instrumenten des Stabilisierungs- und Restrukturierungsrahmens.	1 000,00 €
	(1) Die Gebühr 2510 wird angerechnet. (2) Endet das gesamte Verfahren, bevor der gerichtliche Erörterungs- und Abstimmungstermin begonnen hat oder bevor der Restrukturierungsplan gerichtlich bestätigt wurde, kann das Gericht die Gebühr nach billigem Ermessen auf die Hälfte ermäßigen.	
2512	In derselben Restrukturierungssache wird die Inanspruchnahme von mehr als drei Instrumenten des Stabilisierungs- und Restrukturierungsrahmens beantragt: Die Gebühr 2511 beträgt	1 500,00 €
2513	Bestellung eines Restrukturierungsbeauftragten	500,00 €
	Mit der Gebühr sind sämtliche Tätigkeiten des Gerichts im Zusammenhang mit der Bestellung, insbesondere auch die Aufsicht über den Restrukturierungsbeauftragten, abgegolten.	
2514	Verfahren über den Antrag auf Bestellung eines Sanierungsmoderators	500,00 €
	Mit der Gebühr sind sämtliche Tätigkeiten des Gerichts in dem Verfahren einschließlich der Bestätigung eines Sanierungsvergleichs abgegolten.	

Nr.	Gebührentatbestand	Gebühr oder Satz der Gebühr nach § 34 GKG
	Abschnitt 2	
	Beschwerden	
	Unterabschnitt 1	
	Beschwerde	
2520	Verfahren über sofortige Beschwerden nach dem StaRUG.	1 000,00 €
2521	Beendigung des gesamten Verfahrens durch Zurücknahme der Beschwerde: Die Gebühr 2520 ermäßigt sich auf	500,00 €
2522	Verfahren über nicht besonders aufgeführte Beschwerden, die nicht nach anderen Vorschriften gebührenfrei sind: Die Beschwerde wird verworfen oder zurückgewiesen Wird die Beschwerde nur teilweise verworfen oder zurückgewiesen, kann das Gericht die Gebühr nach billigem Ermessen auf die Hälfte ermäßigen oder bestimmen, dass eine Gebühr nicht zu erheben ist.	66,00 €
	Unterabschnitt 2	
	Rechtsbeschwerde	
2523	Verfahren über Rechtsbeschwerden nach dem StaRUG.	2 000,00 €
2524	Beendigung des gesamten Verfahrens durch Zurücknahme der Rechtsbeschwerde: Die Gebühr 2523 ermäßigt sich auf	1 000,00 €
2525	Verfahren über nicht besonders aufgeführte Rechtsbeschwerden, die nicht nach anderen Vorschriften gebührenfrei sind: Die Rechtsbeschwerde wird verworfen oder zurückgewiesen. . . . . Wird die Rechtsbeschwerde nur teilweise verworfen oder zurückgewiesen, kann das Gericht die Gebühr nach billigem Ermessen auf die Hälfte ermäßigen oder bestimmen, dass eine Gebühr nicht zu erheben ist.	132,00 €

Nr.	Gebührentatbestand	Gebühr oder Satz der Gebühr nach § 34 GKG
	Hauptabschnitt 6 **Rüge wegen Verletzung des Anspruchs auf rechtliches Gehör**	
2600	Verfahren über die Rüge wegen Verletzung des Anspruchs auf rechtliches Gehör (§ 321a ZPO, § 4 InsO, § 3 Abs. 1 Satz 1 SVertO, § 38 StaRUG): Die Rüge wird in vollem Umfang verworfen oder zurückgewiesen	66,00 €

Teil 3:
Strafsachen und gerichtliche Verfahren nach dem Strafvollzugsgesetz, auch in Verbindung mit § 92 des Jugendgerichtsgesetzes, sowie Verfahren nach dem Gesetz über die internationale Rechtshilfe in Strafsachen

Nr.	Gebührentatbestand	Gebühr oder Satz der jeweiligen Gebühr 3110 bis 3117, soweit nichts anderes vermerkt ist

Vorbemerkung 3:

(1) § 473 Abs. 4 StPO und § 74 JGG bleiben unberührt.

(2) Im Verfahren nach Wiederaufnahme werden die gleichen Gebühren wie für das wiederaufgenommene Verfahren erhoben. Wird jedoch nach Anordnung der Wiederaufnahme des Verfahrens das frühere Urteil aufgehoben, gilt für die Gebührenerhebung jeder Rechtszug des neuen Verfahrens mit dem jeweiligen Rechtszug des früheren Verfahrens zusammen als ein Rechtszug. Gebühren werden auch für Rechtszüge erhoben, die nur im früheren Verfahren stattgefunden haben. Dies gilt auch für das Wiederaufnahmeverfahren, das sich gegen einen Strafbefehl richtet (§ 373a StPO).

Hauptabschnitt 1
Offizialverfahren

Vorbemerkung 3.1:

(1) In Strafsachen bemessen sich die Gerichtsgebühren für alle Rechtszüge nach der rechtskräftig erkannten Strafe.

(2) Ist neben einer Freiheitsstrafe auf Geldstrafe erkannt, ist die Zahl der Tagessätze der Dauer der Freiheitsstrafe hinzuzurechnen; dabei entsprechen 30 Tagessätze einem Monat Freiheitsstrafe.

(3) Ist auf Verwarnung mit Strafvorbehalt erkannt, bestimmt sich die Gebühr nach der vorbehaltenen Geldstrafe.

(4) Eine Gebühr wird für alle Rechtszüge bei rechtskräftiger Anordnung einer Maßregel der Besserung und Sicherung und bei rechtskräftiger Festsetzung einer Geldbuße gesondert erhoben.

(5) Wird aufgrund des § 55 Abs. 1 StGB in einem Verfahren eine Gesamtstrafe gebildet, bemisst sich die Gebühr für dieses Verfahren nach dem Maß der Strafe, um das die Gesamtstrafe die früher erkannte Strafe übersteigt. Dies gilt entsprechend, wenn ein Urteil, in dem auf Jugendstrafe erkannt ist, nach § 31 Abs. 2 JGG in ein neues Urteil einbezogen wird. In den Fällen des § 460 StPO und des § 66 JGG verbleibt es bei den Gebühren für die früheren Verfahren.

Nr.	Gebührentatbestand	Gebühr oder Satz der jeweiligen Gebühr 3110 bis 3117, soweit nichts anderes vermerkt ist

(6) Betrifft eine Strafsache mehrere Angeschuldigte, ist die Gebühr von jedem gesondert nach Maßgabe der gegen ihn erkannten Strafe, angeordneten Maßregel der Besserung und Sicherung oder festgesetzten Geldbuße zu erheben. Wird in einer Strafsache gegen einen oder mehrere Angeschuldigte auch eine Geldbuße gegen eine juristische Person oder eine Personenvereinigung festgesetzt, ist eine Gebühr auch von der juristischen Person oder der Personenvereinigung nach Maßgabe der gegen sie festgesetzten Geldbuße zu erheben.

(7) Wird bei Verurteilung wegen selbständiger Taten ein Rechtsmittel auf einzelne Taten beschränkt, bemisst sich die Gebühr für das Rechtsmittelverfahren nach der Strafe für diejenige Tat, die Gegenstand des Rechtsmittelverfahrens ist. Bei Gesamtstrafen ist die Summe der angefochtenen Einzelstrafen maßgebend. Ist die Gesamtstrafe, auch unter Einbeziehung der früher erkannten Strafe, geringer, ist diese maßgebend. Wird ein Rechtsmittel auf die Anordnung einer Maßregel der Besserung und Sicherung oder die Festsetzung einer Geldbuße beschränkt, werden die Gebühren für das Rechtsmittelverfahren nur wegen der Anordnung der Maßregel oder der Festsetzung der Geldbuße erhoben. Die Sätze 1 bis 4 gelten im Fall der Wiederaufnahme entsprechend.

(8) Das Verfahren über die vorbehaltene Sicherungsverwahrung und das Verfahren über die nachträgliche Anordnung der Sicherungsverwahrung gelten als besondere Verfahren.

Abschnitt 1
Erster Rechtszug

	Verfahren mit Urteil, wenn kein Strafbefehl vorausgegangen ist, bei	
3110	– Verurteilung zu Freiheitsstrafe bis zu 6 Monaten oder zu Geldstrafe bis zu 180 Tagessätzen	155,00 €
3111	– Verurteilung zu Freiheitsstrafe bis zu 1 Jahr oder zu Geldstrafe von mehr als 180 Tagessätzen	310,00 €
3112	– Verurteilung zu Freiheitsstrafe bis zu 2 Jahren	465,00 €
3113	– Verurteilung zu Freiheitsstrafe bis zu 4 Jahren	620,00 €
3114	– Verurteilung zu Freiheitsstrafe bis zu 10 Jahren ...	775,00 €
3115	– Verurteilung zu Freiheitsstrafe von mehr als 10 Jahren oder zu einer lebenslangen Freiheitsstrafe	1 100,00 €
3116	– Anordnung einer oder mehrerer Maßregeln der Besserung und Sicherung	77,00 €
3117	– Festsetzung einer Geldbuße	10 % des Betrags der Geldbuße – mindestens 55,00 € – höchstens 16 500,00 €
3118	Strafbefehl....................................	0,5
	Die Gebühr wird auch neben der Gebühr 3119 erhoben. Ist der Einspruch beschränkt (§ 410 Abs. 2 StPO), bemisst sich die Gebühr nach der im Urteil erkannten Strafe.	

Nr.	Gebührentatbestand	Gebühr oder Satz der jeweiligen Gebühr 3110 bis 3117, soweit nichts anderes vermerkt ist
3119	Hauptverhandlung mit Urteil, wenn ein Strafbefehl vorausgegangen ist	0,5
	Vorbemerkung 3.1 Abs. 7 gilt entsprechend.	
	Abschnitt 2 ***Berufung***	
3120	Berufungsverfahren mit Urteil	1,5
3121	Erledigung des Berufungsverfahrens ohne Urteil	0,5
	Die Gebühr entfällt bei Zurücknahme der Berufung vor Ablauf der Begründungsfrist.	
	Abschnitt 3 ***Revision***	
3130	Revisionsverfahren mit Urteil oder Beschluss nach § 349 Abs. 2 oder 4 StPO.	2,0
3131	Erledigung des Revisionsverfahrens ohne Urteil und ohne Beschluss nach § 349 Abs. 2 oder 4 StPO	1,0
	Die Gebühr entfällt bei Zurücknahme der Revision vor Ablauf der Begründungsfrist.	
	Abschnitt 4 ***Wiederaufnahmeverfahren***	
3140	Verfahren über den Antrag auf Wiederaufnahme des Verfahrens: Der Antrag wird verworfen oder abgelehnt	0,5
3141	Verfahren über die Beschwerde gegen einen Beschluss, durch den ein Antrag auf Wiederaufnahme des Verfahrens hinsichtlich einer Freiheitsstrafe, einer Geldstrafe, einer Maßregel der Besserung und Sicherung oder einer Geldbuße verworfen oder abgelehnt wurde: Die Beschwerde wird verworfen oder zurückgewiesen	1,0

Nr.	Gebührentatbestand	Gebühr oder Satz der jeweiligen Gebühr 3110 bis 3117, soweit nichts anderes vermerkt ist

Abschnitt 5
Psychosoziale Prozessbegleitung

Vorbemerkung 3.1.5:

Eine Erhöhung nach diesem Abschnitt tritt nicht ein, soweit das Gericht etwas anderes angeordnet hat (§ 465 Abs. 2 Satz 4 StPO).

	Dem Verletzten ist ein psychosozialer Prozessbegleiter beigeordnet	
3150	– für das Vorverfahren Die Gebühren 3110 bis 3116 und 3118 erhöhen sich um	572,00 €
3151	– für das gerichtliche Verfahren im ersten Rechtszug: Die Gebühren 3110 bis 3116 und 3118 erhöhen sich um	407,00 €
	(1) Die Erhöhung der Gebühr 3116 tritt nur ein, wenn ausschließlich diese Gebühr zu erheben ist. (2) Die Erhöhungen nach den Nummern 3150 und 3151 können nebeneinander eintreten.	
3152	Dem Verletzten ist für das Berufungsverfahren ein psychosozialer Prozessbegleiter beigeordnet: Die Gebühren 3120 und 3121 erhöhen sich um	231,00 €
	Die Erhöhung der Gebühr 3120 oder 3121 für die Anordnung einer oder mehrerer Maßregeln der Besserung und Sicherung tritt nur ein, wenn ausschließlich diese Gebühr zu erheben ist.	

Hauptabschnitt 2
Klageerzwingungsverfahren, unwahre Anzeige und Zurücknahme des Strafantrags

3200	Dem Antragsteller, dem Anzeigenden, dem Angeklagten oder Nebenbeteiligten sind die Kosten auferlegt worden (§§ 177, 469, 470 StPO)..................	80,00 €
	Das Gericht kann die Gebühr bis auf 15,00 € herabsetzen oder beschließen, dass von der Erhebung einer Gebühr abgesehen wird.	

Nr.	Gebührentatbestand	Gebühr oder Satz der jeweiligen Gebühr 3110 bis 3117, soweit nichts anderes vermerkt ist

Hauptabschnitt 3
Privatklage

Vorbemerkung 3.3:

Für das Verfahren auf Widerklage werden die Gebühren gesondert erhoben.

Abschnitt 1
Erster Rechtszug

3310	Hauptverhandlung mit Urteil	160,00 €
3311	Erledigung des Verfahrens ohne Urteil	80,00 €

Abschnitt 2
Berufung

3320	Berufungsverfahren mit Urteil	320,00 €
3321	Erledigung der Berufung ohne Urteil................	160,00 €
	Die Gebühr entfällt bei Zurücknahme der Berufung vor Ablauf der Begründungsfrist.	

Abschnitt 3
Revision

3330	Revisionsverfahren mit Urteil oder Beschluss nach § 349 Abs. 2 oder 4 StPO........................	480,00 €
3331	Erledigung der Revision ohne Urteil und ohne Beschluss nach § 349 Abs. 2 oder 4 StPO	320,00 €
	Die Gebühr entfällt bei Rücknahme der Revision vor Ablauf der Begründungsfrist.	

Abschnitt 4
Wiederaufnahmeverfahren

3340	Verfahren über den Antrag auf Wiederaufnahme des Verfahrens: Der Antrag wird verworfen oder abgelehnt	80,00 €
3341	Verfahren über die Beschwerde gegen einen Beschluss, durch den ein Antrag auf Wiederaufnahme des Verfahrens verworfen oder abgelehnt wurde: Die Beschwerde wird verworfen oder zurückgewiesen	160,00 €

Nr.	Gebührentatbestand	Gebühr oder Satz der jeweiligen Gebühr 3110 bis 3117, soweit nichts anderes vermerkt ist

Hauptabschnitt 4
Einziehung und verwandte Maßnahmen

Vorbemerkung 3.4:

(1) Die Vorschriften dieses Hauptabschnitts gelten für die Verfahren über die Einziehung, dieser gleichstehende Rechtsfolgen (§ 439 StPO) und die Abführung des Mehrerlöses. Im Strafverfahren werden die Gebühren gesondert erhoben.

(2) Betreffen die in Absatz 1 genannten Maßnahmen mehrere Angeschuldigte wegen derselben Tat, wird nur eine Gebühr erhoben. § 31 GKG bleibt unberührt.

Abschnitt 1
Antrag des Privatklägers nach § 435 StPO

3410	Verfahren über den Antrag des Privatklägers: Der Antrag wird verworfen oder zurückgewiesen	39,00 €

Abschnitt 2
Beschwerde

3420	Verfahren über die Beschwerde nach § 434 Abs. 2, auch i.V.m. § 436 Abs. 2 StPO: Die Beschwerde wird verworfen oder zurückgewiesen	39,00 €

Abschnitt 3
Berufung

3430	Verwerfung der Berufung durch Urteil	78,00 €
3431	Erledigung der Berufung ohne Urteil	39,00 €
	Die Gebühr entfällt bei Zurücknahme der Berufung vor Ablauf der Begründungsfrist.	

Abschnitt 4
Revision

3440	Verwerfung der Revision durch Urteil oder Beschluss nach § 349 Abs. 2 oder 4 StPO	78,00 €
3441	Erledigung der Revision ohne Urteil und ohne Beschluss nach § 349 Abs. 2 oder 4 StPO	39,00 €
	Die Gebühr entfällt bei Zurücknahme der Revision vor Ablauf der Begründungsfrist.	

Nr.	Gebührentatbestand	Gebühr oder Satz der jeweiligen Gebühr 3110 bis 3117, soweit nichts anderes vermerkt ist

Abschnitt 5
Wiederaufnahmeverfahren

3450	Verfahren über den Antrag auf Wiederaufnahme des Verfahrens: Der Antrag wird verworfen oder zurückgewiesen	39,00 €
3451	Verfahren über die Beschwerde gegen einen Beschluss, durch den ein Antrag auf Wiederaufnahme des Verfahrens verworfen oder abgelehnt wurde: Die Beschwerde wird verworfen oder zurückgewiesen	78,00 €

Hauptabschnitt 5
Nebenklage

Vorbemerkung 3.5:

Gebühren nach diesem Hauptabschnitt werden nur erhoben, wenn dem Nebenkläger die Kosten auferlegt worden sind.

Abschnitt 1
Berufung

3510	Die Berufung des Nebenklägers wird durch Urteil verworfen; aufgrund der Berufung des Nebenklägers wird der Angeklagte freigesprochen oder für straffrei erklärt	108,00 €
3511	Erledigung der Berufung des Nebenklägers ohne Urteil . . . . Die Gebühr entfällt bei Zurücknahme der Berufung vor Ablauf der Begründungsfrist.	54,00 €

Abschnitt 2
Revision

3520	Die Revision des Nebenklägers wird durch Urteil oder Beschluss nach § 349 Abs. 2 StPO verworfen; aufgrund der Revision des Nebenklägers wird der Angeklagte freigesprochen oder für straffrei erklärt.	162,00 €
3521	Erledigung der Revision des Nebenklägers ohne Urteil und ohne Beschluss nach § 349 Abs. 2 StPO . . . . Die Gebühr entfällt bei Zurücknahme der Revision vor Ablauf der Begründungsfrist.	81,00 €

Nr.	Gebührentatbestand	Gebühr oder Satz der jeweiligen Gebühr 3110 bis 3117, soweit nichts anderes vermerkt ist
	Abschnitt 3 ***Wiederaufnahmeverfahren***	
3530	Verfahren über den Antrag des Nebenklägers auf Wiederaufnahme des Verfahrens: Der Antrag wird verworfen oder abgelehnt	54,00 €
3531	Verfahren über die Beschwerde gegen einen Beschluss, durch den ein Antrag des Nebenklägers auf Wiederaufnahme des Verfahrens verworfen oder abgelehnt wurde: Die Beschwerde wird verworfen oder zurückgewiesen	108,00 €
	Hauptabschnitt 6 **Sonstige Beschwerden**	

Vorbemerkung 3.6:

Die Gebühren im Kostenfestsetzungsverfahren bestimmen sich nach den für das Kostenfestsetzungsverfahren in Teil 1 Hauptabschnitt 8 geregelten Gebühren.

Nr.	Gebührentatbestand	Gebühr oder Satz
3600	Verfahren über die Beschwerde gegen einen Beschluss nach § 411 Abs. 1 Satz 3 StPO: Die Beschwerde wird verworfen oder zurückgewiesen	0,25
3601	Verfahren über die Beschwerde gegen eine Entscheidung, durch die im Strafverfahren einschließlich des selbständigen Verfahrens nach den §§ 435 bis 437, 444 Abs. 3 StPO eine Geldbuße gegen eine juristische Person oder eine Personenvereinigung festgesetzt worden ist: Die Beschwerde wird verworfen oder zurückgewiesen Eine Gebühr wird nur erhoben, wenn eine Geldbuße rechtskräftig festgesetzt ist.	0,5
3602	Verfahren über nicht besonders aufgeführte Beschwerden, die nicht nach anderen Vorschriften gebührenfrei sind: Die Beschwerde wird verworfen oder zurückgewiesen Von dem Beschuldigten wird eine Gebühr nur erhoben, wenn gegen ihn rechtskräftig auf eine Strafe, auf Verwarnung mit Strafvorbehalt erkannt, eine Maßregel der Besserung und Sicherung angeordnet oder eine Geldbuße festgesetzt worden ist. Von einer juristischen Person oder einer Personenvereinigung wird eine Gebühr nur erhoben, wenn gegen sie eine Geldbuße festgesetzt worden ist.	66,00 €

Nr.	Gebührentatbestand	Gebühr oder Satz der Gebühr nach § 34 GKG
	Hauptabschnitt 7 **Entschädigungsverfahren**	
3700	Urteil, durch das dem Antrag des Verletzten oder seines Erben wegen eines aus der Straftat erwachsenen vermögensrechtlichen Anspruchs stattgegeben wird (§ 406 StPO)	1,0
	Die Gebühr wird für jeden Rechtszug nach dem Wert des zuerkannten Anspruchs erhoben.	
	Hauptabschnitt 8 **Gerichtliche Verfahren nach dem Strafvollzugsgesetz, auch in Verbindung mit § 92 des Jugendgerichtsgesetzes**	
	Abschnitt 1 ***Antrag auf gerichtliche Entscheidung***	
	Verfahren über den Antrag des Betroffenen auf gerichtliche Entscheidung:	
3810	– Der Antrag wird zurückgewiesen	1,0
3811	– Der Antrag wird zurückgenommen	0,5
	Abschnitt 2 ***Beschwerde und Rechtsbeschwerde***	
	Verfahren über die Beschwerde oder die Rechtsbeschwerde:	
3820	– Die Beschwerde oder die Rechtsbeschwerde wird verworfen	2,0
3821	– Die Beschwerde oder die Rechtsbeschwerde wird zurückgenommen	1,0
	Abschnitt 3 ***Vorläufiger Rechtsschutz***	
3830	Verfahren über den Antrag auf Aussetzung des Vollzugs einer Maßnahme der Vollzugsbehörde oder auf Erlass einer einstweiligen Anordnung: Der Antrag wird zurückgewiesen	0,5

Nr.	Gebührentatbestand	Gebühr oder Satz der Gebühr nach § 34 GKG

Hauptabschnitt 9
Sonstige Verfahren

Abschnitt 1
Vollstreckungshilfeverfahren wegen einer im Ausland rechtskräftig verhängten Geldsanktion

Vorbemerkung 3.9.1:

Die Vorschriften dieses Abschnitts gelten für gerichtliche Verfahren nach Abschnitt 2 Unterabschnitt 2 des Neunten Teils des Gesetzes über die internationale Rechtshilfe in Strafsachen.

3910	Verfahren über den Einspruch gegen die Entscheidung der Bewilligungsbehörde: Der Einspruch wird verworfen oder zurückgewiesen . .	54,00 €
	Wird auf den Einspruch wegen fehlerhafter oder unterlassener Umwandlung durch die Bewilligungsbehörde die Geldsanktion umgewandelt, kann das Gericht die Gebühr nach billigem Ermessen auf die Hälfte ermäßigen oder bestimmen, dass eine Gebühr nicht zu erheben ist. Dies gilt auch, wenn hinsichtlich der Höhe der zu vollstreckenden Geldsanktion von der Bewilligungsentscheidung zugunsten des Betroffenen abgewichen wird.	
3911	Verfahren über den Antrag auf gerichtliche Entscheidung gegen die Entscheidung der Bewilligungsbehörde nach § 87f Abs. 5 Satz 2 IRG: Der Antrag wird verworfen	33,00 €
3912	Verfahren über die Rechtsbeschwerde: Die Rechtsbeschwerde wird verworfen oder zurückgewiesen.	81,00 €
	(1) Die Anmerkung zu Nummer 3910 gilt entsprechend. (2) Die Gebühr entfällt bei Rücknahme der Rechtsbeschwerde vor Ablauf der Begründungsfrist.	

Abschnitt 2
Rüge wegen Verletzung des Anspruchs auf rechtliches Gehör

3920	Verfahren über die Rüge wegen Verletzung des Anspruchs auf rechtliches Gehör (§§ 33a, 311a Abs. 1 Satz 1, § 356a StPO, auch i.V.m. § 55 Abs. 4, § 92 JGG und § 120 StVollzG): Die Rüge wird in vollem Umfang verworfen oder zurückgewiesen	66,00 €

Kostenverzeichnis zum Gerichtskostengesetz (GKG-KV)

Teil 4:
Verfahren nach dem Gesetz über Ordnungswidrigkeiten

Nr.	Gebührentatbestand	Gebühr oder Satz der Gebühr 4110, soweit nichts anderes vermerkt ist

Vorbemerkung 4:

(1) § 473 Abs. 4 StPO, auch i.V.m. § 46 Abs. 1 OWiG, bleibt unberührt.

(2) Im Verfahren nach Wiederaufnahme werden die gleichen Gebühren wie für das wiederaufgenommene Verfahren erhoben. Wird jedoch nach Anordnung der Wiederaufnahme des Verfahrens die frühere Entscheidung aufgehoben, gilt für die Gebührenerhebung jeder Rechtszug des neuen Verfahrens mit dem jeweiligen Rechtszug des früheren Verfahrens zusammen als ein Rechtszug. Gebühren werden auch für Rechtszüge erhoben, die nur im früheren Verfahren stattgefunden haben.

Hauptabschnitt 1
Bußgeldverfahren

Vorbemerkung 4.1:

(1) In Bußgeldsachen bemessen sich die Gerichtsgebühren für alle Rechtszüge nach der rechtskräftig festgesetzten Geldbuße. Mehrere Geldbußen, die in demselben Verfahren gegen denselben Betroffenen festgesetzt werden, sind bei der Bemessung der Gebühr zusammenzurechnen.

(2) Betrifft eine Bußgeldsache mehrere Betroffene, ist die Gebühr von jedem gesondert nach Maßgabe der gegen ihn festsetzten Geldbuße zu erheben. Wird in einer Bußgeldsache gegen einen oder mehrere Betroffene eine Geldbuße auch gegen eine juristische Person oder eine Personenvereinigung festgesetzt, ist eine Gebühr auch von der juristischen Person oder Personenvereinigung nach Maßgabe der gegen sie festgesetzten Geldbuße zu erheben.

(3) Wird bei Festsetzung mehrerer Geldbußen ein Rechtsmittel auf die Festsetzung einer Geldbuße beschränkt, bemisst sich die Gebühr für das Rechtsmittelverfahren nach dieser Geldbuße. Satz 1 gilt im Fall der Wiederaufnahme entsprechend.

Abschnitt 1
Erster Rechtszug

4110	Hauptverhandlung mit Urteil oder Beschluss ohne Hauptverhandlung (§ 72 OWiG)	10 % des Betrags der Geldbuße – mindestens 55,00 € – höchstens 16 500,00 €
4111	Zurücknahme des Einspruchs nach Eingang der Akten bei Gericht und vor Beginn der Hauptverhandlung.	0,25 – mindestens 17,00 €
	Die Gebühr wird nicht erhoben, wenn die Sache an die Verwaltungsbehörde zurückverwiesen worden ist.	
4112	Zurücknahme des Einspruchs nach Beginn der Hauptverhandlung	0,5

Nr.	Gebührentatbestand	Gebühr oder Satz der Gebühr 4110, soweit nichts anderes vermerkt ist
	Abschnitt 2 ***Rechtsbeschwerde***	
4120	Verfahren mit Urteil oder Beschluss nach § 79 Abs. 5 OWiG	2,0
4121	Verfahren ohne Urteil oder Beschluss nach § 79 Abs. 5 OWiG	1,0
	Die Gebühr entfällt bei Rücknahme der Rechtsbeschwerde vor Ablauf der Begründungsfrist.	
	Abschnitt 3 ***Wiederaufnahmeverfahren***	
4130	Verfahren über den Antrag auf Wiederaufnahme des Verfahrens: Der Antrag wird verworfen oder abgelehnt	0,5
4131	Verfahren über die Beschwerde gegen einen Beschluss, durch den ein Antrag auf Wiederaufnahme des Verfahrens verworfen oder abgelehnt wurde: Die Beschwerde wird verworfen oder zurückgewiesen	1,0

Hauptabschnitt 2
Einziehung und verwandte Maßnahmen

Vorbemerkung 4.2:

(1) Die Vorschriften dieses Hauptabschnitts gelten für die Verfahren über die Einziehung, dieser gleichstehende Rechtsfolgen (§ 439 StPO i.V.m. § 46 Abs. 1 OWiG) und die Abführung des Mehrerlöses. Im gerichtlichen Verfahren werden die Gebühren gesondert erhoben.

(2) Betreffen die in Absatz 1 genannten Maßnahmen mehrere Betroffene wegen derselben Handlung, wird nur eine Gebühr erhoben. § 31 GKG bleibt unberührt.

	Abschnitt 1 ***Beschwerde***	
4210	Verfahren über die Beschwerde nach § 434 Abs. 2, auch i.V.m. § 436 Abs. 2 StPO, wiederum i.V.m. § 46 Abs. 1 OWiG: Die Beschwerde wird verworfen oder zurückgewiesen	66,00 €
	Abschnitt 2 ***Rechtsbeschwerde***	
4220	Verfahren mit Urteil oder Beschluss nach § 79 Abs. 5 OWiG: Die Rechtsbeschwerde wird verworfen	132,00 €

GKG Streitwert-§§ Text GKG-KV

Nr.	Gebührentatbestand	Gebühr oder Satz der Gebühr 4110, soweit nichts anderes vermerkt ist
4221	Verfahren ohne Urteil oder Beschluss nach § 79 Abs. 5 OWiG	66,00 €
	Die Gebühr entfällt bei Rücknahme der Rechtsbeschwerde vor Ablauf der Begründungsfrist.	
	Abschnitt 3 Wiederaufnahmeverfahren	
4230	Verfahren über den Antrag auf Wiederaufnahme des Verfahrens: Der Antrag wird verworfen oder abgelehnt	39,00 €
4231	Verfahren über die Beschwerde gegen einen Beschluss, durch den ein Antrag auf Wiederaufnahme des Verfahrens verworfen oder abgelehnt wurde: Die Beschwerde wird verworfen oder zurückgewiesen	78,00 €
	Hauptabschnitt 3 Besondere Gebühren	
4300	Dem Anzeigenden sind im Fall einer unwahren Anzeige die Kosten auferlegt worden (§ 469 StPO i.V.m. § 46 Abs. 1 OWiG)	39,00 €
	Das Gericht kann die Gebühr bis auf 15,00 € herabsetzen oder beschließen, dass von der Erhebung einer Gebühr abgesehen wird.	
4301	Abschließende Entscheidung des Gerichts im Fall des § 25a Abs. 1 StVG	39,00 €
4302	Entscheidung der Staatsanwaltschaft im Fall des § 25a Abs. 1 StVG	22,00 €
4303	Verfahren über den Antrag auf gerichtliche Entscheidung gegen eine Anordnung, Verfügung oder sonstige Maßnahme der Verwaltungsbehörde oder der Staatsanwaltschaft oder Verfahren über Einwendungen nach § 103 OWiG: Der Antrag wird verworfen	33,00 €
	Wird der Antrag nur teilweise verworfen, kann das Gericht die Gebühr nach billigem Ermessen auf die Hälfte ermäßigen oder bestimmen, dass eine Gebühr nicht zu erheben ist.	
4304	Verfahren über die Erinnerung gegen den Kostenfestsetzungsbeschluss des Urkundsbeamten der Staatsanwaltschaft (§ 108a Abs. 3 Satz 2 OWiG): Die Erinnerung wird zurückgewiesen	33,00 €

Nr.	Gebührentatbestand	Gebühr oder Satz der Gebühr 4110, soweit nichts anderes vermerkt ist
	Wird die Erinnerung nur teilweise verworfen, kann das Gericht die Gebühr nach billigem Ermessen auf die Hälfte ermäßigen oder bestimmen, dass eine Gebühr nicht zu erheben ist.	

Hauptabschnitt 4
Sonstige Beschwerden

Vorbemerkung 4.4:

Die Gebühren im Kostenfestsetzungsverfahren bestimmen sich nach den für das Kostenfestsetzungsverfahren in Teil 1 Hauptabschnitt 8 geregelten Gebühren.

Nr.	Gebührentatbestand	Gebühr
4400	Verfahren über die Beschwerde gegen eine Entscheidung, durch die im gerichtlichen Verfahren nach dem OWiG einschließlich des selbständigen Verfahrens nach den §§ 88 und 46 Abs. 1 OWiG i.V.m. den §§ 435 bis 437, 444 Abs. 3 StPO eine Geldbuße gegen eine juristische Person oder eine Personenvereinigung festgesetzt worden ist: Die Beschwerde wird verworfen oder zurückgewiesen	0,5
	Eine Gebühr wird nur erhoben, wenn eine Geldbuße rechtskräftig festgesetzt ist.	
4401	Verfahren über nicht besonders aufgeführte Beschwerden, die nicht nach anderen Vorschriften gebührenfrei sind: Die Beschwerde wird verworfen oder zurückgewiesen	66,00 €
	Von dem Betroffenen wird eine Gebühr nur erhoben, wenn gegen ihn eine Geldbuße rechtskräftig festgesetzt ist.	

Hauptabschnitt 5
Rüge wegen Verletzung des Anspruchs auf rechtliches Gehör

Nr.	Gebührentatbestand	Gebühr
4500	Verfahren über die Rüge wegen Verletzung des Anspruchs auf rechtliches Gehör (§§ 33a, 311a Abs. 1 Satz 1, § 356a StPO i.V.m. § 46 Abs. 1 und § 79 Abs. 3 OWiG): Die Rüge wird in vollem Umfang verworfen oder zurückgewiesen	66,00 €

Teil 5:
Verfahren vor den Gerichten der Verwaltungsgerichtsbarkeit

Nr.	Gebührentatbestand	Gebühr oder Satz der Gebühr nach § 34 GKG

Hauptabschnitt 1
Prozessverfahren

Vorbemerkung 5.1:

Wird das Verfahren durch Antrag eingeleitet, gelten die Vorschriften über die Klage entsprechend.

Abschnitt 1
Erster Rechtszug

Unterabschnitt 1
Verwaltungsgericht

Nr.	Gebührentatbestand	Gebühr oder Satz der Gebühr nach § 34 GKG
5110	Verfahren im Allgemeinen	3,0
5111	Beendigung des gesamten Verfahrens durch 1. Zurücknahme der Klage a) vor dem Schluss der mündlichen Verhandlung, b) wenn eine solche nicht stattfindet, vor Ablauf des Tages, an dem das Urteil oder der Gerichtsbescheid der Geschäftsstelle übermittelt wird, oder c) im Fall des § 93a Abs. 2 VwGO vor Ablauf der Erklärungsfrist nach § 93a Abs. 2 Satz 1 VwGO, 2. Anerkenntnis- oder Verzichtsurteil, 3. gerichtlichen Vergleich oder 4. Erledigungserklärungen nach § 161 Abs. 2 VwGO, wenn keine Entscheidung über die Kosten ergeht oder die Entscheidung einer zuvor mitgeteilten Einigung der Beteiligten über die Kostentragung oder der Kostenübernahmeerklärung eines Beteiligten folgt, wenn nicht bereits ein anderes als eines der in Nummer 2 genannten Urteile oder ein Gerichtsbescheid vorausgegangen ist: Die Gebühr 5110 ermäßigt sich auf	1,0
	Die Gebühr ermäßigt sich auch, wenn mehrere Ermäßigungstatbestände erfüllt sind.	

Nr.	Gebührentatbestand	Gebühr oder Satz der Gebühr nach § 34 GKG
	Unterabschnitt 2 Oberverwaltungsgericht (Verwaltungsgerichtshof)	
5112	Verfahren im Allgemeinen	4,0
5113	Beendigung des gesamten Verfahrens durch 1. Zurücknahme der Klage a) vor dem Schluss der mündlichen Verhandlung, b) wenn eine solche nicht stattfindet, vor Ablauf des Tages, an dem das Urteil, der Gerichtsbescheid oder der Beschluss in der Hauptsache der Geschäftsstelle übermittelt wird, c) im Fall des § 93a Abs. 2 VwGO vor Ablauf der Erklärungsfrist nach § 93a Abs. 2 Satz 1 VwGO, 2. Anerkenntnis- oder Verzichtsurteil, 3. gerichtlichen Vergleich oder 4. Erledigungserklärungen nach § 161 Abs. 2 VwGO, wenn keine Entscheidung über die Kosten ergeht oder die Entscheidung einer zuvor mitgeteilten Einigung der Beteiligten über die Kostentragung oder der Kostenübernahmeerklärung eines Beteiligten folgt, es sei denn, dass bereits ein anderes als eines der in Nummer 2 genannten Urteile, ein Gerichtsbescheid oder Beschluss in der Hauptsache vorausgegangen ist: Die Gebühr 5112 ermäßigt sich auf Die Gebühr ermäßigt sich auch, wenn mehrere Ermäßigungstatbestände erfüllt sind.	2,0
	Unterabschnitt 3 Bundesverwaltungsgericht	
5114	Verfahren im Allgemeinen	5,0
5115	Beendigung des gesamten Verfahrens durch 1. Zurücknahme der Klage a) vor dem Schluss der mündlichen Verhandlung,	

GKG
Streitwert-§§
Text GKG-KV

Nr.	Gebührentatbestand	Gebühr oder Satz der Gebühr nach § 34 GKG
	b) wenn eine solche nicht stattfindet, vor Ablauf des Tages, an dem das Urteil oder der Gerichtsbescheid der Geschäftsstelle übermittelt wird, c) im Fall des § 93a Abs. 2 VwGO vor Ablauf der Erklärungsfrist nach § 93a Abs. 2 Satz 1 VwGO, 2. Anerkenntnis- oder Verzichtsurteil, 3. gerichtlichen Vergleich oder 4. Erledigungserklärungen nach § 161 Abs. 2 VwGO, wenn keine Entscheidung über die Kosten ergeht oder die Entscheidung einer zuvor mitgeteilten Einigung der Beteiligten über die Kostentragung oder der Kostenübernahmeerklärung eines Beteiligten folgt, es sei denn, dass bereits ein anderes als eines der in Nummer 2 genannten Urteile, ein Gerichtsbescheid oder ein Beschluss in der Hauptsache vorausgegangen ist: Die Gebühr 5114 ermäßigt sich auf	3,0
	Die Gebühr ermäßigt sich auch, wenn mehrere Ermäßigungstatbestände erfüllt sind.	
	Abschnitt 2 ***Zulassung und Durchführung der Berufung***	
5120	Verfahren über die Zulassung der Berufung: Soweit der Antrag abgelehnt wird	1,0
5121	Verfahren über die Zulassung der Berufung: Soweit der Antrag zurückgenommen oder das Verfahren durch anderweitige Erledigung beendet wird	0,5
	Die Gebühr entsteht nicht, soweit die Berufung zugelassen wird.	
5122	Verfahren im Allgemeinen	4,0
5123	Beendigung des gesamten Verfahrens durch Zurücknahme der Berufung oder der Klage, bevor die Schrift zur Begründung der Berufung bei Gericht eingegangen ist: Die Gebühr 5122 ermäßigt sich auf	1,0
	Erledigungserklärungen nach § 161 Abs. 2 VwGO stehen der Zurücknahme gleich, wenn keine Entscheidung über die Kosten ergeht oder die Entscheidung einer zuvor mitgeteilten Eini-	

Nr.	Gebührentatbestand	Gebühr oder Satz der Gebühr nach § 34 GKG
	gung der Beteiligten über die Kostentragung oder der Kostenübernahmeerklärung eines Beteiligten folgt.	
5124	Beendigung des gesamten Verfahrens, wenn nicht Nummer 5123 erfüllt ist, durch 1. Zurücknahme der Berufung oder der Klage a) vor dem Schluss der mündlichen Verhandlung, b) wenn eine solche nicht stattfindet, vor Ablauf des Tages, an dem das Urteil oder der Beschluss in der Hauptsache der Geschäftsstelle übermittelt wird, oder c) im Fall des § 93a Abs. 2 VwGO vor Ablauf der Erklärungsfrist nach § 93a Abs. 2 Satz 1 VwGO, 2. Anerkenntnis- oder Verzichtsurteil, 3. gerichtlichen Vergleich oder 4. Erledigungserklärungen nach § 161 Abs. 2 VwGO, wenn keine Entscheidung über die Kosten ergeht oder die Entscheidung einer zuvor mitgeteilten Einigung der Beteiligten über die Kostentragung oder der Kostenübernahmeerklärung eines Beteiligten folgt, es sei denn, dass bereits ein anderes als eines der in Nummer 2 genannten Urteile oder ein Beschluss in der Hauptsache vorausgegangen ist: Die Gebühr 5122 ermäßigt sich auf	2,0
	Die Gebühr ermäßigt sich auch, wenn mehrere Ermäßigungstatbestände erfüllt sind.	
	Abschnitt 3 ***Revision***	
5130	Verfahren im Allgemeinen	5,0
5131	Beendigung des gesamten Verfahrens durch Zurücknahme der Revision oder der Klage, bevor die Schrift zur Begründung der Revision bei Gericht eingegangen ist: Die Gebühr 5130 ermäßigt sich auf	1,0
	Erledigungserklärungen nach § 161 Abs. 2 VwGO stehen der Zurücknahme gleich, wenn keine Entscheidung über die Kosten ergeht oder die Entscheidung einer zuvor mitgeteilten Eini-	

Nr.	Gebührentatbestand	Gebühr oder Satz der Gebühr nach § 34 GKG
	gung der Beteiligten über die Kostentragung oder der Kostenübernahmeerklärung eines Beteiligten folgt.	
5132	Beendigung des gesamten Verfahrens, wenn nicht Nummer 5131 erfüllt ist, durch 1. Zurücknahme der Revision oder der Klage a) vor dem Schluss der mündlichen Verhandlung, b) wenn eine solche nicht stattfindet, vor Ablauf des Tages, an dem das Urteil oder der Beschluss in der Hauptsache der Geschäftsstelle übermittelt wird, oder c) im Fall des § 93a Abs. 2 VwGO vor Ablauf der Erklärungsfrist nach § 93a Abs. 2 Satz 1 VwGO, 2. Anerkenntnis- oder Verzichtsurteil, 3. gerichtlichen Vergleich oder 4. Erledigungserklärungen nach § 161 Abs. 2 VwGO, wenn keine Entscheidung über die Kosten ergeht oder die Entscheidung einer zuvor mitgeteilten Einigung der Beteiligten über die Kostentragung oder der Kostenübernahmeerklärung eines Beteiligten folgt, es sei denn, dass bereits ein anderes als eines der in Nummer 2 genannten Urteile oder ein Beschluss in der Hauptsache vorausgegangen ist: Die Gebühr 5130 ermäßigt sich auf	3,0
	Die Gebühr ermäßigt sich auch, wenn mehrere Ermäßigungstatbestände erfüllt sind.	

Hauptabschnitt 2
Vorläufiger Rechtsschutz

Vorbemerkung 5.2:

(1) Die Vorschriften dieses Hauptabschnitts gelten für einstweilige Anordnungen und für Verfahren nach § 80 Abs. 5, § 80a Abs. 3 und § 80b Abs. 2 und 3 VwGO.

(2) Im Verfahren über den Antrag auf Erlass und im Verfahren über den Antrag auf Aufhebung einer einstweiligen Anordnung werden die Gebühren jeweils gesondert erhoben. Mehrere Verfahren nach § 80 Abs. 5 und 7, § 80a Abs. 3 und § 80b Abs. 2 und 3 VwGO gelten innerhalb eines Rechtszugs als ein Verfahren.

Nr.	Gebührentatbestand	Gebühr oder Satz der Gebühr nach § 34 GKG

Abschnitt 1
Verwaltungsgericht sowie Oberverwaltungsgericht (Verwaltungsgerichtshof) und Bundesverwaltungsgericht als Rechtsmittelgerichte in der Hauptsache

5210	Verfahren im Allgemeinen	1,5
5211	Beendigung des gesamten Verfahrens durch 1. Zurücknahme des Antrags a) vor dem Schluss der mündlichen Verhandlung oder, b) wenn eine solche nicht stattfindet, vor Ablauf des Tages, an dem der Beschluss der Geschäftsstelle übermittelt wird, 2. gerichtlichen Vergleich oder 3. Erledigungserklärungen nach § 161 Abs. 2 VwGO, wenn keine Entscheidung über die Kosten ergeht oder die Entscheidung einer zuvor mitgeteilten Einigung der Beteiligten über die Kostentragung oder der Kostenübernahmeerklärung eines Beteiligten folgt, es sei denn, dass bereits ein Beschluss über den Antrag vorausgegangen ist: Die Gebühr 5210 ermäßigt sich auf . . . . Die Gebühr ermäßigt sich auch, wenn mehrere Ermäßigungstatbestände erfüllt sind.	0,5

Abschnitt 2
Oberverwaltungsgericht (Verwaltungsgerichtshof)

Vorbemerkung 5.2.2:

Die Vorschriften dieses Abschnitts gelten, wenn das Oberverwaltungsgericht (Verwaltungsgerichtshof) auch in der Hauptsache erstinstanzlich zuständig ist.

5220	Verfahren im Allgemeinen	2,0
5221	Beendigung des gesamten Verfahrens durch 1. Zurücknahme des Antrags a) vor dem Schluss der mündlichen Verhandlung oder, b) wenn eine solche nicht stattfindet, vor Ablauf des Tages, an dem der Beschluss der Geschäftsstelle übermittelt wird,	

GKG
Streitwert-§§
Text GKG-KV

Nr.	Gebührentatbestand	Gebühr oder Satz der Gebühr nach § 34 GKG
	2. gerichtlichen Vergleich oder 3. Erledigungserklärungen nach § 161 Abs. 2 VwGO, wenn keine Entscheidung über die Kosten ergeht oder die Entscheidung einer zuvor mitgeteilten Einigung der Beteiligten über die Kostentragung oder der Kostenübernahmeerklärung eines Beteiligten folgt, es sei denn, dass bereits ein Beschluss über den Antrag vorausgegangen ist: Die Gebühr 5220 ermäßigt sich auf	0,75
	Die Gebühr ermäßigt sich auch, wenn mehrere Ermäßigungstatbestände erfüllt sind.	

Abschnitt 3
Bundesverwaltungsgericht

Vorbemerkung 5.2.3:

Die Vorschriften dieses Abschnitts gelten, wenn das Bundesverwaltungsgericht auch in der Hauptsache erstinstanzlich zuständig ist.

Nr.	Gebührentatbestand	Gebühr oder Satz der Gebühr nach § 34 GKG
5230	Verfahren im Allgemeinen	2,5
5231	Beendigung des gesamten Verfahrens durch 1. Zurücknahme des Antrags a) vor dem Schluss der mündlichen Verhandlung oder, b) wenn eine solche nicht stattfindet, vor Ablauf des Tages, an dem der Beschluss der Geschäftsstelle übermittelt wird, 2. gerichtlichen Vergleich oder 3. Erledigungserklärungen nach § 161 Abs. 2 VwGO, wenn keine Entscheidung über die Kosten ergeht oder die Entscheidung einer zuvor mitgeteilten Einigung der Beteiligten über die Kostentragung oder der Kostenübernahmeerklärung eines Beteiligten folgt, es sei denn, dass bereits ein Beschluss über den Antrag vorausgegangen ist: Die Gebühr 5230 ermäßigt sich auf	1,0
	Die Gebühr ermäßigt sich auch, wenn mehrere Ermäßigungstatbestände erfüllt sind.	

Nr.	Gebührentatbestand	Gebühr oder Satz der Gebühr nach § 34 GKG

Abschnitt 4
Beschwerde

Vorbemerkung 5.2.4:

Die Vorschriften dieses Abschnitts gelten für Beschwerden gegen Beschlüsse des Verwaltungsgerichts über einstweilige Anordnungen (§ 123 VwGO) und über die Aussetzung der Vollziehung (§§ 80, 80a VwGO).

5240	Verfahren über die Beschwerde.	2,0
5241	Beendigung des gesamten Verfahrens durch Zurücknahme der Beschwerde: Die Gebühr 5240 ermäßigt sich auf	1,0

Hauptabschnitt 3
Besondere Verfahren

5300	Selbständiges Beweisverfahren.	1,0
5301	Verfahren über Anträge auf gerichtliche Handlungen der Zwangsvollstreckung nach den §§ 169, 170 oder § 172 VwGO	22,00 €

Hauptabschnitt 4
Rüge wegen Verletzung des Anspruchs auf rechtliches Gehör

5400	Verfahren über die Rüge wegen Verletzung des Anspruchs auf rechtliches Gehör (§152a VwGO): Die Rüge wird in vollem Umfang verworfen oder zurückgewiesen	66,00 €

Hauptabschnitt 5
Sonstige Beschwerden

5500	Verfahren über die Beschwerde gegen die Nichtzulassung der Revision: Soweit die Beschwerde verworfen oder zurückgewiesen wird.	2,0
5501	Verfahren über die Beschwerde gegen die Nichtzulassung der Revision: Soweit die Beschwerde zurückgenommen oder das Verfahren durch anderweitige Erledigung beendet wird Die Gebühr entsteht nicht, soweit die Revision zugelassen wird.	1,0

Nr.	Gebührentatbestand	Gebühr oder Satz der Gebühr nach § 34 GKG
5502	Verfahren über nicht besonders aufgeführte Beschwerden, die nicht nach anderen Vorschriften gebührenfrei sind: Die Beschwerde wird verworfen oder zurückgewiesen	66,00 €
	Wird die Beschwerde nur teilweise verworfen oder zurückgewiesen, kann das Gericht die Gebühr nach billigem Ermessen auf die Hälfte ermäßigen oder bestimmen, dass eine Gebühr nicht zu erheben ist.	
	Hauptabschnitt 6 **Besondere Gebühren**	
5600	Abschluss eines gerichtlichen Vergleichs: Soweit ein Vergleich über nicht gerichtlich anhängige Gegenstände geschlossen wird	0,25
	Gebühr entsteht nicht im Verfahren über die Prozesskostenhilfe. Im Verhältnis zur Gebühr für das Verfahren im Allgemeinen ist § 36 Abs. 3 GKG entsprechend anzuwenden.	
5601	Auferlegung einer Gebühr nach § 38 GKG wegen Verzögerung des Rechtsstreits	wie vom Gericht bestimmt

Teil 6: Verfahren vor den Gerichten der Finanzgerichtsbarkeit

Hauptabschnitt 1 Prozessverfahren

Abschnitt 1 Erster Rechtszug

Unterabschnitt 1
Verfahren vor dem Finanzgericht

6110	Verfahren im Allgemeinen, soweit es sich nicht nach § 45 Abs. 3 FGO erledigt	4,0
6111	Beendigung des gesamten Verfahrens durch 1. Zurücknahme der Klage a) vor dem Schluss der mündlichen Verhandlung oder, b) wenn eine solche nicht stattfindet, vor Ablauf des Tages, an dem das Urteil oder der Gerichtsbescheid der Geschäftsstelle übermittelt wird, oder	

Nr.	Gebührentatbestand	Gebühr oder Satz der Gebühr nach § 34 GKG
	2. Beschluss in den Fällen des § 138 FGO, es sei denn, dass bereits ein Urteil oder ein Gerichtsbescheid vorausgegangen ist: Die Gebühr 6110 ermäßigt sich auf	2,0
	Die Gebühr ermäßigt sich auch, wenn mehrere Ermäßigungstatbestände erfüllt sind.	
	Unterabschnitt 2 Verfahren vor dem Bundesfinanzhof	
6112	Verfahren im Allgemeinen	5,0
6113	Beendigung des gesamten Verfahrens durch 1. Zurücknahme der Klage a) vor dem Schluss der mündlichen Verhandlung oder, b) wenn eine solche nicht stattfindet, vor Ablauf des Tages, an dem das Urteil oder der Gerichtsbescheid der Geschäftsstelle übermittelt wird, oder 2. Beschluss in den Fällen des § 138 FGO, es sei denn, dass bereits ein Urteil oder ein Gerichtsbescheid vorausgegangen ist: Die Gebühr 6112 ermäßigt sich auf.	3,0
	Die Gebühr ermäßigt sich auch, wenn mehrere Ermäßigungstatbestände erfüllt sind.	
	Abschnitt 2 ***Revision***	
6120	Verfahren im Allgemeinen	5,0
6121	Beendigung des gesamten Verfahrens durch Zurücknahme der Revision oder der Klage, bevor die Schrift zur Begründung der Revision bei Gericht eingegangen ist: Die Gebühr 6120 ermäßigt sich auf	1,0
	Erledigungen in den Fällen des § 138 FGO stehen der Zurücknahme gleich.	
6122	Beendigung des gesamten Verfahrens, wenn nicht Nummer 6121 erfüllt ist, durch 1. Zurücknahme der Revision oder der Klage a) vor dem Schluss der mündlichen Verhandlung oder,	

Nr.	Gebührentatbestand	Gebühr oder Satz der Gebühr nach § 34 GKG
	b) wenn eine solche nicht stattfindet, vor Ablauf des Tages, an dem das Urteil, der Gerichtsbescheid oder der Beschluss in der Hauptsache der Geschäftsstelle übermittelt wird, oder 2. Beschluss in den Fällen des § 138 FGO, es sei denn, dass bereits ein Urteil, ein Gerichtsbescheid oder ein Beschluss in der Hauptsache vorausgegangen ist: Die Gebühr 6120 ermäßigt sich auf	3,0
	Die Gebühr ermäßigt sich auch, wenn mehrere Ermäßigungstatbestände erfüllt sind.	

Hauptabschnitt 2
Vorläufiger Rechtsschutz

Vorbemerkung 6.2:

(1) Die Vorschriften dieses Hauptabschnitts gelten für einstweilige Anordnungen und für Verfahren nach § 69 Abs. 3 und 5 FGO.

(2) Im Verfahren über den Antrag auf Erlass und im Verfahren über den Antrag auf Aufhebung einer einstweiligen Anordnung werden die Gebühren jeweils gesondert erhoben. Mehrere Verfahren nach § 69 Abs. 3 und 5 FGO gelten innerhalb eines Rechtszugs als ein Verfahren.

Abschnitt 1
Erster Rechtszug

Nr.	Gebührentatbestand	Gebühr oder Satz der Gebühr nach § 34 GKG
6210	Verfahren im Allgemeinen	2,0
6211	Beendigung des gesamten Verfahrens durch 1. Zurücknahme des Antrags a) vor dem Schluss der mündlichen Verhandlung oder, b) wenn eine solche nicht stattfindet, vor Ablauf des Tages, an dem der Beschluss (§ 114 Abs. 4 FGO) der Geschäftsstelle übermittelt wird, oder 2. Beschluss in den Fällen des § 138 FGO, es sei denn, dass bereits ein Beschluss nach § 114 Abs. 4 FGO vorausgegangen ist: Die Gebühr 6210 ermäßigt sich auf	0,75
	Die Gebühr ermäßigt sich auch, wenn mehrere Ermäßigungstatbestände erfüllt sind.	

Nr.	Gebührentatbestand	Gebühr oder Satz der Gebühr nach § 34 GKG

Abschnitt 2
Beschwerde

Vorbemerkung 6.2.2:

Die Vorschriften dieses Abschnitts gelten für Beschwerden gegen Beschlüsse über einstweilige Anordnungen (§ 114 FGO) und über die Aussetzung der Vollziehung (§ 69 Abs. 3 und 5 FGO).

6220	Verfahren über die Beschwerde.	2,0
6221	Beendigung des gesamten Verfahrens durch Zurücknahme der Beschwerde: Die Gebühr 6220 ermäßigt sich auf	1,0

Hauptabschnitt 3
Besondere Verfahren

6300	Selbständiges Beweisverfahren.	1,0
6301	Verfahren über Anträge auf gerichtliche Handlungen der Zwangsvollstreckung gemäß § 152 FGO	22,00 €

Hauptabschnitt 4
Rüge wegen Verletzung des Anspruchs auf rechtliches Gehör

6400	Verfahren über die Rüge wegen Verletzung des Anspruchs auf rechtliches Gehör (§ 133a FGO) Die Rüge wird in vollem Umfang verworfen oder zurückgewiesen	66,00 €

Hauptabschnitt 5
Sonstige Beschwerden

6500	Verfahren über die Beschwerde gegen die Nichtzulassung der Revision: Soweit die Beschwerde verworfen oder zurückgewiesen wird.	2,0
6501	Verfahren über die Beschwerde gegen die Nichtzulassung der Revision: Soweit die Beschwerde zurückgenommen oder das Verfahren durch anderweitige Erledigung beendet wird Die Gebühr entsteht nicht, soweit die Revision zugelassen wird.	1,0
6502	Verfahren über nicht besonders aufgeführte Beschwerden, die nicht nach anderen Vorschriften gebührenfrei sind: Die Beschwerde wird verworfen oder zurückgewiesen	66,00 €

Nr.	Gebührentatbestand	Gebühr oder Satz der Gebühr nach § 34 GKG
	Wird die Beschwerde nur teilweise verworfen oder zurückgewiesen, kann das Gericht die Gebühr nach billigem Ermessen auf die Hälfte ermäßigen oder bestimmen, dass eine Gebühr nicht zu erheben ist.	
	Hauptabschnitt 6 **Besondere Gebühr**	
6600	Auferlegung einer Gebühr nach § 38 GKG wegen Verzögerung des Rechtsstreits	wie vom Gericht bestimmt
	Teil 7: **Verfahren vor den Gerichten der Sozialgerichtsbarkeit**	
	Hauptabschnitt 1 **Prozessverfahren**	
	Abschnitt 1 ***Erster Rechtszug***	
	Unterabschnitt 1 Verfahren vor dem Sozialgericht	
7110	Verfahren im Allgemeinen	3,0
7111	Beendigung des gesamten Verfahrens durch 1. Zurücknahme der Klage a) vor dem Schluss der mündlichen Verhandlung oder, b) wenn eine solche nicht stattfindet, vor Ablauf des Tages, an dem das Urteil oder der Gerichtsbescheid der Geschäftsstelle übermittelt wird, 2. Anerkenntnisurteil, 3. gerichtlichen Vergleich oder angenommenes Anerkenntnis oder 4. Erledigungserklärungen nach § 197a Abs. 1 Satz 1 SGG i.V.m. § 161 Abs. 2 VwGO, wenn keine Entscheidung über die Kosten ergeht oder die Entscheidung einer zuvor mitgeteilten Einigung der Beteiligten über die Kostentragung oder der Kostenübernahmeerklärung eines Beteiligten folgt,	

Nr.	Gebührentatbestand	Gebühr oder Satz der Gebühr nach § 34 GKG
	es sei denn, dass bereits ein Urteil oder ein Gerichtsbescheid vorausgegangen ist: Die Gebühr 7110 ermäßigt sich auf	1,0
	Die Gebühr ermäßigt sich auch, wenn mehrere Ermäßigungstatbestände erfüllt sind.	
	Unterabschnitt 2 **Verfahren vor dem Landessozialgericht**	
7112	Verfahren im Allgemeinen	4,0
7113	Beendigung des gesamten Verfahrens durch 1. Zurücknahme der Klage a) vor dem Schluss der mündlichen Verhandlung oder, b) wenn eine solche nicht stattfindet, vor Ablauf des Tages, an dem das Urteil oder der Gerichtsbescheid der Geschäftsstelle übermittelt wird, 2. Anerkenntnisurteil, 3. gerichtlichen Vergleich oder angenommenes Anerkenntnis oder 4. Erledigungserklärungen nach § 197a Abs. 1 Satz 1 SGG i.V.m. § 161 Abs. 2 VwGO, wenn keine Entscheidung über die Kosten ergeht oder die Entscheidung einer zuvor mitgeteilten Einigung der Beteiligten über die Kostentragung oder der Kostenübernahmeerklärung eines Beteiligten folgt, es sei denn, dass bereits ein Urteil oder ein Gerichtsbescheid vorausgegangen ist: Die Gebühr 7112 ermäßigt sich auf	2,0
	Die Gebühr ermäßigt sich auch, wenn mehrere Ermäßigungstatbestände erfüllt sind.	
	Unterabschnitt 3 **Verfahren vor dem Bundessozialgericht**	
7114	Verfahren im Allgemeinen	5,0
7115	Beendigung des gesamten Verfahrens durch 1. Zurücknahme der Klage a) vor dem Schluss der mündlichen Verhandlung oder,	

Nr.	Gebührentatbestand	Gebühr oder Satz der Gebühr nach § 34 GKG
	b) wenn eine solche nicht stattfindet, vor Ablauf des Tages, an dem das Urteil oder der Gerichtsbescheid der Geschäftsstelle übermittelt wird,	
	2. Anerkenntnisurteil,	
	3. gerichtlichen Vergleich oder angenommenes Anerkenntnis oder	
	4. Erledigungserklärungen nach § 197a Abs. 1 Satz 1 SGG i.V.m. § 161 Abs. 2 VwGO, wenn keine Entscheidung über die Kosten ergeht oder die Entscheidung einer zuvor mitgeteilten Einigung der Beteiligten über die Kostentragung oder der Kostenübernahmeerklärung eines Beteiligten folgt,	
	es sei denn, dass bereits ein Urteil oder ein Gerichtsbescheid vorausgegangen ist: Die Gebühr 7114 ermäßigt sich auf	3,0
	Die Gebühr ermäßigt sich auch, wenn mehrere Ermäßigungstatbestände erfüllt sind.	
	Abschnitt 2 ***Berufung***	
7120	Verfahren im Allgemeinen	4,0
7121	Beendigung des gesamten Verfahrens durch Zurücknahme der Berufung oder der Klage, bevor die Schrift zur Begründung der Berufung bei Gericht eingegangen ist und vor Ablauf des Tages, an dem die Verfügung mit der Bestimmung des Termins zur mündlichen Verhandlung der Geschäftsstelle übermittelt wird und vor Ablauf des Tages, an dem die den Beteiligten gesetzte Frist zur Äußerung abgelaufen ist (§ 153 Abs. 4 Satz 2 SGG): Die Gebühr 7120 ermäßigt sich auf	1,0
	Erledigungserklärungen nach § 197a Abs. 1 Satz 1 SGG i.V.m. § 161 Abs. 2 VwGO stehen der Zurücknahme gleich, wenn keine Entscheidung über die Kosten ergeht oder die Entscheidung einer zuvor mitgeteilten Einigung der Beteiligten über die Kostentragung oder der Kostenübernahmeerklärung eines Beteiligten folgt.	

Nr.	Gebührentatbestand	Gebühr oder Satz der Gebühr nach § 34 GKG
7122	Beendigung des gesamten Verfahrens, wenn nicht Nummer 7121 erfüllt ist, durch 1. Zurücknahme der Berufung oder der Klage a) vor dem Schluss der mündlichen Verhandlung oder, b) wenn eine solche nicht stattfindet, vor Ablauf des Tages, an dem das Urteil oder der Beschluss in der Hauptsache der Geschäftsstelle übermittelt wird, 2. Anerkenntnisurteil, 3. gerichtlichen Vergleich oder angenommenes Anerkenntnis oder 4. Erledigungserklärungen nach § 197a Abs. 1 Satz 1 SGG i.V.m. § 161 Abs. 2 VwGO, wenn keine Entscheidung über die Kosten ergeht oder die Entscheidung einer zuvor mitgeteilten Einigung der Beteiligten über die Kostentragung oder der Kostenübernahmeerklärung eines Beteiligten folgt, es sei denn, dass bereits ein Urteil oder ein Beschluss in der Hauptsache vorausgegangen ist: Die Gebühr 7120 ermäßigt sich auf	2,0
	Die Gebühr ermäßigt sich auch, wenn mehrere Ermäßigungstatbestände erfüllt sind.	
	Abschnitt 3 ***Revision***	
7130	Verfahren im Allgemeinen	5,0
7131	Beendigung des gesamten Verfahrens durch Zurücknahme der Revision oder der Klage, bevor die Schrift zur Begründung der Revision bei Gericht eingegangen ist: Die Gebühr 7130 ermäßigt sich auf	1,0
	Erledigungserklärungen nach § 197a Abs. 1 Satz 1 SGG i.V.m. § 161 Abs. 2 VwGO stehen der Zurücknahme gleich, wenn keine Entscheidung über die Kosten ergeht oder die Entscheidung einer zuvor mitgeteilten Einigung der Beteiligten über die Kostentragung oder der Kostenübernahmeerklärung eines Beteiligten folgt.	

Nr.	Gebührentatbestand	Gebühr oder Satz der Gebühr nach § 34 GKG
7132	Beendigung des gesamten Verfahrens, wenn nicht Nummer 7131 erfüllt ist, durch 1. Zurücknahme der Revision oder der Klage, a) vor dem Schluss der mündlichen Verhandlung oder, b) wenn eine solche nicht stattfindet, vor Ablauf des Tages, an dem das Urteil oder der Beschluss in der Hauptsache der Geschäftsstelle übermittelt wird, 2. Anerkenntnisurteil, 3. gerichtlichen Vergleich oder angenommenes Anerkenntnis oder 4. Erledigungserklärungen nach § 197a Abs. 1 Satz 1 SGG i.V.m. § 161 Abs. 2 VwGO, wenn keine Entscheidung über die Kosten ergeht oder die Entscheidung einer zuvor mitgeteilten Einigung der Beteiligten über die Kostentragung oder der Kostenübernahmeerklärung eines Beteiligten folgt, wenn nicht bereits ein Urteil oder ein Beschluss in der Hauptsache vorausgegangen ist: Die Gebühr 7130 ermäßigt sich auf	3,0
	Die Gebühr ermäßigt sich auch, wenn mehrere Ermäßigungstatbestände erfüllt sind.	

Hauptabschnitt 2
Vorläufiger Rechtsschutz

Vorbemerkung 7.2:

(1) Die Vorschriften dieses Hauptabschnitts gelten für einstweilige Anordnungen und für Verfahren nach § 86b Abs. 1 SGG.

(2) Im Verfahren über den Antrag auf Erlass und im Verfahren über den Antrag auf Aufhebung einer einstweiligen Anordnung werden die Gebühren jeweils gesondert erhoben. Mehrere Verfahren nach § 86b Abs. 1 SGG gelten innerhalb eines Rechtszugs als ein Verfahren.

Abschnitt 1
Erster Rechtszug

Nr.	Gebührentatbestand	Gebühr oder Satz der Gebühr nach § 34 GKG
7210	Verfahren im Allgemeinen	1,5
7211	Beendigung des gesamten Verfahrens durch 1. Zurücknahme des Antrags a) vor dem Schluss der mündlichen Verhandlung oder,	

Nr.	Gebührentatbestand	Gebühr oder Satz der Gebühr nach § 34 GKG
	b) wenn eine solche nicht stattfindet, vor Ablauf des Tages, an dem der Beschluss (§ 86b Abs. 4 SGG) der Geschäftsstelle übermittelt wird, 2. gerichtlichen Vergleich oder angenommenes Anerkenntnis oder 3. Erledigungserklärungen nach § 197a Abs. 1 Satz 1 SGG i.V.m. § 161 Abs. 2 VwGO, wenn keine Entscheidung über die Kosten ergeht oder die Entscheidung einer zuvor mitgeteilten Einigung der Beteiligten über die Kostentragung oder der Kostenübernahmeerklärung eines Beteiligten folgt, es sei denn, dass bereits ein Beschluss (§ 86b Abs. 4 SGG) vorausgegangen ist: Die Gebühr 7210 ermäßigt sich auf	0,5
	Die Gebühr ermäßigt sich auch, wenn mehrere Ermäßigungstatbestände erfüllt sind.	

Abschnitt 2
Beschwerde

Vorbemerkung 7.2.2:

Die Vorschriften dieses Abschnitts gelten für Beschwerden gegen Beschlüsse des Sozialgerichts nach § 86b SGG.

Nr.	Gebührentatbestand	Gebühr oder Satz der Gebühr nach § 34 GKG
7220	Verfahren über die Beschwerde.	2,0
7221	Beendigung des gesamten Verfahrens durch Zurücknahme der Beschwerde: Die Gebühr 7220 ermäßigt sich auf	1,0

Hauptabschnitt 3
Beweissicherungsverfahren

Nr.	Gebührentatbestand	Gebühr oder Satz der Gebühr nach § 34 GKG
7300	Verfahren im Allgemeinen	1,0

Hauptabschnitt 4
Rüge wegen Verletzung des Anspruchs auf rechtliches Gehör

Nr.	Gebührentatbestand	Gebühr oder Satz der Gebühr nach § 34 GKG
7400	Verfahren über die Rüge wegen Verletzung des Anspruchs auf rechtliches Gehör (§ 178a SGG): Die Rüge wird in vollem Umfang verworfen oder zurückgewiesen	66,00 €

Nr.	Gebührentatbestand	Gebühr oder Satz der Gebühr nach § 34 GKG
	Hauptabschnitt 5 **Sonstige Beschwerden**	
7500	Verfahren über die Beschwerde gegen die Nichtzulassung der Berufung: Soweit die Beschwerde verworfen oder zurückgewiesen wird.	1,5
7501	Verfahren über die Beschwerde gegen die Nichtzulassung der Berufung: Soweit die Beschwerde zurückgenommen oder das Verfahren durch anderweitige Erledigung beendet wird Die Gebühr entsteht nicht, soweit die Berufung zugelassen wird.	0,75
7502	Verfahren über die Beschwerde gegen die Nichtzulassung der Revision: Soweit die Beschwerde verworfen oder zurückgewiesen wird.	2,0
7503	Verfahren über die Beschwerde gegen die Nichtzulassung der Revision: Soweit die Beschwerde zurückgenommen oder das Verfahren durch anderweitige Erledigung beendet wird Die Gebühr entsteht nicht, soweit die Revision zugelassen wird.	1,0
7504	Verfahren über nicht besonders aufgeführte Beschwerden, die nicht nach anderen Vorschriften gebührenfrei sind: Die Beschwerde wird verworfen oder zurückgewiesen Wird die Beschwerde nur teilweise verworfen oder zurückgewiesen, kann das Gericht die Gebühr nach billigem Ermessen auf die Hälfte ermäßigen oder bestimmen, dass eine Gebühr nicht zu erheben ist.	66,00 €
	Hauptabschnitt 6 **Besondere Gebühren**	
7600	Abschluss eines gerichtlichen Vergleichs: Soweit ein Vergleich über nicht gerichtlich anhängige Gegenstände geschlossen wird . . . . Die Gebühr entsteht nicht im Verfahren über die Prozesskostenhilfe. Im Verhältnis zur Gebühr für das Verfahren im Allgemeinen ist § 36 Abs. 3 GKG entsprechend anzuwenden.	0,25
7601	Auferlegung einer Gebühr nach § 38 GKG wegen Verzögerung des Rechtsstreits	wie vom Gericht bestimmt

Teil 8: Verfahren vor den Gerichten der Arbeitsgerichtsbarkeit

Nr.	Gebührentatbestand	Gebühr oder Satz der Gebühr nach § 34 GKG

Vorbemerkung 8:

Bei Beendigung des Verfahrens durch einen gerichtlichen Vergleich entfällt die in dem betreffenden Rechtszug angefallene Gebühr; im ersten Rechtszug entfällt auch die Gebühr für das Verfahren über den Antrag auf Erlass eines Vollstreckungsbescheids oder eines Europäischen Zahlungsbefehls. Dies gilt nicht, wenn der Vergleich nur einen Teil des Streitgegenstands betrifft (Teilvergleich).

Hauptabschnitt 1 Mahnverfahren

Nr.	Gebührentatbestand	Gebühr oder Satz der Gebühr nach § 34 GKG
8100	Verfahren über den Antrag auf Erlass eines Vollstreckungsbescheids oder eines Europäischen Zahlungsbefehls.	0,4 – mindestens 29,00 €
	Die Gebühr entfällt bei Zurücknahme des Antrags auf Erlass des Vollstreckungsbescheids. Sie entfällt auch nach Übergang in das streitige Verfahren, wenn dieses ohne streitige Verhandlung endet; dies gilt nicht, wenn der Einspruch zurückgenommen wird, ein Versäumnisurteil oder ein Urteil nach § 46a Abs. 6 Satz 2 des Arbeitsgerichtsgesetzes ergeht. Bei Erledigungserklärungen nach § 91a ZPO entfällt die Gebühr, wenn keine Entscheidung über die Kosten ergeht oder die Kostenentscheidung einer zuvor mitgeteilten Einigung der Parteien über die Kostentragung oder der Kostenübernahmeerklärung einer Partei folgt.	

Hauptabschnitt 2 Urteilsverfahren

Abschnitt 1 Erster Rechtszug

Nr.	Gebührentatbestand	Gebühr oder Satz der Gebühr nach § 34 GKG
8210	Verfahren im Allgemeinen	2,0
	(1) Soweit wegen desselben Anspruchs ein Mahnverfahren vorausgegangen ist, entsteht die Gebühr nach Erhebung des Widerspruchs, wenn ein Antrag auf Durchführung der mündlichen Verhandlung gestellt wird, oder mit der Einlegung des Einspruchs; in diesem Fall wird eine Gebühr 8100 nach dem Wert des Streitgegenstands angerechnet, der in das Prozessverfahren übergegangen ist, sofern im Mahnverfahren der Antrag auf Erlass des Vollstreckungsbescheids gestellt wurde. Satz 1 gilt entsprechend, wenn wegen desselben Streitgegenstands ein Europäisches Mahnverfahren vorausgegangen ist. (2) Die Gebühr entfällt bei Beendigung des gesamten Verfahrens ohne streitige Verhandlung, wenn kein Versäumnisurteil oder Urteil nach § 46a Abs. 6 Satz 2 des Arbeitsgerichtsgesetzes ergeht. Bei Erledigungserklärungen nach § 91a ZPO ent-	

Nr.	Gebührentatbestand	Gebühr oder Satz der Gebühr nach § 34 GKG
	fällt die Gebühr, wenn keine Entscheidung über die Kosten ergeht oder die Kostenentscheidung einer zuvor mitgeteilten Einigung der Parteien über die Kostentragung oder der Kostenübernahmeerklärung einer Partei folgt.	
8211	Beendigung des gesamten Verfahrens nach streitiger Verhandlung durch 1. Zurücknahme der Klage vor dem Schluss der mündlichen Verhandlung, wenn keine Entscheidung nach § 269 Abs. 3 Satz 3 ZPO über die Kosten ergeht oder die Entscheidung einer zuvor mitgeteilten Einigung der Parteien über die Kostentragung oder der Kostenübernahmeerklärung einer Partei folgt, 2. Anerkenntnisurteil, Verzichtsurteil oder Urteil, das nach § 313a Abs. 2 ZPO keinen Tatbestand und keine Entscheidungsgründe enthält, oder 3. Erledigungserklärungen nach § 91a ZPO, wenn keine Entscheidung über die Kosten ergeht oder die Entscheidung einer zuvor mitgeteilten Einigung der Parteien über die Kostentragung oder der Kostenübernahmeerklärung einer Partei folgt, es sei denn, dass bereits ein anderes als eines der in Nummer 2 genannten Urteile vorausgegangen ist: Die Gebühr 8210 ermäßigt sich auf	0,4
	Die Zurücknahme des Widerspruchs gegen den Mahnbescheid oder des Einspruchs gegen den Vollstreckungsbescheid stehen der Zurücknahme der Klage gleich. Die Gebühr ermäßigt sich auch, wenn mehrere Ermäßigungstatbestände erfüllt sind oder Ermäßigungstatbestände mit einem Teilvergleich zusammentreffen.	
8212	Verfahren wegen eines überlangen Gerichtsverfahrens (§ 9 Abs. 2 Satz 2 des Arbeitsgerichtsgesetzes) vor dem Landesarbeitsgericht: Die Gebühr 8210 beträgt	4,0
8213	Verfahren wegen eines überlangen Gerichtsverfahrens (§ 9 Abs. 2 Satz 2 des Arbeitsgerichtsgesetzes) vor dem Landesarbeitsgericht: Die Gebühr 8211 beträgt	2,0
8214	Verfahren wegen eines überlangen Gerichtsverfahrens (§ 9 Abs. 2 Satz 2 des Arbeitsgerichtsgesetzes) vor dem Bundesarbeitsgericht: Die Gebühr 8210 beträgt	5,0

Nr.	Gebührentatbestand	Gebühr oder Satz der Gebühr nach § 34 GKG
8215	Verfahren wegen eines überlangen Gerichtsverfahrens (§ 9 Abs. 2 Satz 2 des Arbeitsgerichtsgesetzes) vor dem Bundesarbeitsgericht: Die Gebühr 8211 beträgt	3,0
	Abschnitt 2 ***Berufung***	
8220	Verfahren im Allgemeinen	3,2
8221	Beendigung des gesamten Verfahrens durch Zurücknahme der Berufung oder der Klage, bevor die Schrift zur Begründung der Berufung bei Gericht eingegangen ist: Die Gebühr 8220 ermäßigt sich auf	0,8
	Erledigungserklärungen nach § 91a ZPO stehen der Zurücknahme gleich, wenn keine Entscheidung über die Kosten ergeht oder die Entscheidung einer zuvor mitgeteilten Einigung der Parteien über die Kostentragung oder der Kostenübernahmeerklärung einer Partei folgt.	
8222	Beendigung des gesamten Verfahrens, wenn nicht Nummer 8221 erfüllt ist, durch 1. Zurücknahme der Berufung oder der Klage vor dem Schluss der mündlichen Verhandlung, 2. Anerkenntnisurteil, Verzichtsurteil oder Urteil, das nach § 313a Abs. 2 ZPO keinen Tatbestand und keine Entscheidungsgründe enthält, oder 3. Erledigungserklärungen nach § 91a ZPO, wenn keine Entscheidung über die Kosten ergeht oder die Entscheidung einer zuvor mitgeteilten Einigung der Parteien über die Kostentragung oder der Kostenübernahmeerklärung einer Partei folgt, es sei denn, dass bereits ein anderes als eines der in Nummer 2 genannten Urteile vorausgegangen ist: Die Gebühr 8220 ermäßigt sich auf	1,6
	Die Gebühr ermäßigt sich auch, wenn mehrere Ermäßigungstatbestände erfüllt sind oder Ermäßigungstatbestände mit einem Teilvergleich zusammentreffen.	

Nr.	Gebührentatbestand	Gebühr oder Satz der Gebühr nach § 34 GKG
8223	Beendigung des gesamten Verfahrens durch ein Urteil, das wegen eines Verzichts der Parteien nach § 313a Abs. 1 Satz 2 ZPO keine schriftliche Begründung enthält, wenn nicht bereits ein anderes als eines der in Nummer 8222 Nr. 2 genannten Urteile oder ein Beschluss in der Hauptsache vorausgegangen ist: Die Gebühr 8220 ermäßigt sich auf	2,4
	Die Gebühr ermäßigt sich auch, wenn daneben Ermäßigungstatbestände nach Nummer 8222 erfüllt sind oder Ermäßigungstatbestände mit einem Teilvergleich zusammentreffen.	
	Abschnitt 3 ***Revision***	
8230	Verfahren im Allgemeinen	4,0
8231	Beendigung des gesamten Verfahrens durch Zurücknahme der Revision oder der Klage, bevor die Schrift zur Begründung der Revision bei Gericht eingegangen ist: Die Gebühr 8230 ermäßigt sich auf	0,8
	Erledigungserklärungen nach § 91a ZPO stehen der Zurücknahme gleich, wenn keine Entscheidung über die Kosten ergeht oder die Entscheidung einer zuvor mitgeteilten Einigung der Parteien über die Kostentragung oder der Kostenübernahmeerklärung einer Partei folgt.	
8232	Beendigung des gesamten Verfahrens, wenn nicht Nummer 8231 erfüllt ist, durch 1. Zurücknahme der Revision oder der Klage vor dem Schluss der mündlichen Verhandlung, 2. Anerkenntnis- oder Verzichtsurteil oder 3. Erledigungserklärungen nach § 91a ZPO, wenn keine Entscheidung über die Kosten ergeht oder die Entscheidung einer zuvor mitgeteilten Einigung der Parteien über die Kostentragung oder der Kostenübernahmeerklärung einer Partei folgt, es sei denn, dass bereits ein anderes als eines der in Nummer 2 genannten Urteile vorausgegangen ist: Die Gebühr 8230 ermäßigt sich auf	2,4
	Die Gebühr ermäßigt sich auch, wenn mehrere Ermäßigungstatbestände erfüllt sind oder Ermäßigungstatbestände mit einem Teilvergleich zusammentreffen.	

Nr.	Gebührentatbestand	Gebühr oder Satz der Gebühr nach § 34 GKG
8233	Verfahren wegen eines überlangen Gerichtsverfahrens (§ 9 Abs. 2 Satz 2 des Arbeitsgerichtsgesetzes): Die Gebühr 8230 beträgt	5,0
8234	Verfahren wegen eines überlangen Gerichtsverfahrens (§ 9 Abs. 2 Satz 2 des Arbeitsgerichtsgesetzes): Die Gebühr 8231 beträgt	1,0
8235	Verfahren wegen eines überlangen Gerichtsverfahrens (§ 9 Abs. 2 Satz 2 des Arbeitsgerichtsgesetzes): Die Gebühr 8232 beträgt	3,0

Hauptabschnitt 3
Arrest, Europäischer Beschluss zur vorläufigen Kontenpfändung und einstweilige Verfügung

Vorbemerkung 8.3:

(1) Im Verfahren zur Erwirkung eines Europäischen Beschlusses zur vorläufigen Kontenpfändung werden Gebühren nach diesem Hauptabschnitt nur im Fall des Artikels 5 Buchstabe a der Verordnung (EU) Nr. 655/2014 erhoben. In den Fällen des Artikels 5 Buchstabe b der Verordnung (EU) Nr. 655/2014 bestimmen sich die Gebühren nach Teil 2 Hauptabschnitt 1.

(2) Im Verfahren auf Anordnung eines Arrests oder auf Erlass einer einstweiligen Verfügung sowie im Verfahren über die Aufhebung oder die Abänderung (§ 926 Abs. 2, §§ 927, 936 ZPO) werden die Gebühren jeweils gesondert erhoben. Im Fall des § 942 ZPO gilt das Verfahren vor dem Amtsgericht und dem Gericht der Hauptsache als ein Rechtsstreit.

(3) Im Verfahren zur Erwirkung eines Europäischen Beschlusses zur vorläufigen Kontenpfändung sowie im Verfahren über den Widerruf oder die Abänderung werden die Gebühren jeweils gesondert erhoben.

Abschnitt 1
Erster Rechtszug

Nr.	Gebührentatbestand	Gebühr oder Satz der Gebühr nach § 34 GKG
8310	Verfahren im Allgemeinen	0,4
8311	Es wird durch Urteil entschieden oder es ergeht ein Beschluss nach § 91a oder § 269 Abs. 3 Satz 3 ZPO, es sei denn, der Beschluss folgt einer zuvor mitgeteilten Einigung der Parteien über die Kostentragung oder der Kostenübernahmeerklärung einer Partei: Die Gebühr 8310 erhöht sich auf Die Gebühr wird nicht erhöht, wenn durch Anerkenntnisurteil, Verzichtsurteil oder Urteil, das nach § 313a Abs. 2 ZPO keinen Tatbestand und keine Entscheidungsgründe enthält, entschieden wird. Dies gilt auch, wenn eine solche Entscheidung mit einem Teilvergleich zusammentrifft.	2,0

Nr.	Gebührentatbestand	Gebühr oder Satz der Gebühr nach § 34 GKG
	Abschnitt 2 ***Berufung***	
8320	Verfahren im Allgemeinen	3,2
8321	Beendigung des gesamten Verfahrens durch Zurücknahme der Berufung, des Antrags oder des Widerspruchs, bevor die Schrift zur Begründung der Berufung bei Gericht eingegangen ist: Die Gebühr 8320 ermäßigt sich auf	0,8
	Erledigungserklärungen nach § 91a ZPO stehen der Zurücknahme gleich, wenn keine Entscheidung über die Kosten ergeht oder die Entscheidung einer zuvor mitgeteilten Einigung der Parteien über die Kostentragung oder der Kostenübernahmeerklärung einer Partei folgt.	
8322	Beendigung des gesamten Verfahrens, wenn nicht Nummer 8321 erfüllt ist, durch 1. Zurücknahme der Berufung oder des Antrags vor dem Schluss der mündlichen Verhandlung, 2. Anerkenntnisurteil, Verzichtsurteil oder Urteil, das nach § 313a Abs. 2 ZPO keinen Tatbestand und keine Entscheidungsgründe enthält, oder 3. Erledigungserklärungen nach § 91a ZPO, wenn keine Entscheidung über die Kosten ergeht oder die Entscheidung einer zuvor mitgeteilten Einigung der Parteien über die Kostentragung oder der Kostenübernahmeerklärung einer Partei folgt, es sei denn, dass bereits ein anderes als eines der in Nummer 2 genannten Urteile vorausgegangen ist: Die Gebühr 8320 ermäßigt sich auf	1,6
	Die Gebühr ermäßigt sich auch, wenn mehrere Ermäßigungstatbestände erfüllt sind oder Ermäßigungstatbestände mit einem Teilvergleich zusammentreffen.	
8323	Beendigung des gesamten Verfahrens durch ein Urteil, das wegen eines Verzichts der Parteien nach § 313a Abs. 1 Satz 2 ZPO keine schriftliche Begründung enthält, wenn nicht bereits ein anderes als eines der in Nummer 8322 Nr. 2 genannten Urteile oder ein Beschluss in der Hauptsache vorausgegangen ist: Die Gebühr 8320 ermäßigt sich auf	2,4
	Die Gebühr ermäßigt sich auch, wenn daneben Ermäßigungstatbestände nach Nummer 8322 erfüllt sind oder solche Ermäßigungstatbestände mit einem Teilvergleich zusammentreffen.	

Nr.	Gebührentatbestand	Gebühr oder Satz der Gebühr nach § 34 GKG
	Abschnitt 3	
	Beschwerde	
8330	Verfahren über die Beschwerde 1. gegen die Zurückweisung eines Antrags auf Anordnung eines Arrests oder eines Antrags auf Erlass einer einstweiligen Verfügung oder 2. in Verfahren nach der Verordnung (EU) Nr. 655/2014	1,2
8331	Beendigung des gesamten Verfahrens durch Zurücknahme der Beschwerde: Die Gebühr 8330 ermäßigt sich auf	0,8
	Hauptabschnitt 4	
	Besondere Verfahren	
8400	Selbständiges Beweisverfahren.	0,6
8401	Verfahren über Anträge auf Ausstellung einer Bescheinigung nach § 57 oder § 58 AVAG oder nach § 1110 ZPO sowie Verfahren über Anträge auf Ausstellung einer Bestätigung nach § 1079 ZPO	17,00 €
	Hauptabschnitt 5	
	Rüge wegen Verletzung des Anspruchs auf rechtliches Gehör	
8500	Verfahren über die Rüge wegen Verletzung des Anspruchs auf rechtliches Gehör (§ 78a des Arbeitsgerichtsgesetzes): Die Rüge wird in vollem Umfang verworfen oder zurückgewiesen	55,00 €
	Hauptabschnitt 6	
	Sonstige Beschwerden und Rechtsbeschwerden	
	Abschnitt 1	
	Sonstige Beschwerden	
8610	Verfahren über Beschwerden nach § 71 Abs. 2, § 91a Abs. 2, § 99 Abs. 2, § 269 Abs. 5 oder § 494a Abs. 2 Satz 2 ZPO	77,00 €

Nr.	Gebührentatbestand	Gebühr oder Satz der Gebühr nach § 34 GKG
8611	Beendigung des Verfahrens ohne Entscheidung: Die Gebühr 8610 ermäßigt sich auf	55,00 €
	(1) Die Gebühr ermäßigt sich auch im Fall der Zurücknahme der Beschwerde vor Ablauf des Tages, an dem die Entscheidung der Geschäftsstelle übermittelt wird. (2) Eine Entscheidung über die Kosten steht der Ermäßigung nicht entgegen, wenn die Entscheidung einer zuvor mitgeteilten Einigung der Parteien über die Kostentragung oder der Kostenübernahmeerklärung einer Partei folgt.	
8612	Verfahren über die Beschwerde gegen die Nichtzulassung der Revision: Soweit die Beschwerde verworfen oder zurückgewiesen wird.	1,6
8613	Verfahren über die Beschwerde gegen die Nichtzulassung der Revision: Soweit die Beschwerde zurückgenommen oder das Verfahren durch anderweitige Erledigung beendet wird	0,8
	Die Gebühr entsteht nicht, soweit die Revision zugelassen wird.	
8614	Verfahren über nicht besonders aufgeführte Beschwerden, die nicht nach anderen Vorschriften gebührenfrei sind: Die Beschwerde wird verworfen oder zurückgewiesen	55,00 €
	Wird die Beschwerde nur teilweise verworfen oder zurückgewiesen, kann das Gericht die Gebühr nach billigem Ermessen auf die Hälfte ermäßigen oder bestimmen, dass eine Gebühr nicht zu erheben ist.	
	Abschnitt 2 ***Sonstige Rechtsbeschwerden***	
8620	Verfahren über Rechtsbeschwerden in den Fällen des § 71 Abs. 1, § 91a Abs. 1, § 99 Abs. 2, § 269 Abs. 4, § 494a Abs. 2 Satz 2 oder § 516 Abs. 3 ZPO	160,00 €
8621	Beendigung des gesamten Verfahrens durch Zurücknahme der Rechtsbeschwerde, des Antrags oder der Klage, bevor die Schrift zur Begründung der Rechtsbeschwerde bei Gericht eingegangen ist: Die Gebühr 8620 ermäßigt sich auf	55,00 €

Nr.	Gebührentatbestand	Gebühr oder Satz der Gebühr nach § 34 GKG
8622	Beendigung des gesamten Verfahrens durch Zurücknahme der Rechtsbeschwerde, des Antrags oder der Klage vor Ablauf des Tages, an dem die Entscheidung der Geschäftsstelle übermittelt wird, wenn nicht Nummer 8621 erfüllt ist: Die Gebühr 8620 ermäßigt sich auf	77,00 €
8623	Verfahren über nicht besonders aufgeführte Rechtsbeschwerden, die nicht nach anderen Vorschriften gebührenfrei sind: Die Rechtsbeschwerde wird verworfen oder zurückgewiesen.	105,00 €
	Wird die Rechtsbeschwerde nur teilweise verworfen oder zurückgewiesen, kann das Gericht die Gebühr nach billigem Ermessen auf die Hälfte ermäßigen oder bestimmen, dass eine Gebühr nicht zu erheben ist.	
8624	Verfahren über die in Nummer 8623 genannten Rechtsbeschwerden: Beendigung des gesamten Verfahrens durch Zurücknahme der Rechtsbeschwerde, des Antrags oder der Klage vor Ablauf des Tages, an dem die Entscheidung der Geschäftsstelle übermittelt wird	55,00 €
	Hauptabschnitt 7 **Besondere Gebühr**	
8700	Auferlegung einer Gebühr nach § 38 GKG wegen Verzögerung des Rechtsstreits	wie vom Gericht bestimmt

Kostenverzeichnis zum Gerichtskostengesetz (GKG-KV)

Teil 9:
Auslagen

Nr.	Auslagentatbestand	Höhe
	Vorbemerkung 9: (1) Auslagen, die durch eine für begründet befundene Beschwerde entstanden sind, werden nicht erhoben, soweit das Beschwerdeverfahren gebührenfrei ist; dies gilt jedoch nicht, soweit das Beschwerdegericht die Kosten dem Gegner des Beschwerdeführers auferlegt hat. (2) Sind Auslagen durch verschiedene Rechtssachen veranlasst, werden sie auf die mehreren Rechtssachen angemessen verteilt.	
9000	Pauschale für die Herstellung und Überlassung von Dokumenten:	
	1. Ausfertigungen, Kopien und Ausdrucke bis zur Größe von DIN A3, die	
	a) auf Antrag angefertigt oder auf Antrag per Telefax übermittelt worden sind oder	
	b) angefertigt worden sind, weil die Partei oder ein Beteiligter es unterlassen hat, die erforderliche Zahl von Mehrfertigungen beizufügen; der Anfertigung steht es gleich, wenn per Telefax übermittelte Mehrfertigungen von der Empfangseinrichtung des Gerichts ausgedruckt werden:	
	für die ersten 50 Seiten je Seite	0,50 €
	für jede weitere Seite	0,15 €
	für die ersten 50 Seiten in Farbe je Seite	1,00 €
	für jede weitere Seite in Farbe	0,30 €
	2. Entgelte für die Herstellung und Überlassung der in Nummer 1 genannten Kopien oder Ausdrucke in einer Größe von mehr als DIN A3	in voller Höhe
	oder pauschal je Seite	3,00 €
	oder pauschal je Seite in Farbe	6,00 €
	3. Überlassung von elektronisch gespeicherten Dateien oder deren Bereitstellung zum Abruf anstelle der in den Nummern 1 und 2 genannten Ausfertigungen, Kopien und Ausdrucke:	
	je Datei	1,50 €
	für die in einem Arbeitsgang überlassenen, bereitgestellten oder in einem Arbeitsgang auf denselben Datenträger übertragenen Dokumente insgesamt höchstens	5,00 €

Nr.	Auslagentatbestand	Höhe
	(1) Die Höhe der Dokumentenpauschale nach Nummer 1 ist in jedem Rechtszug und für jeden Kostenschuldner nach § 28 Abs. 1 GKG gesondert zu berechnen; Gesamtschuldner gelten als ein Schuldner. Die Dokumentenpauschale ist auch im erstinstanzlichen Musterverfahren nach dem KapMuG gesondert zu berechnen. (2) Werden zum Zweck der Überlassung von elektronisch gespeicherten Dateien Dokumente zuvor auf Antrag von der Papierform in die elektronische Form übertragen, beträgt die Dokumentenpauschale nach Nummer 3 nicht weniger, als die Dokumentenpauschale im Fall der Nummer 1 für eine Schwarz-Weiß-Kopie ohne Rücksicht auf die Größe betragen würde. (3) Frei von der Dokumentenpauschale sind für jede Partei, jeden Beteiligten, jeden Beschuldigten und deren bevollmächtigte Vertreter jeweils 1. eine vollständige Ausfertigung oder Kopie oder ein vollständiger Ausdruck jeder gerichtlichen Entscheidung und jedes vor Gericht abgeschlossenen Vergleichs, 2. eine Ausfertigung ohne Tatbestand und Entscheidungsgründe und 3. eine Kopie oder ein Ausdruck jedes Protokolls über eine Sitzung. § 191a Abs. 1 Satz 5 GVG bleibt unberührt. (4) Bei der Gewährung der Einsicht in Akten wird eine Dokumentenpauschale nur erhoben, wenn auf besonderen Antrag ein Ausdruck einer elektronischen Akte oder ein Datenträger mit dem Inhalt einer elektronischen Akte übermittelt wird.	
9001	Auslagen für Telegramme	in voller Höhe
9002	Pauschale für Zustellungen mit Zustellungsurkunde, Einschreiben gegen Rückschein oder durch Justizbedienstete nach § 168 Abs. 1 ZPO je Zustellung	3,50 €
	Neben Gebühren, die sich nach dem Streitwert richten, mit Ausnahme der Gebühr 3700, wird die Zustellungspauschale nur erhoben, soweit in einem Rechtszug mehr als 10 Zustellungen anfallen. Im erstinstanzlichen Musterverfahren nach dem KapMuG wird die Zustellungspauschale für sämtliche Zustellungen erhoben.	
9003	Pauschale für die bei der Versendung von Akten auf Antrag anfallenden Auslagen an Transport- und Verpackungskosten je Sendung	12,00 €
	Die Hin- und Rücksendung der Akten durch Gerichte oder Staatsanwaltschaften gelten zusammen als eine Sendung.	

Nr.	Auslagentatbestand	Höhe
9004	Auslagen für öffentliche Bekanntmachungen	in voller Höhe
	(1) Auslagen werden nicht erhoben für die Bekanntmachung in einem elektronischen Informations- und Kommunikationssystem, wenn das Entgelt nicht für den Einzelfall oder nicht für ein einzelnes Verfahren berechnet wird. Nicht erhoben werden ferner Auslagen für die Bekanntmachung eines besonderen Prüfungstermins (§ 177 InsO, § 18 SVertO). (2) Die Auslagen für die Bekanntmachung eines Vorlagebeschlusses gemäß § 6 Abs. 4 KapMuG gelten als Auslagen des Musterverfahrens.	
9005	Nach dem JVEG zu zahlende Beträge	in voller Höhe
	(1) Nicht erhoben werden Beträge, die an ehrenamtliche Richter (§ 1 Abs. 1 Satz 1 Nr. 2 JVEG) gezahlt werden. (2) Die Beträge werden auch erhoben, wenn aus Gründen der Gegenseitigkeit, der Verwaltungsvereinfachung oder aus vergleichbaren Gründen keine Zahlungen zu leisten sind. Ist aufgrund des § 1 Abs. 2 Satz 2 JVEG keine Vergütung zu zahlen, ist der Betrag zu erheben, der ohne diese Vorschrift zu zahlen wäre. (3) Auslagen für Übersetzer, die zur Erfüllung der Rechte blinder oder sehbehinderter Personen herangezogen werden (§ 191a Abs. 1 GVG), werden nicht, Auslagen für Kommunikationshilfen zur Verständigung mit einer hör- oder sprachbehinderten Person (§ 186 GVG) werden nur nach Maßgabe des Absatzes 4 erhoben. (4) Ist für einen Beschuldigten oder Betroffenen, der der deutschen Sprache nicht mächtig, hör- oder sprachbehindert ist, im Strafverfahren oder im gerichtlichen Verfahren nach dem OWiG ein Dolmetscher oder Übersetzer herangezogen worden, um Erklärungen oder Schriftstücke zu übertragen, auf deren Verständnis der Beschuldigte oder Betroffene zu seiner Verteidigung angewiesen oder soweit dies zur Ausübung seiner strafprozessualen Rechte erforderlich war, werden von diesem die dadurch entstandenen Auslagen nur erhoben, wenn das Gericht ihm diese nach § 464c StPO oder die Kosten nach § 467 Abs. 2 Satz 1 StPO, auch i.V.m. § 467a Abs. 1 Satz 2 StPO, auferlegt hat; dies gilt auch jeweils i.V.m. § 46 Abs. 1 OWiG. (5) Im Verfahren vor den Gerichten für Arbeitssachen werden Kosten für vom Gericht herangezogene Dolmetscher und Übersetzer nicht erhoben, wenn ein Ausländer Partei und die Gegenseitigkeit verbürgt ist oder ein Staatenloser Partei ist. (6) Auslagen für Sachverständige, die durch die Untersuchung eines Beschuldigten nach § 43 Abs. 2 JGG entstanden sind, werden nicht erhoben.	

Nr.	Auslagentatbestand	Höhe
9006	Bei Geschäften außerhalb der Gerichtsstelle	
	1. die den Gerichtspersonen aufgrund gesetzlicher Vorschriften gewährte Vergütung (Reisekosten, Auslagenersatz) und die Auslagen für die Bereitstellung von Räumen	in voller Höhe
	2. für den Einsatz von Dienstkraftfahrzeugen für jeden gefahrenen Kilometer	0,42 €
9007	An Rechtsanwälte zu zahlende Beträge mit Ausnahme der nach § 59 RVG auf die Staatskasse übergegangenen Ansprüche	in voller Höhe
9008	Auslagen für	
	1. die Beförderung von Personen	in voller Höhe
	2. Zahlungen an mittellose Personen für die Reise zum Ort einer Verhandlung, Vernehmung oder Untersuchung und für die Rückreise	bis zur Höhe der nach dem JVEG an Zeugen zu zahlenden Beträge
9009	An Dritte zu zahlende Beträge für	
	1. die Beförderung von Tieren und Sachen mit Ausnahme der für Postdienstleistungen zu zahlenden Entgelte, die Verwahrung von Tieren und Sachen sowie die Fütterung von Tieren	in voller Höhe
	2. die Beförderung und die Verwahrung von Leichen	in voller Höhe
	3. die Durchsuchung oder Untersuchung von Räumen und Sachen einschließlich der die Durchsuchung oder Untersuchung vorbereitenden Maßnahmen	in voller Höhe
	4. die Bewachung von Schiffen und Luftfahrzeugen	in voller Höhe
9010	Kosten einer Zwangshaft, auch aufgrund eines Haftbefehls nach § 802g ZPO	in Höhe des Haftkostenbeitrags
	Maßgebend ist die Höhe des Haftkostenbeitrags, der nach Landesrecht von einem Gefangenen zu erheben ist.	
9011	Kosten einer Haft außer Zwangshaft, Kosten einer einstweiligen Unterbringung (§ 126a StPO), einer Unterbringung zur Beobachtung (§ 81 StPO) und einer einstweiligen Unterbringung in einem Heim der Jugendhilfe (§ 71 Abs. 2, § 72 Abs. 4 JGG)	in Höhe des Haftkostenbeitrags

Nr.	Auslagentatbestand	Höhe
	Maßgebend ist die Höhe des Haftkostenbeitrags, der nach Landesrecht von einem Gefangenen zu erheben ist. Diese Kosten werden nur angesetzt, wenn der Haftkostenbeitrag auch von einem Gefangenen im Strafvollzug zu erheben wäre.	
9012	Nach dem Auslandskostengesetz zu zahlende Beträge	in voller Höhe
	Fassung ab dem 1.10.2021:[1]	
9012	*Nach § 12 BGebG, dem 5. Abschnitt des Konsulargesetzes und der Besonderen Gebührenverordnung des Auswärtigen Amts nach § 22 Abs. 4 BGebG zu zahlende Beträge*	*in voller Höhe*
9013	An deutsche Behörden für die Erfüllung von deren eigenen Aufgaben zu zahlende Gebühren sowie diejenigen Beträge, die diesen Behörden, öffentlichen Einrichtungen oder deren Bediensteten als Ersatz für Auslagen der in den Nummern 9000 bis 9011 bezeichneten Art zustehen	in voller Höhe, die Auslagen begrenzt durch die Höchstsätze für die Auslagen 9000 bis 9011
	Die als Ersatz für Auslagen angefallenen Beträge werden auch erhoben, wenn aus Gründen der Gegenseitigkeit, der Verwaltungsvereinfachung oder aus vergleichbaren Gründen keine Zahlungen zu leisten sind.	
9014	Beträge, die ausländischen Behörden, Einrichtungen oder Personen im Ausland zustehen, sowie Kosten des Rechtshilfeverkehrs mit dem Ausland	in voller Höhe
	Die Beträge werden auch erhoben, wenn aus Gründen der Gegenseitigkeit, der Verwaltungsvereinfachung oder aus vergleichbaren Gründen keine Zahlungen zu leisten sind.	
9015	Auslagen der in den Nummern 9000 bis 9014 bezeichneten Art, soweit sie durch die Vorbereitung der öffentlichen Klage entstanden sind	begrenzt durch die Höchstsätze für die Auslagen 9000 bis 9013

1 Fassung nach Artikel 4 des Gesetzes zur Aktualisierung der Strukturreform des Gebührenrechts des Bundes vom 18.7.2016, BGBl. I S. 1666.

Nr.	Auslagentatbestand	Höhe
9016	Auslagen der in den Nummern 9000 bis 9014 bezeichneten Art, soweit sie durch das dem gerichtlichen Verfahren vorausgegangene Bußgeldverfahren entstanden sind	begrenzt durch die Höchstsätze für die Auslagen 9000 bis 9013
	Absatz 3 der Anmerkung zu Nummer 9005 ist nicht anzuwenden.	
9017	An den vorläufigen Insolvenzverwalter, den Insolvenzverwalter, die Mitglieder des Gläubigerausschusses oder die Treuhänder auf der Grundlage der Insolvenzrechtlichen Vergütungsverordnung aufgrund einer Stundung nach § 4a InsO sowie an den Restrukturierungsbeauftragten, den Sanierungsmoderator und die Mitglieder des Gläubigerbeirats nach dem StaRUG zu zahlende Beträge	in voller Höhe
9018	Im ersten Rechtszug des Prozessverfahrens: Auslagen des erstinstanzlichen Musterverfahrens nach dem KapMuG zuzüglich Zinsen	anteilig
	(1) Die im erstinstanzlichen Musterverfahren entstehenden Auslagen nach Nummer 9005 werden vom Tag nach der Auszahlung bis zum rechtskräftigen Abschluss des Musterverfahrens mit 5 Prozentpunkten über dem Basiszinssatz nach § 247 BGB verzinst. (2) Auslagen und Zinsen werden nur erhoben, wenn der Kläger nicht innerhalb von einem Monat ab Zustellung des Aussetzungsbeschlusses nach § 8 KapMuG seine Klage in der Hauptsache zurücknimmt. (3) Der Anteil bestimmt sich nach dem Verhältnis der Höhe des von dem Kläger geltend gemachten Anspruchs, soweit dieser von den Feststellungszielen des Musterverfahrens betroffen ist, zu der Gesamthöhe der vom Musterkläger und den Beigeladenen des Musterverfahrens in den Prozessverfahren geltend gemachten Ansprüche, soweit diese von den Feststellungszielen des Musterverfahrens betroffen sind. Der Anspruch des Musterklägers oder eines Beigeladenen ist hierbei nicht zu berücksichtigen, wenn er innerhalb von einem Monat ab Zustellung des Aussetzungsbeschlusses nach § 8 KapMuG seine Klage in der Hauptsache zurücknimmt.	
9019	Pauschale für die Inanspruchnahme von Videokonferenzverbindungen: Je Verfahren für jede angefangene halbe Stunde.	15,00 €
9020	Umsatzsteuer auf die Kosten.	in voller Höhe
	Dies gilt nicht, wenn die Umsatzsteuer nach § 19 Abs. 1 UStG unerhoben bleibt.	

13. Gesetz über Gerichtskosten in Familiensachen (FamGKG)

vom 17.12.2008, BGBl. I S. 2586, S. 2666

zuletzt geändert durch das Gesetz zur Änderung des Justizkosten- und des Rechtsanwaltsvergütungsrechts und zur Änderung des Gesetzes zur Abmilderung der Folgen der COVID-19-Pandemie im Zivil-, Insolvenz- und Strafverfahrensrecht (Kostenrechtsänderungsgesetz 2021 – KostRÄG 2021) vom 21.12.2020, BGBl. I S. 3229

– Auszug –

Abschnitt 6: Gebührenvorschriften

§ 28 Wertgebühren

(4) [1]Wenn sich die Gebühren nach dem Verfahrenswert richten, beträgt bei einem Verfahrenswert bis 500 Euro die Gebühr 38 Euro. [2]Die Gebühr erhöht sich bei einem

Verfahrenswert bis … Euro	für jeden angefangenen Betrag von weiteren … Euro	um … Euro
2 000	500	20
10 000	1 000	21
25 000	3 000	29
50 000	5 000	38
200 000	15 000	132
500 000	30 000	198
über 500 000	50 000	198.

[3]Eine Gebührentabelle für Verfahrenswerte bis 500 000 Euro ist diesem Gesetz als Anlage 2 beigefügt.

(2) Der Mindestbetrag einer Gebühr ist 15 Euro.

§ 29 Einmalige Erhebung der Gebühren

Die Gebühr für das Verfahren im Allgemeinen und die Gebühr für eine Entscheidung werden in jedem Rechtszug hinsichtlich eines jeden Teils des Verfahrensgegenstands nur einmal erhoben.

§ 30 Teile des Verfahrensgegenstands

(1) Für Handlungen, die einen Teil des Verfahrensgegenstands betreffen, sind die Gebühren nur nach dem Wert dieses Teils zu berechnen.

(2) Sind von einzelnen Wertteilen in demselben Rechtszug für gleiche Handlungen Gebühren zu berechnen, darf nicht mehr erhoben werden, als wenn die Gebühr von dem Gesamtbetrag der Wertteile zu berechnen wäre.

(3) Sind für Teile des Gegenstands verschiedene Gebührensätze anzuwenden, sind die Gebühren für die Teile gesondert zu berechnen; die aus dem Gesamtbetrag der Wertteile nach dem höchsten Gebührensatz berechnete Gebühr darf jedoch nicht überschritten werden.

§ 31 Zurückverweisung, Abänderung oder Aufhebung einer Entscheidung

(1) Wird eine Sache an ein Gericht eines unteren Rechtszugs zurückverwiesen, bildet das weitere Verfahren mit dem früheren Verfahren vor diesem Gericht einen Rechtszug im Sinne des § 29.

(2) [1]Das Verfahren über eine Abänderung oder Aufhebung einer Entscheidung gilt als besonderes Verfahren, soweit im Kostenverzeichnis nichts anderes bestimmt ist. [2]Dies gilt nicht für das Verfahren zur Überprüfung der Entscheidung nach § 166 Abs. 2 und 3 des Gesetzes über das Verfahren in Familiensachen und in den Angelegenheiten der freiwilligen Gerichtsbarkeit.

§ 32 Verzögerung des Verfahrens

[1]Wird in einer selbständigen Familienstreitsache außer im Fall des § 335 der Zivilprozessordnung durch Verschulden eines Beteiligten oder seines Vertreters die Vertagung einer mündlichen Verhandlung oder die Anberaumung eines neuen Termins zur mündlichen Verhandlung nötig oder ist die Erledigung des Verfahrens durch nachträgliches Vorbringen von Angriffs- oder Verteidigungsmitteln, Beweismitteln oder Beweiseinreden, die früher vorgebracht werden konnten, verzögert worden, kann das Gericht dem Beteiligten von Amts wegen eine besondere Gebühr mit einem Gebührensatz von 1,0 auferlegen. [2]Die Gebühr kann bis auf einen Gebührensatz von 0,3 ermäßigt werden. [3]Dem Antragsteller, dem Antragsgegner oder dem Vertreter stehen der Nebenintervenient und sein Vertreter gleich.

Abschnitt 7: Wertvorschriften

Unterabschnitt 1: Allgemeine Wertvorschriften

§ 33 Grundsatz

(1) In demselben Verfahren und in demselben Rechtszug werden die Werte mehrerer Verfahrensgegenstände zusammengerechnet, soweit nichts anderes bestimmt ist. Ist mit einem nichtvermögensrechtlichen Anspruch ein aus ihm hergeleiteter vermögensrechtlicher Anspruch verbunden, ist nur ein Anspruch, und zwar der höhere, maßgebend.

(2) Der Verfahrenswert beträgt höchstens 30 Millionen Euro, soweit kein niedrigerer Höchstwert bestimmt ist.

§ 34 Zeitpunkt der Wertberechnung

[1]Für die Wertberechnung ist der Zeitpunkt der den jeweiligen Verfahrensgegenstand betreffenden ersten Antragstellung in dem jeweiligen Rechtszug entscheidend. [2]In Verfahren, die von Amts wegen eingeleitet werden, ist der Zeitpunkt der Fälligkeit der Gebühr maßgebend.

§ 35 Geldforderung

Ist Gegenstand des Verfahrens eine bezifferte Geldforderung, bemisst sich der Verfahrenswert nach deren Höhe, soweit nichts anderes bestimmt ist.

§ 36 Genehmigung einer Erklärung oder deren Ersetzung

(1) [1]Wenn in einer vermögensrechtlichen Angelegenheit Gegenstand des Verfahrens die Genehmigung einer Erklärung oder deren Ersetzung ist, bemisst sich der Verfahrenswert nach dem Wert des zugrunde liegenden Geschäfts. [2]§ 38 des Gerichts- und Notarkostengesetzes und die für eine Beurkundung geltenden besonderen Geschäftswert- und Bewertungsvorschriften des Gerichts- und Notarkostengesetzes sind entsprechend anzuwenden.

(2) Mehrere Erklärungen, die denselben Gegenstand betreffen, insbesondere der Kauf und die Auflassung oder die Schulderklärung und die zur Hypothekenbestellung erforderlichen Erklärungen, sind als ein Verfahrensgegenstand zu bewerten.

(3) Der Wert beträgt in jedem Fall höchstens 1 Million Euro.

§ 37 Früchte, Nutzungen, Zinsen und Kosten

(1) Sind außer dem Hauptgegenstand des Verfahrens auch Früchte, Nutzungen, Zinsen oder Kosten betroffen, wird deren Wert nicht berücksichtigt.

(2) Soweit Früchte, Nutzungen, Zinsen oder Kosten ohne den Hauptgegenstand betroffen sind, ist deren Wert maßgebend, soweit er den Wert des Hauptgegenstands nicht übersteigt.

(3) Sind die Kosten des Verfahrens ohne den Hauptgegenstand betroffen, ist der Betrag der Kosten maßgebend, soweit er den Wert des Hauptgegenstands nicht übersteigt.

§ 38 Stufenantrag

Wird mit dem Antrag auf Rechnungslegung oder auf Vorlegung eines Vermögensverzeichnisses oder auf Abgabe einer eidesstattlichen Versicherung der Antrag auf Herausgabe desjenigen verbunden, was der Antragsgegner aus dem zugrunde liegenden Rechtsverhältnis schuldet, ist für die Wertberechnung nur einer der verbundenen Ansprüche, und zwar der höhere, maßgebend.

§ 39 Antrag und Widerantrag, Hilfsanspruch, wechselseitige Rechtsmittel, Aufrechnung

(1) [1]Mit einem Antrag und einem Widerantrag geltend gemachte Ansprüche, die nicht in getrennten Verfahren verhandelt werden, werden zusammengerechnet. [2]Ein hilfsweise geltend gemachter Anspruch wird mit dem Hauptanspruch zusammengerechnet, soweit eine Entscheidung über ihn ergeht. [3]Betreffen die Ansprüche im Fall des Satzes 1 oder des Satzes 2 denselben Gegenstand, ist nur der Wert des höheren Anspruchs maßgebend.

(2) Für wechselseitig eingelegte Rechtsmittel, die nicht in getrennten Verfahren verhandelt werden, ist Absatz 1 Satz 1 und 3 entsprechend anzuwenden.

(3) Macht ein Beteiligter hilfsweise die Aufrechnung mit einer bestrittenen Gegenforderung geltend, erhöht sich der Wert um den Wert der Gegenforderung, soweit eine der Rechtskraft fähige Entscheidung über sie ergeht.

(4) Bei einer Erledigung des Verfahrens durch Vergleich sind die Absätze 1 bis 3 entsprechend anzuwenden.

§ 40 Rechtsmittelverfahren

(1) [1]Im Rechtsmittelverfahren bestimmt sich der Verfahrenswert nach den Anträgen des Rechtsmittelführers. [2]Endet das Verfahren, ohne dass solche Anträge eingereicht werden, oder werden, wenn eine Frist für die Rechtsmittelbegründung vorgeschrieben ist, innerhalb dieser Frist Rechtsmittelanträge nicht eingereicht, ist die Beschwer maßgebend.

(2) [1]Der Wert ist durch den Wert des Verfahrensgegenstands des ersten Rechtszugs begrenzt. [2]Dies gilt nicht, soweit der Gegenstand erweitert wird.

(3) Im Verfahren über den Antrag auf Zulassung der Sprungrechtsbeschwerde ist Verfahrenswert der für das Rechtsmittelverfahren maßgebende Wert.

§ 41 Einstweilige Anordnung

[1]Im Verfahren der einstweiligen Anordnung ist der Wert in der Regel unter Berücksichtigung der geringeren Bedeutung gegenüber der Hauptsache zu ermäßigen. [2]Dabei ist von der Hälfte des für die Hauptsache bestimmten Werts auszugehen.

§ 42 Auffangwert

(1) Soweit in einer vermögensrechtlichen Angelegenheit der Verfahrenswert sich aus den Vorschriften dieses Gesetzes nicht ergibt und auch sonst nicht feststeht, ist er nach billigem Ermessen zu bestimmen.

(2) Soweit in einer nichtvermögensrechtlichen Angelegenheit der Verfahrenswert sich aus den Vorschriften dieses Gesetzes nicht ergibt, ist er unter Berücksichtigung aller Umstände des Einzelfalls, insbesondere des Umfangs und der Bedeutung der Sache und der Vermögens- und Einkommensverhältnisse der Beteiligten, nach billigem Ermessen zu bestimmen, jedoch nicht über 500 000 Euro.

(3) Bestehen in den Fällen der Absätze 1 und 2 keine genügenden Anhaltspunkte, ist von einem Wert von 5 000 Euro auszugehen.

Unterabschnitt 2: Besondere Wertvorschriften

§ 43 Ehesachen

(1) [1]In Ehesachen ist der Verfahrenswert unter Berücksichtigung aller Umstände des Einzelfalls, insbesondere des Umfangs und der Bedeutung der Sache und der Vermögens- und Einkommensverhältnisse der Ehegatten, nach Ermessen zu bestimmen. [2]Der Wert darf nicht unter 3 000 Euro und nicht über 1 Million Euro angenommen werden.

(2) Für die Einkommensverhältnisse ist das in drei Monaten erzielte Nettoeinkommen der Ehegatten einzusetzen.

§ 44 Verbund

(1) Die Scheidungssache und die Folgesachen gelten als ein Verfahren.

(2) [1]Sind in § 137 Abs. 3 des Gesetzes über das Verfahren in Familiensachen und in den Angelegenheiten der freiwilligen Gerichtsbarkeit genannte Kindschaftssachen Folgesachen, erhöht sich der Verfahrenswert nach § 43 für jede Kindschaftssache um 20 Prozent, höchstens um jeweils 4 000 Euro; eine Kindschaftssache ist auch dann als ein Gegenstand zu bewerten, wenn sie mehrere Kinder betrifft. [2]Die Werte der übrigen Folgesachen werden hinzugerechnet. [3]§ 33 Abs. 1 Satz 2 ist nicht anzuwenden.

(3) Ist der Betrag, um den sich der Verfahrenswert der Ehesache erhöht (Absatz 2), nach den besonderen Umständen des Einzelfalls unbillig, kann das Gericht einen höheren oder einen niedrigeren Betrag berücksichtigen.

§ 45 Bestimmte Kindschaftssachen

(1) In einer Kindschaftssache, die

1. die Übertragung oder Entziehung der elterlichen Sorge oder eines Teils der elterlichen Sorge,
2. das Umgangsrecht einschließlich der Umgangspflegschaft,
3. das Recht auf Auskunft über die persönlichen Verhältnisse des Kindes oder
4. die Kindesherausgabe

betrifft, beträgt der Verfahrenswert 4 000 Euro.

(2) Eine Kindschaftssache nach Absatz 1 ist auch dann als ein Gegenstand zu bewerten, wenn sie mehrere Kinder betrifft.

(3) Ist der nach Absatz 1 bestimmte Wert nach den besonderen Umständen des Einzelfalls unbillig, kann das Gericht einen höheren oder einen niedrigeren Wert festsetzen.

§ 46 Übrige Kindschaftssachen

(1) Wenn Gegenstand einer Kindschaftssache eine vermögensrechtliche Angelegenheit ist, gelten § 38 des Gerichts- und Notarkostengesetzes und die für eine Beurkundung geltenden besonderen Geschäftswert- und Bewertungsvorschriften des Gerichts- und Notarkostengesetzes entsprechend.

(2) [1]Bei Pflegschaften für einzelne Rechtshandlungen bestimmt sich der Verfahrenswert nach dem Wert des Gegenstands, auf den sich die Rechtshandlung bezieht. [2]Bezieht sich die Pflegschaft auf eine gegenwärtige oder künftige Mitberechtigung, ermäßigt sich der Wert auf den Bruchteil, der dem Anteil der Mitberechtigung entspricht. [3]Bei Gesamthandsverhältnissen ist der Anteil entsprechend der Beteiligung an dem Gesamthandvermögen zu bemessen.

(3) Der Wert beträgt in jedem Fall höchstens 1 Million Euro.

§ 47 Abstammungssachen

(1) In Abstammungssachen nach § 169 Nr. 1 und 4 des Gesetzes über das Verfahren in Familiensachen und in den Angelegenheiten der freiwilligen Gerichtsbarkeit beträgt der Verfahrenswert 2 000 Euro, in den übrigen Abstammungssachen 1 000 Euro.

(2) Ist der nach Absatz 1 bestimmte Wert nach den besonderen Umständen des Einzelfalls unbillig, kann das Gericht einen höheren oder einen niedrigeren Wert festsetzen.

§ 48 Ehewohnungs- und Haushaltssachen

(1) In Ehewohnungssachen nach § 200 Absatz 1 Nummer 1 des Gesetzes über das Verfahren in Familiensachen und in den Angelegenheiten der freiwilligen Gerichtsbarkeit beträgt der Verfahrenswert 3 000 Euro, in Ehewohnungssachen nach § 200 Absatz 1 Nummer 2 des Gesetzes über das Verfahren in Familiensachen und in den Angelegenheiten der freiwilligen Gerichtsbarkeit 4 000 Euro.

(2) In Haushaltssachen nach § 200 Absatz 2 Nummer 1 des Gesetzes über das Verfahren in Familiensachen und in den Angelegenheiten der freiwilligen Gerichtsbarkeit beträgt der Wert 2 000 Euro, in Haushaltssachen nach § 200 Absatz 2 Nummer 2 des Gesetzes über das Verfahren in Familiensachen und in den Angelegenheiten der freiwilligen Gerichtsbarkeit 3 000 Euro.

(3) Ist der nach den Absätzen 1 und 2 bestimmte Wert nach den besonderen Umständen des Einzelfalls unbillig, kann das Gericht einen höheren oder einen niedrigeren Wert festsetzen.

§ 49 Gewaltschutzsachen

(1) In Gewaltschutzsachen nach § 1 des Gewaltschutzgesetzes und in Verfahren nach dem EU-Gewaltschutzverfahrensgesetz beträgt der Verfahrenswert 2 000 Euro, in Gewaltschutzsachen nach § 2 des Gewaltschutzgesetzes 3 000 Euro.

(2) Ist der nach Absatz 1 bestimmte Wert nach den besonderen Umständen des Einzelfalls unbillig, kann das Gericht einen höheren oder einen niedrigeren Wert festsetzen.

§ 50 Versorgungsausgleichssachen

(1) [1]In Versorgungsausgleichssachen beträgt der Verfahrenswert für jedes Anrecht 10 Prozent, bei Ausgleichsansprüchen nach der Scheidung für jedes Anrecht 20 Prozent des in drei Monaten erzielten Nettoeinkommens der Ehegatten. [2]Der Wert nach Satz 1 beträgt insgesamt mindestens 1 000 Euro.

(2) In Verfahren über einen Auskunftsanspruch oder über die Abtretung von Versorgungsansprüchen beträgt der Verfahrenswert 500 Euro.

(3) Ist der nach den Absätzen 1 und 2 bestimmte Wert nach den besonderen Umständen des Einzelfalls unbillig, kann das Gericht einen höheren oder einen niedrigeren Wert festsetzen.

§ 51 Unterhaltssachen und sonstige den Unterhalt betreffende Familiensachen

(1) [1]In Unterhaltssachen und in sonstigen den Unterhalt betreffenden Familiensachen, soweit diese jeweils Familienstreitsachen sind und wiederkehrende Leistungen betreffen, ist der für die ersten zwölf Monate nach Einreichung des Antrags geforderte Betrag maßgeblich, höchstens jedoch der Gesamtbetrag der geforderten Leistung. [2]Bei Unterhaltsansprüchen nach den §§ 1612a bis 1612c des Bürgerlichen Gesetzbuchs ist dem Wert nach Satz 1 der Monatsbetrag des zum Zeitpunkt der Einreichung des Antrags geltenden Mindestunterhalts nach der zu diesem Zeitpunkt maßgebenden Altersstufe zugrunde zu legen.

(2) [1]Die bei Einreichung des Antrags fälligen Beträge werden dem Wert hinzugerechnet. [2]Der Einreichung des Antrags wegen des Hauptgegenstands steht die Einreichung eines Antrags auf Bewilligung der Verfahrenskostenhilfe gleich, wenn der Antrag wegen des Hauptgegenstands alsbald nach Mitteilung der Entscheidung über den Antrag auf Bewilligung der Verfahrenskostenhilfe oder über eine alsbald eingelegte Beschwerde eingereicht wird. [3]Die Sätze 1 und 2 sind im vereinfachten Verfahren zur Festsetzung von Unterhalt Minderjähriger entsprechend anzuwenden.

(3) [1]In Unterhaltssachen, die nicht Familienstreitsachen sind, beträgt der Wert 500 Euro. [2]Ist der Wert nach den besonderen Umständen des Einzelfalls unbillig, kann das Gericht einen höheren Wert festsetzen.

§ 52 Güterrechtssachen

[1]Wird in einer Güterrechtssache, die Familienstreitsache ist, auch über einen Antrag nach § 1382 Abs. 5 oder nach § 1383 Abs. 3 des Bürgerlichen Gesetzbuchs entschieden, handelt es sich um ein Verfahren. [2]Die Werte werden zusammengerechnet.

Unterabschnitt 3: Wertfestsetzung

§ 53 Angabe des Werts

[1]Bei jedem Antrag ist der Verfahrenswert, wenn dieser nicht in einer bestimmten Geldsumme besteht, kein fester Wert bestimmt ist oder sich nicht aus früheren Anträgen ergibt, und nach Aufforderung auch der Wert eines Teils des Verfahrensgegenstands schriftlich oder zu Protokoll der Geschäftsstelle anzugeben. [2]Die Angabe kann jederzeit berichtigt werden.

§ 54 Wertfestsetzung für die Zulässigkeit der Beschwerde

Ist der Wert für die Zulässigkeit der Beschwerde festgesetzt, ist die Festsetzung auch für die Berechnung der Gebühren maßgebend, soweit die Wertvorschriften dieses Gesetzes nicht von den Wertvorschriften des Verfahrensrechts abweichen.

§ 55 Wertfestsetzung für die Gerichtsgebühren

(1) [1]Sind Gebühren, die sich nach dem Verfahrenswert richten, mit der Einreichung des Antrags, der Einspruchs- oder der Rechtsmittelschrift oder mit der Abgabe der entsprechenden Erklärung zu Protokoll fällig, setzt das Gericht sogleich den Wert ohne Anhörung der Beteiligten durch Beschluss vorläufig fest, wenn Gegenstand des Verfahrens nicht eine bestimmte Geldsumme in Euro ist oder für den Regelfall kein fester Wert bestimmt ist. [2]Einwendungen gegen die Höhe des festgesetzten Werts können nur im Verfahren über die Beschwerde gegen den Beschluss, durch den die Tätigkeit des Gerichts aufgrund dieses Gesetzes von der vorherigen Zahlung von Kosten abhängig gemacht wird, geltend gemacht werden.

(2) Soweit eine Entscheidung nach § 54 nicht ergeht oder nicht bindet, setzt das Gericht den Wert für die zu erhebenden Gebühren durch Beschluss fest, sobald eine Entscheidung über den gesamten Verfahrensgegenstand ergeht oder sich das Verfahren anderweitig erledigt.

(3) [1]Die Festsetzung kann von Amts wegen geändert werden

1. von dem Gericht, das den Wert festgesetzt hat, und
2. von dem Rechtsmittelgericht, wenn das Verfahren wegen des Hauptgegenstands oder wegen der Entscheidung über den Verfahrenswert, den Kostenansatz oder die Kostenfestsetzung in der Rechtsmittelinstanz schwebt.

[2]Die Änderung ist nur innerhalb von sechs Monaten zulässig, nachdem die Entscheidung wegen des Hauptgegenstands Rechtskraft erlangt oder das Verfahren sich anderweitig erledigt hat.

§ 56 Schätzung des Werts

[1]Wird eine Abschätzung durch Sachverständige erforderlich, ist in dem Beschluss, durch den der Verfahrenswert festgesetzt wird (§ 55), über die Kosten der Abschätzung zu entscheiden. [2]Diese Kosten können ganz oder teilweise dem Beteiligten auferlegt werden, welcher die Abschätzung durch Unterlassen der ihm obliegenden Wertangabe, durch unrichtige Angabe des Werts, durch unbegründetes Bestreiten des angegebenen Werts oder durch eine unbegründete Beschwerde veranlasst hat.

Abschnitt 8: Erinnerung und Beschwerde

§ 57 Erinnerung gegen den Kostenansatz, Beschwerde

(1) [1]Über Erinnerungen des Kostenschuldners und der Staatskasse gegen den Kostenansatz entscheidet das Gericht, bei dem die Kosten angesetzt sind. [2]War das Verfahren im ersten Rechtszug bei mehreren Gerichten anhängig, ist das Gericht, bei dem es zuletzt anhängig war, auch insoweit zuständig, als Kosten bei den anderen Gerichten angesetzt worden sind.

(2) [1]Gegen die Entscheidung des Familiengerichts über die Erinnerung findet die Beschwerde statt, wenn der Wert des Beschwerdegegenstands 200 Euro übersteigt. [2]Die Beschwerde ist auch zulässig, wenn sie das Familiengericht, das die angefochtene Entscheidung erlassen hat, wegen der grundsätzlichen Bedeutung der zur Entscheidung stehenden Frage in dem Beschluss zulässt.

(3) [1]Soweit das Familiengericht die Beschwerde für zulässig und begründet hält, hat es ihr abzuhelfen; im Übrigen ist die Beschwerde unverzüglich dem Oberlandesgericht vorzulegen. [2]Das Oberlandesgericht ist an die Zulassung der Beschwerde gebunden; die Nichtzulassung ist unanfechtbar.

(4) [1]Anträge und Erklärungen können ohne Mitwirkung eines Rechtsanwalts schriftlich eingereicht oder zu Protokoll der Geschäftsstelle abgegeben werden; § 129a der Zivilprozessordnung gilt entsprechend. [2]Für die Bevollmächtigung gelten die Regelungen des Gesetzes über das Verfahren in Familiensachen und in den Angelegenheiten der freiwilligen Gerichtsbarkeit entsprechend. [3]Die Erinnerung ist bei dem Gericht einzulegen, das für die Entscheidung über die Erinnerung zuständig ist. [4]Die Beschwerde ist bei dem Familiengericht einzulegen.

(5) [1]Das Gericht entscheidet über die Erinnerung und die Beschwerde durch eines seiner Mitglieder als Einzelrichter. [2]Der Einzelrichter überträgt das Verfahren dem Senat, wenn die Sache besondere Schwierigkeiten tatsächlicher oder rechtlicher Art aufweist oder die Rechtssache grundsätzliche Bedeutung hat.

(6) [1]Erinnerung und Beschwerde haben keine aufschiebende Wirkung. [2]Das Gericht oder das Beschwerdegericht kann auf Antrag oder von Amts wegen die aufschiebende Wirkung ganz oder teilweise anordnen; ist nicht der Einzelrichter zur Entscheidung berufen, entscheidet der Vorsitzende des Gerichts.

(7) Entscheidungen des Oberlandesgerichts sind unanfechtbar.

(8) [1]Die Verfahren sind gebührenfrei. [2]Kosten werden nicht erstattet.

§ 58 Beschwerde gegen die Anordnung einer Vorauszahlung

(1) [1]Gegen den Beschluss, durch den die Tätigkeit des Familiengerichts nur aufgrund dieses Gesetzes von der vorherigen Zahlung von Kosten abhängig gemacht wird, und wegen der Höhe des in diesem Fall im Voraus zu zahlenden Betrags findet stets die Beschwerde statt. [2]§ 57 Abs. 3, 4 Satz 1 und 4, Abs. 5, 7 und 8 ist entsprechend anzuwenden. [3]Soweit sich der Beteiligte in dem Verfahren wegen des Hauptgegenstands vor dem Familiengericht durch einen Bevollmächtigten vertreten lassen muss, gilt dies auch im Beschwerdeverfahren.

(2) Im Fall des § 16 Abs. 2 ist § 57 entsprechend anzuwenden.

§ 59 Beschwerde gegen die Festsetzung des Verfahrenswerts

(1) [1]Gegen den Beschluss des Familiengerichts, durch den der Verfahrenswert für die Gerichtsgebühren festgesetzt worden ist (§ 55 Abs. 2), findet die Beschwerde statt, wenn der Wert des Beschwerdegegenstands 200 Euro übersteigt. [2]Die Beschwerde findet auch statt, wenn sie das Familiengericht wegen der grundsätzlichen Bedeutung der zur Entscheidung stehenden Frage in dem Beschluss zulässt. [3]Die Beschwerde ist nur zulässig, wenn sie innerhalb der in § 55 Abs. 3 Satz 2 bestimmten Frist eingelegt wird; ist der Verfahrenswert später als einen Monat vor Ablauf dieser Frist festgesetzt worden, kann sie noch innerhalb eines Monats nach Zustellung oder formloser Mitteilung des Festsetzungsbeschlusses eingelegt werden. [4]Im Fall der formlosen Mitteilung gilt der Beschluss mit dem dritten Tag nach Aufgabe zur Post als bekannt gemacht. [5]§ 57 Abs. 3, 4 Satz 1, 2 und 4, Abs. 5 und 7 ist entsprechend anzuwenden.

(2) [1]War der Beschwerdeführer ohne sein Verschulden verhindert, die Frist einzuhalten, ist ihm auf Antrag vom Oberlandesgericht Wiedereinsetzung in den vorigen Stand zu gewähren, wenn er die Beschwerde binnen zwei Wochen nach der Beseitigung des Hindernisses einlegt und die Tatsachen, welche die Wiedereinsetzung begründen, glaubhaft macht. Ein Fehlen des Verschuldens wird vermutet, wenn eine Rechtsbehelfsbelehrung unterblieben oder fehlerhaft ist. [2]Nach Ablauf eines Jahres, von dem Ende der versäumten Frist an gerechnet, kann die Wiedereinsetzung nicht mehr beantragt werden.

(3) [1]Die Verfahren sind gebührenfrei. [2]Kosten werden nicht erstattet.

§ 60 Beschwerde gegen die Auferlegung einer Verzögerungsgebühr

[1]Gegen den Beschluss des Familiengerichts nach § 32 findet die Beschwerde statt, wenn der Wert des Beschwerdegegenstands 200 Euro übersteigt oder das Familiengericht die Beschwerde wegen der grundsätzlichen Bedeutung in dem Beschluss der zur Entscheidung stehenden Frage zugelassen hat. [2]§ 57 Abs. 3, 4 Satz 1, 2 und 4, Abs. 5, 7 und 8 ist entsprechend anzuwenden.

§ 61 Abhilfe bei Verletzung des Anspruchs auf rechtliches Gehör

(1) Auf die Rüge eines durch die Entscheidung beschwerten Beteiligten ist das Verfahren fortzuführen, wenn

1. ein Rechtsmittel oder ein anderer Rechtsbehelf gegen die Entscheidung nicht gegeben ist und
2. das Gericht den Anspruch dieses Beteiligten auf rechtliches Gehör in entscheidungserheblicher Weise verletzt hat.

(2) [1]Die Rüge ist innerhalb von zwei Wochen nach Kenntnis von der Verletzung des rechtlichen Gehörs zu erheben; der Zeitpunkt der Kenntniserlangung ist glaubhaft zu machen. [2]Nach Ablauf eines Jahres seit Bekanntmachung der angegriffenen Entscheidung kann die Rüge nicht mehr erhoben werden. [3]Formlos mitgeteilte Entscheidungen gelten mit dem dritten Tage nach Aufgabe zur Post als bekannt gemacht. [4]Die Rüge ist bei dem Gericht zu erheben, dessen Entscheidung angegriffen wird; § 57 Abs. 4 Satz 1 und 2 gilt entsprechend. [5]Die Rüge muss die angegriffene Entscheidung bezeichnen und das Vorliegen der in Absatz 1 Nr. 2 genannten Voraussetzungen darlegen.

(3) Den übrigen Beteiligten ist, soweit erforderlich, Gelegenheit zur Stellungnahme zu geben.

(4) [1]Das Gericht hat von Amts wegen zu prüfen, ob die Rüge an sich statthaft und ob sie in der gesetzlichen Form und Frist erhoben ist. [2]Mangelt es an einem dieser Erfordernisse, so ist die Rüge als unzulässig zu verwerfen. [3]Ist die Rüge unbegründet, weist das Gericht sie zurück. [4]Die Entscheidung ergeht durch unanfechtbaren Beschluss. [5]Der Beschluss soll kurz begründet werden.

(5) Ist die Rüge begründet, so hilft ihr das Gericht ab, indem es das Verfahren fortführt, soweit dies aufgrund der Rüge geboten ist.

(6) Kosten werden nicht erstattet.

Abschnitt 9: Schluss- und Übergangsvorschriften

§ 61a Verordnungsermächtigung

[1]Die Landesregierungen werden ermächtigt, durch Rechtsverordnung zu bestimmen, dass die von den Gerichten der Länder zu erhebenden Verfahrensgebühren in solchen Verfahren, die nur auf Antrag eingeleitet werden, über die im Kostenverzeichnis für den Fall der Zurücknahme des Antrags vorgesehene Ermäßigung hinaus weiter ermäßigt werden oder entfallen, wenn das gesamte Verfahren oder bei Verbundverfahren nach § 44 eine Folgesache nach einer Mediation oder nach einem anderen Verfahren der außergerichtlichen Konfliktbeilegung durch Zurücknahme des Antrags beendet wird und in der Antragsschrift mitgeteilt worden ist, dass eine Mediation oder ein anderes Verfahren der außergerichtlichen Konfliktbeilegung unternommen wird oder beabsichtigt ist, oder wenn das Gericht den Beteiligten die Durchführung einer Mediation oder eines anderen Verfahrens der außergerichtlichen Konfliktbeilegung vorgeschlagen hat. [2]Satz 1 gilt entsprechend für die im Beschwerdeverfahren von den Oberlandesgerichten zu erhebenden Verfahrensgebühren; an die Stelle der Antragsschrift tritt der Schriftsatz, mit dem die Beschwerde eingelegt worden ist.

§ 62 (aufgehoben)

§ 62a Bekanntmachung von Neufassungen

[1]Das Bundesministerium der Justiz und für Verbraucherschutz kann nach Änderungen den Wortlaut des Gesetzes feststellen und als Neufassung im Bundesgesetzblatt bekannt machen. [2]Die Bekanntmachung muss auf diese Vorschrift Bezug nehmen und angeben

1. den Stichtag, zu dem der Wortlaut festgestellt wird,
2. die Änderungen seit der letzten Veröffentlichung des vollständigen Wortlauts im Bundesgesetzblatt sowie
3. das Inkrafttreten der Änderungen.

14. Kostenverzeichnis zum Gesetz über Gerichtskosten in Familiensachen (FamGKG-KV)

Anlage 1
(zu § 3 Abs. 2)

Gliederung

		Unterabschnitt 1	Erster Rechtszug
		Unterabschnitt 2	Beschwerde gegen die Endentscheidung wegen des Hauptgegenstands
		Unterabschnitt 3	Rechtsbeschwerde gegen die Endentscheidung wegen des Hauptgegenstands
		Unterabschnitt 4	Zulassung der Sprungrechtsbeschwerde gegen die Endentscheidung wegen des Hauptgegenstands
Hauptabschnitt 4	**Einstweiliger Rechtsschutz**		
Abschnitt 1	Einstweilige Anordnung in Kindschaftssachen		
		Unterabschnitt 1	Erster Rechtszug
		Unterabschnitt 2	Beschwerde gegen die Endentscheidung wegen des Hauptgegenstands
Abschnitt 2	Einstweilige Anordnung in den übrigen Familiensachen, Arrest und Europäischer Beschluss zur vorläufigen Kontenpfändung		
		Unterabschnitt 1	Erster Rechtszug
		Unterabschnitt 2	Beschwerde gegen die Endentscheidung wegen des Hauptgegenstands
Hauptabschnitt 5	**Besondere Gebühren**		
Hauptabschnitt 6	**Vollstreckung**		
Hauptabschnitt 7	**Verfahren mit Auslandsbezug**		
Abschnitt 1	Erster Rechtszug		
Abschnitt 2	Abschnitt 2 Beschwerde und Rechtsbeschwerde gegen die Endentscheidung wegen des Hauptgegenstands		
Hauptabschnitt 8	**Rüge wegen Verletzung des Anspruchs auf rechtliches Gehör**		
Hauptabschnitt 9	**Rechtsmittel im Übrigen**		
Abschnitt 1	Sonstige Beschwerden		
Abschnitt 2	Sonstige Rechtsbeschwerden		
Abschnitt 3	Zulassung der Sprungrechtsbeschwerde in sonstigen Fällen		

Teil 2 Auslagen

Kostenverzeichnis Gesetz über Gerichtskosten in Familiensachen (FamGKG-KV)

Teil 1:
Gebühren

Nr.	Gebührentatbestand	Gebühr oder Satz der Gebühr nach § 28 FamGKG

Hauptabschnitt 1
Hauptsacheverfahren in Ehesachen einschließlich aller Folgesachen

Abschnitt 1
Erster Rechtszug

1110	Verfahren im Allgemeinen	2,0
1111	Beendigung des Verfahrens hinsichtlich der Ehesache oder einer Folgesache durch 1. Zurücknahme des Antrags a) vor dem Schluss der mündlichen Verhandlung, b) in den Fällen des § 128 Abs. 2 ZPO vor dem Zeitpunkt, der dem Schluss der mündlichen Verhandlung entspricht, c) im Fall des § 331 Abs. 3 ZPO vor Ablauf des Tages, an dem die Endentscheidung der Geschäftsstelle übermittelt wird, 2. Anerkenntnis- oder Verzichtsentscheidung oder Endentscheidung, die nach § 38 Abs. 4 Nr. 2 und 3 FamFG keine Begründung enthält oder nur deshalb eine Begründung enthält, weil zu erwarten ist, dass der Beschluss im Ausland geltend gemacht wird (§ 38 Abs. 5 Nr. 4 FamFG), mit Ausnahme der Endentscheidung in einer Scheidungssache, 3. gerichtlichen Vergleich oder 4. Erledigung in der Hauptsache, wenn keine Entscheidung über die Kosten ergeht oder die Entscheidung einer zuvor mitgeteilten Einigung über die Kostentragung oder einer Kostenübernahmeerklärung folgt, es sei denn, dass bereits eine andere Endentscheidung als eine der in Nummer 2 genannten Entscheidungen vorausgegangen ist: Die Gebühr 1110 ermäßigt sich auf	0,5
	(1) Wird im Verbund nicht das gesamte Verfahren beendet, ist auf die beendete Ehesache und auf eine oder mehrere beendete Folgesachen § 44 FamGKG anzuwenden und die Gebühr nur insoweit zu ermäßigen. (2) Die Vervollständigung einer ohne Begründung hergestellten Endentscheidung (§ 38 Abs. 6 FamFG) steht der Ermäßigung nicht entgegen.	

Nr.	Gebührentatbestand	Gebühr oder Satz der Gebühr nach § 28 FamGKG
	(3) Die Gebühr ermäßigt sich auch, wenn mehrere Ermäßigungstatbestände erfüllt sind.	

Abschnitt 2
Beschwerde gegen die Endentscheidung wegen des Hauptgegenstands

Vorbemerkung 1.1.2:

Dieser Abschnitt ist auch anzuwenden, wenn sich die Beschwerde auf eine Folgesache beschränkt.

Nr.	Gebührentatbestand	Gebühr oder Satz der Gebühr nach § 28 FamGKG
1120	Verfahren im Allgemeinen	3,0
1121	Beendigung des gesamten Verfahrens durch Zurücknahme der Beschwerde oder des Antrags, bevor die Schrift zur Begründung der Beschwerde bei Gericht eingegangen ist: Die Gebühr 1120 ermäßigt sich auf	0,5
	Die Erledigung in der Hauptsache steht der Zurücknahme gleich, wenn keine Entscheidung über die Kosten ergeht oder die Entscheidung einer zuvor mitgeteilten Einigung über die Kostentragung oder einer Kostenübernahmeerklärung folgt.	
1122	Beendigung des Verfahrens hinsichtlich der Ehesache oder einer Folgesache, wenn nicht Nummer 1121 erfüllt ist, durch 1. Zurücknahme der Beschwerde oder des Antrags a) vor dem Schluss der mündlichen Verhandlung oder, b) falls eine mündliche Verhandlung nicht stattfindet, vor Ablauf des Tages, an dem die Endentscheidung der Geschäftsstelle übermittelt wird, 2. Anerkenntnis- oder Verzichtsentscheidung, 3. gerichtlichen Vergleich oder 4. Erledigung in der Hauptsache, wenn keine Entscheidung über die Kosten ergeht oder die Entscheidung einer zuvor mitgeteilten Einigung über die Kostentragung oder einer Kostenübernahmeerklärung folgt, es sei denn, dass bereits eine andere als eine der in Nummer 2 genannten Endentscheidungen vorausgegangen ist: Die Gebühr 1120 ermäßigt sich auf	1,0
	(1) Wird im Verbund nicht das gesamte Verfahren beendet, ist auf die beendete Ehesache und auf eine oder mehrere beendete Folgesachen § 44 FamGKG anzuwenden und die Gebühr nur insoweit zu ermäßigen. (2) Die Gebühr ermäßigt sich auch, wenn mehrere Ermäßigungstatbestände erfüllt sind.	

Nr.	Gebührentatbestand	Gebühr oder Satz der Gebühr nach § 28 FamGKG

Abschnitt 3
Rechtsbeschwerde gegen die Endentscheidung wegen des Hauptgegenstands

Vorbemerkung 1.1.3:

Dieser Abschnitt ist auch anzuwenden, wenn sich die Rechtsbeschwerde auf eine Folgesache beschränkt.

Nr.	Gebührentatbestand	Gebühr oder Satz der Gebühr nach § 28 FamGKG
1130	Verfahren im Allgemeinen	4,0
1131	Beendigung des gesamten Verfahrens durch Zurücknahme der Rechtsbeschwerde oder des Antrags, bevor die Schrift zur Begründung der Rechtsbeschwerde bei Gericht eingegangen ist: Die Gebühr 1130 ermäßigt sich auf Die Erledigung in der Hauptsache steht der Zurücknahme gleich, wenn keine Entscheidung über die Kosten ergeht oder die Entscheidung einer zuvor mitgeteilten Einigung über die Kostentragung oder einer Kostenübernahmeerklärung folgt.	1,0
1132	Beendigung des Verfahrens hinsichtlich der Ehesache oder einer Folgesache durch Zurücknahme der Rechtsbeschwerde oder des Antrags vor Ablauf des Tages, an dem die Endentscheidung der Geschäftsstelle übermittelt wird, wenn nicht Nummer 1131 erfüllt ist: Die Gebühr 1130 ermäßigt sich auf Wird im Verbund nicht das gesamte Verfahren beendet, ist auf die beendete Ehesache und auf eine oder mehrere beendete Folgesachen § 44 FamGKG anzuwenden und die Gebühr nur insoweit zu ermäßigen.	2,0

Abschnitt 4
Zulassung der Sprungrechtsbeschwerde gegen die Endentscheidung wegen des Hauptgegenstands

Nr.	Gebührentatbestand	Gebühr oder Satz der Gebühr nach § 28 FamGKG
1140	Verfahren über die Zulassung der Sprungrechtsbeschwerde: Soweit der Antrag abgelehnt wird	1,0

Nr.	Gebührentatbestand	Gebühr oder Satz der Gebühr nach § 28 FamGKG

Hauptabschnitt 2
Hauptsacheverfahren in selbständigen Familienstreitsachen

Abschnitt 1
Vereinfachtes Verfahren über den Unterhalt Minderjähriger

Unterabschnitt 1
Erster Rechtszug

1210	Entscheidung über einen Antrag auf Festsetzung von Unterhalt nach § 249 Abs. 1 FamFG mit Ausnahme einer Festsetzung nach § 253 Abs. 1 Satz 2 FamFG	0,5

Unterabschnitt 2
Beschwerde gegen die Endentscheidung wegen des Hauptgegenstands

1211	Verfahren über die Beschwerde nach § 256 FamFG gegen die Festsetzung von Unterhalt im vereinfachten Verfahren .	1,0
1212	Beendigung des gesamten Verfahrens ohne Endentscheidung: Die Gebühr 1211 ermäßigt sich auf . . . . (1) Wenn die Entscheidung nicht durch Verlesen der Entscheidungsformel bekannt gegeben worden ist, ermäßigt sich die Gebühr auch im Fall der Zurücknahme der Beschwerde vor Ablauf des Tages, an dem die Endentscheidung der Geschäftsstelle übermittelt wird. (2) Eine Entscheidung über die Kosten steht der Ermäßigung nicht entgegen, wenn die Entscheidung einer zuvor mitgeteilten Einigung über die Kostentragung oder einer Kostenübernahmeerklärung folgt.	0,5

Unterabschnitt 3
Rechtsbeschwerde gegen die Endentscheidung wegen des Hauptgegenstands

1213	Verfahren im Allgemeinen	1,5
1214	Beendigung des gesamten Verfahrens durch Zurücknahme der Rechtsbeschwerde oder des Antrags, bevor die Schrift zur Begründung der Rechtsbeschwerde bei Gericht eingegangen ist: Die Gebühr 1213 ermäßigt sich auf	0,5
1215	Beendigung des gesamten Verfahrens durch Zurücknahme der Rechtsbeschwerde oder des Antrags vor Ablauf des Tages, an dem die Endentscheidung der Geschäftsstelle übermittelt wird, wenn nicht Nummer 1214 erfüllt ist: Die Gebühr 1213 ermäßigt sich auf	1,0

Nr.	Gebührentatbestand	Gebühr oder Satz der Gebühr nach § 28 FamGKG
	Unterabschnitt 4 Zulassung der Sprungrechtsbeschwerde gegen die Endentscheidung wegen des Hauptgegenstands	
1216	Verfahren über die Zulassung der Sprungrechtsbeschwerde: Soweit der Antrag abgelehnt wird	0,5
	Abschnitt 2 ***Verfahren im Übrigen***	
	Unterabschnitt 1 Erster Rechtszug	
1220	Verfahren im Allgemeinen . . . . Soweit wegen desselben Verfahrensgegenstands ein Mahnverfahren vorausgegangen ist, entsteht die Gebühr mit dem Eingang der Akten beim Familiengericht, an das der Rechtsstreit nach Erhebung des Widerspruchs oder Einlegung des Einspruchs abgegeben wird; in diesem Fall wird eine Gebühr 1100 des Kostenverzeichnisses zum GKG nach dem Wert des Verfahrensgegenstands angerechnet, der in das Streitverfahren übergegangen ist.	3,0
1221	Beendigung des gesamten Verfahrens durch 1. Zurücknahme des Antrags a) vor dem Schluss der mündlichen Verhandlung, b) in den Fällen des § 128 Abs. 2 ZPO vor dem Zeitpunkt, der dem Schluss der mündlichen Verhandlung entspricht, c) im Fall des § 331 Abs. 3 ZPO vor Ablauf des Tages, an dem die Endentscheidung der Geschäftsstelle übermittelt wird, wenn keine Entscheidung nach § 269 Abs. 3 Satz 3 ZPO über die Kosten ergeht oder die Entscheidung einer zuvor mitgeteilten Einigung über die Kostentragung oder einer Kostenübernahmeerklärung folgt, 2. Anerkenntnis- oder Verzichtsentscheidung oder Endentscheidung, die nach § 38 Abs. 4 Nr. 2 oder 3 FamFG keine Begründung enthält oder nur deshalb eine Begründung enthält, weil zu erwarten ist, dass der Beschluss im Ausland geltend gemacht wird (§ 38 Abs. 5 Nr. 4 FamFG), 3. gerichtlichen Vergleich oder 4. Erledigung in der Hauptsache, wenn keine Entscheidung über die Kosten ergeht oder die Entscheidung ei-	

Nr.	Gebührentatbestand	Gebühr oder Satz der Gebühr nach § 28 FamGKG
	ner zuvor mitgeteilten Einigung über die Kostentragung oder einer Kostenübernahmeerklärung folgt, es sei denn, dass bereits eine andere Endentscheidung als eine der in Nummer 2 genannten Entscheidungen vorausgegangen ist: Die Gebühr 1220 ermäßigt sich auf	1,0
	(1) Die Zurücknahme des Antrags auf Durchführung des streitigen Verfahrens (§ 696 Abs. 1 ZPO), des Widerspruchs gegen den Mahnbescheid oder des Einspruchs gegen den Vollstreckungsbescheid stehen der Zurücknahme des Antrags (Nummer 1) gleich. (2) Die Vervollständigung einer ohne Begründung hergestellten Endentscheidung (§ 38 Abs. 6 FamFG) steht der Ermäßigung nicht entgegen. (3) Die Gebühr ermäßigt sich auch, wenn mehrere Ermäßigungstatbestände erfüllt sind.	
	Unterabschnitt 2 Beschwerde gegen die Endentscheidung wegen des Hauptgegenstands	
1222	Verfahren im Allgemeinen	4,0
1223	Beendigung des gesamten Verfahrens durch Zurücknahme der Beschwerde oder des Antrags, bevor die Schrift zur Begründung der Beschwerde bei Gericht eingegangen ist: Die Gebühr 1222 ermäßigt sich auf	1,0
	Die Erledigung in der Hauptsache steht der Zurücknahme gleich, wenn keine Entscheidung über die Kosten ergeht oder die Entscheidung einer zuvor mitgeteilten Einigung über die Kostentragung oder einer Kostenübernahmeerklärung folgt.	
1224	Beendigung des gesamten Verfahrens, wenn nicht Nummer 1223 erfüllt ist, durch 1. Zurücknahme der Beschwerde oder des Antrags a) vor dem Schluss der mündlichen Verhandlung oder, b) falls eine mündliche Verhandlung nicht stattfindet, vor Ablauf des Tages, an dem die Endentscheidung der Geschäftsstelle übermittelt wird, 2. Anerkenntnis- oder Verzichtsentscheidung, 3. gerichtlichen Vergleich oder 4. Erledigung in der Hauptsache, wenn keine Entscheidung über die Kosten ergeht oder die Entscheidung einer zuvor mitgeteilten Einigung über die Kostentragung oder einer Kostenübernahmeerklärung folgt,	

Nr.	Gebührentatbestand	Gebühr oder Satz der Gebühr nach § 28 FamGKG
	es sei denn, dass bereits eine andere Endentscheidung als eine der in Nummer 2 genannten Entscheidungen vorausgegangen ist: Die Gebühr 1222 ermäßigt sich auf	2,0
	Die Gebühr ermäßigt sich auch, wenn mehrere Ermäßigungstatbestände erfüllt sind.	
	Unterabschnitt 3 **Rechtsbeschwerde gegen die Endentscheidung wegen des Hauptgegenstands**	
1225	Verfahren im Allgemeinen	5,0
1226	Beendigung des gesamten Verfahrens durch Zurücknahme der Rechtsbeschwerde oder des Antrags, bevor die Schrift zur Begründung der Rechtsbeschwerde bei Gericht eingegangen ist: Die Gebühr 1225 ermäßigt sich auf	1,0
	Die Erledigung in der Hauptsache steht der Zurücknahme gleich, wenn keine Entscheidung über die Kosten ergeht oder die Entscheidung einer zuvor mitgeteilten Einigung über die Kostentragung oder einer Kostenübernahmeerklärung folgt.	
1227	Beendigung des gesamten Verfahrens durch Zurücknahme der Rechtsbeschwerde oder des Antrags vor Ablauf des Tages, an dem die Endentscheidung der Geschäftsstelle übermittelt wird, wenn nicht Nummer 1226 erfüllt ist: Die Gebühr 1225 ermäßigt sich auf	3,0
	Unterabschnitt 4 **Zulassung der Sprungrechtsbeschwerde gegen die Endentscheidung wegen des Hauptgegenstands**	
1228	Verfahren über die Zulassung der Sprungrechtsbeschwerde: Soweit der Antrag abgelehnt wird	1,5
1229	Verfahren über die Zulassung der Sprungrechtsbeschwerde: Soweit der Antrag zurückgenommen oder das Verfahren durch anderweitige Erledigung beendet wird	1,0
	Die Gebühr entsteht nicht, soweit die Sprungrechtsbeschwerde zugelassen wird.	

Nr.	Gebührentatbestand	Gebühr oder Satz der Gebühr nach § 28 FamGKG

Hauptabschnitt 3
Hauptsacheverfahren in selbständigen Familiensachen der freiwilligen Gerichtsbarkeit

Abschnitt 1
Kindschaftssachen

Vorbemerkung 1.3.1:

(1) Keine Gebühren werden erhoben für

1. die Pflegschaft für eine Leibesfrucht,
2. Kindschaftssachen nach § 151 Nr. 6 und 7 FamFG und
3. ein Verfahren, das Aufgaben nach dem Jugendgerichtsgesetz betrifft.

(2) Von dem Minderjährigen werden Gebühren nach diesem Abschnitt nur erhoben, wenn zum Zeitpunkt der Fälligkeit der jeweiligen Gebühr sein Vermögen nach Abzug der Verbindlichkeiten mehr als 25 000 € beträgt; der in § 90 Abs. 2 Nr. 8 des Zwölften Buches Sozialgesetzbuch genannte Vermögenswert wird nicht mitgerechnet.

Unterabschnitt 1
Verfahren vor dem Familiengericht

Nr.	Gebührentatbestand	Gebühr oder Satz der Gebühr nach § 28 FamGKG
1310	Verfahren im Allgemeinen . . . . (1) Die Gebühr entsteht nicht für Verfahren, 1. die in den Rahmen einer Vormundschaft oder Pflegschaft fallen, 2. für die die Gebühr 1313 entsteht oder 3. die mit der Anordnung einer Pflegschaft enden. (2) Für die Umgangspflegschaft werden neben der Gebühr für das Verfahren, in dem diese angeordnet wird, keine besonderen Gebühren erhoben.	0,5
1311	Jahresgebühr für jedes angefangene Kalenderjahr bei einer Vormundschaft oder Dauerpflegschaft, wenn nicht Nummer 1312 anzuwenden ist . . . . (1) Für die Gebühr wird das Vermögen des von der Maßnahme betroffenen Minderjährigen nur berücksichtigt, soweit es nach Abzug der Verbindlichkeiten mehr als 25 000 € beträgt; der in § 90 Abs. 2 Nr. 8 des Zwölften Buches Sozialgesetzbuch genannte Vermögenswert wird nicht mitgerechnet. Ist Gegenstand der Maßnahme ein Teil des Vermögens, ist höchstens dieser Teil des Vermögens zu berücksichtigen.	5,00 € je angefangene 5 000,00 € des zu berücksichtigenden Vermögens – mindestens 50,00 €

Nr.	Gebührentatbestand	Gebühr oder Satz der Gebühr nach § 28 FamGKG
	(2) Für das bei Anordnung der Maßnahme oder bei der ersten Tätigkeit des Familiengerichts nach Eintritt der Vormundschaft laufende und das folgende Kalenderjahr wird nur eine Jahresgebühr erhoben. (3) Erstreckt sich eine Maßnahme auf mehrere Minderjährige, wird die Gebühr für jeden Minderjährigen besonders erhoben. (4) Geht eine Pflegschaft in eine Vormundschaft über, handelt es sich um ein einheitliches Verfahren. (5) Dauert die Vormundschaft oder Dauerpflegschaft nicht länger als drei Monate, beträgt die Gebühr abweichend von dem in der Gebührenspalte bestimmten Mindestbetrag 100,00 €.	
1312	Jahresgebühr für jedes angefangene Kalenderjahr bei einer Dauerpflegschaft, die nicht unmittelbar das Vermögen oder Teile des Vermögens zum Gegenstand hat	200,00 € – höchstens eine Gebühr 1311
	Dauert die Dauerpflegschaft nicht länger als drei Monate, beträgt die Gebühr abweichend von dem in der Gebührenspalte bestimmten Mindestbetrag 100,00 €.	
1313	Verfahren im Allgemeinen bei einer Pflegschaft für einzelne Rechtshandlungen	0,5 – höchstens eine Gebühr 1311
	(1) Bei einer Pflegschaft für mehrere Minderjährige wird die Gebühr nur einmal aus dem zusammengerechneten Wert erhoben. Minderjährige, von denen nach Vorbemerkung 1.3.1 Abs. 2 keine Gebühr zu erheben ist, sind nicht zu berücksichtigen. Höchstgebühr ist die Summe der für alle zu berücksichtigenden Minderjährigen jeweils maßgebenden Gebühr 1311. (2) Als Höchstgebühr ist die Gebühr 1311 in der Höhe zugrunde zu legen, in der sie bei einer Vormundschaft entstehen würde. Absatz 5 der Anmerkung zu Nummer 1311 ist nicht anzuwenden. (3) Die Gebühr wird nicht erhoben, wenn für den Minderjährigen eine Vormundschaft oder eine Dauerpflegschaft, die sich auf denselben Gegenstand bezieht, besteht.	
	Unterabschnitt 2 Beschwerde gegen die Endentscheidung wegen des Hauptgegenstands	
1314	Verfahren im Allgemeinen	1,0
1315	Beendigung des gesamten Verfahrens ohne Endentscheidung: Die Gebühr 1314 ermäßigt sich auf	0,5
	(1) Wenn die Entscheidung nicht durch Verlesen der Entscheidungsformel bekannt gegeben worden ist, ermäßigt sich die Gebühr auch im Fall der Zurücknahme der Beschwerde vor Ablauf des Tages, an dem die Endentscheidung der Geschäftsstelle übermittelt wird.	

Nr.	Gebührentatbestand	Gebühr oder Satz der Gebühr nach § 28 FamGKG
	(2) Eine Entscheidung über die Kosten steht der Ermäßigung nicht entgegen, wenn die Entscheidung einer zuvor mitgeteilten Einigung über die Kostentragung oder einer Kostenübernahmeerklärung folgt. (3) Die Billigung eines gerichtlichen Vergleichs (§ 156 Abs. 2 FamFG) steht der Ermäßigung nicht entgegen.	
	Unterabschnitt 3 Rechtsbeschwerde gegen die Endentscheidung wegen des Hauptgegenstands	
1316	Verfahren im Allgemeinen	1,5
1317	Beendigung des gesamten Verfahrens durch Zurücknahme der Rechtsbeschwerde oder des Antrags, bevor die Schrift zur Begründung der Beschwerde bei Gericht eingegangen ist: Die Gebühr 1316 ermäßigt sich auf	0,5
1318	Beendigung des gesamten Verfahrens durch Zurücknahme der Rechtsbeschwerde oder des Antrags vor Ablauf des Tages, an dem die Endentscheidung der Geschäftsstelle übermittelt wird, wenn nicht Nummer 1317 erfüllt ist: Die Gebühr 1316 ermäßigt sich auf	1,0
	Unterabschnitt 4 Zulassung der Sprungrechtsbeschwerde gegen die Endentscheidung wegen des Hauptgegenstands	
1319	Verfahren über die Zulassung der Sprungrechtsbeschwerde: Soweit der Antrag abgelehnt wird	0,5

Abschnitt 2
Übrige Familiensachen der freiwilligen Gerichtsbarkeit

Vorbemerkung 1.3.2:

(1) Dieser Abschnitt gilt für

1. Abstammungssachen,
2. Adoptionssachen, die einen Volljährigen betreffen,
3. Ehewohnungs- und Haushaltssachen,
4. Gewaltschutzsachen,
5. Versorgungsausgleichssachen sowie
6. Unterhaltssachen, Güterrechtssachen und sonstige Familiensachen (§ 111 Nr. 10 FamFG), die nicht Familienstreitsachen sind.

(2) In Adoptionssachen werden für Verfahren auf Ersetzung der Einwilligung zur Annahme als Kind neben den Gebühren für das Verfahren über die Annahme als Kind keine Gebühren erhoben.

(3) Für Verfahren über Bescheinigungen nach Abschnitt 3 Unterabschnitt 2 EUGewSchVG bestimmen sich die Gebühren nach Teil 1 Hauptabschnitt 7.

Nr.	Gebührentatbestand	Gebühr oder Satz der Gebühr nach § 28 FamGKG
	Unterabschnitt 1 Erster Rechtszug	
1320	Verfahren im Allgemeinen	2,0
1321	Beendigung des gesamten Verfahrens 1. ohne Endentscheidung, 2. durch Zurücknahme des Antrags vor Ablauf des Tages, an dem die Endentscheidung der Geschäftsstelle übermittelt wird, wenn die Entscheidung nicht bereits durch Verlesen der Entscheidungsformel bekannt gegeben worden ist, oder 3. wenn die Endentscheidung keine Begründung enthält oder nur deshalb eine Begründung enthält, weil zu erwarten ist, dass der Beschluss im Ausland geltend gemacht wird (§ 38 Abs. 5 Nr. 4 FamFG): Die Gebühr 1320 ermäßigt sich auf	0,5
	(1) Die Vervollständigung einer ohne Begründung hergestellten Endentscheidung (§ 38 Abs. 6 FamFG) steht der Ermäßigung nicht entgegen. (2) Die Gebühr ermäßigt sich auch, wenn mehrere Ermäßigungstatbestände erfüllt sind.	
	Unterabschnitt 2 Beschwerde gegen die Endentscheidung wegen des Hauptgegenstands	
1322	Verfahren im Allgemeinen	3,0
1323	Beendigung des gesamten Verfahrens durch Zurücknahme der Beschwerde oder des Antrags, bevor die Schrift zur Begründung der Beschwerde bei Gericht eingegangen ist: Die Gebühr 1322 ermäßigt sich auf	0,5
1324	Beendigung des gesamten Verfahrens ohne Endentscheidung, wenn nicht Nummer 1323 erfüllt ist: Die Gebühr 1322 ermäßigt sich auf	1,0
	(1) Wenn die Entscheidung nicht durch Verlesen der Entscheidungsformel bekannt gegeben worden ist, ermäßigt sich die Gebühr auch im Fall der Zurücknahme der Beschwerde vor Ablauf des Tages, an dem die Endentscheidung der Geschäftsstelle übermittelt wird. (2) Eine Entscheidung über die Kosten steht der Ermäßigung nicht entgegen, wenn die Entscheidung einer zuvor mitgeteilten Einigung über die Kostentragung oder einer Kostenübernahmeerklärung folgt.	

Nr.	Gebührentatbestand	Gebühr oder Satz der Gebühr nach § 28 FamGKG
	Unterabschnitt 3 Rechtsbeschwerde gegen die Endentscheidung wegen des Hauptgegenstands	
1325	Verfahren im Allgemeinen	4,0
1326	Beendigung des gesamten Verfahrens durch Zurücknahme der Rechtsbeschwerde oder des Antrags, bevor die Schrift zur Begründung der Rechtsbeschwerde bei Gericht eingegangen ist: Die Gebühr 1325 ermäßigt sich auf	1,0
1327	Beendigung des gesamten Verfahrens durch Zurücknahme der Rechtsbeschwerde oder des Antrags vor Ablauf des Tages, an dem die Endentscheidung der Geschäftsstelle übermittelt wird, wenn nicht Nummer 1326 erfüllt ist: Die Gebühr 1325 ermäßigt sich auf	2,0
	Unterabschnitt 4 Zulassung der Sprungrechtsbeschwerde gegen die Endentscheidung wegen des Hauptgegenstands	
1328	Verfahren über die Zulassung der Sprungrechtsbeschwerde: Soweit der Antrag abgelehnt wird	1,0

Hauptabschnitt 4
Einstweiliger Rechtsschutz

Vorbemerkung 1.4:

(1) Im Verfahren zur Erwirkung eines Europäischen Beschlusses zur vorläufigen Kontenpfändung werden Gebühren nach diesem Hauptabschnitt nur im Fall des Artikels 5 Buchstabe a der Verordnung (EU) Nr. 655/2014 erhoben. In den Fällen des Artikels 5 Buchstabe b der Verordnung (EU) Nr. 655/2014 bestimmen sich die Gebühren nach den für die Zwangsvollstreckung geltenden Vorschriften des GKG.

(2) Im Verfahren auf Erlass einer einstweiligen Anordnung und über deren Aufhebung oder Änderung werden die Gebühren nur einmal erhoben. Dies gilt entsprechend im Arrestverfahren und im Verfahren nach der Verordnung (EU) Nr. 655/2014.

Abschnitt 1
Einstweilige Anordnung in Kindschaftssachen

Nr.	Gebührentatbestand	Gebühr oder Satz der Gebühr nach § 28 FamGKG
	Unterabschnitt 1 Erster Rechtszug	
1410	Verfahren im Allgemeinen Die Gebühr entsteht nicht für Verfahren, die in den Rahmen einer Vormundschaft oder Pflegschaft fallen, und für Verfahren, die eine Kindschaftssache nach § 151 Nr. 6 und 7 FamFG betreffen.	0,3

Nr.	Gebührentatbestand	Gebühr oder Satz der Gebühr nach § 28 FamGKG
	Unterabschnitt 2 Beschwerde gegen die Endentscheidung wegen des Hauptgegenstands	
1411	Verfahren im Allgemeinen	0,5
1412	Beendigung des gesamten Verfahrens ohne Endentscheidung: Die Gebühr 1411 ermäßigt sich auf (1) Wenn die Entscheidung nicht durch Verlesen der Entscheidungsformel bekannt gegeben worden ist, ermäßigt sich die Gebühr auch im Fall der Zurücknahme der Beschwerde vor Ablauf des Tages, an dem die Endentscheidung der Geschäftsstelle übermittelt wird. (2) Eine Entscheidung über die Kosten steht der Ermäßigung nicht entgegen, wenn die Entscheidung einer zuvor mitgeteilten Einigung über die Kostentragung oder einer Kostenübernahmeerklärung folgt.	0,3

Abschnitt 2
Einstweilige Anordnung in den übrigen Familiensachen, Arrest und Europäischer Beschluss zur vorläufigen Kontenpfändung

Vorbemerkung 1.4.2:
Dieser Abschnitt gilt für Familienstreitsachen und die in Vorbemerkung 1.3.2 genannten Verfahren.

Nr.	Gebührentatbestand	Gebühr oder Satz der Gebühr nach § 28 FamGKG
	Unterabschnitt 1 Erster Rechtszug	
1420	Verfahren im Allgemeinen	1,5
1421	Beendigung des gesamten Verfahrens ohne Endentscheidung: Die Gebühr 1420 ermäßigt sich auf (1) Wenn die Entscheidung nicht durch Verlesen der Entscheidungsformel bekannt gegeben worden ist, ermäßigt sich die Gebühr auch im Fall der Zurücknahme des Antrags vor Ablauf des Tages, an dem die Endentscheidung der Geschäftsstelle übermittelt wird. (2) Eine Entscheidung über die Kosten steht der Ermäßigung nicht entgegen, wenn die Entscheidung einer zuvor mitgeteilten Einigung über die Kostentragung oder einer Kostenübernahmeerklärung folgt.	0,5
	Unterabschnitt 2 Beschwerde gegen die Endentscheidung wegen des Hauptgegenstands	
1422	Verfahren im Allgemeinen	2,0

Nr.	Gebührentatbestand	Gebühr oder Satz der Gebühr nach § 28 FamGKG
1423	Beendigung des gesamten Verfahrens durch Zurücknahme der Beschwerde oder des Antrags, bevor die Schrift zur Begründung der Beschwerde bei Gericht eingegangen ist: Die Gebühr 1422 ermäßigt sich auf	0,5
1424	Beendigung des gesamten Verfahrens ohne Endentscheidung, wenn nicht Nummer 1423 erfüllt ist: Die Gebühr 1422 ermäßigt sich auf	1,0
	(1) Wenn die Entscheidung nicht durch Verlesen der Entscheidungsformel bekannt gegeben worden ist, ermäßigt sich die Gebühr auch im Fall der Zurücknahme der Beschwerde vor Ablauf des Tages, an dem die Endentscheidung der Geschäftsstelle übermittelt wird. (2) Eine Entscheidung über die Kosten steht der Ermäßigung nicht entgegen, wenn die Entscheidung einer zuvor mitgeteilten Einigung über die Kostentragung oder einer Kostenübernahmeerklärung folgt.	
	Hauptabschnitt 5 **Besondere Gebühren**	
1500	Abschluss eines gerichtlichen Vergleichs: Soweit ein Vergleich über nicht gerichtlich anhängige Gegenstände geschlossen wird	0,25
	Die Gebühr entsteht nicht im Verfahren über die Verfahrenskostenhilfe. Im Verhältnis zur Gebühr für das Verfahren im Allgemeinen ist § 30 Abs. 3 FamGKG entsprechend anzuwenden.	
1501	Auferlegung einer Gebühr nach § 32 FamGKG wegen Verzögerung des Verfahrens	wie vom Gericht bestimmt
1502	Anordnung von Zwangsmaßnahmen durch Beschluss nach § 35 FamFG: je Anordnung	22,00 €
1503	Selbständiges Beweisverfahren.	1,0

Hauptabschnitt 6
Vollstreckung

Vorbemerkung 1.6:

Die Vorschriften dieses Hauptabschnitts gelten für die Vollstreckung nach Buch 1 Abschnitt 8 des FamFG, soweit das Familiengericht zuständig ist. Für Handlungen durch das Vollstreckungs- oder Arrestgericht werden Gebühren nach dem GKG erhoben.

1600	Verfahren über den Antrag auf Erteilung einer weiteren vollstreckbaren Ausfertigung (§ 733 ZPO)	22,00 €
	Die Gebühr wird für jede weitere vollstreckbare Ausfertigung gesondert erhoben. Sind wegen desselben Anspruchs in einem Mahn-	

Nr.	Gebührentatbestand	Gebühr oder Satz der Gebühr nach § 28 FamGKG
	verfahren gegen mehrere Personen gesonderte Vollstreckungsbescheide erlassen worden und werden hiervon gleichzeitig mehrere weitere vollstreckbare Ausfertigungen beantragt, wird die Gebühr nur einmal erhoben.	
1601	Anordnung der Vornahme einer vertretbaren Handlung durch einen Dritten	22,00 €
1602	Anordnung von Zwangs- oder Ordnungsmitteln: je Anordnung	22,00 €
	Mehrere Anordnungen gelten als eine Anordnung, wenn sie dieselbe Verpflichtung betreffen. Dies gilt nicht, wenn Gegenstand der Verpflichtung die wiederholte Vornahme einer Handlung oder eine Unterlassung ist.	
1603	Verfahren zur Abnahme einer eidesstattlichen Versicherung (§ 94 FamFG)	35,00 €
	Die Gebühr entsteht mit der Anordnung des Gerichts, dass der Verpflichtete eine eidesstattliche Versicherung abzugeben hat, oder mit dem Eingang des Antrags des Berechtigten.	

Hauptabschnitt 7
Verfahren mit Auslandsbezug

Vorbemerkung 1.7:

In Verfahren nach dem EuGewSchVG, mit Ausnahme der Verfahren über Bescheinigungen nach Abschnitt 3 Unterabschnitt 2 EUGewSchVG, bestimmen sich die Gebühren nach Teil 1 Hauptabschnitt 3 Abschnitt 2.

Abschnitt 1
Erster Rechtszug

Nr.	Gebührentatbestand	Gebühr
1710	Verfahren über Anträge auf 1. Erlass einer gerichtlichen Anordnung auf Rückgabe des Kindes oder über das Recht zum persönlichen Umgang nach dem IntFamRVG, 2. Vollstreckbarerklärung ausländischer Titel, 3. Feststellung, ob die ausländische Entscheidung anzuerkennen ist, einschließlich der Anordnungen nach § 33 IntFamRVG zur Wiederherstellung des Sorgeverhältnisses, 4. Erteilung der Vollstreckungsklausel zu ausländischen Titeln und 5. Aufhebung oder Abänderung von Entscheidungen in den in den Nummern 2 bis 4 genannten Verfahren	264,00 €

Nr.	Gebührentatbestand	Gebühr oder Satz der Gebühr nach § 28 FamGKG
1711	Verfahren über den Antrag auf Ausstellung einer Bescheinigung nach § 57 AVAG, § 48 IntFamRVG, § 14 EU-GewSchVG oder § 27 IntGüRVG oder auf Ausstellung des Formblatts oder der Bescheinigung nach § 71 Abs. 1 AUG .	17,00 €
1712	Verfahren über den Antrag auf Ausstellung einer Bestätigung nach § 1079 ZPO	22,00 €
1713	Verfahren nach 1. § 3 Abs. 2 des Gesetzes zur Ausführung des Vertrags zwischen der Bundesrepublik Deutschland und der Republik Österreich vom 6. Juni 1959 über die gegenseitige Anerkennung und Vollstreckung von gerichtlichen Entscheidungen, Vergleichen und öffentlichen Urkunden in Zivil- und Handelssachen in der im Bundesgesetzblatt Teil III, Gliederungsnummer 319–12, veröffentlichten bereinigten Fassung, das zuletzt durch Artikel 23 des Gesetzes vom 27. Juli 2001 (BGBl. I S. 1887) geändert worden ist, und 2. § 34 Abs. 1 AUG	66,00 €
1714	Verfahren über den Antrag nach § 107 Abs. 5, 6 und 8, § 108 Abs. 2 FamFG: Der Antrag wird zurückgewiesen	264,00 €
1715	Beendigung des gesamten Verfahrens durch Zurücknahme des Antrags vor Ablauf des Tages, an dem die Endentscheidung der Geschäftsstelle übermittelt wird, wenn die Entscheidung nicht bereits durch Verlesen der Entscheidungsformel bekannt gegeben worden ist: Die Gebühr 1710 oder 1714 ermäßigt sich auf.	99,00 €

Abschnitt 2
Beschwerde und Rechtsbeschwerde gegen die Endentscheidung wegen des Hauptgegenstands

Nr.	Gebührentatbestand	Gebühr oder Satz der Gebühr nach § 28 FamGKG
1720	Verfahren über die Beschwerde oder Rechtsbeschwerde in den in den Nummern 1710, 1713 und 1714 genannten Verfahren	396,00 €
1721	Beendigung des gesamten Verfahrens durch Zurücknahme der Beschwerde, der Rechtsbeschwerde oder des Antrags, bevor die Schrift zur Begründung des Rechtsmittels bei Gericht eingegangen ist: Die Gebühr 1720 ermäßigt sich auf	99,00 €
1722	Beendigung des gesamten Verfahrens ohne Endentscheidung, wenn nicht Nummer 1721 erfüllt ist: Die Gebühr 1720 ermäßigt sich auf	198,00 €

Nr.	Gebührentatbestand	Gebühr oder Satz der Gebühr nach § 28 FamGKG
	(1) Wenn die Entscheidung nicht durch Verlesen der Entscheidungsformel bekannt gegeben worden ist, ermäßigt sich die Gebühr auch im Fall der Zurücknahme der Beschwerde oder der Rechtsbeschwerde vor Ablauf des Tages, an dem die Endentscheidung der Geschäftsstelle übermittelt wird. (2) Eine Entscheidung über die Kosten steht der Ermäßigung nicht entgegen, wenn die Entscheidung einer zuvor mitgeteilten Einigung über die Kostentragung oder einer Kostenübernahmeerklärung folgt.	
1723	Verfahren über die Beschwerde in 1. den in den Nummern 1711 und 1712 genannten Verfahren, 2. Verfahren nach § 245 FamFG oder 3. Verfahren über die Berichtigung oder den Widerruf einer Bestätigung nach § 1079 ZPO: Die Beschwerde wird verworfen oder zurückgewiesen	66,00 €
	Hauptabschnitt 8 **Rüge wegen Verletzung des Anspruchs auf rechtliches Gehör**	
1800	Verfahren über die Rüge wegen Verletzung des Anspruchs auf rechtliches Gehör (§§ 44, 113 Abs. 1 Satz 2 FamFG, § 321a ZPO): Die Rüge wird in vollem Umfang verworfen oder zurückgewiesen.	66,00 €
	Hauptabschnitt 9 **Rechtsmittel im Übrigen**	
	Abschnitt 1 ***Sonstige Beschwerden***	
1910	Verfahren über die Beschwerde in den Fällen des § 71 Abs. 2, § 91a Abs. 2, § 99 Abs. 2, § 269 Abs. 5 oder § 494a Abs. 2 Satz 2 ZPO	99,00 €
1911	Beendigung des gesamten Verfahrens ohne Endentscheidung: Die Gebühr 1910 ermäßigt sich auf	66,00 €
	(1) Wenn die Entscheidung nicht durch Verlesen der Entscheidungsformel bekannt gegeben worden ist, ermäßigt sich die Gebühr auch im Fall der Zurücknahme der Beschwerde vor Ablauf des Tages, an dem die Endentscheidung der Geschäftsstelle übermittelt wird. (2) Eine Entscheidung über die Kosten steht der Ermäßigung nicht entgegen, wenn die Entscheidung einer zuvor mitgeteilten Einigung über die Kostentragung oder einer Kostenübernahmeerklärung folgt.	

Nr.	Gebührentatbestand	Gebühr oder Satz der Gebühr nach § 28 FamGKG
1912	Verfahren über eine nicht besonders aufgeführte Beschwerde, die nicht nach anderen Vorschriften gebührenfrei ist: Die Beschwerde wird verworfen oder zurückgewiesen	66,00 €
	Wird die Beschwerde nur teilweise verworfen oder zurückgewiesen, kann das Gericht die Gebühr nach billigem Ermessen auf die Hälfte ermäßigen oder bestimmen, dass eine Gebühr nicht zu erheben ist.	
	Abschnitt 2 ***Sonstige Rechtsbeschwerden***	
1920	Verfahren über die Rechtsbeschwerde in den Fällen des § 71 Abs. 1, § 91a Abs. 1, § 99 Abs. 2, § 269 Abs. 4 oder § 494a Abs. 2 Satz 2 ZPO	198,00 €
1921	Beendigung des gesamten Verfahrens durch Zurücknahme der Rechtsbeschwerde oder des Antrags, bevor die Schrift zur Begründung der Rechtsbeschwerde bei Gericht eingegangen ist: Die Gebühr 1920 ermäßigt sich auf	66,00 €
1922	Beendigung des gesamten Verfahrens durch Zurücknahme der Rechtsbeschwerde oder des Antrags vor Ablauf des Tages, an dem die Endentscheidung der Geschäftsstelle übermittelt wird, wenn nicht Nummer 1921 erfüllt ist: Die Gebühr 1920 ermäßigt sich auf	99,00 €
1923	Verfahren über eine nicht besonders aufgeführte Rechtsbeschwerde, die nicht nach anderen Vorschriften gebührenfrei ist: Die Rechtsbeschwerde wird verworfen oder zurückgewiesen	132,00 €
	Wird die Rechtsbeschwerde nur teilweise verworfen oder zurückgewiesen, kann das Gericht die Gebühr nach billigem Ermessen auf die Hälfte ermäßigen oder bestimmen, dass eine Gebühr nicht zu erheben ist.	
1924	Verfahren über die in Nummer 1923 genannten Rechtsbeschwerden: Beendigung des gesamten Verfahrens durch Zurücknahme der Rechtsbeschwerde oder des Antrags vor Ablauf des Tages, an dem die Endentscheidung der Geschäftsstelle übermittelt wird	66,00 €
	Abschnitt 3 ***Zulassung der Sprungrechtsbeschwerde in sonstigen Fällen***	
1930	Verfahren über die Zulassung der Sprungrechtsbeschwerde in den nicht besonders aufgeführten Fällen: Wenn der Antrag abgelehnt wird	66,00 €

Teil 2:
Auslagen

Nr.	Auslagentatbestand	Höhe

Vorbemerkung 2:

(1) Auslagen, die durch eine für begründet befundene Beschwerde entstanden sind, werden nicht erhoben, soweit das Beschwerdeverfahren gebührenfrei ist; dies gilt jedoch nicht, soweit das Beschwerdegericht die Kosten dem Gegner des Beschwerdeführers auferlegt hat.

(2) Sind Auslagen durch verschiedene Rechtssachen veranlasst, werden sie auf die mehreren Rechtssachen angemessen verteilt.

(3) In Kindschaftssachen werden von dem Minderjährigen Auslagen nur unter den in Vorbemerkung 1.3.1 Abs. 2 genannten Voraussetzungen erhoben. In den in Vorbemerkung 1.3.1 Abs. 1 genannten Verfahren werden keine Auslagen erhoben; für Kindschaftssachen nach § 151 Nr. 6 und 7 FamFG gilt dies auch im Verfahren über den Erlass einer einstweiligen Anordnung. Die Sätze 1 und 2 gelten nicht für die Auslagen 2013.

(4) Bei Handlungen durch das Vollstreckungs- oder Arrestgericht werden Auslagen nach dem GKG erhoben.

2000 Pauschale für die Herstellung und Überlassung von Dokumenten:

1. Ausfertigungen, Kopien und Ausdrucke bis zur Größe von DIN A3, die
   a) auf Antrag angefertigt oder auf Antrag per Telefax übermittelt worden sind oder
   b) angefertigt worden sind, weil die Partei oder ein Beteiligter es unterlassen hat, die erforderliche Zahl von Mehrfertigungen beizufügen; der Anfertigung steht es gleich, wenn per Telefax übermittelte Mehrfertigungen von der Empfangseinrichtung des Gerichts ausgedruckt werden:

für die ersten 50 Seiten je Seite	0,50 €
für jede weitere Seite	0,15 €
für die ersten 50 Seiten in Farbe je Seite	1,00 €
für jede weitere Seite in Farbe	0,30 €

2. Entgelte für die Herstellung und Überlassung der in Nummer 1 genannten Kopien oder Ausdrucke in einer Größe von mehr als DIN A3 ... in voller Höhe

oder pauschal je Seite	3,00 €
oder pauschal je Seite in Farbe	6,00 €

3. Überlassung von elektronisch gespeicherten Dateien oder deren Bereitstellung zum Abruf anstelle der in den Nummern 1 und 2 genannten Ausfertigungen, Kopien und Ausdrucke:

je Datei	1,50 €

Nr.	Auslagentatbestand	Höhe
	für die in einem Arbeitsgang überlassenen, bereitgestellten oder in einem Arbeitsgang auf denselben Datenträger übertragenen Dokumente insgesamt höchstens	5,00 €
	(1) Die Höhe der Dokumentenpauschale nach Nummer 1 ist in jedem Rechtszug, bei Vormundschaften und Dauerpflegschaften in jedem Kalenderjahr und für jeden Kostenschuldner nach § 23 Abs. 1 FamGKG gesondert zu berechnen; Gesamtschuldner gelten als ein Schuldner. (2) Werden zum Zweck der Überlassung von elektronisch gespeicherten Dateien Dokumente zuvor auf Antrag von der Papierform in die elektronische Form übertragen, beträgt die Dokumentenpauschale nach Nummer 3 nicht weniger, als die Dokumentenpauschale im Fall der Nummer 1 für eine Schwarz-Weiß-Kopie ohne Rücksicht auf die Größe betragen würde. (3) Frei von der Dokumentenpauschale sind für jeden Beteiligten und seine bevollmächtigten Vertreter jeweils 1. eine vollständige Ausfertigung oder Kopie oder ein vollständiger Ausdruck jeder gerichtlichen Entscheidung und jedes vor Gericht abgeschlossenen Vergleichs, 2. eine Ausfertigung ohne Begründung und 3. eine Kopie oder ein Ausdruck jeder Niederschrift über eine Sitzung. § 191a Abs. 1 Satz 5 GVG bleibt unberührt. (4) Bei der Gewährung der Einsicht in Akten wird eine Dokumentenpauschale nur erhoben, wenn auf besonderen Antrag ein Ausdruck einer elektronischen Akte oder ein Datenträger mit dem Inhalt einer elektronischen Akte übermittelt wird.	
2001	Auslagen für Telegramme	in voller Höhe
2002	Pauschale für Zustellungen mit Zustellungsurkunde, Einschreiben gegen Rückschein oder durch Justizbedienstete nach § 168 Abs. 1 ZPO je Zustellung	3,50 €
	Neben Gebühren, die sich nach dem Verfahrenswert richten, wird die Zustellungspauschale nur erhoben, soweit in einem Rechtszug mehr als 10 Zustellungen anfallen.	
2003	Pauschale für die bei der Versendung von Akten auf Antrag anfallenden Auslagen an Transport- und Verpackungskosten je Sendung	12,00 €
	Die Hin- und Rücksendung der Akten durch Gerichte gelten zusammen als eine Sendung.	

Nr.	Auslagentatbestand	Höhe
2004	Auslagen für öffentliche Bekanntmachungen	in voller Höhe
	Auslagen werden nicht erhoben für die Bekanntmachung in einem elektronischen Informations- und Kommunikationssystem, wenn das Entgelt nicht für den Einzelfall oder nicht für ein einzelnes Verfahren berechnet wird.	
2005	Nach dem JVEG zu zahlende Beträge	in voller Höhe
	(1) Die Beträge werden auch erhoben, wenn aus Gründen der Gegenseitigkeit, der Verwaltungsvereinfachung oder aus vergleichbaren Gründen keine Zahlungen zu leisten sind. Ist aufgrund des § 1 Abs. 2 Satz 2 JVEG keine Vergütung zu zahlen, ist der Betrag zu erheben, der ohne diese Vorschrift zu zahlen wäre. (2) Auslagen für Übersetzer, die zur Erfüllung der Rechte blinder oder sehbehinderter Personen herangezogen werden (§ 191a Abs. 1 GVG) und für Kommunikationshilfen zur Verständigung mit einer hör- oder sprachbehinderten Person (§ 186 GVG) werden nicht erhoben.	
2006	Bei Geschäften außerhalb der Gerichtsstelle	
	1. die den Gerichtspersonen aufgrund gesetzlicher Vorschriften gewährte Vergütung (Reisekosten, Auslagenersatz) und die Auslagen für die Bereitstellung von Räumen	in voller Höhe
	2. für den Einsatz von Dienstkraftfahrzeugen für jeden gefahrenen Kilometer	0,42 €
2007	Auslagen für	
	1. die Beförderung von Personen	in voller Höhe
	2. Zahlungen an mittellose Personen für die Reise zum Ort einer Verhandlung oder Anhörung und für die Rückreise	bis zur Höhe der nach dem JVEG an Zeugen zu zahlenden Beträge
2008	Kosten einer Zwangshaft, auch aufgrund eines Haftbefehls in entsprechender Anwendung des § 802g ZPO	in Höhe des Haftkostenbeitrags
	Maßgebend ist die Höhe des Haftkostenbeitrags, der nach Landesrecht von einem Gefangenen zu erheben ist.	
2009	Kosten einer Ordnungshaft	in Höhe des Haftkostenbeitrags
	Maßgebend ist die Höhe des Haftkostenbeitrags, der nach Landesrecht von einem Gefangenen zu erheben ist. Diese Kosten werden nur angesetzt, wenn der Haftkostenbeitrag auch von einem Gefangenen im Strafvollzug zu erheben wäre.	

Nr.	Auslagentatbestand	Höhe
2010	Nach dem Auslandskostengesetz zu zahlende Beträge . . .	in voller Höhe
	Fassung ab dem 1.10.2021:[1]	
2010	*Nach § 12 BGebG, dem 5. Abschnitt des Konsulargesetzes und der Besonderen Gebührenverordnung des Auswärtigen Amts nach § 22 Abs. 4 BGebG zu zahlende Beträge . .*	*in voller Höhe*
2011	An deutsche Behörden für die Erfüllung von deren eigenen Aufgaben zu zahlende Gebühren sowie diejenigen Beträge, die diesen Behörden, öffentlichen Einrichtungen oder deren Bediensteten als Ersatz für Auslagen der in den Nummern 2000 bis 2009 bezeichneten Art zustehen	in voller Höhe, die Auslagen begrenzt durch die Höchstsätze für die Auslagen 2000 bis 2009
	Die als Ersatz für Auslagen angefallenen Beträge werden auch erhoben, wenn aus Gründen der Gegenseitigkeit, der Verwaltungsvereinfachung oder aus vergleichbaren Gründen keine Zahlungen zu leisten sind.	
2012	Beträge, die ausländischen Behörden, Einrichtungen oder Personen im Ausland zustehen, sowie Kosten des Rechtshilfeverkehrs mit dem Ausland	in voller Höhe
	Die Beträge werden auch erhoben, wenn aus Gründen der Gegenseitigkeit, der Verwaltungsvereinfachung oder aus vergleichbaren Gründen keine Zahlungen zu leisten sind.	
2013	An den Verfahrensbeistand zu zahlende Beträge.	in voller Höhe
	Die Beträge werden von dem Minderjährigen nur nach Maßgabe des § 1836c BGB erhoben.	
2014	An den Umgangspfleger sowie an Verfahrenspfleger nach § 9 Abs. 5 FamFG, § 57 ZPO zu zahlende Beträge	in voller Höhe
2015	Pauschale für die Inanspruchnahme von Videokonferenzverbindungen: je Verfahren für jede angefangene halbe Stunde	15,00 €
2016	Umsatzsteuer auf die Kosten.	in voller Höhe
	Dies gilt nicht, wenn die Umsatzsteuer nach § 19 Abs. 1 UStG unerhoben bleibt.	

1 Fassung nach Artikel 4 des Gesetzes zur Aktualisierung der Strukturreform des Gebührenrechts des Bundes vom 18.7.2016, BGBl. I S. 1666.

15. Gerichtsgebühren nach § 34 GKG/§ 28 FamGKG

Hinweis: Ermäßigte Gerichtsgebühren Arbeitsgerichtsbarkeit (§ 1 Abs. 2 Nr. 4 GKG; § 34 GKG; Nr. 8100 ff. GKG-KV) siehe S. 332 ff.

Wert bis ... €	0,25	0,5	0,75	1,0	1,5
500	15,00*	19,00**	28,50	38,00	57,00
1.000	15,00*	29,00**	43,50	58,00	87,00
1.500	19,50	39,00	58,50	78,00	117,00
2.000	24,50	49,00	73,50	98,00	147,00
3.000	29,75	59,50	89,25	119,00	178,50
4.000	35,00	70,00	105,00	140,00	210,00
5.000	40,25	80,50	120,75	161,00	241,50
6.000	45,50	91,00	136,50	182,00	273,00
7.000	50,75	101,50	152,25	203,00	304,50
8.000	56,00	112,00	168,00	224,00	336,00
9.000	61,25	122,50	183,75	245,00	367,50
10.000	66,50	133,00	199,50	266,00	399,00
13.000	73,75	147,50	221,25	295,00	442,50
16.000	81,00	162,00	243,00	324,00	486,00
19.000	88,25	176,50	264,75	353,00	529,50
22.000	95,50	191,00	286,50	382,00	573,00
25.000	102,75	205,50	308,25	411,00	616,50
30.000	112,25	224,50	336,75	449,00	673,50
35.000	121,75	243,50	365,25	487,00	730,50
40.000	131,25	262,50	393,75	525,00	787,50
45.000	140,75	281,50	422,25	563,00	844,50
50.000	150,25	300,50	450,75	601,00	901,50
65.000	183,25	366,50	549,75	733,00	1.099,50
80.000	216,25	432,50	648,75	865,00	1.297,50
95.000	249,25	498,50	747,75	997,00	1.495,50
110.000	282,25	564,50	846,75	1.129,00	1.693,50
125.000	315,25	630,50	945,75	1.261,00	1.891,50
140.000	348,25	696,50	1.044,75	1.393,00	2.089,50
155.000	381,25	762,50	1.143,75	1.525,00	2.287,50
170.000	414,25	828,50	1.242,75	1.657,00	2.485,50
185.000	447,25	894,50	1.341,75	1.789,00	2.683,50
200.000	480,25	960,50	1.440,75	1.921,00	2.881,50
230.000	529,75	1.059,50	1.589,25	2.119,00	3.178,50
260.000	579,25	1.158,50	1.737,75	2.317,00	3.475,50
290.000	628,75	1.257,50	1.886,25	2.515,00	3.772,50

* Mindestgebühr nach § 34 Abs. 2 GKG, § 28 Abs. 2 FamGKG.

** Mindestbetrag für das Mahnverfahren: 36,00 € (KV GKG Nr. 1100).

Gerichtsgebühren nach § 34 GKG/§ 28 FamGKG

Wert bis ... €	2,0	2,5	3,0	4,0	5,0
500	76,00	95,00	114,00	152,00	190,00
1.000	116,00	145,00	174,00	232,00	290,00
1.500	156,00	195,00	234,00	312,00	390,00
2.000	196,00	245,00	294,00	392,00	490,00
3.000	238,00	297,50	357,00	476,00	595,00
4.000	280,00	350,00	420,00	560,00	700,00
5.000	322,00	402,50	483,00	644,00	805,00
6.000	364,00	455,00	546,00	728,00	910,00
7.000	406,00	507,50	609,00	812,00	1.015,00
8.000	448,00	560,00	672,00	896,00	1.120,00
9.000	490,00	612,50	735,00	980,00	1.225,00
10.000	532,00	665,00	798,00	1.064,00	1.330,00
13.000	590,00	737,50	885,00	1.180,00	1.475,00
16.000	648,00	810,00	972,00	1.296,00	1.620,00
19.000	706,00	882,50	1.059,00	1.412,00	1.765,00
22.000	764,00	955,00	1.146,00	1.528,00	1.910,00
25.000	822,00	1.027,50	1.233,00	1.644,00	2.055,00
30.000	898,00	1.122,50	1.347,00	1.796,00	2.245,00
35.000	974,00	1.217,50	1.461,00	1.948,00	2.435,00
40.000	1.050,00	1.312,50	1.575,00	2.100,00	2.625,00
45.000	1.126,00	1.407,50	1.689,00	2.252,00	2.815,00
50.000	1.202,00	1.502,50	1.803,00	2.404,00	3.005,00
65.000	1.466,00	1.832,50	2.199,00	2.932,00	3.665,00
80.000	1.730,00	2.162,50	2.595,00	3.460,00	4.325,00
95.000	1.994,00	2.492,50	2.991,00	3.988,00	4.985,00
110.000	2.258,00	2.822,50	3.387,00	4.516,00	5.645,00
125.000	2.522,00	3.152,50	3.783,00	5.044,00	6.305,00
140.000	2.786,00	3.482,50	4.179,00	5.572,00	6.965,00
155.000	3.050,00	3.812,50	4.575,00	6.100,00	7.625,00
170.000	3.314,00	4.142,50	4.971,00	6.628,00	8.285,00
185.000	3.578,00	4.472,50	5.367,00	7.156,00	8.945,00
200.000	3.842,00	4.802,50	5.763,00	7.684,00	9.605,00
230.000	4.238,00	5.297,50	6.357,00	8.476,00	10.595,00
260.000	4.634,00	5.792,50	6.951,00	9.268,00	11.585,00
290.000	5.030,00	6.287,50	7.545,00	10.060,00	12.575,00

Gerichtsgebühren nach § 34 GKG/§ 28 FamGKG

Wert bis ... €	0,25	0,5	0,75	1,0	1,5
320.000	678,25	1.356,50	2.034,75	2.713,00	4.069,50
350.000	727,75	1.455,50	2.183,25	2.911,00	4.366,50
380.000	777,25	1.554,50	2.331,75	3.109,00	4.663,50
410.000	826,75	1.653,50	2.480,25	3.307,00	4.960,50
440.000	876,25	1.752,50	2.628,75	3.505,00	5.257,50
470.000	925,75	1.851,50	2.777,25	3.703,00	5.554,50
500.000	975,25	1.950,50	2.925,75	3.901,00	5.851,50
550.000	1.024,75	2.049,50	3.074,25	4.099,00	6.148,50
600.000	1.074,25	2.148,50	3.222,75	4.297,00	6.445,50
650.000	1.123,75	2.247,50	3.371,25	4.495,00	6.742,50
700.000	1.173,25	2.346,50	3.519,75	4.693,00	7.039,50
750.000	1.222,75	2.445,50	3.668,25	4.891,00	7.336,50
800.000	1.272,25	2.544,50	3.816,75	5.089,00	7.633,50
850.000	1.321,75	2.643,50	3.965,25	5.287,00	7.930,50
900.000	1.371,25	2.742,50	4.113,75	5.485,00	8.227,50
950.000	1.420,75	2.841,50	4.262,25	5.683,00	8.524,50
1.000.000	1.470,25	2.940,50	4.410,75	5.881,00	8.821,50
1.050.000	1.519,75	3.039,50	4.559,25	6.079,00	9.118,50
1.100.000	1.569,25	3.138,50	4.707,75	6.277,00	9.415,50
1.150.000	1.618,75	3.237,50	4.856,25	6.475,00	9.712,50
1.200.000	1.668,25	3.336,50	5.004,75	6.673,00	10.009,50
1.250.000	1.717,75	3.435,50	5.153,25	6.871,00	10.306,50
1.300.000	1.767,25	3.534,50	5.301,75	7.069,00	10.603,50
1.350.000	1.816,75	3.633,50	5.450,25	7.267,00	10.900,50
1.400.000	1.866,25	3.732,50	5.598,75	7.465,00	11.197,50
1.450.000	1.915,75	3.831,50	5.747,25	7.663,00	11.494,50
1.500.000	1.965,25	3.930,50	5.895,75	7.861,00	11.791,50
1.550.000	2.014,75	4.029,50	6.044,25	8.059,00	12.088,50
1.600.000	2.064,25	4.128,50	6.192,75	8.257,00	12.385,50
1.650.000	2.113,75	4.227,50	6.341,25	8.455,00	12.682,50
1.700.000	2.163,25	4.326,50	6.489,75	8.653,00	12.979,50
1.750.000	2.212,75	4.425,50	6.638,25	8.851,00	13.276,50
1.800.000	2.262,25	4.524,50	6.786,75	9.049,00	13.573,50
1.850.000	2.311,75	4.623,50	6.935,25	9.247,00	13.870,50
1.900.000	2.361,25	4.722,50	7.083,75	9.445,00	14.167,50
1.950.000	2.410,75	4.821,50	7.232,25	9.643,00	14.464,50
2.000.000	2.460,25	4.920,50	7.380,75	9.841,00	14.761,50
2.050.000	2.509,75	5.019,50	7.529,25	10.039,00	15.058,50
2.100.000	2.559,25	5.118,50	7.677,75	10.237,00	15.355,50
2.150.000	2.608,75	5.217,50	7.826,25	10.435,00	15.652,50

Gerichtsgebühren nach § 34 GKG/§ 28 FamGKG

Wert bis ... €	2,0	2,5	3,0	4,0	5,0
320.000	5.426,00	6.782,50	8.139,00	10.852,00	13.565,00
350.000	5.822,00	7.277,50	8.733,00	11.644,00	14.555,00
380.000	6.218,00	7.772,50	9.327,00	12.436,00	15.545,00
410.000	6.614,00	8.267,50	9.921,00	13.228,00	16.535,00
440.000	7.010,00	8.762,50	10.515,00	14.020,00	17.525,00
470.000	7.406,00	9.257,50	11.109,00	14.812,00	18.515,00
500.000	7.802,00	9.752,50	11.703,00	15.604,00	19.505,00
550.000	8.198,00	10.247,50	12.297,00	16.396,00	20.495,00
600.000	8.594,00	10.742,50	12.891,00	17.188,00	21.485,00
650.000	8.990,00	11.237,50	13.485,00	17.980,00	22.475,00
700.000	9.386,00	11.732,50	14.079,00	18.772,00	23.465,00
750.000	9.782,00	12.227,50	14.673,00	19.564,00	24.455,00
800.000	10.178,00	12.722,50	15.267,00	20.356,00	25.445,00
850.000	10.574,00	13.217,50	15.861,00	21.148,00	26.435,00
900.000	10.970,00	13.712,50	16.455,00	21.940,00	27.425,00
950.000	11.366,00	14.207,50	17.049,00	22.732,00	28.415,00
1.000.000	11.762,00	14.702,50	17.643,00	23.524,00	29.405,00
1.050.000	12.158,00	15.197,50	18.237,00	24.316,00	30.395,00
1.100.000	12.554,00	15.692,50	18.831,00	25.108,00	31.385,00
1.150.000	12.950,00	16.187,50	19.425,00	25.900,00	32.375,00
1.200.000	13.346,00	16.682,50	20.019,00	26.692,00	33.365,00
1.250.000	13.742,00	17.177,50	20.613,00	27.484,00	34.355,00
1.300.000	14.138,00	17.672,50	21.207,00	28.276,00	35.345,00
1.350.000	14.534,00	18.167,50	21.801,00	29.068,00	36.335,00
1.400.000	14.930,00	18.662,50	22.395,00	29.860,00	37.325,00
1.450.000	15.326,00	19.157,50	22.989,00	30.652,00	38.315,00
1.500.000	15.722,00	19.652,50	23.583,00	31.444,00	39.305,00
1.550.000	16.118,00	20.147,50	24.177,00	32.236,00	40.295,00
1.600.000	16.514,00	20.642,50	24.771,00	33.028,00	41.285,00
1.650.000	16.910,00	21.137,50	25.365,00	33.820,00	42.275,00
1.700.000	17.306,00	21.632,50	25.959,00	34.612,00	43.265,00
1.750.000	17.702,00	22.127,50	26.553,00	35.404,00	44.255,00
1.800.000	18.098,00	22.622,50	27.147,00	36.196,00	45.245,00
1.850.000	18.494,00	23.117,50	27.741,00	36.988,00	46.235,00
1.900.000	18.890,00	23.612,50	28.335,00	37.780,00	47.225,00
1.950.000	19.286,00	24.107,50	28.929,00	38.572,00	48.215,00
2.000.000	19.682,00	24.602,50	29.523,00	39.364,00	49.205,00
2.050.000	20.078,00	25.097,50	30.117,00	40.156,00	50.195,00
2.100.000	20.474,00	25.592,50	30.711,00	40.948,00	51.185,00
2.150.000	20.870,00	26.087,50	31.305,00	41.740,00	52.175,00

Gerichtsgebühren nach § 34 GKG/§ 28 FamGKG

Wert bis … €	0,25	0,5	0,75	1,0	1,5
2.200.000	2.658,25	5.316,50	7.974,75	10.633,00	15.949,50
2.250.000	2.707,75	5.415,50	8.123,25	10.831,00	16.246,50
2.300.000	2.757,25	5.514,50	8.271,75	11.029,00	16.543,50
2.350.000	2.806,75	5.613,50	8.420,25	11.227,00	16.840,50
2.400.000	2.856,25	5.712,50	8.568,75	11.425,00	17.137,50
2.450.000	2.905,75	5.811,50	8.717,25	11.623,00	17.434,50
2.500.000	2.955,25	5.910,50	8.865,75	11.821,00	17.731,50
2.550.000	3.004,75	6.009,50	9.014,25	12.019,00	18.028,50
2.600.000	3.054,25	6.108,50	9.162,75	12.217,00	18.325,50
2.650.000	3.103,75	6.207,50	9.311,25	12.415,00	18.622,50
2.700.000	3.153,25	6.306,50	9.459,75	12.613,00	18.919,50
2.750.000	3.202,75	6.405,50	9.608,25	12.811,00	19.216,50
2.800.000	3.252,25	6.504,50	9.756,75	13.009,00	19.513,50
2.850.000	3.301,75	6.603,50	9.905,25	13.207,00	19.810,50
2.900.000	3.351,25	6.702,50	10.053,75	13.405,00	20.107,50
2.950.000	3.400,75	6.801,50	10.202,25	13.603,00	20.404,50
3.000.000	3.450,25	6.900,50	10.350,75	13.801,00	20.701,50
3.050.000	3.499,75	6.999,50	10.499,25	13.999,00	20.998,50
3.100.000	3.549,25	7.098,50	10.647,75	14.197,00	21.295,50
3.150.000	3.598,75	7.197,50	10.796,25	14.395,00	21.592,50
3.200.000	3.648,25	7.296,50	10.944,75	14.593,00	21.889,50
3.250.000	3.697,75	7.395,50	11.093,25	14.791,00	22.186,50
3.300.000	3.747,25	7.494,50	11.241,75	14.989,00	22.483,50
3.350.000	3.796,75	7.593,50	11.390,25	15.187,00	22.780,50
3.400.000	3.846,25	7.692,50	11.538,75	15.385,00	23.077,50
3.450.000	3.895,75	7.791,50	11.687,25	15.583,00	23.374,50
3.500.000	3.945,25	7.890,50	11.835,75	15.781,00	23.671,50
3.550.000	3.994,75	7.989,50	11.984,25	15.979,00	23.968,50
3.600.000	4.044,25	8.088,50	12.132,75	16.177,00	24.265,50
3.650.000	4.093,75	8.187,50	12.281,25	16.375,00	24.562,50
3.700.000	4.143,25	8.286,50	12.429,75	16.573,00	24.859,50
3.750.000	4.192,75	8.385,50	12.578,25	16.771,00	25.156,50
3.800.000	4.242,25	8.484,50	12.726,75	16.969,00	25.453,50
3.850.000	4.291,75	8.583,50	12.875,25	17.167,00	25.750,50
3.900.000	4.341,25	8.682,50	13.023,75	17.365,00	26.047,50
3.950.000	4.390,75	8.781,50	13.172,25	17.563,00	26.344,50
4.000.000	4.440,25	8.880,50	13.320,75	17.761,00	26.641,50
4.050.000	4.489,75	8.979,50	13.469,25	17.959,00	26.938,50
4.100.000	4.539,25	9.078,50	13.617,75	18.157,00	27.235,50
4.150.000	4.588,75	9.177,50	13.766,25	18.355,00	27.532,50

Gerichtsgebühren nach § 34 GKG/§ 28 FamGKG

Wert bis … €	2,0	2,5	3,0	4,0	5,0
2.200.000	21.266,00	26.582,50	31.899,00	42.532,00	53.165,00
2.250.000	21.662,00	27.077,50	32.493,00	43.324,00	54.155,00
2.300.000	22.058,00	27.572,50	33.087,00	44.116,00	55.145,00
2.350.000	22.454,00	28.067,50	33.681,00	44.908,00	56.135,00
2.400.000	22.850,00	28.562,50	34.275,00	45.700,00	57.125,00
2.450.000	23.246,00	29.057,50	34.869,00	46.492,00	58.115,00
2.500.000	23.642,00	29.552,50	35.463,00	47.284,00	59.105,00
2.550.000	24.038,00	30.047,50	36.057,00	48.076,00	60.095,00
2.600.000	24.434,00	30.542,50	36.651,00	48.868,00	61.085,00
2.650.000	24.830,00	31.037,50	37.245,00	49.660,00	62.075,00
2.700.000	25.226,00	31.532,50	37.839,00	50.452,00	63.065,00
2.750.000	25.622,00	32.027,50	38.433,00	51.244,00	64.055,00
2.800.000	26.018,00	32.522,50	39.027,00	52.036,00	65.045,00
2.850.000	26.414,00	33.017,50	39.621,00	52.828,00	66.035,00
2.900.000	26.810,00	33.512,50	40.215,00	53.620,00	67.025,00
2.950.000	27.206,00	34.007,50	40.809,00	54.412,00	68.015,00
3.000.000	27.602,00	34.502,50	41.403,00	55.204,00	69.005,00
3.050.000	27.998,00	34.997,50	41.997,00	55.996,00	69.995,00
3.100.000	28.394,00	35.492,50	42.591,00	56.788,00	70.985,00
3.150.000	28.790,00	35.987,50	43.185,00	57.580,00	71.975,00
3.200.000	29.186,00	36.482,50	43.779,00	58.372,00	72.965,00
3.250.000	29.582,00	36.977,50	44.373,00	59.164,00	73.955,00
3.300.000	29.978,00	37.472,50	44.967,00	59.956,00	74.945,00
3.350.000	30.374,00	37.967,50	45.561,00	60.748,00	75.935,00
3.400.000	30.770,00	38.462,50	46.155,00	61.540,00	76.925,00
3.450.000	31.166,00	38.957,50	46.749,00	62.332,00	77.915,00
3.500.000	31.562,00	39.452,50	47.343,00	63.124,00	78.905,00
3.550.000	31.958,00	39.947,50	47.937,00	63.916,00	79.895,00
3.600.000	32.354,00	40.442,50	48.531,00	64.708,00	80.885,00
3.650.000	32.750,00	40.937,50	49.125,00	65.500,00	81.875,00
3.700.000	33.146,00	41.432,50	49.719,00	66.292,00	82.865,00
3.750.000	33.542,00	41.927,50	50.313,00	67.084,00	83.855,00
3.800.000	33.938,00	42.422,50	50.907,00	67.876,00	84.845,00
3.850.000	34.334,00	42.917,50	51.501,00	68.668,00	85.835,00
3.900.000	34.730,00	43.412,50	52.095,00	69.460,00	86.825,00
3.950.000	35.126,00	43.907,50	52.689,00	70.252,00	87.815,00
4.000.000	35.522,00	44.402,50	53.283,00	71.044,00	88.805,00
4.050.000	35.918,00	44.897,50	53.877,00	71.836,00	89.795,00
4.100.000	36.314,00	45.392,50	54.471,00	72.628,00	90.785,00
4.150.000	36.710,00	45.887,50	55.065,00	73.420,00	91.775,00

Gerichtsgebühren nach § 34 GKG/§ 28 FamGKG

Wert bis ... €	0,25	0,5	0,75	1,0	1,5
4.200.000	4.638,25	9.276,50	13.914,75	18.553,00	27.829,50
4.250.000	4.687,75	9.375,50	14.063,25	18.751,00	28.126,50
4.300.000	4.737,25	9.474,50	14.211,75	18.949,00	28.423,50
4.350.000	4.786,75	9.573,50	14.360,25	19.147,00	28.720,50
4.400.000	4.836,25	9.672,50	14.508,75	19.345,00	29.017,50
4.450.000	4.885,75	9.771,50	14.657,25	19.543,00	29.314,50
4.500.000	4.935,25	9.870,50	14.805,75	19.741,00	29.611,50
4.550.000	4.984,75	9.969,50	14.954,25	19.939,00	29.908,50
4.600.000	5.034,25	10.068,50	15.102,75	20.137,00	30.205,50
4.650.000	5.083,75	10.167,50	15.251,25	20.335,00	30.502,50
4.700.000	5.133,25	10.266,50	15.399,75	20.533,00	30.799,50
4.750.000	5.182,75	10.365,50	15.548,25	20.731,00	31.096,50
4.800.000	5.232,25	10.464,50	15.696,75	20.929,00	31.393,50
4.850.000	5.281,75	10.563,50	15.845,25	21.127,00	31.690,50
4.900.000	5.331,25	10.662,50	15.993,75	21.325,00	31.987,50
4.950.000	5.380,75	10.761,50	16.142,25	21.523,00	32.284,50
5.000.000	5.430,25	10.860,50	16.290,75	21.721,00	32.581,50

Von dem Mehrbetrag über 5.000.000 € entstehen für je 50.000 € Gebühren in Höhe von 198 € (bei der 1,0 Gebühr). Die Berechnung der Gebühren aus Werten über 5.000.000 € kann aus der nachfolgenden Tabelle vorgenommen werden. Zwischenwerte (S. 330, 331) sind hinzuzurechnen.

Wert bis ... €	0,25	0,5	0,75	1,0	1,5
5.500.000	5.925,25	11.850,50	17.775,75	23.701,00	35.551,50
6.000.000	6.420,25	12.840,50	19.260,75	25.681,00	38.521,50
6.500.000	6.915,25	13.830,50	20.745,75	27.661,00	41.491,50
7.000.000	7.410,25	14.820,50	22.230,75	29.641,00	44.461,50
7.500.000	7.905,25	15.810,50	23.715,75	31.621,00	47.431,50
8.000.000	8.400,25	16.800,50	25.200,75	33.601,00	50.401,50
8.500.000	8.895,25	17.790,50	26.685,75	35.581,00	53.371,50
9.000.000	9.390,25	18.780,50	28.170,75	37.561,00	56.341,50
9.500.000	9.885,25	19.770,50	29.655,75	39.541,00	59.311,50
10.000.000	10.380,25	20.760,50	31.140,75	41.521,00	62.281,50
10.500.000	10.875,25	21.750,50	32.625,75	43.501,00	65.251,50
11.000.000	11.370,25	22.740,50	34.110,75	45.481,00	68.221,50
11.500.000	11.865,25	23.730,50	35.595,75	47.461,00	71.191,50
12.000.000	12.360,25	24.720,50	37.080,75	49.441,00	74.161,50
12.500.000	12.855,25	25.710,50	38.565,75	51.421,00	77.131,50

Gerichtsgebühren nach § 34 GKG/§ 28 FamGKG

Wert bis ... €	2,0	2,5	3,0	4,0	5,0
4.200.000	37.106,00	46.382,50	55.659,00	74.212,00	92.765,00
4.250.000	37.502,00	46.877,50	56.253,00	75.004,00	93.755,00
4.300.000	37.898,00	47.372,50	56.847,00	75.796,00	94.745,00
4.350.000	38.294,00	47.867,50	57.441,00	76.588,00	95.735,00
4.400.000	38.690,00	48.362,50	58.035,00	77.380,00	96.725,00
4.450.000	39.086,00	48.857,50	58.629,00	78.172,00	97.715,00
4.500.000	39.482,00	49.352,50	59.223,00	78.964,00	98.705,00
4.550.000	39.878,00	49.847,50	59.817,00	79.756,00	99.695,00
4.600.000	40.274,00	50.342,50	60.411,00	80.548,00	100.685,00
4.650.000	40.670,00	50.837,50	61.005,00	81.340,00	101.675,00
4.700.000	41.066,00	51.332,50	61.599,00	82.132,00	102.665,00
4.750.000	41.462,00	51.827,50	62.193,00	82.924,00	103.655,00
4.800.000	41.858,00	52.322,50	62.787,00	83.716,00	104.645,00
4.850.000	42.254,00	52.817,50	63.381,00	84.508,00	105.635,00
4.900.000	42.650,00	53.312,50	63.975,00	85.300,00	106.625,00
4.950.000	43.046,00	53.807,50	64.569,00	86.092,00	107.615,00
5.000.000	43.442,00	54.302,50	65.163,00	86.884,00	108.605,00

Von dem Mehrbetrag über 5.000.000 € entstehen für je 50.000 € Gebühren in Höhe von 198 € (bei der 1,0 Gebühr). Die Berechnung der Gebühren aus Werten über 5.000.000 € kann aus der nachfolgenden Tabelle vorgenommen werden. Zwischenwerte (S. 330, 331) sind hinzuzurechnen.

Wert bis ... €	2,0	2,5	3,0	4,0	5,0
5.500.000	47.402,00	59.252,50	71.103,00	94.804,00	118.505,00
6.000.000	51.362,00	64.202,50	77.043,00	102.724,00	128.405,00
6.500.000	55.322,00	69.152,50	82.983,00	110.644,00	138.305,00
7.000.000	59.282,00	74.102,50	88.923,00	118.564,00	148.205,00
7.500.000	63.242,00	79.052,50	94.863,00	126.484,00	158.105,00
8.000.000	67.202,00	84.002,50	100.803,00	134.404,00	168.005,00
8.500.000	71.162,00	88.952,50	106.743,00	142.324,00	177.905,00
9.000.000	75.122,00	93.902,50	112.683,00	150.244,00	187.805,00
9.500.000	79.082,00	98.852,50	118.623,00	158.164,00	197.705,00
10.000.000	83.042,00	103.802,50	124.563,00	166.084,00	207.605,00
10.500.000	87.002,00	108.752,50	130.503,00	174.004,00	217.505,00
11.000.000	90.962,00	113.702,50	136.443,00	181.924,00	227.405,00
11.500.000	94.922,00	118.652,50	142.383,00	189.844,00	237.305,00
12.000.000	98.882,00	123.602,50	148.323,00	197.764,00	247.205,00
12.500.000	102.842,00	128.552,50	154.263,00	205.684,00	257.105,00

Gerichtsgebühren nach § 34 GKG/§ 28 FamGKG

Wert bis ... €	0,25	0,5	0,75	1,0	1,5

Zwischenwerte (bei Werten über 5.000.000 €)

50.000	49,50	99,00	148,50	198,00	297,00
100.000	99,00	198,00	297,00	396,00	594,00
150.000	148,50	297,00	445,50	594,00	891,00
200.000	198,00	396,00	594,00	792,00	1.188,00
250.000	247,50	495,00	742,50	990,00	1.485,00
300.000	297,00	594,00	891,00	1.188,00	1.782,00
350.000	346,50	693,00	1.039,50	1.386,00	2.079,00
400.000	396,00	792,00	1.188,00	1.584,00	2.376,00
450.000	445,50	891,00	1.336,50	1.782,00	2.673,00
500.000	495,00	990,00	1.485,00	1.980,00	2.970,00
550.000	544,50	1.089,00	1.633,50	2.178,00	3.267,00
600.000	594,00	1.188,00	1.782,00	2.376,00	3.564,00
650.000	643,50	1.287,00	1.930,50	2.574,00	3.861,00
700.000	693,00	1.386,00	2.079,00	2.772,00	4.158,00
750.000	742,50	1.485,00	2.227,50	2.970,00	4.455,00
800.000	792,00	1.584,00	2.376,00	3.168,00	4.752,00
850.000	841,50	1.683,00	2.524,50	3.366,00	5.049,00
900.000	891,00	1.782,00	2.673,00	3.564,00	5.346,00
950.000	940,50	1.881,00	2.821,50	3.762,00	5.643,00
1.000.000	990,00	1.980,00	2.970,00	3.960,00	5.940,00

Die Vorschrift des § 34 Abs. 1 GKG (§ 28 Abs. 1 FamGKG) sieht für Gegenstandswerte von über 5.000.000 € Stufen von jeweils 50.000 € vor. So sind Gebühren bei einem Wert von 5.676.500 € zunächst auf 5.700.000 € aufzurunden. Nachfolgende Schritte ermitteln zunächst die Gebühren für 5.000.000 € und anschließend für 700.000 €.

5.000.000	5.430,25	10.860,50	16.290,75	21.721,00	32.581,50
+ 700.000	693,00	1.386,00	2.079,00	2.772,00	4.158,00
	6.123,25	12.246,50	18.369,75	24.493,00	36.739,50

Außerdem können die Gebühren für Werte über 500.000 € wie folgt berechnet werden:

‰	0,99	1,98	2,97	3,96	5,94
von dem auf 50.000 € aufgerundeten Wert					
+ €	480,25	960,50	1.440,75	1.921,00	2.881,50

Nachfolgend die Lösung mit obigem Zahlenbeispiel:

	5.700.000	5.700.000	5.700.000	5.700.000	5.700.000
x	0,00099	0,00198	0,00297	0,00396	0,00594
=	5.643,00	11.286,00	16.929,00	22.572,00	33.858,00
+	480,25	960,50	1.440,75	1.921,00	2.881,50
=	6.123,25	12.246,50	18.369,75	24.493,00	36.739,50

Wert bis ... €	2,0	2,5	3,0	4,0	5,0

Zwischenwerte (bei Werten über 5.000.000 €)

Wert bis ... €	2,0	2,5	3,0	4,0	5,0
50.000	396,00	495,00	594,00	792,00	990,00
100.000	792,00	990,00	1.188,00	1.584,00	1.980,00
150.000	1.188,00	1.485,00	1.782,00	2.376,00	2.970,00
200.000	1.584,00	1.980,00	2.376,00	3.168,00	3.960,00
250.000	1.980,00	2.475,00	2.970,00	3.960,00	4.950,00
300.000	2.376,00	2.970,00	3.564,00	4.752,00	5.940,00
350.000	2.772,00	3.465,00	4.158,00	5.544,00	6.930,00
400.000	3.168,00	3.960,00	4.752,00	6.336,00	7.920,00
450.000	3.564,00	4.455,00	5.346,00	7.128,00	8.910,00
500.000	3.960,00	4.950,00	5.940,00	7.920,00	9.900,00
550.000	4.356,00	5.445,00	6.534,00	8.712,00	10.890,00
600.000	4.752,00	5.940,00	7.128,00	9.504,00	11.880,00
650.000	5.148,00	6.435,00	7.722,00	10.296,00	12.870,00
700.000	5.544,00	6.930,00	8.316,00	11.088,00	13.860,00
750.000	5.940,00	7.425,00	8.910,00	11.880,00	14.850,00
800.000	6.336,00	7.920,00	9.504,00	12.672,00	15.840,00
850.000	6.732,00	8.415,00	10.098,00	13.464,00	16.830,00
900.000	7.128,00	8.910,00	10.692,00	14.256,00	17.820,00
950.000	7.524,00	9.405,00	11.286,00	15.048,00	18.810,00
1.000.000	7.920,00	9.900,00	11.880,00	15.840,00	19.800,00

Die Vorschrift des § 34 Abs. 1 GKG (§ 28 Abs. 1 FamGKG) sieht für Gegenstandswerte von über 5.000.000 € Stufen von jeweils 50.000 € vor. So sind Gebühren bei einem Wert von 5.676.500 € zunächst auf 5.700.000 € aufzurunden. Nachfolgende Schritte ermitteln zunächst die Gebühren für 5.000.000 € und anschließend für 700.000 €.

5.000.000	43.442,00	54.302,50	65.163,00	86.884,00	108.605,00
+ 700.000	5.544,00	6.930,00	8.316,00	11.088,00	13.860,00
	48.986,00	61.232,50	73.479,00	97.972,00	122.465,00

Außerdem können die Gebühren für Werte über 500.000 € wie folgt berechnet werden:

‰	7,92	9,90	11,88	15,84	19,80
von dem auf 50.000 € aufgerundeten Wert					
+ €	3.842,00	4.802,50	5.763,00	7.684,00	9.605,00

Nachfolgend die Lösung mit obigem Zahlenbeispiel:

	5.700.000	5.700.000	5.700.000	5.700.000	5.700.000
x	0,00792	0,00990	0,01188	0,01584	0,01980
=	45.144,00	56.430,00	67.716,00	90.288,00	112.860,00
+	3.842,00	4.802,50	5.763,00	7.684,00	9.605,00
=	48.986,00	61.232,50	73.479,00	97.972,00	122.465,00

16. Gerichtsgebühren Arbeitsgerichtsbarkeit

Hinweis: Die Tabelle erfasst die auf das arbeitsgerichtliche Verfahren abgestimmten Gebührensätze gem. § 34 GKG, KV GKG Nrn. 8100 ff.

Wert bis ... €	0,4	0,6	0,8	1,2	1,6
500	15,20*	22,80*	30,40	45,60	60,80
1.000	23,20*	34,80	46,40	69,60	92,80
1.500	31,20	46,80	62,40	93,60	124,80
2.000	39,20	58,80	78,40	117,60	156,80
3.000	47,60	71,40	95,20	142,80	190,40
4.000	56,00	84,00	112,00	168,00	224,00
5.000	64,40	96,60	128,80	193,20	257,60
6.000	72,80	109,20	145,60	218,40	291,20
7.000	81,20	121,80	162,40	243,60	324,80
8.000	89,60	134,40	179,20	268,80	358,40
9.000	98,00	147,00	196,00	294,00	392,00
10.000	106,40	159,60	212,80	319,20	425,60
13.000	118,00	177,00	236,00	354,00	472,00
16.000	129,60	194,40	259,20	388,80	518,40
19.000	141,20	211,80	282,40	423,60	564,80
22.000	152,80	229,20	305,60	458,40	611,20
25.000	164,40	246,60	328,80	493,20	657,60
30.000	179,60	269,40	359,20	538,80	718,40
35.000	194,80	292,20	389,60	584,40	779,20
40.000	210,00	315,00	420,00	630,00	840,00
45.000	225,20	337,80	450,40	675,60	900,80
50.000	240,40	360,60	480,80	721,20	961,60
65.000	293,20	439,80	586,40	879,60	1.172,80
80.000	346,00	519,00	692,00	1.038,00	1.384,00
95.000	398,80	598,20	797,60	1.196,40	1.595,20
110.000	451,60	677,40	903,20	1.354,80	1.806,40
125.000	504,40	756,60	1.008,80	1.513,20	2.017,60
140.000	557,20	835,80	1.114,40	1.671,60	2.228,80
155.000	610,00	915,00	1.220,00	1.830,00	2.440,00
170.000	662,80	994,20	1.325,60	1.988,40	2.651,20
185.000	715,60	1.073,40	1.431,20	2.146,80	2.862,40
200.000	768,40	1.152,60	1.536,80	2.305,20	3.073,60
230.000	847,60	1.271,40	1.695,20	2.542,80	3.390,40

* Mindestgebühr für das Mahnverfahren 29,00 € (KV GKG Nr. 8100).

Gerichtsgebühren Arbeitsgerichtsbarkeit nach § 34 GKG, Nr. 8100 ff. GKG-KV

Wert bis ... €	2,0	2,4	3,2	4,0
500	76,00	91,20	121,60	152,00
1.000	116,00	139,20	185,60	232,00
1.500	156,00	187,20	249,60	312,00
2.000	196,00	235,20	313,60	392,00
3.000	238,00	285,60	380,80	476,00
4.000	280,00	336,00	448,00	560,00
5.000	322,00	386,40	515,20	644,00
6.000	364,00	436,80	582,40	728,00
7.000	406,00	487,20	649,60	812,00
8.000	448,00	537,60	716,80	896,00
9.000	490,00	588,00	784,00	980,00
10.000	532,00	638,40	851,20	1.064,00
13.000	590,00	708,00	944,00	1.180,00
16.000	648,00	777,60	1.036,80	1.296,00
19.000	706,00	847,20	1.129,60	1.412,00
22.000	764,00	916,80	1.222,40	1.528,00
25.000	822,00	986,40	1.315,20	1.644,00
30.000	898,00	1.077,60	1.436,80	1.796,00
35.000	974,00	1.168,80	1.558,40	1.948,00
40.000	1.050,00	1.260,00	1.680,00	2.100,00
45.000	1.126,00	1.351,20	1.801,60	2.252,00
50.000	1.202,00	1.442,40	1.923,20	2.404,00
65.000	1.466,00	1.759,20	2.345,60	2.932,00
80.000	1.730,00	2.076,00	2.768,00	3.460,00
95.000	1.994,00	2.392,80	3.190,40	3.988,00
110.000	2.258,00	2.709,60	3.612,80	4.516,00
125.000	2.522,00	3.026,40	4.035,20	5.044,00
140.000	2.786,00	3.343,20	4.457,60	5.572,00
155.000	3.050,00	3.660,00	4.880,00	6.100,00
170.000	3.314,00	3.976,80	5.302,40	6.628,00
185.000	3.578,00	4.293,60	5.724,80	7.156,00
200.000	3.842,00	4.610,40	6.147,20	7.684,00
230.000	4.238,00	5.085,60	6.780,80	8.476,00

Wert bis ... €	0,4	0,6	0,8	1,2	1,6
260.000	926,80	1.390,20	1.853,60	2.780,40	3.707,20
290.000	1.006,00	1.509,00	2.012,00	3.018,00	4.024,00
320.000	1.085,20	1.627,80	2.170,40	3.255,60	4.340,80
350.000	1.164,40	1.746,60	2.328,80	3.493,20	4.657,60
380.000	1.243,60	1.865,40	2.487,20	3.730,80	4.974,40
410.000	1.322,80	1.984,20	2.645,60	3.968,40	5.291,20
440.000	1.402,00	2.103,00	2.804,00	4.206,00	5.608,00
470.000	1.481,20	2.221,80	2.962,40	4.443,60	5.924,80
500.000	1.560,40	2.340,60	3.120,80	4.681,20	6.241,60
550.000	1.639,60	2.459,40	3.279,20	4.918,80	6.558,40
600.000	1.718,80	2.578,20	3.437,60	5.156,40	6.875,20
650.000	1.798,00	2.697,00	3.596,00	5.394,00	7.192,00
700.000	1.877,20	2.815,80	3.754,40	5.631,60	7.508,80
750.000	1.956,40	2.934,60	3.912,80	5.869,20	7.825,60
800.000	2.035,60	3.053,40	4.071,20	6.106,80	8.142,40
850.000	2.114,80	3.172,20	4.229,60	6.344,40	8.459,20
900.000	2.194,00	3.291,00	4.388,00	6.582,00	8.776,00
950.000	2.273,20	3.409,80	4.546,40	6.819,60	9.092,80
1.000.000	2.352,40	3.528,60	4.704,80	7.057,20	9.409,60
1.050.000	2.431,60	3.647,40	4.863,20	7.294,80	9.726,40
1.100.000	2.510,80	3.766,20	5.021,60	7.532,40	10.043,20
1.150.000	2.590,00	3.885,00	5.180,00	7.770,00	10.360,00
1.200.000	2.669,20	4.003,80	5.338,40	8.007,60	10.676,80
1.250.000	2.748,40	4.122,60	5.496,80	8.245,20	10.993,60
1.300.000	2.827,60	4.241,40	5.655,20	8.482,80	11.310,40
1.350.000	2.906,80	4.360,20	5.813,60	8.720,40	11.627,20
1.400.000	2.986,00	4.479,00	5.972,00	8.958,00	11.944,00
1.450.000	3.065,20	4.597,80	6.130,40	9.195,60	12.260,80
1.500.000	3.144,40	4.716,60	6.288,80	9.433,20	12.577,60
1.550.000	3.223,60	4.835,40	6.447,20	9.670,80	12.894,40
1.600.000	3.302,80	4.954,20	6.605,60	9.908,40	13.211,20
1.650.000	3.382,00	5.073,00	6.764,00	10.146,00	13.528,00
1.700.000	3.461,20	5.191,80	6.922,40	10.383,60	13.844,80
1.750.000	3.540,40	5.310,60	7.080,80	10.621,20	14.161,60
1.800.000	3.619,60	5.429,40	7.239,20	10.858,80	14.478,40
1.850.000	3.698,80	5.548,20	7.397,60	11.096,40	14.795,20
1.900.000	3.778,00	5.667,00	7.556,00	11.334,00	15.112,00
1.950.000	3.857,20	5.785,80	7.714,40	11.571,60	15.428,80

Gerichtsgebühren Arbeitsgerichtsbarkeit nach § 34 GKG, Nr. 8100 ff. GKG-KV

Wert bis ... €	2,0	2,4	3,2	4,0
260.000	4.634,00	5.560,80	7.414,40	9.268,00
290.000	5.030,00	6.036,00	8.048,00	10.060,00
320.000	5.426,00	6.511,20	8.681,60	10.852,00
350.000	5.822,00	6.986,40	9.315,20	11.644,00
380.000	6.218,00	7.461,60	9.948,80	12.436,00
410.000	6.614,00	7.936,80	10.582,40	13.228,00
440.000	7.010,00	8.412,00	11.216,00	14.020,00
470.000	7.406,00	8.887,20	11.849,60	14.812,00
500.000	7.802,00	9.362,40	12.483,20	15.604,00
550.000	8.198,00	9.837,60	13.116,80	16.396,00
600.000	8.594,00	10.312,80	13.750,40	17.188,00
650.000	8.990,00	10.788,00	14.384,00	17.980,00
700.000	9.386,00	11.263,20	15.017,60	18.772,00
750.000	9.782,00	11.738,40	15.651,20	19.564,00
800.000	10.178,00	12.213,60	16.284,80	20.356,00
850.000	10.574,00	12.688,80	16.918,40	21.148,00
900.000	10.970,00	13.164,00	17.552,00	21.940,00
950.000	11.366,00	13.639,20	18.185,60	22.732,00
1.000.000	11.762,00	14.114,40	18.819,20	23.524,00
1.050.000	12.158,00	14.589,60	19.452,80	24.316,00
1.100.000	12.554,00	15.064,80	20.086,40	25.108,00
1.150.000	12.950,00	15.540,00	20.720,00	25.900,00
1.200.000	13.346,00	16.015,20	21.353,60	26.692,00
1.250.000	13.742,00	16.490,40	21.987,20	27.484,00
1.300.000	14.138,00	16.965,60	22.620,80	28.276,00
1.350.000	14.534,00	17.440,80	23.254,40	29.068,00
1.400.000	14.930,00	17.916,00	23.888,00	29.860,00
1.450.000	15.326,00	18.391,20	24.521,60	30.652,00
1.500.000	15.722,00	18.866,40	25.155,20	31.444,00
1.550.000	16.118,00	19.341,60	25.788,80	32.236,00
1.600.000	16.514,00	19.816,80	26.422,40	33.028,00
1.650.000	16.910,00	20.292,00	27.056,00	33.820,00
1.700.000	17.306,00	20.767,20	27.689,60	34.612,00
1.750.000	17.702,00	21.242,40	28.323,20	35.404,00
1.800.000	18.098,00	21.717,60	28.956,80	36.196,00
1.850.000	18.494,00	22.192,80	29.590,40	36.988,00
1.900.000	18.890,00	22.668,00	30.224,00	37.780,00
1.950.000	19.286,00	23.143,20	30.857,60	38.572,00

Gerichtsgebühren Arbeitsgerichtsbarkeit nach § 34 GKG, Nr. 8100 ff. GKG-KV

Wert bis ... €	0,4	0,6	0,8	1,2	1,6
2.000.000	3.936,40	5.904,60	7.872,80	11.809,20	15.745,60
2.050.000	4.015,60	6.023,40	8.031,20	12.046,80	16.062,40
2.100.000	4.094,80	6.142,20	8.189,60	12.284,40	16.379,20
2.150.000	4.174,00	6.261,00	8.348,00	12.522,00	16.696,00
2.200.000	4.253,20	6.379,80	8.506,40	12.759,60	17.012,80
2.250.000	4.332,40	6.498,60	8.664,80	12.997,20	17.329,60
2.300.000	4.411,60	6.617,40	8.823,20	13.234,80	17.646,40
2.350.000	4.490,80	6.736,20	8.981,60	13.472,40	17.963,20
2.400.000	4.570,00	6.855,00	9.140,00	13.710,00	18.280,00
2.450.000	4.649,20	6.973,80	9.298,40	13.947,60	18.596,80
2.500.000	4.728,40	7.092,60	9.456,80	14.185,20	18.913,60
2.550.000	4.807,60	7.211,40	9.615,20	14.422,80	19.230,40
2.600.000	4.886,80	7.330,20	9.773,60	14.660,40	19.547,20
2.650.000	4.966,00	7.449,00	9.932,00	14.898,00	19.864,00
2.700.000	5.045,20	7.567,80	10.090,40	15.135,60	20.180,80
2.750.000	5.124,40	7.686,60	10.248,80	15.373,20	20.497,60
2.800.000	5.203,60	7.805,40	10.407,20	15.610,80	20.814,40
2.850.000	5.282,80	7.924,20	10.565,60	15.848,40	21.131,20
2.900.000	5.362,00	8.043,00	10.724,00	16.086,00	21.448,00
2.950.000	5.441,20	8.161,80	10.882,40	16.323,60	21.764,80
3.000.000	5.520,40	8.280,60	11.040,80	16.561,20	22.081,60
3.050.000	5.599,60	8.399,40	11.199,20	16.798,80	22.398,40
3.100.000	5.678,80	8.518,20	11.357,60	17.036,40	22.715,20
3.150.000	5.758,00	8.637,00	11.516,00	17.274,00	23.032,00
3.200.000	5.837,20	8.755,80	11.674,40	17.511,60	23.348,80
3.250.000	5.916,40	8.874,60	11.832,80	17.749,20	23.665,60
3.300.000	5.995,60	8.993,40	11.991,20	17.986,80	23.982,40
3.350.000	6.074,80	9.112,20	12.149,60	18.224,40	24.299,20
3.400.000	6.154,00	9.231,00	12.308,00	18.462,00	24.616,00
3.450.000	6.233,20	9.349,80	12.466,40	18.699,60	24.932,80
3.500.000	6.312,40	9.468,60	12.624,80	18.937,20	25.249,60
3.550.000	6.391,60	9.587,40	12.783,20	19.174,80	25.566,40
3.600.000	6.470,80	9.706,20	12.941,60	19.412,40	25.883,20
3.650.000	6.550,00	9.825,00	13.100,00	19.650,00	26.200,00
3.700.000	6.629,20	9.943,80	13.258,40	19.887,60	26.516,80
3.750.000	6.708,40	10.062,60	13.416,80	20.125,20	26.833,60
3.800.000	6.787,60	10.181,40	13.575,20	20.362,80	27.150,40
3.850.000	6.866,80	10.300,20	13.733,60	20.600,40	27.467,20

Wert bis ... €	2,0	2,4	3,2	4,0
2.000.000	19.682,00	23.618,40	31.491,20	39.364,00
2.050.000	20.078,00	24.093,60	32.124,80	40.156,00
2.100.000	20.474,00	24.568,80	32.758,40	40.948,00
2.150.000	20.870,00	25.044,00	33.392,00	41.740,00
2.200.000	21.266,00	25.519,20	34.025,60	42.532,00
2.250.000	21.662,00	25.994,40	34.659,20	43.324,00
2.300.000	22.058,00	26.469,60	35.292,80	44.116,00
2.350.000	22.454,00	26.944,80	35.926,40	44.908,00
2.400.000	22.850,00	27.420,00	36.560,00	45.700,00
2.450.000	23.246,00	27.895,20	37.193,60	46.492,00
2.500.000	23.642,00	28.370,40	37.827,20	47.284,00
2.550.000	24.038,00	28.845,60	38.460,80	48.076,00
2.600.000	24.434,00	29.320,80	39.094,40	48.868,00
2.650.000	24.830,00	29.796,00	39.728,00	49.660,00
2.700.000	25.226,00	30.271,20	40.361,60	50.452,00
2.750.000	25.622,00	30.746,40	40.995,20	51.244,00
2.800.000	26.018,00	31.221,60	41.628,80	52.036,00
2.850.000	26.414,00	31.696,80	42.262,40	52.828,00
2.900.000	26.810,00	32.172,00	42.896,00	53.620,00
2.950.000	27.206,00	32.647,20	43.529,60	54.412,00
3.000.000	27.602,00	33.122,40	44.163,20	55.204,00
3.050.000	27.998,00	33.597,60	44.796,80	55.996,00
3.100.000	28.394,00	34.072,80	45.430,40	56.788,00
3.150.000	28.790,00	34.548,00	46.064,00	57.580,00
3.200.000	29.186,00	35.023,20	46.697,60	58.372,00
3.250.000	29.582,00	35.498,40	47.331,20	59.164,00
3.300.000	29.978,00	35.973,60	47.964,80	59.956,00
3.350.000	30.374,00	36.448,80	48.598,40	60.748,00
3.400.000	30.770,00	36.924,00	49.232,00	61.540,00
3.450.000	31.166,00	37.399,20	49.865,60	62.332,00
3.500.000	31.562,00	37.874,40	50.499,20	63.124,00
3.550.000	31.958,00	38.349,60	51.132,80	63.916,00
3.600.000	32.354,00	38.824,80	51.766,40	64.708,00
3.650.000	32.750,00	39.300,00	52.400,00	65.500,00
3.700.000	33.146,00	39.775,20	53.033,60	66.292,00
3.750.000	33.542,00	40.250,40	53.667,20	67.084,00
3.800.000	33.938,00	40.725,60	54.300,80	67.876,00
3.850.000	34.334,00	41.200,80	54.934,40	68.668,00

Gerichtsgebühren Arbeitsgerichtsbarkeit nach § 34 GKG, Nr. 8100 ff. GKG-KV

Wert bis … €	0,4	0,6	0,8	1,2	1,6
3.900.000	6.946,00	10.419,00	13.892,00	20.838,00	27.784,00
3.950.000	7.025,20	10.537,80	14.050,40	21.075,60	28.100,80
4.000.000	7.104,40	10.656,60	14.208,80	21.313,20	28.417,60
4.050.000	7.183,60	10.775,40	14.367,20	21.550,80	28.734,40
4.100.000	7.262,80	10.894,20	14.525,60	21.788,40	29.051,20
4.150.000	7.342,00	11.013,00	14.684,00	22.026,00	29.368,00
4.200.000	7.421,20	11.131,80	14.842,40	22.263,60	29.684,80
4.250.000	7.500,40	11.250,60	15.000,80	22.501,20	30.001,60
4.300.000	7.579,60	11.369,40	15.159,20	22.738,80	30.318,40
4.350.000	7.658,80	11.488,20	15.317,60	22.976,40	30.635,20
4.400.000	7.738,00	11.607,00	15.476,00	23.214,00	30.952,00
4.450.000	7.817,20	11.725,80	15.634,40	23.451,60	31.268,80
4.500.000	7.896,40	11.844,60	15.792,80	23.689,20	31.585,60
4.550.000	7.975,60	11.963,40	15.951,20	23.926,80	31.902,40
4.600.000	8.054,80	12.082,20	16.109,60	24.164,40	32.219,20
4.650.000	8.134,00	12.201,00	16.268,00	24.402,00	32.536,00
4.700.000	8.213,20	12.319,80	16.426,40	24.639,60	32.852,80
4.750.000	8.292,40	12.438,60	16.584,80	24.877,20	33.169,60
4.800.000	8.371,60	12.557,40	16.743,20	25.114,80	33.486,40
4.850.000	8.450,80	12.676,20	16.901,60	25.352,40	33.803,20
4.900.000	8.530,00	12.795,00	17.060,00	25.590,00	34.120,00
4.950.000	8.609,20	12.913,80	17.218,40	25.827,60	34.436,80
5.000.000	8.688,40	13.032,60	17.376,80	26.065,20	34.753,60

Bei Werten über 5.000.000 € steigen die Gebühren bei der 1,0 Gebühr um 198 € je angefangene 50.000 €.
Nach Aufrundung des Wertes auf volle 50.000 € können die Gebühren wie nachstehend berechnet werden:

‰	1,584	2,376	3,168	4,752	6,336
von dem auf 50.000 € aufgerundeten Wert.					
+ €	786,40	1.152,60	1.536,80	2.305,20	3.073,60

Gerichtsgebühren Arbeitsgerichtsbarkeit nach § 34 GKG, Nr. 8100 ff. GKG-KV

Wert bis ... €	2,0	2,4	3,2	4,0
3.900.000	34.730,00	41.676,00	55.568,00	69.460,00
3.950.000	35.126,00	42.151,20	56.201,60	70.252,00
4.000.000	35.522,00	42.626,40	56.835,20	71.044,00
4.050.000	35.918,00	43.101,60	57.468,80	71.836,00
4.100.000	36.314,00	43.576,80	58.102,40	72.628,00
4.150.000	36.710,00	44.052,00	58.736,00	73.420,00
4.200.000	37.106,00	44.527,20	59.369,60	74.212,00
4.250.000	37.502,00	45.002,40	60.003,20	75.004,00
4.300.000	37.898,00	45.477,60	60.636,80	75.796,00
4.350.000	38.294,00	45.952,80	61.270,40	76.588,00
4.400.000	38.690,00	46.428,00	61.904,00	77.380,00
4.450.000	39.086,00	46.903,20	62.537,60	78.172,00
4.500.000	39.482,00	47.378,40	63.171,20	78.964,00
4.550.000	39.878,00	47.853,60	63.804,80	79.756,00
4.600.000	40.274,00	48.328,80	64.438,40	80.548,00
4.650.000	40.670,00	48.804,00	65.072,00	81.340,00
4.700.000	41.066,00	49.279,20	65.705,60	82.132,00
4.750.000	41.462,00	49.754,40	66.339,20	82.924,00
4.800.000	41.858,00	50.229,60	66.972,80	83.716,00
4.850.000	42.254,00	50.704,80	67.606,40	84.508,00
4.900.000	42.650,00	51.180,00	68.240,00	85.300,00
4.950.000	43.046,00	51.655,20	68.873,60	86.092,00
5.000.000	43.442,00	52.130,40	69.507,20	86.884,00

‰	7,92	9,504	12,672	15,84
+€	3.842,00	4.610,40	6.147,20	7.684,00

17. GNotKG – wichtige Gebühren und Auslagen des Notars

Schnellübersicht[1]

Die Kosten (Gebühren und Auslagen) der Notare für ihre Amtstätigkeit bestimmen sich, soweit bundesrechtlich nichts anderes vorgeschrieben ist, gem. § 1 Abs. 1 GNotKG ausschließlich nach dem GNotKG (Übergangsregelung vgl. § 134 Abs. 2 GNotKG, S. 10). Vereinbarungen über die Höhe der Kosten sind unwirksam (§ 125 GNotKG).

Die Wertgebühren des GNotKG bestimmen sich nach der Tabelle A oder der Tabelle B zu § 34 GNotKG (siehe dazu S. 483). Aus der Überschrift der rechten Spalte des Kostenverzeichnisses zum GNotKG ergibt sich, welche Tabelle jeweils gilt. Die Notargebühren bestimmen sich danach nach der Tabelle B. Die Tabelle B ist wegen der in diesen Verfahren zum Teil sehr hohen Werte deutlich stärker degressiv ausgestaltet und führt deshalb bei gleichen Werten zu geringeren Gebühren als die Tabelle A. Der Höchstwert bei den Notargebühren beträgt 60 Mio. €

Gebührensätze

Abdrucke aus einem Register oder aus dem Grundbuch

Abdruck KV GNotKG Nr. 25210 . . . . 10,00 €
Beglaubigter Abdruck KV GNotKG Nr. 25211 . . . . 15,00 €
Kein Abdruck, sondern elektronische Übermittlung einer Datei:
Unbeglaubigte Datei KV GNotKG Nr. 25212 . . . . 5,00 €
Beglaubigte Datei KV GNotKG Nr. 25213 . . . . 10,00 €

Abgeschlossenheitsbescheinigung

siehe Vollzugstätigkeit/Vollzugsgebühr

Ablehnung der fortgesetzten Gütergemeinschaft (§ 1484 BGB)

Wert § 103 GNotKG
Gebühr KV GNotKG Nr. 21201 Ziff. 7
bei Beurkundung der Erklärung 0,5
– mindestens 30,00 €

Gebühr KV GNotKG Nrn. 24102, 21201 Ziff. 7, § 92 Abs. 2 GNotKG bei Unterschriftsbeglaubigung und vollendetem Entwurf 0,5
– mindestens 30,00 €

GNotKG Notar
GNotKG Gericht
Schnellübersichten
Text §§ GNotKG-KV

1 **Hinweis:** Das GNotKG ist vereinzelt auch hinsichtlich der Notarkosten durch das am 1.1.2021 in Kraft getretene KostRÄG 2021 vom 21.12.2020 (BGBl. I S. 3229) geändert worden. Ob in Übergangsfällen das GNotKG i.d.F. bis zum 31.12.2020 oder in der ab 1.1.2021 geltenden Fassung anzuwenden ist, richtet sich nach der Übergangsvorschrift in § 134 Abs. 2 GNotKG (siehe Gesetzestext auf S. 10).

	Gebührensätze
Gebühr KV GNotKG Nr. 25100 bei Beglaubigung der Erklärung ohne Entwurf	0,2 – mindestens 20,00 €, höchstens 70,00 €

Ablieferung (Verwahrung) von Geld

Wert § 124 S. 1 GNotKG Gebühr KV GNotKG Nr. 25300	1,0, soweit der Betrag 13 Mio. € übersteigt: 0,1 % des Auszahlungsbetrags
Verwahrung von Geldbeträgen, je Auszahlung Die Gebühr entsteht neben Gebühren für Betreuungstätigkeiten (KV GNotKG Nrn. 22200 und 22201) gesondert, KV GNotKG Vorbem. 2.5.3 Abs. 1, vgl. auch KV GNotKG Nr. 22200 Nr. 4. Der Höchstwert gem. § 35 Abs. 2 GNotKG (60 Mio. €) gilt nicht, KV GNotKG Vorbem. 2.5.3 Abs. 2.	

Ablieferung (Verwahrung) von Wertpapieren

Wert § 124 Satz 2 GNotKG Gebühr KV GNotKG Nr. 25301	1,0, soweit der Betrag 13 Mio. € übersteigt: 0,1 % des Werts
Entgegennahme von Wertpapieren und Kostbarkeiten zur Verwahrung Die Gebühr entsteht neben Gebühren für Betreuungstätigkeiten (KV GNotKG Nrn. 22200 und 22201) gesondert, KV GNotKG Vorbem. 2.5.3 Abs. 1, vgl. auch KV GNotKG Nr. 22200 Nr. 4. Der Höchstwert gem. § 35 Abs. 2 GNotKG (60 Mio. €) gilt nicht, KV GNotKG Vorbem. 2.5.3 Abs. 2.	

Abrufgebühren

Auslagenersatz nach KV GNotKG Nr. 32011	In voller Höhe (KV JVKostG Nrn. 1140 f., 1151 f.)

Abspaltung siehe Spaltung

Abtretung von Forderungen (Grundpfandrechten), Wert §§ 53, 97, 119 Abs. 1 GNotKG,

Gebühr KV GNotKG Nr. 21200	1,0 – mindestens 60,00 €

	Gebührensätze
Gebühr KV GNotKG Nrn. 24101, 21200, § 92 Abs. 2 GNotKG bei Unterschriftsbeglaubigung und vollendetem Entwurf	1,0 – mindestens 60,00 €
sonst – wenn nur ein Grundbuchantrag gestellt wird – Gebühr KV GNotKG Nr. 21201 Nr. 4	0,5 – mindestens 30,00 €
Gebühr KV GNotKG Nrn. 24102, 21201 Nr. 4, § 92 Abs. 2 GNotKG bei Unterschriftsbeglaubigung und vollendetem Entwurf	0,5 – mindestens 30,00 €
von GmbH-Geschäftsanteilen, Wert §§ 97 Abs. 3, ggf. § 54 GNotKG, Gebühr KV GNotKG Nr. 21100	2,0 – mindestens 120,00 €
Hat derselbe Notar das der Übertragung zugrundeliegende Rechtsgeschäft bereits beurkundet und dafür die Gebühr 21100 erhoben, Gebühr KV GNotKG Nr. 21101 Ziff. 2	0,5 – mindestens 30,00 €
Hat ein anderer Notar das der Übertragung zugrundeliegende Rechtsgeschäft bereits beurkundet, Gebühr KV GNotKG Nr. 21102 Ziff. 1	1,0 – mindestens 60,00 €

Adoption

Beurkundung der Annahmeerklärung Wert § 101 GNotKG bei Minderjährigen, § 36 Abs. 2, 3 GNotKG bei Volljährigen Gebühr KV GNotKG Nr. 21200	1,0 – mindestens 60,00 €
Zustimmungserklärung Gebühr KV GNotKG Nr. 21201 Ziff. 8	0,5 – mindestens 30,00 €
Geschäftswert der Zustimmungserklärung § 98 Abs. 1 GNotKG	

Änderung beurkundeter Erklärungen

Es entsteht dieselbe Gebühr, die auch bei der Beurkundung der Erklärung angefallen wäre:

Bei Vertragsbeurkundung KV GNotKG Nr. 21100

Geschäftswert § 97 Abs. 2 GNotKG

Akteneinsicht in Registerakten, siehe Grundbucheinsicht

Angebot eines Vertrags

Wert §§ 35 ff., 97 GNotKG

Gebühr KV GNotKG Nr. 21100 2,0

Vgl. KV GNotKG Vorbem. 2.1.1 Nr. 1 und Vorbem. 2.1.2 Abs. 1 – mindestens 120,00 €

Anmeldung zu Registern

Handelsregister, Partnerschafts- und Genossenschaftsregister:

Wert §§ 105, 106 GNotKG

Höchstwert 1 Mio. €.

Bei Beurkundung:

Gebühr KV GNotKG Nr. 21201 Ziff. 5 .... 0,5 – mindestens 30,00 €

Bei Unterschriftsbeglaubigung mit Entwurf: 0,5

KV GNotKG Nrn. 24102, 21201 Ziff. 5, § 92 Abs. 2 GNotKG, – mindestens 30.00 €

Bei Unterschriftsbeglaubigung ohne Entwurf:.............. 0,2

KV GNotKG Nr. 25100 – mindestens 20,00 €, höchstens 70,00 €

Vereinsregister:

Wert § 36 GNotKG,

Höchstwert gem. §§ 36 Abs. 2, 106 GNotKG 1 Mio. €.

Auffangwert gem. § 36 Abs. 3 GNotKG 5.000,00 €

Gebühren siehe Handelsregister

Güterrechtsregister:

Wert § 100 Abs. 1 S. 1 Nr. 2 GNotKG,

Gebühren siehe Handelsregister

Annahme eines Vertragsangebots

Wert §§ 35 ff., 97 GNotKG
Gebühr KV GNotKG Nr. 21101 Ziff. 1 .... 0,5 – mindestens 30,00 €

Antrag, Bewilligung, Zustimmung zur Grundbucheintragung

Wert §§ 35 ff. GNotKG
Gebühr KV GNotKG Nr. 21201 Ziff. 5 .... 0,5 – mindestens 30,00 €

Bei Unterschriftsbeglaubigung mit Entwurf: .... 0,5 – mindestens 30,00 €
KV GNotKG Nrn. 24102, 21201 Ziff. 5, § 92 Abs. 2 GNotKG

Bei Unterschriftsbeglaubigung ohne Entwurf:
KV GNotKG Nr. 25100 .... 0,2 – mindestens 20,00 €, höchstens 70,00 €

Bei Zustimmungen gem. § 27 GBO sowie einem damit verbundenen Löschungsantrag gem. § 13 GBO:
KV GNotKG Nr. 25101 .... Festgebühr 20,00 €

Anträge und Beschwerden zum Vollzug des Geschäfts

siehe Vollzugstätigkeit/Vollzugsgebühr

Apostille

Gebühr KV GNotKG Nr. 25207 .... Festgebühr 25,00 €
Vollzugsgebühr KV GNotKG Nr. 22124 .... Festgebühr 20,00 €

Aufhebung eines Vertrags

Gebühr KV GNotKG Nr. 21102 Ziff. 2 .... 1,0 – mindestens 60,00 €

Auflassung Getrennte Beurkundung

Wert §§ 46, 47 GNotKG
Gebühr KV GNotKG Nr. 21000 .... 2,0 – mindestens 120,00 €

	Hat derselbe Notar das der Einigung zugrundeliegende Rechtsgeschäft bereits beurkundet und dafür die Gebühr 21100 erhoben, Gebühr KV GNotKG Nr. 21101 Ziff. 2	0,5 – mindestens 30,00 €
	Hat ein anderer Notar das der Einigung zugrundeliegende Rechtsgeschäft bereits beurkundet, Gebühr KV GNotKG Nr. 21102 Ziff. 1	1,0 – mindestens 60,00 €
Auseinandersetzung siehe Teilungssachen		
Ausschlagung siehe Erbschaftsausschlagung		
Auswärtsgebühr siehe Zusatzgebühren		
Beglaubigung von Kopien und Ausdrucken		
	Gebühr KV GNotKG Nr. 25102, je angefangene Seite	1,00 €
	Daneben wird keine Dokumentenpauschale erhoben. vgl. auch Dokumentenpauschale	– mindestens 10,00 €
Beglaubigung von Unterschriften oder Handzeichen		
	Wert § 121 GNotKG	
	Gebühr KV GNotKG Nr. 25100	0,2 – mindestens 20,00 €, höchstens 70,00 €
	Gebühr KV GNotKG Nr. 25101	20,00 €
Beratung	nur, wenn der Beratungsgegenstand nicht schon Gegenstand eines anderen gebührenpflichtigen Verfahrens oder Geschäfts ist.	
	Wert § 36 GNotKG	
	Gebührenrahmen § 92 GNotKG	
	Gebühr KV GNotKG Nr. 24200	0,3 bis 1,0
	KV GNotKG Nr. 24201	0,3 bis 0,5
	KV GNotKG Nr. 24202	0,3
	Beratung bei der Durchführung oder Vorbereitung einer Hauptversammlung oder Gesellschafterversammlung, Gebühr KV GNotKG Nr. 24203	0,5 bis 2,0
	Wert § 120 GNotKG	

Bescheinigung über Eintragungen im Handelsregister oder ähnlichen Registern

Gebühr KV GNotKG Nr. 25200
über eine Vertretungsberechtigung, § 21 Abs. 1 Nr. 1 BNotO und
über das Bestehen oder den Sitz einer juristischen Person oder Handelsgesellschaft, die Firmenänderung, eine Umwandlung oder sonstige rechtserhebliche Umstände, § 21 Abs. 1 Nr. 2 BNotO . . . 15,00 € für jedes Registerblatt, dessen Einsicht zur Erteilung erforderlich ist

Gebühr KV GNotKG Nr. 25214 . . . 15,00 €

Bescheinigung gem. § 21 Abs. 3 BNotO über eine durch Rechtsgeschäft begründete Vertretungsmacht

Bescheinigung des neuen vollständigen Wortlauts des Gesellschaftsvertrags oder der Satzung (§ 54 GmbHG, § 181 AktG)

KV GNotKG Vorbem. 2.1 Abs. 2 Nr. 4:

Gebührenfrei für den Notar, der den Gesellschafterbeschluss beurkundet hat.

Anderer Notar:

Geschäftswert §§ 36 Abs. 1, 108 Abs. 1, 105 Abs. 4 Nr. 1 GNotKG

Gebühr KV GNotKG Nr. 25104 . . . 1,0

Bescheinigung über Tatsachen oder Verhältnisse, die urkundlich nachgewiesen oder offenkundig sind

über das Bestehen oder den Sitz einer juristischen Person oder Handelsgesellschaft, die Firmenänderung, eine Umwandlung oder sonstige rechtserhebliche Umstände
Gebühr KV GNotKG Nr. 25104 . . . 1,0

Die Gebühr entsteht nicht, wenn die Erteilung der Bescheinigung eine Betreuungstätigkeit nach KV GNotKG Nr. 22200 darstellt.

Beschwerden siehe Anträge

Betreuungstätigkeiten: Betreuungsgebühr und Treuhandgebühr

Betreuungsgebühr KV GNotKG Nr. 22200 0,5

Die Betreuungsgebühr entsteht für die

1. Erteilung einer Bescheinigung über den Eintritt der Wirksamkeit von Verträgen, Erklärungen und Beschlüssen,
2. Prüfung und Mitteilung des Vorliegens von Fälligkeitsvoraussetzungen einer Leistung oder Teilleistung,
3. Beachtung einer Auflage eines an dem Beurkundungsverfahren Beteiligten im Rahmen eines Treuhandauftrags, eine Urkunde oder Auszüge einer Urkunde nur unter bestimmten Bedingungen herauszugeben, wenn die Herausgabe nicht lediglich davon abhängt, dass ein Beteiligter der Herausgabe zustimmt, oder die Erklärung der Bewilligung nach § 19 GBO aufgrund einer Vollmacht, wenn diese nur unter bestimmten Bedingungen abgegeben werden soll,
4. Prüfung und Beachtung der Auszahlungsvoraussetzungen von verwahrtem Geld und der Ablieferungsvoraussetzungen von verwahrten Wertpapieren und Kostbarkeiten,
5. Anzeige oder Anmeldung einer Tatsache, insbesondere einer Abtretung oder Verpfändung, an einen nicht an dem Beurkundungsverfahren Beteiligten zur Erzielung einer Rechtsfolge, wenn sich die Tätigkeit des Notars nicht darauf beschränkt, dem nicht am Beurkundungsverfahren Beteiligten die Urkunde oder eine Kopie oder eine Ausfertigung der Urkunde zu übermitteln,
6. Erteilung einer Bescheinigung über Veränderungen hinsichtlich der Personen der Gesellschafter oder des Umfangs ihrer Beteiligung (§ 40 Abs. 2 GmbHG), wenn Umstände außerhalb der Urkunde zu prüfen sind, und

   Entgegennahme der für den Gläubiger bestimmten Ausfertigung einer Grundpfandrechtsbestellungsurkunde zur Herbeiführung der Bindungswirkung gemäß § 873 Abs. 2 BGB.

   Wert § 113 Abs. 1 GNotKG

Treuhandgebühr KV GNotKG Nr. 22201 0,5

Die Treuhandgebühr entsteht für die Beachtung von Auflagen durch einen nicht unmittelbar an dem Beurkundungsverfahren Beteiligten, eine Urkunde oder Auszüge einer Urkunde nur unter bestimmten Bedingungen herauszugeben. Die Gebühr entsteht für jeden Treuhandauftrag gesondert.

Wert § 113 Abs. 2 GNotKG

Betreuungsverfügung

Wert § 36 Abs. 2, 3 GNotKG

Höchstwert 1 Mio. €.

Bei Beurkundung:

Gebühr KV GNotKG Nr. 21200	1,0 – mindestens 60,00 €

Bei Unterschriftsbeglaubigung mit Entwurf:

KV GNotKG Nrn. 24101, 21200, § 92 Abs. 2 GNotKG	1,0 – mindestens 60,00 €

Bei Unterschriftsbeglaubigung ohne Entwurf:

KV GNotKG Nr. 25100	0,2 – mindestens 20,00 €, höchstens 70,00 €

Bewilligung siehe Antrag zur Grundbucheintragung

Bezugsurkunde

Wert § 36 Abs. 1, 3 GNotKG

Teilwert von 10–50 % der Hauptturkunde

Bei Beurkundung:

Gebühr KV GNotKG Nr. 21200	1,0 – mindestens 60,00 €

Dokumentenpauschale KV GNotKG Nrn. 32000 bis 32003

Auszug der Regelungen:

Dokumentenpauschale KV GNotKG Nr. 32000 (bis zur Größe von DIN A 3) für die Herstellung und Überlassung von Kopien und Ausdrucken, die auf besonderen Antrag angefertigt oder per Telefax übermittelt worden sind:

für die ersten 50 Seiten je Seite	0,50 €
für jede weitere Seite	0,15 €
für die ersten 50 Seiten in Farbe je Seite	1,00 €
für jede weitere Seite in Farbe	0,30 €

Dokumentenpauschale KV GNotKG Nr. 32002

für die Überlassung von elektronisch gespeicherten Dateien oder deren Bereitstellung zum Abruf anstelle der in Nummern 32000 und 32001 genannten Dokumente Ausfertigungen, Ablichtungen und Ausdrucke

je Datei	1,50 €

für die in einem Arbeitsgang überlassenen, bereitgestellten oder in einem Arbeitsgang auf denselben Datenträger übertragenen Dokumente höchstens .... 5,00 €

Ehevertrag

Wert § 100 GNotKG
Gebühr KV GNotKG Nr. 21100 2,0
– mindestens 120,00 €

Ehe- und Erbvertrag

Wert §§ 100, 102 GNotKG
Gebühr KV GNotKG Nr. 21100 2,0
Gegenstandsverschieden gem. § 111 Nr. 2 GNotKG, Wertzusammenrechnung gem. § 35 Abs. 1 GNotKG – mindestens 120,00 €

Eidesstattliche Versicherung / Eide, Verfahren zur Abnahme

Wert § 40 GNotKG (bei Erbscheinen)
Gebühr KV GNotKG Nrn. 23300 f. 1,0

Eigenurkunde des Notars

Wert § 119 GNotKG
Gebühr KV GNotKG Nr. 25204 .... in Höhe der für die Fertigung des Entwurfs der Erklärung zu erhebenden Gebühr

Einigung über die Einräumung oder Aufhebung von Sondereigentum

Wert § 42 GNotKG
Gebühr KV GNotKG Nr. 21000 2,0
– mindestens 120,00 €

Hat derselbe Notar das der Einigung zugrundeliegende Rechtsgeschäft bereits beurkundet und dafür die Gebühr 21100 erhoben, Gebühr KV GNotKG Nr. 21101 Ziff. 2 0,5
– mindestens 30,00 €

Hat ein anderer Notar das der Einigung zugrundeliegende Rechtsgeschäft bereits beurkundet, Gebühr KV GNotKG Nrn. 21102 Ziff. 1 1,0
– mindestens 60,00 €

Gebührensätze

Einseitige Erklärungen

Gebühr KV GNotKG Nr. 21200 .... 1,0 – mindestens 60,00 €

Entwurf einer Urkunde

Wert § 119 GNotKG
Rahmengebühr § 92 GNotKG

Gebühr KV GNotKG Nr. 24100: Fertigung eines Entwurfs, wenn die Gebühr für das Beurkundungsverfahren 2,0 betragen würde .... 0,5 bis 2,0 – mindestens 120,00 €

Gebühr KV GNotKG Nr. 24101: Fertigung eines Entwurfs, wenn die Gebühr für das Beurkundungsverfahren 1,0 betragen würde .... 0,3 bis 1,0 – mindestens 60,00 €

Gebühr KV GNotKG Nr. 24102: Fertigung eines Entwurfs, wenn die Gebühr für das Beurkundungsverfahren 0,5 betragen würde .... 0,3 bis 0,5 – mindestens 30,00 €

Wenn der Notar demnächst nach Fertigung eines Entwurfs auf der Grundlage dieses Entwurfs ein Beurkundungsverfahren durchführt, wird eine Entwurfsgebühr auf die Gebühr für das Beurkundungsverfahren angerechnet.

Beglaubigt der Notar, der den Entwurf gefertigt hat, demnächst unter dem Entwurf eine oder mehrere Unterschriften oder Handzeichen, entstehen für die erstmaligen Beglaubigungen, die an ein und demselben Tag erfolgen, keine Gebühren.

Erbauseinandersetzung

Wert §§ 97 Abs. 1, 38 GNotKG
Gebühr KV GNotKG Nr. 21100 .... 2,0 – mindestens 120,00 €

Erbbaurechtseinigung

Wert §§ 43, 49 und 52 GNotKG
Gebühr KV GNotKG Nr. 21000 .... 2,0 – mindestens 120,00 €

Hat derselbe Notar das der Einigung zugrundeliegende Rechtsgeschäft bereits beurkundet und dafür die Gebühr 21100 erhoben, Gebühr KV GNotKG Nr. 21101 Ziff. 2 . . . . 0,5 – mindestens 30,00 €

Hat ein anderer Notar das der Einigung zugrundeliegende Rechtsgeschäft bereits beurkundet, Gebühr KV GNotKG Nr. 21102 Ziff. 1 . . . . 1,0 – mindestens 60,00 €

Erbbaurechtsvertrag siehe Erbbaurechtseinigung

Erbschaftsausschlagung

Wert § 103 GNotKG
Gebühr KV GNotKG Nr. 21201 Ziff. 7
bei Beurkundung der Erklärung . . . . 0,5 – mindestens 30,00 €

Gebühr KV GNotKG Nrn. 24102, 21201 Ziff. 7, § 92 Abs. 2 GNotKG bei Unterschriftsbeglaubigung und vollendetem Entwurf . . . . 0,5 – mindestens 30,00 €

Gebühr KV GNotKG Nr. 25100 bei Beglaubigung der Erklärung ohne Entwurf . . . . 0,2 – mindestens 20,00 €, höchstens 70,00 €

Erbscheinsantrag

Wert §§ 40, 103 GNotKG
Gebühr KV GNotKG Vorbem. 2.3.3 Abs. 2, Nr. 23300, Nr. 21201 Ziff. 6 1,0
Die Gebühr für die Abnahme der eidesstattlichen Versicherung gilt das Beurkundungsverfahren hinsichtlich des Erbscheinsantrags ab.

Erbvertrag

Wert § 102 GNotKG
Gebühr KV GNotKG Nr. 21100 . . . . 2,0 – mindestens 120,00 €

Erbverzichtsvertrag

Wert § 102 Abs. 4 GNotKG
Gebühr KV GNotKG Nr. 21100 .... 2,0 – mindestens 120,00 €

Erfolglose Verhandlung

Gebühren KV GNotKG Nrn. 21300 bis 21304

KV GNotKG Nr. 21300: Vorzeitige Beendigung des Beurkundungsverfahrens

1. vor Ablauf des Tages, an dem ein vom Notar gefertigter Entwurf an einen Beteiligten durch Aufgabe zur Post versandt worden ist,

2. vor der Übermittlung eines vom Notar gefertigten Entwurfs per Telefax, vor der elektronischen Übermittlung als Datei oder vor Aushändigung

oder

3. bevor der Notar mit allen Beteiligten in einem zum Zweck der Beurkundung vereinbarten Termin auf der Grundlage eines von ihm gefertigten Entwurfs verhandelt hat:
Die jeweilige Gebühr für das Beurkundungsverfahren ermäßigt sich auf. .... 20,00 €

KV GNotKG Nr. 21301:

In den Fällen der Nummer 21300 hat der Notar persönlich oder schriftlich beraten:

Die jeweilige Gebühr für das Beurkundungsverfahren ermäßigt sich auf eine Gebühr .... in Höhe der jeweiligen Beratungsgebühr

KV GNotKG Nr. 21302:

Vorzeitige Beendigung des Verfahrens nach einem der in Nummer 21300 genannten Zeitpunkte in den Fällen der Nummer 21100: Die Gebühr 21100 ermäßigt sich auf. .... 0,5 bis 2,0 – mindestens 120,00 €

KV GNotKG Nr. 21303:

Vorzeitige Beendigung des Verfahrens nach einem der in Nummer 21300 genannten Zeitpunkte in den Fällen der Nummern 21102 und 21200:

Die Gebühren 21102 und 21200 ermäßigen sich auf .... 0,3 bis 1,0 – mindestens 60,00 €

KV GNotKG Nr. 21304:

Vorzeitige Beendigung des Verfahrens nach einem der in Nummer 21300 genannten Zeitpunkte in den Fällen der Nummern 21101 und Nr. 21201:

Die Gebühren 21101 und 21201 ermäßigen sich auf .... 0,2 bis 0,5 – mindestens 30,00 €

Ergänzung einer beurkundeten Erklärung siehe Änderung

Fälligkeitsüberwachung siehe Betreuungsgebühr

Formwechsel

Wert § 108 Abs. 3, 5 GNotKG

Umwandlungsbeschluss Gebühr KV GNotKG Nr. 21100 .... 2,0 – mindestens 120,00 €

Freiwillige Versteigerung von Grundstücken

Wert § 116 GNotKG

Gebühr KV GNotKG Nr. 23600 für das Verfahren 0,5

Gebühr KV GNotKG Nr. 23601 für die Aufnahme einer Schätzung 0,5

Gebühr KV GNotKG Nr. 23602 für die Abhaltung des Versteigerungstermins, für jeden Termin ....

Gebühr KV GNotKG Nr. 23603 für die Beurkundung des Zuschlags 1,0

Fremde Sprache siehe Zusatzgebühren

Gebührenvereinbarung siehe § 125 GNotKG

Gemeinschaftliches Testament siehe Testament

Genehmigungserklärung siehe Vollzugstätigkeit/Vollzugsgebühr

Genossenschaftsregister siehe Anmeldung zu Registern

Gesellschafterliste siehe Vollzugstätigkeit/Vollzugsgebühr

Gesellschaftsorganbeschlüsse

Wert § 108 GNotKG, höchstens 5 Mio. €.

Gebühr KV GNotKG Nr. 21100 .... 2,0 – mindestens 120,00 €

Gesellschaftsverträge
Wert § 107 GNotKG (mindestens 30.000 €, höchstens 10 Mio. €)
Gebühr KV GNotKG Nr. 21100 .... 2,0 – mindestens 120,00 €

Gewinnabführungs- und beherrschungsvertrag
Zustimmungsbeschluss
Wert §§ 108 Abs. 2, 5, 52 GNotKG, höchstens 5 Mio. €.
Gebühr KV GNotKG Nr. 21100 .... 2,0 – mindestens 120,00 €

Grundbucheinsicht, KV GNotKG Nr. 25209
(entsteht nur, wenn die Einsicht nicht mit einem anderen gebührenpflichtigen Verfahren oder Geschäft zusammenhängt) 15,00 €

Gründungsprüfung
Wert § 123 GNotKG
Gebühr KV GNotKG Nr. 25206 .... 1,0 – mindestens 1.000,00 €

Güterrechtsregister siehe Anmeldung zu Registern

Handelsregister siehe Anmeldung zu Registern

Hebegebühr siehe Ablieferung von Geld

Kaufvertrag Wert §§ 46, 47 GNotKG
Gebühr KV GNotKG Nr. 21100 .... 2,0 – mindestens 120,00 €

Lebenspartnerschaftsvertrag
Wert § 100 GNotKG
Gebühr KV GNotKG Nr. 21100 .... 2,0 – mindestens 120,00 €

Legalisation

Gebühr KV GNotKG Nr. 25207	Festgebühr
Erwirkung der Legalisation einschließlich der Beglaubigung durch den Präsidenten des Landgerichts	25,00 €
Gebühr KV GNotKG Nr. 25208	Festgebühr
Erwirkung der Legalisation, wenn weitere Beglaubigungen notwendig sind	50,00 €

Liste der Gesellschafter siehe Vollzugstätigkeit/Vollzugsgebühr

Löschungsbewilligung

Wert § 53 GNotKG (Grundpfandrechte)	
Gebühr KV GNotKG Nr. 21201 Ziff. 4	0,5 – mindestens 30,00 €
Bei Unterschriftsbeglaubigung mit Entwurf: . . . . KV GNotKG Nrn. 24102, 21201 Ziff. 4, § 92 Abs. 2 GNotKG	0,5 – mindestens 30,00 €
Wird nur die Unterschrift unter der Zustimmung gem. § 27 GBO und dem damit verbundenen Löschungsantrag gem. § 13 GBO beglaubigt, beträgt die Gebühr nach KV GNotKG Nr. 25101 Ziff. 2.	20,00 €

Messungsanerkennung

Wert §§ 36 Abs. 1, 47 GNotKG	
Gebühr KV GNotKG Nr. 21201 Ziff. 4	0,5 – mindestens 30,00 €

Miet-(Pacht-)Vertrag

Wert § 99 GNotKG	
Gebühr KV GNotKG Nr. 21100	2,0 – mindestens 120,00 €

Mindestgebühr, § 34. . . . . 15,00 €

Gebühren werden auf den nächstliegenden Cent auf- oder abgerundet; 0,5 Cent werden aufgerundet.

Höhere spezifische Mindestgebühren in KV GNotKG Nrn. 21100 ff. sind zu beachten.

Modifiziertes Reinvermögen

Gem. §§ 100 Abs. 1, 102 Abs. 1 GNotKG werden bei güterrechtlichen Eheverträgen und bei Verfügungen von Todes wegen bei Ermittlung des Vermögens der Eheleute/Erblasser Verbindlichkeiten bis zur Hälfte des maßgeblichen Werts abgezogen.

Musterprotokolle

Gem. §§ 105 Abs. 6, 107 Abs. 1 S. 2 GNotKG gelten die in § 105 Abs. 1 S. 2 und Abs. 4 Nr. 1 GNotKG bestimmten Mindestwerte nicht für die Gründung einer Gesellschaft gem. § 2 Abs. 1a des GmbH-Gesetzes und, wenn von dem in der Anlage zu dem GmbH-Gesetz bestimmten Musterprotokoll nicht abgewichen wird, für Änderungen des Gesellschaftsvertrags. Rein sprachliche Abweichungen vom Musterprotokoll oder die spätere Streichung der auf die Gründung verweisenden Formulierungen stehen dem nicht entgegen.

Nachgenehmigung siehe Vollzugstätigkeit/Vollzugsgebühr

Partnerschaftsregister siehe Anmeldung zu Registern

Patientenverfügung

Wert § 36 Abs. 2, 3 GNotKG
Höchstwert 1 Mio. €.
Bei Beurkundung:

Gebühr KV GNotKG Nr. 21200	1,0 – mindestens 60,00 €
Bei Unterschriftsbeglaubigung mit Entwurf: . . . . KV GNotKG Nrn. 24101, 21200, § 92 Abs. 2 GNotKG,	1,0 – mindestens 60.00 €
Bei Unterschriftsbeglaubigung ohne Entwurf: . . . . KV GNotKG Nr. 25100	0,2 – mindestens 20,00 €, höchstens 70,00 €

Pflichtteilsverzicht siehe Erbverzicht

Post- und Telekommunikationsdienstleistungen

Auslagen nach KV GNotKG Nr. 32004	in voller Höhe
Oder	
Pauschale	20 % der Gebühren – höchstens 20,00 €

Rangbescheinigung

Wert § 122 GNotKG	
Gebühr KV GNotKG Nr. 25201	0,3

Rechtswahl

Wert § 104 GNotKG	
Gebühr KV GNotKG Nr. 21100	2,0
Gem. § 111 Nr. 4 GNotKG gilt eine Rechtswahl stets als besonderer Beurkundungsgegenstand.	– mindestens 120,00 €

Registereinsicht, KV GNotKG Nr. 25209 siehe Grundbucheinsicht

Reisekosten, KV GNotKG Nrn. 32006 bis 32009

1. Tage- und Abwesenheitsgeld bei Geschäftsreisen von nicht mehr als 4 Stunden	30,00 €
4 bis 8 Stunden.................................	50,00 €
mehr als 8 Stunden	80,00 €
Das Tage- und Abwesenheitsgeld wird nicht neben den Gebühren 26002 oder 26003 erhoben.	
2. Sonstige angemessene Auslagen anlässlich einer Geschäftsreise (z.B. Übernachtungskosten);	
3. Fahrtkosten in Höhe der tatsächlich entstandenen Aufwendungen, soweit sie angemessen sind; bei Benutzung eines eigenen Kraftwagens je Fahrtkilometer..............................	0,42 €

Rückgabe eines Erbvertrags aus der amtlichen Verwahrung

Wert § 114 GNotKG	
Gebühr KV GNotKG Nr. 23100	0,3

Gebührensätze

Schenkung

Wert §§ 35 ff. GNotKG
Gebühr KV GNotKG Nr. 21200, Schenkungserklärung ...... 1,0 – mindestens 60,00 €
Gebühr KV GNotKG Nr. 21100, Schenkungsvertrag .... 2,0 – mindestens 120,00 €

Schulderklärung

Wert §§ 35 ff. GNotKG
Gebühr KV GNotKG Nr. 21200 .... 1,0 – mindestens 60,00 €

Sicherstellung der Zeit

Gebühr KV GNotKG Nr. 25103 .... 20,00 €

Sicherungsübereignung

Gebühr KV GNotKG Nr. 21100 .... 2,0 – mindestens 120,00 €

Spaltung

Wert §§ 107 Abs. 1, 97 GNotKG
Spaltungsvertrag Gebühr KV GNotKG Nr. 21100........... 2,0 – mindestens 120,00 €
Spaltungsplan Gebühr KV GNotKG Nr. 21200............. 1,0 – mindestens 60,00 €
Wert § 108 Abs. 3, 5 GNotKG
Spaltungsbeschluss Gebühr KV GNotKG Nr. 21100 .... 2,0 – mindestens 120,00 €

Gegenstandsverschiedenheit gem. § 110 Nr. 1, Wertzusammenrechnung gem. § 35 Abs. 1 des Spaltungsvertrages und des Zustimmungsbeschlusses; beim Spaltungsplan gilt § 94 Abs. 1.

Teilungserklärung

Wert § 42 Abs. 1 GNotKG
Bei Beurkundung:
Gebühr KV GNotKG Nr. 21201 .... 0,5 – mindestens 30,00 €

	Gebührensätze
Bei Unterschriftsbeglaubigung mit Entwurf:	0,5
KV GNotKG Nrn. 24102, 21201, § 92 Abs. 2 GNotKG	– mindestens 30.00 €
Bei Unterschriftsbeglaubigung ohne Entwurf:..............	0,2
KV GNotKG Nr. 25100	– mindestens 20,00 €, höchstens 70,00 €

Teilungssachen

Wert § 118a GNotKG	
Gebühr KV GNotKG Nr. 23900	6,0
Gebühr KV GNotKG Nr. 23901	1,5
Gebühr KV GNotKG Nr. 23902	1,5
Gebühr KV GNotKG Nr. 23903	– höchstens 100,00 €
	3,0

Testament

Wert § 102 GNotKG	
Gebühr KV GNotKG Nr. 21200	1,0
	– mindestens 60,00 €
Gemeinschaftliches Testament, Gebühr KV GNotKG Nr. 21100, Vorbem. 2.1.1 Nr. 2, Vorbem. 2.1.2 Abs. 1........	2,0
	– mindestens 120,00 €

Testamentsvollstreckerzeugnis

Wert §§ 40, 103 GNotKG	
Gebühr KV GNotKG Vorbem. 2.3.3 Abs. 2, Nr. 23300, Nr. 21201 Ziff. 6.	1,0

Treuhandaufträge siehe Betreuungsgebühr

Treuhandgebühr siehe Betreuungsgebühr

Umschreibungsüberwachung siehe Betreuungsgebühr

Umwandlung siehe Verschmelzung, Spaltung, Vermögensübertragung, Formwechsel

Unternehmergesellschaft (haftungsbeschränkt) siehe Musterprotokolle

Unterschriftsbeglaubigung siehe Beglaubigung

Unterhaltsverpflichtung (Vertrag)

Wert § 52 GNotKG

Gebühr KV GNotKG Nr. 21100 .... 2,0 – mindestens 120,00 €

Für die Beurkundung von Unterhaltsverpflichtungen betr. Kinder besteht Gebührenfreiheit, vgl. Vorbem. 3 Abs. 3 KV GNotKG i.V.m. § 62 BeurkG.

Unterwerfungserklärung

Wert §§ 35 ff., 53 GNotKG

Gebühr KV GNotKG Nr. 21200 .... 1,0 – mindestens 60,00 €

Unzeitgebühr siehe Zusatzgebühren

Vaterschaftsanerkenntnis

Gebührenfrei nach Vorbem. 2 Abs. 3 KV GNotKG, § 62 Abs. 1 BeurkG

Vereinsregister siehe Anmeldung zu Registern

Verfügung von Todes wegen

Wert § 102 GNotKG

siehe Testament und Erbvertrag

Vermögensübertragung

Vollübertragung, siehe Verschmelzung

Teilübertragung, siehe Spaltung

Vermögensverzeichnisse und (Ent-)Siegelungen

Wert § 115 GNotKG

Gebühr KV GNotKG Nr. 23500 2,0

Gebühr KV GNotKG Nr. 23501 0,5

Gebühr KV GNotKG Nr. 23502 1,0

Gebühr KV GNotKG Nr. 23503 0,5

Versammlungsbeschlüsse siehe Gesellschaftsorganbeschlüsse

Verschmelzung

Wert §§ 107 Abs. 1, 97 GNotKG
Verschmelzungsvertrag Gebühr KV GNotKG Nr. 21100 . . . . . 2,0 – mindestens 120,00 €

Wert § 108 Abs. 3, 5 GNotKG
Verschmelzungsbeschluss Gebühr KV GNotKG Nr. 21100. . . 2,0 – mindestens 120,00 €

Gegenstandsverschiedenheit gem. § 110 Nr. 1 GNotKG, Wertzusammenrechnung gem. § 35 Abs. 1 GNotKG

Versorgungsausgleich

Wert §§ 100 Abs. 1 Nr. 1, 52 GNotKG

Versteigerung von beweglichen Sachen und Rechten

Wert § 117 GNotKG
Gebühren KV GNotKG Nr. 23600 bis Nr. 23603
Gebühren KV GNotKG Nr. 23500 bis Nr. 23503
Gebühren KV GNotKG Nr. 23500 bis Nr. 23503

Versteigerung von Grundstücken siehe Freiwillige Versteigerung

Verträge Gebühr KV GNotKG Nr. 21100 . . . . 2,0 – mindestens 120,00 €

Vertragsannahme siehe Annahme eines Vertragsangebots

Vertretungsbescheinigung

Gebühr KV GNotKG Nr. 25200 . . . . 15,00 € für jedes Registerblatt, dessen Einsicht zur Erteilung erforderlich ist

Vertretungsmachtbescheinigung

Gebühr KV GNotKG Nr. 25214 . . . . 15,00 €

Verwahrung siehe Ablieferung von Geld

Vollmacht

Wert § 98 GNotKG	
Höchstwert 1 Mio. €.	
Bei Beurkundung:	
Gebühr KV GNotKG Nr. 21200	1,0 – mindestens 60,00 €
Bei Unterschriftsbeglaubigung mit Entwurf: KV GNotKG Nrn. 24101, 21200, § 92 Abs. 2 GNotKG,	1,0 – mindestens 60.00 €
Bei Unterschriftsbeglaubigung ohne Entwurf: KV GNotKG Nr. 25100	0,2 – mindestens 20,00 €, höchstens 70,00 €

Vollstreckbare Ausfertigung in den Fällen der §§ 726 bis 729 ZPO

Wert § 118 GNotKG	
Gebühr KV GNotKG Nr. 23803	0,5

Vollstreckbarerklärung und Bescheinigung in besonderen Fällen

– Gebühr KV GNotKG Nr. 23800 bei Anwaltsvergleichen (§§ 796a ZPO)	66,00 €
Gebühr KV GNotKG Nr. 23801 bei Schiedsspruch mit vereinbartem Wortlaut (§ 1053 ZPO)	2,0
Wert § 118 GNotKG	
– Gebühr KV GNotKG Nr. 23804, weitere vollstreckbare Ausfertigung (§ 797 Abs. 3, § 733 ZPO)	22,00 €
– Gebühr KV GNotKG Nr. 23806, notarielle Urkunde nach § 55 Abs. 3 AVAG, § 35 Abs. 3 AUG, nach § 3 Abs. 4 IntErbRVG oder nach § 4 Abs. 4 IntGüRVG	264,00 €
– Gebühr KV GNotKG Nr. 23808 Bescheinigung nach § 57 AVAG oder § 27 IntErbRVG oder für die Ausstellung des Formblatts oder der Bescheinigung nach § 71 Abs. 1 AUG	17,00 €
– Gebühr KV GNotKG Nr. 23805, Bestätigung nach § 1079 ZPO oder Bescheinigung nach § 1110 ZPO	22,00 €

Vollzugstätigkeit/Vollzugsgebühr

Wert § 112 GNotKG

1. Vollzug eines Geschäfts

Die Vollzugsgebühr entsteht für

1. Anforderung und Prüfung einer Erklärung oder Bescheinigung nach öffentlich-rechtlichen Vorschriften, mit Ausnahme der Unbedenklichkeitsbescheinigung des Finanzamts,
2. Anforderung und Prüfung einer anderen als der in Nummer 4 genannten gerichtlichen Entscheidung oder Bescheinigung, dies gilt auch für die Ermittlung des Inhalts eines ausländischen Registers,
3. Fertigung, Änderung oder Ergänzung der Liste der Gesellschafter (§ 8 Abs. 1 Nr. 3, § 40 GmbHG) oder der Liste der Personen, welche neue Geschäftsanteile übernommen haben (§ 57 Abs. 3 Nr. 2 GmbHG),
4. Anforderung und Prüfung einer Entscheidung des Familien-, Betreuungs- oder Nachlassgerichts einschließlich aller Tätigkeiten des Notars gemäß den §§ 1828 und 1829 BGB im Namen der Beteiligten sowie die Erteilung einer Bescheinigung über die Wirksamkeit oder Unwirksamkeit des Rechtsgeschäfts,
5. Anforderung und Prüfung einer Vollmachtsbestätigung oder einer privatrechtlichen Zustimmungserklärung,
6. Anforderung und Prüfung einer privatrechtlichen Verzichtserklärung,
7. Anforderung und Prüfung einer Erklärung über die Ausübung oder Nichtausübung eines privatrechtlichen Vorkaufs- oder Wiederkaufsrechts,
8. Anforderung und Prüfung einer Erklärung über die Zustimmung zu einer Schuldübernahme oder einer Entlassung aus der Haftung,
9. Anforderung und Prüfung einer Erklärung oder sonstigen Urkunde zur Verfügung über ein Recht an einem Grundstück oder einem grundstücksgleichen Recht sowie zur Löschung oder Inhaltsänderung einer sonstigen Eintragung im Grundbuch oder in einem Register oder Anforderung und Prüfung einer Erklärung, inwieweit ein Grundpfandrecht eine Verbindlichkeit sichert,
10. Anforderung und Prüfung einer Verpflichtungserklärung betreffend eine in Nummer 9 genannte Verfügung oder einer Erklärung über die Nichtausübung eines Rechts und
11. über die in den Nummern 1 und 2 genannten Tätigkeiten hinausgehende Tätigkeit für die Beteiligten gegenüber der Behörde, dem Gericht oder der Körperschaft oder Anstalt des öffentlichen Rechts.

KV GNotKG Nr. 22110 0,5

KV GNotKG Nr. 22111, wenn die Gebühr für das zugrunde liegende Beurkundungsverfahren weniger als 2,0 beträgt	0,3
Vollzugsgegenstand sind lediglich die in der Vorbem. 2.2.1.1 Abs. 1 Satz 2 Nr. 1 bis 3 genannten Tätigkeiten:	
Die Gebühren KV GNotKG Nrn. 22110 und 22111 betragen	
– KV GNotKG Nr. 22112 für jede Tätigkeit nach Vorbem. 2.2.1.1 Abs. 1 Satz 2 Nr. 1 und 2	höchstens 50,00 €
– KV GNotKG Nr. 22113 für jede Tätigkeit nach Vorbemerkung 2.2.1.1 Abs. 1 Satz 2 Nr. 3.	höchstens 250,00 €
KV GNotKG Nr. 22114, Erzeugung von strukturierten Daten in Form der Extensible Markup Language (XML) oder in einem nach dem Stand der Technik vergleichbaren Format für eine automatisierte Weiterbearbeitung.	0,2 – höchstens 125,00 €
Wenn neben der Gebühr KV GNotKG Nr. 22114 andere Vollzugsgebühren nach KV GNotKG Nrn. 22110–22113 entstehen, beträgt die Gebühr KV GNotKG 22114 nach KV GNotKG 22115.	0,1 – höchstens 125,00 €

2. Vollzug in besonderen Fällen

Die folgenden Gebühren entstehen, wenn der Notar

1. keine Gebühr für ein Beurkundungsverfahren oder für die Fertigung eines Entwurfs erhalten hat, die das zu vollziehende Geschäft betrifft, oder
2. eine Vollzugstätigkeit unter Beteiligung eines ausländischen Gerichts oder einer ausländischen Behörde vornimmt.

KV GNotKG Nr. 22120: Vollzugsgebühr für die in Vorbem. 2.2.1.1 Abs. 1 Satz 2 genannten Tätigkeiten, wenn die Gebühr für ein die Urkunde betreffendes Beurkundungsverfahren 2,0 betragen würde	1,0
KV GNotKG Nr. 22121: Vollzugsgebühr für die in Vorbem. 2.2.1.1 Abs. 1 Satz 2 genannten Tätigkeiten, wenn die Gebühr für ein die Urkunde betreffendes Beurkundungsverfahren weniger als 2,0 betragen würde	0,5
KV GNotKG Nr. 22122: Überprüfung, ob die Urkunde bei Gericht eingereicht werden kann	0,5

(1) Die Gebühr entsteht nicht neben einer der Gebühren 22120 und 22121

(2) Die Gebühr entsteht nicht für die Prüfung der Eintragungsfähigkeit in den Fällen des § 378 Abs. 3 FamFG und des § 15 Abs. 3 der Grundbuchordnung.

Gebührensätze

KV GNotKG Nr. 22123: Erledigung von Beanstandungen einschließlich des Beschwerdeverfahrens. 0,5

Die Gebühr entsteht nicht neben einer der Gebühren 22120 bis 22122.

KV GNotKG Nr. 22124: Beschränkt sich die Tätigkeit auf

1. die Übermittlung von Anträgen, Erklärungen oder Unterlagen an ein Gericht, eine Behörde oder einen Dritten oder die Stellung von Anträgen im Namen der Beteiligten,

2. die Prüfung der Eintragungsfähigkeit in den Fällen des § 378 Abs. 3 FamFG und des § 15 Abs. 3 der Grundbuchordnung. . . . . 20,00 €

Die Gebühr entsteht nur, wenn nicht eine Gebühr nach den Nummern 22120 bis 22123 anfällt.

KV GNotKG Nr. 22125: Erzeugung von strukturierten Daten in Form der Extensible Markup Language (XML) oder einem nach dem Stand der Technik vergleichbaren Format für eine automatisierte Weiterbearbeitung. 0,5

(1) Die Gebühr KV GNotKG Nr. 22125 entsteht neben den anderen Vollzugsgebühren nach KV GNotKG Nrn. 22120–22124 gesondert – höchstens 250,00 €

(2) Die Gebühr entsteht nicht neben der Gebühr KV GNotKG 25101.

Vorbereitung der Zwangsvollstreckung siehe Vollstreckbarerklärung und Bescheinigung in besonderen Fällen

Vorkaufsrechtsverzichtserklärung siehe Vollzugstätigkeit/Vollzugsgebühr

Vorlagesperre siehe Betreuungsgebühr

Vormerkungsantrag siehe Antrag zur Grundbucheintragung

Vorrangseinräumung

Wert §§ 45, 53 GNotKG

Gebühr KV GNotKG Nr. 21201 Ziff. 4 . . . . 0,5 – mindestens 30,00 €

siehe Antrag zur Grundbucheintragung

Vorsorgevollmacht

Wert § 98 GNotKG

Höchstwert 1 Mio. €.

Bei Beurkundung:

Gebühr KV GNotKG Nr. 21200 . . . . 1,0 – mindestens 60,00 €

Bei Unterschriftsbeglaubigung mit Entwurf: 1,0

KV GNotKG Nrn. 24101, 21200, § 92 Abs. 2 GNotKG, – mindestens 60,00 €

	Gebührensätze
Bei Unterschriftsbeglaubigung ohne Entwurf:	0,2
KV GNotKG Nr. 25100	– mindestens 20,00 €, höchstens 70,00 €

Vorzeitige Beendigung des Beurkundungsverfahrens

Gebühren KV GNotKG Nrn. 21300 bis 21304
siehe erfolglose Verhandlung

Wechsel- und Scheckproteste

Gebühr KV GNotKG Nrn. 23400 und 23401. . . . . 0,5/0,3

Wegegebühr

siehe Zusatzgebühren

Weitere vollstreckbare Ausfertigung siehe Vollstreckbarerklärung und Bescheinigung in besonderen Fällen

Wertsicherungsklauseln siehe § 52 Abs. 7 GNotKG: keine Werterhöhung

Widerruf einer Vollmacht, Wert § 98 Abs. 5 GNotKG

Gebühr KV GNotKG Nr. 21200	1,0 – mindestens 60,00 €
eines Testaments, Wert § 102 Abs. 5 GNotKG	
Gebühr KV GNotKG Nr. 21201 Ziff. 1	0,5 – mindestens 30,00 €

Wirksamkeitsbescheinigung auf der Gesellschafterliste (§ 40 Abs. 2 S. 2 GmbHG)

Wert § 113 Abs. 1 GNotKG
Betreuungsgebühr KV GNotKG Nr. 22200 Anm. Nr. 6 0,5
siehe auch Betreuungsgebühr

Wohnungseigentumseinigung

siehe Einigung über die Einräumung oder Aufhebung von Sondereigentum

Wohnungseigentumsvertrag

siehe Einigung über die Einräumung
oder Aufhebung von Sondereigentum

XML-Strukturdaten (Vollzug)

Wert § 112 GNotKG

Gebühr KV 22114 GNotKG, Vollzug eines Geschäfts .... 0,2 – höchstens 125,00 €

Gebühr KV 22115 GNotKG, Vollzug eines Geschäfts .... 0,1 – höchstens 125,00 €

Wenn neben der Gebühr KV GNotKG 22114 andere Vollzugsgebühren nach KV GNotKG 22110 – 22113 anfallen.

Gebühr KV GNotKG Nr. 22125, Vollzug in besonderen Fällen 0,5 – höchstens 250,00 €

Zitiergebot siehe § 19 GNotKG

Zurücknahme des Beurkundungsauftrags siehe erfolglose Verhandlung

Zurückweisung des Beurkundungsauftrags siehe erfolglose Verhandlung

Zusatzgebühren

Auswärtsgebühr: Tätigkeiten auf Verlangen außerhalb der Geschäftsstelle des Notars:

Zusatzgebühr KV GNotKG Nr. 26002 für jede angefangene halbe Stunde der Abwesenheit, wenn nicht die Gebühr 26003 entsteht .... 50,00 €

Zusatzgebühr KV GNotKG Nr. 26003 bei Verfügungen von Todes wegen, Vollmachten, Erklärungen gem. § 1897 Abs. 4 BGB, Patientenverfügungen .... 50,00 €

Unzeitgebühr: Tätigkeiten auf Verlangen außerhalb der Geschäftszeit (sonntags, nachts),

Zusatzgebühr KV GNotKG Nr. 26000 .... In Höhe von 30 % der für das Verfahren oder das Geschäft zu erhebenden Gebühr – höchstens 30,00 €

Fremde Sprache: Abgabe der zu beurkundenden Erklärung eines Beteiligten in einer fremden Sprache ohne Hinzuziehung eines Dolmetschers sowie Beurkundung, Beglaubigung oder Bescheinigung in einer fremden Sprache oder Übersetzung einer Erklärung in eine andere Sprache,

Zusatzgebühr KV GNotKG Nr. 26001

Auslagen KV GNotKG Nr. 32010 . . . . In Höhe von 30 % der für das Beurkundungsverfahren, für eine Beglaubigung oder Bescheinigung zu erhebenden Gebühr – höchstens 5 000,00 €

Zustimmungsbeschluss

Vorbem. 2.2.1.1 Abs. 2 KV GNotKG: Zustimmungsbeschlüsse stehen Zustimmungserklärungen gleich, siehe Vollzugstätigkeit/Vollzugsgebühr.

Zustimmungserklärung einzelner Teilnehmer zu einer bereits beurkundeten Erklärung

Wert § 98 GNotKG

Gebühr KV GNotKG Nr. 21200 . . . . 1,0 – mindestens 60,00 €

Auch bei Entwurf mit Unterschriftsbeglaubigung KV GNotKG Nr. 21200 i.V.m. KV GNotKG Nr. 24101, § 92 Abs. 2 GNotKG.

18. GNotKG Gerichtskosten (ohne Beurkundung)

Schnellübersicht[1]

Die Wertgebühren des GNotKG bestimmen sich nach der **Tabelle A** oder der **Tabelle B** zu § 34 GNotKG. Aus der Überschrift der rechten Spalte des Kostenverzeichnisses zum GNotKG ergibt sich, welche Tabelle jeweils gilt. Bei den Gerichtsgebühren bestimmen sich insbesondere in Grundbuchsachen und teilweise in Nachlasssachen die Gebühren nach der Tabelle B. Die Tabelle B ist wegen der in diesen Verfahren zum Teil sehr hohen Werte deutlich stärker degressiv ausgestaltet und führt deshalb bei gleichen Werten zu geringeren Gebühren als die Tabelle A. Die Höhe der Gebühren der Tabelle A entspricht derjenigen aus den Tabellen zu § 34 GKG und § 28 FamGKG. Aus der folgenden Übersicht ergeben sich ohne Anspruch auf Vollständigkeit wichtige Gerichtskostenregelungen im GNotKG.

Gebührensätze

Annahme als Kind

Verfahren über die Annahme eines Volljährigen:
Wert § 47 FamGKG
Gebühr KV FamGKG Nrn. 1320 ff.

Verfahren über die Annahme eines Minderjährigen sind gerichtsgebührenfrei, KV FamGKG Vorbem. 1.3.2 Abs. 1 Nr. 2.

Annahme einer Verfügung von Todes wegen

Amtliche Verwahrung
Gebühr KV GNotKG Nr. 12100 .... 75,00 €

Aufgebot Aufgebotsverfahren (§ 433 FamFG) einschließlich eines Verfahrens betreffend die Zahlungssperre (§ 480 FamFG) sowie das Verfahren über die Aufhebung der Zahlungssperre gelten zusammen als ein Verfahren (Anm. Abs. 2 zu KV GNotKG Nr. 15211)
Wert § 36 GNotKG
Gebühr KV GNotKG Nr. 15212 Nr. 3 0,3

Ausdruck siehe Dokumentenpauschale

Ausschlagung siehe Erbschaftsausschlagung

Ausschluss der Brieferteilung und Aufhebung des Ausschlusses
Gebührenfrei, vgl. KV GNotKG Nr. 14160

GNotKG Notar
GNotKG Gericht
Schnellübersichten
Text §§ GNotKG-KV

1 **Hinweis:** Das GNotKG ist durch das am 1.1.2021 in Kraft getretene KostRÄG 2021 vom 21.12.2020 (BGBl. I S. 3229) geändert worden. Ob in Übergangsfällen das GNotKG i.d.F. bis zum 31.12.2020 oder in der ab 1.1.2021 geltenden Fassung anzuwenden ist, richtet sich nach der Übergangsvorschrift in § 134 Abs. 1 GNotKG (siehe Gesetzestext auf S. 10).

Beschwerden

Verfahren über Beschwerden gegen die Endentscheidung wegen des Hauptgegenstands lösen Verfahrensgebühren nach KV GNotKG Nrn. 11200 ff. (Betreuungssachen), Nrn. 12220 ff., 12320 f. 12421 f., 12530 ff. (Nachlass- und Teilungssachen), Nrn. 13320 ff., 13610 ff. (Registersachen), 14510 ff. (Grundbuchsachen), 15120 ff., 15220 ff. (übrige Angelegenheiten der freiwilligen Gerichtsbarkeit), 16120 ff. und Nrn. 16220 ff. (einstweiliger Rechtsschutz) aus.

Die Verfahrensgebühren können sich unter den in den jeweiligen Tatbeständen genannten Gründen ermäßigen.

Wert § 61 GNotKG.

Betreuung

Verfahren vor dem Betreuungsgericht

1. die **nicht** in den Rahmen einer bestehenden Betreuung oder Pflegschaft fallen,
2. für die **nicht** die Gebühr KV GNotKG Nrn. 11103 oder 11105 entsteht oder
3. die **nicht** mit der Bestellung eines Betreuers oder der Anordnung einer Pflegschaft enden.

Wert § 36 Abs. 1, 3 GNotKG

Gebühr KV GNotKG Nr. 11100 0,5

Dauerbetreuung

Kosten werden nur erhoben, wenn zum Zeitpunkt der Fälligkeit der jeweiligen Gebühr das Vermögen des Betroffenen nach Abzug der Verbindlichkeiten mehr als 25.000 € beträgt; der in § 90 Abs. 2 Nr. 8 SGB XII genannte Vermögenswert wird nicht mitgerechnet.

KV GNotKG Nr. 11101, Jahresgebühr

für den 25.000 € übersteigenden Wert je angefangene 5.000 € und Jahr . . . . 10,00 € – mindestens 200,00 €

(1) Für die Gebühr wird das Vermögen des von der Maßnahme Betroffenen nur berücksichtigt, soweit es nach Abzug der Verbindlichkeiten mehr als 25.000 € beträgt; der in § 90 Abs. 2 Nr. 8 SGB XII genannte Vermögenswert wird nicht mitgerechnet. Ist Gegenstand der Maßnahme ein Teil des Vermögens, ist höchstens dieser Teil des Vermögens zu berücksichtigen.

(2) Für das bei der Einleitung der Fürsorgemaßnahme laufende und das folgende Kalenderjahr wird nur eine Jahresgebühr erhoben.

(3) Dauert die Betreuung nicht länger als drei Monate, beträgt die Gebühr abweichend von dem in der Gebührenspalte bestimmten Mindestbetrag 100,00 €.

KV GNotKG Nr. 11102, Jahresgebühr

Hat die Betreuung nicht unmittelbar das Vermögen oder Teile des Vermögens zum Gegenstand, beträgt die Gebühr 200 €, jedoch nicht mehr als eine Gebühr 11101 .... 300,00 € – höchstens eine Gebühr 11101

Die Jahresgebühren werden erstmals bei Anordnung und später jeweils zu Beginn eines Kalenderjahres fällig, § 8 GNotKG.

Dauerpflegschaft

KV GNotKG Nr. 11104

Jahresgebühr für jedes angefangene Kalenderjahr bei einer Dauerpflegschaft für den 25.000 € übersteigenden Wert je angefangene 5.000 € und Jahr .... 10,00 € – mindestens 200,00 €

(1) Ist Gegenstand der Pflegschaft ein Teil des Vermögens, ist höchstens dieser Teil des Vermögens zu berücksichtigen.

(2) Für das bei der ersten Bestellung eines Pflegers laufende und das folgende Kalenderjahr wird nur eine Jahresgebühr erhoben.

(3) Erstreckt sich die Pflegschaft auf mehrere Betroffene, wird die Gebühr für jeden Betroffenen gesondert erhoben.

(4) Dauert die Betreuung nicht länger als drei Monate, beträgt die Gebühr abweichend von dem in der Gebührenspalte bestimmten Mindestbetrag 100,00 €.

Dokumentenpauschale KV GNotKG Nr. 31000

Bis DIN A 3:

für die ersten 50 Seiten je Seite .... 0,50 €
für jede weitere Seite .... 0,15 €
Für die ersten 50 Seiten in Farbe je Seite .... 1,00 €
Für jede weitere Seite in Farbe .... 0,30 €

Ab DIN A 3:

in voller Höhe oder
oder pauschal je Seite .... 3,00 €
oder pauschal je Seite in Farbe .... 6,00 €
für die Überlassung von elektronisch gespeicherten Dateien anstelle der Ausfertigungen, Kopien und Ausdrucke je Datei .... 1,50 €

für die in einem Arbeitsgang überlassenen, bereitgestellten oder in einem Arbeitsgang auf denselben Datenträger übertragenen Dokumente
insgesamt höchstens . . . . 5,00 €
Dokumentenpauschalefrei siehe Anm. Abs. 3 zu VV GNotKG Nr. 31000

Eidesstattliche Versicherung

Wert § 36 GNotKG

Gebühr KV GNotKG Nr. 15212 Ziff. 1:
Verfahren auf Abnahme einer nicht vor dem Vollstreckungsgericht zu erklärenden eidesstattlichen Versicherung, in denen § 260 BGB aufgrund bundesrechtlicher Vorschriften entsprechend anzuwenden ist, und Verfahren vor dem Nachlassgericht zur Abnahme der eidesstattlichen Versicherung nach § 2006 BGB 0,5
Zur eidesstattlichen Versicherung im Erbscheinsverfahren siehe Erbschein

Eigentümer Eintragung
Wert §§ 46, 47, 69, 70 GNotKG
Gebühr KV GNotKG Nr. 14110 1,0

Einzelpflegschaften und -betreuungen für einzelne Rechtshandlungen

Wert § 63 GNotKG

Gebühr KV GNotKG Nrn. 11103, 11105. . . . . 0,5 – höchstens eine Gebühr 11101 bzw. 11104

(1) Die Gebühren werden nicht neben einer Gebühr KV GNotKG Nrn. 11101, 11102 oder 11104 erhoben.

(2) Absatz 3 bzw. 4 der Anmerkung zu Nummern 11101 bzw. 11104 ist nicht anzuwenden.
KV GNotKG Vorbem. 1 Abs. 3:
Die Bestellung eines Pflegers für das Verfahren und deren Aufhebung sind Teil des Verfahrens, für das der Pfleger bestellt worden ist. Bestellung und Aufhebung sind gebührenfrei.
KV GNotKG Vorbem. 3.1 Abs. 2:

Auslagen nach KV GNotKG Nr. 31015 (Verfahrenspfleger) können von dem Betroffenen nach Maßgabe des § 1836c BGB erhoben werden.

Erbbaurecht Eintragung
Wert §§ 43, 49 und 52 GNotKG
Gebühr KV GNotKG Vorbem. 1.4 Abs. 1, Vorbem. 1.4.1.2, Nr. 14120. 1,3

Erbschaftsausschlagung
Entgegennahme: gerichtsgebührenfrei, vgl. KV GNotKG Nr. 12410.
Beurkundung der Ausschlagungserklärung durch das Nachlassgericht:
KV GNotKG Vorbem. 1 Abs. 2, Gebühr KV GNotKG Nr. 21201 Ziff. 7, vgl. dazu die Übersicht S. 352 (GNotKG – wichtige Gebühren und Auslagen des Notars: Erbschaftsausschlagung).

Erbschein Verfahren über die Erteilung
Wert § 40 GNotKG
Gebühr KV GNotKG Nrn. 12210 ff. 1,0
Gesonderte Gebühr für die Abnahme der eidesstattlichen Versicherung, Anm. zu KV GNotKG Nr. 12210, KV GNotKG Vorbem. 1 Abs. 2:
Gebühr KV GNotKG Nrn. 23300 f.. 1,0
vgl. dazu auch die Übersicht S. 350 (GNotKG – wichtige Gebühren und Auslagen des Notars: Eidesstattliche Versicherung).

Erklärungen gegenüber dem Nachlassgericht
Gebühr KV GNotKG Nr. 12410, Entgegennahme . . . . 15,00 €

Ernennung und **Entlassung** von **Testamentsvollstreckern**, Verfahren
Wert § 65 GNotKG
Gebühr KV GNotKG Nr. 12420 0,5

Eröffnung einer **Verfügung von Todes wegen**
Gebühr KV GNotKG Nr. 12101 . . . . 100,00 €

Europäisches Nachlasszeugnis
siehe Erbschein

Freiheitsentziehungssachen gem. § 415 FamFG
Verfahren in Freiheitsentziehungssachen gem. § 415 FamFG:
Wert § 36 Abs. 2, 3 GNotKG
Gebühr KV GNotKG Nr. 15212 Nr. 4 0,5

Genehmigungen durch das Betreuungsgericht

Wert §§ 36 Abs. 1, 60 GNotKG

Gebühr KV GNotKG Nr. 11100 0,5

Die Gebühr entsteht nicht für Verfahren,

1. die in den Rahmen einer bestehenden Betreuung oder Pflegschaft fallen,
2. für die die Gebühr KV GNotKG 11103 oder 11105 entsteht oder
3. die mit der Bestellung eines Betreuers oder der Anordnung einer Pflegschaft enden.

Gehörsrüge nach KV GNotKG Nrn. 19200

Die Rüge wird in vollem Umfang verworfen oder zurückgewiesen:

Gebühr .... 66,00 €

Genossenschaftsregister Eintragung

Gebühr § 58 GNotKG, Vorbem. 1.3 Abs. 1 KV GNotKG; Teil 3 des Gebührenverzeichnisses der Verordnung über Gebühren in Handels-, Partnerschafts- und Genossenschaftsregistersachen (Handelsregistergebührenverordnung – HRegGebV)

siehe dazu S. 513 ff.

Gewaltschutzsachen

im FamGKG geregelt:

Wert § 49 FamGKG

Gebühr KV FamGKG Nrn. 1320 ff.

Grundbuchkopie, -ausdruck

Ausdruck oder unbeglaubigte Kopie, KV GNotKG Nr. 17000. . 10,00 €

Amtlicher Ausdruck oder beglaubigte Kopie, KV GNotKG Nr. 17001. .... 20,00 €

Neben den Gebühren 17000 und 17001 wird keine Dokumentenpauschale erhoben .... 10,00 €

Wenn anstelle eines Ausdrucks die elektronische Übermittlung einer Datei beantragt wird:

Unbeglaubigte Datei, KV GNotKG Nr. 17002 .... 5,00 €

Beglaubigte Datei, KV GNotKG Nr. 17003 .... 10,00 €

Erteilung eines Zeugnisses/einer Bescheinigung KV GNotKG Nr. 17004. .... 20,00 €

Grundschuld Eintragung

Wert § 53 Abs. 1 GNotKG

Gebühr bei Briefrecht, KV GNotKG Nr. 14120 1,3

Gebühr bei Buchrecht, KV GNotKG Nr. 14121 1,0

Gesamtrechte:

KV GNotKG Nr. 14122: Bei Eintragungen von Gesamtrechten erhöhen sich die Gebühren 14120 und 14121 ab dem zweiten für jedes weitere beteiligte Grundbuchamt um 0,2

KV GNotKG Nr. 14123: Eintragung eines Rechts, das bereits an einem anderen Grundstück besteht, wenn nicht Nr. 14122 anzuwenden ist. 0,5

Grundschuldbrief Erteilung

Wert § 53 Abs. 1 GNotKG

Keine gesonderte Gebühr (vgl. § 71 KostO a.F.); Brieferteilung wird abgegolten durch höhere Eintragungsgebühr KV GNotKG Nr. 14120 0,5

Bei nachträglicher Erteilung eines Briefes:

Gebühr KV GNotKG Nr. 14124

Wert § 71 GNotKG

Güterrechtsregister Verfahren über die Eintragung

Gebühr KV GNotKG Nr. 13200, Verfahren über Eintragung aufgrund eines Ehe- oder Lebenspartnerschaftsvertrages . . . 100,00 €

Gebühr KV GNotKG Nr. 13201, Verfahren über sonstige Eintragungen . . . . 50,00 €

Handelsregister Eintragung

Gebühr § 58 GNotKG, Vorbem. 1.3 Abs. 1 KV GNotKG; Teil 1 des Gebührenverzeichnisses der Verordnung über Gebühren in Handels-, Partnerschafts- und Genossenschaftsregistersachen (Handelsregistergebührenverordnung – HRegGebV)

siehe dazu S. 513 ff.

Haushaltssachen

im FamGKG geregelt:

Wert § 48 FamGKG

Gebühr KV FamGKG Nrn. 1320 ff.

Hypothek Eintragung

siehe Grundschuld

Hypotheken (Grundschuld) Brief, nachträgliche Erteilung

Wert § 71 Abs. 1 GNotKG

Gebühr KV GNotKG Nr. 14124 0,5

Landwirtschaftssachen

Gebühren KV GNotKG Nrn. 15110 ff.

Geschäftswert für bestimmte Verfahren § 76 GNotKG

Löschungen in Grundbuchsachen

Gebühr KV GNotKG Nr. 14140 bei Löschung in Abt. III des Grundbuchs	0,5
Löschung eines Gesamtrechts in Abt. III, wenn das Grundbuch bei verschiedenen Grundbuchämtern geführt wird, KV GNotKG Nr. 14141	
Die Gebühr 14140 erhöht sich ab dem zweiten für jedes weitere beteiligte Grundbuchamt um	0,1
Wert § 53 Abs. 1 GNotKG	
Gebühr KV GNotKG Nr. 14143 bei sonstigen Löschungen (Abt. II des Grundbuchs)	25,00 €
Gebühr KV GNotKG Nr. 14152 Löschung einer Vormerkung .	25,00 €

Löschungsvormerkung Eintragung

Wert § 45 Abs. 2 GNotKG	
Gebühr KV GNotKG Nr. 14130	
Keine Gebühr, wenn sie zugunsten des Berechtigten gleichzeitig mit dem Antrag auf Eintragung des Rechts beantragt wird.	0,5

Mithaft (Pfand) **Entlassung** Eintragung

Wert § 44 GNotKG	
Gebühr KV GNotKG Nr. 14142	0,3

Nachlasspflegschaft

KV GNotKG Nr. 12311: Jahresgebühr für jedes Kalenderjahr bei einer Nachlasspflegschaft, die nicht auf einzelne Rechtshandlungen beschränkt ist (1) Ist Gegenstand des Verfahrens ein Teil des Nachlasses, ist höchstens dieser Teil des Nachlasses zu berücksichtigen. Verbindlichkeiten werden nicht abgezogen . . . . (2) Für das bei der ersten Bestellung eines Nachlasspflegers laufende und das folgende Kalenderjahr wird nur eine Jahresgebühr erhoben. (3) Dauert die Nachlasspflegschaft nicht länger als drei Monate, beträgt die Gebühr abweichend von dem in der Gebührenspalte bestimmten Mindestbetrag 100,00 €.	10,00 € je angefangene 5.000,00 € des Nachlasswerts, mindestens 200,00 €

KV GNotKG Nr. 12312: Verfahrensgebühr bei einer Nachlasspflegschaft für einzelne Rechtshandlungen	0,5
(1) Die Gebühr wird nicht neben der Gebühr 12311 erhoben.	– höchstens
(2) Absatz 3 der Anmerkung zu Nummer 12311 ist nicht anzuwenden.	eine Gebühr 12311
Wert § 63 GNotKG	

Nachlasssicherung

Wert § 36 GNotKG	
Verfahrensgebühr KV GNotKG Nr. 12310.	0,5
Die Gebühr entsteht nicht für Verfahren, die in den Rahmen einer bestehenden Nachlasspflegschaft fallen (insoweit Gebühr KV GNotKG Nr. 12311 f.).	

Partnerschaftsregister Eintragung

Gebühr § 58 GNotKG, Vorbem. 1.3 Abs. 1 KV GNotKG; Teil 1 des Gebührenverzeichnisses der Verordnung über Gebühren in Handels-, Partnerschafts- und Genossenschaftsregistersachen (Handelsregistergebührenverordnung – HRegGebV)

siehe dazu S. 513 ff.

Reallast Eintragung

Wert § 52 GNotKG	
Gebühr KV GNotKG Nr. 14121	1,0
Gesamtrechte:	
KV GNotKG Nr. 14122: Bei Eintragungen von Gesamtrechten erhöhen sich die Gebühren 14120 und 14121 ab dem zweiten für jedes weitere beteiligte Grundbuchamt um	0,2
KV GNotKG Nr. 14123: Eintragung eines Rechts, das bereits an einem anderen Grundstück besteht, wenn nicht Nr. 14122 anzuwenden ist.	0,5

Rechtsbeschwerden

Verfahren über Rechtsbeschwerden gegen die Endentscheidung wegen des Hauptgegenstands lösen Verfahrensgebühren nach KV GNotKG Nrn. 11300 ff. (Betreuungssachen), Nrn. 12230 ff., 12330 f. 12425 f., 12540 ff. (Nachlass- und Teilungssachen), Nrn. 13330 ff., 13620 ff. (Registersachen), 14520 ff. (Grundbuchsachen), 15130 ff., 15230 ff. (übrige Angelegenheiten der freiwilligen Gerichtsbarkeit) aus.

Die Verfahrensgebühren können sich unter den in den jeweiligen Tatbeständen genannten Gründen ermäßigen.

Wert § 61 GNotKG

Registerauszüge Handels-, Vereins-, Güterrechts-, Genossenschafts-, Partnerschaftsregister siehe dazu bei „Grundbuchkopie, Grundbuchausdruck".

Sonstige Grundbucheintragungen

Gebühr für Eintragungen, KV GNotKG Nr. 14160 .... 50,00 €

Spruchverfahren

Vorbem. 1.3.5 Nr. 2e KV GNotKG

Wert § 74 GNotKG

Gebühr KV GNotKG Nrn. 13500 ff.

Testamentsvollstrecker, Ernennung und **Entlassung** von Testamentsvollstreckern

Wert § 65 GNotKG

Gebühr KV GNotKG Nr. 12420 0,5

Testamentsvollstrecker, Verfahren über die Erteilung einer Bescheinigung, die die Annahme des Amtes als Testamentsvollstrecker bestätigt

Gebühr KV GNotKG Nr. 12413 .... 50,00 €

Todeserklärung, Verfahren nach dem Verschollenheitsgesetz

Wert § 36 GNotKG

Verfahrensgebühr KV GNotKG Nr. 15210 Nr. 1 1,0

Transsexuellengesetz, Verfahren

Wert § 36 GNotKG

Verfahrensgebühr KV GNotKG Nr. 15210 Nr. 2 1,0

Unterbringungssachen nach § 312 FamFG

Gebühren werden nicht erhoben. Auslagen werden von dem Betroffenen nur nach KV GNotKG Nr. 31015 nach Maßgabe von § 1836c BGB erhoben, § 26 Abs. 3 GNotKG.

Unterwerfung unter die sofortige Zwangsvollstreckung nachträgliche Eintragung

Keine Gerichtsgebühr

Veränderungen von Belastungen Eintragung

Wert § 69 Abs. 2 GNotKG

Gebühr KV GNotKG Nr. 14130 0,5

Veränderung mehrerer Rechte, Vorbem. 1.4 Abs. 4 KV GNotKG: Gesonderte Gebühren, auch wenn nur ein einheitlicher Vermerk eingetragen wird.

Mehrere Veränderungen desselben Rechts, Vorbem. 1.4 Abs. 5 KV GNotKG: eine Gebühr, wenn die Eintragungsanträge in demselben Dokument enthalten und am selben Tag bei Gericht eingegangen sind

Gebühr KV GNotKG Nr. 14131:

Eintragung der Veränderung eines Gesamtrechts, wenn das Grundbuch bei verschiedenen Grundbuchämtern geführt wird:

Die Gebühr 14130 erhöht sich ab dem zweiten für jedes weitere beteiligte Grundbuchamt um 0,1

Diese Vorschrift ist anzuwenden, wenn der Antrag für mehrere Grundbuchämter gleichzeitig bei einem Grundbuchamt gestellt wird oder bei gesonderter Antragstellung, wenn die Anträge innerhalb eines Monats bei den beteiligten Grundbuchämtern eingehen.

Vereinigung von Grundstücken

Gebühr KV GNotKG Nr. 14160 .... 50,00 €

Vereinsregister Verfahren über Eintragungen

Gebühr KV GNotKG Nrn. 13100 f.:

für die erste Eintragung des Vereins (Nr. 13100) .... 75,00 €

für alle späteren Eintragungen (Nr. 13101) .... 50,00 €

GNotKG Notar
GNotKG Gericht
Schnellübersichten
Text §§ GNotKG-KV

Verfahrenspflegschaft siehe Einzelpflegschaften

Verfügungsbeschränkungen (Nacherbfolge, Testamentsvollstreckung u.Ä.)

Verkehrsdaten Verfahren über den Antrag auf Erlass einer Anordnung über die Zulässigkeit der Verwendung, KV GNotKG Nr. 15213

1. § 140b Abs. 9 des PatG,
2. § 24b Abs. 9 des GebrMG, auch in Verbindung mit § 9 Abs. 2 des HalblSchG,
3. § 19 Abs. 9 des MarkenG,
4. § 101 Abs. 9 des UrhG,
5. § 46 Abs. 9 des DesignG,
6. § 37b Abs. 9 des SortSchG.

Gebühr .... 200,00 €

Der Antrag wird zurückgenommen, bevor über ihn eine Entscheidung ergangen ist, die Gebühr 15213 ermäßigt sich auf:
Gebühr KV GNotKG Nr. 15214 . . . . 50,00 €

Vermerke auf dem Hypotheken- bzw. Grundschuldbrief
Keine Gerichtsgebühr

Vermerke von Rechten des Grundstückseigentümers, Eintragung
Gebühr KV GNotKG Nr. 14160 Nr. 1 . . . . 50,00 €

Versorgungsausgleich
im FamGKG geregelt
Wert § 50 FamGKG
Gebühr KV FamGKG Nrn. 1320 ff.

Verwahrung von Verfügungen von Todes wegen
Gebühr KV GNotKG Nr. 12100 . . . . 75,00 €

Verzicht auf Eigentum am Grundstück, Eintragung
Keine Gerichtsgebühr

Vorkaufsrecht Eintragung
Wert § 51 GNotKG
Gebühr KV GNotKG Nr. 14121 1,0
Gesamtrecht, siehe Grundschuld

Vormerkung Eintragung
Wert § 45 Abs. 3 GNotKG
Gebühr KV GNotKG Nr. 14150 0,5

Widerspruch Eintragung
Gebühr KV GNotKG Nr. 14151 . . . . 50,00 €

Wohnungszuweisung
im FamGKG geregelt
Wert § 48 FamGKG
Gebühr KV FamGKG Nrn. 1320 ff.

Wohnungs- und Teileigentum

1. Wert § 42 GNotKG
   Gebühr KV GNotKG Nr. 14112: Eintragung der vertraglichen Einräumung von Sondereigentum oder Anlegung der Wohnungs- oder Teileigentumsgrundbücher im Fall des § 8 WEG 1,0
2. Gebühr KV GNotKG Nr. 14160 Nr. 5: Eintragung einer oder mehrerer gleichzeitig beantragter Inhaltsänderungen des Sondereigentums . . . . 50,00 €

3. Gebühr KV GNotKG Nr. 14160 Nr. 5: Eintragung der Aufhebung des Sondereigentums. . . . . 50,00 €

   Zu Ziffern 2 und 3: Die Gebühr wird für jedes betroffene Sondereigentum gesondert erhoben; die Summe der zu erhebenden Gebühren beträgt in diesem Fall höchstens 500,00 €, bei der Löschung einer Veräußerungsbeschränkung nach § 12 WEG höchstens 100,00 €.

Zurücknahme von Anträgen in Grundbuchsachen vor Eintragung oder Entscheidung

Gebühr KV GNotKG Nr. 14401 . . . . 25 % der für die Vornahme des Geschäfts bestimmten Gebühr – mindestens 15,00 €, höchstens 250,00 €

Zurückweisung bei Antragsgeschäften in Grundbuchsachen

Gebühr KV GNotKG Nr. 14400 . . . . 50 % der für die Vornahme des Geschäfts bestimmten Gebühr – mindestens 15,00 €, höchstens 400,00 €

Zuschreibung von Grundstücken

Gebühr KV GNotKG Nr. 14160 . . . . 50,00 €

19. Gesetz über Kosten der freiwilligen Gerichtsbarkeit für Gerichte und Notare (Gerichts- und Notarkostengesetz – GNotKG)

vom 23.7.2013, BGBl. I S. 2586

zuletzt geändert durch das Gesetz zur Änderung des Justizkosten- und des Rechtsanwaltsvergütungsrechts und zur Änderung des Gesetzes zur Abmilderung der Folgen der COVID-19-Pandemie im Zivil-, Insolvenz- und Strafverfahrensrecht (Kostenrechtsänderungsgesetz 2021 – KostRÄG 2021) vom 21.12.2020 (BGBl. I S. 3229)

– Auszug –

Kapitel 1: Vorschriften für Gerichte und Notare

Abschnitt 7: Wertvorschriften

Unterabschnitt 1: Allgemeine Wertvorschriften

§ 35 Grundsatz

(1) In demselben Verfahren und in demselben Rechtszug werden die Werte mehrerer Verfahrensgegenstände zusammengerechnet, soweit nichts anderes bestimmt ist.

(2) Der Geschäftswert beträgt, wenn die Tabelle A anzuwenden ist, höchstens 30 Millionen Euro, wenn die Tabelle B anzuwenden ist, höchstens 60 Millionen Euro, wenn kein niedrigerer Höchstwert bestimmt ist.

§ 36 Allgemeiner Geschäftswert

(1) Soweit sich in einer vermögensrechtlichen Angelegenheit der Geschäftswert aus den Vorschriften dieses Gesetzes nicht ergibt und er auch sonst nicht feststeht, ist er nach billigem Ermessen zu bestimmen.

(2) Soweit sich in einer nichtvermögensrechtlichen Angelegenheit der Geschäftswert aus den Vorschriften dieses Gesetzes nicht ergibt, ist er unter Berücksichtigung aller Umstände des Einzelfalls, insbesondere des Umfangs und der Bedeutung der Sache und der Vermögens- und Einkommensverhältnisse der Beteiligten, nach billigem Ermessen zu bestimmen, jedoch nicht über 1 Million Euro.

(3) Bestehen in den Fällen der Absätze 1 und 2 keine genügenden Anhaltspunkte für eine Bestimmung des Werts, ist von einem Geschäftswert von 5 000 Euro auszugehen.

(4) Wenn sich die Gerichtsgebühren nach den für Notare geltenden Vorschriften bestimmen, sind die für Notare geltenden Wertvorschriften entsprechend anzuwenden. Wenn sich die Notargebühren nach den für Gerichte geltenden Vorschriften bestimmen, sind die für Gerichte geltenden Wertvorschriften entsprechend anzuwenden.

§ 37 Früchte, Nutzungen, Zinsen, Vertragsstrafen, sonstige Nebengegenstände und Kosten

(1) Sind außer dem Hauptgegenstand des Verfahrens auch Früchte, Nutzungen, Zinsen, Vertragsstrafen, sonstige Nebengegenstände oder Kosten betroffen, wird deren Wert nicht berücksichtigt.

(2) Soweit Früchte, Nutzungen, Zinsen, Vertragsstrafen, sonstige Nebengegenstände oder Kosten ohne den Hauptgegenstand betroffen sind, ist deren Wert maßgebend, soweit er den Wert des Hauptgegenstands nicht übersteigt.

(3) Sind die Kosten des Verfahrens ohne den Hauptgegenstand betroffen, ist der Betrag der Kosten maßgebend, soweit er den Wert des Hauptgegenstands nicht übersteigt.

§ 38 Belastung mit Verbindlichkeiten

Verbindlichkeiten, die auf einer Sache oder auf einem Recht lasten, werden bei Ermittlung des Geschäftswerts nicht abgezogen, sofern nichts anderes bestimmt ist. Dies gilt auch für Verbindlichkeiten eines Nachlasses, einer sonstigen Vermögensmasse und im Fall einer Beteiligung an einer Personengesellschaft auch für deren Verbindlichkeiten.

§ 39 Auskunftspflichten

(1) Ein Notar, der einen Antrag bei Gericht einreicht, hat dem Gericht den von ihm zugrunde gelegten Geschäftswert hinsichtlich eines jeden Gegenstands mitzuteilen, soweit dieser für die vom Gericht zu erhebenden Gebühren von Bedeutung ist. Auf Ersuchen des Gerichts hat der Notar, der Erklärungen beurkundet hat, die bei Gericht eingereicht worden sind, oder Unterschriften oder Handzeichen unter solchen Erklärungen beglaubigt hat, in entsprechendem Umfang Auskunft zu erteilen.

(2) Legt das Gericht seinem Kostenansatz einen von Absatz 1 abweichenden Geschäftswert zugrunde, so ist dieser dem Notar mitzuteilen. Auf Ersuchen des Notars, der Erklärungen beurkundet oder beglaubigt hat, die bei Gericht eingereicht werden, hat das Gericht über die für die Geschäftswertbestimmung maßgeblichen Umstände Auskunft zu erteilen.

Unterabschnitt 2: Besondere Geschäftswertvorschriften

§ 40 Erbschein, Europäisches Nachlasszeugnis, Zeugnis über die Fortsetzung der Gütergemeinschaft und Testamentsvollstreckerzeugnis

(1) Der Geschäftswert für das Verfahren zur

1. Abnahme der eidesstattlichen Versicherung zur Erlangung eines Erbscheins oder eines Europäischen Nachlasszeugnisses,
2. Erteilung eines Erbscheins oder Ausstellung eines Europäischen Nachlasszeugnisses, soweit dieses die Rechtsstellung und die Rechte der Erben oder Vermächtnisnehmer mit unmittelbarer Berechtigung am Nachlass betrifft,
3. Einziehung oder Kraftloserklärung eines Erbscheins,

4. Änderung oder zum Widerruf eines Europäischen Nachlasszeugnisses, soweit die Rechtsstellung und Rechte der Erben oder Vermächtnisnehmer mit unmittelbarer Berechtigung am Nachlass betroffen sind,

ist der Wert des Nachlasses im Zeitpunkt des Erbfalls. Vom Erblasser herrührende Verbindlichkeiten werden abgezogen. Ist in dem Erbschein lediglich die Hoferbfolge zu bescheinigen, ist Geschäftswert der Wert des Hofs. Abweichend von Satz 2 werden nur die auf dem Hof lastenden Verbindlichkeiten mit Ausnahme der Hypotheken, Grund- und Rentenschulden (§ 15 Absatz 2 der Höfeordnung) abgezogen.

(2) Beziehen sich die in Absatz 1 genannten Verfahren nur auf das Erbrecht eines Miterben, bestimmt sich der Geschäftswert nach dem Anteil dieses Miterben. Entsprechendes gilt, wenn ein weiterer Miterbe einer bereits beurkundeten eidesstattlichen Versicherung beitritt.

(3) Erstrecken sich die Wirkungen eines Erbscheins nur auf einen Teil des Nachlasses, bleiben diejenigen Gegenstände, die von der Erbscheinswirkung nicht erfasst werden, bei der Berechnung des Geschäftswerts außer Betracht; Nachlassverbindlichkeiten werden nicht abgezogen. Macht der Kostenschuldner glaubhaft, dass der Geschäftswert nach Absatz 1 niedriger ist, so ist dieser maßgebend. Die Sätze 1 und 2 finden auf die Ausstellung, die Änderung und den Widerruf eines Europäischen Nachlasszeugnisses entsprechende Anwendung.

(4) Auf ein Verfahren, das ein Zeugnis über die Fortsetzung der Gütergemeinschaft betrifft, sind die Absätze 1 bis 3 entsprechend anzuwenden; an die Stelle des Nachlasses tritt der halbe Wert des Gesamtguts der fortgesetzten Gütergemeinschaft.

(5) In einem Verfahren, das ein Zeugnis über die Ernennung eines Testamentsvollstreckers betrifft, beträgt der Geschäftswert 20 Prozent des Nachlasswerts im Zeitpunkt des Erbfalls, wobei Nachlassverbindlichkeiten nicht abgezogen werden; die Absätze 2 und 3 sind entsprechend anzuwenden. Dies gilt entsprechend, soweit die Angabe der Befugnisse des Testamentsvollstreckers Gegenstand eines Verfahrens wegen eines Europäischen Nachlasszeugnisses ist.

(6) Bei der Ermittlung des Werts und der Zusammensetzung des Nachlasses steht § 30 der Abgabenordnung einer Auskunft des Finanzamts nicht entgegen.

§ 41 Zeugnisse zum Nachweis der Auseinandersetzung eines Nachlasses oder Gesamtguts

In einem Verfahren, das ein Zeugnis nach den §§ 36 und 37 der Grundbuchordnung oder nach § 42 der Schiffsregisterordnung, auch in Verbindung mit § 74 der Schiffsregisterordnung oder § 86 des Gesetzes über Rechte an Luftfahrzeugen, betrifft, ist Geschäftswert der Wert der Gegenstände, auf die sich der Nachweis der Rechtsnachfolge erstreckt.

§ 42 Wohnungs- und Teileigentum

(1) Bei der Begründung von Wohnungs- oder Teileigentum und bei Geschäften, die die Aufhebung oder das Erlöschen von Sondereigentum betreffen, ist Geschäftswert der Wert des bebauten Grundstücks. Ist das Grundstück noch nicht bebaut, ist dem Grundstückswert der Wert des zu errichtenden Bauwerks hinzuzurechnen.

(2) Bei Wohnungs- und Teilerbbaurechten gilt Absatz 1 entsprechend, wobei an die Stelle des Grundstückswerts der Wert des Erbbaurechts tritt.

§ 43 Erbbaurechtsbestellung

Wird bei der Bestellung eines Erbbaurechts als Entgelt ein Erbbauzins vereinbart, ist Geschäftswert der nach § 52 errechnete Wert des Erbbauzinses. Ist der nach § 49 Absatz 2 errechnete Wert des Erbbaurechts höher, so ist dieser maßgebend.

§ 44 Mithaft

(1) Bei der Einbeziehung eines Grundstücks in die Mithaft wegen eines Grundpfandrechts und bei der Entlassung aus der Mithaft bestimmt sich der Geschäftswert nach dem Wert des einbezogenen oder entlassenen Grundstücks, wenn dieser geringer als der Wert nach § 53 Absatz 1 ist. Die Löschung eines Grundpfandrechts, bei dem bereits zumindest ein Grundstück aus der Mithaft entlassen worden ist, steht hinsichtlich der Geschäftswertbestimmung der Entlassung aus der Mithaft gleich.

(2) Absatz 1 gilt entsprechend für grundstücksgleiche Rechte.

(3) Absatz 1 gilt ferner entsprechend
1. für Schiffshypotheken mit der Maßgabe, dass an die Stelle des Grundstücks das Schiff oder das Schiffsbauwerk tritt, und
2. für Registerpfandrechte an einem Luftfahrzeug mit der Maßgabe, dass an die Stelle des Grundstücks das Luftfahrzeug tritt.

§ 45 Rangverhältnisse und Vormerkungen

(1) Bei Einräumung des Vorrangs oder des gleichen Rangs ist Geschäftswert der Wert des vortretenden Rechts, höchstens jedoch der Wert des zurücktretenden Rechts.

(2) Die Vormerkung gemäß § 1179 des Bürgerlichen Gesetzbuchs zugunsten eines nach- oder gleichstehenden Berechtigten steht der Vorrangseinräumung gleich. Dasselbe gilt für den Fall, dass ein nachrangiges Recht gegenüber einer vorrangigen Vormerkung wirksam sein soll. Der Ausschluss des Löschungsanspruchs nach § 1179a Absatz 5 des Bürgerlichen Gesetzbuchs, auch in Verbindung mit § 1179b Absatz 2 des Bürgerlichen Gesetzbuchs, ist wie ein Rangrücktritt des Rechts zu behandeln, als dessen Inhalt der Ausschluss vereinbart wird.

(3) Geschäftswert einer sonstigen Vormerkung ist der Wert des vorgemerkten Rechts; § 51 Absatz 1 Satz 2 ist entsprechend anzuwenden.

Unterabschnitt 3: Bewertungsvorschriften

§ 46 Sache

(1) Der Wert einer Sache wird durch den Preis bestimmt, der im gewöhnlichen Geschäftsverkehr nach der Beschaffenheit der Sache unter Berücksichtigung aller den Preis beeinflussenden Umstände bei einer Veräußerung zu erzielen wäre (Verkehrswert).

(2) Steht der Verkehrswert nicht fest, ist er zu bestimmen
1. nach dem Inhalt des Geschäfts,
2. nach den Angaben der Beteiligten,
3. anhand von sonstigen amtlich bekannten Tatsachen oder Vergleichswerten aufgrund einer amtlichen Auskunft oder
4. anhand offenkundiger Tatsachen.

(3) Bei der Bestimmung des Verkehrswerts eines Grundstücks können auch herangezogen werden
1. im Grundbuch eingetragene Belastungen,
2. aus den Grundakten ersichtliche Tatsachen oder Vergleichswerte oder
3. für Zwecke der Steuererhebung festgesetzte Werte.

Im Fall der Nummer 3 steht § 30 der Abgabenordnung einer Auskunft des Finanzamts nicht entgegen.

(4) Eine Beweisaufnahme zur Feststellung des Verkehrswerts findet nicht statt.

§ 47 Sache bei Kauf

Im Zusammenhang mit dem Kauf wird der Wert der Sache durch den Kaufpreis bestimmt. Der Wert der vorbehaltenen Nutzungen und der vom Käufer übernommenen oder ihm sonst infolge der Veräußerung obliegenden Leistungen wird hinzugerechnet. Ist der nach den Sätzen 1 und 2 ermittelte Wert niedriger als der Verkehrswert, ist der Verkehrswert maßgebend.

§ 48 Land- und forstwirtschaftliches Vermögen

(1) Im Zusammenhang mit der Übergabe oder Zuwendung eines land- oder forstwirtschaftlichen Betriebs mit Hofstelle an eine oder mehrere natürliche Personen einschließlich der Abfindung weichender Erben beträgt der Wert des land- und forstwirtschaftlichen Vermögens im Sinne des Bewertungsgesetzes höchstens das Vierfache des letzten Einheitswerts, der zur Zeit der Fälligkeit der Gebühr bereits festgestellt ist, wenn
1. die unmittelbare Fortführung des Betriebs durch den Erwerber selbst beabsichtigt ist und
2. der Betrieb unmittelbar nach Vollzug der Übergabe oder Zuwendung einen nicht nur unwesentlichen Teil der Existenzgrundlage des zukünftigen Inhabers bildet.

§ 46 Absatz 3 Satz 2 gilt entsprechend. Ist der Einheitswert noch nicht festgestellt, so ist dieser vorläufig zu schätzen; die Schätzung ist nach der ersten Feststellung des Einheitswerts zu berichtigen; die Frist des § 20 Absatz 1 beginnt erst mit der Feststellung des Einheitswerts. In dem in Artikel 3 des Einigungsvertrages genannten Gebiet gelten für die Bewertung des land- und forstwirtschaftlichen Vermögens die Vorschriften des Dritten Abschnitts im Zweiten Teil des Bewertungsgesetzes mit Ausnahme von § 125 Absatz 3; § 126 Absatz 2 des Bewertungsgesetzes ist sinngemäß anzuwenden.

(2) Weicht der Gegenstand des gebührenpflichtigen Geschäfts vom Gegenstand der Einheitsbewertung oder vom Gegenstand der Bildung des Ersatzwirtschaftswerts wesentlich ab oder hat sich der Wert infolge bestimmter Umstände, die nach dem Feststellungszeitpunkt des Einheitswerts oder des Ersatzwirtschaftswerts eingetreten sind, wesentlich ver-

ändert, so ist der nach den Grundsätzen der Einheitsbewertung oder der Bildung des Ersatzwirtschaftswerts geschätzte Wert maßgebend.

(3) Die Absätze 1 und 2 sind entsprechend anzuwenden für die Bewertung
1. eines Hofs im Sinne der Höfeordnung und
2. eines landwirtschaftlichen Betriebs in einem Verfahren aufgrund der Vorschriften über die gerichtliche Zuweisung eines Betriebs (§ 1 Nummer 2 des Gesetzes über das gerichtliche Verfahren in Landwirtschaftssachen), sofern das Verfahren mit der Zuweisung endet.

§ 49 Grundstücksgleiche Rechte

(1) Die für die Bewertung von Grundstücken geltenden Vorschriften sind auf Rechte entsprechend anzuwenden, die den für Grundstücke geltenden Vorschriften unterliegen, soweit sich aus Absatz 2 nichts anderes ergibt.

(2) Der Wert eines Erbbaurechts beträgt 80 Prozent der Summe aus den Werten des belasteten Grundstücks und darauf errichteter Bauwerke; sofern die Ausübung des Rechts auf eine Teilfläche beschränkt ist, sind 80 Prozent vom Wert dieser Teilfläche zugrunde zu legen.

§ 50 Bestimmte schuldrechtliche Verpflichtungen

Der Wert beträgt bei einer schuldrechtlichen Verpflichtung
1. über eine Sache oder ein Recht nicht oder nur eingeschränkt zu verfügen, 10 Prozent des Verkehrswerts der Sache oder des Werts des Rechts;
2. zur eingeschränkten Nutzung einer Sache 20 Prozent des Verkehrswerts der Sache;
3. zur Errichtung eines Bauwerks, wenn es sich um
   a) ein Wohngebäude handelt, 20 Prozent des Verkehrswerts des unbebauten Grundstücks,
   b) ein gewerblich genutztes Bauwerk handelt, 20 Prozent der voraussichtlichen Herstellungskosten;
4. zu Investitionen 20 Prozent der Investitionssumme.

§ 51 Erwerbs- und Veräußerungsrechte, Verfügungsbeschränkungen

(1) Der Wert eines Ankaufsrechts oder eines sonstigen Erwerbs- oder Veräußerungsrechts ist der Wert des Gegenstands, auf den sich das Recht bezieht. Der Wert eines Vorkaufs- oder Wiederkaufsrechts ist die Hälfte des Werts nach Satz 1.

(2) Der Wert einer Verfügungsbeschränkung, insbesondere nach den §§ 1365 und 1369 des Bürgerlichen Gesetzbuchs sowie einer Belastung gemäß § 1010 des Bürgerlichen Gesetzbuchs, beträgt 30 Prozent des von der Beschränkung betroffenen Gegenstands.

(3) Ist der nach den Absätzen 1 und 2 bestimmte Wert nach den besonderen Umständen des Einzelfalls unbillig, kann ein höherer oder ein niedrigerer Wert angenommen werden.

§ 52 Nutzungs- und Leistungsrechte

(1) Der Wert einer Dienstbarkeit, einer Reallast oder eines sonstigen Rechts oder Anspruchs auf wiederkehrende oder dauernde Nutzungen oder Leistungen einschließlich

des Unterlassens oder Duldens bestimmt sich nach dem Wert, den das Recht für den Berechtigten oder für das herrschende Grundstück hat.

(2) Ist das Recht auf eine bestimmte Zeit beschränkt, ist der auf die Dauer des Rechts entfallende Wert maßgebend. Der Wert ist jedoch durch den auf die ersten 20 Jahre entfallenden Wert des Rechts beschränkt. Ist die Dauer des Rechts außerdem auf die Lebensdauer einer Person beschränkt, darf der nach Absatz 4 bemessene Wert nicht überschritten werden.

(3) Der Wert eines Rechts von unbeschränkter Dauer ist der auf die ersten 20 Jahre entfallende Wert. Der Wert eines Rechts von unbestimmter Dauer ist der auf die ersten zehn Jahre entfallende Wert, soweit sich aus Absatz 4 nichts anderes ergibt.

(4) Ist das Recht auf die Lebensdauer einer Person beschränkt, ist sein Wert

bei einem Lebensalter von ...	der auf die ersten ... Jahre
bis zu 30 Jahren	20
über 30 Jahren bis zu 50 Jahren	15
über 50 Jahren bis zu 70 Jahren	10
über 70 Jahren	5

entfallende Wert. Hängt die Dauer des Rechts von der Lebensdauer mehrerer Personen ab, ist maßgebend,

1. wenn das Recht mit dem Tod des zuletzt Sterbenden erlischt, das Lebensalter der jüngsten Person,
2. wenn das Recht mit dem Tod des zuerst Sterbenden erlischt, das Lebensalter der ältesten Person.

(5) Der Jahreswert wird mit 5 Prozent des Werts des betroffenen Gegenstands oder Teils des betroffenen Gegenstands angenommen, sofern nicht ein anderer Wert festgestellt werden kann.

(6) Für die Berechnung des Werts ist der Beginn des Rechts maßgebend. Bildet das Recht später den Gegenstand eines gebührenpflichtigen Geschäfts, so ist der spätere Zeitpunkt maßgebend. Ist der nach den vorstehenden Absätzen bestimmte Wert nach den besonderen Umständen des Einzelfalls unbillig, weil im Zeitpunkt des Geschäfts der Beginn des Rechts noch nicht feststeht oder das Recht in anderer Weise bedingt ist, ist ein niedrigerer Wert anzunehmen. Der Wert eines durch Zeitablauf oder durch den Tod des Berechtigten erloschenen Rechts beträgt 0 Euro.

(7) Preisklauseln werden nicht berücksichtigt.

§ 53 Grundpfandrechte und sonstige Sicherheiten

(1) Der Wert einer Hypothek, Schiffshypothek, eines Registerpfandrechts an einem Luftfahrzeug oder einer Grundschuld ist der Nennbetrag der Schuld. Der Wert einer Rentenschuld ist der Nennbetrag der Ablösungssumme.

(2) Der Wert eines sonstigen Pfandrechts oder der sonstigen Sicherstellung einer Forderung durch Bürgschaft, Sicherungsübereignung oder dergleichen bestimmt sich nach dem Betrag der Forderung und, wenn der als Pfand oder zur Sicherung dienende Gegenstand einen geringeren Wert hat, nach diesem.

§ 54 Bestimmte Gesellschaftsanteile

Wenn keine genügenden Anhaltspunkte für einen höheren Wert von Anteilen an Kapitalgesellschaften und von Kommanditbeteiligungen bestehen, bestimmt sich der Wert nach dem Eigenkapital im Sinne von § 266 Absatz 3 des Handelsgesetzbuchs, das auf den jeweiligen Anteil oder die Beteiligung entfällt. Grundstücke, Gebäude, grundstücksgleiche Rechte, Schiffe oder Schiffsbauwerke sind dabei nach den Bewertungsvorschriften dieses Unterabschnitts zu berücksichtigen. Sofern die betreffenden Gesellschaften überwiegend vermögensverwaltend tätig sind, insbesondere als Immobilienverwaltungs-, Objekt-, Holding-, Besitz- oder sonstige Beteiligungsgesellschaft, ist der auf den jeweiligen Anteil oder die Beteiligung entfallende Wert des Vermögens der Gesellschaft maßgeblich; die Sätze 1 und 2 sind nicht anzuwenden.

Kapitel 2: Gerichtskosten

Abschnitt 2: Wertvorschriften

Unterabschnitt 1: Allgemeine Wertvorschriften

§ 59 Zeitpunkt der Wertberechnung

Für die Wertberechnung ist der Zeitpunkt der jeweiligen den Verfahrensgegenstand betreffenden ersten Antragstellung in dem jeweiligen Rechtszug entscheidend, soweit nichts anderes bestimmt ist. In Verfahren, die von Amts wegen eingeleitet werden, ist der Zeitpunkt der Fälligkeit der Gebühr maßgebend.

§ 60 Genehmigung oder Ersetzung einer Erklärung oder Genehmigung eines Rechtsgeschäfts

(1) Wenn in einer vermögensrechtlichen Angelegenheit Gegenstand des Verfahrens die Genehmigung oder Ersetzung einer Erklärung oder die Genehmigung eines Rechtsgeschäfts ist, bemisst sich der Geschäftswert nach dem Wert des zugrunde liegenden Geschäfts.

(2) Mehrere Erklärungen, die denselben Gegenstand betreffen, insbesondere der Kauf und die Auflassung oder die Schulderklärung und die zur Hypothekenbestellung erforderlichen Erklärungen, sind als ein Verfahrensgegenstand zu bewerten.

(3) Der Wert beträgt in jedem Fall höchstens 1 Million Euro.

§ 61 Rechtsmittelverfahren

(1) Im Rechtsmittelverfahren bestimmt sich der Geschäftswert nach den Anträgen des Rechtsmittelführers. Endet das Verfahren, ohne dass solche Anträge eingereicht werden, oder werden bei einer Rechtsbeschwerde innerhalb der Frist für die Begründung Anträge nicht eingereicht, ist die Beschwer maßgebend.

(2) Der Wert ist durch den Geschäftswert des ersten Rechtszugs begrenzt. Dies gilt nicht, soweit der Gegenstand erweitert wird.

(3) Im Verfahren über den Antrag auf Zulassung der Sprungrechtsbeschwerde ist Gegenstandswert der für das Rechtsmittelverfahren maßgebende Wert.

§ 62 Einstweilige Anordnung, Aussetzung der Wirkungen eines Europäischen Nachlasszeugnisses

Im Verfahren der einstweiligen Anordnung und im Verfahren über die Aussetzung der Wirkungen eines Europäischen Nachlasszeugnisses ist der Wert in der Regel unter Berücksichtigung der geringeren Bedeutung gegenüber der Hauptsache zu ermäßigen. Dabei ist von der Hälfte des für die Hauptsache bestimmten Werts auszugehen.

Unterabschnitt 2: Besondere Geschäftswertvorschriften

§ 63 Betreuungssachen und betreuungsgerichtliche Zuweisungssachen

Bei Betreuungen oder Pflegschaften, die einzelne Rechtshandlungen betreffen, ist Geschäftswert der Wert des Gegenstands, auf den sich die Rechtshandlung bezieht. Bezieht sich die Betreuung oder Pflegschaft auf eine gegenwärtige oder künftige Mitberechtigung, ermäßigt sich der Wert auf den Bruchteil, der dem Anteil der Mitberechtigung entspricht. Bei Gesamthandsverhältnissen ist der Anteil entsprechend der Beteiligung an dem Gesamthandvermögen zu bemessen.

§ 64 Nachlasspflegschaften und Gesamtgutsverwaltung

(1) Geschäftswert für eine Nachlassverwaltung, eine Gesamtgutsverwaltung oder eine sonstige Nachlasspflegschaft ist der Wert des von der Verwaltung betroffenen Vermögens.

(2) Ist der Antrag auf Anordnung einer Nachlasspflegschaft oder -verwaltung oder einer Gesamtgutsverwaltung von einem Gläubiger gestellt, so ist Geschäftswert der Betrag der Forderung, höchstens jedoch der sich nach Absatz 1 ergebende Betrag.

§ 65 Ernennung und Entlassung von Testamentsvollstreckern

Der Geschäftswert für das Verfahren über die Ernennung oder Entlassung eines Testamentsvollstreckers beträgt jeweils 10 Prozent des Werts des Nachlasses im Zeitpunkt des Erbfalls, wobei Nachlassverbindlichkeiten nicht abgezogen werden; § 40 Absatz 2 und 3 ist entsprechend anzuwenden.

§ 66 (weggefallen)

§ 67 Bestimmte unternehmensrechtliche Verfahren und bestimmte Vereins- und Stiftungssachen

(1) Der Geschäftswert in einem unternehmensrechtlichen Verfahren und in einem Verfahren in Vereinssachen beträgt

1. bei Kapitalgesellschaften und Versicherungsvereinen auf Gegenseitigkeit 60 000 Euro,
2. bei Personenhandels- und Partnerschaftsgesellschaften sowie bei Genossenschaften 30 000 Euro,

3. bei Vereinen und Stiftungen 5 000 Euro und
4. in sonstigen Fällen 10 000 Euro,

wenn das Verfahren die Ernennung oder Abberufung von Personen betrifft.

(2) Der Geschäftswert im Verfahren über die Verpflichtung des Dispacheurs zur Aufmachung der Dispache (§ 403 des Gesetzes über das Verfahren in Familiensachen und in den Angelegenheiten der freiwilligen Gerichtsbarkeit) beträgt 10 000 Euro.

(3) Ist der nach Absatz 1 oder Absatz 2 bestimmte Wert nach den besonderen Umständen des Einzelfalls unbillig, kann das Gericht einen höheren oder einen niedrigeren Wert festsetzen.

§ 68 Verhandlung über Dispache

Geschäftswert in dem Verfahren zum Zweck der Verhandlung über die Dispache ist die Summe der Anteile, die die an der Verhandlung Beteiligten an dem Schaden zu tragen haben.

§ 69 Eintragungen im Grundbuch, Schiffs- oder Schiffsbauregister

(1) Geschäftswert für die Eintragung desselben Eigentümers bei mehreren Grundstücken ist der zusammengerechnete Wert dieser Grundstücke, wenn das Grundbuch über diese bei demselben Grundbuchamt geführt wird, die Eintragungsanträge in demselben Dokument enthalten sind und am selben Tag beim Grundbuchamt eingehen. Satz 1 ist auf grundstücksgleiche Rechte und auf Eintragungen in das Schiffs- und Schiffsbauregister entsprechend anzuwenden.

(2) Geschäftswert für die Eintragung mehrerer Veränderungen, die sich auf dasselbe Recht beziehen, ist der zusammengerechnete Wert der Veränderungen, wenn die Eintragungsanträge in demselben Dokument enthalten sind und am selben Tag bei dem Grundbuchamt oder Registergericht eingehen. Der Wert des Rechts darf auch bei mehreren Veränderungen nicht überschritten werden.

§ 70 Gemeinschaften zur gesamten Hand

(1) Ist oder wird eine Gesamthandsgemeinschaft im Grundbuch eingetragen, sind bei der Berechnung des Geschäftswerts die Anteile an der Gesamthandsgemeinschaft wie Bruchteile an dem Grundstück zu behandeln. Im Zweifel gelten die Mitglieder der Gemeinschaft als zu gleichen Teilen am Gesamthandsvermögen beteiligt.

(2) Ist eine Gesamthandsgemeinschaft im Grundbuch eingetragen und wird nunmehr ein Mitberechtigter der Gesamthandsgemeinschaft als Eigentümer oder werden nunmehr mehrere Mitberechtigte als Miteigentümer eingetragen, beträgt der Geschäftswert die Hälfte des Werts des Grundstücks. Geht das Eigentum an dem Grundstück zu einem Bruchteil an einen oder mehrere Mitberechtigte der Gesamthandsgemeinschaft über, beträgt der Geschäftswert insoweit die Hälfte des Werts dieses Bruchteils.

(3) Ein grundstücksgleiches oder sonstiges Recht steht einem Grundstück gleich; die Absätze 1 und 2 sind entsprechend anzuwenden. Dies gilt auch für Rechte, die im Schiffsregister, im Schiffsbauregister und im Register für Pfandrechte an Luftfahrzeugen eingetragen sind. Dabei treten an die Stelle der Grundstücke die in diese Register eingetrage-

nen Schiffe, Schiffsbauwerke und Luftfahrzeuge, an die Stelle des Grundbuchamts das Registergericht.

(4) Die Absätze 1 bis 3 sind auf offene Handelsgesellschaften, Kommanditgesellschaften, Partnerschaften und Europäische wirtschaftliche Interessenvereinigungen nicht und auf Gesellschaften bürgerlichen Rechts nur für die Eintragung einer Änderung im Gesellschafterbestand anzuwenden.

§ 71 Nachträgliche Erteilung eines Hypotheken-, Grundschuld- oder Rentenschuldbriefs

(1) Bei der nachträglichen Erteilung eines Hypotheken-, Grundschuld- oder Rentenschuldbriefs ist Geschäftswert der für die Eintragung des Rechts maßgebende Wert.

(2) Für die nachträgliche Gesamtbrieferteilung gilt § 44 Absatz 1 entsprechend.

§ 72 Gerichtliche Entscheidung über die abschließenden Feststellungen der Sonderprüfer

(1) Den Geschäftswert im gerichtlichen Verfahren über die abschließenden Feststellungen der Sonderprüfer nach § 259 Absatz 2 und 3 des Aktiengesetzes bestimmt das Gericht unter Berücksichtigung aller Umstände des einzelnen Falles nach billigem Ermessen, insbesondere unter Berücksichtigung der Bedeutung der Sache für die Parteien. Er darf jedoch ein Zehntel des Grundkapitals oder, wenn dieses Zehntel mehr als 500 000 Euro beträgt, 500 000 Euro nur insoweit übersteigen, als die Bedeutung der Sache für den Kläger höher zu bewerten ist.

(2) Die Vorschriften über die Anordnung der Streitwertbegünstigung (§ 260 Absatz 4 Satz 2 in Verbindung mit § 247 Absatz 2 und 3 des Aktiengesetzes) sind anzuwenden.

§ 73 Ausschlussverfahren nach dem Wertpapiererwerbs- und Übernahmegesetz

Geschäftswert im Verfahren über den Ausschluss von Aktionären nach den §§ 39a und 39b des Wertpapiererwerbs- und Übernahmegesetzes ist der Betrag, der dem Wert aller Aktien entspricht, auf die sich der Ausschluss bezieht; der Geschäftswert beträgt mindestens 200 000 Euro und höchstens 7,5 Millionen Euro.

§ 74 Verfahren nach dem Spruchverfahrensgesetz

Geschäftswert im gerichtlichen Verfahren nach dem Spruchverfahrensgesetz ist der Betrag, der von allen in § 3 des Spruchverfahrensgesetzes genannten Antragsberechtigten nach der Entscheidung des Gerichts zusätzlich zu dem ursprünglich angebotenen Betrag insgesamt gefordert werden kann; der Geschäftswert beträgt mindestens 200 000 Euro und höchstens 7,5 Millionen Euro. Maßgeblicher Zeitpunkt für die Bestimmung des Werts ist der Tag nach Ablauf der Antragsfrist (§ 4 Absatz 1 des Spruchverfahrensgesetzes).

§ 75 Gerichtliche Entscheidung über die Zusammensetzung des Aufsichtsrats

Im gerichtlichen Verfahren über die Zusammensetzung des Aufsichtsrats, das sich nach den §§ 98 und 99 des Aktiengesetzes richtet, ist abweichend von § 36 Absatz 3 von einem Geschäftswert von 50 000 Euro auszugehen.

§ 76 Bestimmte Verfahren vor dem Landwirtschaftsgericht

Geschäftswert ist

1. in Feststellungsverfahren nach § 11 Absatz 1 Buchstabe g der Verfahrensordnung für Höfesachen der Wert des Hofs nach Abzug der Verbindlichkeiten,
2. in Wahlverfahren (§ 9 Absatz 2 Satz 1 der Höfeordnung) der Wert des gewählten Hofs nach Abzug der Verbindlichkeiten,
3. in Fristsetzungsverfahren (§ 9 Absatz 2 Satz 2 der Höfeordnung) die Hälfte des Werts des wertvollsten der noch zur Wahl stehenden Höfe nach Abzug der Verbindlichkeiten,
4. in gerichtlichen Verfahren aufgrund der Vorschriften über Einwendungen gegen das siedlungsrechtliche Vorkaufsrecht (§ 1 Nummer 3 des Gesetzes über das gerichtliche Verfahren in Landwirtschaftssachen) der Geschäftswert des zugrunde liegenden Kaufvertrags.

Kapitel 3: Notarkosten

Abschnitt 4: Wertvorschriften

Unterabschnitt 1: Allgemeine Wertvorschriften

§ 95 Mitwirkung der Beteiligten

Die Beteiligten sind verpflichtet, bei der Wertermittlung mitzuwirken. Sie haben ihre Erklärungen über tatsächliche Umstände vollständig und wahrheitsgemäß abzugeben. Kommen die Beteiligten ihrer Mitwirkungspflicht nicht nach, ist der Wert nach billigem Ermessen zu bestimmen.

§ 96 Zeitpunkt der Wertberechnung

Für die Wertberechnung ist der Zeitpunkt der Fälligkeit der Gebühr maßgebend.

Unterabschnitt 2: Beurkundung

§ 97 Verträge und Erklärungen

(1) Der Geschäftswert bei der Beurkundung von Verträgen und Erklärungen bestimmt sich nach dem Wert des Rechtsverhältnisses, das Beurkundungsgegenstand ist.

(2) Handelt es sich um Veränderungen eines Rechtsverhältnisses, so darf der Wert des von der Veränderung betroffenen Rechtsverhältnisses nicht überschritten werden, und zwar auch dann nicht, wenn es sich um mehrere Veränderungen desselben Rechtsverhältnisses handelt.

(3) Bei Verträgen, die den Austausch von Leistungen zum Gegenstand haben, ist nur der Wert der Leistungen des einen Teils maßgebend; wenn der Wert der Leistungen verschieden ist, ist der höhere maßgebend.

§ 98 Vollmachten und Zustimmungen

(1) Bei der Beurkundung einer Vollmacht zum Abschluss eines bestimmten Rechtsgeschäfts oder bei der Beurkundung einer Zustimmungserklärung ist Geschäftswert die Hälfte des Geschäftswerts für die Beurkundung des Geschäfts, auf das sich die Vollmacht oder die Zustimmungserklärung bezieht.

(2) Bei Vollmachten und Zustimmungserklärungen aufgrund einer gegenwärtigen oder künftigen Mitberechtigung ermäßigt sich der nach Absatz 1 bestimmte Geschäftswert auf den Bruchteil, der dem Anteil der Mitberechtigung entspricht. Entsprechendes gilt für Zustimmungserklärungen nach dem Umwandlungsgesetz durch die in § 2 des Umwandlungsgesetzes bezeichneten Anteilsinhaber. Bei Gesamthandsverhältnissen ist der Anteil entsprechend der Beteiligung an dem Gesamthandsvermögen zu bemessen.

(3) Der Geschäftswert bei der Beurkundung einer allgemeinen Vollmacht ist nach billigem Ermessen zu bestimmen; dabei sind der Umfang der erteilten Vollmacht und das Vermögen des Vollmachtgebers angemessen zu berücksichtigen. Der zu bestimmende Geschäftswert darf die Hälfte des Vermögens des Auftraggebers nicht übersteigen. Bestehen keine genügenden Anhaltspunkte für eine Bestimmung des Werts, ist von einem Geschäftswert von 5 000 Euro auszugehen.

(4) In allen Fällen beträgt der anzunehmende Geschäftswert höchstens 1 Million Euro.

(5) Für den Widerruf einer Vollmacht gelten die vorstehenden Vorschriften entsprechend.

§ 99 Miet-, Pacht- und Dienstverträge

(1) Der Geschäftswert bei der Beurkundung eines Miet- oder Pachtvertrags ist der Wert aller Leistungen des Mieters oder Pächters während der gesamten Vertragszeit. Bei Miet- oder Pachtverträgen von unbestimmter Vertragsdauer ist der auf die ersten fünf Jahre entfallende Wert der Leistungen maßgebend; ist jedoch die Auflösung des Vertrags erst zu einem späteren Zeitpunkt zulässig, ist dieser maßgebend. In keinem Fall darf der Geschäftswert den auf die ersten 20 Jahre entfallenden Wert übersteigen.

(2) Der Geschäftswert bei der Beurkundung eines Dienstvertrags, eines Geschäftsbesorgungsvertrags oder eines ähnlichen Vertrags ist der Wert aller Bezüge des zur Dienstleistung oder Geschäftsbesorgung Verpflichteten während der gesamten Vertragszeit, höchstens jedoch der Wert der auf die ersten fünf Jahre entfallenden Bezüge.

§ 100 Güterrechtliche Angelegenheiten

(1) Der Geschäftswert

1. bei der Beurkundung von Eheverträgen im Sinne des § 1408 des Bürgerlichen Gesetzbuchs, die sich nicht auf Vereinbarungen über den Versorgungsausgleich beschränken, und
2. bei der Beurkundung von Anmeldungen aufgrund solcher Verträge

ist die Summe der Werte der gegenwärtigen Vermögen beider Ehegatten. Betrifft der Ehevertrag nur das Vermögen eines Ehegatten, ist nur dessen Vermögen maßgebend. Bei Ermittlung des Vermögens werden Verbindlichkeiten bis zur Hälfte des nach Satz 1 oder 2 maßgeblichen Werts abgezogen. Verbindlichkeiten eines Ehegatten werden nur von seinem Vermögen abgezogen.

(2) Betrifft der Ehevertrag nur bestimmte Vermögenswerte, auch wenn sie dem Anfangsvermögen hinzuzurechnen wären, oder bestimmte güterrechtliche Ansprüche, so ist deren Wert, höchstens jedoch der Wert nach Absatz 1 maßgebend.

(3) Betrifft der Ehevertrag Vermögenswerte, die noch nicht zum Vermögen des Ehegatten gehören, werden sie mit 30 Prozent ihres Werts berücksichtigt, wenn sie im Ehevertrag konkret bezeichnet sind.

(4) Die Absätze 1 bis 3 gelten entsprechend bei Lebenspartnerschaftsverträgen.

§ 101 Annahme als Kind

In Angelegenheiten, die die Annahme eines Minderjährigen betreffen, beträgt der Geschäftswert 5 000 Euro.

§ 102 Erbrechtliche Angelegenheiten

(1) Geschäftswert bei der Beurkundung einer Verfügung von Todes wegen ist, wenn über den ganzen Nachlass oder einen Bruchteil verfügt wird, der Wert des Vermögens oder der Wert des entsprechenden Bruchteils des Vermögens. Verbindlichkeiten des Erblassers werden abgezogen, jedoch nur bis zur Hälfte des Werts des Vermögens. Vermächtnisse und Auflagen werden nur bei Verfügung über einen Bruchteil und nur mit dem Anteil ihres Werts hinzugerechnet, der dem Bruchteil entspricht, über den nicht verfügt wird.

(2) Verfügt der Erblasser außer über die Gesamtrechtsnachfolge daneben über Vermögenswerte, die noch nicht zu seinem Vermögen gehören, jedoch in der Verfügung von Todes wegen konkret bezeichnet sind, wird deren Wert hinzugerechnet. Von dem Begünstigten zu übernehmende Verbindlichkeiten werden abgezogen, jedoch nur bis zur Hälfte des Vermögenswerts. Die Sätze 1 und 2 gelten bei gemeinschaftlichen Testamenten und gegenseitigen Erbverträgen nicht für Vermögenswerte, die bereits nach Absatz 1 berücksichtigt sind.

(3) Betrifft die Verfügung von Todes wegen nur bestimmte Vermögenswerte, ist deren Wert maßgebend; Absatz 2 Satz 2 gilt entsprechend.

(4) Bei der Beurkundung eines Erbverzichts-, Zuwendungsverzichts- oder Pflichtteilsverzichtsvertrags gilt Absatz 1 Satz 1 und 2 entsprechend; soweit der Zuwendungsverzicht ein Vermächtnis betrifft, gilt Absatz 3 entsprechend. Das Pflichtteilsrecht ist wie ein entsprechender Bruchteil des Nachlasses zu behandeln.

(5) Die Absätze 1 bis 3 gelten entsprechend für die Beurkundung der Anfechtung oder des Widerrufs einer Verfügung von Todes wegen sowie für den Rücktritt von einem Erbvertrag. Hat eine Erklärung des einen Teils nach Satz 1 im Fall eines gemeinschaftlichen Testaments oder eines Erbvertrags die Unwirksamkeit von Verfügungen des anderen Teils zur Folge, ist der Wert der Verfügungen des anderen Teils dem Wert nach Satz 1 hinzuzurechnen.

§ 103 Erklärungen gegenüber dem Nachlassgericht, Anträge an das Nachlassgericht

(1) Werden in einer vermögensrechtlichen Angelegenheit Erklärungen, die gegenüber dem Nachlassgericht abzugeben sind, oder Anträge an das Nachlassgericht beurkundet, ist Geschäftswert der Wert des betroffenen Vermögens oder des betroffenen Bruchteils nach Abzug der Verbindlichkeiten zum Zeitpunkt der Beurkundung.

(2) Bei der Beurkundung von Erklärungen über die Ausschlagung des Anfalls eines Hofes (§ 11 der Höfeordnung) gilt Absatz 1 entsprechend.

§ 104 Rechtswahl

(1) Bei der Beurkundung einer Rechtswahl, die die allgemeinen oder güterrechtlichen Wirkungen der Ehe betrifft, beträgt der Geschäftswert 30 Prozent des Werts, der sich in entsprechender Anwendung des § 100 ergibt.

(2) Bei der Beurkundung einer Rechtswahl, die eine Rechtsnachfolge von Todes wegen betrifft, beträgt der Geschäftswert 30 Prozent des Werts, der sich in entsprechender Anwendung des § 102 ergibt.

(3) Bei der Beurkundung einer Rechtswahl in sonstigen Fällen beträgt der Geschäftswert 30 Prozent des Geschäftswerts für die Beurkundung des Rechtsgeschäfts, für das die Rechtswahl bestimmt ist.

§ 105 Anmeldung zu bestimmten Registern

(1) Bei den folgenden Anmeldungen zum Handelsregister ist Geschäftswert der in das Handelsregister einzutragende Geldbetrag, bei Änderung bereits eingetragener Geldbeträge der Unterschiedsbetrag:

1. erste Anmeldung einer Kapitalgesellschaft; ein in der Satzung bestimmtes genehmigtes Kapital ist dem Grund- oder Stammkapital hinzuzurechnen;
2. erste Anmeldung eines Versicherungsvereins auf Gegenseitigkeit;
3. Erhöhung oder Herabsetzung des Stammkapitals einer Gesellschaft mit beschränkter Haftung;
4. Beschluss der Hauptversammlung einer Aktiengesellschaft oder einer Kommanditgesellschaft auf Aktien über
   a) Maßnahmen der Kapitalbeschaffung (§§ 182 bis 221 des Aktiengesetzes); dem Beschluss über die genehmigte Kapitalerhöhung steht der Beschluss über die Verlängerung der Frist gleich, innerhalb derer der Vorstand das Kapital erhöhen kann;
   b) Maßnahmen der Kapitalherabsetzung (§§ 222 bis 240 des Aktiengesetzes);
5. erste Anmeldung einer Kommanditgesellschaft; maßgebend ist die Summe der Kommanditeinlagen; hinzuzurechnen sind 30 000 Euro für den ersten und 15 000 Euro für jeden weiteren persönlich haftenden Gesellschafter;
6. Eintritt eines Kommanditisten in eine bestehende Personenhandelsgesellschaft oder Ausscheiden eines Kommanditisten; ist ein Kommanditist als Nachfolger eines anderen Kommanditisten oder ein bisher persönlich haftender Gesellschafter als Komman-

ditist oder ein bisheriger Kommanditist als persönlich haftender Gesellschafter einzutragen, ist die einfache Kommanditeinlage maßgebend;
7. Erhöhung oder Herabsetzung einer Kommanditeinlage.

Der Geschäftswert beträgt mindestens 30 000 Euro.

(2) Bei sonstigen Anmeldungen zum Handelsregister sowie bei Anmeldungen zum Partnerschafts- und Genossenschaftsregister bestimmt sich der Geschäftswert nach den Absätzen 3 bis 5.

(3) Der Geschäftswert beträgt bei der ersten Anmeldung
1. eines Einzelkaufmanns 30 000 Euro;
2. einer offenen Handelsgesellschaft oder einer Partnerschaftsgesellschaft mit zwei Gesellschaftern 45 000 Euro; hat die offene Handelsgesellschaft oder die Partnerschaftsgesellschaft mehr als zwei Gesellschafter, erhöht sich der Wert für den dritten und jeden weiteren Gesellschafter um jeweils 15 000 Euro;
3. einer Genossenschaft oder einer juristischen Person (§ 33 des Handelsgesetzbuchs) 60 000 Euro.

(4) Bei einer späteren Anmeldung beträgt der Geschäftswert, wenn diese
1. eine Kapitalgesellschaft betrifft, 1 Prozent des eingetragenen Grund- oder Stammkapitals, mindestens 30 000 Euro;
2. einen Versicherungsverein auf Gegenseitigkeit betrifft, 60 000 Euro;
3. eine Personenhandels- oder Partnerschaftsgesellschaft betrifft, 30 000 Euro; bei Eintritt oder Ausscheiden von mehr als zwei persönlich haftenden Gesellschaftern oder Partnern sind als Geschäftswert 15 000 Euro für jeden eintretenden oder ausscheidenden Gesellschafter oder Partner anzunehmen;
4. einen Einzelkaufmann, eine Genossenschaft oder eine juristische Person (§ 33 des Handelsgesetzbuchs) betrifft, 30 000 Euro.

(5) Ist eine Anmeldung nur deshalb erforderlich, weil sich eine Anschrift geändert hat, oder handelt es sich um eine ähnliche Anmeldung, die für das Unternehmen keine wirtschaftliche Bedeutung hat, so beträgt der Geschäftswert 5 000 Euro.

(6) Der in Absatz 1 Satz 2 und in Absatz 4 Nummer 1 bestimmte Mindestwert gilt nicht
1. für die Gründung einer Gesellschaft gemäß § 2 Absatz 1a des Gesetzes betreffend die Gesellschaften mit beschränkter Haftung und
2. für Änderungen des Gesellschaftsvertrags einer gemäß § 2 Absatz 1a des Gesetzes betreffend die Gesellschaften mit beschränkter Haftung gegründeten Gesellschaft, wenn die Gesellschaft auch mit dem geänderten Gesellschaftsvertrag hätte gemäß § 2 Absatz 1a des Gesetzes betreffend die Gesellschaften mit beschränkter Haftung gegründet werden können.

Reine sprachliche Abweichungen vom Musterprotokoll oder die spätere Streichung der auf die Gründung verweisenden Formulierungen stehen der Anwendung des Satzes 1 nicht entgegen.

§ 106 Höchstwert für Anmeldungen zu bestimmten Registern

Bei der Beurkundung von Anmeldungen zu einem in § 105 genannten Register und zum Vereinsregister beträgt der Geschäftswert höchstens 1 Million Euro. Dies gilt auch dann, wenn mehrere Anmeldungen in einem Beurkundungsverfahren zusammengefasst werden.

§ 107 Gesellschaftsrechtliche Verträge, Satzungen und Pläne

(1) Bei der Beurkundung von Gesellschaftsverträgen und Satzungen sowie von Plänen und Verträgen nach dem Umwandlungsgesetz beträgt der Geschäftswert mindestens 30 000 Euro und höchstens 10 Millionen Euro. Der in Satz 1 bestimmte Mindestwert gilt nicht bei der Beurkundung von Gesellschaftsverträgen und Satzungen in den Fällen des § 105 Absatz 6.

(2) Bei der Beurkundung von Verträgen zwischen verbundenen Unternehmen (§ 15 des Aktiengesetzes) über die Veräußerung oder über die Verpflichtung zur Veräußerung von Gesellschaftsanteilen und -beteiligungen beträgt der Geschäftswert höchstens 10 Millionen Euro. Satz 1 gilt nicht, sofern die betroffene Gesellschaft überwiegend vermögensverwaltend tätig ist, insbesondere als Immobilienverwaltungs-, Objekt-, Holding-, Besitz- oder sonstige Beteiligungsgesellschaft.

§ 108 Beschlüsse von Organen

(1) Für den Geschäftswert bei der Beurkundung von Beschlüssen von Organen von Kapital-, Personenhandels- und Partnerschaftsgesellschaften sowie von Versicherungsvereinen auf Gegenseitigkeit, juristischen Personen (§ 33 des Handelsgesetzbuchs) oder Genossenschaften, deren Gegenstand keinen bestimmten Geldwert hat, gilt § 105 Absatz 4 und 6 entsprechend. Bei Beschlüssen, deren Gegenstand einen bestimmten Geldwert hat, beträgt der Wert nicht weniger als der sich nach § 105 Absatz 1 ergebende Wert.

(2) Bei der Beurkundung von Beschlüssen im Sinne des Absatzes 1, welche die Zustimmung zu einem bestimmten Rechtsgeschäft enthalten, ist der Geschäftswert wie bei der Beurkundung des Geschäfts zu bestimmen, auf das sich der Zustimmungsbeschluss bezieht.

(3) Der Geschäftswert bei der Beurkundung von Beschlüssen nach dem Umwandlungsgesetz ist der Wert des Vermögens des übertragenden oder formwechselnden Rechtsträgers. Bei Abspaltungen oder Ausgliederungen ist der Wert des übergehenden Vermögens maßgebend.

(4) Der Geschäftswert bei der Beurkundung von Beschlüssen von Organen einer Gesellschaft bürgerlichen Rechts, deren Gegenstand keinen bestimmten Geldwert hat, beträgt 30 000 Euro.

(5) Der Geschäftswert von Beschlüssen von Gesellschafts-, Stiftungs- und Vereinsorganen sowie von ähnlichen Organen beträgt höchstens 5 Millionen Euro, auch wenn mehrere Beschlüsse mit verschiedenem Gegenstand in einem Beurkundungsverfahren zusammengefasst werden.

§ 109 Derselbe Beurkundungsgegenstand

(1) Derselbe Beurkundungsgegenstand liegt vor, wenn Rechtsverhältnisse zueinander in einem Abhängigkeitsverhältnis stehen und das eine Rechtsverhältnis unmittelbar dem

Zweck des anderen Rechtsverhältnisses dient. Ein solches Abhängigkeitsverhältnis liegt nur vor, wenn das andere Rechtsverhältnis der Erfüllung, Sicherung oder sonstigen Durchführung des einen Rechtsverhältnisses dient. Dies gilt auch bei der Beurkundung von Erklärungen Dritter und von Erklärungen der Beteiligten zugunsten Dritter. Ein Abhängigkeitsverhältnis liegt insbesondere vor zwischen

1. dem Kaufvertrag und
   a) der Übernahme einer durch ein Grundpfandrecht am Kaufgrundstück gesicherten Darlehensschuld,
   b) der zur Löschung von Grundpfandrechten am Kaufgegenstand erforderlichen Erklärungen sowie
   c) jeder zur Belastung des Kaufgegenstands dem Käufer erteilten Vollmacht;

   die Beurkundung des Zuschlags in der freiwilligen Versteigerung steht dem Kaufvertrag gleich;
2. dem Gesellschaftsvertrag und der Auflassung bezüglich eines einzubringenden Grundstücks;
3. der Bestellung eines dinglichen Rechts und der zur Verschaffung des beabsichtigten Rangs erforderlichen Rangänderungserklärungen; § 45 Absatz 2 gilt entsprechend;
4. der Begründung eines Anspruchs und den Erklärungen zur Schaffung eines Titels gemäß § 794 Absatz 1 Nummer 5 der Zivilprozessordnung.

In diesen Fällen bestimmt sich der Geschäftswert nur nach dem Wert des Rechtsverhältnisses, zu dessen Erfüllung, Sicherung oder sonstiger Durchführung die anderen Rechtsverhältnisse dienen.

(2) Derselbe Beurkundungsgegenstand sind auch

1. der Vorschlag zur Person eines möglichen Betreuers und eine Patientenverfügung;
2. der Widerruf einer Verfügung von Todes wegen, die Aufhebung oder Anfechtung eines Erbvertrags oder der Rücktritt von einem Erbvertrag jeweils mit der Errichtung einer neuen Verfügung von Todes wegen;
3. die zur Bestellung eines Grundpfandrechts erforderlichen Erklärungen und die Schulderklärung bis zur Höhe des Nennbetrags des Grundpfandrechts;
4. bei Beschlüssen von Organen einer Vereinigung oder Stiftung
   a) jeder Beschluss und eine damit im Zusammenhang stehende Änderung des Gesellschaftsvertrags oder der Satzung,
   b) der Beschluss über eine Kapitalerhöhung oder -herabsetzung und die weiteren damit im Zusammenhang stehenden Beschlüsse,
   c) mehrere Änderungen des Gesellschaftsvertrags oder der Satzung, deren Gegenstand keinen bestimmten Geldwert hat,
   d) mehrere Wahlen, sofern nicht Einzelwahlen stattfinden,
   e) mehrere Beschlüsse über die Entlastung von Verwaltungsträgern, sofern nicht Einzelbeschlüsse gefasst werden,
   f) Wahlen und Beschlüsse über die Entlastung der Verwaltungsträger, sofern nicht einzeln abgestimmt wird,
   g) Beschlüsse von Organen verschiedener Vereinigungen bei Umwandlungsvorgängen, sofern die Beschlüsse denselben Beschlussgegenstand haben.

In diesen Fällen bestimmt sich der Geschäftswert nach dem höchsten in Betracht kommenden Wert.

§ 110 Verschiedene Beurkundungsgegenstände

Abweichend von § 109 Absatz 1 sind verschiedene Beurkundungsgegenstände

1. Beschlüsse von Organen einer Vereinigung oder Stiftung und Erklärungen,
2. ein Veräußerungsvertrag und
   a) Erklärungen zur Finanzierung der Gegenleistung gegenüber Dritten,
   b) Erklärungen zur Bestellung von subjektiv-dinglichen Rechten sowie
   c) ein Verzicht auf Steuerbefreiungen gemäß § 9 Absatz 1 des Umsatzsteuergesetzes sowie
3. Erklärungen gemäß § 109 Absatz 2 Satz 1 Nummer 1 und Vollmachten.

§ 111 Besondere Beurkundungsgegenstände

Als besonderer Beurkundungsgegenstand gelten stets

1. vorbehaltlich der Regelung in § 109 Absatz 2 Nummer 2 eine Verfügung von Todes wegen,
2. ein Ehevertrag im Sinne von § 1408 Absatz 1 des Bürgerlichen Gesetzbuchs,
3. eine Anmeldung zu einem Register und
4. eine Rechtswahl nach dem internationalen Privatrecht.

Unterabschnitt 3: Vollzugs- und Betreuungstätigkeiten

§ 112 Vollzug des Geschäfts

Der Geschäftswert für den Vollzug ist der Geschäftswert des zugrunde liegenden Beurkundungsverfahrens. Liegt der zu vollziehenden Urkunde kein Beurkundungsverfahren zugrunde, ist der Geschäftswert derjenige Wert, der maßgeblich wäre, wenn diese Urkunde Gegenstand eines Beurkundungsverfahrens wäre.

§ 113 Betreuungstätigkeiten

(1) Der Geschäftswert für die Betreuungsgebühr ist wie bei der Beurkundung zu bestimmen.

(2) Der Geschäftswert für die Treuhandgebühr ist der Wert des Sicherungsinteresses.

Unterabschnitt 4: Sonstige notarielle Geschäfte

§ 114 Rückgabe eines Erbvertrags aus der notariellen Verwahrung

Der Geschäftswert für die Rückgabe eines Erbvertrags aus der notariellen Verwahrung bestimmt sich nach § 102 Absatz 1 bis 3.

§ 115 Vermögensverzeichnis, Siegelung

Der Geschäftswert für die Aufnahme von Vermögensverzeichnissen sowie für Siegelungen und Entsiegelungen ist der Wert der verzeichneten oder versiegelten Gegenstände. Dies gilt auch für die Mitwirkung als Urkundsperson bei der Aufnahme von Vermögensverzeichnissen.

§ 116 Freiwillige Versteigerung von Grundstücken

(1) Bei der freiwilligen Versteigerung von Grundstücken oder grundstücksgleichen Rechten ist der Geschäftswert nach dem Wert der zu versteigernden Grundstücke oder grundstücksgleichen Rechte zu bemessen für

1. die Verfahrensgebühr,
2. die Gebühr für die Aufnahme einer Schätzung und
3. die Gebühr für die Abhaltung eines Versteigerungstermins.

(2) Bei der Versteigerung mehrerer Grundstücke wird die Gebühr für die Beurkundung des Zuschlags für jeden Ersteher nach der Summe seiner Gebote erhoben; ist der zusammengerechnete Wert der ihm zugeschlagenen Grundstücke oder grundstücksgleichen Rechte höher, so ist dieser maßgebend.

§ 117 Versteigerung von beweglichen Sachen und von Rechten

Bei der Versteigerung von beweglichen Sachen und von Rechten bemisst sich der Geschäftswert nach der Summe der Werte der betroffenen Sachen und Rechte.

§ 118 Vorbereitung der Zwangsvollstreckung

Im Verfahren über die Vollstreckbarerklärung eines Schiedsspruchs mit vereinbartem Wortlaut oder über die Erteilung einer vollstreckbaren Ausfertigung bemisst sich der Geschäftswert nach den Ansprüchen, die Gegenstand der Vollstreckbarerklärung oder der vollstreckbaren Ausfertigung sein sollen.

§ 118a Teilungssachen

Geschäftswert in Teilungssachen nach § 342 Absatz 2 Nummer 1 des Gesetzes über das Verfahren in Familiensachen und in den Angelegenheiten der freiwilligen Gerichtsbarkeit ist der Wert des den Gegenstand der Auseinandersetzung bildenden Nachlasses oder Gesamtguts oder des von der Auseinandersetzung betroffenen Teils davon. Die Werte mehrerer selbständiger Vermögensmassen, die in demselben Verfahren auseinandergesetzt werden, werden zusammengerechnet. Trifft die Auseinandersetzung des Gesamtguts einer Gütergemeinschaft mit der Auseinandersetzung des Nachlasses eines Ehegatten oder Lebenspartners zusammen, wird der Wert des Gesamtguts und des übrigen Nachlasses zusammengerechnet.

§ 119 Entwurf

(1) Bei der Fertigung eines Entwurfs bestimmt sich der Geschäftswert nach den für die Beurkundung geltenden Vorschriften.

(2) Der Geschäftswert für die Fertigung eines Serienentwurfs ist die Hälfte des Werts aller zum Zeitpunkt der Entwurfsfertigung beabsichtigten Einzelgeschäfte.

§ 120 Beratung bei einer Haupt- oder Gesellschafterversammlung

Der Geschäftswert für die Beratung bei der Vorbereitung oder Durchführung einer Hauptversammlung oder einer Gesellschafterversammlung bemisst sich nach der Summe der

Geschäftswerte für die Beurkundung der in der Versammlung zu fassenden Beschlüsse. Der Geschäftswert beträgt höchstens 5 Millionen Euro.

§ 121 Beglaubigung von Unterschriften oder Handzeichen

Der Geschäftswert für die Beglaubigung von Unterschriften oder Handzeichen bestimmt sich nach den für die Beurkundung der Erklärung geltenden Vorschriften.

§ 122 Rangbescheinigung

Geschäftswert einer Mitteilung über die dem Grundbuchamt bei Einreichung eines Antrags vorliegenden weiteren Anträge einschließlich des sich daraus ergebenden Rangs für das beantragte Recht (Rangbescheinigung) ist der Wert des beantragten Rechts.

§ 123 Gründungsprüfung

Geschäftswert einer Gründungsprüfung gemäß § 33 Absatz 3 des Aktiengesetzes ist die Summe aller Einlagen. Der Geschäftswert beträgt höchstens 10 Millionen Euro.

§ 124 Verwahrung

Der Geschäftswert bei der Verwahrung von Geldbeträgen bestimmt sich nach der Höhe des jeweils ausgezahlten Betrags. Bei der Entgegennahme von Wertpapieren und Kostbarkeiten zur Verwahrung ist Geschäftswert der Wert der Wertpapiere oder Kostbarkeiten.

20. Kostenverzeichnis zum Gerichts- uns Notarkostengesetz (GNotKG-KV)

Kostenverzeichnis
(zu § 3 Absatz 2)

Gliederung

Abschnitt 4 Entgegennahme von Erklärungen, Fristbestimmungen, Nachlassinventar, Testamentsvollstreckung

Unterabschnitt 1 Entgegennahme von Erklärungen, Fristbestimmungen und Nachlassinventar

Unterabschnitt 2 Testamentsvollstreckung

Abschnitt 5 Übrige Nachlasssachen

Unterabschnitt 1 (weggefallen)

Unterabschnitt 2 Stundung des Pflichtteilsanspruchs

Unterabschnitt 3 Beschwerde gegen die Endentscheidung wegen des Hauptgegenstands

Unterabschnitt 4 Rechtsbeschwerde gegen die Endentscheidung wegen des Hauptgegenstands

Unterabschnitt 5 Zulassung der Sprungrechtsbeschwerde gegen die Endentscheidung wegen des Hauptgegenstands

Hauptabschnitt 3 Registersachen sowie unternehmensrechtliche und ähnliche Verfahren

Abschnitt 1 Vereinsregistersachen

Abschnitt 2 Güterrechtsregistersachen

Abschnitt 3 Zwangs- und Ordnungsgeld in Verfahren nach den §§ 389 bis 392 FamFG

Unterabschnitt 1 Erster Rechtszug

Unterabschnitt 2 Beschwerde gegen die Endentscheidung wegen des Hauptgegenstands

Unterabschnitt 3 Rechtsbeschwerde gegen die Endentscheidung wegen des Hauptgegenstands

Abschnitt 4 Löschungs- und Auflösungsverfahren sowie Verfahren über die Entziehung der Rechtsfähigkeit eines Vereins vor dem Amtsgericht

Abschnitt 5 Unternehmensrechtliche und ähnliche Verfahren, Verfahren vor dem Registergericht und Vereins- und Stiftungssachen vor dem Amtsgericht

Abschnitt 6 Rechtsmittelverfahren in den in den Abschnitten 4 und 5 genannten Verfahren

Unterabschnitt 1 Beschwerde gegen die Endentscheidung wegen des Hauptgegenstands

Unterabschnitt 2 Rechtsbeschwerde gegen die Endentscheidung wegen des Hauptgegenstands

Unterabschnitt 3 Zulassung der Sprungrechtsbeschwerde gegen die Endentscheidung wegen des Hauptgegenstands

Kostenverzeichnis Gerichts- und Notarkostengesetz (GNotKG-KV)

Teil 1:

Gerichtsgebühren

Nr.	Gebührentatbestand	Gebühr oder Satz der Gebühr nach § 34 GNotKG – Tabelle A

Vorbemerkung 1:

(1) Im Verfahren der einstweiligen Anordnung bestimmen sich die Gebühren nach Hauptabschnitt 6.

(2) Für eine Niederschrift, die nach den Vorschriften des Beurkundungsgesetzes errichtet wird, und für die Abnahme der eidesstattlichen Versicherung nach § 352 Abs. 3 Satz 3 FamFG oder § 36 Abs. 2 Satz 1 IntErbRVG erhebt das Gericht Gebühren nach Teil 2.

(3) In einem Verfahren, für das sich die Kosten nach diesem Gesetz bestimmen, ist die Bestellung eines Pflegers für das Verfahren und deren Aufhebung Teil des Verfahrens, für das der Pfleger bestellt worden ist. Bestellung und Aufhebung sind gebührenfrei.

Hauptabschnitt 1
Betreuungssachen und betreuungsgerichtliche Zuweisungssachen

Vorbemerkung 1.1:

(1) In Betreuungssachen werden von dem Betroffenen Gebühren nach diesem Hauptabschnitt nur erhoben, wenn zum Zeitpunkt der Fälligkeit der jeweiligen Gebühr sein Vermögen nach Abzug der Verbindlichkeiten mehr als 25.000 € beträgt; der in § 90 Abs. 2 Nr. 8 des Zwölften Buches Sozialgesetzbuch genannte Vermögenswert wird nicht mitgerechnet.

(2) Im Verfahren vor dem Registergericht über die Bestellung eines Vertreters des Schiffseigentümers nach § 42 Abs. 2 des Gesetzes über Rechte an eingetragenen Schiffen und Schiffsbauwerken werden die gleichen Gebühren wie für eine betreuungsgerichtliche Zuweisungssache nach § 340 Nr. 2 FamFG erhoben.

Abschnitt 1
Verfahren vor dem Betreuungsgericht

Vorbemerkung 1.1.1:

Dieser Abschnitt ist auch anzuwenden, wenn ein vorläufiger Betreuer bestellt worden ist.

11100	Verfahren im Allgemeinen .... Die Gebühr entsteht nicht für Verfahren, 1. die in den Rahmen einer bestehenden Betreuung oder Pflegschaft fallen, 2. für die die Gebühr 11103 oder 11105 entsteht oder 3. die mit der Bestellung eines Betreuers oder der Anordnung einer Pflegschaft enden.	0,5
11101	Jahresgebühr für jedes angefangene Kalenderjahr bei einer Dauerbetreuung, wenn nicht Nummer 11102 anzuwenden ist .... (1) Für die Gebühr wird das Vermögen des von der Maßnahme Betroffenen nur berücksichtigt, soweit es nach Abzug der Verbindlichkeiten mehr als 25 000 € beträgt; der in § 90 Abs. 2 Nr. 8 des Zwölften Buches Sozialgesetzbuch genannte Vermögenswert wird nicht mitgerechnet. Ist Gegenstand der Be-	10,00 € je angefangene 5 000,00 € des zu berücksichtigenden Vermögens – mindestens 200,00 €

Nr.	Gebührentatbestand	Gebühr oder Satz der Gebühr nach § 34 GNotKG – Tabelle A
	treuung ein Teil des Vermögens, ist höchstens dieser Teil des Vermögens zu berücksichtigen. (2) Für das bei der ersten Bestellung eines Betreuers laufende und das folgende Kalenderjahr wird nur eine Jahresgebühr erhoben. Geht eine vorläufige Betreuung in eine endgültige über, handelt es sich um ein einheitliches Verfahren. (3) Dauert die Betreuung nicht länger als drei Monate, beträgt die Gebühr abweichend von dem in der Gebührenspalte bestimmten Mindestbetrag 100,00 €.	
11102	Jahresgebühr für jedes angefangene Kalenderjahr bei einer Dauerbetreuung, die nicht unmittelbar das Vermögen oder Teile des Vermögens zum Gegenstand hat .... (1) Für das bei der ersten Bestellung eines Betreuers laufende und das folgende Kalenderjahr wird nur eine Jahresgebühr erhoben. Geht eine vorläufige Betreuung in eine endgültige über, handelt es sich um ein einheitliches Verfahren. (2) Dauert die Betreuung nicht länger als drei Monate, beträgt die Gebühr abweichend von dem in der Gebührenspalte bestimmten Mindestbetrag 100,00 €.	300,00 € – höchstens eine Gebühr 11101
11103	Verfahren im Allgemeinen bei einer Betreuung für einzelne Rechtshandlungen .... (1) Die Gebühr wird nicht neben einer Gebühr 11101 oder 11102 erhoben. (2) Absatz 3 der Anmerkung zu Nummer 11101 ist nicht anzuwenden.	0,5 – höchstens eine Gebühr 11101
11104	Jahresgebühr für jedes angefangene Kalenderjahr bei einer Dauerpflegschaft .... (1) Ist Gegenstand der Pflegschaft ein Teil des Vermögens, ist höchstens dieser Teil des Vermögens zu berücksichtigen. (2) Für das bei der ersten Bestellung eines Pflegers laufende und das folgende Kalenderjahr wird nur eine Jahresgebühr erhoben. (3) Erstreckt sich die Pflegschaft auf mehrere Betroffene, wird die Gebühr für jeden Betroffenen gesondert erhoben. (4) Dauert die Pflegschaft nicht länger als drei Monate, beträgt die Gebühr abweichend von dem in der Gebührenspalte bestimmten Mindestbetrag 100,00 €.	10,00 € je angefangene 5 000,00 € des reinen Vermögens – mindestens 200,00 €
11105	Verfahren im Allgemeinen bei einer Pflegschaft für einzelne Rechtshandlungen .... (1) Die Gebühr wird nicht neben einer Gebühr 11104 erhoben. (2) Erstreckt sich die Pflegschaft auf mehrere Betroffene, ist Höchstgebühr die Summe der Gebühren 11104.	0,5 – höchstens eine Gebühr 11104

Nr.	Gebührentatbestand	Gebühr oder Satz der Gebühr nach § 34 GNotKG – Tabelle A
	(3) Absatz 4 der Anmerkung zu Nummer 11104 ist nicht anzuwenden.	

Abschnitt 2
Beschwerde gegen die Endentscheidung wegen des Hauptgegenstands

11200	Verfahren im Allgemeinen	1,0
11201	Beendigung des gesamten Verfahrens ohne Endentscheidung: Die Gebühr 11200 ermäßigt sich auf	0,5
	(1) Wenn die Entscheidung nicht durch Verlesen der Entscheidungsformel bekannt gegeben worden ist, ermäßigt sich die Gebühr auch im Fall der Zurücknahme der Beschwerde oder des Antrags vor Ablauf des Tages, an dem die Endentscheidung der Geschäftsstelle übermittelt wird. (2) Eine Entscheidung über die Kosten steht der Ermäßigung nicht entgegen, wenn die Entscheidung einer zuvor mitgeteilten Einigung über die Kostentragung oder einer Kostenübernahmeerklärung folgt.	

Abschnitt 3
Rechtsbeschwerde gegen die Endentscheidung wegen des Hauptgegenstands

11300	Verfahren im Allgemeinen	1,5
11301	Beendigung des gesamten Verfahrens durch Zurücknahme der Rechtsbeschwerde oder des Antrags, bevor die Schrift zur Begründung der Beschwerde bei Gericht eingegangen ist: Die Gebühr 11300 ermäßigt sich auf	0,5
11302	Beendigung des gesamten Verfahrens durch Zurücknahme der Rechtsbeschwerde oder des Antrags vor Ablauf des Tages, an dem die Endentscheidung der Geschäftsstelle übermittelt wird, wenn nicht Nummer 11301 erfüllt ist: Die Gebühr 11300 ermäßigt sich auf	1,0

Abschnitt 4
Zulassung der Sprungrechtsbeschwerdegegen die Endentscheidung wegen des Hauptgegenstands

11400	Verfahren über die Zulassung der Sprungrechtsbeschwerde: Soweit der Antrag abgelehnt wird	0,5

Nr.	Gebührentatbestand	Gebühr oder Satz der Gebühr nach § 34 GNotKG – Tabelle B

Hauptabschnitt 2
Nachlasssachen

Vorbemerkung 1.2:

(1) Gebühren nach diesem Hauptabschnitt werden auch für das Erbscheinsverfahren vor dem Landwirtschaftsgericht und für die Entgegennahme der Erklärung eines Hoferben über die Wahl des Hofes erhoben.

(2) Die Gebühr für das Verfahren zur Abnahme der eidesstattlichen Versicherung nach § 2006 BGB bestimmt sich nach Hauptabschnitt 5 Abschnitt 2.

Abschnitt 1
Verwahrung und Eröffnung von Verfügungen von Todes wegen

12100	Annahme einer Verfügung von Todes wegen in besondere amtliche Verwahrung .... Mit der Gebühr wird auch die Verwahrung, die Mitteilung nach § 347 FamFG und die Herausgabe abgegolten.	75,00 €
12101	Eröffnung einer Verfügung von Todes wegen .... Werden mehrere Verfügungen von Todes wegen desselben Erblassers bei demselben Gericht gleichzeitig eröffnet, so ist nur eine Gebühr zu erheben.	100,00 €

Abschnitt 2
Erbschein, Europäisches Nachlasszeugnis und andere Zeugnisse

Vorbemerkung 1.2.2:

(1) Dieser Abschnitt gilt für Verfahren über den Antrag auf Erteilung

1. eines Erbscheins,
2. eines Zeugnisses über die Fortsetzung der Gütergemeinschaft,
3. eines Zeugnisses nach § 36 oder § 37 der Grundbuchordnung oder § 42 der Schiffsregisterordnung, auch in Verbindung mit § 74 der Schiffsregisterordnung oder § 86 des Gesetzes über Rechte an Luftfahrzeugen, und
4. eines Testamentsvollstreckerzeugnisses sowie für das Verfahren über deren Einziehung oder Kraftloserklärung.

(2) Dieser Abschnitt gilt ferner für Verfahren über den Antrag auf Ausstellung eines Europäischen Nachlasszeugnisses sowie über dessen Änderung oder Widerruf. Für Verfahren über die Aussetzung der Wirkungen eines Europäischen Nachlasszeugnisses werden Gebühren nach Hauptabschnitt 6 Abschnitt 2 erhoben.

(3) Endentscheidungen im Sinne dieses Abschnitts sind auch der Beschluss nach § 352e Abs. 1 FamFG und die Ausstellung eines Europäischen Nachlasszeugnisses.

Nr.	Gebührentatbestand	Gebühr oder Satz der Gebühr nach § 34 GNotKG – Tabelle B

Unterabschnitt 1
Erster Rechtszug

Vorbemerkung 1.2.2.1:

Die Ausstellung des Europäischen Nachlasszeugnisses durch das Beschwerdegericht steht der Ausstellung durch das Nachlassgericht gleich.

Nr.	Gebührentatbestand	Gebühr oder Satz der Gebühr nach § 34 GNotKG – Tabelle B
12210	Verfahren über den Antrag auf Erteilung eines Erbscheins oder eines Zeugnisses oder auf Ausstellung eines Europäischen Nachlasszeugnisses, wenn nicht Nummer 12213 anzuwenden ist .... (1) Für die Abnahme der eidesstattlichen Versicherung wird die Gebühr gesondert erhoben (Vorbemerkung 1 Abs. 2). (2) Ist die Gebühr bereits für ein Verfahren über den Antrag auf Erteilung eines Erbscheins entstanden, wird sie mit 75 % auf eine Gebühr für ein Verfahren über den Antrag auf Ausstellung eines Europäischen Nachlasszeugnisses angerechnet, wenn sich der Erbschein und das Europäische Nachlasszeugnis nicht widersprechen. Dies gilt entsprechend, wenn zuerst die Gebühr für ein Verfahren über den Antrag auf Ausstellung eines Europäischen Nachlasszeugnisses entstanden ist.	1,0
12211	Beendigung des gesamten Verfahrens 1. ohne Endentscheidung oder 2. durch Zurücknahme des Antrags vor Ablauf des Tages, an dem die Endentscheidung der Geschäftsstelle übermittelt wird, wenn die Entscheidung nicht bereits durch Verlesen der Entscheidungsformel bekannt gegeben worden ist: Die Gebühr 12210 ermäßigt sich auf	0,3 – höchstens 200,00 €
12212	Beendigung des Verfahrens ohne Erteilung des Erbscheins oder des Zeugnisses oder ohne Ausstellung des Europäischen Nachlasszeugnisses, wenn nicht Nummer 12211 erfüllt ist: Die Gebühr 12210 ermäßigt sich auf	0,5 – höchstens 400,00 €
12213	Verfahren über den Antrag auf Erteilung eines weiteren Testamentsvollstreckerzeugnisses bezüglich desselben Nachlasses oder desselben Teils des Nachlasses	0,3
12214	Beendigung des Verfahrens ohne Erteilung des Zeugnisses: Die Gebühr 12213 beträgt	höchstens 200,00 €

Nr.	Gebührentatbestand	Gebühr oder Satz der Gebühr nach § 34 GNotKG – Tabelle B
12215	Verfahren über die Einziehung oder Kraftloserklärung 1. eines Erbscheins, 2. eines Zeugnisses über die Fortsetzung der Gütergemeinschaft, 3. eines Testamentsvollstreckerzeugnisses oder 4. eines Zeugnisses nach § 36 oder § 37 der Grundbuchordnung oder nach § 42 auch i.V.m. § 74 der Schiffsregisterordnung	0,5 – höchstens 400,00 €
12216	Verfahren über den Widerruf eines Europäischen Nachlasszeugnisses	0,5 – höchstens 400,00 €
12217	Verfahren über die Änderung eines Europäischen Nachlasszeugnisses	1,0
12218	Erteilung einer beglaubigten Abschrift eines Europäischen Nachlasszeugnisses nach Beendigung des Verfahrens auf Ausstellung des Europäischen Nachlasszeugnisses oder Verlängerung der Gültigkeitsfrist einer beglaubigten Abschrift eines Europäischen Nachlasszeugnisses .... Neben der Gebühr wird keine Dokumentenpauschale erhoben.	20,00 €
	Unterabschnitt 2 Beschwerde gegen die Endentscheidung wegen des Hauptgegenstands	
12220	Verfahren im Allgemeinen	1,0 – höchstens 800,00 €
12221	Beendigung des gesamten Verfahrens durch Zurücknahme der Beschwerde oder des Antrags, bevor die Schrift zur Begründung der Beschwerde bei Gericht eingegangen ist: Die Gebühr 12220 ermäßigt sich auf	0,3 – höchstens 200,00 €
12222	Beendigung des gesamten Verfahrens ohne Endentscheidung, wenn nicht Nummer 12221 erfüllt ist: Die Gebühr 12220 ermäßigt sich auf .... (1) Wenn die Entscheidung nicht durch Verlesen der Entscheidungsformel bekannt gegeben worden ist, ermäßigt sich die Gebühr auch im Fall der Zurücknahme der Beschwerde oder des Antrags vor Ablauf des Tages, an dem die Endentscheidung der Geschäftsstelle übermittelt wird.	0,5 – höchstens 400,00 €

Nr.	Gebührentatbestand	Gebühr oder Satz der Gebühr nach § 34 GNotKG – Tabelle B
	(2) Eine Entscheidung über die Kosten steht der Ermäßigung nicht entgegen, wenn die Entscheidung einer zuvor mitgeteilten Einigung über die Kostentragung oder einer Kostenübernahmeerklärung folgt.	
	Unterabschnitt 3 **Rechtsbeschwerde gegen die Endentscheidung wegen des Hauptgegenstands**	
12230	Verfahren im Allgemeinen	1,5 – höchstens 1 200,00 €
12231	Beendigung des gesamten Verfahrens durch Zurücknahme der Rechtsbeschwerde oder des Antrags, bevor die Schrift zur Begründung der Beschwerde bei Gericht eingegangen ist: Die Gebühr 12230 ermäßigt sich auf	0,5 – höchstens 400,00 €
12232	Beendigung des gesamten Verfahrens durch Zurücknahme der Rechtsbeschwerde oder des Antrags vor Ablauf des Tages, an dem die Endentscheidung der Geschäftsstelle übermittelt wird, wenn nicht Nummer 12231 erfüllt ist: Die Gebühr 12230 ermäßigt sich auf	1,0 – höchstens 800,00 €
	Unterabschnitt 4 **Zulassung der Sprungrechtsbeschwerde gegen die Endentscheidung wegen des Hauptgegenstands**	
12240	Verfahren über die Zulassung der Sprungrechtsbeschwerde: Soweit der Antrag abgelehnt wird:	0,5 – höchstens 400,00 €

Nr.	Gebührentatbestand	Gebühr oder Satz der Gebühr nach § 34 GNotKG – Tabelle A

Abschnitt 3
Sicherung des Nachlasses einschließlich der Nachlasspflegschaft, Nachlass- und Gesamtgutsverwaltung

Unterabschnitt 1
Erster Rechtszug

Nr.	Gebührentatbestand	Gebühr oder Satz der Gebühr nach § 34 GNotKG – Tabelle A
12310	Verfahren im Allgemeinen .... Die Gebühr entsteht nicht für Verfahren, die in den Rahmen einer bestehenden Nachlasspflegschaft oder Nachlass- oder Gesamtgutsverwaltung fallen. Dies gilt auch für das Verfahren, das mit der Nachlasspflegschaft oder der Nachlass- oder Gesamtgutsverwaltung endet.	0,5
12311	Jahresgebühr für jedes Kalenderjahr bei einer Nachlasspflegschaft, die nicht auf einzelne Rechtshandlungen beschränkt ist, oder bei einer Nachlass- oder Gesamtgutsverwaltung .... (1) Ist Gegenstand des Verfahrens ein Teil des Nachlasses, ist höchstens dieser Teil des Nachlasses zu berücksichtigen. Verbindlichkeiten werden nicht abgezogen. (2) Für das bei der ersten Bestellung eines Nachlasspflegers oder bei der Anordnung der Nachlass- oder Gesamtgutsverwaltung laufende und das folgende Kalenderjahr wird nur eine Jahresgebühr erhoben. (3) Dauert die Nachlasspflegschaft nicht länger als drei Monate, beträgt die Gebühr abweichend von dem in der Gebührenspalte bestimmten Mindestbetrag 100,00 €.	10,00 € je angefangene 5 000,00 € des Nachlasswerts – mindestens 200,00 €
12312	Verfahren im Allgemeinen bei einer Nachlasspflegschaft für einzelne Rechtshandlungen .... (1) Die Gebühr wird nicht neben der Gebühr 12311 erhoben. (2) Absatz 3 der Anmerkung zu Nummer 12311 ist nicht anzuwenden.	0,5 – höchstens eine Gebühr 12311

Unterabschnitt 2
Beschwerde gegen die Endentscheidung wegen des Hauptgegenstands

Nr.	Gebührentatbestand	Gebühr oder Satz der Gebühr nach § 34 GNotKG – Tabelle A
12320	Verfahren im Allgemeinen	1,0
12321	Beendigung des gesamten Verfahrens ohne Endentscheidung: Die Gebühr 12320 ermäßigt sich auf .... (1) Wenn die Entscheidung nicht durch Verlesen der Entscheidungsformel bekannt gegeben worden ist, ermäßigt sich die Gebühr auch, wenn die Beschwerde vor Ablauf des Tages, an dem die Endentscheidung der Geschäftsstelle übermittelt wird, zurückgenommen wird.	0,5

Nr.	Gebührentatbestand	Gebühr oder Satz der Gebühr nach § 34 GNotKG – Tabelle A
	(2) Eine Entscheidung über die Kosten steht der Ermäßigung nicht entgegen, wenn die Entscheidung einer zuvor mitgeteilten Einigung über die Kostentragung oder einer Kostenübernahmeerklärung folgt.	

Unterabschnitt 3
Rechtsbeschwerde gegen die Endentscheidung wegen des Hauptgegenstands

12330	Verfahren im Allgemeinen	1,5
12331	Beendigung des gesamten Verfahrens durch Zurücknahme der Rechtsbeschwerde oder des Antrags, bevor die Schrift zur Begründung der Beschwerde bei Gericht eingegangen ist: Die Gebühr 12330 ermäßigt sich auf	0,5
12332	Beendigung des gesamten Verfahrens durch Zurücknahme der Rechtsbeschwerde oder des Antrags vor Ablauf des Tages, an dem die Endentscheidung der Geschäftsstelle übermittelt wird, wenn nicht Nummer 12331 erfüllt ist: Die Gebühr 12330 ermäßigt sich auf	1,0

Unterabschnitt 4
Zulassung der Sprungrechtsbeschwerde gegen die Endentscheidung wegen des Hauptgegenstands

12340	Verfahren über die Zulassung der Sprungrechtsbeschwerde: Soweit der Antrag abgelehnt wird:	0,5

Abschnitt 4
Entgegennahme von Erklärungen, Fristbestimmungen, Nachlassinventar, Testamentsvollstreckung

Unterabschnitt 1
Entgegennahme von Erklärungen, Fristbestimmungen und Nachlassinventar

Vorbemerkung 1.2.4.1:
(weggefallen)

12410	Entgegennahme von Erklärungen und Anzeigen .... (1) Die Gebühr entsteht für die Entgegennahme 1. einer Forderungsanmeldung im Fall des § 2061 BGB, 2. einer Erklärung über die Anfechtung eines Testaments oder Erbvertrags (§§ 2081, 2281 Abs. 2 BGB),	15,00 €

Nr.	Gebührentatbestand	Gebühr oder Satz der Gebühr nach § 34 GNotKG – Tabelle A
	3. einer Anzeige des Vorerben oder des Nacherben über den Eintritt der Nacherbfolge (§ 2146 BGB),	
	4. einer Erklärung betreffend die Bestimmung der Person des Testamentsvollstreckers oder die Ernennung von Mitvollstreckern (§ 2198 Abs. 1 Satz 2 und § 2199 Abs. 3 BGB), die Annahme oder Ablehnung des Amtes des Testamentsvollstreckers (§ 2202 BGB) sowie die Kündigung dieses Amtes (§ 2226 BGB),	
	5. einer Anzeige des Verkäufers oder Käufers einer Erbschaft über den Verkauf nach § 2384 BGB sowie einer Anzeige in den Fällen des § 2385 BGB,	
	6. eines Nachlassinventars oder einer Erklärung nach § 2004 BGB oder	
	7. der Erklärung eines Hoferben über die Wahl des Hofes gemäß § 9 Abs. 2 Satz 1 HöfeO.	
	(2) Für die gleichzeitige Entgegennahme mehrerer Forderungsanmeldungen, Erklärungen oder Anzeigen nach derselben Nummer entsteht die Gebühr nur einmal.	
12411	Verfahren über 1. eine Fristbestimmung nach den §§ 2151, 2153 bis 2155, 2192, 2193 BGB, 2. die Bestimmung einer Inventarfrist, 3. die Bestimmung einer neuen Inventarfrist, 4. die Verlängerung der Inventarfrist oder 5. eine Fristbestimmung, die eine Testamentsvollstreckung betrifft	25,00 €
12412	Verfahren über den Antrag des Erben, einen Notar mit der amtlichen Aufnahme des Nachlassinventars zu beauftragen	40,00 €
12413	Verfahren über die Erteilung einer Bescheinigung, die die Annahme des Amtes als Testamentsvollstrecker bestätigt	50,00 €

Unterabschnitt 2
Testamentsvollstreckung

Vorbemerkung 1.2.4.2:

Die Gebühren für die Entgegennahme von Erklärungen und für das Verfahren über eine Fristbestimmung bestimmen sich nach Unterabschnitt 1, die Gebühr für das Verfahren auf Erteilung eines Testamentsvollstreckerzeugnisses sowie dessen Einziehung oder Kraftloserklärung nach Abschnitt 2.

Nr.	Gebührentatbestand	Gebühr oder Satz der Gebühr nach § 34 GNotKG – Tabelle A
12420	Verfahren über die Ernennung oder Entlassung von Testamentsvollstreckern und über sonstige anlässlich einer Testamentsvollstreckung zu treffenden Anordnungen	0,5
12421	Verfahren über die Beschwerde gegen die Endentscheidung wegen des Hauptgegenstands	1,0
12422	Beendigung des gesamten Verfahrens ohne Endentscheidung: Die Gebühr 12421 ermäßigt sich auf	0,5
	(1) Wenn die Entscheidung nicht durch Verlesen der Entscheidungsformel bekannt gegeben worden ist, ermäßigt sich die Gebühr auch im Fall der Zurücknahme der Beschwerde oder des Antrags vor Ablauf des Tages, an dem die Endentscheidung der Geschäftsstelle übermittelt wird. (2) Eine Entscheidung über die Kosten steht der Ermäßigung nicht entgegen, wenn die Entscheidung einer zuvor mitgeteilten Einigung über die Kostentragung oder einer Kostenübernahmeerklärung folgt.	
12425	Verfahren über die Rechtsbeschwerde gegen die Endentscheidung wegen des Hauptgegenstands	1,5
12426	Beendigung des gesamten Verfahrens durch Zurücknahme der Rechtsbeschwerde oder des Antrags, bevor die Schrift zur Begründung der Beschwerde bei Gericht eingegangen ist: Die Gebühr 12425 ermäßigt sich auf	0,5
12427	Beendigung des gesamten Verfahrens durch Zurücknahme der Rechtsbeschwerde oder des Antrags vor Ablauf des Tages, an dem die Endentscheidung der Geschäftsstelle übermittelt wird, wenn nicht Nummer 12426 erfüllt ist: Die Gebühr 12425 ermäßigt sich auf	1,0
12428	Verfahren über die Zulassung der Sprungrechtsbeschwerde: Soweit der Antrag abgelehnt wird:	0,5

Nr.	Gebührentatbestand	Gebühr oder Satz der Gebühr nach § 34 GNotKG – Tabelle A

Abschnitt 5
Übrige Nachlasssachen

Unterabschnitt 1
(weggefallen)

Unterabschnitt 2
Stundung des Pflichtteilsanspruchs

12520	Verfahren im Allgemeinen	2,0
12521	Beendigung des gesamten Verfahrens 1. ohne Endentscheidung, 2. durch Zurücknahme des Antrags vor Ablauf des Tages, an dem die Endentscheidung der Geschäftsstelle übermittelt wird, wenn die Entscheidung nicht bereits durch Verlesen der Entscheidungsformel bekannt gegeben worden ist, oder 3. wenn die Endentscheidung keine Begründung enthält oder nur deshalb eine Begründung enthält, weil zu erwarten ist, dass der Beschluss im Ausland geltend gemacht wird (§ 38 Abs. 5 Nr. 4 FamFG): Die Gebühr 12520 ermäßigt sich auf .... (1) Die Vervollständigung einer ohne Begründung hergestellten Endentscheidung (§ 38 Abs. 6 FamFG) steht der Ermäßigung nicht entgegen. (2) Die Gebühr ermäßigt sich auch, wenn mehrere Ermäßigungstatbestände erfüllt sind.	0,5

Unterabschnitt 3
Beschwerde gegen die Endentscheidung wegen des Hauptgegenstands

12530	Verfahren im Allgemeinen	3,0
12531	Beendigung des gesamten Verfahrens durch Zurücknahme der Beschwerde oder des Antrags, bevor die Schrift zur Begründung der Beschwerde bei Gericht eingegangen ist: Die Gebühr 12530 ermäßigt sich auf	0,5
12532	Beendigung des gesamten Verfahrens ohne Endentscheidung, wenn nicht Nummer 12531 erfüllt ist: Die Gebühr 12530 ermäßigt sich auf .... (1) Wenn die Entscheidung nicht durch Verlesen der Entscheidungsformel bekannt gegeben worden ist, ermäßigt sich die Gebühr auch im Fall der Zurücknahme der Beschwerde oder	1,0

Nr.	Gebührentatbestand	Gebühr oder Satz der Gebühr nach § 34 GNotKG – Tabelle A
	des Antrags vor Ablauf des Tages, an dem die Endentscheidung der Geschäftsstelle übermittelt wird. (2) Eine Entscheidung über die Kosten steht der Ermäßigung nicht entgegen, wenn die Entscheidung einer zuvor mitgeteilten Einigung über die Kostentragung oder einer Kostenübernahmeerklärung folgt.	
	Unterabschnitt 4 **Rechtsbeschwerde gegen die Endentscheidung wegen des Hauptgegenstands**	
12540	Verfahren im Allgemeinen	4,0
12541	Beendigung des gesamten Verfahrens durch Zurücknahme der Rechtsbeschwerde oder des Antrags, bevor die Schrift zur Begründung der Beschwerde bei Gericht eingegangen ist: Die Gebühr 12540 ermäßigt sich auf	1,0
12542	Beendigung des gesamten Verfahrens durch Zurücknahme der Rechtsbeschwerde oder des Antrags vor Ablauf des Tages, an dem die Endentscheidung der Geschäftsstelle übermittelt wird, wenn nicht Nummer 12541 erfüllt ist: Die Gebühr 12540 ermäßigt sich auf	2,0
	Unterabschnitt 5 **Zulassung der Sprungrechtsbeschwerde gegen die Endentscheidung wegen des Hauptgegenstands**	
12550	Verfahren über die Zulassung der Sprungrechtsbeschwerde: Soweit der Antrag abgelehnt wird:	1,0

Hauptabschnitt 3
Registersachen sowie unternehmensrechtliche und ähnliche Verfahren

Vorbemerkung 1.3:

(1) Dieser Hauptabschnitt gilt für

1. Registersachen (§ 374 FamFG), soweit die Gebühren nicht aufgrund einer Rechtsverordnung nach § 58 Abs. 1 GNotKG erhoben werden,
2. unternehmensrechtliche Verfahren (§ 375 FamFG) und ähnliche Verfahren sowie
3. bestimmte Vereins- und Stiftungssachen.

Nr.	Gebührentatbestand	Gebühr oder Satz der Gebühr nach § 34 GNotKG – Tabelle A

(2) Gebühren werden nicht erhoben

1. für die aus Anlass eines Insolvenzverfahrens von Amts wegen vorzunehmenden Eintragungen,
2. für die Löschung von Eintragungen (§ 395 FamFG) und
3. von berufsständischen Organen im Rahmen ihrer Beteiligung nach § 380 FamFG.

Abschnitt 1
Vereinsregistersachen

13100	Verfahren über die Ersteintragung in das Vereinsregister	75,00 €
13101	Verfahren über eine spätere Eintragung in das Vereinsregister	50,00 €

(1) Bei einer Sitzverlegung in den Bezirk eines anderen Registergerichts wird die Gebühr für eine spätere Eintragung nur durch das Gericht erhoben, in dessen Bezirk der Sitz verlegt worden ist.

(2) Die Gebühr wird für mehrere Eintragungen nur einmal erhoben, wenn die Anmeldungen am selben Tag beim Registergericht eingegangen sind und denselben Verein betreffen.

(3) Für die Eintragung

1. des Erlöschens des Vereins,
2. der Beendigung der Liquidation des Vereins,
3. der Fortführung als nichtrechtsfähiger Verein,
4. des Verzichts auf die Rechtsfähigkeit oder
5. der Entziehung der Rechtsfähigkeit

und für die Schließung des Registerblatts wird keine Gebühr erhoben.

Abschnitt 2
Güterrechtsregistersachen

13200	Verfahren über die Eintragung aufgrund eines Ehe- oder Lebenspartnerschaftsvertrags	100,00 €
13201	Verfahren über sonstige Eintragungen	50,00 €

GNotKG Notar
GNotKG Gericht
Schnellübersichten
Text §§ GNotKG-KV

Nr.	Gebührentatbestand	Gebühr oder Satz der Gebühr nach § 34 GNotKG – Tabelle A

Abschnitt 3
Zwangs- und Ordnungsgeld in Verfahren nach den §§ 389 bis 392 FamFG

Unterabschnitt 1
Erster Rechtszug

Nr.	Gebührentatbestand	Gebühr
13310	Festsetzung von Zwangs- oder Ordnungsgeld: je Festsetzung	100,00 €
13311	Verwerfung des Einspruchs	100,00 €

Unterabschnitt 2
Beschwerde gegen die Endentscheidung wegen des Hauptgegenstands

Nr.	Gebührentatbestand	Gebühr
13320	Verfahren im Allgemeinen: Die Beschwerde wird verworfen oder zurückgewiesen Wird die Beschwerde nur teilweise verworfen oder zurückgewiesen, kann das Gericht die Gebühr nach billigem Ermessen auf die Hälfte ermäßigen oder bestimmen, dass eine Gebühr nicht zu erheben ist.	150,00 €
13321	Verfahren im Allgemeinen: Beendigung des gesamten Verfahrens durch Zurücknahme der Beschwerde oder des Antrags, bevor die Schrift zur Begründung der Beschwerde bei Gericht eingegangen ist	75,00 €
13322	Verfahren im Allgemeinen: Beendigung des gesamten Verfahrens durch Zurücknahme der Beschwerde oder des Antrags vor Ablauf des Tages, an dem die Endentscheidung der Geschäftsstelle übermittelt wird, wenn die Entscheidung nicht bereits durch Verlesen der Entscheidungsformel bekannt gegeben worden ist, oder wenn nicht Nummer 13321 erfüllt ist	100,00 €

Unterabschnitt 3
Rechtsbeschwerde gegen die Endentscheidung wegen des Hauptgegenstands

Nr.	Gebührentatbestand	Gebühr
13330	Verfahren im Allgemeinen: Die Rechtsbeschwerde wird verworfen oder zurückgewiesen Wird die Rechtsbeschwerde nur teilweise verworfen oder zurückgewiesen, kann das Gericht die Gebühr nach billigem Ermessen auf die Hälfte ermäßigen oder bestimmen, dass eine Gebühr nicht zu erheben ist.	200,00 €

Nr.	Gebührentatbestand	Gebühr oder Satz der Gebühr nach § 34 GNotKG – Tabelle A
13331	Verfahren im Allgemeinen: Beendigung des gesamten Verfahrens durch Zurücknahme der Rechtsbeschwerde oder des Antrags, bevor die Schrift zur Begründung der Beschwerde bei Gericht eingegangen ist	100,00 €
13332	Verfahren im Allgemeinen: Beendigung des gesamten Verfahrens durch Zurücknahme der Rechtsbeschwerde oder des Antrags vor Ablauf des Tages, an dem die Endentscheidung der Geschäftsstelle übermittelt wird, wenn nicht Nummer 13331 erfüllt ist	150,00 €

Abschnitt 4
Löschungs- und Auflösungsverfahren sowie Verfahren über die Entziehung der Rechtsfähigkeit eines Vereins vor dem Amtsgericht

Nr.	Gebührentatbestand	Gebühr oder Satz der Gebühr nach § 34 GNotKG – Tabelle A
13400	Verfahren über 1. den Widerspruch gegen eine beabsichtigte Löschung (§§ 393 bis 398 FamFG), 2. den Widerspruch gegen die beabsichtigte Feststellung eines Mangels der Satzung oder des Gesellschaftsvertrages (§ 399 FamFG) oder 3. die Entziehung der Rechtsfähigkeit eines Vereins	1,0

GNotKG Notar
GNotKG Gericht
Schnellübersichten
Text §§ GNotKG-KV

Abschnitt 5
Unternehmensrechtliche und ähnliche Verfahren, Verfahren vor dem Registergericht und Vereins- und Stiftungssachen vor dem Amtsgericht

Vorbemerkung 1.3.5:

Die Vorschriften dieses Abschnitts gelten für

1. unternehmensrechtliche Verfahren nach § 375 FamFG und für Verfahren vor dem Registergericht,
2. Verfahren vor dem Landgericht nach
   a) den §§ 98, 99, 132, 142, 145, 258, 260, 293c und 315 des Aktiengesetzes,
   b) § 51b GmbHG,
   c) § 26 des SEAG,
   d) § 10 UmwG,
   e) dem SpruchG und
   f) den §§ 39a und 39b WpÜG,
3. Verfahren vor dem Oberlandesgericht nach § 8 Abs. 3 des Gesetzes über die Mitbestimmung der Arbeitnehmer in den Aufsichtsräten und Vorständen der Unternehmen des Bergbaus und der Eisen und Stahl erzeugenden Industrie und

Nr.	Gebührentatbestand	Gebühr oder Satz der Gebühr nach § 34 GNotKG – Tabelle A

4. Vereins- oder Stiftungssachen über
   a) die Notbestellung von Vorstandsmitgliedern oder Liquidatoren,
   b) die Ermächtigung von Mitgliedern zur Berufung der Mitgliederversammlung einschließlich der Anordnungen über die Führung des Vorsitzes.

Gebühren nach diesem Abschnitt werden auch erhoben, soweit die für Vereine geltenden §§ 29 und 48 BGB entsprechend anzuwenden sind.

Nr.	Gebührentatbestand	Gebühr oder Satz der Gebühr nach § 34 GNotKG – Tabelle A
13500	Verfahren im Allgemeinen Die Festsetzung einer Vergütung für Personen, die vom Gericht bestellt worden sind, gehört zum Rechtszug.	2,0
13501	Soweit das Verfahren zum Zweck der Verhandlung über die Dispache ohne deren Bestätigung beendet wird: Die Gebühr 13500 ermäßigt sich auf	1,0
13502	Soweit das Verfahren zum Zweck der Verhandlung über die Dispache vor Eintritt in die Verhandlung durch Zurücknahme des Antrags oder auf andere Weise erledigt wird: Die Gebühr 13500 ermäßigt sich auf	0,5
13503	Soweit im Verfahren nach dem SpruchG lediglich ein Beschluss nach § 11 Abs. 4 Satz 2 SpruchG ergeht: Die Gebühr 13500 ermäßigt sich auf	1,0
13504	Beendigung des gesamten Verfahrens, soweit nicht die Nummer 13501 oder 13502 anzuwenden ist, 1. ohne Endentscheidung, 2. durch Zurücknahme des Antrags vor Ablauf des Tages, an dem die Endentscheidung der Geschäftsstelle übermittelt oder ohne Beteiligung der Geschäftsstelle bekannt gegeben wird, wenn sie nicht bereits durch Verlesen der Entscheidungsformel bekannt gegeben worden ist: Die Gebühr 13500 ermäßigt sich auf	0,5

Abschnitt 6
Rechtsmittelverfahren in den in den Abschnitten 4 und 5 genannten Verfahren

Unterabschnitt 1
Beschwerde gegen die Endentscheidung wegen des Hauptgegenstands

Nr.	Gebührentatbestand	Gebühr oder Satz der Gebühr nach § 34 GNotKG – Tabelle A
13610	Verfahren im Allgemeinen	3,0

Nr.	Gebührentatbestand	Gebühr oder Satz der Gebühr nach § 34 GNotKG – Tabelle A
13611	Beendigung des gesamten Verfahrens durch Zurücknahme der Beschwerde oder des Antrags, bevor die Schrift zur Begründung der Beschwerde bei Gericht eingegangen ist: Die Gebühr 13610 ermäßigt sich auf	0,5
13612	Beendigung des gesamten Verfahrens ohne Endentscheidung, wenn nicht Nummer 13611 erfüllt ist: Die Gebühr 13610 ermäßigt sich auf . . . . (1) Wenn die Entscheidung nicht durch Verlesen der Entscheidungsformel bekannt gegeben worden ist, ermäßigt sich die Gebühr auch im Fall der Zurücknahme der Beschwerde oder des Antrags vor Ablauf des Tages, an dem die Endentscheidung der Geschäftsstelle übermittelt wird. (2) Eine Entscheidung über die Kosten steht der Ermäßigung nicht entgegen, wenn die Entscheidung einer zuvor mitgeteilten Einigung über die Kostentragung oder einer Kostenübernahmeerklärung folgt.	1,0
	Unterabschnitt 2 **Rechtsbeschwerde gegen die Endentscheidung wegen des Hauptgegenstands**	
13620	Verfahren im Allgemeinen	4,0
13621	Beendigung des gesamten Verfahrens durch Zurücknahme der Rechtsbeschwerde oder des Antrags, bevor die Schrift zur Begründung der Beschwerde bei Gericht eingegangen ist: Die Gebühr 13620 ermäßigt sich auf	1,0
13622	Beendigung des gesamten Verfahrens durch Zurücknahme der Rechtsbeschwerde oder des Antrags vor Ablauf des Tages, an dem die Endentscheidung der Geschäftsstelle übermittelt wird, wenn nicht Nummer 13621 erfüllt ist: Die Gebühr 13620 ermäßigt sich auf	2,0
	Unterabschnitt 3 **Zulassung der Sprungrechtsbeschwerde gegen die Endentscheidung wegen des Hauptgegenstands**	
13630	Verfahren über die Zulassung der Sprungrechtsbeschwerde: Soweit der Antrag abgelehnt wird:	1,0

Nr.	Gebührentatbestand	Gebühr oder Satz der Gebühr nach § 34 GNotKG – Tabelle B

Hauptabschnitt 4
Grundbuchsachen, Schiffs- und Schiffsbauregistersachen und Angelegenheiten des Registers für Pfandrechte an Luftfahrzeugen

Vorbemerkung 1.4:

(1) Die für Grundstücke geltenden Vorschriften sind auf Rechte entsprechend anzuwenden, die den für Grundstücke geltenden Vorschriften unterliegen.

(2) Gebühren werden nicht erhoben für

1. Eintragungen und Löschungen, die gemäß § 18 Abs. 2 oder § 53 der Grundbuchordnung von Amts wegen erfolgen,
2. Eintragungen und Löschungen, die auf Ersuchen oder Anordnung eines Gerichts, insbesondere des Insolvenz- oder Vollstreckungsgerichts erfolgen; ausgenommen sind die Eintragung des Erstehers als Eigentümer, die Eintragung der Sicherungshypothek für die Forderung gegen den Ersteher und Eintragungen aufgrund einer einstweiligen Verfügung (§ 941 ZPO), und
3. Eintragungen oder Löschungen, die nach den Vorschriften der Insolvenzordnung statt auf Ersuchen des Insolvenzgerichts auf Antrag des Insolvenzverwalters oder, wenn kein Verwalter bestellt ist, auf Antrag des Schuldners erfolgen.

(3) Wird derselbe Eigentümer oder dasselbe Recht bei mehreren Grundstücken, Schiffen, Schiffsbauwerken oder Luftfahrzeugen eingetragen, über die das Grundbuch oder Register bei demselben Amtsgericht geführt wird, wird die Gebühr nur einmal erhoben, wenn die Eintragungsanträge in demselben Dokument enthalten und am selben Tag beim Grundbuchamt oder beim Registergericht eingegangen sind. Als dasselbe Recht gelten auch nicht gesamtrechtsfähige inhaltsgleiche Rechte und Vormerkungen, die bei mehreren Grundstücken für denselben Berechtigten eingetragen werden. Die Sätze 1 und 2 gelten für die Eintragung von Veränderungen, Löschungen und Entlassungen aus der Mithaft entsprechend.

(4) Bezieht sich die Eintragung einer Veränderung auf mehrere Rechte, wird die Gebühr für jedes Recht gesondert erhoben, auch wenn es nur der Eintragung eines einheitlichen Vermerks bedarf.

(5) Beziehen sich mehrere Veränderungen auf dasselbe Recht, wird die Gebühr nur einmal erhoben, wenn die Eintragungsanträge in demselben Dokument enthalten und am selben Tag beim Grundbuchamt oder beim Registergericht eingegangen sind.

(6) Für die Bestellung eines Vertreters des Schiffseigentümers nach § 42 Abs. 2 des Gesetzes über Rechte an eingetragenen Schiffen und Schiffsbauwerken durch das Registergericht werden die Gebühren nach Hauptabschnitt 1 wie für eine betreuungsgerichtliche Zuweisungssache nach § 340 Nr. 2 FamFG erhoben.

Nr.	Gebührentatbestand	Gebühr oder Satz der Gebühr nach § 34 GNotKG – Tabelle B

Abschnitt 1
Grundbuchsachen

Unterabschnitt 1
Eigentum

14110	Eintragung 1. eines Eigentümers oder von Miteigentümern oder 2. von Gesellschaftern einer Gesellschaft bürgerlichen Rechts im Wege der Grundbuchberichtigung	1,0
	(1) Die Gebühr wird nicht für die Eintragung von Erben des eingetragenen Eigentümers oder von Erben des Gesellschafters bürgerlichen Rechts erhoben, wenn der Eintragungsantrag binnen zwei Jahren seit dem Erbfall bei dem Grundbuchamt eingereicht wird. Dies gilt auch, wenn die Erben erst infolge einer Erbauseinandersetzung eingetragen werden. (2) Die Gebühr wird ferner nicht bei der Begründung oder Aufhebung von Wohnungs- oder Teileigentum erhoben, wenn damit keine weitergehende Veränderung der Eigentumsverhältnisse verbunden ist.	
14111	Die Eintragung im Wege der Grundbuchberichtigung erfolgt aufgrund des § 82a der Grundbuchordnung von Amts wegen: Die Gebühr 14110 beträgt	2,0
	Daneben wird für das Verfahren vor dem Grundbuchamt oder dem Nachlassgericht keine weitere Gebühr erhoben.	
14112	Eintragung der vertraglichen Einräumung von Sondereigentum oder Anlegung der Wohnungs- oder Teileigentumsgrundbücher im Fall des § 8 WEG	1,0

Unterabschnitt 2
Belastungen

Vorbemerkung 1.4.1.2:

Dieser Unterabschnitt gilt für die Eintragung einer Hypothek, Grundschuld oder Rentenschuld, einer Dienstbarkeit, eines Dauerwohnrechts, eines Dauernutzungsrechts, eines Vorkaufsrechts, einer Reallast, eines Erbbaurechts oder eines ähnlichen Rechts an einem Grundstück.

14120	Eintragung einer Briefhypothek, Briefgrundschuld oder Briefrentenschuld	1,3
14121	Eintragung eines sonstigen Rechts	1,0

Nr.	Gebührentatbestand	Gebühr oder Satz der Gebühr nach § 34 GNotKG – Tabelle B
14122	Eintragung eines Gesamtrechts, wenn das Grundbuch bei verschiedenen Grundbuchämtern geführt wird: Die Gebühren 14120 und 14121 erhöhen sich ab dem zweiten für jedes weitere beteiligte Grundbuchamt um	0,2
	Diese Vorschrift ist anzuwenden, wenn der Antrag für mehrere Grundbuchämter gleichzeitig bei einem Grundbuchamt gestellt wird oder bei gesonderter Antragstellung, wenn die Anträge innerhalb eines Monats bei den beteiligten Grundbuchämtern eingehen.	
14123	Eintragung eines Rechts, das bereits an einem anderen Grundstück besteht, wenn nicht die Nummer 14122 anzuwenden ist	0,5
14124	Nachträgliche Erteilung eines Hypotheken-, Grundschuld- oder Rentenschuldbriefs, Herstellung eines Teilbriefs oder eines neuen Briefs	0,5
	Sind die belasteten Grundstücke bei verschiedenen Grundbuchämtern eingetragen, so werden für die gemäß § 59 Abs. 2 der Grundbuchordnung zu erteilenden besonderen Briefe die Gebühren gesondert erhoben.	
14125	Ergänzung des Inhalts eines Hypotheken-, Grundschuld- oder Rentenschuldbriefs, die auf Antrag vorgenommen wird (§ 57 Abs. 2 und § 70 der Grundbuchordnung)	25,00 €
	Unterabschnitt 3 Veränderung von Belastungen	
14130	Eintragung der Veränderung einer in der Vorbemerkung 1.4.1.2 genannten Belastung	0,5
	(1) Als Veränderung eines Rechts gilt auch die Löschungsvormerkung (§ 1179 BGB). Für sie wird keine Gebühr erhoben, wenn ihre Eintragung zugunsten des Berechtigten gleichzeitig mit dem Antrag auf Eintragung des Rechts beantragt wird. (2) Änderungen des Ranges eingetragener Rechte sind nur als Veränderungen des zurücktretenden Rechts zu behandeln, Löschungsvormerkungen zugunsten eines nach- oder gleichstehenden Gläubigers nur als Veränderungen des Rechts, auf dessen Löschung der vorgemerkte Anspruch gerichtet ist.	
14131	Eintragung der Veränderung eines Gesamtrechts, wenn das Grundbuch bei verschiedenen Grundbuchämtern geführt wird: Die Gebühr 14130 erhöht sich ab dem zweiten für jedes weitere beteiligte Grundbuchamt um	0,1

Nr.	Gebührentatbestand	Gebühr oder Satz der Gebühr nach § 34 GNotKG – Tabelle B
	Diese Vorschrift ist anzuwenden, wenn der Antrag für mehrere Grundbuchämter gleichzeitig bei einem Grundbuchamt gestellt wird oder bei gesonderter Antragstellung, wenn die Anträge innerhalb eines Monats bei den beteiligten Grundbuchämtern eingehen.	
	Unterabschnitt 4 **Löschung von Belastungen und Entlassung aus der Mithaft**	
	Vorbemerkung 1.4.1.4: Dieser Unterabschnitt gilt für die Löschung einer Hypothek, Grundschuld oder Rentenschuld, einer Dienstbarkeit, eines Dauerwohnrechts, eines Dauernutzungsrechts, eines Vorkaufsrechts, einer Reallast, eines Erbbaurechts oder eines ähnlichen Rechts an einem Grundstück.	
14140	Löschung in Abteilung III des Grundbuchs	0,5
14141	Löschung eines Gesamtrechts, wenn das Grundbuch bei verschiedenen Grundbuchämtern geführt wird: Die Gebühr 14140 erhöht sich ab dem zweiten für jedes weitere beteiligte Grundbuchamt um Diese Vorschrift ist anzuwenden, wenn der Antrag für mehrere Grundbuchämter gleichzeitig bei einem Grundbuchamt gestellt wird oder bei gesonderter Antragstellung, wenn die Anträge innerhalb eines Monats bei den beteiligten Grundbuchämtern eingehen.	0,1
14142	Eintragung der Entlassung aus der Mithaft	0,3
14143	Löschung im Übrigen	25,00 €
	Unterabschnitt 5 **Vormerkungen und Widersprüche**	
14150	Eintragung einer Vormerkung	0,5
14151	Eintragung eines Widerspruchs	50,00 €
14152	Löschung einer Vormerkung	25,00 €
	Unterabschnitt 6 **Sonstige Eintragungen**	
14160	Sonstige Eintragung Die Gebühr wird erhoben für die Eintragung 1. eines Vermerks über Rechte, die dem jeweiligen Eigentümer zustehen, einschließlich des Vermerks hierüber auf dem Grundbuchblatt des belasteten Grundstücks; 2. der ohne Eigentumsübergang stattfindenden Teilung außer im Fall des § 7 Abs. 1 der Grundbuchordnung;	50,00 €

Nr.	Gebührentatbestand	Gebühr oder Satz der Gebühr nach § 34 GNotKG – Tabelle B
	3. der ohne Eigentumsübergang stattfindenden Vereinigung oder Zuschreibung von Grundstücken; dies gilt nicht, wenn die das amtliche Verzeichnis (§ 2 Abs. 2 der Grundbuchordnung) führende Behörde bescheinigt, dass die Grundstücke örtlich und wirtschaftlich ein einheitliches Grundstück darstellen oder die Grundstücke zu einem Hof gehören;	
	4. einer oder mehrerer gleichzeitig beantragter Belastungen nach § 1010 BGB; die Gebühr wird für jeden belasteten Anteil gesondert erhoben, auch wenn es nur der Eintragung eines Vermerks bedarf, oder	
	5. einer oder mehrerer gleichzeitig beantragter Änderungen des Inhalts oder Eintragung der Aufhebung des Sondereigentums; die Gebühr wird für jedes betroffene Sondereigentum gesondert erhoben; die Summe der zu erhebenden Gebühren beträgt in diesem Fall höchstens 500,00 €, bei der Löschung einer Veräußerungsbeschränkung nach § 12 des Wohnungseigentumsgesetzes höchstens 100,00 €.	
	Abschnitt 2	
	Schiffs- und Schiffsbauregistersachen	
	Unterabschnitt 1	
	Registrierung des Schiffs und Eigentum	
14210	Eintragung eines Schiffs	1,0
14211	Löschung der Eintragung eines Schiffs, dessen Anmeldung dem Eigentümer freisteht, auf Antrag des Eigentümers (§ 20 Abs. 2 Satz 2 der Schiffsregisterordnung)	50,00 €
14212	Löschung der Eintragung eines Schiffsbauwerks auf Antrag des Eigentümers des Schiffsbauwerks und des Inhabers der Schiffswerft, ohne dass die Löschung ihren Grund in der Ablieferung des Bauwerks ins Ausland oder im Untergang des Bauwerks hat	50,00 €
14213	Eintragung eines neuen Eigentümers	1,0

Nr.	Gebührentatbestand	Gebühr oder Satz der Gebühr nach § 34 GNotKG – Tabelle B

Unterabschnitt 2
Belastungen

Vorbemerkung 1.4.2.2:
Die Übertragung der im Schiffsbauregister eingetragenen Hypotheken in das Schiffsregister ist gebührenfrei.

Nr.	Gebührentatbestand	Gebühr
14220	Eintragung einer Schiffshypothek, eines Arrestpfandrechts oder eines Nießbrauchs	1,0
14221	Eintragung eines Gesamtrechts, das Schiffe oder Schiffsbauwerke belastet, für die das Register bei verschiedenen Gerichten geführt wird: Die Gebühr 14220 erhöht sich ab dem zweiten Gericht für jedes beteiligte Gericht um .... Diese Vorschrift ist anzuwenden, wenn der Antrag für mehrere Registergerichte gleichzeitig bei einem Registergericht gestellt wird oder bei gesonderter Antragstellung, wenn die Anträge innerhalb eines Monats bei den beteiligten Registergerichten eingehen.	0,2
14222	Eintragung eines Rechts, das bereits an einem anderen Schiff oder Schiffsbauwerk besteht, wenn nicht die Nummer 14221 anzuwenden ist	0,5

Unterabschnitt 3
Veränderungen

Nr.	Gebührentatbestand	Gebühr
14230	Eintragung einer Veränderung, die sich auf eine Schiffshypothek, ein Arrestpfandrecht oder einen Nießbrauch bezieht	0,5
14231	Eintragung der Veränderung eines Gesamtrechts, wenn das Register bei verschiedenen Gerichten geführt wird: Die Gebühr 14230 erhöht sich ab dem zweiten für jedes weitere beteiligte Gericht um .... Diese Vorschrift ist anzuwenden, wenn der Antrag für mehrere Registergerichte gleichzeitig bei einem Registergericht gestellt wird oder bei gesonderter Antragstellung, wenn die Anträge innerhalb eines Monats bei den beteiligten Registergerichten eingehen.	0,1

Unterabschnitt 4
Löschung und Entlassung aus der Mithaft

Nr.	Gebührentatbestand	Gebühr
14240	Löschung einer Schiffshypothek, eines Arrestpfandrechts oder eines Nießbrauchs	0,5

Nr.	Gebührentatbestand	Gebühr oder Satz der Gebühr nach § 34 GNotKG – Tabelle B
14241	Löschung eines Gesamtrechts, das Schiffe oder Schiffsbauwerke belastet, für die das Register bei verschiedenen Gerichten geführt wird: Die Gebühr 14240 erhöht sich ab dem zweiten für jedes weitere beteiligte Gericht um	0,1
	Diese Vorschrift ist anzuwenden, wenn der Antrag für mehrere Registergerichte gleichzeitig bei einem Registergericht gestellt wird oder bei gesonderter Antragstellung, wenn die Anträge innerhalb eines Monats bei den beteiligten Registergerichten eingehen.	
14242	Eintragung der Entlassung aus der Mithaft	0,3
	Unterabschnitt 5 Vormerkungen und Widersprüche	
14250	Eintragung einer Vormerkung	0,5
14251	Eintragung eines Widerspruchs	50,00 €
14252	Löschung einer Vormerkung	25,00 €
	Unterabschnitt 6 Schiffsurkunden	
14260	Erteilung des Schiffszertifikats oder des Schiffsbriefs .	25,00 €
14261	Vermerk von Veränderungen auf dem Schiffszertifikat oder dem Schiffsbrief	25,00 €
	Abschnitt 3 ***Angelegenheiten des Registers für Pfandrechte an Luftfahrzeugen***	
	Unterabschnitt 1 Belastungen	
14310	Eintragung eines Registerpfandrechts	1,0
14311	Eintragung eines Registerpfandrechts, das bereits an einem anderen Luftfahrzeug besteht	0,5
	Unterabschnitt 2 Veränderungen	
14320	Eintragung der Veränderung eines Registerpfandrechts	0,5

Nr.	Gebührentatbestand	Gebühr oder Satz der Gebühr nach § 34 GNotKG – Tabelle B
	Unterabschnitt 3 Löschung und Entlassung aus der Mithaft	
14330	Löschung eines Registerpfandrechts	0,5
14331	Eintragung der Entlassung aus der Mithaft	0,3
	Unterabschnitt 4 Vormerkungen und Widersprüche	
14340	Eintragung einer Vormerkung	0,5
14341	Eintragung eines Widerspruchs	50,00 €
14342	Löschung einer Vormerkung	25,00 €

Abschnitt 4
Zurückweisung und Zurücknahme von Anträgen

Vorbemerkung 1.4.4:

Dieser Abschnitt gilt für die Zurückweisung und die Zurücknahme von Anträgen, die auf die Vornahme von Geschäften gerichtet sind, deren Gebühren sich nach diesem Hauptabschnitt bestimmen. Die in diesem Abschnitt bestimmten Mindestgebühren sind auch dann zu erheben, wenn für die Vornahme des Geschäfts keine Gebühr anfällt.

Nr.	Gebührentatbestand	Gebühr oder Satz der Gebühr nach § 34 GNotKG – Tabelle B
14400	Zurückweisung eines Antrags Von der Erhebung von Kosten kann abgesehen werden, wenn der Antrag auf unverschuldeter Unkenntnis der tatsächlichen oder rechtlichen Verhältnisse beruht. § 21 Abs. 2 GNotKG gilt entsprechend.	50 % der für die Vornahme des Geschäfts bestimmten Gebühr – mindestens 15,00 €, höchstens 400,00 €
14401	Zurücknahme eines Antrags vor Eintragung oder vor Ablauf des Tages, an dem die Entscheidung über die Zurückweisung der Geschäftsstelle übermittelt oder ohne Beteiligung der Geschäftsstelle bekannt gegeben wird Von der Erhebung von Kosten kann abgesehen werden, wenn der Antrag auf unverschuldeter Unkenntnis der tatsächlichen oder rechtlichen Verhältnisse beruht. § 21 Abs. 2 GNotKG gilt entsprechend.	25 % der für die Vornahme des Geschäfts bestimmten Gebühr – mindestens 15,00 €, höchstens 250,00 €

GNotKG Notar
GNotKG Gericht
Schnellübersichten
Text §§ GNotKG-KV

Abschnitt 5
Rechtsmittel

Vorbemerkung 1.4.5:

Sind für die Vornahme des Geschäfts Festgebühren bestimmt, richten sich die Gebühren im Rechtsmittelverfahren nach Hauptabschnitt 9.

Nr.	Gebührentatbestand	Gebühr oder Satz der Gebühr nach § 34 GNotKG – Tabelle B
	Unterabschnitt 1 **Beschwerde gegen die Endentscheidung wegen des Hauptgegenstands**	
14510	Verfahren im Allgemeinen: Soweit die Beschwerde verworfen oder zurückgewiesen wird	1,0 – höchstens 800,00 €
14511	Verfahren im Allgemeinen: Beendigung des gesamten Verfahrens ohne Endentscheidung .... Diese Gebühr ist auch zu erheben, wenn die Beschwerde vor Ablauf des Tages, an dem die Endentscheidung der Geschäftsstelle übermittelt wird, zurückgenommen wird.	0,5 – höchstens 400,00 €
	Unterabschnitt 2 **Rechtsbeschwerde gegen die Endentscheidung wegen des Hauptgegenstands**	
14520	Verfahren im Allgemeinen: Soweit die Rechtsbeschwerde verworfen oder zurückgewiesen wird	1,5 – höchstens 1 200,00 €
14521	Verfahren im Allgemeinen: Beendigung des gesamten Verfahrens durch Zurücknahme der Rechtsbeschwerde oder des Antrags, bevor die Schrift zur Begründung der Beschwerde bei Gericht eingegangen ist	0,5 – höchstens 400,00 €
14522	Verfahren im Allgemeinen: Beendigung des gesamten Verfahrens durch Zurücknahme der Rechtsbeschwerde oder des Antrags vor Ablauf des Tages, an dem die Endentscheidung der Geschäftsstelle übermittelt wird, wenn nicht Nummer 14521 erfüllt ist:	1,0 – höchstens 800,00 €
	Unterabschnitt 3 **Zulassung der Sprungrechtsbeschwerde gegen die Endentscheidung wegen des Hauptgegenstands**	
14530	Verfahren über die Zulassung der Sprungrechtsbeschwerde: Soweit der Antrag abgelehnt wird:	0,5 – höchstens 400,00 €

Nr.	Gebührentatbestand	Gebühr oder Satz der Gebühr nach § 34 GNotKG – Tabelle A

Hauptabschnitt 5
Übrige Angelegenheiten der freiwilligen Gerichtsbarkeit

Abschnitt 1
Verfahren vor dem Landwirtschaftsgericht und Pachtkreditsachen im Sinne des Pachtkreditgesetzes

Vorbemerkung 1.5.1:

(1) Für Erbscheinsverfahren durch das Landwirtschaftsgericht bestimmen sich die Gebühren nach Hauptabschnitt 2 Abschnitt 2, für die Entgegennahme der Erklärung eines Hoferben über die Wahl des Hofs gemäß § 9 Abs. 2 Satz 1 HöfeO nach Nummer 12410. Für die Entgegennahme der Ausschlagung des Anfalls des Hofs nach § 11 HöfeO wird keine Gebühr erhoben.

(2) Die nach Landesrecht für die Beanstandung eines Landpachtvertrags nach dem LPachtVG zuständige Landwirtschaftsbehörde und die Genehmigungsbehörde nach dem GrdstVG sowie deren übergeordnete Behörde und die Siedlungsbehörde sind von der Zahlung von Gerichtsgebühren befreit.

Unterabschnitt 1
Erster Rechtszug

Vorbemerkung 1.5.1.1:

In gerichtlichen Verfahren aufgrund der Vorschriften des LPachtVG und der §§ 588, 590, 591, 593, 594d, 595 und 595a BGB werden keine Gebühren erhoben, wenn das Gericht feststellt, dass der Vertrag nicht zu beanstanden ist.

15110	Verfahren 1. aufgrund der Vorschriften über die gerichtliche Zuweisung eines Betriebes (§ 1 Nr. 2 des Gesetzes über das gerichtliche Verfahren in Landwirtschaftssachen), 2. über Feststellungen nach § 11 Abs. 1 Buchstabe g HöfeVfO, 3. zur Regelung und Entscheidung der mit dem Hofübergang zusammenhängenden Fragen im Fall des § 14 Abs. 3 HöfeO, 4. über sonstige Anträge und Streitigkeiten nach § 18 Abs. 1 HöfeO und nach § 25 HöfeVfO und 5. Verfahren nach dem LwAnpG, soweit nach § 65 Abs. 2 LwAnpG die Vorschriften des Zweiten Abschnitts des Gesetzes über das gerichtliche Verfahren in Landwirtschaftssachen entsprechend anzuwenden sind	2,0

GNotKG Notar
GNotKG Gericht
Schnellübersichten
Text §§ GNotKG-KV

Nr.	Gebührentatbestand	Gebühr oder Satz der Gebühr nach § 34 GNotKG – Tabelle A
15111	Beendigung des gesamten Verfahrens 1. ohne Endentscheidung, 2. durch Zurücknahme des Antrags vor Ablauf des Tages, an dem die Endentscheidung der Geschäftsstelle übermittelt wird, wenn die Entscheidung nicht bereits durch Verlesen der Entscheidungsformel bekannt gegeben worden ist: Die Gebühr 15110 ermäßigt sich auf	1,0
15112	Verfahren im Übrigen	0,5
	(1) Die Gebühr entsteht auch für das Verfahren vor dem Landwirtschaftsgericht über das Ersuchen an das Grundbuchamt um Eintragung oder Löschung des Hofvermerks (§ 3 Abs. 1 HöfeVfO). (2) Die Gebühr wird in Pachtkreditsachen erhoben für 1. jede Niederlegung eines Verpfändungsvertrages, 2. die Entgegennahme der Anzeige über die Abtretung der Forderung und 3. die Herausgabe des Verpfändungsvertrages. Neben einer Gebühr für die Niederlegung wird eine Gebühr für die Erteilung einer Bescheinigung über die erfolgte Niederlegung nicht erhoben.	
	Unterabschnitt 2 Beschwerde gegen die Endentscheidung wegen des Hauptgegenstands	
15120	Verfahren über die Beschwerde in den in Nummer 15110 genannten Verfahren	3,0
15121	Beendigung des gesamten Verfahrens durch Zurücknahme der Beschwerde oder des Antrags, bevor die Schrift zur Begründung der Beschwerde bei Gericht eingegangen ist: Die Gebühr 15120 ermäßigt sich auf	0,5
15122	Beendigung des gesamten Verfahrens ohne Endentscheidung, wenn nicht Nummer 15121 erfüllt ist: Die Gebühr 15120 ermäßigt sich auf	1,0
	(1) Wenn die Entscheidung nicht durch Verlesen der Entscheidungsformel bekannt gegeben worden ist, ermäßigt sich die Gebühr auch im Fall der Zurücknahme der Beschwerde oder des Antrags vor Ablauf des Tages, an dem die Endentscheidung der Geschäftsstelle übermittelt wird. (2) Eine Entscheidung über die Kosten steht der Ermäßigung nicht entgegen, wenn die Entscheidung einer zuvor mitgeteil-	

Nr.	Gebührentatbestand	Gebühr oder Satz der Gebühr nach § 34 GNotKG – Tabelle A
	ten Einigung über die Kostentragung oder einer Kostenübernahmeerklärung folgt.	
15123	Verfahren über die Beschwerde in den in Nummer 15112 genannten Verfahren	1,0
15124	Beendigung des gesamten Verfahrens durch Zurücknahme der Beschwerde oder des Antrags, bevor die Schrift zur Begründung der Beschwerde bei Gericht eingegangen ist: Die Gebühr 15123 ermäßigt sich auf	0,3
15125	Beendigung des gesamten Verfahrens ohne Endentscheidung, wenn nicht Nummer 15124 erfüllt ist: Die Gebühr 15123 ermäßigt sich auf .... (1) Wenn die Entscheidung nicht durch Verlesen der Entscheidungsformel bekannt gegeben worden ist, ermäßigt sich die Gebühr auch im Fall der Zurücknahme der Beschwerde oder des Antrags vor Ablauf des Tages, an dem die Endentscheidung der Geschäftsstelle übermittelt wird. (2) Eine Entscheidung über die Kosten steht der Ermäßigung nicht entgegen, wenn die Entscheidung einer zuvor mitgeteilten Einigung über die Kostentragung oder einer Kostenübernahmeerklärung folgt.	0,5
	Unterabschnitt 3 Rechtsbeschwerde gegen die Endentscheidung wegen des Hauptgegenstands	
15130	Verfahren über die Rechtsbeschwerde in den in Nummer 15110 genannten Verfahren	4,0
15131	Beendigung des gesamten Verfahrens durch Zurücknahme der Rechtsbeschwerde oder des Antrags, bevor die Schrift zur Begründung der Beschwerde bei Gericht eingegangen ist: Die Gebühr 15130 ermäßigt sich auf	1,0
15132	Beendigung des gesamten Verfahrens durch Zurücknahme der Rechtsbeschwerde oder des Antrags vor Ablauf des Tages, an dem die Endentscheidung der Geschäftsstelle übermittelt wird, wenn nicht Nummer 15131 erfüllt ist: Die Gebühr 15130 ermäßigt sich auf	2,0
15133	Verfahren über die Rechtsbeschwerde in den in Nummer 15112 genannten Verfahren	1,5

Nr.	Gebührentatbestand	Gebühr oder Satz der Gebühr nach § 34 GNotKG – Tabelle A
15134	Beendigung des gesamten Verfahrens durch Zurücknahme der Rechtsbeschwerde oder des Antrags, bevor die Schrift zur Begründung der Beschwerde bei Gericht eingegangen ist: Die Gebühr 15133 ermäßigt sich auf	0,5
15135	Beendigung des gesamten Verfahrens durch Zurücknahme der Rechtsbeschwerde oder des Antrags vor Ablauf des Tages, an dem die Endentscheidung der Geschäftsstelle übermittelt wird, wenn nicht Nummer 15134 erfüllt ist: Die Gebühr 15133 ermäßigt sich auf	1,0
	Unterabschnitt 4 Zulassung der Sprungrechtsbeschwerde gegen die Endentscheidung wegen des Hauptgegenstands	
15140	Verfahren über die Zulassung der Sprungrechtsbeschwerde in den in Nummer 15110 genannten Verfahren: Soweit der Antrag abgelehnt wird:	1,0
15141	Verfahren über die Zulassung der Sprungrechtsbeschwerde in den in Nummer 15112 genannten Verfahren: Soweit der Antrag abgelehnt wird:	0,5

Abschnitt 2
Übrige Verfahren

Vorbemerkung 1.5.2:

In Verfahren nach dem PStG werden Gebühren nur erhoben, wenn ein Antrag zurückgenommen oder zurückgewiesen wird.

Nr.	Gebührentatbestand	Gebühr oder Satz der Gebühr nach § 34 GNotKG – Tabelle A
	Unterabschnitt 1 Erster Rechtszug	
15210	Verfahren nach dem 1. Verschollenheitsgesetz oder 2. TSG . . . . Die Verfahren nach § 9 Abs. 1 und 2 TSG gelten zusammen als ein Verfahren.	1,0

Nr.	Gebührentatbestand	Gebühr oder Satz der Gebühr nach § 34 GNotKG – Tabelle A
15211	Beendigung des gesamten Verfahrens 1. ohne Endentscheidung oder 2. durch Zurücknahme des Antrags vor Ablauf des Tages, an dem die Endentscheidung der Geschäftsstelle übermittelt wird, wenn die Entscheidung nicht bereits durch Verlesen der Entscheidungsformel bekannt gegeben worden ist: Die Gebühr 15210 ermäßigt sich auf	0,3
15212	Verfahren 1. in weiteren Angelegenheiten der freiwilligen Gerichtsbarkeit (§ 410 FamFG), einschließlich Verfahren auf Abnahme einer nicht vor dem Vollstreckungsgericht zu erklärenden eidesstattlichen Versicherung, in denen § 260 BGB aufgrund bundesrechtlicher Vorschriften entsprechend anzuwenden ist, und Verfahren vor dem Nachlassgericht zur Abnahme der eidesstattlichen Versicherung nach § 2006 BGB, 2. nach § 84 Abs. 2, § 189 VVG, 3. in Aufgebotssachen (§ 433 FamFG), 4. in Freiheitsentziehungssachen (§ 415 FamFG), 5. nach dem PStG, 6. nach § 7 Abs. 3 ErbbauRG und 7. über die Bewilligung der öffentlichen Zustellung einer Willenserklärung und die Bewilligung der Kraftloserklärung von Vollmachten (§ 132 Abs. 2 und § 176 Abs. 2 BGB) sowie Verteilungsverfahren nach den §§ 65, 119 BauGB; nach § 74 Nr. 3, § 75 FlurbG, § 94 BBergG, § 55 Bundesleistungsgesetz, § 8 der Verordnung über das Verfahren zur Festsetzung von Entschädigung und Härteausgleich nach dem Energiesicherungsgesetz und nach § 54 Landbeschaffungsgesetz	0,5
	(1) Die Bestellung des Verwahrers in den Fällen der §§ 432, 1217, 1281 und 2039 BGB sowie die Festsetzung der von ihm beanspruchten Vergütung und seiner Aufwendungen gelten zusammen als ein Verfahren. (2) Das Verfahren betreffend die Zahlungssperre (§ 480 FamFG) und ein anschließendes Aufgebotsverfahren sowie das Verfahren über die Aufhebung der Zahlungssperre (§ 482 FamFG) gelten zusammen als ein Verfahren.	

Nr.	Gebührentatbestand	Gebühr oder Satz der Gebühr nach § 34 GNotKG – Tabelle A
15213	Verfahren über den Antrag auf Erlass einer Anordnung über die Zulässigkeit der Verwendung von Verkehrsdaten nach 1. § 140b Abs. 9 des Patentgesetzes, 2. § 24b Abs. 9 GebrMG, auch in Verbindung mit § 9 Abs. 2 HalblSchG, 3. § 19 Abs. 9 MarkenG, 4. § 101 Abs. 9 des Urheberrechtsgesetzes, 5. § 46 Abs. 9 DesignG, 6. § 37b Abs. 9 des Sortenschutzgesetzes	200,00 €
15214	Der Antrag wird zurückgenommen: Die Gebühr 15213 ermäßigt sich auf	50,00 €
15215	Verfahren nach § 46 IntErbRVG oder nach § 31 IntGüRVG über die Authentizität einer Urkunde	60,00 €
	Unterabschnitt 2 Beschwerde gegen die Endentscheidung wegen des Hauptgegenstands	
15220	Verfahren über die Beschwerde in den in Nummer 15210 genannten Verfahren	2,0
15221	Beendigung des gesamten Verfahrens durch Zurücknahme der Beschwerde oder des Antrags, bevor die Schrift zur Begründung der Beschwerde bei Gericht eingegangen ist: Die Gebühr 15220 ermäßigt sich auf	0,5
15222	Beendigung des gesamten Verfahrens ohne Endentscheidung, wenn nicht Nummer 15221 erfüllt ist: Die Gebühr 15220 ermäßigt sich auf .... (1) Wenn die Entscheidung nicht durch Verlesen der Entscheidungsformel bekannt gegeben worden ist, ermäßigt sich die Gebühr auch im Fall der Zurücknahme der Beschwerde oder des Antrags vor Ablauf des Tages, an dem die Endentscheidung der Geschäftsstelle übermittelt wird. (2) Eine Entscheidung über die Kosten steht der Ermäßigung nicht entgegen, wenn die Entscheidung einer zuvor mitgeteilten Einigung über die Kostentragung oder einer Kostenübernahmeerklärung folgt.	1,0
15223	Verfahren über die Beschwerde in den in Nummer 15212 genannten Verfahren	1,0

Nr.	Gebührentatbestand	Gebühr oder Satz der Gebühr nach § 34 GNotKG – Tabelle A
15224	Beendigung des gesamten Verfahrens ohne Endentscheidung: Die Gebühr 15223 ermäßigt sich auf	0,5
	(1) Wenn die Entscheidung nicht durch Verlesen der Entscheidungsformel bekannt gegeben worden ist, ermäßigt sich die Gebühr auch im Fall der Zurücknahme der Beschwerde oder des Antrags vor Ablauf des Tages, an dem die Endentscheidung der Geschäftsstelle übermittelt wird. (2) Eine Entscheidung über die Kosten steht der Ermäßigung nicht entgegen, wenn die Entscheidung einer zuvor mitgeteilten Einigung über die Kostentragung oder einer Kostenübernahmeerklärung folgt.	
15225	Verfahren über die Beschwerde in den in Nummer 15213 genannten Verfahren: Die Beschwerde wird verworfen oder zurückgewiesen	200,00 €
	Wird die Beschwerde nur teilweise verworfen oder zurückgewiesen, kann das Gericht die Gebühr nach billigem Ermessen auf die Hälfte ermäßigen oder bestimmen, dass eine Gebühr nicht zu erheben ist.	
15226	Verfahren über die Beschwerde in den in Nummer 15213 genannten Verfahren: Beendigung des gesamten Verfahrens durch Zurücknahme der Beschwerde oder des Antrags, bevor die Schrift zur Begründung der Beschwerde bei Gericht eingegangen ist	100,00 €
15227	Verfahren über die Beschwerde in den in Nummer 15213 genannten Verfahren: Beendigung des gesamten Verfahrens durch Zurücknahme der Beschwerde oder des Antrags vor Ablauf des Tages, an dem die Endentscheidung der Geschäftsstelle übermittelt wird, wenn die Entscheidung nicht bereits durch Verlesen der Entscheidungsformel bekannt gegeben worden ist, oder wenn nicht Nummer 15226 erfüllt ist	150,00 €
	Unterabschnitt 3 **Rechtsbeschwerde gegen die Endentscheidung wegen des Hauptgegenstands**	
15230	Verfahren über die Rechtsbeschwerde in den in Nummer 15210 genannten Verfahren	3,0
15231	Beendigung des gesamten Verfahrens durch Zurücknahme der Rechtsbeschwerde oder des Antrags, bevor die Schrift zur Begründung der Beschwerde bei Gericht eingegangen ist: Die Gebühr 15230 ermäßigt sich auf	1,0

Nr.	Gebührentatbestand	Gebühr oder Satz der Gebühr nach § 34 GNotKG – Tabelle A
15232	Beendigung des gesamten Verfahrens durch Zurücknahme der Rechtsbeschwerde oder des Antrags vor Ablauf des Tages, an dem die Endentscheidung der Geschäftsstelle übermittelt wird, wenn nicht Nummer 15231 erfüllt ist: Die Gebühr 15230 ermäßigt sich auf	2,0
15233	Verfahren über die Rechtsbeschwerde in den in Nummer 15212 genannten Verfahren	1,5
15234	Beendigung des gesamten Verfahrens durch Zurücknahme der Rechtsbeschwerde oder des Antrags, bevor die Schrift zur Begründung der Beschwerde bei Gericht eingegangen ist: Die Gebühr 15233 ermäßigt sich auf	0,5
15235	Beendigung des gesamten Verfahrens durch Zurücknahme der Rechtsbeschwerde oder des Antrags vor Ablauf des Tages, an dem die Endentscheidung der Geschäftsstelle übermittelt wird, wenn nicht Nummer 15234 erfüllt ist: Die Gebühr 15233 ermäßigt sich auf	1,0
	Unterabschnitt 4 Zulassung der Sprungrechtsbeschwerde gegen die Endentscheidung wegen des Hauptgegenstands	
15240	Verfahren über die Zulassung der Sprungrechtsbeschwerde in den in Nummer 15210 genannten Verfahren: Soweit der Antrag abgelehnt wird:	1,0
15241	Verfahren über die Zulassung der Sprungrechtsbeschwerde in den in Nummer 15212 genannten Verfahren: Soweit der Antrag abgelehnt wird:	0,5

Abschnitt 3
Übrige Verfahren vor dem Oberlandesgericht

Vorbemerkung 1.5.3:

Dieser Abschnitt gilt für Verfahren über die Anfechtung von Justizverwaltungsakten nach den §§ 23 bis 29 des Einführungsgesetzes zum Gerichtsverfassungsgesetz und Verfahren nach § 138 Abs. 2 des Urheberrechtsgesetzes.

	Verfahrensgebühr:	
15300	– der Antrag wird zurückgenommen	0,5
15301	– der Antrag wird zurückgewiesen	1,0

Nr.	Gebührentatbestand	Gebühr oder Satz der Gebühr nach § 34 GNotKG – Tabelle A

Hauptabschnitt 6
Einstweiliger Rechtsschutz

Vorbemerkung 1.6:

Im Verfahren über den Erlass einer einstweiligen Anordnung und über deren Aufhebung oder Änderung werden die Gebühren nur einmal erhoben.

Abschnitt 1
Verfahren, wenn in der Hauptsache die Tabelle A anzuwenden ist

Vorbemerkung 1.6.1:

In Betreuungssachen werden von dem Betroffenen Gebühren nur unter den in Vorbemerkung 1.1 Abs. 1 genannten Voraussetzungen erhoben.

Unterabschnitt 1
Erster Rechtszug

Nr.	Gebührentatbestand	Gebühr
16110	Verfahren im Allgemeinen, wenn die Verfahrensgebühr für den ersten Rechtszug in der Hauptsache weniger als 2,0 betragen würde	0,3
	(1) Die Gebühr entsteht nicht für Verfahren, die in den Rahmen einer bestehenden Betreuung oder Pflegschaft fallen, auch wenn nur ein vorläufiger Betreuer bestellt ist. (2) Die Gebühr entsteht ferner nicht, wenn das Verfahren mit der Bestellung eines vorläufigen Betreuers endet. In diesem Fall entstehen Gebühren nach Hauptabschnitt 1 Abschnitt 1 wie nach der Bestellung eines nicht nur vorläufigen Betreuers.	
16111	Die Gebühr für die Hauptsache würde 2,0 betragen: Die Gebühr 16110 beträgt	1,5
16112	Beendigung des gesamten Verfahrens im Fall der Nummer 16111 ohne Endentscheidung: Die Gebühr 16111 ermäßigt sich auf	0,5
	(1) Wenn die Entscheidung nicht durch Verlesen der Entscheidungsformel bekannt gegeben worden ist, ermäßigt sich die Gebühr auch im Fall der Zurücknahme des Antrags vor Ablauf des Tages, an dem die Endentscheidung der Geschäftsstelle übermittelt wird. (2) Eine Entscheidung über die Kosten steht der Ermäßigung nicht entgegen, wenn die Entscheidung einer zuvor mitgeteilten Einigung über die Kostentragung oder einer Kostenübernahmeerklärung folgt.	

Nr.	Gebührentatbestand	Gebühr oder Satz der Gebühr nach § 34 GNotKG – Tabelle A
	Unterabschnitt 2 Beschwerde gegen die Endentscheidung wegen des Hauptgegenstands	
16120	Verfahren im Allgemeinen, wenn sich die Gebühr für den ersten Rechtszug nach Nummer 16110 bestimmt	0,5
16121	Verfahren im Allgemeinen, wenn sich die Gebühr für den ersten Rechtszug nach Nummer 16111 bestimmt	2,0
16122	Beendigung des gesamten Verfahrens im Fall der Nummer 16120 ohne Endentscheidung: Die Gebühr 16120 ermäßigt sich auf	0,3
	(1) Wenn die Entscheidung nicht durch Verlesen der Entscheidungsformel bekannt gegeben worden ist, ermäßigt sich die Gebühr auch im Fall der Zurücknahme der Beschwerde oder des Antrags vor Ablauf des Tages, an dem die Endentscheidung der Geschäftsstelle übermittelt wird. (2) Eine Entscheidung über die Kosten steht der Ermäßigung nicht entgegen, wenn die Entscheidung einer zuvor mitgeteilten Einigung über die Kostentragung oder einer Kostenübernahmeerklärung folgt.	
16123	Beendigung des gesamten Verfahrens im Fall der Nummer 16121 durch Zurücknahme der Beschwerde oder des Antrags, bevor die Schrift zur Begründung der Beschwerde bei Gericht eingegangen ist: Die Gebühr 16121 ermäßigt sich auf	0,5
16124	Beendigung des gesamten Verfahrens im Fall der Nummer 16121 ohne Endentscheidung, wenn nicht Nummer 16123 erfüllt ist: Die Gebühr 16121 ermäßigt sich auf	1,0
	(1) Wenn die Entscheidung nicht durch Verlesen der Entscheidungsformel bekannt gegeben worden ist, ermäßigt sich die Gebühr auch im Fall der Zurücknahme der Beschwerde oder des Antrags vor Ablauf des Tages, an dem die Endentscheidung der Geschäftsstelle übermittelt wird. (2) Eine Entscheidung über die Kosten steht der Ermäßigung nicht entgegen, wenn die Entscheidung einer zuvor mitgeteilten Einigung über die Kostentragung oder einer Kostenübernahmeerklärung folgt.	

Nr.	Gebührentatbestand	Gebühr oder Satz der Gebühr nach § 34 GNotKG – Tabelle B

Abschnitt 2
Verfahren, wenn in der Hauptsache die Tabelle B anzuwenden ist

Vorbemerkung 1.6.2:

Die Vorschriften dieses Abschnitts gelten auch für Verfahren über die Aussetzung der Wirkungen eines Europäischen Nachlasszeugnisses.

Unterabschnitt 1
Erster Rechtszug

16210	Verfahren im Allgemeinen, wenn die Verfahrensgebühr für den ersten Rechtszug in der Hauptsache weniger als 2,0 betragen würde	0,3
16211	Die Gebühr für die Hauptsache würde 2,0 betragen: Die Gebühr 16210 beträgt	1,5
16212	Beendigung des gesamten Verfahrens im Fall der Nummer 16211 ohne Endentscheidung: Die Gebühr 16211 ermäßigt sich auf . . . . (1) Wenn die Entscheidung nicht durch Verlesen der Entscheidungsformel bekannt gegeben worden ist, ermäßigt sich die Gebühr auch im Fall der Zurücknahme des Antrags vor Ablauf des Tages, an dem die Endentscheidung der Geschäftsstelle übermittelt wird. (2) Eine Entscheidung über die Kosten steht der Ermäßigung nicht entgegen, wenn die Entscheidung einer zuvor mitgeteilten Einigung über die Kostentragung oder einer Kostenübernahmeerklärung folgt.	0,5

Unterabschnitt 2
Beschwerde gegen die Endentscheidung wegen des Hauptgegenstands

16220	Verfahren im Allgemeinen, wenn sich die Gebühr für den ersten Rechtszug nach Nummer 16210 bestimmt	0,5
16221	Verfahren im Allgemeinen, wenn sich die Gebühr für den ersten Rechtszug nach Nummer 16211 bestimmt	2,0
16222	Beendigung des gesamten Verfahrens im Fall der Nummer 16220 ohne Endentscheidung: Die Gebühr 16220 ermäßigt sich auf . . . . (1) Wenn die Entscheidung nicht durch Verlesen der Entscheidungsformel bekannt gegeben worden ist, ermäßigt sich die Gebühr auch im Fall der Zurücknahme der Beschwerde oder des Antrags vor Ablauf des Tages, an dem die Endentscheidung der Geschäftsstelle übermittelt wird. (2) Eine Entscheidung über die Kosten steht der Ermäßigung nicht entgegen, wenn die Entscheidung einer zuvor mitgeteil-	0,3

Nr.	Gebührentatbestand	Gebühr oder Satz der Gebühr nach § 34 GNotKG – Tabelle B
	ten Einigung über die Kostentragung oder einer Kostenübernahmeerklärung folgt.	
16223	Beendigung des gesamten Verfahrens im Fall der Nummer 16221 durch Zurücknahme der Beschwerde oder des Antrags, bevor die Schrift zur Begründung der Beschwerde bei Gericht eingegangen ist: Die Gebühr 16221 ermäßigt sich auf	0,5
16224	Beendigung des gesamten Verfahrens im Fall der Nummer 16221 ohne Endentscheidung, wenn nicht Nummer 16223 erfüllt ist: Die Gebühr 16221 ermäßigt sich auf	1,0
	(1) Wenn die Entscheidung nicht durch Verlesen der Entscheidungsformel bekannt gegeben worden ist, ermäßigt sich die Gebühr auch im Fall der Zurücknahme der Beschwerde oder des Antrags vor Ablauf des Tages, an dem die Endentscheidung der Geschäftsstelle übermittelt wird. (2) Eine Entscheidung über die Kosten steht der Ermäßigung nicht entgegen, wenn die Entscheidung einer zuvor mitgeteilten Einigung über die Kostentragung oder einer Kostenübernahmeerklärung folgt.	

Nr.	Gebührentatbestand	Gebühr oder Satz der Gebühr nach § 34 GNotKG – Tabelle A
	Hauptabschnitt 7 **Besondere Gebühren**	
	Erteilung von Ausdrucken oder Fertigung von Kopien aus einem Register oder aus dem Grundbuch auf Antrag oder deren beantragte Ergänzung oder Bestätigung:	
17000	– Ausdruck oder unbeglaubigte Kopie	10,00 €
17001	– amtlicher Ausdruck oder beglaubigte Kopie	20,00 €
	Neben den Gebühren 17000 und 17001 wird keine Dokumentenpauschale erhoben.	
	Anstelle eines Ausdrucks wird in den Fällen der Nummern 17000 und 17001 die elektronische Übermittlung einer Datei beantragt:	
17002	– unbeglaubigte Datei	5,00 €
17003	– beglaubigte Datei	10,00 €

Nr.	Gebührentatbestand	Gebühr oder Satz der Gebühr nach § 34 GNotKG – Tabelle A
	Werden zwei elektronische Dateien gleichen Inhalts in unterschiedlichen Dateiformaten gleichzeitig übermittelt, wird die Gebühr 17002 oder 17003 nur einmal erhoben. Sind beide Gebührentatbestände erfüllt, wird die höhere Gebühr erhoben.	
17004	Erteilung 1. eines Zeugnisses des Grundbuchamts, 2. einer Bescheinigung aus einem Register, 3. einer beglaubigten Abschrift des Verpfändungsvertrags nach § 16 Abs. 1 Satz 3 des Pachtkreditgesetzes oder 4. einer Bescheinigung nach § 16 Abs. 2 des Pachtkreditgesetzes	20,00 €
17005	Abschluss eines gerichtlichen Vergleichs: Soweit ein Vergleich über nicht gerichtlich anhängige Gegenstände geschlossen wird	0,25
	Die Gebühr entsteht nicht im Verfahren über die Prozess- oder Verfahrenskostenhilfe. Im Verhältnis zur Gebühr für das Verfahren im Allgemeinen ist § 56 Abs. 3 GNotKG entsprechend anzuwenden.	
17006	Anordnung von Zwangsmaßnahmen durch Beschluss nach § 35 FamFG: je Anordnung	22,00 €

GNotKG Notar
GNotKG Gericht
Schnellübersichten
Text §§ GNotKG-KV

Nr.	Gebührentatbestand	Gebühr oder Satz der Gebühr nach § 34 GNotKG – Tabelle B

Hauptabschnitt 8
Vollstreckung

Vorbemerkung 1.8:

Die Vorschriften dieses Hauptabschnitts gelten für die Vollstreckung nach Buch 1 Abschnitt 8 des FamFG. Für Handlungen durch das Vollstreckungsgericht werden Gebühren nach dem GKG erhoben.

18000	Verfahren über die Erteilung einer vollstreckbaren Ausfertigung einer notariellen Urkunde, wenn der Eintritt einer Tatsache oder einer Rechtsnachfolge zu prüfen ist (§§ 726 bis 729 ZPO)	0,5
18001	Verfahren über den Antrag auf Erteilung einer weiteren vollstreckbaren Ausfertigung (§ 733 ZPO)	22,00 €
	Die Gebühr wird für jede weitere vollstreckbare Ausfertigung gesondert erhoben.	

Nr.	Gebührentatbestand	Gebühr oder Satz der Gebühr nach § 34 GNotKG – Tabelle B
18002	Anordnung der Vornahme einer vertretbaren Handlung durch einen Dritten	22,00 €
18003	Anordnung von Zwangs- oder Ordnungsmitteln: je Anordnung .... Mehrere Anordnungen gelten als eine Anordnung, wenn sie dieselbe Verpflichtung betreffen. Dies gilt nicht, wenn Gegenstand der Verpflichtung die wiederholte Vornahme einer Handlung oder eine Unterlassung ist.	22,00 €
18004	Verfahren zur Abnahme einer eidesstattlichen Versicherung (§ 94 FamFG) .... Die Gebühr entsteht mit der Anordnung des Gerichts, dass der Verpflichtete eine eidesstattliche Versicherung abzugeben hat, oder mit dem Eingang des Antrags des Berechtigten.	35,00 €

Hauptabschnitt 9
Rechtsmittel im Übrigen und Rüge wegen Verletzung des Anspruchs auf rechtliches Gehör

Abschnitt 1
Rechtsmittel im Übrigen

Unterabschnitt 1
Sonstige Beschwerden

Nr.	Gebührentatbestand	Gebühr oder Satz der Gebühr nach § 34 GNotKG – Tabelle B
19110	Verfahren über die Beschwerde in den Fällen des § 129 GNotKG und des § 372 Abs. 1 FamFG	99,00 €
19111	Beendigung des gesamten Verfahrens ohne Endentscheidung: Die Gebühr 19110 ermäßigt sich auf .... (1) Wenn die Entscheidung nicht durch Verlesen der Entscheidungsformel bekannt gegeben worden ist, ermäßigt sich die Gebühr auch im Fall der Zurücknahme der Beschwerde oder des Antrags vor Ablauf des Tages, an dem die Endentscheidung der Geschäftsstelle übermittelt wird. (2) Eine Entscheidung über die Kosten steht der Ermäßigung nicht entgegen, wenn die Entscheidung einer zuvor mitgeteilten Einigung über die Kostentragung oder einer Kostenübernahmeerklärung folgt.	66,00 €
19112	Verfahren über die Beschwerde gegen Entscheidungen, die sich auf Tätigkeiten des Registergerichts beziehen, für die Gebühren nach der HRegGebV zu erheben sind: Die Beschwerde wird verworfen oder zurückgewiesen Wird die Beschwerde nur wegen eines Teils der Anmeldung verworfen oder zurückgewiesen, ist für die Höhe der Gebühr	3,5 der Gebühr für die Eintragung nach der HRegGebV

Nr.	Gebührentatbestand	Gebühr oder Satz der Gebühr nach § 34 GNotKG – Tabelle B
	die für die Eintragung nur dieses Teils der Anmeldung vorgesehene Gebühr maßgebend.	
19113	Verfahren über die in Nummer 19112 genannte Beschwerde: Beendigung des gesamten Verfahrens durch Zurücknahme der Beschwerde oder des Antrags, bevor die Schrift zur Begründung der Beschwerde bei Gericht eingegangen ist	0,5 der Gebühr für die Eintragung nach der HRegGebV
19114	Verfahren über die in Nummer 19112 genannte Beschwerde: Beendigung des gesamten Verfahrens ohne Endentscheidung, wenn nicht Nummer 19113 erfüllt ist ..... Diese Gebühr ist auch zu erheben, wenn die Entscheidung nicht durch Verlesen der Entscheidungsformel bekannt gegeben worden ist, die Beschwerde jedoch vor Ablauf des Tages zurückgenommen wird, an dem die Endentscheidung der Geschäftsstelle übermittelt wird.	1,5 der Gebühr für die Eintragung nach der HRegGebV
19115	Verfahren über die Beschwerde nach § 335a Abs. 1 HGB: Die Beschwerde wird verworfen oder zurückgewiesen Wird die Beschwerde nur teilweise verworfen oder zurückgewiesen, kann das Gericht die Gebühr nach billigem Ermessen auf die Hälfte ermäßigen oder bestimmen, dass eine Gebühr nicht zu erheben ist.	150,00 €
19116	Verfahren über eine nicht besonders aufgeführte Beschwerde, die nicht nach anderen Vorschriften gebührenfrei ist: Die Beschwerde wird verworfen oder zurückgewiesen Wird die Beschwerde nur teilweise verworfen oder zurückgewiesen, kann das Gericht die Gebühr nach billigem Ermessen auf die Hälfte ermäßigen oder bestimmen, dass eine Gebühr nicht zu erheben ist.	66,00 €
	Unterabschnitt 2 Sonstige Rechtsbeschwerden	
19120	Verfahren über die Rechtsbeschwerde in den Fällen des § 129 GNotKG und des § 372 Abs. 1 FamFG	198,00 €
19121	Beendigung des gesamten Verfahrens durch Zurücknahme der Rechtsbeschwerde oder des Antrags, bevor die Schrift zur Begründung der Rechtsbeschwerde bei Gericht eingegangen ist: Die Gebühr 19120 ermäßigt sich auf	66,00 €

Nr.	Gebührentatbestand	Gebühr oder Satz der Gebühr nach § 34 GNotKG – Tabelle B
19122	Beendigung des gesamten Verfahrens durch Zurücknahme der Rechtsbeschwerde oder des Antrags vor Ablauf des Tages, an dem die Endentscheidung der Geschäftsstelle übermittelt wird, wenn nicht Nummer 19121 erfüllt ist: Die Gebühr 19120 ermäßigt sich auf	99,00 €
19123	Verfahren über die Rechtsbeschwerde gegen Entscheidungen, die sich auf Tätigkeiten des Registergerichts beziehen, für die Gebühren nach der HRegGebV zu erheben sind: Die Rechtsbeschwerde wird verworfen oder zurückgewiesen . . . . Wird die Rechtsbeschwerde nur wegen eines Teils der Anmeldung verworfen oder zurückgewiesen, bestimmt sich die Höhe der Gebühr nach der Gebühr für die Eintragung nur dieses Teils der Anmeldung.	5,0 der Gebühr für die Eintragung nach der HRegGebV
19124	Verfahren über die in Nummer 19123 genannte Rechtsbeschwerde: Beendigung des gesamten Verfahrens durch Zurücknahme der Rechtsbeschwerde oder des Antrags, bevor die Schrift zur Begründung der Beschwerde bei Gericht eingegangen ist	1,0 der Gebühr für die Eintragung nach der HRegGebV
19125	Verfahren über die in Nummer 19123 genannte Rechtsbeschwerde: Beendigung des gesamten Verfahrens durch Zurücknahme der Rechtsbeschwerde oder des Antrags vor Ablauf des Tages, an dem die Endentscheidung der Geschäftsstelle übermittelt wird, wenn nicht Nummer 19124 erfüllt ist	2,5 der Gebühr für die Eintragung nach der HRegGebV
19126	Verfahren über die Rechtsbeschwerde in den Fällen des § 335a Abs. 3 HGB: Die Rechtsbeschwerde wird verworfen oder zurückgewiesen . . . . Wird die Rechtsbeschwerde nur teilweise verworfen oder zurückgewiesen, kann das Gericht die Gebühr nach billigem Ermessen auf die Hälfte ermäßigen oder bestimmen, dass eine Gebühr nicht zu erheben ist	300,00 €

Nr.	Gebührentatbestand	Gebühr oder Satz der Gebühr nach § 34 GNotKG – Tabelle B
19127	Verfahren über die in Nummer 19126 genannte Rechtsbeschwerde: Beendigung des gesamten Verfahrens durch Zurücknahme der Rechtsbeschwerde oder des Antrags vor Ablauf des Tages, an dem die Endentscheidung der Geschäftsstelle übermittelt wird	150,00 €
19128	Verfahren über eine nicht besonders aufgeführte Rechtsbeschwerde, die nicht nach anderen Vorschriften gebührenfrei ist: Die Rechtsbeschwerde wird verworfen oder zurückgewiesen .... Wird die Rechtsbeschwerde nur teilweise verworfen oder zurückgewiesen, kann das Gericht die Gebühr nach billigem Ermessen auf die Hälfte ermäßigen oder bestimmen, dass eine Gebühr nicht zu erheben ist.	132,00 €
19129	Verfahren über die in Nummer 19128 genannte Rechtsbeschwerde: Beendigung des gesamten Verfahrens durch Zurücknahme der Rechtsbeschwerde oder des Antrags vor Ablauf des Tages, an dem die Endentscheidung der Geschäftsstelle übermittelt wird	66,00 €
	Unterabschnitt 3 Zulassung der Sprungrechtsbeschwerde in sonstigen Fällen	
19130	Verfahren über die Zulassung der Sprungrechtsbeschwerde in den nicht besonders aufgeführten Fällen: Der Antrag wird abgelehnt	66,00 €
	Abschnitt 2 ***Rüge wegen Verletzung des Anspruchs auf rechtliches Gehör***	
19200	Verfahren über die Rüge wegen Verletzung des Anspruchs auf rechtliches Gehör: Die Rüge wird in vollem Umfang verworfen oder zurückgewiesen	66,00 €

Kostenverzeichnis Gerichts- und Notarkostengesetz (GNotKG-KV)

Teil 2:

Notargebühren

Nr.	Gebührentatbestand	Gebühr oder Satz der Gebühr nach § 34 GNotKG – Tabelle B

Vorbemerkung 2:

(1) In den Fällen, in denen es für die Gebührenberechnung maßgeblich ist, dass ein bestimmter Notar eine Tätigkeit vorgenommen hat, steht diesem Notar der Aktenverwahrer gemäß § 51 BNotO, der Notariatsverwalter gemäß § 56 BNotO oder ein anderer Notar, mit dem der Notar am Ort seines Amtssitzes zur gemeinsamen Berufsausübung verbunden ist oder mit dem er dort gemeinsame Geschäftsräume unterhält, gleich.

(2) Bundes- oder landesrechtliche Vorschriften, die Gebühren- oder Auslagenbefreiung gewähren, sind nicht auf den Notar anzuwenden. Außer in den Fällen der Kostenerstattung zwischen den Trägern der Sozialhilfe gilt die in § 64 Abs. 2 Satz 3 Nr. 2 SGB X bestimmte Gebührenfreiheit auch für den Notar.

(3) Beurkundungen nach § 67 Abs. 1 des Beurkundungsgesetzes und die Bezifferung dynamisierter Unterhaltstitel zur Zwangsvollstreckung im Ausland sind gebührenfrei.

Hauptabschnitt 1
Beurkundungsverfahren

Vorbemerkung 2.1:

(1) Die Gebühr für das Beurkundungsverfahren entsteht für die Vorbereitung und Durchführung der Beurkundung in Form einer Niederschrift (§§ 8 und 36 des Beurkundungsgesetzes) einschließlich der Beschaffung der Information.

(2) Durch die Gebühren dieses Hauptabschnitts werden auch abgegolten

1. die Übermittlung von Anträgen und Erklärungen an ein Gericht oder eine Behörde,
2. die Stellung von Anträgen im Namen der Beteiligten bei einem Gericht oder einer Behörde,
3. die Erledigung von Beanstandungen einschließlich des Beschwerdeverfahrens und
4. bei Änderung eines Gesellschaftsvertrags oder einer Satzung die Erteilung einer für die Anmeldung zum Handelsregister erforderlichen Bescheinigung des neuen vollständigen Wortlauts des Gesellschaftsvertrags oder der Satzung.

Abschnitt 1
Verträge, bestimmte Erklärungen sowie Beschlüsse von Organen einer Vereinigung oder Stiftung

Vorbemerkung 2.1.1:

Dieser Abschnitt ist auch anzuwenden im Verfahren zur Beurkundung der folgenden Erklärungen:

1. Antrag auf Abschluss eines Vertrags oder Annahme eines solchen Antrags oder
2. gemeinschaftliches Testament.

21100	Beurkundungsverfahren	2,0 – mindestens 120,00 €

Nr.	Gebührentatbestand	Gebühr oder Satz der Gebühr nach § 34 GNotKG – Tabelle B
21101	Gegenstand des Beurkundungsverfahrens ist 1. die Annahme eines Antrags auf Abschluss eines Vertrags oder 2. ein Verfügungsgeschäft und derselbe Notar hat für eine Beurkundung, die das zugrunde liegende Rechtsgeschäft betrifft, die Gebühr 21100 oder 23603 erhoben: Die Gebühr 21100 beträgt	0,5 – mindestens 30,00 €
	(1) Als zugrunde liegendes Rechtsgeschäft gilt nicht eine Verfügung von Todes wegen. (2) Die Gebühr für die Beurkundung des Zuschlags in einer freiwilligen Versteigerung von Grundstücken oder grundstücksgleichen Rechten bestimmt sich nach Nummer 23603.	
21102	Gegenstand des Beurkundungsverfahrens ist 1. ein Verfügungsgeschäft und das zugrunde liegende Rechtsgeschäft ist bereits beurkundet und Nummer 21101 nicht anzuwenden oder 2. die Aufhebung eines Vertrags: Die Gebühr 21100 beträgt	1,0 – mindestens 60,00 €

Abschnitt 2
Sonstige Erklärungen, Tatsachen und Vorgänge

Vorbemerkung 2.1.2:

(1) Die Gebühr für die Beurkundung eines Antrags zum Abschluss eines Vertrages und für die Beurkundung der Annahme eines solchen Antrags sowie für die Beurkundung eines gemeinschaftlichen Testaments bestimmt sich nach Abschnitt 1, die Gebühr für die Beurkundung des Zuschlags bei der freiwilligen Versteigerung von Grundstücken oder grundstücksgleichen Rechten bestimmt sich nach Nummer 23603.

(2) Die Beurkundung der in der Anmerkung zu Nummer 23603 genannten Erklärungen wird durch die Gebühr 23603 mit abgegolten, wenn die Beurkundung in der Niederschrift über die Versteigerung erfolgt.

21200	Beurkundungsverfahren .... Unerheblich ist, ob eine Erklärung von einer oder von mehreren Personen abgegeben wird.	1,0 – mindestens 60,00 €
21201	Beurkundungsgegenstand ist 1. der Widerruf einer letztwilligen Verfügung, 2. der Rücktritt von einem Erbvertrag,	

Nr.	Gebührentatbestand	Gebühr oder Satz der Gebühr nach § 34 GNotKG – Tabelle B
	3. die Anfechtung einer Verfügung von Todes wegen, 4. ein Antrag oder eine Bewilligung nach der Grundbuchordnung, der Schiffsregisterordnung oder dem Gesetz über Rechte an Luftfahrzeugen oder die Zustimmung des Eigentümers zur Löschung eines Grundpfandrechts oder eines vergleichbaren Pfandrechts, 5. eine Anmeldung zum Handelsregister oder zu einem ähnlichen Register, 6. ein Antrag an das Nachlassgericht, 7. eine Erklärung, die gegenüber dem Nachlassgericht abzugeben ist, oder 8. die Zustimmung zur Annahme als Kind:	
	Die Gebühr 21200 beträgt	0,5 – mindestens 30,00 €
	In dem in Vorbemerkung 2.3.3 Abs. 2 genannten Fall ist das Beurkundungsverfahren für den Antrag an das Nachlassgericht durch die Gebühr 23300 für die Abnahme der eidesstattlichen Versicherung mit abgegolten; im Übrigen bleiben die Vorschriften in Hauptabschnitt 1 unberührt.	

Abschnitt 3
Vorzeitige Beendigung des Beurkundungsverfahrens

Vorbemerkung 2.1.3:

(1) Ein Beurkundungsverfahren ist vorzeitig beendet, wenn vor Unterzeichnung der Niederschrift durch den Notar der Beurkundungsauftrag zurückgenommen oder zurückgewiesen wird oder der Notar feststellt, dass nach seiner Überzeugung mit der beauftragten Beurkundung aus Gründen, die nicht in seiner Person liegen, nicht mehr zu rechnen ist. Wird das Verfahren länger als 6 Monate nicht mehr betrieben, ist in der Regel nicht mehr mit der Beurkundung zu rechnen.

(2) Führt der Notar nach der vorzeitigen Beendigung des Beurkundungsverfahrens demnächst auf der Grundlage der bereits erbrachten notariellen Tätigkeit ein erneutes Beurkundungsverfahren durch, wird die nach diesem Abschnitt zu erhebende Gebühr auf die Gebühr für das erneute Beurkundungsverfahren angerechnet.

(3) Der Fertigung eines Entwurfs im Sinne der nachfolgenden Vorschriften steht die Überprüfung, Änderung oder Ergänzung eines dem Notar vorgelegten Entwurfs gleich.

Nr.	Gebührentatbestand	Gebühr oder Satz der Gebühr nach § 34 GNotKG – Tabelle B
21300	Vorzeitige Beendigung des Beurkundungsverfahrens 1. vor Ablauf des Tages, an dem ein vom Notar gefertigter Entwurf an einen Beteiligten durch Aufgabe zur Post versandt worden ist, 2. vor der Übermittlung eines vom Notar gefertigten Entwurfs per Telefax, vor der elektronischen Übermittlung als Datei oder vor Aushändigung oder 3. bevor der Notar mit allen Beteiligten in einem zum Zweck der Beurkundung vereinbarten Termin auf der Grundlage eines von ihm gefertigten Entwurfs verhandelt hat: Die jeweilige Gebühr für das Beurkundungsverfahren ermäßigt sich auf	20,00 €
21301	In den Fällen der Nummer 21300 hat der Notar persönlich oder schriftlich beraten: Die jeweilige Gebühr für das Beurkundungsverfahren ermäßigt sich auf eine Gebühr	in Höhe der jeweiligen Beratungsgebühr
21302	Vorzeitige Beendigung des Verfahrens nach einem der in Nummer 21300 genannten Zeitpunkte in den Fällen der Nummer 21100: Die Gebühr 21100 ermäßigt sich auf	0,5 bis 2,0 – mindestens 120,00 €
21303	Vorzeitige Beendigung des Verfahrens nach einem der in Nummer 21300 genannten Zeitpunkte in den Fällen der Nummern 21102 und 21200: Die Gebühren 21102 und 21200 ermäßigen sich auf .	0,3 bis 1,0 – mindestens 60,00 €
21304	Vorzeitige Beendigung des Verfahrens nach einem der in Nummer 21300 genannten Zeitpunkte in den Fällen der Nummern 21101 und 21201: Die Gebühren 21101 und 21201 ermäßigen sich auf .	0,3 bis 0,5 – mindestens 30,00 €

Hauptabschnitt 2
Vollzug eines Geschäfts und Betreuungstätigkeiten

Vorbemerkung 2.2:

(1) Gebühren nach diesem Hauptabschnitt entstehen nur, wenn dem Notar für seine Tätigkeit ein besonderer Auftrag erteilt worden ist; dies gilt nicht für die Gebühren 22114, 22125 und die Gebühr 22200 im Fall der Nummer 6 der Anmerkung.

(2) Entsteht für eine Tätigkeit eine Gebühr nach diesem Hauptabschnitt, fällt bei demselben Notar insoweit keine Gebühr für die Fertigung eines Entwurfs und keine Gebühr nach Nummer 25204 an.

Nr.	Gebührentatbestand	Gebühr oder Satz der Gebühr nach § 34 GNotKG – Tabelle B

Abschnitt 1
Vollzug

Unterabschnitt 1
Vollzug eines Geschäfts

Vorbemerkung 2.2.1.1:

(1) Die Vorschriften dieses Unterabschnitts sind anzuwenden, wenn der Notar eine Gebühr für das Beurkundungsverfahren oder für die Fertigung eines Entwurfs erhält, die das zugrunde liegende Geschäft betrifft. Die Vollzugsgebühr entsteht für die

1. Anforderung und Prüfung einer Erklärung oder Bescheinigung nach öffentlich-rechtlichen Vorschriften mit Ausnahme der Unbedenklichkeitsbescheinigung des Finanzamts,
2. Anforderung und Prüfung einer anderen als der in Nummer 4 genannten gerichtlichen Entscheidung oder Bescheinigung, dies gilt auch für die Ermittlung des Inhalts eines ausländischen Registers,
3. Fertigung, Änderung oder Ergänzung der Liste der Gesellschafter (§ 8 Abs. 1 Nr. 3, § 40 GmbHG) oder der Liste der Personen, welche neue Geschäftsanteile übernommen haben (§ 57 Abs. 3 Nr. 2 GmbHG),
4. Anforderung und Prüfung einer Entscheidung des Familien-, Betreuungs- oder Nachlassgerichts einschließlich aller Tätigkeiten des Notars gemäß den §§ 1828 und 1829 BGB im Namen der Beteiligten sowie die Erteilung einer Bescheinigung über die Wirksamkeit oder Unwirksamkeit des Rechtsgeschäfts,
5. Anforderung und Prüfung einer Vollmachtsbestätigung oder einer privatrechtlichen Zustimmungserklärung,
6. Anforderung und Prüfung einer privatrechtlichen Verzichtserklärung,
7. Anforderung und Prüfung einer Erklärung über die Ausübung oder Nichtausübung eines privatrechtlichen Vorkaufs- oder Wiederkaufsrechts,
8. Anforderung und Prüfung einer Erklärung über die Zustimmung zu einer Schuldübernahme oder einer Entlassung aus der Haftung,
9. Anforderung und Prüfung einer Erklärung oder sonstigen Urkunde zur Verfügung über ein Recht an einem Grundstück oder einem grundstücksgleichen Recht sowie zur Löschung oder Inhaltsänderung einer sonstigen Eintragung im Grundbuch oder in einem Register oder Anforderung und Prüfung einer Erklärung, inwieweit ein Grundpfandrecht eine Verbindlichkeit sichert,
10. Anforderung und Prüfung einer Verpflichtungserklärung betreffend eine in Nummer 9 genannte Verfügung oder einer Erklärung über die Nichtausübung eines Rechts und
11. über die in den Nummern 1 und 2 genannten Tätigkeiten hinausgehende Tätigkeit für die Beteiligten gegenüber der Behörde, dem Gericht oder der Körperschaft oder Anstalt des öffentlichen Rechts.

Die Vollzugsgebühr entsteht auch, wenn die Tätigkeit vor der Beurkundung vorgenommen wird.

(2) Zustimmungsbeschlüsse stehen Zustimmungserklärungen gleich.

Nr.	Gebührentatbestand	Gebühr oder Satz der Gebühr nach § 34 GNotKG – Tabelle B
	(3) Wird eine Vollzugstätigkeit unter Beteiligung eines ausländischen Gerichts oder einer ausländischen Behörde vorgenommen, bestimmt sich die Vollzugsgebühr nach Unterabschnitt 2.	
22110	Vollzugsgebühr	0,5
22111	Vollzugsgebühr, wenn die Gebühr für das zugrunde liegende Beurkundungsverfahren weniger als 2,0 beträgt: Die Gebühr 22110 beträgt	0,3
	Vollzugsgegenstand sind lediglich die in der Vorbemerkung 2.2.1.1 Abs. 1 Satz 2 Nr. 1 bis 3 genannten Tätigkeiten: Die Gebühren 22110 und 22111 betragen	
22112	– für jede Tätigkeit nach Vorbemerkung 2.2.1.1 Abs. 1 Satz 2 Nr. 1 und 2	höchstens 50,00 €
22113	– für jede Tätigkeit nach Vorbemerkung 2.2.1.1 Abs. 1 Satz 2 Nr. 3	höchstens 250,00 €
22114	Erzeugung von strukturierten Daten in Form der Extensible Markup Language (XML) oder in einem nach dem Stand der Technik vergleichbaren Format für eine automatisierte Weiterbearbeitung	0,2 – höchstens 125,00 €
22115	Neben der Gebühr 22114 entstehen andere Gebühren dieses Unterabschnitts: Die Gebühr 22114 beträgt	0,1 – höchstens 125,00 €

Unterabschnitt 2
Vollzug in besonderen Fällen

Vorbemerkung 2.2.1.2:

Die Gebühren dieses Unterabschnitts entstehen, wenn der Notar

1. keine Gebühr für ein Beurkundungsverfahren oder für die Fertigung eines Entwurfs erhalten hat, die das zu vollziehende Geschäft betrifft, oder
2. eine Vollzugstätigkeit unter Beteiligung eines ausländischen Gerichts oder einer ausländischen Behörde vornimmt.

22120	Vollzugsgebühr für die in Vorbemerkung 2.2.1.1 Abs. 1 Satz 2 genannten Tätigkeiten, wenn die Gebühr für ein die Urkunde betreffendes Beurkundungsverfahren 2,0 betragen würde	1,0
22121	Vollzugsgebühr für die in Vorbemerkung 2.2.1.1 Abs. 1 Satz 2 genannten Tätigkeiten, wenn die Gebühr für ein die Urkunde betreffendes Beurkundungsverfahren weniger als 2,0 betragen würde	0,5

Nr.	Gebührentatbestand	Gebühr oder Satz der Gebühr nach § 34 GNotKG – Tabelle B
22122	Überprüfung, ob die Urkunde bei Gericht eingereicht werden kann . . . . (1) Die Gebühr entsteht nicht neben einer der Gebühren 22120 und 22121. (2) Die Gebühr entsteht nicht für die Prüfung der Eintragungsfähigkeit in den Fällen des § 378 Abs. 3 FamFG und des § 15 Abs. 3 der Grundbuchordnung.	0,5
22123	Erledigung von Beanstandungen einschließlich des Beschwerdeverfahrens . . . . Die Gebühr entsteht nicht neben einer der Gebühren 22120 bis 22122.	0,5
22124	Die Tätigkeit beschränkt sich auf 1. die Übermittlung von Anträgen, Erklärungen oder Unterlagen an ein Gericht, eine Behörde oder einen Dritten oder die Stellung von Anträgen im Namen der Beteiligten, 2. die Prüfung der Eintragungsfähigkeit in den Fällen des § 378 Abs. 3 FamFG und des § 15 Abs. 3 der Grundbuchordnung . . . . (1) Die Gebühr entsteht nur, wenn nicht eine Gebühr nach den Nummern 22120 bis 22123 anfällt. (2) Die Gebühr nach Nummer 2 entsteht nicht neben der Gebühr 25100 oder 25101. (3) Die Gebühr entsteht auch, wenn Tätigkeiten nach Nummer 1 und nach Nummer 2 ausgeübt werden. In diesem Fall wird die Gebühr nur einmal erhoben.	20,00 €
22125	Erzeugung von strukturierten Daten in Form der Extensible Markup Language (XML) oder einem nach dem Stand der Technik vergleichbaren Format für eine automatisierte Weiterbearbeitung . . . . (1) Die Gebühr entsteht neben anderen Gebühren dieses Unterabschnitts gesondert. (2) Die Gebühr entsteht nicht neben der Gebühr 25101.	0,5 – höchstens 250,00 €
	Abschnitt 2 ***Betreuungstätigkeiten***	
22200	Betreuungsgebühr . . . . Die Betreuungsgebühr entsteht für die 1. Erteilung einer Bescheinigung über den Eintritt der Wirksamkeit von Verträgen, Erklärungen und Beschlüssen, 2. Prüfung und Mitteilung des Vorliegens von Fälligkeitsvoraussetzungen einer Leistung oder Teilleistung,	0,5

Nr.	Gebührentatbestand	Gebühr oder Satz der Gebühr nach § 34 GNotKG – Tabelle B
	3. Beachtung einer Auflage eines an dem Beurkundungsverfahren Beteiligten im Rahmen eines Treuhandauftrags, eine Urkunde oder Auszüge einer Urkunde nur unter bestimmten Bedingungen herauszugeben, wenn die Herausgabe nicht lediglich davon abhängt, dass ein Beteiligter der Herausgabe zustimmt, oder die Erklärung der Bewilligung nach § 19 der Grundbuchordnung aufgrund einer Vollmacht, wenn diese nur unter bestimmten Bedingungen abgegeben werden soll, 4. Prüfung und Beachtung der Auszahlungsvoraussetzungen von verwahrtem Geld und der Ablieferungsvoraussetzungen von verwahrten Wertpapieren und Kostbarkeiten, 5. Anzeige oder Anmeldung einer Tatsache, insbesondere einer Abtretung oder Verpfändung, an einen nicht an dem Beurkundungsverfahren Beteiligten zur Erzielung einer Rechtsfolge, wenn sich die Tätigkeit des Notars nicht darauf beschränkt, dem nicht am Beurkundungsverfahren Beteiligten die Urkunde oder eine Kopie oder eine Ausfertigung der Urkunde zu übermitteln, 6. Erteilung einer Bescheinigung über Veränderungen hinsichtlich der Personen der Gesellschafter oder des Umfangs ihrer Beteiligung (§ 40 Abs. 2 GmbHG), wenn Umstände außerhalb der Urkunde zu prüfen sind, und 7. Entgegennahme der für den Gläubiger bestimmten Ausfertigung einer Grundpfandrechtsbestellungsurkunde zur Herbeiführung der Bindungswirkung gemäß § 873 Abs. 2 BGB.	
22201	Treuhandgebühr .... Die Treuhandgebühr entsteht für die Beachtung von Auflagen durch einen nicht unmittelbar an dem Beurkundungsverfahren Beteiligten, eine Urkunde oder Auszüge einer Urkunde nur unter bestimmten Bedingungen herauszugeben. Die Gebühr entsteht für jeden Treuhandauftrag gesondert.	0,5

Hauptabschnitt 3
Sonstige notarielle Verfahren

Vorbemerkung 2.3:

Mit den Gebühren dieses Hauptabschnitts wird auch die Fertigung einer Niederschrift abgegolten. Nummer 23603 bleibt unberührt.

Nr.	Gebührentatbestand	Gebühr oder Satz der Gebühr nach § 34 GNotKG – Tabelle B

Abschnitt 1
Rückgabe eines Erbvertrags aus der notariellen Verwahrung

23100	Verfahrensgebühr .... Wenn derselbe Notar demnächst nach der Rückgabe eines Erbvertrags eine erneute Verfügung von Todes wegen desselben Erblassers beurkundet, wird die Gebühr auf die Gebühr für das Beurkundungsverfahren angerechnet. Bei einer Mehrheit von Erblassern erfolgt die Anrechnung nach Kopfteilen.	0,3

Abschnitt 2
Verlosung, Auslosung

23200	Verfahrensgebühr .... Die Gebühr entsteht auch, wenn der Notar Prüfungstätigkeiten übernimmt.	2,0
23201	Vorzeitige Beendigung des Verfahrens: Die Gebühr 23200 ermäßigt sich auf	0,5

Abschnitt 3
Eid, eidesstattliche Versicherung, Vernehmung von Zeugen und Sachverständigen

Vorbemerkung 2.3.3:

(1) Die Gebühren entstehen nur, wenn das in diesem Abschnitt genannte Verfahren oder Geschäft nicht Teil eines anderen Verfahrens oder Geschäfts ist.

(2) Wird mit der Niederschrift über die Abnahme der eidesstattlichen Versicherung zugleich ein Antrag an das Nachlassgericht beurkundet, wird mit der Gebühr 23300 insoweit auch das Beurkundungsverfahren abgegolten.

23300	Verfahren zur Abnahme von Eiden und eidesstattlichen Versicherungen	1,0
23301	Vorzeitige Beendigung des Verfahrens: Die Gebühr 23300 beträgt	0,3
23302	Vernehmung von Zeugen und Sachverständigen	1,0

Abschnitt 4
Wechsel- und Scheckprotest

Vorbemerkung 2.3.4:

Neben den Gebühren dieses Abschnitts werden die Gebühren 25300 und 26002 nicht erhoben.

23400	Verfahren über die Aufnahme eines Wechsel- und Scheckprotests .... Die Gebühr fällt auch dann an, wenn ohne Aufnahme des Protestes an den Notar gezahlt oder ihm die Zahlung nachgewiesen wird.	0,5

Nr.	Gebührentatbestand	Gebühr oder Satz der Gebühr nach § 34 GNotKG – Tabelle B
23401	Verfahren über die Aufnahme eines jeden Protests wegen Verweigerung der Ehrenannahme oder wegen unterbliebener Ehrenzahlung, wenn der Wechsel Notadressen enthält	0,3

Abschnitt 5
Vermögensverzeichnis und Siegelung

Vorbemerkung 2.3.5:

Neben den Gebühren dieses Abschnitts wird die Gebühr 26002 nicht erhoben.

23500	Verfahren über die Aufnahme eines Vermögensverzeichnisses einschließlich der Siegelung Die Gebühr entsteht nicht, wenn die Aufnahme des Vermögensverzeichnisses Teil eines beurkundeten Vertrags ist.	2,0
23501	Vorzeitige Beendigung des Verfahrens: Die Gebühr 23500 ermäßigt sich auf	0,5
23502	Mitwirkung als Urkundsperson bei der Aufnahme eines Vermögensverzeichnisses einschließlich der Siegelung	1,0
23503	Siegelung, die nicht mit den Gebühren 23500 oder 23502 abgegolten ist, und Entsiegelung	0,5

Abschnitt 6
Freiwillige Versteigerung von Grundstücken

Vorbemerkung 2.3.6:

Die Vorschriften dieses Abschnitts sind auf die freiwillige Versteigerung von Grundstücken und grundstücksgleichen Rechten durch den Notar zum Zwecke der Veräußerung oder Verpachtung anzuwenden.

23600	Verfahrensgebühr	0,5
23601	Aufnahme einer Schätzung	0,5
23602	Abhaltung eines Versteigerungstermins: für jeden Termin Der Versteigerungstermin gilt als abgehalten, wenn zur Abgabe von Geboten aufgefordert ist.	1,0
23603	Beurkundung des Zuschlags Die Beurkundung bleibt gebührenfrei, wenn sie in der Niederschrift über die Versteigerung erfolgt und wenn 1. der Meistbietende die Rechte aus dem Meistgebot oder der Veräußerer den Anspruch gegen den Ersteher abtritt oder	1,0

Nr.	Gebührentatbestand	Gebühr oder Satz der Gebühr nach § 34 GNotKG – Tabelle B
	2. der Meistbietende erklärt, für einen Dritten geboten zu haben, oder 3. ein Dritter den Erklärungen nach Nummer 2 beitritt. Das Gleiche gilt, wenn nach Maßgabe der Versteigerungsbedingungen für den Anspruch gegen den Ersteher die Bürgschaft übernommen oder eine sonstige Sicherheit bestellt und dies in dem Protokoll über die Versteigerung beurkundet wird.	
	Abschnitt 7 ***Versteigerung von beweglichen Sachen und von Rechten***	
23700	Verfahrensgebühr . . . . (1) Die Gebühr entsteht für die Versteigerung von beweglichen Sachen, von Früchten auf dem Halm oder von Holz auf dem Stamm sowie von Forderungen oder sonstigen Rechten. (2) Ein Betrag in Höhe der Kosten kann aus dem Erlös vorweg entnommen werden.	3,0
23701	Beendigung des Verfahrens vor Aufforderung zur Abgabe von Geboten: Die Gebühr 23700 ermäßigt sich auf	0,5
	Abschnitt 8 ***Vorbereitung der Zwangsvollstreckung***	
23800	Verfahren über die Vollstreckbarerklärung eines Anwaltsvergleichs nach § 796a ZPO	66,00 €
23801	Verfahren über die Vollstreckbarerklärung eines Schiedsspruchs mit vereinbartem Wortlaut (§ 1053 ZPO)	2,0
23802	Beendigung des gesamten Verfahrens durch Zurücknahme des Antrags: Die Gebühr 23801 ermäßigt sich auf	1,0
23803	Verfahren über die Erteilung einer vollstreckbaren Ausfertigung, wenn der Eintritt einer Tatsache oder einer Rechtsnachfolge zu prüfen ist (§§ 726 bis 729 ZPO) .	0,5
23804	Verfahren über den Antrag auf Erteilung einer weiteren vollstreckbaren Ausfertigung (§ 797 Abs. 3, § 733 ZPO) . . . . Die Gebühr wird für jede weitere vollstreckbare Ausfertigung gesondert erhoben.	22,00 €
23805	Verfahren über die Ausstellung einer Bestätigung nach § 1079 ZPO oder über die Ausstellung einer Bescheinigung nach § 1110 ZPO	22,00 €

Nr.	Gebührentatbestand	Gebühr oder Satz der Gebühr nach § 34 GNotKG – Tabelle B
23806	Verfahren über einen Antrag auf Vollstreckbarerklärung einer notariellen Urkunde nach § 55 Abs. 3 AVAG, nach § 35 Abs. 3 AUG, nach § 3 Abs. 4 IntErbRVG oder nach § 4 Abs. 4 IntGüRVG	264,00 €
23807	Beendigung des gesamten Verfahrens durch Zurücknahme des Antrags: Die Gebühr 23806 ermäßigt sich auf	99,00 €
23808	Verfahren über die Ausstellung einer Bescheinigung nach § 57 AVAG, § 27 IntErbRVG oder § 27 IntGüRVG oder für die Ausstellung des Formblatts oder der Bescheinigung nach § 71 Abs. 1 AUG	17,00 €

Abschnitt 9
Teilungssachen

Vorbemerkung 2.3.9:

(1) Dieser Abschnitt gilt für Teilungssachen zur Vermittlung der Auseinandersetzung des Nachlasses und des Gesamtguts einer Gütergemeinschaft nach Beendigung der ehelichen, lebenspartnerschaftlichen oder fortgesetzten Gütergemeinschaft (§ 342 Abs. 2 Nr. 1 FamFG).

(2) Neben den Gebühren dieses Abschnitts werden gesonderte Gebühren erhoben für

1. die Aufnahme von Vermögensverzeichnissen und Schätzungen,
2. Versteigerungen und
3. das Beurkundungsverfahren, jedoch nur, wenn Gegenstand ein Vertrag ist, der mit einem Dritten zum Zweck der Auseinandersetzung geschlossen wird.

23900	Verfahrensgebühr	6,0
23901	Soweit das Verfahren vor Eintritt in die Verhandlung durch Zurücknahme oder auf andere Weise endet, ermäßigt sich die Gebühr 23900 auf	1,5
23902	Soweit der Notar das Verfahren vor Eintritt in die Verhandlung wegen Unzuständigkeit an einen anderen Notar verweist, ermäßigt sich die Gebühr 23900 auf .	1,5 – höchstens 100,00 €
23903	Das Verfahren wird nach Eintritt in die Verhandlung 1. ohne Bestätigung der Auseinandersetzung abgeschlossen oder 2. wegen einer Vereinbarung der Beteiligten über die Zuständigkeit an einen anderen Notar verwiesen: Die Gebühr 23900 ermäßigt sich auf	3,0

Nr.	Gebührentatbestand	Gebühr oder Satz der Gebühr nach § 34 GNotKG – Tabelle B

Hauptabschnitt 4
Entwurf und Beratung

Abschnitt 1
Entwurf

Vorbemerkung 2.4.1:

(1) Gebühren nach diesem Abschnitt entstehen, wenn außerhalb eines Beurkundungsverfahrens ein Entwurf für ein bestimmtes Rechtsgeschäft oder eine bestimmte Erklärung im Auftrag eines Beteiligten gefertigt worden ist. Sie entstehen jedoch nicht in den Fällen der Vorbemerkung 2.2 Abs. 2.

(2) Beglaubigt der Notar, der den Entwurf gefertigt hat, demnächst unter dem Entwurf eine oder mehrere Unterschriften oder Handzeichen, entstehen für die erstmaligen Beglaubigungen, die an ein und demselben Tag erfolgen, keine Gebühren.

(3) Gebühren nach diesem Abschnitt entstehen auch, wenn der Notar keinen Entwurf gefertigt, aber einen ihm vorgelegten Entwurf überprüft, geändert oder ergänzt hat. Dies gilt nicht für die Prüfung der Eintragungsfähigkeit in den Fällen des § 378 Abs. 3 FamFG und des § 15 Abs. 3 der Grundbuchordnung.

(4) Durch die Gebühren dieses Abschnitts werden auch abgegolten

1. die Übermittlung von Anträgen und Erklärungen an ein Gericht oder eine Behörde,
2. die Stellung von Anträgen im Namen der Beteiligten bei einem Gericht oder einer Behörde und
3. die Erledigung von Beanstandungen einschließlich des Beschwerdeverfahrens.

(5) Gebühren nach diesem Abschnitt entstehen auch für die Fertigung eines Entwurfs zur beabsichtigten Verwendung für mehrere gleichartige Rechtsgeschäfte oder Erklärungen (Serienentwurf). Absatz 3 gilt entsprechend.

(6) Wenn der Notar demnächst nach Fertigung eines Entwurfs auf der Grundlage dieses Entwurfs ein Beurkundungsverfahren durchführt, wird eine Gebühr nach diesem Abschnitt auf die Gebühr für das Beurkundungsverfahren angerechnet.

(7) Der Notar ist berechtigt, dem Auftraggeber die Gebühren für die Fertigung eines Serienentwurfs bis zu einem Jahr nach Fälligkeit zu stunden.

24100	Fertigung eines Entwurfs, wenn die Gebühr für das Beurkundungsverfahren 2,0 betragen würde	0,5 bis 2,0 – mindestens 120,00 €
24101	Fertigung eines Entwurfs, wenn die Gebühr für das Beurkundungsverfahren 1,0 betragen würde	0,3 bis 1,0 – mindestens 60,00 €
24102	Fertigung eines Entwurfs, wenn die Gebühr für das Beurkundungsverfahren 0,5 betragen würde	0,3 bis 0,5 – mindestens 30,00 €

Nr.	Gebührentatbestand	Gebühr oder Satz der Gebühr nach § 34 GNotKG – Tabelle B
24103	Auf der Grundlage eines von demselben Notar gefertigten Serienentwurfs finden Beurkundungsverfahren statt: Die Gebühren dieses Abschnitts ermäßigen sich jeweils um	die Gebühr für das Beurkundungsverfahren

Abschnitt 2
Beratung

Nr.	Gebührentatbestand	Gebühr oder Satz der Gebühr nach § 34 GNotKG – Tabelle B
24200	Beratungsgebühr .... (1) Die Gebühr entsteht für eine Beratung, soweit der Beratungsgegenstand nicht Gegenstand eines anderen gebührenpflichtigen Verfahrens oder Geschäfts ist. (2) Soweit derselbe Gegenstand demnächst Gegenstand eines anderen gebührenpflichtigen Verfahrens oder Geschäfts ist, ist die Beratungsgebühr auf die Gebühr für das andere Verfahren oder Geschäft anzurechnen.	0,3 bis 1,0
24201	Der Beratungsgegenstand könnte auch Beurkundungsgegenstand sein und die Beurkundungsgebühr würde 1,0 betragen: Die Gebühr 24200 beträgt	0,3 bis 0,5
24202	Der Beratungsgegenstand könnte auch Beurkundungsgegenstand sein und die Beurkundungsgebühr würde weniger als 1,0 betragen: Die Gebühr 24200 beträgt	0,3
24203	Beratung bei der Vorbereitung oder Durchführung einer Hauptversammlung oder Gesellschafterversammlung .... Die Gebühr entsteht, soweit der Notar die Gesellschaft über die im Rahmen eines Beurkundungsverfahrens bestehenden Amtspflichten hinaus berät.	0,5 bis 2,0

Hauptabschnitt 5
Sonstige Geschäfte

Abschnitt 1
Beglaubigungen und sonstige Zeugnisse (§§ 39, 39a des Beurkundungsgesetzes)

Nr.	Gebührentatbestand	Gebühr oder Satz der Gebühr nach § 34 GNotKG – Tabelle B
25100	Beglaubigung einer Unterschrift oder eines Handzeichens .... (1) Die Gebühr entsteht nicht in den in Vorbemerkung 2.4.1 Abs. 2 genannten Fällen.	0,2 – mindestens 20,00 €, höchstens 70,00 €

Nr.	Gebührentatbestand	Gebühr oder Satz der Gebühr nach § 34 GNotKG – Tabelle B
	(2) Mit der Gebühr ist die Beglaubigung mehrerer Unterschriften oder Handzeichen abgegolten, wenn diese in einem einzigen Vermerk erfolgt.	
25101	Die Erklärung, unter der die Beglaubigung von Unterschriften oder Handzeichen erfolgt, betrifft 1. eine Erklärung, für die nach den Staatsschuldbuchgesetzen eine öffentliche Beglaubigung vorgeschrieben ist, 2. eine Zustimmung gemäß § 27 der Grundbuchordnung sowie einen damit verbundenen Löschungsantrag gemäß § 13 der Grundbuchordnung, 3. den Nachweis der Verwaltereigenschaft gemäß § 26 Abs. 4 WEG: Die Gebühr 25100 beträgt	20,00 €
25102	Beglaubigung von Dokumenten .... (1) Neben der Gebühr wird keine Dokumentenpauschale erhoben. (2) Die Gebühr wird nicht erhoben für die Erteilung 1. beglaubigter Kopien oder Ausdrucke der vom Notar aufgenommenen oder entworfenen oder in Urschrift in seiner dauernden Verwahrung befindlichen Urkunden und 2. beglaubigter Kopien vorgelegter Vollmachten und Ausweise über die Berechtigung eines gesetzlichen Vertreters, die der vom Notar gefertigten Niederschrift beizulegen sind (§ 12 des Beurkundungsgesetzes). (3) Einer Kopie im Sinne des Absatzes 2 steht ein in ein elektronisches Dokument übertragenes Schriftstück gleich.	1,00 € für jede angefangene Seite – mindestens 10,00 €
25103	Sicherstellung der Zeit, zu der eine Privaturkunde ausgestellt ist, einschließlich der über die Vorlegung ausgestellten Bescheinigung	20,00 €
25104	Erteilung von Bescheinigungen über Tatsachen oder Verhältnisse, die urkundlich nachgewiesen oder offenkundig sind, einschließlich der Identitätsfeststellung, wenn sie über die §§ 10 und 40 Abs. 4 des Beurkundungsgesetzes hinaus selbständige Bedeutung hat . . Die Gebühr entsteht nicht, wenn die Erteilung der Bescheinigung eine Betreuungstätigkeit nach Nummer 22200 darstellt.	1,0

Nr.	Gebührentatbestand	Gebühr oder Satz der Gebühr nach § 34 GNotKG – Tabelle B
	Abschnitt 2 ***Andere Bescheinigungen und sonstige Geschäfte***	
25200	Erteilung einer Bescheinigung nach § 21 Abs. 1 BNotO 15,00 € für jedes Registerblatt, dessen Einsicht zur Erteilung erforderlich ist	
25201	Rangbescheinigung (§ 122 GNotKG)	0,3
25202	Herstellung eines Teilhypotheken-, -grundschuld- oder -rentenschuldbriefs	0,3
25203	Erteilung einer Bescheinigung über das im Inland oder im Ausland geltende Recht einschließlich von Tatsachen	0,3 bis 1,0
25204	Abgabe einer Erklärung aufgrund einer Vollmacht anstelle einer in öffentlich beglaubigter Form durch die Beteiligten abzugebenden Erklärung Die Gebühr entsteht nicht, wenn für die Tätigkeit eine Betreuungsgebühr anfällt.	in Höhe der für die Fertigung des Entwurfs der Erklärung zu erhebenden Gebühr
25205	Tätigkeit als zu einer Beurkundung zugezogener zweiter Notar (1) Daneben wird die Gebühr 26002 oder 26003 nicht erhoben. (2) Der zuziehende Notar teilt dem zugezogenen Notar die Höhe der von ihm zu erhebenden Gebühr für das Beurkundungsverfahren mit.	in Höhe von 50 % der dem beurkundenden Notar zustehenden Gebühr für das Beurkundungsverfahren
25206	Gründungsprüfung gemäß § 33 Abs. 3 des Aktiengesetzes	1,0 – mindestens 1 000,00 €
25207	Erwirkung der Apostille oder der Legalisation einschließlich der Beglaubigung durch den Präsidenten des Landgerichts	25,00 €
25208	Erwirkung der Legalisation, wenn weitere Beglaubigungen notwendig sind: Die Gebühr 25207 beträgt	50,00 €
25209	Einsicht in das Grundbuch, in öffentliche Register und Akten einschließlich der Mitteilung des Inhalts an den Beteiligten Die Gebühr entsteht nur, wenn die Tätigkeit nicht mit einem gebührenpflichtigen Verfahren oder Geschäft zusammenhängt.	15,00 €

Nr.	Gebührentatbestand	Gebühr oder Satz der Gebühr nach § 34 GNotKG – Tabelle B
	Erteilung von Abdrucken aus einem Register oder aus dem Grundbuch auf Antrag oder deren beantragte Ergänzung oder Bestätigung:	
25210	– Abdruck	10,00 €
25211	– beglaubigter Abdruck .... Neben den Gebühren 25210 und 25211 wird keine Dokumentenpauschale erhoben.	15,00 €
	Anstelle eines Abdrucks wird in den Fällen der Nummern 25210 und 25211 die elektronische Übermittlung einer Datei beantragt:	
25212	– unbeglaubigte Datei	5,00 €
25213	– beglaubigte Datei .... Werden zwei elektronische Dateien gleichen Inhalts in unterschiedlichen Dateiformaten gleichzeitig übermittelt, wird die Gebühr 25212 oder 25213 nur einmal erhoben. Sind beide Gebührentatbestände erfüllt, wird die höhere Gebühr erhoben.	10,00 €
25214	Erteilung einer Bescheinigung nach § 21 Abs. 3 BNotO	15,00 €

Abschnitt 3
Verwahrung von Geld, Wertpapieren und Kostbarkeiten

Vorbemerkung 2.5.3:

(1) Die Gebühren dieses Abschnitts entstehen neben Gebühren für Betreuungstätigkeiten gesondert.

(2) § 35 Abs. 2 GNotKG und Nummer 32013 sind nicht anzuwenden.

25300	Verwahrung von Geldbeträgen: je Auszahlung .... Der Notar kann die Gebühr bei der Ablieferung an den Auftraggeber entnehmen.	1,0 – soweit der Betrag 13 Mio. € übersteigt: 0,1 % des Auszahlungsbetrags
25301	Entgegennahme von Wertpapieren und Kostbarkeiten zur Verwahrung .... Durch die Gebühr wird die Verwahrung mit abgegolten.	1,0 – soweit der Wert 13 Mio. € übersteigt: 0,1 % des Werts

Nr.	Gebührentatbestand	Gebühr oder Satz der Gebühr nach § 34 GNotKG – Tabelle B
	Hauptabschnitt 6 **Zusatzgebühren**	
26000	Tätigkeiten, die auf Verlangen der Beteiligten an Sonntagen und allgemeinen Feiertagen, an Sonnabenden vor 8 und nach 13 Uhr sowie an den übrigen Werktagen außerhalb der Zeit von 8 bis 18 Uhr vorgenommen werden . . . . (1) Treffen mehrere der genannten Voraussetzungen zu, so wird die Gebühr nur einmal erhoben. (2) Die Gebühr fällt nur an, wenn bei den einzelnen Geschäften nichts anderes bestimmt ist.	in Höhe von 30 % der für das Verfahren oder das Geschäft zu erhebenden Gebühr – höchstens 30,00 €
26001	Abgabe der zu beurkundenden Erklärung eines Beteiligten in einer fremden Sprache ohne Hinzuziehung eines Dolmetschers sowie Beurkundung, Beglaubigung oder Bescheinigung in einer fremden Sprache oder Übersetzung einer Erklärung in eine andere Sprache . Mit der Gebühr ist auch die Erteilung einer Bescheinigung gemäß § 50 des Beurkundungsgesetzes abgegolten.	in Höhe von 30 % der für das Beurkundungsverfahren, für eine Beglaubigung oder Bescheinigung zu erhebenden Gebühr – höchstens 5 000,00 €
26002	Die Tätigkeit wird auf Verlangen eines Beteiligten außerhalb der Geschäftsstelle des Notars vorgenommen: Zusatzgebühr für jede angefangene halbe Stunde der Abwesenheit, wenn nicht die Gebühr 26003 entsteht . (1) Nimmt der Notar mehrere Geschäfte vor, so entsteht die Gebühr nur einmal. Sie ist auf die einzelnen Geschäfte unter Berücksichtigung der für jedes Geschäft aufgewandten Zeit angemessen zu verteilen. (2) Die Zusatzgebühr wird auch dann erhoben, wenn ein Geschäft aus einem in der Person eines Beteiligten liegenden Grund nicht vorgenommen wird. (3) Neben dieser Gebühr wird kein Tages- und Abwesenheitsgeld (Nummer 32008) erhoben.	50,00 €
26003	Die Tätigkeit wird auf Verlangen eines Beteiligten außerhalb der Geschäftsstelle des Notars vorgenommen und betrifft ausschließlich 1. die Errichtung, Aufhebung oder Änderung einer Verfügung von Todes wegen, 2. die Errichtung, den Widerruf oder die Änderung einer Vollmacht, die zur Registrierung im Zentralen Vorsorgeregister geeignet ist,	

Nr.	Gebührentatbestand	Gebühr oder Satz der Gebühr nach § 34 GNotKG – Tabelle B
	3. die Abgabe einer Erklärung gemäß § 1897 Abs. 4 BGB oder 4. eine Willensäußerung eines Beteiligten hinsichtlich seiner medizinischen Behandlung oder deren Abbruch: Zusatzgebühr	50,00 €
	Die Gebühr entsteht für jeden Auftraggeber nur einmal. Im Übrigen gelten die Absätze 2 und 3 der Anmerkung zu Nummer 26002 entsprechend.	

Teil 3:

Auslagen

Nr.	Auslagentatbestand	Höhe

Vorbemerkung 3:

Sind Auslagen durch verschiedene Rechtssachen veranlasst, werden sie auf die Rechtssachen angemessen verteilt. Dies gilt auch, wenn die Auslagen durch Notar- und Rechtsanwaltsgeschäfte veranlasst sind.

Hauptabschnitt 1
Auslagen der Gerichte

Vorbemerkung 3.1:

(1) Auslagen, die durch eine für begründet befundene Beschwerde entstanden sind, werden nicht erhoben, soweit das Beschwerdeverfahren gebührenfrei ist; dies gilt jedoch nicht, soweit das Beschwerdegericht die Kosten dem Gegner des Beschwerdeführers auferlegt hat.

(2) In Betreuungssachen werden von dem Betroffenen Auslagen nur unter den in Vorbemerkung 1.1 Abs. 1 genannten Voraussetzungen erhoben. Satz 1 gilt nicht für die Auslagen 31015.

Nr.	Auslagentatbestand	Höhe
31000	Pauschale für die Herstellung und Überlassung von Dokumenten: 1. Ausfertigungen, Kopien und Ausdrucke bis zur Größe von DIN A3, die a) auf Antrag angefertigt oder auf Antrag per Telefax übermittelt worden sind oder b) angefertigt worden sind, weil zu den Akten gegebene Urkunden, von denen eine Kopie zurückbehalten werden muss, zurückgefordert werden; in diesem Fall wird die bei den Akten zurückbehaltene Kopie gebührenfrei beglaubigt:	

Nr.	Auslagentatbestand	Höhe
	für die ersten 50 Seiten je Seite	0,50 €
	für jede weitere Seite	0,15 €
	für die ersten 50 Seiten in Farbe je Seite ...	1,00 €
	für jede weitere Seite in Farbe	0,30 €
	2. Entgelte für die Herstellung und Überlassung der in Nummer 1 genannten Kopien oder Ausdrucke in einer Größe von mehr als DIN A3	in voller Höhe
	oder pauschal je Seite	3,00 €
	oder pauschal je Seite in Farbe	6,00 €
	3. Überlassung von elektronisch gespeicherten Dateien oder deren Bereitstellung zum Abruf anstelle der in den Nummern 1 und 2 genannten Ausfertigungen, Kopien und Ausdrucke:	
	je Datei	1,50 €
	für die in einem Arbeitsgang überlassenen, bereitgestellten oder in einem Arbeitsgang auf denselben Datenträger übertragenen Dokumente insgesamt höchstens	5,00 €
	(1) Die Höhe der Dokumentenpauschale nach Nummer 1 ist in gerichtlichen Verfahren in jedem Rechtszug, bei Dauerbetreuungen und -pflegschaften in jedem Kalenderjahr und für jeden Kostenschuldner nach § 26 Abs. 1 GNotKG gesondert zu berechnen. Gesamtschuldner gelten als ein Schuldner.	
	(2) Werden zum Zweck der Überlassung von elektronisch gespeicherten Dateien Dokumente zuvor auf Antrag von der Papierform in die elektronische Form übertragen, beträgt die Dokumentenpauschale nach Nummer 3 nicht weniger, als die Dokumentenpauschale im Fall der Nummer 1 für eine Schwarz-Weiß-Kopie ohne Rücksicht auf die Größe betragen würde.	
	(3) Frei von der Dokumentenpauschale sind für jeden Beteiligten und seinen bevollmächtigten Vertreter jeweils	
	1. bei Beurkundungen von Verträgen zwei Ausfertigungen, Kopien oder Ausdrucke, bei sonstigen Beurkundungen eine Ausfertigung, eine Kopie oder ein Ausdruck,	
	2. eine vollständige Ausfertigung oder Kopie oder ein vollständiger Ausdruck jeder gerichtlichen Entscheidung und jedes vor Gericht abgeschlossenen Vergleichs,	
	3. eine Ausfertigung ohne Begründung und	
	4. eine Kopie oder ein Ausdruck jeder Niederschrift über eine Sitzung.	
	(4) § 191a Abs. 1 Satz 5 GVG bleibt unberührt.	

Nr.	Auslagentatbestand	Höhe
	(5) Bei der Gewährung der Einsicht in Akten wird eine Dokumentenpauschale nur erhoben, wenn auf besonderen Antrag ein Ausdruck einer elektronischen Akte oder ein Datenträger mit dem Inhalt einer elektronischen Akte übermittelt wird.	
31001	Auslagen für Telegramme	in voller Höhe
31002	Pauschale für Zustellungen mit Zustellungsurkunde, Einschreiben gegen Rückschein oder durch Justizbedienstete nach § 168 Abs. 1 ZPO je Zustellung	3,50 €
	Neben Gebühren, die sich nach dem Geschäftswert richten, wird die Zustellungspauschale nur erhoben, soweit in einem Rechtszug mehr als 10 Zustellungen anfallen.	
31003	Pauschale für die bei der Versendung von Akten auf Antrag anfallenden Auslagen an Transport- und Verpackungskosten je Sendung	12,00 €
	Die Hin- und Rücksendung der Akten durch Gerichte gelten zusammen als eine Sendung.	
31004	Auslagen für öffentliche Bekanntmachungen	in voller Höhe
	Auslagen werden nicht erhoben für die Bekanntmachung in einem elektronischen Informations- und Kommunikationssystem, wenn das Entgelt nicht für den Einzelfall oder nicht für ein einzelnes Verfahren berechnet wird.	
31005	Nach dem JVEG zu zahlende Beträge	in voller Höhe
	(1) Die Beträge werden auch erhoben, wenn aus Gründen der Gegenseitigkeit, der Verwaltungsvereinfachung oder aus vergleichbaren Gründen keine Zahlungen zu leisten sind. Ist aufgrund des § 1 Abs. 2 Satz 2 JVEG keine Vergütung zu zahlen, ist der Betrag zu erheben, der ohne diese Vorschrift zu zahlen wäre.	
	(2) Nicht erhoben werden Beträge, die an ehrenamtliche Richter (§ 1 Abs. 1 Satz 1 Nr. 2 JVEG), an Übersetzer, die zur Erfüllung der Rechte blinder oder sehbehinderter Personen herangezogen werden (§ 191a Abs. 1 GVG), und an Kommunikationshilfen zur Verständigung mit einer hör- oder sprachbehinderten Person (§ 186 GVG) gezahlt werden.	
31006	Bei Geschäften außerhalb der Gerichtsstelle	
	1. die den Gerichtspersonen aufgrund gesetzlicher Vorschriften gewährte Vergütung (Reisekosten, Auslagenersatz) und die Auslagen für die Bereitstellung von Räumen	in voller Höhe
	2. für den Einsatz von Dienstkraftfahrzeugen für jeden gefahrenen Kilometer	0,42 €
31007	An Rechtsanwälte zu zahlende Beträge mit Ausnahme der nach § 59 RVG auf die Staatskasse übergegangenen Ansprüche	in voller Höhe

Nr.	Auslagentatbestand	Höhe
31008	Auslagen für	
	1. die Beförderung von Personen	in voller Höhe
	2. Zahlungen an mittellose Personen für die Reise zum Ort einer Verhandlung oder Anhörung sowie für die Rückreise	bis zur Höhe der nach dem JVEG an Zeugen zu zahlenden Beträge
31009	An Dritte zu zahlende Beträge für	
	1. die Beförderung von Tieren und Sachen mit Ausnahme der für Postdienstleistungen zu zahlenden Entgelte, die Verwahrung von Tieren und Sachen sowie die Fütterung von Tieren	in voller Höhe
	2. die Durchsuchung oder Untersuchung von Räumen und Sachen einschließlich der die Durchsuchung oder Untersuchung vorbereitenden Maßnahmen	in voller Höhe
31010	Kosten einer Zwangshaft .... Maßgebend ist die Höhe des Haftkostenbeitrags, der nach Landesrecht von einem Gefangenen zu erheben ist.	in Höhe des Haftkostenbeitrags
31011	Kosten einer Ordnungshaft .... Maßgebend ist die Höhe des Haftkostenbeitrags, der nach Landesrecht von einem Gefangenen zu erheben ist. Diese Kosten werden nur angesetzt, wenn der Haftkostenbeitrag auch von einem Gefangenen im Strafvollzug zu erheben wäre.	in Höhe des Haftkostenbeitrags
31012	Nach dem Auslandskostengesetz zu zahlende Beträge	in voller Höhe
	Fassung ab dem 1.10.2021:[1]	
31012	*Nach § 12 BGebG, dem 5. Abschnitt des Konsulargesetzes und der Besonderen Gebührenverordnung des Auswärtigen Amts nach § 22 Abs. 4 BGebG zu zahlende Beträge*	*in voller Höhe*
31013	An deutsche Behörden für die Erfüllung von deren eigenen Aufgaben zu zahlende Gebühren sowie diejenigen Beträge, die diesen Behörden, öffentlichen Einrichtungen oder deren Bediensteten als Ersatz für Auslagen der in den Nummern 31000 bis 31012 bezeichneten Art zustehen .... Die als Ersatz für Auslagen angefallenen Beträge werden auch erhoben, wenn aus Gründen der Gegenseitigkeit, der Verwaltungsvereinfachung oder aus vergleichbaren Gründen keine Zahlungen zu leisten sind.	in voller Höhe, die Auslagen begrenzt durch die Höchstsätze für die Auslagen 31000 bis 31012

GNotKG Notar
GNotKG Gericht
Schnellübersichten
Text §§ GNotKG-KV

1 Fassung nach Artikel 4 des Gesetzes zur Aktualisierung der Strukturreform des Gebührenrechts des Bundes vom 18.7.2016, BGBl. I S. 1666.

Nr.	Auslagentatbestand	Höhe
31014	Beträge, die ausländischen Behörden, Einrichtungen oder Personen im Ausland zustehen, sowie Kosten des Rechtshilfeverkehrs mit dem Ausland .... Die Beträge werden auch erhoben, wenn aus Gründen der Gegenseitigkeit, der Verwaltungsvereinfachung oder aus vergleichbaren Gründen keine Zahlungen zu leisten sind.	in voller Höhe
31015	An den Verfahrenspfleger zu zahlende Beträge ..... Die Beträge werden von dem Betroffenen nur nach Maßgabe des § 1836c BGB erhoben.	in voller Höhe
31016	Pauschale für die Inanspruchnahme von Videokonferenzverbindungen: je Verfahren für jede angefangene halbe Stunde	15,00 €
31017	Umsatzsteuer auf die Kosten .... Dies gilt nicht, wenn die Umsatzsteuer nach § 19 Abs. 1 UStG unerhoben bleibt.	in voller Höhe

Hauptabschnitt 2
Auslagen der Notare

Vorbemerkung 3.2:

(1) Mit den Gebühren werden auch die allgemeinen Geschäftskosten entgolten.

(2) Eine Geschäftsreise liegt vor, wenn das Reiseziel außerhalb der Gemeinde liegt, in der sich der Amtssitz oder die Wohnung des Notars befindet.

Nr.	Auslagentatbestand	Höhe
32000	Pauschale für die Herstellung und Überlassung von Ausfertigungen, Kopien und Ausdrucken (Dokumentenpauschale) bis zur Größe von DIN A3, die auf besonderen Antrag angefertigt oder per Telefax übermittelt worden sind:	
	für die ersten 50 Seiten je Seite	0,50 €
	für jede weitere Seite	0,15 €
	für die ersten 50 Seiten in Farbe je Seite	1,00 €
	für jede weitere Seite in Farbe	0,30 €
	Dieser Auslagentatbestand gilt nicht für die Fälle der Nummer 32001 Nr. 2 und 3.	
32001	Dokumentenpauschale für Ausfertigungen, Kopien und Ausdrucke bis zur Größe von DIN A3, die 1. ohne besonderen Antrag von eigenen Niederschriften, eigenen Entwürfen und von Urkunden, auf denen der Notar eine Unterschrift beglaubigt hat, angefertigt oder per Telefax übermittelt worden sind; dies gilt nur, wenn die Dokumente nicht beim Notar verbleiben; 2. in einem Beurkundungsverfahren auf besonderen Antrag angefertigt oder per Telefax übermittelt	

Nr.	Auslagentatbestand	Höhe
	worden sind; dies gilt nur, wenn der Antrag spätestens bei der Aufnahme der Niederschrift gestellt wird;	
	3. bei einem Auftrag zur Erstellung eines Entwurfs auf besonderen Antrag angefertigt oder per Telefax übermittelt worden sind; dies gilt nur, wenn der Antrag spätestens am Tag vor der Versendung des Entwurfs gestellt wird: je Seite .... je Seite in Farbe	 0,15 € 0,30 €
32002	Dokumentenpauschale für die Überlassung von elektronisch gespeicherten Dateien oder deren Bereitstellung zum Abruf anstelle der in den Nummern 32000 und 32001 genannten Dokumente ohne Rücksicht auf die Größe der Vorlage: je Datei	 1,50 €
	für die in einem Arbeitsgang überlassenen, bereitgestellten oder in einem Arbeitsgang auf denselben Datenträger übertragenen Dokumente insgesamt höchstens	5,00 €
	Werden zum Zweck der Überlassung von elektronisch gespeicherten Dateien Dokumente zuvor auf Antrag von der Papierform in die elektronische Form übertragen, beträgt die Dokumentenpauschale nicht weniger, als die Dokumentenpauschale im Fall der Nummer 32000 für eine Schwarz-Weiß-Kopie betragen würde.	
32003	Entgelte für die Herstellung von Kopien oder Ausdrucken der in den Nummern 32000 und 32001 genannten Art in einer Größe von mehr als DIN A3 .... oder pauschal je Seite .... oder pauschal je Seite in Farbe	in voller Höhe 3,00 € 6,00 €
32004	Entgelte für Post- und Telekommunikationsdienstleistungen	in voller Höhe
	(1) Für die durch die Geltendmachung der Kosten entstehenden Entgelte kann kein Ersatz verlangt werden. (2) Für Zustellungen mit Zustellungsurkunde und für Einschreiben gegen Rückschein ist der in Nummer 31002 bestimmte Betrag anzusetzen.	
32005	Pauschale für Entgelte für Post- und Telekommunikationsdienstleistungen	20 % der Gebühren – höchstens 20,00 €
	Die Pauschale kann in jedem notariellen Verfahren und bei sonstigen notariellen Geschäften anstelle der tatsächlichen Auslagen nach Nummer 32004 gefordert werden. Ein notarielles Geschäft und der sich hieran anschließende Vollzug sowie	

Nr.	Auslagentatbestand	Höhe
	sich hieran anschließende Betreuungstätigkeiten gelten insoweit zusammen als ein Geschäft.	
32006	Fahrtkosten für eine Geschäftsreise bei Benutzung eines eigenen Kraftfahrzeugs für jeden gefahrenen Kilometer . . .	0,42 €
	Mit den Fahrtkosten sind die Anschaffungs-, Unterhaltungs- und Betriebskosten sowie die Abnutzung des Kraftfahrzeugs abgegolten.	
32007	Fahrtkosten für eine Geschäftsreise bei Benutzung eines anderen Verkehrsmittels, soweit sie angemessen sind . . .	in voller Höhe
32008	Tage- und Abwesenheitsgeld bei einer Geschäftsreise	
	1. von nicht mehr als 4 Stunden . . .	30,00 €
	2. von mehr als 4 bis 8 Stunden . . .	50,00 €
	3. von mehr als 8 Stunden . . .	80,00 €
	Das Tage- und Abwesenheitsgeld wird nicht neben der Gebühr 26002 oder 26003 erhoben.	
32009	Sonstige Auslagen anlässlich einer Geschäftsreise, soweit sie angemessen sind . . .	in voller Höhe
32010	An Dolmetscher, Übersetzer und Urkundszeugen zu zahlende Vergütungen sowie Kosten eines zugezogenen zweiten Notars . . .	in voller Höhe
32011	Nach dem JVKostG für den Abruf von Daten im automatisierten Abrufverfahren zu zahlende Beträge . . .	in voller Höhe
32012	Im Einzelfall gezahlte Prämie für eine Haftpflichtversicherung für Vermögensschäden, wenn die Versicherung auf schriftliches Verlangen eines Beteiligten abgeschlossen wird . . .	in voller Höhe
32013	Im Einzelfall gezahlte Prämie für eine Haftpflichtversicherung für Vermögensschäden, soweit die Prämie auf Haftungsbeträge von mehr als 60 Mio. € entfällt und wenn nicht Nummer 32012 erfüllt ist . . .	in voller Höhe
	Soweit sich aus der Rechnung des Versicherers nichts anderes ergibt, ist von der Gesamtprämie der Betrag zu erstatten, der sich aus dem Verhältnis der 60 Mio. € übersteigenden Versicherungssumme zu der Gesamtversicherungssumme ergibt.	
32014	Umsatzsteuer auf die Kosten . . .	in voller Höhe
	Dies gilt nicht, wenn die Umsatzsteuer nach § 19 Abs. 1 UStG unerhoben bleibt.	

Nr.	Auslagentatbestand	Höhe
32015	Sonstige Aufwendungen . . . . Sonstige Aufwendungen sind solche, die der Notar aufgrund eines ausdrücklichen Auftrags und für Rechnung eines Beteiligten erbringt. Solche Aufwendungen sind insbesondere verauslagte Gerichtskosten und Gebühren in Angelegenheiten des Zentralen Vorsorge- oder Testamentsregisters. *Fassung ab dem 1.1.2022:*[2] *Sonstige Aufwendungen sind solche, die der Notar aufgrund eines ausdrücklichen Auftrags und für Rechnung eines Beteiligten erbringt. Solche Aufwendungen sind insbesondere verauslagte Gerichtskosten und Gebühren in Angelegenheiten des Zentralen Vorsorge- oder Testamentsregisters sowie des Elektronischen Urkundenarchivs.*	in voller Höhe

2 Fassung nach Artikel 6 des Gesetzes zur Neuordnung der Aufbewahrung von Notariatsunterlagen und zur Einrichtung des Elektronischen Urkundenarchivs bei der Bundesnotarkammer sowie zur Änderung weiterer Gesetze vom 1.6.2017, BGBl. I S. 1396.

21. Gebührentabelle nach § 34 GNotKG (Tabelle B)

Hinweise:

1. Die Tabelle B ist anzuwenden, wenn im Kostenverzeichnis deren Anwendung in der Überschrift der rechten Spalte vorgeschrieben wird (Gebühr oder Satz der Gebühr nach § 34 GNotKG).
2. Der Geschäftswert bei Anwendung der Tabelle B beträgt höchstens 60 Mio. €, wenn kein niedrigerer Höchstwert bestimmt ist (§ 35 Abs. 2 GNotKG).
3. Die Gebührentabelle B gilt auch für die Verwahrungsgebühren KV GNotKG Nrn. 25300 und Nr. 25301 (siehe S. 637 ff.), jedoch nur bis zu einem Wert von 13 Mio. €. Bei Werten von mehr als 13 Mio. € betragen die Verwahrungsgebühren 0,1% des Werts. Der Höchstgeschäftswert von 60 Mio. € gilt nicht für die Verwahrungsgebühren (Vorbem. KV GNotKG 2.5.3 Abs. 2).

Gebührentabelle nach § 34 GNotKG (Tabelle B)

Wert bis … €	0,1	0,2	0,3	0,5	0,6	1,0	1,3	1,5	2,0	3,0
500	15,00*	15,00*	15,00*	15,00*	15,00*	15,00*	19,50	22,50	30,00	45,00
1.000	15,00*	15,00*	15,00*	15,00*	15,00*	19,00	24,70	28,50	38,00	57,00
1.500	15,00*	15,00*	15,00*	15,00*	15,00*	23,00	29,90	34,50	46,00	69,00
2.000	15,00*	15,00*	15,00*	15,00*	16,20	27,00	35,10	40,50	54,00	81,00
3.000	15,00*	15,00*	15,00*	16,50	19,80	33,00	42,90	49,50	66,00	99,00
4.000	15,00*	15,00*	15,00*	19,50	23,40	39,00	50,70	58,50	78,00	117,00
5.000	15,00*	15,00*	15,00*	22,50	27,00	45,00	58,50	67,50	90,00	135,00
6.000	15,00*	15,00*	15,30	25,50	30,60	51,00	66,30	76,50	102,00	153,00
7.000	15,00*	15,00*	17,10	28,50	34,20	57,00	74,10	85,50	114,00	171,00
8.000	15,00*	15,00*	18,90	31,50	37,80	63,00	81,90	94,50	126,00	189,00
9.000	15,00*	15,00*	20,70	34,50	41,40	69,00	89,70	103,50	138,00	207,00
10.000	15,00*	15,00*	22,50	37,50	45,00	75,00	97,50	112,50	150,00	225,00
13.000	15,00*	16,60	24,90	41,50	49,80	83,00	107,90	124,50	166,00	249,00
16.000	15,00*	18,20	27,30	45,50	54,60	91,00	118,30	136,50	182,00	273,00
19.000	15,00*	19,80	29,70	49,50	59,40	99,00	128,70	148,50	198,00	297,00
22.000	15,00*	21,40	32,10	53,50	64,20	107,00	139,10	160,50	214,00	321,00
25.000	15,00*	23,00	34,50	57,50	69,00	115,00	149,50	172,50	230,00	345,00
30.000	15,00*	25,00	37,50	62,50	75,00	125,00	162,50	187,50	250,00	375,00
35.000	15,00*	27,00	40,50	67,50	81,00	135,00	175,50	202,50	270,00	405,00
40.000	15,00*	29,00	43,50	72,50	87,00	145,00	188,50	217,50	290,00	435,00
45.000	15,50	31,00	46,50	77,50	93,00	155,00	201,50	232,50	310,00	465,00
50.000	16,50	33,00	49,50	82,50	99,00	165,00	214,50	247,50	330,00	495,00
65.000	19,20	38,40	57,60	96,00	115,20	192,00	249,60	288,00	384,00	576,00
80.000	21,90	43,80	65,70	109,50	131,40	219,00	284,70	328,50	438,00	657,00
95.000	24,60	49,20	73,80	123,00	147,60	246,00	319,80	369,00	492,00	738,00

* Der Mindestbetrag einer Gebühr beläuft sich auf 15 € (§ 34 Abs. 5 GNotKG).

Wert bis … €	0,1	0,2	0,3	0,5	0,6	1,0	1,3	1,5	2,0	3,0
110.000	27,30	54,60	81,90	136,50	163,80	273,00	354,90	409,50	546,00	819,00
125.000	30,00	60,00	90,00	150,00	180,00	300,00	390,00	450,00	600,00	900,00
140.000	32,70	65,40	98,10	163,50	196,20	327,00	425,10	490,50	654,00	981,00
155.000	35,40	70,80	106,20	177,00	212,40	354,00	460,20	531,00	708,00	1.062,00
170.000	38,10	76,20	114,30	190,50	228,60	381,00	495,30	571,50	762,00	1.143,00
185.000	40,80	81,60	122,40	204,00	244,80	408,00	530,40	612,00	816,00	1.224,00
200.000	43,50	87,00	130,50	217,50	261,00	435,00	565,50	652,50	870,00	1.305,00
230.000	48,50	97,00	145,50	242,50	291,00	485,00	630,50	727,50	970,00	1.455,00
260.000	53,50	107,00	160,50	267,50	321,00	535,00	695,50	802,50	1.070,00	1.605,00
290.000	58,50	117,00	175,50	292,50	351,00	585,00	760,50	877,50	1.170,00	1.755,00
320.000	63,50	127,00	190,50	317,50	381,00	635,00	825,50	952,50	1.270,00	1.905,00
350.000	68,50	137,00	205,50	342,50	411,00	685,00	890,50	1.027,50	1.370,00	2.055,00
380.000	73,50	147,00	220,50	367,50	441,00	735,00	955,50	1.102,50	1.470,00	2.205,00
410.000	78,50	157,00	235,50	392,50	471,00	785,00	1.020,50	1.177,50	1.570,00	2.355,00
440.000	83,50	167,00	250,50	417,50	501,00	835,00	1.085,50	1.252,50	1.670,00	2.505,00
470.000	88,50	177,00	265,50	442,50	531,00	885,00	1.150,50	1.327,50	1.770,00	2.655,00
500.000	93,50	187,00	280,50	467,50	561,00	935,00	1.215,50	1.402,50	1.870,00	2.805,00
550.000	101,50	203,00	304,50	507,50	609,00	1.015,00	1.319,50	1.522,50	2.030,00	3.045,00
600.000	109,50	219,00	328,50	547,50	657,00	1.095,00	1.423,50	1.642,50	2.190,00	3.285,00
650.000	117,50	235,00	352,50	587,50	705,00	1.175,00	1.527,50	1.762,50	2.350,00	3.525,00
700.000	125,50	251,00	376,50	627,50	753,00	1.255,00	1.631,50	1.882,50	2.510,00	3.765,00
750.000	133,50	267,00	400,50	667,50	801,00	1.335,00	1.735,50	2.002,50	2.670,00	4.005,00
800.000	141,50	283,00	424,50	707,50	849,00	1.415,00	1.839,50	2.122,50	2.830,00	4.245,00
850.000	149,50	299,00	448,50	747,50	897,00	1.495,00	1.943,50	2.242,50	2.990,00	4.485,00
900.000	157,50	315,00	472,50	787,50	945,00	1.575,00	2.047,50	2.362,50	3.150,00	4.725,00

Gebührentabelle nach § 34 GNotKG (Tabelle B)

Wert bis … €	0,1	0,2	0,3	0,5	0,6	1,0	1,3	1,5	2,0	3,0
950.000	165,50	331,00	496,50	827,50	993,00	1.655,00	2.151,50	2.482,50	3.310,00	4.965,00
1.000.000	173,50	347,00	520,50	867,50	1.041,00	1.735,00	2.255,50	2.602,50	3.470,00	5.205,00
1.050.000	181,50	363,00	544,50	907,50	1.089,00	1.815,00	2.359,50	2.722,50	3.630,00	5.445,00
1.100.000	189,50	379,00	568,50	947,50	1.137,00	1.895,00	2.463,50	2.842,50	3.790,00	5.685,00
1.150.000	197,50	395,00	592,50	987,50	1.185,00	1.975,00	2.567,50	2.962,50	3.950,00	5.925,00
1.200.000	205,50	411,00	616,50	1.027,50	1.233,00	2.055,00	2.671,50	3.082,50	4.110,00	6.165,00
1.250.000	213,50	427,00	640,50	1.067,50	1.281,00	2.135,00	2.775,50	3.202,50	4.270,00	6.405,00
1.300.000	221,50	443,00	664,50	1.107,50	1.329,00	2.215,00	2.879,50	3.322,50	4.430,00	6.645,00
1.350.000	229,50	459,00	688,50	1.147,50	1.377,00	2.295,00	2.983,50	3.442,50	4.590,00	6.885,00
1.400.000	237,50	475,00	712,50	1.187,50	1.425,00	2.375,00	3.087,50	3.562,50	4.750,00	7.125,00
1.450.000	245,50	491,00	736,50	1.227,50	1.473,00	2.455,00	3.191,50	3.682,50	4.910,00	7.365,00
1.500.000	253,50	507,00	760,50	1.267,50	1.521,00	2.535,00	3.295,50	3.802,50	5.070,00	7.605,00
1.550.000	261,50	523,00	784,50	1.307,50	1.569,00	2.615,00	3.399,50	3.922,50	5.230,00	7.845,00
1.600.000	269,50	539,00	808,50	1.347,50	1.617,00	2.695,00	3.503,50	4.042,50	5.390,00	8.085,00
1.650.000	277,50	555,00	832,50	1.387,50	1.665,00	2.775,00	3.607,50	4.162,50	5.550,00	8.325,00
1.700.000	285,50	571,00	856,50	1.427,50	1.713,00	2.855,00	3.711,50	4.282,50	5.710,00	8.565,00
1.750.000	293,50	587,00	880,50	1.467,50	1.761,00	2.935,00	3.815,50	4.402,50	5.870,00	8.805,00
1.800.000	301,50	603,00	904,50	1.507,50	1.809,00	3.015,00	3.919,50	4.522,50	6.030,00	9.045,00
1.850.000	309,50	619,00	928,50	1.547,50	1.857,00	3.095,00	4.023,50	4.642,50	6.190,00	9.285,00
1.900.000	317,50	635,00	952,50	1.587,50	1.905,00	3.175,00	4.127,50	4.762,50	6.350,00	9.525,00
1.950.000	325,50	651,00	976,50	1.627,50	1.953,00	3.255,00	4.231,50	4.882,50	6.510,00	9.765,00
2.000.000	333,50	667,00	1.000,50	1.667,50	2.001,00	3.335,00	4.335,50	5.002,50	6.670,00	10.005,00
2.050.000	341,50	683,00	1.024,50	1.707,50	2.049,00	3.415,00	4.439,50	5.122,50	6.830,00	10.245,00
2.100.000	349,50	699,00	1.048,50	1.747,50	2.097,00	3.495,00	4.543,50	5.242,50	6.990,00	10.485,00
2.150.000	357,50	715,00	1.072,50	1.787,50	2.145,00	3.575,00	4.647,50	5.362,50	7.150,00	10.725,00

Wert bis … €	0,1	0,2	0,3	0,5	0,6	1,0	1,3	1,5	2,0	3,0
2.200.000	365,50	731,00	1.096,50	1.827,50	2.193,00	3.655,00	4.751,50	5.482,50	7.310,00	10.965,00
2.250.000	373,50	747,00	1.120,50	1.867,50	2.241,00	3.735,00	4.855,50	5.602,50	7.470,00	11.205,00
2.300.000	381,50	763,00	1.144,50	1.907,50	2.289,00	3.815,00	4.959,50	5.722,50	7.630,00	11.445,00
2.350.000	389,50	779,00	1.168,50	1.947,50	2.337,00	3.895,00	5.063,50	5.842,50	7.790,00	11.685,00
2.400.000	397,50	795,00	1.192,50	1.987,50	2.385,00	3.975,00	5.167,50	5.962,50	7.950,00	11.925,00
2.450.000	405,50	811,00	1.216,50	2.027,50	2.433,00	4.055,00	5.271,50	6.082,50	8.110,00	12.165,00
2.500.000	413,50	827,00	1.240,50	2.067,50	2.481,00	4.135,00	5.375,50	6.202,50	8.270,00	12.405,00
2.550.000	421,50	843,00	1.264,50	2.107,50	2.529,00	4.215,00	5.479,50	6.322,50	8.430,00	12.645,00
2.600.000	429,50	859,00	1.288,50	2.147,50	2.577,00	4.295,00	5.583,50	6.442,50	8.590,00	12.885,00
2.650.000	437,50	875,00	1.312,50	2.187,50	2.625,00	4.375,00	5.687,50	6.562,50	8.750,00	13.125,00
2.700.000	445,50	891,00	1.336,50	2.227,50	2.673,00	4.455,00	5.791,50	6.682,50	8.910,00	13.365,00
2.750.000	453,50	907,00	1.360,50	2.267,50	2.721,00	4.535,00	5.895,50	6.802,50	9.070,00	13.605,00
2.800.000	461,50	923,00	1.384,50	2.307,50	2.769,00	4.615,00	5.999,50	6.922,50	9.230,00	13.845,00
2.850.000	469,50	939,00	1.408,50	2.347,50	2.817,00	4.695,00	6.103,50	7.042,50	9.390,00	14.085,00
2.900.000	477,50	955,00	1.432,50	2.387,50	2.865,00	4.775,00	6.207,50	7.162,50	9.550,00	14.325,00
2.950.000	485,50	971,00	1.456,50	2.427,50	2.913,00	4.855,00	6.311,50	7.282,50	9.710,00	14.565,00
3.000.000	493,50	987,00	1.480,50	2.467,50	2.961,00	4.935,00	6.415,50	7.402,50	9.870,00	14.805,00
3.050.000	501,50	1.003,00	1.504,50	2.507,50	3.009,00	5.015,00	6.519,50	7.522,50	10.030,00	15.045,00
3.100.000	509,50	1.019,00	1.528,50	2.547,50	3.057,00	5.095,00	6.623,50	7.642,50	10.190,00	15.285,00
3.150.000	517,50	1.035,00	1.552,50	2.587,50	3.105,00	5.175,00	6.727,50	7.762,50	10.350,00	15.525,00
3.200.000	525,50	1.051,00	1.576,50	2.627,50	3.153,00	5.255,00	6.831,50	7.882,50	10.510,00	15.765,00
3.250.000	533,50	1.067,00	1.600,50	2.667,50	3.201,00	5.335,00	6.935,50	8.002,50	10.670,00	16.005,00
3.300.000	541,50	1.083,00	1.624,50	2.707,50	3.249,00	5.415,00	7.039,50	8.122,50	10.830,00	16.245,00
3.350.000	549,50	1.099,00	1.648,50	2.747,50	3.297,00	5.495,00	7.143,50	8.242,50	10.990,00	16.485,00
3.400.000	557,50	1.115,00	1.672,50	2.787,50	3.345,00	5.575,00	7.247,50	8.362,50	11.150,00	16.725,00

Gebührentabelle nach § 34 GNotKG (Tabelle B)

Wert bis … €	0,1	0,2	0,3	0,5	0,6	1,0	1,3	1,5	2,0	3,0
3.450.000	565,50	1.131,00	1.696,50	2.827,50	3.393,00	5.655,00	7.351,50	8.482,50	11.310,00	16.965,00
3.500.000	573,50	1.147,00	1.720,50	2.867,50	3.441,00	5.735,00	7.455,50	8.602,50	11.470,00	17.205,00
3.550.000	581,50	1.163,00	1.744,50	2.907,50	3.489,00	5.815,00	7.559,50	8.722,50	11.630,00	17.445,00
3.600.000	589,50	1.179,00	1.768,50	2.947,50	3.537,00	5.895,00	7.663,50	8.842,50	11.790,00	17.685,00
3.650.000	597,50	1.195,00	1.792,50	2.987,50	3.585,00	5.975,00	7.767,50	8.962,50	11.950,00	17.925,00
3.700.000	605,50	1.211,00	1.816,50	3.027,50	3.633,00	6.055,00	7.871,50	9.082,50	12.110,00	18.165,00
3.750.000	613,50	1.227,00	1.840,50	3.067,50	3.681,00	6.135,00	7.975,50	9.202,50	12.270,00	18.405,00
3.800.000	621,50	1.243,00	1.864,50	3.107,50	3.729,00	6.215,00	8.079,50	9.322,50	12.430,00	18.645,00
3.850.000	629,50	1.259,00	1.888,50	3.147,50	3.777,00	6.295,00	8.183,50	9.442,50	12.590,00	18.885,00
3.900.000	637,50	1.275,00	1.912,50	3.187,50	3.825,00	6.375,00	8.287,50	9.562,50	12.750,00	19.125,00
3.950.000	645,50	1.291,00	1.936,50	3.227,50	3.873,00	6.455,00	8.391,50	9.682,50	12.910,00	19.365,00
4.000.000	653,50	1.307,00	1.960,50	3.267,50	3.921,00	6.535,00	8.495,50	9.802,50	13.070,00	19.605,00
4.050.000	661,50	1.323,00	1.984,50	3.307,50	3.969,00	6.615,00	8.599,50	9.922,50	13.230,00	19.845,00
4.100.000	669,50	1.339,00	2.008,50	3.347,50	4.017,00	6.695,00	8.703,50	10.042,50	13.390,00	20.085,00
4.150.000	677,50	1.355,00	2.032,50	3.387,50	4.065,00	6.775,00	8.807,50	10.162,50	13.550,00	20.325,00
4.200.000	685,50	1.371,00	2.056,50	3.427,50	4.113,00	6.855,00	8.911,50	10.282,50	13.710,00	20.565,00
4.250.000	693,50	1.387,00	2.080,50	3.467,50	4.161,00	6.935,00	9.015,50	10.402,50	13.870,00	20.805,00
4.300.000	701,50	1.403,00	2.104,50	3.507,50	4.209,00	7.015,00	9.119,50	10.522,50	14.030,00	21.045,00
4.350.000	709,50	1.419,00	2.128,50	3.547,50	4.257,00	7.095,00	9.223,50	10.642,50	14.190,00	21.285,00
4.400.000	717,50	1.435,00	2.152,50	3.587,50	4.305,00	7.175,00	9.327,50	10.762,50	14.350,00	21.525,00
4.450.000	725,50	1.451,00	2.176,50	3.627,50	4.353,00	7.255,00	9.431,50	10.882,50	14.510,00	21.765,00
4.500.000	733,50	1.467,00	2.200,50	3.667,50	4.401,00	7.335,00	9.535,50	11.002,50	14.670,00	22.005,00
4.550.000	741,50	1.483,00	2.224,50	3.707,50	4.449,00	7.415,00	9.639,50	11.122,50	14.830,00	22.245,00
4.600.000	749,50	1.499,00	2.248,50	3.747,50	4.497,00	7.495,00	9.743,50	11.242,50	14.990,00	22.485,00
4.650.000	757,50	1.515,00	2.272,50	3.787,50	4.545,00	7.575,00	9.847,50	11.362,50	15.150,00	22.725,00

Wert bis … €	0,1	0,2	0,3	0,5	0,6	1,0	1,3	1,5	2,0	3,0
4.700.000	765,50	1.531,00	2.296,50	3.827,50	4.593,00	7.655,00	9.951,50	11.482,50	15.310,00	22.965,00
4.750.000	773,50	1.547,00	2.320,50	3.867,50	4.641,00	7.735,00	10.055,50	11.602,50	15.470,00	23.205,00
4.800.000	781,50	1.563,00	2.344,50	3.907,50	4.689,00	7.815,00	10.159,50	11.722,50	15.630,00	23.445,00
4.850.000	789,50	1.579,00	2.368,50	3.947,50	4.737,00	7.895,00	10.263,50	11.842,50	15.790,00	23.685,00
4.900.000	797,50	1.595,00	2.392,50	3.987,50	4.785,00	7.975,00	10.367,50	11.962,50	15.950,00	23.925,00
4.950.000	805,50	1.611,00	2.416,50	4.027,50	4.833,00	8.055,00	10.471,50	12.082,50	16.110,00	24.165,00
5.000.000	813,50	1.627,00	2.440,50	4.067,50	4.881,00	8.135,00	10.575,50	12.202,50	16.270,00	24.405,00
5.200.000	826,50	1.653,00	2.479,50	4.132,50	4.959,00	8.265,00	10.744,50	12.397,50	16.530,00	24.795,00
5.400.000	839,50	1.679,00	2.518,50	4.197,50	5.037,00	8.395,00	10.913,50	12.592,50	16.790,00	25.185,00
5.600.000	852,50	1.705,00	2.557,50	4.262,50	5.115,00	8.525,00	11.082,50	12.787,50	17.050,00	25.575,00
5.800.000	865,50	1.731,00	2.596,50	4.327,50	5.193,00	8.655,00	11.251,50	12.982,50	17.310,00	25.965,00
6.000.000	878,50	1.757,00	2.635,50	4.392,50	5.271,00	8.785,00	11.420,50	13.177,50	17.570,00	26.355,00
6.200.000	891,50	1.783,00	2.674,50	4.457,50	5.349,00	8.915,00	11.589,50	13.372,50	17.830,00	26.745,00
6.400.000	904,50	1.809,00	2.713,50	4.522,50	5.427,00	9.045,00	11.758,50	13.567,50	18.090,00	27.135,00
6.600.000	917,50	1.835,00	2.752,50	4.587,50	5.505,00	9.175,00	11.927,50	13.762,50	18.350,00	27.525,00
6.800.000	930,50	1.861,00	2.791,50	4.652,50	5.583,00	9.305,00	12.096,50	13.957,50	18.610,00	27.915,00
7.000.000	943,50	1.887,00	2.830,50	4.717,50	5.661,00	9.435,00	12.265,50	14.152,50	18.870,00	28.305,00
7.200.000	956,50	1.913,00	2.869,50	4.782,50	5.739,00	9.565,00	12.434,50	14.347,50	19.130,00	28.695,00
7.400.000	969,50	1.939,00	2.908,50	4.847,50	5.817,00	9.695,00	12.603,50	14.542,50	19.390,00	29.085,00
7.600.000	982,50	1.965,00	2.947,50	4.912,50	5.895,00	9.825,00	12.772,50	14.737,50	19.650,00	29.475,00
7.800.000	995,50	1.991,00	2.986,50	4.977,50	5.973,00	9.955,00	12.941,50	14.932,50	19.910,00	29.865,00
8.000.000	1.008,50	2.017,00	3.025,50	5.042,50	6.051,00	10.085,00	13.110,50	15.127,50	20.170,00	30.255,00
8.200.000	1.021,50	2.043,00	3.064,50	5.107,50	6.129,00	10.215,00	13.279,50	15.322,50	20.430,00	30.645,00
8.400.000	1.034,50	2.069,00	3.103,50	5.172,50	6.207,00	10.345,00	13.448,50	15.517,50	20.690,00	31.035,00
8.600.000	1.047,50	2.095,00	3.142,50	5.237,50	6.285,00	10.475,00	13.617,50	15.712,50	20.950,00	31.425,00

Gebührentabelle nach § 34 GNotKG (Tabelle B)

Wert bis … €	0,1	0,2	0,3	0,5	0,6	1,0	1,3	1,5	2,0	3,0
8.800.000	1.060,50	2.121,00	3.181,50	5.302,50	6.363,00	10.605,00	13.786,50	15.907,50	21.210,00	31.815,00
9.000.000	1.073,50	2.147,00	3.220,50	5.367,50	6.441,00	10.735,00	13.955,50	16.102,50	21.470,00	32.205,00
9.200.000	1.086,50	2.173,00	3.259,50	5.432,50	6.519,00	10.865,00	14.124,50	16.297,50	21.730,00	32.595,00
9.400.000	1.099,50	2.199,00	3.298,50	5.497,50	6.597,00	10.995,00	14.293,50	16.492,50	21.990,00	32.985,00
9.600.000	1.112,50	2.225,00	3.337,50	5.562,50	6.675,00	11.125,00	14.462,50	16.687,50	22.250,00	33.375,00
9.800.000	1.125,50	2.251,00	3.376,50	5.627,50	6.753,00	11.255,00	14.631,50	16.882,50	22.510,00	33.765,00
10.000.000	1.138,50	2.277,00	3.415,50	5.692,50	6.831,00	11.385,00	14.800,50	17.077,50	22.770,00	34.155,00
10.250.000	1.153,50	2.307,00	3.460,50	5.767,50	6.921,00	11.535,00	14.995,50	17.302,50	23.070,00	34.605,00
10.500.000	1.168,50	2.337,00	3.505,50	5.842,50	7.011,00	11.685,00	15.190,50	17.527,50	23.370,00	35.055,00
10.750.000	1.183,50	2.367,00	3.550,50	5.917,50	7.101,00	11.835,00	15.385,50	17.752,50	23.670,00	35.505,00
11.000.000	1.198,50	2.397,00	3.595,50	5.992,50	7.191,00	11.985,00	15.580,50	17.977,50	23.970,00	35.955,00
11.250.000	1.213,50	2.427,00	3.640,50	6.067,50	7.281,00	12.135,00	15.775,50	18.202,50	24.270,00	36.405,00
11.500.000	1.228,50	2.457,00	3.685,50	6.142,50	7.371,00	12.285,00	15.970,50	18.427,50	24.570,00	36.855,00
11.750.000	1.243,50	2.487,00	3.730,50	6.217,50	7.461,00	12.435,00	16.165,50	18.652,50	24.870,00	37.305,00
12.000.000	1.258,50	2.517,00	3.775,50	6.292,50	7.551,00	12.585,00	16.360,50	18.877,50	25.170,00	37.755,00
12.250.000	1.273,50	2.547,00	3.820,50	6.367,50	7.641,00	12.735,00	16.555,50	19.102,50	25.470,00	38.205,00
12.500.000	1.288,50	2.577,00	3.865,50	6.442,50	7.731,00	12.885,00	16.750,50	19.327,50	25.770,00	38.655,00
12.750.000	1.303,50	2.607,00	3.910,50	6.517,50	7.821,00	13.035,00	16.945,50	19.552,50	26.070,00	39.105,00
13.000.000	1.318,50	2.637,00	3.955,50	6.592,50	7.911,00	13.185,00	17.140,50	19.777,50	26.370,00	39.555,00
13.250.000	1.333,50	2.667,00	4.000,50	6.667,50	8.001,00	13.335,00	17.335,50	20.002,50	26.670,00	40.005,00
13.500.000	1.348,50	2.697,00	4.045,50	6.742,50	8.091,00	13.485,00	17.530,50	20.227,50	26.970,00	40.455,00
13.750.000	1.363,50	2.727,00	4.090,50	6.817,50	8.181,00	13.635,00	17.725,50	20.452,50	27.270,00	40.905,00
14.000.000	1.378,50	2.757,00	4.135,50	6.892,50	8.271,00	13.785,00	17.920,50	20.677,50	27.570,00	41.355,00
14.250.000	1.393,50	2.787,00	4.180,50	6.967,50	8.361,00	13.935,00	18.115,50	20.902,50	27.870,00	41.805,00
14.500.000	1.408,50	2.817,00	4.225,50	7.042,50	8.451,00	14.085,00	18.310,50	21.127,50	28.170,00	42.255,00

Wert bis … €	0,1	0,2	0,3	0,5	0,6	1,0	1,3	1,5	2,0	3,0
14.750.000	1.423,50	2.847,00	4.270,50	7.117,50	8.541,00	14.235,00	18.505,50	21.352,50	28.470,00	42.705,00
15.000.000	1.438,50	2.877,00	4.315,50	7.192,50	8.631,00	14.385,00	18.700,50	21.577,50	28.770,00	43.155,00
15.250.000	1.453,50	2.907,00	4.360,50	7.267,50	8.721,00	14.535,00	18.895,50	21.802,50	29.070,00	43.605,00
15.500.000	1.468,50	2.937,00	4.405,50	7.342,50	8.811,00	14.685,00	19.090,50	22.027,50	29.370,00	44.055,00
15.750.000	1.483,50	2.967,00	4.450,50	7.417,50	8.901,00	14.835,00	19.285,50	22.252,50	29.670,00	44.505,00
16.000.000	1.498,50	2.997,00	4.495,50	7.492,50	8.991,00	14.985,00	19.480,50	22.477,50	29.970,00	44.955,00
16.250.000	1.513,50	3.027,00	4.540,50	7.567,50	9.081,00	15.135,00	19.675,50	22.702,50	30.270,00	45.405,00
16.500.000	1.528,50	3.057,00	4.585,50	7.642,50	9.171,00	15.285,00	19.870,50	22.927,50	30.570,00	45.855,00
16.750.000	1.543,50	3.087,00	4.630,50	7.717,50	9.261,00	15.435,00	20.065,50	23.152,50	30.870,00	46.305,00
17.000.000	1.558,50	3.117,00	4.675,50	7.792,50	9.351,00	15.585,00	20.260,50	23.377,50	31.170,00	46.755,00
17.250.000	1.573,50	3.147,00	4.720,50	7.867,50	9.441,00	15.735,00	20.455,50	23.602,50	31.470,00	47.205,00
17.500.000	1.588,50	3.177,00	4.765,50	7.942,50	9.531,00	15.885,00	20.650,50	23.827,50	31.770,00	47.655,00
17.750.000	1.603,50	3.207,00	4.810,50	8.017,50	9.621,00	16.035,00	20.845,50	24.052,50	32.070,00	48.105,00
18.000.000	1.618,50	3.237,00	4.855,50	8.092,50	9.711,00	16.185,00	21.040,50	24.277,50	32.370,00	48.555,00
18.250.000	1.633,50	3.267,00	4.900,50	8.167,50	9.801,00	16.335,00	21.235,50	24.502,50	32.670,00	49.005,00
18.500.000	1.648,50	3.297,00	4.945,50	8.242,50	9.891,00	16.485,00	21.430,50	24.727,50	32.970,00	49.455,00
18.750.000	1.663,50	3.327,00	4.990,50	8.317,50	9.981,00	16.635,00	21.625,50	24.952,50	33.270,00	49.905,00
19.000.000	1.678,50	3.357,00	5.035,50	8.392,50	10.071,00	16.785,00	21.820,50	25.177,50	33.570,00	50.355,00
19.250.000	1.693,50	3.387,00	5.080,50	8.467,50	10.161,00	16.935,00	22.015,50	25.402,50	33.870,00	50.805,00
19.500.000	1.708,50	3.417,00	5.125,50	8.542,50	10.251,00	17.085,00	22.210,50	25.627,50	34.170,00	51.255,00
19.750.000	1.723,50	3.447,00	5.170,50	8.617,50	10.341,00	17.235,00	22.405,50	25.852,50	34.470,00	51.705,00
20.000.000	1.738,50	3.477,00	5.215,50	8.692,50	10.431,00	17.385,00	22.600,50	26.077,50	34.770,00	52.155,00
20.500.000	1.766,50	3.533,00	5.299,50	8.832,50	10.599,00	17.665,00	22.964,50	26.497,50	35.330,00	52.995,00
21.000.000	1.794,50	3.589,00	5.383,50	8.972,50	10.767,00	17.945,00	23.328,50	26.917,50	35.890,00	53.835,00
21.500.000	1.822,50	3.645,00	5.467,50	9.112,50	10.935,00	18.225,00	23.692,50	27.337,50	36.450,00	54.675,00

Gebührentabelle nach § 34 GNotKG (Tabelle B)

Wert bis … €	0,1	0,2	0,3	0,5	0,6	1,0	1,3	1,5	2,0	3,0
22.000.000	1.850,50	3.701,00	5.551,50	9.252,50	11.103,00	18.505,00	24.056,50	27.757,50	37.010,00	55.515,00
22.500.000	1.878,50	3.757,00	5.635,50	9.392,50	11.271,00	18.785,00	24.420,50	28.177,50	37.570,00	56.355,00
23.000.000	1.906,50	3.813,00	5.719,50	9.532,50	11.439,00	19.065,00	24.784,50	28.597,50	38.130,00	57.195,00
23.500.000	1.934,50	3.869,00	5.803,50	9.672,50	11.607,00	19.345,00	25.148,50	29.017,50	38.690,00	58.035,00
24.000.000	1.962,50	3.925,00	5.887,50	9.812,50	11.775,00	19.625,00	25.512,50	29.437,50	39.250,00	58.875,00
24.500.000	1.990,50	3.981,00	5.971,50	9.952,50	11.943,00	19.905,00	25.876,50	29.857,50	39.810,00	59.715,00
25.000.000	2.018,50	4.037,00	6.055,50	10.092,50	12.111,00	20.185,00	26.240,50	30.277,50	40.370,00	60.555,00
25.500.000	2.046,50	4.093,00	6.139,50	10.232,50	12.279,00	20.465,00	26.604,50	30.697,50	40.930,00	61.395,00
26.000.000	2.074,50	4.149,00	6.223,50	10.372,50	12.447,00	20.745,00	26.968,50	31.117,50	41.490,00	62.235,00
26.500.000	2.102,50	4.205,00	6.307,50	10.512,50	12.615,00	21.025,00	27.332,50	31.537,50	42.050,00	63.075,00
27.000.000	2.130,50	4.261,00	6.391,50	10.652,50	12.783,00	21.305,00	27.696,50	31.957,50	42.610,00	63.915,00
27.500.000	2.158,50	4.317,00	6.475,50	10.792,50	12.951,00	21.585,00	28.060,50	32.377,50	43.170,00	64.755,00
28.000.000	2.186,50	4.373,00	6.559,50	10.932,50	13.119,00	21.865,00	28.424,50	32.797,50	43.730,00	65.595,00
28.500.000	2.214,50	4.429,00	6.643,50	11.072,50	13.287,00	22.145,00	28.788,50	33.217,50	44.290,00	66.435,00
29.000.000	2.242,50	4.485,00	6.727,50	11.212,50	13.455,00	22.425,00	29.152,50	33.637,50	44.850,00	67.275,00
29.500.000	2.270,50	4.541,00	6.811,50	11.352,50	13.623,00	22.705,00	29.516,50	34.057,50	45.410,00	68.115,00
30.000.000	2.298,50	4.597,00	6.895,50	11.492,50	13.791,00	22.985,00	29.880,50	34.477,50	45.970,00	68.955,00
31.000.000	2.310,50	4.621,00	6.931,50	11.552,50	13.863,00	23.105,00	30.036,50	34.657,50	46.210,00	69.315,00
32.000.000	2.322,50	4.645,00	6.967,50	11.612,50	13.935,00	23.225,00	30.192,50	34.837,50	46.450,00	69.675,00
33.000.000	2.334,50	4.669,00	7.003,50	11.672,50	14.007,00	23.345,00	30.348,50	35.017,50	46.690,00	70.035,00
34.000.000	2.346,50	4.693,00	7.039,50	11.732,50	14.079,00	23.465,00	30.504,50	35.197,50	46.930,00	70.395,00
35.000.000	2.358,50	4.717,00	7.075,50	11.792,50	14.151,00	23.585,00	30.660,50	35.377,50	47.170,00	70.755,00
36.000.000	2.370,50	4.741,00	7.111,50	11.852,50	14.223,00	23.705,00	30.816,50	35.557,50	47.410,00	71.115,00
37.000.000	2.382,50	4.765,00	7.147,50	11.912,50	14.295,00	23.825,00	30.972,50	35.737,50	47.650,00	71.475,00
38.000.000	2.394,50	4.789,00	7.183,50	11.972,50	14.367,00	23.945,00	31.128,50	35.917,50	47.890,00	71.835,00

Wert bis … €	0,1	0,2	0,3	0,5	0,6	1,0	1,3	1,5	2,0	3,0
39.000.000	2.406,50	4.813,00	7.219,50	12.032,50	14.439,00	24.065,00	31.284,50	36.097,50	48.130,00	72.195,00
40.000.000	2.418,50	4.837,00	7.255,50	12.092,50	14.511,00	24.185,00	31.440,50	36.277,50	48.370,00	72.555,00
41.000.000	2.430,50	4.861,00	7.291,50	12.152,50	14.583,00	24.305,00	31.596,50	36.457,50	48.610,00	72.915,00
42.000.000	2.442,50	4.885,00	7.327,50	12.212,50	14.655,00	24.425,00	31.752,50	36.637,50	48.850,00	73.275,00
43.000.000	2.454,50	4.909,00	7.363,50	12.272,50	14.727,00	24.545,00	31.908,50	36.817,50	49.090,00	73.635,00
44.000.000	2.466,50	4.933,00	7.399,50	12.332,50	14.799,00	24.665,00	32.064,50	36.997,50	49.330,00	73.995,00
45.000.000	2.478,50	4.957,00	7.435,50	12.392,50	14.871,00	24.785,00	32.220,50	37.177,50	49.570,00	74.355,00
46.000.000	2.490,50	4.981,00	7.471,50	12.452,50	14.943,00	24.905,00	32.376,50	37.357,50	49.810,00	74.715,00
47.000.000	2.502,50	5.005,00	7.507,50	12.512,50	15.015,00	25.025,00	32.532,50	37.537,50	50.050,00	75.075,00
48.000.000	2.514,50	5.029,00	7.543,50	12.572,50	15.087,00	25.145,00	32.688,50	37.717,50	50.290,00	75.435,00
49.000.000	2.526,50	5.053,00	7.579,50	12.632,50	15.159,00	25.265,00	32.844,50	37.897,50	50.530,00	75.795,00
50.000.000	2.538,50	5.077,00	7.615,50	12.692,50	15.231,00	25.385,00	33.000,50	38.077,50	50.770,00	76.155,00
51.000.000	2.550,50	5.101,00	7.651,50	12.752,50	15.303,00	25.505,00	33.156,50	38.257,50	51.010,00	76.515,00
52.000.000	2.562,50	5.125,00	7.687,50	12.812,50	15.375,00	25.625,00	33.312,50	38.437,50	51.250,00	76.875,00
53.000.000	2.574,50	5.149,00	7.723,50	12.872,50	15.447,00	25.745,00	33.468,50	38.617,50	51.490,00	77.235,00
54.000.000	2.586,50	5.173,00	7.759,50	12.932,50	15.519,00	25.865,00	33.624,50	38.797,50	51.730,00	77.595,00
55.000.000	2.598,50	5.197,00	7.795,50	12.992,50	15.591,00	25.985,00	33.780,50	38.977,50	51.970,00	77.955,00
56.000.000	2.610,50	5.221,00	7.831,50	13.052,50	15.663,00	26.105,00	33.936,50	39.157,50	52.210,00	78.315,00
57.000.000	2.622,50	5.245,00	7.867,50	13.112,50	15.735,00	26.225,00	34.092,50	39.337,50	52.450,00	78.675,00
58.000.000	2.634,50	5.269,00	7.903,50	13.172,50	15.807,00	26.345,00	34.248,50	39.517,50	52.690,00	79.035,00
59.000.000	2.646,50	5.293,00	7.939,50	13.232,50	15.879,00	26.465,00	34.404,50	39.697,50	52.930,00	79.395,00
60.000.000**	2.658,50	5.317,00	7.975,50	13.292,50	15.951,00	26.585,00	34.560,50	39.877,50	53.170,00	79.755,00

** Höchstwert gem. § 35 Abs. 2 GNotKG

22. Gebührentabelle nach § 34 GNotKG (Tabelle A)

Hinweise:

1. Die Tabelle A ist anzuwenden, wenn im Kostenverzeichnis deren Anwendung in der Überschrift der rechten Spalte vorgeschrieben wird (Gebühr oder Satz der Gebühr nach § 34 GNotKG). Die Höhe der Gebühren der Tabelle A entspricht derjenigen aus den Tabellen zu § 34 GKG und § 28 FamGKG.
2. Der Geschäftswert bei Anwendung der Tabelle A beträgt höchstens 30 Mio. €, wenn kein niedrigerer Höchstwert bestimmt ist (§ 35 Abs. 2 GNotKG).

Gebührentabelle nach § 34 GNotKG (Tabelle A)

Wert bis … €	0,25	0,3	0,5	1,0	1,5	2,0	3,0	4,0
500	15,00 *	15,00 *	19,00	38,00	57,00	76,00	114,00	152,00
1.000	15,00 *	17,40	29,00	58,00	87,00	116,00	174,00	232,00
1.500	19,50	23,40	39,00	78,00	117,00	156,00	234,00	312,00
2.000	24,50	29,40	49,00	98,00	147,00	196,00	294,00	392,00
3.000	29,75	35,70	59,50	119,00	178,50	238,00	357,00	476,00
4.000	35,00	42,00	70,00	140,00	210,00	280,00	420,00	560,00
5.000	40,25	48,30	80,50	161,00	241,50	322,00	483,00	644,00
6.000	45,50	54,60	91,00	182,00	273,00	364,00	546,00	728,00
7.000	50,75	60,90	101,50	203,00	304,50	406,00	609,00	812,00
8.000	56,00	67,20	112,00	224,00	336,00	448,00	672,00	896,00
9.000	61,25	73,50	122,50	245,00	367,50	490,00	735,00	980,00
10.000	66,50	79,80	133,00	266,00	399,00	532,00	798,00	1.064,00
13.000	73,75	88,50	147,50	295,00	442,50	590,00	885,00	1.180,00
16.000	81,00	97,20	162,00	324,00	486,00	648,00	972,00	1.296,00
19.000	88,25	105,90	176,50	353,00	529,50	706,00	1.059,00	1.412,00
22.000	95,50	114,60	191,00	382,00	573,00	764,00	1.146,00	1.528,00
25.000	102,75	123,30	205,50	411,00	616,50	822,00	1.233,00	1.644,00
30.000	112,25	134,70	224,50	449,00	673,50	898,00	1.347,00	1.796,00
35.000	121,75	146,10	243,50	487,00	730,50	974,00	1.461,00	1.948,00
40.000	131,25	157,50	262,50	525,00	787,50	1.050,00	1.575,00	2.100,00
45.000	140,75	168,90	281,50	563,00	844,50	1.126,00	1.689,00	2.252,00
50.000	150,25	180,30	300,50	601,00	901,50	1.202,00	1.803,00	2.404,00
65.000	183,25	219,90	366,50	733,00	1.099,50	1.466,00	2.199,00	2.932,00
80.000	216,25	259,50	432,50	865,00	1.297,50	1.730,00	2.595,00	3.460,00
95.000	249,25	299,10	498,50	997,00	1.495,50	1.994,00	2.991,00	3.988,00

* Der Mindestbetrag einer Gebühr beläuft sich auch 15 € gem. § 34 Abs. 5 GNotKG.

Wert bis … €	0,25	0,3	0,5	1,0	1,5	2,0	3,0	4,0
110.000	282,25	338,70	564,50	1.129,00	1.693,50	2.258,00	3.387,00	4.516,00
125.000	315,25	378,30	630,50	1.261,00	1.891,50	2.522,00	3.783,00	5.044,00
140.000	348,25	417,90	696,50	1.393,00	2.089,50	2.786,00	4.179,00	5.572,00
155.000	381,25	457,50	762,50	1.525,00	2.287,50	3.050,00	4.575,00	6.100,00
170.000	414,25	497,10	828,50	1.657,00	2.485,50	3.314,00	4.971,00	6.628,00
185.000	447,25	536,70	894,50	1.789,00	2.683,50	3.578,00	5.367,00	7.156,00
200.000	480,25	576,30	960,50	1.921,00	2.881,50	3.842,00	5.763,00	7.684,00
230.000	529,75	635,70	1.059,50	2.119,00	3.178,50	4.238,00	6.357,00	8.476,00
260.000	579,25	695,10	1.158,50	2.317,00	3.475,50	4.634,00	6.951,00	9.268,00
290.000	628,75	754,50	1.257,50	2.515,00	3.772,50	5.030,00	7.545,00	10.060,00
320.000	678,25	813,90	1.356,50	2.713,00	4.069,50	5.426,00	8.139,00	10.852,00
350.000	727,75	873,30	1.455,50	2.911,00	4.366,50	5.822,00	8.733,00	11.644,00
380.000	777,25	932,70	1.554,50	3.109,00	4.663,50	6.218,00	9.327,00	12.436,00
410.000	826,75	992,10	1.653,50	3.307,00	4.960,50	6.614,00	9.921,00	13.228,00
440.000	876,25	1.051,50	1.752,50	3.505,00	5.257,50	7.010,00	10.515,00	14.020,00
470.000	925,75	1.110,90	1.851,50	3.703,00	5.554,50	7.406,00	11.109,00	14.812,00
500.000	975,25	1.170,30	1.950,50	3.901,00	5.851,50	7.802,00	11.703,00	15.604,00
550.000	1.024,75	1.229,70	2.049,50	4.099,00	6.148,50	8.198,00	12.297,00	16.396,00
600.000	1.074,25	1.289,10	2.148,50	4.297,00	6.445,50	8.594,00	12.891,00	17.188,00
650.000	1.123,75	1.348,50	2.247,50	4.495,00	6.742,50	8.990,00	13.485,00	17.980,00
700.000	1.173,25	1.407,90	2.346,50	4.693,00	7.039,50	9.386,00	14.079,00	18.772,00
750.000	1.222,75	1.467,30	2.445,50	4.891,00	7.336,50	9.782,00	14.673,00	19.564,00
800.000	1.272,25	1.526,70	2.544,50	5.089,00	7.633,50	10.178,00	15.267,00	20.356,00
850.000	1.321,75	1.586,10	2.643,50	5.287,00	7.930,50	10.574,00	15.861,00	21.148,00
900.000	1.371,25	1.645,50	2.742,50	5.485,00	8.227,50	10.970,00	16.455,00	21.940,00

Gebührentabelle nach § 34 GNotKG (Tabelle A)

Wert bis … €	0,25	0,3	0,5	1,0	1,5	2,0	3,0	4,0
950.000	1.420,75	1.704,90	2.841,50	5.683,00	8.524,50	11.366,00	17.049,00	22.732,00
1.000.000	1.470,25	1.764,30	2.940,50	5.881,00	8.821,50	11.762,00	17.643,00	23.524,00
1.050.000	1.519,75	1.823,70	3.039,50	6.079,00	9.118,50	12.158,00	18.237,00	24.316,00
1.100.000	1.569,25	1.883,10	3.138,50	6.277,00	9.415,50	12.554,00	18.831,00	25.108,00
1.150.000	1.618,75	1.942,50	3.237,50	6.475,00	9.712,50	12.950,00	19.425,00	25.900,00
1.200.000	1.668,25	2.001,90	3.336,50	6.673,00	10.009,50	13.346,00	20.019,00	26.692,00
1.250.000	1.717,75	2.061,30	3.435,50	6.871,00	10.306,50	13.742,00	20.613,00	27.484,00
1.300.000	1.767,25	2.120,70	3.534,50	7.069,00	10.603,50	14.138,00	21.207,00	28.276,00
1.350.000	1.816,75	2.180,10	3.633,50	7.267,00	10.900,50	14.534,00	21.801,00	29.068,00
1.400.000	1.866,25	2.239,50	3.732,50	7.465,00	11.197,50	14.930,00	22.395,00	29.860,00
1.450.000	1.915,75	2.298,90	3.831,50	7.663,00	11.494,50	15.326,00	22.989,00	30.652,00
1.500.000	1.965,25	2.358,30	3.930,50	7.861,00	11.791,50	15.722,00	23.583,00	31.444,00
1.550.000	2.014,75	2.417,70	4.029,50	8.059,00	12.088,50	16.118,00	24.177,00	32.236,00
1.600.000	2.064,25	2.477,10	4.128,50	8.257,00	12.385,50	16.514,00	24.771,00	33.028,00
1.650.000	2.113,75	2.536,50	4.227,50	8.455,00	12.682,50	16.910,00	25.365,00	33.820,00
1.700.000	2.163,25	2.595,90	4.326,50	8.653,00	12.979,50	17.306,00	25.959,00	34.612,00
1.750.000	2.212,75	2.655,30	4.425,50	8.851,00	13.276,50	17.702,00	26.553,00	35.404,00
1.800.000	2.262,25	2.714,70	4.524,50	9.049,00	13.573,50	18.098,00	27.147,00	36.196,00
1.850.000	2.311,75	2.774,10	4.623,50	9.247,00	13.870,50	18.494,00	27.741,00	36.988,00
1.900.000	2.361,25	2.833,50	4.722,50	9.445,00	14.167,50	18.890,00	28.335,00	37.780,00
1.950.000	2.410,75	2.892,90	4.821,50	9.643,00	14.464,50	19.286,00	28.929,00	38.572,00
2.000.000	2.460,25	2.952,30	4.920,50	9.841,00	14.761,50	19.682,00	29.523,00	39.364,00
2.050.000	2.509,75	3.011,70	5.019,50	10.039,00	15.058,50	20.078,00	30.117,00	40.156,00
2.100.000	2.559,25	3.071,10	5.118,50	10.237,00	15.355,50	20.474,00	30.711,00	40.948,00
2.150.000	2.608,75	3.130,50	5.217,50	10.435,00	15.652,50	20.870,00	31.305,00	41.740,00

Wert bis … €	0,25	0,3	0,5	1,0	1,5	2,0	3,0	4,0
2.200.000	2.658,25	3.189,90	5.316,50	10.633,00	15.949,50	21.266,00	31.899,00	42.532,00
2.250.000	2.707,75	3.249,30	5.415,50	10.831,00	16.246,50	21.662,00	32.493,00	43.324,00
2.300.000	2.757,25	3.308,70	5.514,50	11.029,00	16.543,50	22.058,00	33.087,00	44.116,00
2.350.000	2.806,75	3.368,10	5.613,50	11.227,00	16.840,50	22.454,00	33.681,00	44.908,00
2.400.000	2.856,25	3.427,50	5.712,50	11.425,00	17.137,50	22.850,00	34.275,00	45.700,00
2.450.000	2.905,75	3.486,90	5.811,50	11.623,00	17.434,50	23.246,00	34.869,00	46.492,00
2.500.000	2.955,25	3.546,30	5.910,50	11.821,00	17.731,50	23.642,00	35.463,00	47.284,00
2.550.000	3.004,75	3.605,70	6.009,50	12.019,00	18.028,50	24.038,00	36.057,00	48.076,00
2.600.000	3.054,25	3.665,10	6.108,50	12.217,00	18.325,50	24.434,00	36.651,00	48.868,00
2.650.000	3.103,75	3.724,50	6.207,50	12.415,00	18.622,50	24.830,00	37.245,00	49.660,00
2.700.000	3.153,25	3.783,90	6.306,50	12.613,00	18.919,50	25.226,00	37.839,00	50.452,00
2.750.000	3.202,75	3.843,30	6.405,50	12.811,00	19.216,50	25.622,00	38.433,00	51.244,00
2.800.000	3.252,25	3.902,70	6.504,50	13.009,00	19.513,50	26.018,00	39.027,00	52.036,00
2.850.000	3.301,75	3.962,10	6.603,50	13.207,00	19.810,50	26.414,00	39.621,00	52.828,00
2.900.000	3.351,25	4.021,50	6.702,50	13.405,00	20.107,50	26.810,00	40.215,00	53.620,00
2.950.000	3.400,75	4.080,90	6.801,50	13.603,00	20.404,50	27.206,00	40.809,00	54.412,00
3.000.000	3.450,25	4.140,30	6.900,50	13.801,00	20.701,50	27.602,00	41.403,00	55.204,00
3.050.000	3.499,75	4.199,70	6.999,50	13.999,00	20.998,50	27.998,00	41.997,00	55.996,00
3.100.000	3.549,25	4.259,10	7.098,50	14.197,00	21.295,50	28.394,00	42.591,00	56.788,00
3.150.000	3.598,75	4.318,50	7.197,50	14.395,00	21.592,50	28.790,00	43.185,00	57.580,00
3.200.000	3.648,25	4.377,90	7.296,50	14.593,00	21.889,50	29.186,00	43.779,00	58.372,00
3.250.000	3.697,75	4.437,30	7.395,50	14.791,00	22.186,50	29.582,00	44.373,00	59.164,00
3.300.000	3.747,25	4.496,70	7.494,50	14.989,00	22.483,50	29.978,00	44.967,00	59.956,00
3.350.000	3.796,75	4.556,10	7.593,50	15.187,00	22.780,50	30.374,00	45.561,00	60.748,00
3.400.000	3.846,25	4.615,50	7.692,50	15.385,00	23.077,50	30.770,00	46.155,00	61.540,00

Gebührentabelle nach § 34 GNotKG (Tabelle A)

Wert bis … €	0,25	0,3	0,5	1,0	1,5	2,0	3,0	4,0
3.450.000	3.895,75	4.674,90	7.791,50	15.583,00	23.374,50	31.166,00	46.749,00	62.332,00
3.500.000	3.945,25	4.734,30	7.890,50	15.781,00	23.671,50	31.562,00	47.343,00	63.124,00
3.550.000	3.994,75	4.793,70	7.989,50	15.979,00	23.968,50	31.958,00	47.937,00	63.916,00
3.600.000	4.044,25	4.853,10	8.088,50	16.177,00	24.265,50	32.354,00	48.531,00	64.708,00
3.650.000	4.093,75	4.912,50	8.187,50	16.375,00	24.562,50	32.750,00	49.125,00	65.500,00
3.700.000	4.143,25	4.971,90	8.286,50	16.573,00	24.859,50	33.146,00	49.719,00	66.292,00
3.750.000	4.192,75	5.031,30	8.385,50	16.771,00	25.156,50	33.542,00	50.313,00	67.084,00
3.800.000	4.242,25	5.090,70	8.484,50	16.969,00	25.453,50	33.938,00	50.907,00	67.876,00
3.850.000	4.291,75	5.150,10	8.583,50	17.167,00	25.750,50	34.334,00	51.501,00	68.668,00
3.900.000	4.341,25	5.209,50	8.682,50	17.365,00	26.047,50	34.730,00	52.095,00	69.460,00
3.950.000	4.390,75	5.268,90	8.781,50	17.563,00	26.344,50	35.126,00	52.689,00	70.252,00
4.000.000	4.440,25	5.328,30	8.880,50	17.761,00	26.641,50	35.522,00	53.283,00	71.044,00
4.050.000	4.489,75	5.387,70	8.979,50	17.959,00	26.938,50	35.918,00	53.877,00	71.836,00
4.100.000	4.539,25	5.447,10	9.078,50	18.157,00	27.235,50	36.314,00	54.471,00	72.628,00
4.150.000	4.588,75	5.506,50	9.177,50	18.355,00	27.532,50	36.710,00	55.065,00	73.420,00
4.200.000	4.638,25	5.565,90	9.276,50	18.553,00	27.829,50	37.106,00	55.659,00	74.212,00
4.250.000	4.687,75	5.625,30	9.375,50	18.751,00	28.126,50	37.502,00	56.253,00	75.004,00
4.300.000	4.737,25	5.684,70	9.474,50	18.949,00	28.423,50	37.898,00	56.847,00	75.796,00
4.350.000	4.786,75	5.744,10	9.573,50	19.147,00	28.720,50	38.294,00	57.441,00	76.588,00
4.400.000	4.836,25	5.803,50	9.672,50	19.345,00	29.017,50	38.690,00	58.035,00	77.380,00
4.450.000	4.885,75	5.862,90	9.771,50	19.543,00	29.314,50	39.086,00	58.629,00	78.172,00
4.500.000	4.935,25	5.922,30	9.870,50	19.741,00	29.611,50	39.482,00	59.223,00	78.964,00
4.550.000	4.984,75	5.981,70	9.969,50	19.939,00	29.908,50	39.878,00	59.817,00	79.756,00
4.600.000	5.034,25	6.041,10	10.068,50	20.137,00	30.205,50	40.274,00	60.411,00	80.548,00
4.650.000	5.083,75	6.100,50	10.167,50	20.335,00	30.502,50	40.670,00	61.005,00	81.340,00

Wert bis … €	0,25	0,3	0,5	1,0	1,5	2,0	3,0	4,0
4.700.000	5.133,25	6.159,90	10.266,50	20.533,00	30.799,50	41.066,00	61.599,00	82.132,00
4.750.000	5.182,75	6.219,30	10.365,50	20.731,00	31.096,50	41.462,00	62.193,00	82.924,00
4.800.000	5.232,25	6.278,70	10.464,50	20.929,00	31.393,50	41.858,00	62.787,00	83.716,00
4.850.000	5.281,75	6.338,10	10.563,50	21.127,00	31.690,50	42.254,00	63.381,00	84.508,00
4.900.000	5.331,25	6.397,50	10.662,50	21.325,00	31.987,50	42.650,00	63.975,00	85.300,00
4.950.000	5.380,75	6.456,90	10.761,50	21.523,00	32.284,50	43.046,00	64.569,00	86.092,00
5.000.000	5.430,25	6.516,30	10.860,50	21.721,00	32.581,50	43.442,00	65.163,00	86.884,00
5.200.000	5.479,75	6.575,70	10.959,50	21.919,00	32.878,50	43.838,00	65.757,00	87.676,00
5.400.000	5.529,25	6.635,10	11.058,50	22.117,00	33.175,50	44.234,00	66.351,00	88.468,00
5.600.000	5.578,75	6.694,50	11.157,50	22.315,00	33.472,50	44.630,00	66.945,00	89.260,00
5.800.000	5.628,25	6.753,90	11.256,50	22.513,00	33.769,50	45.026,00	67.539,00	90.052,00
6.000.000	5.677,75	6.813,30	11.355,50	22.711,00	34.066,50	45.422,00	68.133,00	90.844,00
6.200.000	5.727,25	6.872,70	11.454,50	22.909,00	34.363,50	45.818,00	68.727,00	91.636,00
6.400.000	5.776,75	6.932,10	11.553,50	23.107,00	34.660,50	46.214,00	69.321,00	92.428,00
6.600.000	5.826,25	6.991,50	11.652,50	23.305,00	34.957,50	46.610,00	69.915,00	93.220,00
6.800.000	5.875,75	7.050,90	11.751,50	23.503,00	35.254,50	47.006,00	70.509,00	94.012,00
7.000.000	5.925,25	7.110,30	11.850,50	23.701,00	35.551,50	47.402,00	71.103,00	94.804,00
7.200.000	5.974,75	7.169,70	11.949,50	23.899,00	35.848,50	47.798,00	71.697,00	95.596,00
7.400.000	6.024,25	7.229,10	12.048,50	24.097,00	36.145,50	48.194,00	72.291,00	96.388,00
7.600.000	6.073,75	7.288,50	12.147,50	24.295,00	36.442,50	48.590,00	72.885,00	97.180,00
7.800.000	6.123,25	7.347,90	12.246,50	24.493,00	36.739,50	48.986,00	73.479,00	97.972,00
8.000.000	6.172,75	7.407,30	12.345,50	24.691,00	37.036,50	49.382,00	74.073,00	98.764,00
8.200.000	6.222,25	7.466,70	12.444,50	24.889,00	37.333,50	49.778,00	74.667,00	99.556,00
8.400.000	6.271,75	7.526,10	12.543,50	25.087,00	37.630,50	50.174,00	75.261,00	100.348,00
8.600.000	6.321,25	7.585,50	12.642,50	25.285,00	37.927,50	50.570,00	75.855,00	101.140,00

Gebührentabelle nach § 34 GNotKG (Tabelle A)

Wert bis … €	0,25	0,3	0,5	1,0	1,5	2,0	3,0	4,0
8.800.000	6.370,75	7.644,90	12.741,50	25.483,00	38.224,50	50.966,00	76.449,00	101.932,00
9.000.000	6.420,25	7.704,30	12.840,50	25.681,00	38.521,50	51.362,00	77.043,00	102.724,00
9.200.000	6.469,75	7.763,70	12.939,50	25.879,00	38.818,50	51.758,00	77.637,00	103.516,00
9.400.000	6.519,25	7.823,10	13.038,50	26.077,00	39.115,50	52.154,00	78.231,00	104.308,00
9.600.000	6.568,75	7.882,50	13.137,50	26.275,00	39.412,50	52.550,00	78.825,00	105.100,00
9.800.000	6.618,25	7.941,90	13.236,50	26.473,00	39.709,50	52.946,00	79.419,00	105.892,00
10.000.000	6.667,75	8.001,30	13.335,50	26.671,00	40.006,50	53.342,00	80.013,00	106.684,00
10.250.000	6.717,25	8.060,70	13.434,50	26.869,00	40.303,50	53.738,00	80.607,00	107.476,00
10.500.000	6.766,75	8.120,10	13.533,50	27.067,00	40.600,50	54.134,00	81.201,00	108.268,00
10.750.000	6.816,25	8.179,50	13.632,50	27.265,00	40.897,50	54.530,00	81.795,00	109.060,00
11.000.000	6.865,75	8.238,90	13.731,50	27.463,00	41.194,50	54.926,00	82.389,00	109.852,00
11.250.000	6.915,25	8.298,30	13.830,50	27.661,00	41.491,50	55.322,00	82.983,00	110.644,00
11.500.000	6.964,75	8.357,70	13.929,50	27.859,00	41.788,50	55.718,00	83.577,00	111.436,00
11.750.000	7.014,25	8.417,10	14.028,50	28.057,00	42.085,50	56.114,00	84.171,00	112.228,00
12.000.000	7.063,75	8.476,50	14.127,50	28.255,00	42.382,50	56.510,00	84.765,00	113.020,00
12.250.000	7.113,25	8.535,90	14.226,50	28.453,00	42.679,50	56.906,00	85.359,00	113.812,00
12.500.000	7.162,75	8.595,30	14.325,50	28.651,00	42.976,50	57.302,00	85.953,00	114.604,00
12.750.000	7.212,25	8.654,70	14.424,50	28.849,00	43.273,50	57.698,00	86.547,00	115.396,00
13.000.000	7.261,75	8.714,10	14.523,50	29.047,00	43.570,50	58.094,00	87.141,00	116.188,00
13.250.000	7.311,25	8.773,50	14.622,50	29.245,00	43.867,50	58.490,00	87.735,00	116.980,00
13.500.000	7.360,75	8.832,90	14.721,50	29.443,00	44.164,50	58.886,00	88.329,00	117.772,00
13.750.000	7.410,25	8.892,30	14.820,50	29.641,00	44.461,50	59.282,00	88.923,00	118.564,00
14.000.000	7.459,75	8.951,70	14.919,50	29.839,00	44.758,50	59.678,00	89.517,00	119.356,00
14.250.000	7.509,25	9.011,10	15.018,50	30.037,00	45.055,50	60.074,00	90.111,00	120.148,00
14.500.000	7.558,75	9.070,50	15.117,50	30.235,00	45.352,50	60.470,00	90.705,00	120.940,00

Wert bis … €	0,25	0,3	0,5	1,0	1,5	2,0	3,0	4,0
14.750.000	7.608,25	9.129,90	15.216,50	30.433,00	45.649,50	60.866,00	91.299,00	121.732,00
15.000.000	7.657,75	9.189,30	15.315,50	30.631,00	45.946,50	61.262,00	91.893,00	122.524,00
15.250.000	7.707,25	9.248,70	15.414,50	30.829,00	46.243,50	61.658,00	92.487,00	123.316,00
15.500.000	7.756,75	9.308,10	15.513,50	31.027,00	46.540,50	62.054,00	93.081,00	124.108,00
15.750.000	7.806,25	9.367,50	15.612,50	31.225,00	46.837,50	62.450,00	93.675,00	124.900,00
16.000.000	7.855,75	9.426,90	15.711,50	31.423,00	47.134,50	62.846,00	94.269,00	125.692,00
16.250.000	7.905,25	9.486,30	15.810,50	31.621,00	47.431,50	63.242,00	94.863,00	126.484,00
16.500.000	7.954,75	9.545,70	15.909,50	31.819,00	47.728,50	63.638,00	95.457,00	127.276,00
16.750.000	8.004,25	9.605,10	16.008,50	32.017,00	48.025,50	64.034,00	96.051,00	128.068,00
17.000.000	8.053,75	9.664,50	16.107,50	32.215,00	48.322,50	64.430,00	96.645,00	128.860,00
17.250.000	8.103,25	9.723,90	16.206,50	32.413,00	48.619,50	64.826,00	97.239,00	129.652,00
17.500.000	8.152,75	9.783,30	16.305,50	32.611,00	48.916,50	65.222,00	97.833,00	130.444,00
17.750.000	8.202,25	9.842,70	16.404,50	32.809,00	49.213,50	65.618,00	98.427,00	131.236,00
18.000.000	8.251,75	9.902,10	16.503,50	33.007,00	49.510,50	66.014,00	99.021,00	132.028,00
18.250.000	8.301,25	9.961,50	16.602,50	33.205,00	49.807,50	66.410,00	99.615,00	132.820,00
18.500.000	8.350,75	10.020,90	16.701,50	33.403,00	50.104,50	66.806,00	100.209,00	133.612,00
18.750.000	8.400,25	10.080,30	16.800,50	33.601,00	50.401,50	67.202,00	100.803,00	134.404,00
19.000.000	8.449,75	10.139,70	16.899,50	33.799,00	50.698,50	67.598,00	101.397,00	135.196,00
19.250.000	8.499,25	10.199,10	16.998,50	33.997,00	50.995,50	67.994,00	101.991,00	135.988,00
19.500.000	8.548,75	10.258,50	17.097,50	34.195,00	51.292,50	68.390,00	102.585,00	136.780,00
19.750.000	8.598,25	10.317,90	17.196,50	34.393,00	51.589,50	68.786,00	103.179,00	137.572,00
20.000.000	8.647,75	10.377,30	17.295,50	34.591,00	51.886,50	69.182,00	103.773,00	138.364,00
20.500.000	8.697,25	10.436,70	17.394,50	34.789,00	52.183,50	69.578,00	104.367,00	139.156,00
21.000.000	8.746,75	10.496,10	17.493,50	34.987,00	52.480,50	69.974,00	104.961,00	139.948,00
21.500.000	8.796,25	10.555,50	17.592,50	35.185,00	52.777,50	70.370,00	105.555,00	140.740,00

Gebührentabelle nach § 34 GNotKG (Tabelle A)

Wert bis … €	0,25	0,3	0,5	1,0	1,5	2,0	3,0	4,0
22.000.000	8.845,75	10.614,90	17.691,50	35.383,00	53.074,50	70.766,00	106.149,00	141.532,00
22.500.000	8.895,25	10.674,30	17.790,50	35.581,00	53.371,50	71.162,00	106.743,00	142.324,00
23.000.000	8.944,75	10.733,70	17.889,50	35.779,00	53.668,50	71.558,00	107.337,00	143.116,00
23.500.000	8.994,25	10.793,10	17.988,50	35.977,00	53.965,50	71.954,00	107.931,00	143.908,00
24.000.000	9.043,75	10.852,50	18.087,50	36.175,00	54.262,50	72.350,00	108.525,00	144.700,00
24.500.000	9.093,25	10.911,90	18.186,50	36.373,00	54.559,50	72.746,00	109.119,00	145.492,00
25.000.000	9.142,75	10.971,30	18.285,50	36.571,00	54.856,50	73.142,00	109.713,00	146.284,00
25.500.000	9.192,25	11.030,70	18.384,50	36.769,00	55.153,50	73.538,00	110.307,00	147.076,00
26.000.000	9.241,75	11.090,10	18.483,50	36.967,00	55.450,50	73.934,00	110.901,00	147.868,00
26.500.000	9.291,25	11.149,50	18.582,50	37.165,00	55.747,50	74.330,00	111.495,00	148.660,00
27.000.000	9.340,75	11.208,90	18.681,50	37.363,00	56.044,50	74.726,00	112.089,00	149.452,00
27.500.000	9.390,25	11.268,30	18.780,50	37.561,00	56.341,50	75.122,00	112.683,00	150.244,00
28.000.000	9.439,75	11.327,70	18.879,50	37.759,00	56.638,50	75.518,00	113.277,00	151.036,00
28.500.000	9.489,25	11.387,10	18.978,50	37.957,00	56.935,50	75.914,00	113.871,00	151.828,00
29.000.000	9.538,75	11.446,50	19.077,50	38.155,00	57.232,50	76.310,00	114.465,00	152.620,00
29.500.000	9.588,25	11.505,90	19.176,50	38.353,00	57.529,50	76.706,00	115.059,00	153.412,00
30.000.000 **	9.637,75	11.565,30	19.275,50	38.551,00	57.826,50	77.102,00	115.653,00	154.204,00

** Höchstwert gem. § 35 Abs. 2 GNotKG.

23. Gebühren des Notars für Anmeldungen zum Handelsregister, bei denen nicht ein bestimmter Geldbetrag in das Handelsregister eingetragen wird, sowie für etwaige Gesellschafterbeschlüsse

Hinweis:

Die Gerichtsgebühren für die Eintragungen in das Handelsregister ergeben sich aus der Handelsregistergebührenverordnung (HRegGebV) vom 30.9.2004 (BGBl. I S. 2562), zuletzt geändert durch Gesetz zum Bürokratieabbau und zur Förderung der Transparenz bei Genossenschaften (GTranspFöG/BürokrAbbG) vom 17.7.2017 (BGBl. I S. 2434), abgedruckt nachfolgend auf S. 513 ff.

Gem. § 105 Abs. 1 GNotKG ist bei den dort aufgeführten Anmeldungen zum Handelsregister Geschäftswert der in das Handelsregister einzutragende Geldbetrag, bei Änderungen bereits eingetragener Geldbeträge der Unterschiedsbetrag. Der Geschäftswert beträgt gem. § 105 Abs. 1 S. 2 GNotKG insoweit mindestens 30.000,00 €.

Der Geschäftswert von Anmeldungen zum Handelsregister, bei denen nicht ein bestimmter Geldbetrag in das Handelsregister eingetragen wird, ergibt sich wie folgt:

Notargebühren für Handelsregisteranmeldungen

Erste Anmeldung

Firma/Unternehmen	**Geschäftswert** in Euro		**Gebühren** in Euro (Tabelle B zu § 34 GNotKG)		
			■ Bei Beurkundung: KV GNotKG Nr. 21201 Ziff. 5[1] 0,5 Gebühr, mind. 30,00 €. ■ Bei Unterschriftsbeglaubigung mit Entwurf: KV GNotKG Nrn. 24102, 21201 Ziff. 5, § 92 Abs. 2 GNotKG, 0,5 Gebühr, mind. 30,00 €. ■ Bei Unterschriftsbeglaubigung ohne Entwurf: KV GNotKG Nr. 25100, 0,2 Gebühr, mind. 20,00 €, höchstens 70,00 €. Nachfolgend wird von der Entwurfsgebühr ausgegangen.		KV GNotKG Nr. 21100 Beurkundung von Versammlungsbeschlüssen[2] 2,0 Gebühr KV GNotKG Nr. 21100, mind. 120,00 €
	normal Anmeldung: § 105 Abs. 3 GNotKG Beschluss: §§ 108 Abs. 1, 105 Abs. 4 GNotKG	Anschriftenänderung oder ähnliche Anmeldung ohne wirtschaftliche Bedeutung (§ 105 Abs. 5 GNotKG)	normal	Anschriftenänderung oder ähnliche Anmeldung ohne wirtschaftliche Bedeutung	
Einzelkaufmann	30.000,00 €	5.000,00 €	62,50 €	22,50 €, aber Mindestgebühr: 30,00 €	
– OHG mit zwei Gesellschaftern; **– Partnerschaft mit zwei Par** **– bei mehr als zwei erhöht sich der Wert für jeden weiteren Gesellschafter/Partner um jeweils 15.000,00 €**	45.000,00 €	5.000,00 €	77,50 €	22,50 €, aber Mindestgebühr: 30,00 €	
Genossenschaft oder Juristische Person (§ 33 HGB)	60.000,00 €	5.000,00 €	96,00 €	22,50 €, aber Mindestgebühr: 30,00 €	

1 Höchstwert für Anmeldungen gem. § 106 GNotKG: Höchstens 1.000.000,00 €, auch wenn mehrere Anmeldungen in einem Beurkundungsverfahren (§ 85 Abs. 1 GNotKG) zusammengefasst werden.

2 Der Geschäftswert beträgt höchstens 5.000.000,00 €, § 108 Abs. 5 GNotKG.

Notargebühren für Handelsregisteranmeldungen

Spätere Anmeldung

Firma/Unternehmen	**Geschäftswert** in Euro		**Gebühren** in Euro (Tabelle B zu § 34 GNotKG)		
			■ Bei Beurkundung: KV GNotKG Nr. 21201 Ziff. 5[1] 0,5 Gebühr, mind. 30,00 €. ■ Bei Unterschriftsbeglaubigung mit Entwurf: KV GNotKG Nrn. 24102, 21201 Ziff. 5[1,2], § 92 Abs. 2 GNotKG, 0,5 Gebühr, mind. 30,00 €. ■ Bei Unterschriftsbeglaubigung ohne Entwurf: KV GNotKG Nr. 25100, 0,2 Gebühr, mind. 20,00 €, höchstens 70,00 €. Nachfolgend wird von der Entwurfsgebühr ausgegangen.		KV GNotKG Nr. 21100 Beurkundung von Versammlungsbeschlüssen[2] 2,0 Gebühr KV GNotKG Nr. 21100, mind. 120,00 €
	normal Anmeldung: § 105 Abs. 4 GNotKG Beschluss: §§ 108 Abs. 1, 105 Abs. 4 GNotKG	Anschriftenänderung oder ähnliche Anmeldung ohne wirtschaftliche Bedeutung (§ 105 Abs. 5 GNotKG)	normal	Anschriftenänderung oder ähnliche Anmeldung ohne wirtschaftliche Bedeutung	
Kapitalgesellschaft	1 % des eingetragenen Grund- oder Stammkapitals, mindestens 30.000,00 €[3]	5.000,00 €	62,50 € bis 867,50 €	22,50 €, aber Mindestgebühr: 30,00 €	250,00 € bis 16.270,00 €
Versicherungsverein auf Gegenseitigkeit	60.000,00 €	5.000,00 €	96,00 €	22,50 €, aber Mindestgebühr: 30,00 €	384,00 €

1 Höchstwert für Anmeldungen gem. § 106 GNotKG: Höchstens 1.000.000,00 €, auch wenn mehrere Anmeldungen in einem Beurkundungsverfahren zusammengefasst werden.

2 Der Geschäftswert beträgt höchstens 5 000.000,00 €, § 108 Abs. 5 GNotKG.

3 Gem. § 105 Abs. 6 GNotKG gilt der in § 105 Abs. 4 Nr. 1 bestimmte Mindestwert nicht für die Gründung einer Gesellschaft gem. § 2 Abs. 1a des GmbH-Gesetzes und, wenn von dem in der Anlage zu dem GmbH-Gesetz bestimmten Musterprotokoll nicht abgewichen wird, für Änderungen des Gesellschaftsvertrags. Rein sprachliche Abweichungen vom Musterprotokoll oder die spätere Streichung der auf die Gründung verweisenden Formulierungen stehen dem nicht entgegen.

Notargebühren für Handelsregisteranmeldungen

Spätere Anmeldung

Firma/Unternehmen	**Geschäftswert** in Euro		**Gebühren** in Euro		
			■ Bei Beurkundung: KV GNotKG Nr. 21201 Ziff. 5[1] 0,5 Gebühr, mind. 30,00 €. ■ Bei Unterschriftsbeglaubigung mit Entwurf: KV GNotKG Nrn. 24102, 21201 Ziff. 5[1], § 92 Abs. 2 GNotKG, 0,5 Gebühr, mind. 30,00 €. ■ Bei Unterschriftsbeglaubigung ohne Entwurf: KV GNotKG Nr. 25100, 0,2 Gebühr, mind. 20,00 €, höchstens 70,00 €. Nachfolgend wird von der Entwurfsgebühr ausgegangen.		KV GNotKG Nr. 21100 Beurkundung von Versammlungsbeschlüssen[2] 2,0 Gebühr KV GNotKG Nr. 21100, mind. 120,00 €
	normal Anmeldung: § 105 Abs. 4 GNotKG Beschluss: §§ 108 Abs. 1, 105 Abs. 4 GNotKG	Anschriftenänderung oder ähnliche Anmeldung ohne wirtschaftliche Bedeutung (§ 105a Abs. 5 GNotKG)	normal	Anschriftenänderung, ohne wirtschaftliche Bedeutung	
Personenhandelsgesellschaft **Partnerschaftsgesellschaft**	30.000,00 €; bei Eintritt oder Ausscheiden von mehr als zwei persönlich haftenden Gesellschaftern oder Partnern für jeden von diesen 15.000,00 € mehr	5.000,00 €	62,50 €	22,50 €	250,00 €
Einzelkaufmann, Genossenschaft oder juristische Person (§ 33 HGB)	30.000,00 €	5.000,00 €	62,50 €	22,50 €	250,00 €

1 Höchstwert für Anmeldungen gem. § 106 GNotKG: Höchstens 1.000.000,00 €, auch wenn mehrere Anmeldungen in einem Beurkundungsverfahren zusammengefasst werden.

2 Der Geschäftswert beträgt höchstens 5.000.000,00 €, § 108 Abs. 5 GNotKG.

Notargebühren für Handelsregisteranmeldungen

Vollzugs- und Betreuungsgebühr des Notars bei Anmeldungen zum Handelsregister

I. Vollzugsgebühr

Für die elektronische Übermittlung der Anmeldung an das Registergericht (§ 12 HGB) erhält der Notar neben der Beurkundungsgebühr KV GNotKG Nr. 21201 Ziff. 5 oder neben der Entwurfsgebühr KV GNotKG Nrn. 24102, 21201 Ziff. 5 keine Vollzugsgebühr, weil diese Gebühren die Übermittlung an das Registergericht abgelten, KV GNotKG Vorbem. 2.1 Abs. 2 Nr. 1, Vorbem. 2.4.1 Abs. 4.

Hat der Notar nur die Unterschrift unter der Anmeldung beglaubigt, entsteht für deren Übermittlung an das Handelsregister als Vollzugsgebühr nach KV GNotKG Nr. 22124 eine Festgebühr i.H.v. 20,00 €, KV GNotKG Vorbem. 2.2.1.2 Nr. 1.

Für die wegen § 12 Abs. 1 HGB erforderliche Erzeugung von strukturierten Daten in Form der Extensible Markup Language (XML) oder in einem nach dem Stand der Technik vergleichbaren Format für eine automatisierte Weiterbearbeitung der Anmeldung erhält der Notar nach KV GNotKG Nr. 22114 eine 0,2 Gebühr von höchstens 125,00 €. Wenn neben der Gebühr KV GNotKG Nr. 22114 andere Vollzugsgebühren nach KV GNotKG Nrn. 22110 bis 22113 entstehen, beträgt die Gebühr KV GNotKG 22114 0,1, höchstens aber ebenfalls 125,00 €. Der Mindestbetrag der Gebühr ergibt sich aus § 34 Abs. 5 GNotKG und beträgt 15,00 €.

Hat der Notar die Anmeldung nicht beurkundet oder nicht entworfen, fällt insoweit eine 0,5 Gebühr nach KV GNotKG Nr. 22125 an (Höchstgebühr 250,00 €). Der Notar erhält diese Gebühren für den elektronischen Vollzug auch ohne Auftrag der Beteiligten, KV GNotKG Vorbem. 2.2 Abs. 1.

Die Gebühren für den elektronischen Vollzug nach KV GNotKG Nr. 22114 f. und Nr. 22125 entstehen gesondert neben anderen Vollzugsgebühren wie z.B. bei KV GNotKG 22125 der Vollzugsgebühr KV GNotKG Nr. 22124.

Der Geschäftswert der Vollzugsgebühr bzw. der Gebühr für den elektronischen Vollzug (KV GNotKG Nrn. 22114 f., 22125) bestimmt sich nach § 112 GNotKG und ist der volle Geschäftswert des zugrunde liegenden Beurkundungs- bzw. Entwurfsverfahrens. Teilwertbildungen finden für die Vollzugsgebühr nicht statt.

II. Betreuungsgebühr

Wird der Notar im Rahmen der Gründung einer GmbH damit beauftragt, die erste Handelsregisteranmeldung erst dann beim Registergericht einzureichen, wenn ihm die Einzahlung der Stammeinlagen durch die Gesellschafter nachgewiesen worden ist, liegt eine nach Nr. 3 der Anm. zu KV GNotKG Nr. 22200 gebührenpflichtige Betreuungstätigkeit vor. Es fällt hierfür eine 0,5 Gebühr nach dem vollen Geschäftswert (§ 113 Abs. 1 GNotKG) des zugrunde liegenden Beurkundungs- bzw. Entwurfsverfahrens an. Teilwertbildungen finden für die Betreuungsgebühr nicht statt.

Notargebühren für Handelsregisteranmeldungen

§ 105 GNotKG Anmeldung zu bestimmten Registern (ggf. i.V.m §§ 119 und 121 GNotKG – Entwurf und Beglaubigung)

(1) Bei den folgenden Anmeldungen zum Handelsregister ist Geschäftswert der in das Handelsregister einzutragende Geldbetrag, bei Änderung bereits eingetragener Geldbeträge der Unterschiedsbetrag:

1. erste Anmeldung einer Kapitalgesellschaft; ein in der Satzung bestimmtes genehmigtes Kapital ist dem Grund- oder Stammkapital hinzuzurechnen;
2. erste Anmeldung eines Versicherungsvereins auf Gegenseitigkeit;
3. Erhöhung oder Herabsetzung des Stammkapitals einer Gesellschaft mit beschränkter Haftung;
4. Beschluss der Hauptversammlung einer Aktiengesellschaft oder einer Kommanditgesellschaft auf Aktien über
   a) Maßnahmen der Kapitalbeschaffung (§§ 182 bis 221 des Aktiengesetzes); dem Beschluss über die genehmigte Kapitalerhöhung steht der Beschluss über die Verlängerung der Frist gleich, innerhalb derer der Vorstand das Kapital erhöhen kann;
   b) Maßnahmen der Kapitalherabsetzung (§§ 222 bis 240 des Aktiengesetzes);
5. erste Anmeldung einer Kommanditgesellschaft; maßgebend ist die Summe der Kommanditeinlagen; hinzuzurechnen sind 30.000 Euro für den ersten und 15.000 Euro für jeden weiteren persönlich haftenden Gesellschafter;
6. Eintritt eines Kommanditisten in eine bestehende Personenhandelsgesellschaft oder Ausscheiden eines Kommanditisten; ist ein Kommanditist als Nachfolger eines anderen Kommanditisten oder ein bisher persönlich haftender Gesellschafter als Kommanditist oder ein bisheriger Kommanditist als persönlich haftender Gesellschafter einzutragen, ist die einfache Kommanditeinlage maßgebend;
7. Erhöhung oder Herabsetzung einer Kommanditeinlage.

Der Geschäftswert beträgt mindestens 30.000 Euro.

(2) Bei sonstigen Anmeldungen zum Handelsregister sowie bei Anmeldungen zum Partnerschafts- und Genossenschaftsregister bestimmt sich der Geschäftswert nach den Absätzen 3 bis 5.

(3) Der Geschäftswert beträgt bei der ersten Anmeldung

1. eines Einzelkaufmanns 30.000 Euro,
2. einer offenen Handelsgesellschaft oder einer Partnerschaftsgesellschaft mit zwei Gesellschaftern 45.000 Euro; hat die offene Handelsgesellschaft oder die Partnerschaftsgesellschaft mehr als zwei Gesellschafter, erhöht sich der Wert für den dritten und jeden weiteren Gesellschafter um jeweils 15.000 Euro,
3. einer Genossenschaft oder einer juristischen Person (§ 33 des Handelsgesetzbuchs) 60.000 Euro.

(4) Bei einer späteren Anmeldung beträgt der Geschäftswert, wenn diese

1. eine Kapitalgesellschaft betrifft, ein Prozent des eingetragenen Grund- oder Stammkapitals, mindestens 30.000 Euro;
2. einen Versicherungsverein auf Gegenseitigkeit betrifft, 60.000 Euro;
3. eine Personenhandels- oder Partnerschaftsgesellschaft betrifft, 30.000 Euro; bei Eintritt oder Ausscheiden von mehr als zwei persönlich haftenden Gesellschaftern oder Partnern sind als Geschäftswert 15.000 Euro für jeden eintretenden oder ausscheidenden Gesellschafter oder Partner anzunehmen;
4. einen Einzelkaufmann, eine Genossenschaft oder eine juristische Person (§ 33 des Handelsgesetzbuchs) betrifft, 30 000 Euro.

(5) Ist eine Anmeldung nur deshalb erforderlich, weil sich eine Anschrift geändert hat, oder handelt es sich um eine ähnliche Anmeldung, die für das Unternehmen keine wirtschaftliche Bedeutung hat, so beträgt der Geschäftswert 5.000 Euro.

(6) Der in Absatz 1 Satz 2 und in Absatz 4 Nummer 1 bestimmte Mindestwert gilt nicht

1. für die Gründung einer Gesellschaft gemäß § 2 Absatz 1a des Gesetzes betreffend die Gesellschaften mit beschränkter Haftung und
2. für Änderungen des Gesellschaftsvertrags einer gemäß § 2 Absatz 1a des Gesetzes betreffend die Gesellschaften mit beschränkter Haftung gegründeten Gesellschaft, wenn die Gesellschaft auch mit dem geänderten Gesellschaftsvertrag hätte gemäß § 2 Absatz 1a des Gesetzes betreffend die Gesellschaften mit beschränkter Haftung gegründet werden können.

Reine sprachliche Abweichungen vom Musterprotokoll oder die spätere Streichung der auf die Gründung verweisenden Formulierungen stehen der Anwendung des Satzes 1 nicht entgegen.

§ 106 GNotKG Höchstwert für Anmeldungen zu bestimmten Registern

Bei der Beurkundung von Anmeldungen zu einem in § 105 genannten Register und zum Vereinsregister beträgt der Geschäftswert höchstens 1 Million Euro. Dies gilt auch dann, wenn mehrere Anmeldungen in einem Beurkundungsverfahren zusammengefasst werden.

§ 108 GNotKG Beschlüsse von Organen

(1) Für den Geschäftswert bei der Beurkundung von Beschlüssen von Organen von Kapital-, Personenhandels- und Partnerschaftsgesellschaften sowie von Versicherungsvereinen auf Gegenseitigkeit, juristischen Personen (§ 33 des Handelsgesetzbuchs) oder Genossenschaften, deren Gegenstand keinen bestimmten Geldwert hat, gilt § 105 Absatz 4 und 6 entsprechend. Bei Beschlüssen, deren Gegenstand einen bestimmten Geldwert hat, beträgt der Wert nicht weniger als der sich nach § 105 Absatz 1 ergebende Wert.

(2) Bei der Beurkundung von Beschlüssen im Sinne des Absatzes 1, welche die Zustimmung zu einem bestimmten Rechtsgeschäft enthalten, ist der Geschäftswert wie bei der Beurkundung des Geschäfts zu bestimmen, auf das sich der Zustimmungsbeschluss bezieht.

(3) Der Geschäftswert bei der Beurkundung von Beschlüssen nach dem Umwandlungsgesetz ist der Wert des Vermögens des übertragenden oder formwechselnden Rechtsträgers. Bei Abspaltungen oder Ausgliederungen ist der Wert des übergehenden Vermögens maßgebend.

(4) Der Geschäftswert bei der Beurkundung von Beschlüssen von Organen einer Gesellschaft bürgerlichen Rechts, deren Gegenstand keinen bestimmten Geldwert hat, beträgt 30.000 Euro.

(5) Der Geschäftswert von Beschlüssen von Gesellschafts-, Stiftungs- und Vereinsorganen sowie von ähnlichen Organen beträgt höchstens 5 Millionen Euro, auch wenn mehrere Beschlüsse mit verschiedenem Gegenstand in einem Beurkundungsverfahren zusammengefasst werden.

24. Gebühren des Gerichts für Eintragungen in das Handelsregister

Hinweis:

Zu den Gebühren des Notars für Anmeldungen zum Handelsregister siehe S. 505 ff.

§ 58 GNotKG

Eintragungen in das Handels-, Partnerschafts- oder Genossenschaftsregister; Verordnungsermächtigung

(1) Gebühren werden nur aufgrund einer Rechtsverordnung (Handelsregistergebührenverordnung) erhoben für

1. Eintragungen in das Handels-, Partnerschafts-oder Genossenschaftsregister,
2. Fälle der Zurücknahme oder Zurückweisung von Anmeldungen zu diesen Registern,
3. die Entgegennahme, Prüfung und Aufbewahrung der zum Handels- oder Genossenschaftsregister einzureichenden Unterlagen sowie
4. die Übertragung von Schriftstücken in ein elektronisches Dokument nach § 9 Absatz 2 des Handelsgesetzbuchs.

Keine Gebühren werden erhoben für die aus Anlass eines Insolvenzverfahrens von Amts wegen vorzunehmenden Eintragungen und für Löschungen nach § 395 des Gesetzes über das Verfahren in Familiensachen und in den Angelegenheiten der freiwilligen Gerichtsbarkeit.

(2) Die Rechtsverordnung nach Absatz 1 erlässt das Bundesministerium der Justiz und für Verbraucherschutz. Sie bedarf der Zustimmung des Bundesrates. Die Höhe der Gebühren richtet sich nach den auf die Amtshandlungen entfallenden durchschnittlichen Personal- und Sachkosten; Gebühren für Fälle der Zurücknahme oder Zurückweisung von Anmeldungen können jedoch bestimmt werden, indem die für die entsprechenden Eintragungen zu erhebenden Gebühren pauschal mit Ab- oder Zuschlägen versehen werden. Die auf gebührenfreie Eintragungen entfallenden Personal- und Sachkosten können bei der Höhe der für andere Eintragungen festgesetzten Gebühren berücksichtigt werden.

Handelsregistergebührenverordnung (HRegGebV)

Verordnung über Gebühren in Handels-, Partnerschafts- und Genossenschaftsregistersachen (Handelsregistergebührenverordnung – HRegGebV)

vom 30.9.2004, BGBl. I S. 2562

zuletzt geändert durch Gesetz zum Bürokratieabbau und zur Förderung der Transparenz bei Genossenschaften (GTranspFöG/BürokrAbbG) vom 17.7.2017, BGBl I S. 2434

§ 1 Gebührenverzeichnis

Für Eintragungen in das Handels-, Partnerschafts- oder Genossenschaftsregister, die Entgegennahme, Prüfung und Aufbewahrung der zum Handels- oder Genossenschaftsregister einzureichenden Unterlagen sowie die Übertragung von Schriftstücken in ein elektronisches Dokument nach § 9 Abs. 2 des Handelsgesetzbuchs werden Gebühren nach dem Gebührenverzeichnis der Anlage zu dieser Verordnung erhoben. Satz 1 gilt nicht für die aus Anlass eines Insolvenzverfahrens von Amts wegen vorzunehmenden Eintragungen und für Löschungen nach § 395 des Gesetzes über das Verfahren in Familiensachen und in den Angelegenheiten der freiwilligen Gerichtsbarkeit.

§ 2 Allgemeine Vorschriften

(1) Neben der Gebühr für die Ersteintragung werden nur Gebühren für die gleichzeitig angemeldete Eintragung der Errichtung einer Zweigniederlassung und für die Eintragung einer Prokura gesondert erhoben.

(2) Betrifft dieselbe spätere Anmeldung mehrere Tatsachen, ist für jede Tatsache die Gebühr gesondert zu erheben. Das Eintreten oder das Ausscheiden einzutragender Personen ist hinsichtlich einer jeden Person eine besondere Tatsache.

(3) Als jeweils dieselbe Tatsache betreffend sind zu behandeln:

1. die Anmeldung einer zur Vertretung berechtigten Person und die gleichzeitige Anmeldung ihrer Vertretungsmacht oder deren Ausschlusses;
2. die Anmeldung der Verlegung
   a) der Hauptniederlassung,
   b) des Sitzes oder
   c) der Zweigniederlassung

   und die gleichzeitige Anmeldung der Änderung der inländischen Geschäftsanschrift;
3. mehrere Änderungen eines Gesellschaftsvertrags oder einer Satzung, die gleichzeitig angemeldet werden und nicht die Änderung eingetragener Angaben betreffen;
4. die Änderung eingetragener Angaben und die dem zugrunde liegende Änderung des Gesellschaftsvertrags oder der Satzung.

(4) Anmeldungen, die am selben Tag beim Registergericht eingegangen sind und dasselbe Unternehmen betreffen, werden als eine Anmeldung behandelt.

§ 2a Recht der Europäischen Union

Umwandlungen und Verschmelzungen nach dem Recht der Europäischen Union stehen hinsichtlich der Gebühren den Umwandlungen nach dem Umwandlungsgesetz gleich.

§ 3 Zurücknahme

(1) Wird eine Anmeldung zurückgenommen, bevor die Eintragung erfolgt oder die Anmeldung zurückgewiesen worden ist, sind 120 Prozent der für die Eintragung bestimmten Gebühren zu erheben. Bei der Zurücknahme einer angemeldeten Ersteintragung bleiben die Gebühren für

die gleichzeitig angemeldete Eintragung der Errichtung einer Zweigniederlassung und für die Eintragung einer Prokura unberücksichtigt.

(2) Erfolgt die Zurücknahme spätestens am Tag bevor eine Entscheidung des Gerichts mit der Bestimmung einer angemessenen Frist zur Beseitigung eines Hindernisses (§ 382 Absatz 4 des Gesetzes über das Verfahren in Familiensachen und in den Angelegenheiten der freiwilligen Gerichtsbarkeit) unterzeichnet wird, beträgt die Gebühr 75 Prozent der für die Eintragung bestimmten Gebühr, höchstens jedoch 250 Euro. Der unterzeichneten Entscheidung steht ein gerichtliches elektronisches Dokument gleich (§ 14 Absatz 3 des Gesetzes über das Verfahren in Familiensachen und in den Angelegenheiten der freiwilligen Gerichtsbarkeit in Verbindung mit § 130b der Zivilprozessordnung). Betrifft eine Anmeldung mehrere Tatsachen, betragen in den Fällen der Sätze 1 und 2 die auf die zurückgenommenen Teile der Anmeldung entfallenden Gebühren insgesamt höchstens 250 Euro.

§ 4 Zurückweisung

Wird eine Anmeldung zurückgewiesen, sind 170 Prozent der für die Eintragung bestimmten Gebühren zu erheben. Bei der Zurückweisung einer angemeldeten Ersteintragung bleiben die Gebühren für die gleichzeitig angemeldete Eintragung der Errichtung einer Zweigniederlassung und für die Eintragung einer Prokura unberücksichtigt.

§ 5 Zurücknahme oder Zurückweisung in besonderen Fällen

Wird die Anmeldung einer sonstigen späteren Eintragung, die mehrere Tatsachen zum Gegenstand hat, teilweise zurückgenommen oder zurückgewiesen, ist für jeden zurückgenommenen oder zurückgewiesenen Teil von den Gebühren 1506, 2502 und 3502 des Gebührenverzeichnisses auszugehen. § 3 Satz 2 und § 4 Satz 2 bleiben unberührt.

§ 5a Übergangsvorschrift

Für Kosten, die vor dem Inkrafttreten einer Änderung der Rechtsverordnung fällig geworden sind, gilt das bisherige Recht.

§ 6 Übergangsvorschrift zum Gesetz über elektronische Handelsregister und Genossenschaftsregister sowie das Unternehmensregister

(aufgehoben m.W.v. 22.7.2017)

Nr.	Gebührentatbestand	Gebührenbetrag

Teil 1: Eintragungen in das Handelsregister Abteilung A und das Partnerschaftsregister

Vorbemerkung 1:

(1) Für Eintragungen, die juristische Personen (§ 33 HGB) und Europäische wirtschaftliche Interessenvereinigungen betreffen, bestimmen sich die Gebühren nach den für Eintragungen bei Gesellschaften mit bis zu 3 eingetragenen Gesellschaftern geltenden Vorschriften. Hinsichtlich der Gebühren für Eintragungen, die Zweigniederlassungen eines Unternehmens mit Hauptniederlassung oder Sitz im Ausland betreffen, bleibt der Umstand, dass es sich um eine Zweigniederlassung handelt, unberücksichtigt; die allgemein für inländische Unternehmen geltenden Vorschriften sind anzuwenden.

(2) Wird die Hauptniederlassung oder der Sitz in den Bezirk eines anderen Gerichts verlegt, wird für die Eintragung im Register der bisherigen Hauptniederlassung oder des bisherigen Sitzes keine Gebühr erhoben.

(3) Für Eintragungen, die Prokuren betreffen, sind ausschließlich Gebühren nach Teil 4 zu erheben.

(4) Für die Eintragung des Erlöschens der Firma oder des Namens sowie des Schlusses der Abwicklung einer Europäischen wirtschaftlichen Interessenvereinigung werden keine Gebühren erhoben; die Gebühren in Abschnitt 4 bleiben unberührt.

Abschnitt 1 Ersteintragung

Nr.	Gebührentatbestand	Gebührenbetrag
	Eintragung – außer aufgrund einer Umwandlung nach dem UmwG –	
1100	– eines Einzelkaufmanns	70,00 €
1101	– einer Gesellschaft mit bis zu 3 einzutragenden Gesellschaftern oder einer Partnerschaft mit bis zu 3 einzutragenden Partnern	100,00 €
1102	– einer Gesellschaft mit mehr als 3 einzutragenden Gesellschaftern oder einer Partnerschaft mit mehr als 3 einzutragenden Partnern:	
	Die Gebühr 1101 erhöht sich für jeden weiteren einzutragenden Gesellschafter oder jeden weiteren einzutragenden Partner um	40,00 €
	Eintragung aufgrund einer Umwandlung nach dem UmwG	
1103	– eines Einzelkaufmanns	150,00 €
1104	– einer Gesellschaft mit bis zu 3 einzutragenden Gesellschaftern oder einer Partnerschaft mit bis zu 3 einzutragenden Partnern	180,00 €

Nr.	Gebührentatbestand	Gebührenbetrag
1105	– einer Gesellschaft mit mehr als 3 einzutragenden Gesellschaftern oder einer Partnerschaft mit mehr als 3 einzutragenden Partnern:	
	Die Gebühr 1104 erhöht sich für jeden weiteren einzutragenden Gesellschafter oder für jeden weiteren einzutragenden Partner um	70,00 €

Abschnitt 2
Errichtung einer Zweigniederlassung

1200	Eintragung einer Zweigniederlassung	40,00 €

Abschnitt 3
Verlegung der Hauptniederlassung oder des Sitzes

Vorbemerkung 1.3:

Gebühren nach diesem Abschnitt sind nicht zu erheben, wenn das bisherige Gericht zuständig bleibt; Abschnitt 5 bleibt unberührt.

	Eintragung bei dem Gericht, in dessen Bezirk die Hauptniederlassung oder der Sitz verlegt worden ist, bei	
1300	– einem Einzelkaufmann	60,00 €
1301	– einer Gesellschaft mit bis zu 3 eingetragenen Gesellschaftern oder einer Partnerschaft mit bis zu 3 eingetragenen Partnern	80,00 €
	– einer Gesellschaft mit mehr als 3 eingetragenen Gesellschaftern oder einer Partnerschaft mit mehr als 3 eingetragenen Partnern:	
1302	– – Die Gebühr 1301 erhöht sich für jeden weiteren eingetragenen Gesellschafter oder für jeden weiteren eingetragenen Partner bis einschließlich zur 100. eingetragenen Person um	40,00 €
1303	– – Die Gebühr 1301 erhöht sich für jeden weiteren eingetragenen Gesellschafter oder für jeden weiteren eingetragenen Partner ab der 101. eingetragenen Person um	10,00 €

Nr.	Gebührentatbestand	Gebührenbetrag

Abschnitt 4
Umwandlung nach dem Umwandlungsgesetz

Nr.	Gebührentatbestand	Gebührenbetrag
	Eintragung einer Umwandlung nach dem UmwG	
1400	– in das Register des übertragenden oder formwechselnden Rechtsträgers	180,00 €
1401	– in das Register des übernehmenden Rechtsträgers	180,00 €
	Für Eintragungen über den Eintritt der Wirksamkeit werden keine besonderen Gebühren erhoben.	

Abschnitt 5
Sonstige spätere Eintragung

Vorbemerkung 1.5:

Gebühren nach diesem Abschnitt werden nur für Eintragungen erhoben, für die Gebühren nach den Abschnitten 1 bis 4 nicht zu erheben sind.

Nr.	Gebührentatbestand	Gebührenbetrag
	Eintragung einer Tatsache bei	
1500	– einem Einzelkaufmann	40,00 €
1501	– einer Gesellschaft mit bis zu 50 eingetragenen Gesellschaftern oder einer Partnerschaft mit bis zu 50 eingetragenen Partnern	60,00 €
1502	– einer Gesellschaft mit mehr als 50 eingetragenen Gesellschaftern oder einer Partnerschaft mit mehr als 50 eingetragenen Partnern	70,00 €
1503	Eintragung der zweiten und jeder weiteren Tatsache aufgrund derselben Anmeldung:	
	Die Gebühren 1500 bis 1502 betragen jeweils	30,00 €
	Tatsachen ohne wirtschaftliche Bedeutung sind nicht als erste Tatsache zu behandeln.	
1504	Die Eintragung betrifft eine Tatsache ohne wirtschaftliche Bedeutung:	
	Die Gebühren 1500 bis 1502 betragen	30,00 €

Nr.	Gebührentatbestand	Gebührenbetrag

Teil 2:
Eintragungen in das Handelsregister Abteilung B

Vorbemerkung 2:

(1) Hinsichtlich der Gebühren für Eintragungen, die Zweigniederlassungen eines Unternehmens mit Sitz im Ausland betreffen, bleibt der Umstand, dass es sich um eine Zweigniederlassung handelt, unberücksichtigt; die allgemein für inländische Unternehmen geltenden Vorschriften sind anzuwenden.

(2) Wird der Sitz in den Bezirk eines anderen Gerichts verlegt, wird für die Eintragung im Register des bisherigen Sitzes keine Gebühr erhoben.

(3) Für Eintragungen, die Prokuren betreffen, sind ausschließlich Gebühren nach Teil 4 zu erheben.

(4) Für die Eintragung der Löschung der Gesellschaft und des Schlusses der Abwicklung oder der Liquidation werden keine Gebühren erhoben; die Gebühren 2402 und 2403 bleiben unberührt.

Abschnitt 1
Ersteintragung

2100	Eintragung einer Gesellschaft mit beschränkter Haftung – außer aufgrund einer Umwandlung nach dem UmwG –	150,00 €
2101	Es wird mindestens eine Sacheinlage geleistet: Die Gebühr 2100 beträgt	240,00 €
2102	Eintragung einer Aktiengesellschaft, einer Kommanditgesellschaft auf Aktien oder eines Versicherungsvereins auf Gegenseitigkeit – außer aufgrund einer Umwandlung nach dem UmwG –	300,00 €
2103	Es wird mindestens eine Sacheinlage geleistet: Die Gebühr 2102 beträgt	360,00 €
	Eintragung aufgrund einer Umwandlung nach dem UmwG	
2104	– einer Gesellschaft mit beschränkter Haftung	260,00 €
2105	– einer Aktiengesellschaft oder einer Kommanditgesellschaft auf Aktien	660,00 €
2106	– eines Versicherungsvereins auf Gegenseitigkeit. . . .	460,00 €

Abschnitt 2
Errichtung einer Zweigniederlassung

2200	Eintragung einer Zweigniederlassung	120,00 €

Nr.	Gebührentatbestand	Gebührenbetrag
	Abschnitt 3 **Verlegung des Sitzes**	
2300	Eintragung bei dem Gericht, in dessen Bezirk der Sitz verlegt worden ist	140,00 €
	Die Gebühr wird nicht erhoben, wenn das bisherige Gericht zuständig bleibt; Abschnitt 5 bleibt unberührt.	
	Abschnitt 4 **Besondere spätere Eintragung**	
	Eintragung	
2400	– der Nachgründung einer Aktiengesellschaft oder des Beschlusses der Hauptversammlung einer Aktiengesellschaft oder einer Kommanditgesellschaft auf Aktien über Maßnahmen der Kapitalbeschaffung oder der Kapitalherabsetzung oder der Durchführung der Kapitalerhöhung	270,00 €
2401	– der Erhöhung des Stammkapitals durch Sacheinlage oder der Erhöhung des Stammkapitals zum Zwecke der Umwandlung nach dem UmwG	210,00 €
	Eintragung einer Umwandlung nach dem UmwG	
2402	– in das Register des übertragenden oder formwechselnden Rechtsträgers	240,00 €
2403	– in das Register des übernehmenden Rechtsträgers	240,00 €
	Für Eintragungen über den Eintritt der Wirksamkeit werden keine besonderen Gebühren erhoben.	
2404	Eintragung der Eingliederung oder des Endes der Eingliederung einer Aktiengesellschaft	210,00 €
2405	Eintragung des Übertragungsbeschlusses im Fall des Ausschlusses von Minderheitsaktionären (§ 372e AktG)	210,00 €

Nr.	Gebührentatbestand	Gebührenbetrag

Abschnitt 5
Sonstige spätere Eintragung

Vorbemerkung 2.5:

Gebühren nach diesem Abschnitt werden nur für Eintragungen erhoben, für die Gebühren nach den Abschnitten 1 bis 4 nicht zu erheben sind.

Nr.	Gebührentatbestand	Gebührenbetrag
2500	Eintragung einer Tatsache	70,00 €
2501	Eintragung der zweiten und jeder weiteren Tatsachen aufgrund derselben Anmeldung: Die Gebühr 2500 beträgt jeweils . . . . Tatsachen ohne wirtschaftliche Bedeutung sind nicht als erste Tatsache zu behandeln.	40,00 €
2502	Die Eintragung betrifft eine Tatsache ohne wirtschaftliche Bedeutung: Die Gebühren 2500 und 2501 betragen	30,00 €

Teil 3:
Eintragungen in das Genossenschaftsregister

Vorbemerkung 3:

(1) Hinsichtlich der Gebühren für Eintragungen, die Zweigniederlassungen einer Europäischen Genossenschaft mit Sitz im Ausland betreffen, bleibt der Umstand, dass es sich um eine Zweigniederlassung handelt, unberücksichtigt; die allgemein für inländische Genossenschaften geltenden Vorschriften sind anzuwenden.

(2) Wird der Sitz in den Bezirk eines anderen Gerichts verlegt, wird für die Eintragung im Register des bisherigen Sitzes keine Gebühr erhoben.

(3) Für Eintragungen, die Prokuren betreffen, sind ausschließlich Gebühren nach Teil 4 zu erheben.

(4) Für die Eintragung des Erlöschens der Genossenschaft werden keine Gebühren erhoben; die Gebühren in Abschnitt 4 bleiben unberührt.

Abschnitt 1
Ersteintragung

Nr.	Gebührentatbestand	Gebührenbetrag
	Eintragung	
3100	– außer aufgrund einer Umwandlung nach dem UmwG.	210,00 €
3101	– aufgrund einer Umwandlung nach dem UmwG	360,00 €

Nr.	Gebührentatbestand	Gebührenbetrag
	Abschnitt 2 **Errichtung einer Zweigniederlassung**	
3200	Eintragung einer Zweigniederlassung	60,00 €
	Abschnitt 3 **Verlegung des Sitzes**	
3300	Eintragung bei dem Gericht, in dessen Bezirk der Sitz verlegt worden ist . . . . Die Gebühr wird nicht erhoben, wenn das bisherige Gericht zuständig bleibt; Abschnitt 5 bleibt unberührt.	210,00 €
	Abschnitt 4 **Umwandlung nach dem Umwandlungsgesetz**	
	Eintragung einer Umwandlung nach dem UmwG	
3400	– in das Register des übertragenden oder formwechselnden Rechtsträgers	300,00 €
3401	– in das Register des übernehmenden Rechtsträgers Für Eintragungen über den Eintritt der Wirksamkeit werden keine besonderen Gebühren erhoben.	300,00 €
	Abschnitt 5 **Sonstige spätere Eintragung**	
Vorbemerkung 3.5: Gebühren nach diesem Abschnitt werden nur für Eintragungen erhoben, für die Gebühren nach den Abschnitten 1 bis 4 nicht zu erheben sind.		
3500	Eintragung einer Tatsache	110,00 €
3501	Eintragung der zweiten und jeder weiteren Tatsachen aufgrund derselben Anmeldung:	
	Die Gebühr 3500 beträgt jeweils	60,00 €
	Tatsachen ohne wirtschaftliche Bedeutung sind nicht als erste Tatsache zu behandeln.	
3502	Die Eintragung betrifft eine Tatsache ohne wirtschaftliche Bedeutung:	
	Die Gebühren 3500 und 3501 betragen	30,00 €

Nr.	Gebührentatbestand	Gebührenbetrag
	Teil 4: Prokuren	
4000	Eintragung einer Prokura, Eintragung von Änderungen oder der Löschung einer Prokura	40,00 €
4001	Die Eintragung aufgrund derselben Anmeldung betreffen mehrere Prokuren:	
	Die Gebühr 4000 beträgt für die zweite und jede weitere Prokura jeweils	30,00 €
	Eine Prokura, wegen der die Gebühr 4002 erhoben wird, ist nicht als erste Prokura zu behandeln.	
4002	Die Eintragung betrifft ausschließlich eine Tatsache ohne wirtschaftliche Bedeutung:	
	Die Gebühr 4000 beträgt	30,00 €
	Teil 5: Weitere Geschäfte	
	Vorbemerkung 5: Mit den Gebühren 5001 bis 5006 wird auch der Aufwand für die Prüfung und Aufbewahrung der genannten Unterlagen abgegolten.	
	Entgegennahme	
5000	(aufgehoben m.W.v. 22.7.2017)	
5001	– der Bekanntmachung der Eröffnungsbilanz durch die Liquidatoren (§ 89 Satz 3 GenG)	30,00 €
5002	– der Liste der Gesellschafter (§ 40 Abs. 1 GmbHG). .	30,00 €
5003	– der Liste der Mitglieder des Aufsichtsrats (§ 52 Abs. 3 Satz 2 GmbHG, § 106 AktG)	40,00 €
5004	– der Mitteilung über den alleinigen Aktionär (§ 42 AktG).	40,00 €
5005	– des Protokolls der Jahreshauptversammlung (§ 130 Abs. 5 AktG)	50,00 €
5006	– von Verträgen, eines Verschmelzungsplans oder von entsprechenden Entwürfen nach dem UmwG. .	50,00 €

Nr.	Gebührentatbestand	Gebührenbetrag
5007	Übertragung von Schriftstücken in ein elektronisches Dokument (§ 9 Abs. 2 HGB); für jede angefangene Seite	2,00 € – mindestens 25,00 €
	Die Gebühr wird für die Dokumente jedes Registerblatts gesondert erhoben. Mit der Gebühr wird auch die einmalige elektronische Übermittlung der Dokumente an den Antragsteller abgegolten.	

25. Gesetz über Kosten der Gerichtsvollzieher (Gerichtsvollzieherkostengesetz – GvKostG)

vom 19.4.2001, BGBl. I S. 623, BGBl. III 362–2

zuletzt geändert durch das Gesetz zur Änderung des Justizkosten- und des Rechtsanwaltsvergütungsrechts und zur Änderung des Gesetzes zur Abmilderung der Folgen der COVID-19-Pandemie im Zivil-, Insolvenz- und Strafverfahrensrecht (Kostenrechtsänderungsgesetz 2021 – KostRÄG 2021) vom 21.12.2020, BGBl. I S. 3229

Inhaltsübersicht

Abschnitt 1: Allgemeine Vorschriften

§ 1 Geltungsbereich

(1) Für die Tätigkeit des Gerichtsvollziehers, für die er nach Bundes- oder Landesrecht sachlich zuständig ist, werden Kosten (Gebühren und Auslagen) nur nach diesem Gesetz erhoben.

(2) Landesrechtliche Vorschriften über die Kosten der Vollstreckung im Verwaltungszwangsverfahren bleiben unberührt.

§ 2 Kostenfreiheit

(1) [1]Von der Zahlung der Kosten sind befreit der Bund, die Länder und die nach dem Haushaltsplan des Bundes oder eines Landes für Rechnung des Bundes oder eines Landes verwalteten öffentlichen Körperschaften oder Anstalten, bei einer Zwangsvollstreckung nach § 885 der Zivilprozessordnung wegen der Auslagen jedoch nur, soweit diese einen Betrag von 5 000 Euro nicht übersteigen. [2]Bei der Vollstreckung wegen öffentlich-rechtlicher Geldforderungen ist maßgebend, wer ohne Berücksichtigung des § 252 der Abgabenordnung oder entsprechender Vorschriften Gläubiger der Forderung ist.

(2) [1]Bei der Durchführung des Zwölften Buches Sozialgesetzbuch sind die Träger der Sozialhilfe, bei der Durchführung des Zweiten Buches Sozialgesetzbuch die nach diesem Buch zuständigen Träger der Leistungen, bei der Durchführung des Achten Buches Sozialgesetzbuch die Träger der öffentlichen Jugendhilfe und bei der Durchführung der ihnen obliegenden Aufgaben nach dem Bundesversorgungsgesetz die Träger der Kriegsopferfürsorge von den Gebühren befreit. [2]Sonstige Vorschriften, die eine sachliche oder persönliche Befreiung von Kosten gewähren, gelten für Gerichtsvollzieherkosten nur insoweit, als sie ausdrücklich auch diese Kosten umfassen.

(3) Landesrechtliche Vorschriften, die in weiteren Fällen eine sachliche oder persönliche Befreiung von Gerichtsvollzieherkosten gewähren, bleiben unberührt.

(4) Die Befreiung von der Zahlung der Kosten oder der Gebühren steht der Entnahme der Kosten aus dem Erlös (§ 15) nicht entgegen.

§ 3 Auftrag

(1) [1]Ein Auftrag umfasst alle Amtshandlungen, die zu seiner Durchführung erforderlich sind; einem Vollstreckungsauftrag können mehrere Vollstreckungstitel zugrunde liegen. [2]Werden bei der Durchführung eines Auftrags mehrere Amtshandlungen durch verschiedene Gerichtsvollzieher erledigt, die ihren Amtssitz in verschiedenen Amtsgerichtsbezirken haben, gilt die Tätigkeit jedes Gerichtsvollziehers als Durchführung eines besonderen Auftrags. [3]Jeweils verschiedene Aufträge sind die Zustellung auf Betreiben der Parteien, die Vollstreckung einschließlich der Verwertung und besondere Geschäfte nach Abschnitt 4 des Kostenverzeichnisses, soweit sie nicht Nebengeschäft sind. [4]Die Vollziehung eines Haftbefehls ist ein besonderer Auftrag.

(2) [1]Es handelt sich jedoch um denselben Auftrag, wenn der Gerichtsvollzieher gleichzeitig beauftragt wird,

1. einen oder mehrere Vollstreckungstitel zuzustellen und hieraus gegen den Zustellungsempfänger zu vollstrecken,
2. mehrere Zustellungen an denselben Zustellungsempfänger oder an Gesamtschuldner zu bewirken oder
3. mehrere Vollstreckungshandlungen gegen denselben Vollstreckungsschuldner oder Verpflichteten (Schuldner) oder Vollstreckungshandlungen gegen Gesamtschuldner auszuführen.

[2]Der Gerichtsvollzieher gilt auch dann als gleichzeitig beauftragt, wenn
1. der Auftrag zur Abnahme der Vermögensauskunft mit einem Vollstreckungsauftrag verbunden ist (§ 807 Absatz 1 der Zivilprozessordnung), es sei denn, der Gerichtsvollzieher nimmt die Vermögensauskunft nur deshalb nicht ab, weil der Schuldner nicht anwesend ist, oder
2. der Auftrag, eine gütliche Erledigung der Sache zu versuchen, in der Weise mit einem Auftrag auf Vornahme einer Amtshandlung nach § 802a Absatz 2 Satz 1 Nummer 2 oder Nummer 4 der Zivilprozessordnung verbunden ist, dass diese Amtshandlung nur im Fall des Scheiterns des Versuchs der gütlichen Erledigung vorgenommen werden soll.

[3]Bei allen Amtshandlungen nach § 845 Abs. 1 der Zivilprozessordnung handelt es sich um denselben Auftrag. [4]Absatz 1 Satz 2 bleibt unberührt.

(3) [1]Ein Auftrag ist erteilt, wenn er dem Gerichtsvollzieher oder der Geschäftsstelle des Gerichts, deren Vermittlung oder Mitwirkung in Anspruch genommen wird, zugegangen ist. [2]Wird der Auftrag zur Abnahme der Vermögensauskunft mit einem Vollstreckungsauftrag verbunden (§ 807 Abs. 1 der Zivilprozessordnung), gilt der Auftrag zur Abnahme der Vermögensauskunft als erteilt, sobald die Voraussetzungen nach § 807 Abs. 1 der Zivilprozessordnung vorliegen.

(4) [1]Ein Auftrag gilt als durchgeführt, wenn er zurückgenommen worden ist oder seiner Durchführung oder weiteren Durchführung Hinderungsgründe entgegenstehen. [2]Dies gilt nicht, wenn der Auftraggeber zur Fortführung des Auftrags eine richterliche Anordnung nach § 758a der Zivilprozessordnung beibringen muss und diese Anordnung dem Gerichtsvollzieher innerhalb eines Zeitraumes von drei Monaten zugeht, der mit dem ersten Tag des auf die Absendung einer entsprechenden Anforderung an den Auftraggeber folgenden Kalendermonats beginnt. [3]Satz 2 ist entsprechend anzuwenden, wenn der Schuldner zu dem Termin zur Abnahme der Vermögensauskunft nicht erscheint oder die Abgabe der Vermögensauskunft ohne Grund verweigert und der Gläubiger innerhalb des in Satz 2 genannten Zeitraums einen Auftrag zur Vollziehung eines Haftbefehls erteilt. [4]Der Zurücknahme steht es gleich, wenn der Gerichtsvollzieher dem Auftraggeber mitteilt, dass er den Auftrag als zurückgenommen betrachtet, weil damit zu rechnen ist, die Zwangsvollstreckung werde fruchtlos verlaufen, und wenn der Auftraggeber nicht bis zum Ablauf des auf die Absendung der Mitteilung folgenden Kalendermonats widerspricht. [5]Der Zurücknahme steht es auch gleich, wenn im Falle des § 4 Abs. 1 Satz 1 und 2 der geforderte Vorschuss nicht bis zum Ablauf des auf die Absendung der Vorschussanforderung folgenden Kalendermonats beim Gerichtsvollzieher eingegangen ist.

§ 3a Rechtsbehelfsbelehrung

Jede Kostenrechnung und jede anfechtbare Entscheidung hat eine Belehrung über den statthaften Rechtsbehelf sowie über die Stelle, bei der dieser Rechtsbehelf einzulegen ist, über deren Sitz und über die einzuhaltende Form zu enthalten.

§ 4 Vorschuss

(1) [1]Der Auftraggeber ist zur Zahlung eines Vorschusses verpflichtet, der die voraussichtlich entstehenden Kosten deckt. [2]Die Durchführung des Auftrags kann von der Zahlung des Vorschusses abhängig gemacht werden. [3]Die Sätze 1 und 2 gelten nicht, wenn der Auftrag vom Gericht erteilt wird oder dem Auftraggeber Prozess- oder Verfahrenskostenhilfe bewilligt ist. [4]Sie gelten ferner nicht für die Erhebung von Gebührenvorschüssen, wenn aus einer Entscheidung eines Gerichts für Arbeitssachen oder aus einem vor diesem Gericht abgeschlossenen Vergleich zu vollstrecken ist.

(2) [1]Reicht ein Vorschuss nicht aus, um die zur Aufrechterhaltung einer Vollstreckungsmaßnahme voraussichtlich erforderlichen Auslagen zu decken, gilt Absatz 1 entsprechend. [2]In diesem Fall ist der Auftraggeber zur Leistung eines weiteren Vorschusses innerhalb einer Frist von mindestens zwei Wochen aufzufordern. [3]Nach Ablauf der Frist kann der Gerichtsvollzieher die Vollstreckungsmaßnahme aufheben, wenn die Aufforderung verbunden mit einem Hinweis auf die Folgen der Nichtzahlung nach den Vorschriften der Zivilprozessordnung zugestellt worden ist und die geforderte Zahlung nicht bei dem Gerichtsvollzieher eingegangen ist.

(3) In den Fällen des § 3 Abs. 4 Satz 2 bis 5 bleibt die Verpflichtung zur Zahlung der vorzuschießenden Beträge bestehen.

§ 5 Kostenansatz, Erinnerung, Beschwerde, Gehörsrüge

(1) [1]Die Kosten werden von dem Gerichtsvollzieher angesetzt, der den Auftrag durchgeführt hat. [2]Der Kostenansatz kann im Verwaltungswege berichtigt werden, solange nicht eine gerichtliche Entscheidung getroffen ist.

(2) [1]Über die Erinnerung des Kostenschuldners und der Staatskasse gegen den Kostenansatz entscheidet, soweit nicht nach § 766 Abs. 2 der Zivilprozessordnung das Vollstreckungsgericht zuständig ist, das Amtsgericht, in dessen Bezirk der Gerichtsvollzieher seinen Amtssitz hat. [2]Auf die Erinnerung und die Beschwerde ist § 66 Absatz 2 bis 8 des Gerichtskostengesetzes, auf die Rüge wegen Verletzung des Anspruchs auf rechtliches Gehör ist § 69a des Gerichtskostengesetzes entsprechend anzuwenden.

(3) Auf die Erinnerung des Kostenschuldners gegen die Anordnung des Gerichtsvollziehers, die Durchführung des Auftrags oder die Aufrechterhaltung einer Vollstreckungsmaßnahme von der Zahlung eines Vorschusses abhängig zu machen, und auf die Beschwerde ist Absatz 2 entsprechend anzuwenden.

(4) Für Verfahren nach den Absätzen 1 bis 3 sind die Vorschriften der Zivilprozessordnung über die elektronische Akte und über das elektronische Dokument anzuwenden.

§ 6 Nachforderung

Wegen unrichtigen Ansatzes dürfen Kosten nur nachgefordert werden, wenn der berichtigte Ansatz vor Ablauf des nächsten Kalenderjahres nach Durchführung des Auftrags dem Zahlungspflichtigen mitgeteilt worden ist.

§ 7 Nichterhebung von Kosten wegen unrichtiger Sachbehandlung

(1) [1]Kosten, die bei richtiger Behandlung der Sache nicht entstanden wären, werden nicht erhoben. [2]Das Gleiche gilt für Auslagen, die durch eine von Amts wegen veranlasste Verlegung eines Termins oder einer Maßnahme entstanden sind.

(2) [1]Die Entscheidung trifft der Gerichtsvollzieher. [2]§ 5 Abs. 2 ist entsprechend anzuwenden. [3]Solange nicht das Gericht entschieden hat, kann eine Anordnung nach Absatz 1 im Verwaltungsweg erlassen werden. [4]Eine im Verwaltungsweg getroffene Anordnung kann nur im Verwaltungsweg geändert werden.

§ 8 Verjährung, Verzinsung

(1) Ansprüche auf Zahlung von Kosten verjähren in vier Jahren nach Ablauf des Kalenderjahres, in dem die Kosten fällig geworden sind.

(2) [1]Ansprüche auf Rückerstattung von Kosten verjähren in vier Jahren nach Ablauf des Kalenderjahres, in dem die Zahlung erfolgt ist. [2]Die Verjährung beginnt jedoch nicht vor dem in Absatz 1 bezeichneten Zeitpunkt. [3]Durch die Einlegung eines Rechtsbehelfs mit dem Ziel der Rückerstattung wird die Verjährung wie durch Klageerhebung gehemmt.

(3) [1]Auf die Verjährung sind die Vorschriften des Bürgerlichen Gesetzbuchs anzuwenden; die Verjährung wird nicht von Amts wegen berücksichtigt. [2]Die Verjährung der Ansprüche auf Zahlung von Kosten beginnt auch durch die Aufforderung zur Zahlung oder durch eine dem Kostenschuldner mitgeteilte Stundung erneut. [3]Ist der Aufenthalt des Kostenschuldners unbekannt, so genügt die Zustellung durch Aufgabe zur Post unter seiner letzten bekannten Anschrift. [4]Bei Kostenbeträgen unter 25 Euro beginnt die Verjährung weder erneut noch wird sie oder ihr Ablauf gehemmt.

(4) Ansprüche auf Zahlung und Rückerstattung von Kosten werden nicht verzinst.

§ 9 Höhe der Kosten

Kosten werden nach dem Kostenverzeichnis der Anlage zu diesem Gesetz erhoben, soweit nichts anderes bestimmt ist.

Abschnitt 2: Gebührenvorschriften

§ 10 Abgeltungsbereich der Gebühren

(1) [1]Bei Durchführung desselben Auftrags wird eine Gebühr nach derselben Nummer des Kostenverzeichnisses nur einmal erhoben. [2]Dies gilt nicht für die nach Abschnitt 6 des Kostenverzeichnisses zu erhebenden Gebühren, wenn für die Erledigung mehrerer Amtshandlungen Gebühren nach verschiedenen Nummern des Kostenverzeichnisses zu erheben wären. [3]Eine Gebühr nach dem genannten Abschnitt wird nicht neben der entsprechenden Gebühr für die Erledigung der Amtshandlung erhoben.

(2) [1]Ist der Gerichtsvollzieher beauftragt, die gleiche Vollstreckungshandlung wiederholt vorzunehmen, sind die Gebühren für jede Vollstreckungshandlung gesondert zu erheben. [2]Dasselbe gilt, wenn der Gerichtsvollzieher auch ohne ausdrückliche Weisung des Auftraggebers die weitere Vollstreckung betreibt, weil nach dem Ergebnis der Verwertung der Pfandstücke die Vollstreckung nicht zur vollen Befriedigung des Auftraggebers führt oder Pfandstücke bei dem Schuldner abhanden gekommen oder beschädigt worden sind. [3]Gesondert zu erheben sind

1. eine Gebühr nach Abschnitt 1 des Kostenverzeichnisses für jede Zustellung,
2. eine Gebühr nach Nummer 430 des Kostenverzeichnisses für jede Zahlung,
3. eine Gebühr nach Nummer 440 oder Nummer 441 des Kostenverzeichnisses für die Erhebung von Daten bei jeder der in den §§ 755 und 802l der Zivilprozessordnung genannten Stellen und
4. eine Gebühr nach Nummer 600 des Kostenverzeichnisses für jede nicht erledigte Zustellung.

(3) [1]Ist der Gerichtsvollzieher gleichzeitig beauftragt, Vollstreckungshandlungen gegen Gesamtschuldner auszuführen, sind die Gebühren nach den Nummern 200, 205, 260, 261, 262 und 270 des Kostenverzeichnisses für jeden Gesamtschuldner gesondert zu erheben. [2]Das Gleiche gilt für die in Abschnitt 6 des Kostenverzeichnisses bestimmten Gebühren, wenn Amtshandlungen der in den Nummern 205, 260, 261, 262 und 270 des Kostenverzeichnisses genannten Art nicht erledigt worden sind.

§ 11 Tätigkeit zur Nachtzeit, an Sonnabenden, Sonn- und Feiertagen

Wird der Gerichtsvollzieher auf Verlangen zur Nachtzeit (§ 758a Abs. 4 Satz 2 der Zivilprozessordnung) oder an einem Sonnabend, Sonntag oder Feiertag tätig, so werden die doppelten Gebühren erhoben.

§ 12 Siegelungen, Vermögensverzeichnisse, Proteste und ähnliche Geschäfte

Die Gebühren für Wechsel- und Scheckproteste, für Siegelungen und Entsiegelungen, für die Aufnahme von Vermögensverzeichnissen sowie für die Mitwirkung als Urkundsperson bei der Aufnahme von Vermögensverzeichnissen bestimmen sich nach den für Notare geltenden Regelungen des Gerichts- und Notarkostengesetzes.

Abschnitt 3: Auslagenvorschriften

§ 12a Erhöhtes Wegegeld

(1) Die Landesregierungen werden ermächtigt, durch Rechtsverordnung eine höhere Stufe nach Nummer 711 des Kostenverzeichnisses für Wege festzusetzen, die von bestimmten Gerichtsvollziehern in bestimmte Regionen des Bezirks eines Amtsgerichts zurückzulegen sind, wenn die kürzeste öffentlich nutzbare Wegstrecke erheblich von der nach der Luftlinie bemessenen Entfernung abweicht, weil ein nicht nur vorübergehendes Hindernis besteht.

(2) Eine erhebliche Abweichung nach Absatz 1 liegt vor, wenn die kürzeste öffentlich nutzbare Wegstrecke sowohl vom Amtsgericht als auch vom Geschäftszimmer des Gerichtsvollziehers mindestens doppelt so weit ist wie die nach der Luftlinie bemessene Entfernung.

(3) In der Rechtsverordnung ist die niedrigste Stufe festzusetzen, bei der eine erhebliche Abweichung nach Absatz 2 nicht mehr vorliegt.

(4) Die Landesregierungen können die Ermächtigung durch Rechtsverordnung auf die Landesjustizverwaltung übertragen.

Abschnitt 4: Kostenzahlung

§ 13 Kostenschuldner

(1) [1]Kostenschuldner sind
1. der Auftraggeber,
2. der Vollstreckungsschuldner für die notwendigen Kosten der Zwangsvollstreckung und
3. der Verpflichtete für die notwendigen Kosten der Vollstreckung.

[2]Schuldner der Auslagen nach den Nummern 714 und 715 des Kostenverzeichnisses ist nur der Ersteher.

(2) Mehrere Kostenschuldner haften als Gesamtschuldner.

(3) Wird der Auftrag vom Gericht erteilt, so gelten die Kosten als Auslagen des gerichtlichen Verfahrens.

§ 14 Fälligkeit

[1]Gebühren werden fällig, wenn der Auftrag durchgeführt ist oder länger als zwölf Kalendermonate ruht. [2]Auslagen werden sofort nach ihrer Entstehung fällig.

§ 15 Entnahmerecht

(1) [1]Kosten, die im Zusammenhang mit der Versteigerung oder dem Verkauf von beweglichen Sachen, von Früchten, die vom Boden noch nicht getrennt sind, sowie von Forderungen oder anderen Vermögensrechten, ferner bei der öffentlichen Verpachtung an den Meistbietenden und bei der Mitwirkung bei einer Versteigerung durch einen Dritten (§ 825 Abs. 2 der Zivilprozessordnung) entstehen, können dem Erlös vorweg entnommen werden. [2]Dies gilt auch für die Kosten der Entfernung von Pfandstücken aus dem Gewahrsam des Schuldners, des Gläubigers oder eines Dritten, ferner für die Kosten des Transports und der Lagerung.

(2) Andere als die in Absatz 1 genannten Kosten oder ein hierauf zu zahlender Vorschuss können bei der Ablieferung von Geld an den Auftraggeber oder bei der Hinterlegung von Geld für den Auftraggeber entnommen werden.

(3) [1]Die Absätze 1 und 2 gelten nicht, soweit § 459b der Strafprozessordnung oder § 94 des Gesetzes über Ordnungswidrigkeiten entgegensteht. [2]Sie gelten ferner nicht, wenn dem Auftraggeber Prozess- oder Verfahrenskostenhilfe bewilligt ist. [3]Bei mehreren Auftraggebern stehen die Sätze 1 und 2 einer Vorwegentnahme aus dem Erlös (Absatz 1) nicht entgegen, wenn deren Voraussetzungen nicht für alle Auftraggeber vorliegen. [4]Die Sätze 1 und 2 stehen einer Entnahme aus dem Erlös auch nicht entgegen, wenn der Erlös höher ist als die Summe der Forderungen aller Auftraggeber.

§ 16 Verteilung der Verwertungskosten

Reicht der Erlös einer Verwertung nicht aus, um die in § 15 Abs. 1 bezeichneten Kosten zu decken, oder wird ein Erlös nicht erzielt, sind diese Kosten im Verhältnis der Forderungen zu verteilen.

§ 17 Verteilung der Auslagen bei der Durchführung mehrerer Aufträge

[1]Auslagen, die in anderen als den in § 15 Abs. 1 genannten Fällen bei der gleichzeitigen Durchführung mehrerer Aufträge entstehen, sind nach der Zahl der Aufträge zu verteilen, soweit die Auslagen nicht ausschließlich bei der Durchführung eines Auftrags entstanden sind. [2]Das Wegegeld (Nummer 711 des Kostenverzeichnisses) und die Auslagenpauschale (Nummer 716 des Kostenverzeichnisses) sind für jeden Auftrag gesondert zu erheben.

Abschnitt 5: Übergangs- und Schlussvorschriften

§ 18 Übergangsvorschrift

(1) [1]Die Kosten sind nach bisherigem Recht zu erheben, wenn der Auftrag vor dem Inkrafttreten einer Gesetzesänderung erteilt worden ist, Kosten der in § 15 Abs. 1 genannten Art jedoch nur, wenn sie vor dem Inkrafttreten einer Gesetzesänderung entstanden sind. [2]Wenn der Auftrag zur Abnahme der Vermögensauskunft mit einem Vollstreckungsauftrag verbunden ist, ist der Zeitpunkt maßgebend, zu dem der Vollstreckungsauftrag erteilt ist.

(2) Absatz 1 gilt auch, wenn Vorschriften geändert werden, auf die dieses Gesetz verweist.

§ 19 Übergangsvorschrift aus Anlass des Inkrafttretens dieses Gesetzes

(1) [1]Die Kosten sind vorbehaltlich des Absatzes 2 nach dem Gesetz über Kosten der Gerichtsvollzieher in der im Bundesgesetzblatt Teil III, Gliederungsnummer 362–1, veröffentlichten bereinigten Fassung, zuletzt geändert durch Artikel 2 Abs. 5 des Gesetzes vom 17. Dezember 1997 (BGBl. I S. 3039), zu erheben, wenn der Auftrag vor dem Inkrafttreten dieses Gesetzes erteilt worden ist; § 3 Abs. 3 Satz 1 und § 18 Abs. 1 Satz 2 sind anzuwenden. [2]Werden solche Aufträge und Aufträge, die nach dem Inkrafttreten dieses Gesetzes erteilt worden sind, durch dieselbe Amtshandlung erledigt, sind die Gebühren insoweit gesondert zu erheben.

(2) Kosten der in § 15 Abs. 1 genannten Art sind nach neuem Recht zu erheben, soweit sie nach dem Inkrafttreten dieses Gesetzes entstanden sind.

§ 20 (aufgehoben)

Kostenverzeichnis Gerichtsvollzieherkostengesetz (GvKostG-KV)

Anlage

(zu § 9 Kostenverzeichnis)

Gliederung

Abschnitt 1	Zustellung auf Betreiben der Parteien (§ 191 ZPO)
Abschnitt 2	Vollstreckung
Abschnitt 3	Verwertung
Abschnitt 4	Besondere Geschäfte
Abschnitt 5	Zeitzuschlag
Abschnitt 6	Nicht erledigte Amtshandlung
Abschnitt 7	Auslagen

Nr.	Gebührentatbestand	Gebührenbetrag
	Abschnitt 1 **Zustellung auf Betreiben der Parteien (§ 191 ZPO)**	
	Vorbemerkung 1: (1) Die Zustellung an den Zustellungsbevollmächtigten mehrerer Beteiligter gilt als eine Zustellung. (2) Die Gebühr nach Nummer 100 oder 101 wird auch erhoben, wenn der Gerichtsvollzieher die Ladung zum Termin zur Abnahme der Vermögensauskunft (§ 802f ZPO) oder den Pfändungs- und Überweisungsbeschluss an den Schuldner (§ 829 Abs. 2 Satz 2, auch i.V.m. § 835 Abs. 3 Satz 1 ZPO) zustellt.	
100	Persönliche Zustellung durch den Gerichtsvollzieher . . .	10,00 €
101	Sonstige Zustellung	3,00 €
102	Beglaubigung eines Schriftstückes, das dem Gerichtsvollzieher zum Zwecke der Zustellung übergeben wurde (§ 192 Abs. 2 ZPO) je Seite . . . . Eine angefangene Seite wird voll berechnet.	Gebühr in Höhe der Dokumentenpauschale
	Abschnitt 2 **Vollstreckung**	
200	Amtshandlung nach § 845 Abs. 1 Satz 2 ZPO (Vorpfändung).	16,00 €
205	Bewirkung einer Pfändung (§ 808 Abs. 1, 2 Satz 2, §§ 809, 826 oder § 831 ZPO). . . . . Neben dieser Gebühr wird gegebenenfalls ein Zeitzuschlag nach Nummer 500 erhoben.	26,00 €

Nr.	Gebührentatbestand	Gebührenbetrag
206	Übernahme beweglicher Sachen zum Zwecke der Verwertung in den Fällen der §§ 847 und 854 ZPO	16,00 €
207	Versuch einer gütlichen Erledigung der Sache (§ 802b ZPO)	16,00 €
	Die Gebühr entsteht auch im Fall der gütlichen Erledigung.	
208	Der Gerichtsvollzieher ist gleichzeitig mit einer auf eine Maßnahme nach § 802a Abs. 2 Satz 1 Nr. 2 oder Nr. 4 ZPO gerichteten Amtshandlung beauftragt: Die Gebühr 207 ermäßigt sich auf	8,00 €
210	Übernahme des Vollstreckungsauftrags von einem anderen Gerichtsvollzieher, wenn der Schuldner unter Mitnahme der Pfandstücke in einen anderen Amtsgerichtsbezirk verzogen ist.	16,00 €
220	Entfernung von Pfandstücken, die im Gewahrsam des Schuldners, des Gläubigers oder eines Dritten belassen waren	16,00 €
	Die Gebühr wird auch dann nur einmal erhoben, wenn die Pfandstücke aufgrund mehrerer Aufträge entfernt werden. Neben dieser Gebühr wird gegebenenfalls ein Zeitzuschlag nach Nummer 500 erhoben.	
221	Wegnahme oder Entgegennahme beweglicher Sachen durch den zur Vollstreckung erschienenen Gerichtsvollzieher	26,00 €
	Neben dieser Gebühr wird gegebenenfalls ein Zeitzuschlag nach Nummer 500 erhoben.	
230	Wegnahme oder Entgegennahme einer Person durch den zur Vollstreckung erschienenen Gerichtsvollzieher .	52,00 €
	Neben dieser Gebühr wird gegebenenfalls ein Zeitzuschlag nach Nummer 500 erhoben. Sind mehrere Personen wegzunehmen, werden die Gebühren für jede Person gesondert erhoben.	
240	Entsetzung aus dem Besitz unbeweglicher Sachen oder eingetragener Schiffe oder Schiffsbauwerke und die Einweisung in den Besitz	150,00 €
	Neben dieser Gebühr wird gegebenenfalls ein Zeitzuschlag nach Nummer 500 erhoben.	

Nr.	Gebührentatbestand	Gebührenbetrag
241	Der Gerichtsvollzieher ist nicht mit der Wegschaffung beweglicher Sachen beauftragt: Die Gebühr 240 ermäßigt sich auf	100,00 €
	Mit der Gebühr sind auch die Dokumentation der frei beweglichen Sachen im Protokoll und die Nutzung elektronischer Bildaufzeichnungsmittel abgegolten.	
242	Wegnahme ausländischer Schiffe, die in das Schiffsregister eingetragen werden müssten, wenn sie deutsche Schiffe wären, und ihre Übergabe an den Gläubiger	130,00 €
	Neben dieser Gebühr wird gegebenenfalls ein Zeitzuschlag nach Nummer 500 erhoben.	
243	Übergabe unbeweglicher Sachen an den Verwalter im Falle der Zwangsversteigerung oder Zwangsverwaltung	98,00 €
	Neben dieser Gebühr wird gegebenenfalls ein Zeitzuschlag nach Nummer 500 erhoben.	
250	Zuziehung zur Beseitigung des Widerstandes (§ 892 ZPO) oder zur Beseitigung einer andauernden Zuwiderhandlung gegen eine Anordnung nach § 1 GewSchG (§ 96 Abs. 1 FamFG) sowie Anwendung von unmittelbarem Zwang auf Anordnung des Gerichts im Fall des § 90 FamFG	52,00 €
	Neben dieser Gebühr wird gegebenenfalls ein Zeitzuschlag nach Nummer 500 erhoben.	
260	Abnahme der Vermögensauskunft nach den §§ 802c, 802d Abs. 1 oder nach § 807 ZPO	33,00 €
261	Übermittlung eines mit eidesstattlicher Versicherung abgegebenen Vermögensverzeichnisses an einen Drittgläubiger (§ 802d Abs. 1 Satz 2, Abs. 2 ZPO)	33,00 €
262	Abnahme der eidesstattlichen Versicherung nach § 836 Abs. 3 oder § 883 Abs. 2 ZPO	38,00 €
270	Verhaftung, Nachverhaftung, zwangsweise Vorführung.	39,00 €

Nr.	Gebührentatbestand	Gebührenbetrag

Abschnitt 3
Verwertung

Vorbemerkung 3:

Die Gebühren werden bei jeder Verwertung nur einmal erhoben. Dieselbe Verwertung liegt auch vor, wenn der Gesamterlös aus der Versteigerung oder dem Verkauf mehrerer Gegenstände einheitlich zu verteilen ist oder zu verteilen wäre und wenn im Falle der Versteigerung oder des Verkaufs die Verwertung in einem Termin, bei einer Versteigerung im Internet in einem Ausgebot, erfolgt.

Nr.	Gebührentatbestand	Gebührenbetrag
300	Versteigerung, Verkauf oder Verwertung in anderer Weise nach § 825 Abs. 1 ZPO von – beweglichen Sachen, – Früchten, die noch nicht vom Boden getrennt sind, – Forderungen oder anderen Vermögensrechten . . .	52,00 €
	Neben dieser Gebühr wird gegebenenfalls ein Zeitzuschlag nach Nummer 500 erhoben. Dies gilt nicht bei einer Versteigerung im Internet.	
301	Öffentliche Verpachtung an den Meistbietenden	52,00 €
	Neben dieser Gebühr wird gegebenenfalls ein Zeitzuschlag nach Nummer 500 erhoben.	
302	Anberaumung eines neuen Versteigerungs- oder Verpachtungstermins oder das nochmalige Ausgebot bei einer Versteigerung im Internet	10,00 €
	(1) Die Gebühr wird für die Anberaumung eines neuen Versteigerungs- oder Verpachtungstermins nur erhoben, wenn der vorherige Termin auf Antrag des Gläubigers oder des Antragstellers oder nach den Vorschriften der §§ 765a, 775, 802b ZPO nicht stattgefunden hat oder wenn der Termin infolge des Ausbleibens von Bietern oder wegen ungenügender Gebote erfolglos geblieben ist. (2) Die Gebühr wird für das nochmalige Ausgebot bei einer Versteigerung im Internet nur erhoben, wenn das vorherige Ausgebot auf Antrag des Gläubigers oder des Antragstellers oder nach den Vorschriften der §§ 765a, 775, 802b ZPO abgebrochen worden ist oder wenn das Ausgebot infolge des Ausbleibens von Geboten oder wegen ungenügender Gebote erfolglos geblieben ist.	
310	Mitwirkung bei der Versteigerung durch einen Dritten (§ 825 Abs. 2 ZPO).	16,00 €
	Neben dieser Gebühr wird gegebenenfalls ein Zeitzuschlag nach Nummer 500 erhoben.	

Nr.	Gebührentatbestand	Gebührenbetrag
	Abschnitt 4 **Besondere Geschäfte**	
400	Bewachung und Verwahrung eines Schiffes, eines Schiffsbauwerks oder eines Luftfahrzeugs (§§ 165, 170, 170a, 171, 171c, 171g, 171h ZVG, § 99 Abs. 2, § 106 Abs. 1 Nr. 1 des Gesetzes über Rechte an Luftfahrzeugen)	98,00 €
	Neben dieser Gebühr wird gegebenenfalls ein Zeitzuschlag nach Nummer 500 erhoben.	
401	Feststellung der Mieter oder Pächter von Grundstücken im Auftrag des Gerichts je festgestellte Person.	7,00 €
	Die Gebühr wird auch erhoben, wenn die Ermittlungen nicht zur Feststellung eines Mieters oder Pächters führen.	
410	Tatsächliches Angebot einer Leistung (§§ 293, 294 BGB) außerhalb der Zwangsvollstreckung	16,00 €
411	Beurkundung eines Leistungsangebots	7,00 €
	Die Gebühr entfällt, wenn die Gebühr nach Nummer 410 zu erheben ist.	
420	Entfernung von Gegenständen aus dem Gewahrsam des Inhabers zum Zwecke der Versteigerung oder Verwahrung außerhalb der Zwangsvollstreckung	16,00 €
430	Entgegennahme einer Zahlung, wenn diese nicht ausschließlich auf Kosten nach diesem Gesetz entfällt, die bei der Durchführung des Auftrags entstanden sind. . . .	4,00 €
	Die Gebühr wird nicht bei Wechsel- oder Scheckprotesten für die Entgegennahme der Wechsel- oder Schecksumme (Artikel 84 des Wechselgesetzes, Artikel 55 Abs. 3 des Scheckgesetzes) erhoben.	
440	Erhebung von Daten bei einer der in § 755 Abs. 2, § 802l Abs. 1 ZPO genannten Stellen	13,00 €
	Die Gebühr entsteht nicht, wenn die Auskunft nach § 882c Abs. 3 Satz 2 ZPO eingeholt wird.	
441	Erhebung von Daten bei einer der in § 755 Abs. 1 ZPO genannten Stellen.	5,00 €
	Die Gebühr entsteht nicht, wenn die Auskunft nach § 882c Abs. 3 Satz 2 ZPO eingeholt wird.	
442	Übermittlung von Daten nach § 802l Abs. 4 ZPO	5,00 €

Nr.	Gebührentatbestand	Gebührenbetrag
	Abschnitt 5 **Zeitzuschlag**	
500	Zeitzuschlag, sofern dieser bei der Gebühr vorgesehen ist, wenn die Erledigung der Amtshandlung nach dem Inhalt des Protokolls mehr als 3 Stunden in Anspruch nimmt, für jede weitere angefangene Stunde	20,00 €
	Maßgebend ist die Dauer der Amtshandlung vor Ort.	
	Abschnitt 6 **Nicht erledigte Amtshandlung**	

Vorbemerkung 6:

Gebühren nach diesem Abschnitt werden erhoben, wenn eine Amtshandlung, mit deren Erledigung der Gerichtsvollzieher beauftragt worden ist, aus Rechtsgründen oder infolge von Umständen, die weder in der Person des Gerichtsvollziehers liegen noch von seiner Entschließung abhängig sind, nicht erledigt wird. Dies gilt insbesondere auch, wenn nach dem Inhalt des Protokolls pfändbare Gegenstände nicht vorhanden sind oder die Pfändung nach § 803 Abs. 2, §§ 812, 851b Abs. 4 Satz 3 ZPO zu unterbleiben hat. Eine Gebühr wird nicht erhoben, wenn der Auftrag an einen anderen Gerichtsvollzieher abgegeben wird oder hätte abgegeben werden können.

Nr.	Gebührentatbestand	Gebührenbetrag
	Nicht erledigte	
600	– Zustellung (Nummern 100 und 101)	3,00 €
601	– Wegnahme einer Person (Nummer 230)	26,00 €
602	– Entsetzung aus dem Besitz (Nummer 240), Wegnahme ausländischer Schiffe (Nummer 242) oder Übergabe an den Verwalter (Nummer 243)	32,00 €
603	– Beurkundung eines Leistungsangebots (Nummer 411)	6,00 €
604	– Amtshandlung der in den Nummern 205, 207, 210 bis 221, 250 bis 301, 310, 400, 410 und 420 genannten Art	15,00 €
	Die Gebühr für die nicht abgenommene Vermögensauskunft wird nicht erhoben, wenn diese deshalb nicht abgenommen wird, weil der Schuldner sie innerhalb der letzten zwei Jahre bereits abgegeben hat (§ 802d Abs. 1 Satz 1 ZPO). Für einen nicht erledigten Versuch einer gütlichen Erledigung der Sache wird in dem in Nummer 208 genannten Fall eine Gebühr nicht erhoben.	

Nr.	Auslagentatbestand	Höhe
	Abschnitt 7 **Auslagen**	
700	Pauschale für die Herstellung und Überlassung von Dokumenten:	
	1. Kopien und Ausdrucke,	
	a) die auf Antrag angefertigt oder per Telefax übermittelt werden,	
	b) die angefertigt werden, weil der Auftraggeber es unterlassen hat, die erforderliche Zahl von Mehrfertigungen beizufügen:	
	für die ersten 50 Seiten je Seite.	0,50 €
	für jede weitere Seite	0,15 €
	für die ersten 50 Seiten in Farbe je Seite.	1,00 €
	für jede weitere Seite in Farbe	0,30 €
	2. Überlassung von elektronisch gespeicherten Dateien oder deren Bereitstellung zum Abruf anstelle der in Nummer 1 genannten Kopien und Ausdrucke:	
	je Datei	1,50 €
	für die in einem Arbeitsgang überlassenen, bereitgestellten oder in einem Arbeitsgang auf denselben Datenträger übertragenen Dokumente insgesamt höchstens	5,00 €
	(1) Die Höhe der Dokumentenpauschale nach Nummer 1 ist bei Durchführung eines jeden Auftrags und für jeden Kostenschuldner nach § 13 Abs. 1 Nr. 1 GvKostG gesondert zu berechnen; Gesamtschuldner gelten als ein Schuldner. (2) Werden zum Zweck der Überlassung von elektronisch gespeicherten Dateien Dokumente zuvor auf Antrag von der Papierform in die elektronische Form übertragen, beträgt die Dokumentenpauschale nach Nummer 2 nicht weniger als die Dokumentenpauschale im Fall der Nummer 1 betragen würde. (3) § 191a Abs. 1 Satz 5 GVG bleibt unberührt. (4) Eine Dokumentenpauschale für die erste Kopie oder den ersten Ausdruck des Vermögensverzeichnisses und der Niederschrift über die Abgabe der Vermögensauskunft wird von demjenigen Kostenschuldner nicht erhoben, von dem die Gebühr 260 oder 261 zu erheben ist. Entsprechendes gilt, wenn anstelle der in Satz 1 genannten Kopien oder Ausdrucke elektronisch gespeicherte Dateien überlassen werden (§ 802d Abs. 2 ZPO).	

Nr.	Auslagentatbestand	Höhe
701	Entgelte für Zustellungen mit Zustellungsurkunde	in voller Höhe
702	Auslagen für öffentliche Bekanntmachungen und Einstellung eines Ausgebots auf einer Versteigerungsplattform zur Versteigerung im Internet	in voller Höhe
	Auslagen werden nicht erhoben für die Bekanntmachung oder Einstellung in einem elektronischen Informations- und Kommunikationssystem, wenn das Entgelt nicht für den Einzelfall oder nicht für ein einzelnes Verfahren berechnet wird.	
703	Nach dem JVEG an Zeugen, Sachverständige, Dolmetscher und Übersetzer zu zahlende Beträge	in voller Höhe
	(1) Die Beträge werden auch erhoben, wenn aus Gründen der Gegenseitigkeit, der Verwaltungsvereinfachung oder aus vergleichbaren Gründen keine Zahlungen zu leisten sind. (2) Auslagen für Kommunikationshilfen zur Verständigung mit einer hör- oder sprachbehinderten Person (§ 186 GVG) und für Übersetzer, die zur Erfüllung der Rechte blinder oder sehbehinderter Personen herangezogen werden (§ 191a Abs. 1 GVG), werden nicht erhoben.	
704	An die zum Öffnen von Türen und Behältnissen sowie an die zur Durchsuchung von Schuldnern zugezogenen Personen zu zahlende Beträge	in voller Höhe
705	Kosten für die Umschreibung eines auf den Namen lautenden Wertpapiers oder für die Wiederinkurssetzung eines Inhaberpapiers......................	in voller Höhe
706	Kosten, die von einem Kreditinstitut erhoben werden, weil ein Scheck des Schuldners nicht eingelöst wird ..	in voller Höhe
707	An Dritte zu zahlende Beträge für die Beförderung von Personen, Tieren und Sachen, das Verwahren von Tieren und Sachen, das Füttern von Tieren, die Beaufsichtigung von Sachen sowie das Abernten von Früchten	in voller Höhe
	Diese Vorschrift ist nicht anzuwenden bei dem Transport von Sachen oder Tieren an den Ersteher oder an einen von diesem benannten Dritten im Rahmen der Verwertung.	
708	An deutsche Behörden für die Erfüllung von deren eigenen Aufgaben zu zahlende Gebühren sowie diejenigen Auslagen, die diesen Behörden, öffentlichen Einrichtungen oder deren Bediensteten als Ersatz für Auslagen der in den Nummern 700 und 701 bezeichneten Art zustehen..............................	in voller Höhe
709	Kosten für Arbeitshilfen.........................	in voller Höhe

Nr.	Auslagentatbestand	Höhe
710	Pauschale für die Benutzung von eigenen Beförderungsmitteln des Gerichtsvollziehers zur Beförderung von Personen und Sachen je Fahrt.	6,00 €
711	Wegegeld je Auftrag für zurückgelegte Wegstrecken, wenn sich aus einer Rechtsverordnung nach § 12a GvKostG nichts anderes ergibt,	
	– Stufe 1: bis zu 10 Kilometer	3,25 €
	– Stufe 2: von mehr als 10 Kilometern bis 20 Kilometer.	6,50 €
	– Stufe 3: von mehr als 20 Kilometern bis 30 Kilometer.	9,75 €
	– Stufe 4: von mehr als 30 Kilometern bis 40 Kilometer.	13,00 €
	– Stufe 5: von mehr als 40 Kilometern	16,25 €
	(1) Das Wegegeld wird erhoben, wenn der Gerichtsvollzieher zur Durchführung des Auftrags Wegstrecken innerhalb des Bezirks des Amtsgerichts, dem der Gerichtsvollzieher zugewiesen ist, oder innerhalb des dem Gerichtsvollzieher zugewiesenen Bezirks eines anderen Amtsgerichts zurückgelegt hat.	
	(2) Maßgebend ist die Entfernung von dem Amtsgericht, dem der Gerichtsvollzieher zugewiesen ist, zum Ort der Amtshandlung, wenn nicht die Entfernung vom Geschäftszimmer des Gerichtsvollziehers geringer ist. Werden mehrere Wege zurückgelegt, ist der Weg mit der weitesten Entfernung maßgebend. Die Entfernung ist nach der Luftlinie zu messen.	
	(3) Wegegeld wird nicht erhoben für 1. die sonstige Zustellung (Nummer 101), 2. die Versteigerung von Pfandstücken, die sich in der Pfandkammer befinden. 3. im Rahmen des allgemeinen Geschäftsbetriebes zurückzulegende Wege, insbesondere zur Post und zum Amtsgericht.	
	(4) In den Fällen des § 10 Abs. 2 Satz 1 und 2 GvKostG wird das Wegegeld für jede Vollstreckungshandlung, im Falle der Vorpfändung für jede Zustellung an einen Drittschuldner gesondert erhoben. Zieht der Gerichtsvollzieher Teilbeträge ein (§ 802b ZPO), wird das Wegegeld für den Einzug des zweiten und sodann jedes weiteren Teilbetrages je einmal gesondert erhoben. Das Wegegeld für den Einzug einer Rate entsteht bereits mit dem ersten Versuch, die Rate einzuziehen.	

Nr.	Auslagentatbestand	Höhe
712	Bei Geschäften außerhalb des Bezirks des Amtsgerichts, dem der Gerichtsvollzieher zugewiesen ist, oder außerhalb des dem Gerichtsvollzieher zugewiesenen Bezirks eines anderen Amtsgerichts, Reisekosten nach den für den Gerichtsvollzieher geltenden beamtenrechtlichen Vorschriften	in voller Höhe
713	Pauschale für die Dokumentation mittels geeigneter elektronischer Bildaufzeichnungsmittel (§ 885a Abs. 2 Satz 2 ZPO) .... Mit der Pauschale sind insbesondere die Aufwendungen für die elektronische Datenaufbewahrung abgegolten.	5,00 €
714	An Dritte zu zahlende Beträge für den Versand oder den Transport von Sachen oder Tieren im Rahmen der Verwertung an den Ersteher oder an einen von diesem benannten Dritten und für eine von dem Ersteher beantragte Versicherung für den Versand oder den Transport	in voller Höhe
715	Kosten für die Verpackung im Fall der Nummer 714 ..	in voller Höhe – mindestens 3,00 €
716	Pauschale für sonstige bare Auslagen je Auftrag	20 % der zu erhebenden Gebühren – mindestens 3,00 €, höchstens 10,00 €
717	Umsatzsteuer auf die Kosten...................... Dies gilt nicht, wenn die Umsatzsteuer nach § 19 Abs. 1 UStG unerhoben bleibt.	in voller Höhe

26. Gesetz über die Vergütung von Sachverständigen, Dolmetscherinnen, Dolmetschern, Übersetzerinnen und Übersetzern sowie die Entschädigung von ehrenamtlichen Richterinnen, ehrenamtlichen Richtern, Zeuginnen, Zeugen und Dritten (Justizvergütungs- und -entschädigungsgesetz – JVEG)

vom 5.5.2004, BGBl. I S. 718, 776, BGBl. III 367–3

zuletzt geändert durch das Gesetz zur Änderung des Justizkosten- und des Rechtsanwaltsvergütungsrechts und zur Änderung des Gesetzes zur Abmilderung der Folgen der COVID-19-Pandemie im Zivil-, Insolvenz- und Strafverfahrensrecht (Kostenrechtsänderungsgesetz 2021 – KostRÄG 2021) vom 21.12.2020, BGBl. I S. 3229

Inhaltsübersicht

Justizvergütungs- und -entschädigungsgesetz (JVEG)

Abschnitt 1: Allgemeine Vorschriften

§ 1 Geltungsbereich und Anspruchsberechtigte

(1) [1]Dieses Gesetz regelt

1. die Vergütung der Sachverständigen, Dolmetscherinnen, Dolmetscher, Übersetzerinnen und Übersetzer, die von dem Gericht, der Staatsanwaltschaft, der Finanzbehörde in den Fällen, in denen diese das Ermittlungsverfahren selbstständig durchführt, der Verwaltungsbehörde im Verfahren nach dem Gesetz über Ordnungswidrigkeiten oder dem Gerichtsvollzieher herangezogen werden;
2. die Entschädigung der ehrenamtlichen Richterinnen und Richter bei den ordentlichen Gerichten und den Gerichten für Arbeitssachen sowie bei den Gerichten der Verwaltungs-, der Finanz- und der Sozialgerichtsbarkeit mit Ausnahme der ehrenamtlichen Richterinnen und Richter in Handelssachen, in berufsgerichtlichen Verfahren oder bei Dienstgerichten sowie
3. die Entschädigung der Zeuginnen, Zeugen und Dritten (§ 23), die von den in Nummer 1 genannten Stellen herangezogen werden.

[2]Eine Vergütung oder Entschädigung wird nur nach diesem Gesetz gewährt. [3]Der Anspruch auf Vergütung nach Satz 1 Nr. 1 steht demjenigen zu, der beauftragt worden ist; dies gilt auch, wenn der Mitarbeiter einer Unternehmung die Leistung erbringt, der Auftrag jedoch der Unternehmung erteilt worden ist.

(2) [1]Dieses Gesetz gilt auch, wenn Behörden oder sonstige öffentliche Stellen von den in Absatz 1 Satz 1 Nr. 1 genannten Stellen zu Sachverständigenleistungen herangezogen werden. [2]Für Angehörige einer Behörde oder einer sonstigen öffentlichen Stelle, die weder Ehrenbeamte noch ehrenamtlich tätig sind, gilt dieses Gesetz nicht, wenn sie ein Gutachten in Erfüllung ihrer Dienstaufgaben erstatten, vertreten oder erläutern.

(3) [1]Einer Heranziehung durch die Staatsanwaltschaft oder durch die Finanzbehörde in den Fällen des Absatzes 1 Satz 1 Nr. 1 steht eine Heranziehung durch die Polizei oder eine andere Strafverfolgungsbehörde im Auftrag oder mit vorheriger Billigung der Staatsanwaltschaft oder der Finanzbehörde gleich. [2]Satz 1 gilt im Verfahren der Verwaltungsbehörde nach dem Gesetz über Ordnungswidrigkeiten entsprechend.

(4) Die Vertrauenspersonen in den Ausschüssen zur Wahl der Schöffen und die Vertrauensleute in den Ausschüssen zur Wahl der ehrenamtlichen Richter bei den Gerichten der Verwaltungs- und der Finanzgerichtsbarkeit werden wie ehrenamtliche Richter entschädigt.

(5) Die Vorschriften dieses Gesetzes über die gerichtliche Festsetzung und die Beschwerde gehen den Regelungen der für das zugrunde liegende Verfahren geltenden Verfahrensvorschriften vor.

§ 2 Geltendmachung und Erlöschen des Anspruchs, Verjährung

(1) [1]Der Anspruch auf Vergütung oder Entschädigung erlischt, wenn er nicht binnen drei Monaten bei der Stelle, die den Berechtigten herangezogen oder beauftragt hat, geltend gemacht wird; hierüber und über den Beginn der Frist ist der Berechtigte zu belehren. [2]Die Frist beginnt

1. im Fall der schriftlichen Begutachtung oder der Anfertigung einer Übersetzung mit Eingang des Gutachtens oder der Übersetzung bei der Stelle, die den Berechtigten beauftragt hat,

2. im Fall der Vernehmung als Sachverständiger oder Zeuge oder der Zuziehung als Dolmetscher mit Beendigung der Vernehmung oder Zuziehung,
3. bei vorzeitiger Beendigung der Heranziehung oder des Auftrags in den Fällen der Nummern 1 und 2 mit der Bekanntgabe der Erledigung an den Berechtigten,
4. in den Fällen des § 23 mit Beendigung der Maßnahme und
5. im Fall der Dienstleistung als ehrenamtlicher Richter oder Mitglied eines Ausschusses im Sinne des § 1 Abs. 4 mit Beendigung der Amtsperiode, jedoch nicht vor dem Ende der Amtstätigkeit.

[3]Wird der Berechtigte in den Fällen des Satzes 2 Nummer 1 und 2 in demselben Verfahren, im gerichtlichen Verfahren in demselben Rechtszug, mehrfach herangezogen, ist für den Beginn aller Fristen die letzte Heranziehung maßgebend. [4]Die Frist kann auf begründeten Antrag von der in Satz 1 genannten Stelle verlängert werden; lehnt sie eine Verlängerung ab, hat sie den Antrag unverzüglich dem nach § 4 Abs. 1 für die Festsetzung der Vergütung oder Entschädigung zuständigen Gericht vorzulegen, das durch unanfechtbaren Beschluss entscheidet. [5]Weist das Gericht den Antrag zurück, erlischt der Anspruch, wenn die Frist nach Satz 1 abgelaufen und der Anspruch nicht binnen zwei Wochen ab Bekanntgabe der Entscheidung bei der in Satz 1 genannten Stelle geltend gemacht worden ist. [6]Wurde dem Berechtigten ein Vorschuss nach § 3 bewilligt, so erlischt der Anspruch auf Vergütung oder Entschädigung nur insoweit, als er über den bewilligten Vorschuss hinausgeht.

(2) [1]War der Berechtigte ohne sein Verschulden an der Einhaltung einer Frist nach Absatz 1 gehindert, gewährt ihm das Gericht auf Antrag Wiedereinsetzung in den vorigen Stand, wenn er innerhalb von zwei Wochen nach Beseitigung des Hindernisses den Anspruch beziffert und die Tatsachen glaubhaft macht, welche die Wiedereinsetzung begründen. [2]Ein Fehlen des Verschuldens wird vermutet, wenn eine Belehrung nach Absatz 1 Satz 1 unterblieben oder fehlerhaft ist. [3]Nach Ablauf eines Jahres, von dem Ende der versäumten Frist an gerechnet, kann die Wiedereinsetzung nicht mehr beantragt werden. [4]Gegen die Ablehnung der Wiedereinsetzung findet die Beschwerde statt. [5]Sie ist nur zulässig, wenn sie innerhalb von zwei Wochen eingelegt wird. [6]Die Frist beginnt mit der Zustellung der Entscheidung. [7]§ 4 Abs. 4 Satz 1 bis 3 und Abs. 6 bis 8 ist entsprechend anzuwenden.

(3) [1]Der Anspruch auf Vergütung oder Entschädigung verjährt in drei Jahren nach Ablauf des Kalenderjahrs, in dem der nach Absatz 1 Satz 2 maßgebliche Zeitpunkt eingetreten ist. [2]Auf die Verjährung sind die Vorschriften des Bürgerlichen Gesetzbuchs anzuwenden. [3]Durch den Antrag auf gerichtliche Festsetzung (§ 4) wird die Verjährung wie durch Klageerhebung gehemmt. [4]Die Verjährung wird nicht von Amts wegen berücksichtigt.

(4) [1]Der Anspruch auf Erstattung zu viel gezahlter Vergütung oder Entschädigung verjährt in drei Jahren nach Ablauf des Kalenderjahrs, in dem die Zahlung erfolgt ist. [2]§ 5 Abs. 3 des Gerichtskostengesetzes gilt entsprechend.

§ 3 Vorschuss

Auf Antrag ist ein angemessener Vorschuss zu bewilligen, wenn dem Berechtigten erhebliche Fahrtkosten oder sonstige Aufwendungen entstanden sind oder voraussichtlich entstehen werden oder wenn die zu erwartende Vergütung für bereits erbrachte Teilleistungen einen Betrag von 1 000 Euro übersteigt.

§ 4 Gerichtliche Festsetzung und Beschwerde

(1) [1]Die Festsetzung der Vergütung, der Entschädigung oder des Vorschusses erfolgt durch gerichtlichen Beschluss, wenn der Berechtigte oder die Staatskasse die gerichtliche Festsetzung beantragt oder das Gericht sie für angemessen hält. [2]Eine Festsetzung der Vergütung ist in der Regel insbesondere dann als angemessen anzusehen, wenn ein Wegfall oder eine Beschränkung des Vergütungsanspruchs nach § 8a Absatz 1 oder 2 Satz 1 in Betracht kommt. [3]Zuständig ist

1. das Gericht, von dem der Berechtigte herangezogen worden ist, bei dem er als ehrenamtlicher Richter mitgewirkt hat oder bei dem der Ausschuss im Sinne des § 1 Abs. 4 gebildet ist;
2. das Gericht, bei dem die Staatsanwaltschaft besteht, wenn die Heranziehung durch die Staatsanwaltschaft oder in deren Auftrag oder mit deren vorheriger Billigung durch die Polizei oder eine andere Strafverfolgungsbehörde erfolgt ist, nach Erhebung der öffentlichen Klage jedoch das für die Durchführung des Verfahrens zuständige Gericht;
3. das Landgericht, bei dem die Staatsanwaltschaft besteht, die für das Ermittlungsverfahren zuständig wäre, wenn die Heranziehung in den Fällen des § 1 Abs. 1 Satz 1 Nr. 1 durch die Finanzbehörde oder in deren Auftrag oder mit deren vorheriger Billigung durch die Polizei oder eine andere Strafverfolgungsbehörde erfolgt ist, nach Erhebung der öffentlichen Klage jedoch das für die Durchführung des Verfahrens zuständige Gericht;
4. das Amtsgericht, in dessen Bezirk der Gerichtsvollzieher seinen Amtssitz hat, wenn die Heranziehung durch den Gerichtsvollzieher erfolgt ist, abweichend davon im Verfahren der Zwangsvollstreckung das Vollstreckungsgericht.

(2) [1]Ist die Heranziehung durch die Verwaltungsbehörde im Bußgeldverfahren erfolgt, werden die zu gewährende Vergütung oder Entschädigung und der Vorschuss durch gerichtlichen Beschluss festgesetzt, wenn der Berechtigte gerichtliche Entscheidung gegen die Festsetzung durch die Verwaltungsbehörde beantragt. [2]Für das Verfahren gilt § 62 des Gesetzes über Ordnungswidrigkeiten.

(3) Gegen den Beschluss nach Absatz 1 können der Berechtige und die Staatskasse Beschwerde einlegen, wenn der Wert des Beschwerdegegenstands 200 Euro übersteigt oder wenn sie das Gericht, das die angefochtene Entscheidung erlassen hat, wegen der grundsätzlichen Bedeutung der zur Entscheidung stehenden Frage in dem Beschluss zulässt.

(4) [1]Soweit das Gericht die Beschwerde für zulässig und begründet hält, hat es ihr abzuhelfen; im Übrigen ist die Beschwerde unverzüglich dem Beschwerdegericht vorzulegen. [2]Beschwerdegericht ist das nächsthöhere Gericht. [3]Eine Beschwerde an einen obersten Gerichtshof des Bundes findet nicht statt. [4]Das Beschwerdegericht ist an die Zulassung der Beschwerde gebunden; die Nichtzulassung ist unanfechtbar.

(5) [1]Die weitere Beschwerde ist nur zulässig, wenn das Landgericht als Beschwerdegericht entschieden und sie wegen der grundsätzlichen Bedeutung der zur Entscheidung stehenden Frage in dem Beschluss zugelassen hat. [2]Sie kann nur darauf gestützt werden, dass die Entscheidung auf einer Verletzung des Rechts beruht; die §§ 546 und 547 der Zivilprozessordnung gelten entsprechend. [3]Über die weitere Beschwerde entscheidet das Oberlandesgericht. [4]Absatz 4 Satz 1 und 4 gilt entsprechend.

(6) [1]Anträge und Erklärungen können ohne Mitwirkung eines Bevollmächtigten schriftlich eingereicht oder zu Protokoll der Geschäftsstelle abgegeben werden; § 129a der Zivilprozessordnung gilt entsprechend. [2]Für die Bevollmächtigung gelten die Regelungen der für das zugrunde liegende Verfahren geltenden Verfahrensordnung entsprechend. [3]Die Beschwerde ist bei dem Gericht einzulegen, dessen Entscheidung angefochten wird.

(7) [1]Das Gericht entscheidet über den Antrag durch eines seiner Mitglieder als Einzelrichter; dies gilt auch für die Beschwerde, wenn die angefochtene Entscheidung von einem Einzelrichter oder einem Rechtspfleger erlassen wurde. [2]Der Einzelrichter überträgt das Verfahren der Kammer oder dem Senat, wenn die Sache besondere Schwierigkeiten tatsächlicher oder rechtlicher Art aufweist oder die Rechtssache grundsätzliche Bedeutung hat. [3]Das Gericht entscheidet jedoch immer ohne Mitwirkung ehrenamtlicher Richter. [4]Auf eine erfolgte oder unterlassene Übertragung kann ein Rechtsmittel nicht gestützt werden.

(8) [1]Die Verfahren sind gebührenfrei. [2]Kosten werden nicht erstattet.

(9) Die Beschlüsse nach den Absätzen 1, 2, 4 und 5 wirken nicht zu Lasten des Kostenschuldners.

§ 4a Abhilfe bei Verletzung des Anspruchs auf rechtliches Gehör

(1) Auf die Rüge eines durch die Entscheidung nach diesem Gesetz beschwerten Beteiligten ist das Verfahren fortzuführen, wenn

1. ein Rechtsmittel oder ein anderer Rechtsbehelf gegen die Entscheidung nicht gegeben ist und
2. das Gericht den Anspruch dieses Beteiligten auf rechtliches Gehör in entscheidungserheblicher Weise verletzt hat.

(2) [1]Die Rüge ist innerhalb von zwei Wochen nach Kenntnis von der Verletzung des rechtlichen Gehörs zu erheben; der Zeitpunkt der Kenntniserlangung ist glaubhaft zu machen. [2]Nach Ablauf eines Jahres seit Bekanntmachung der angegriffenen Entscheidung kann die Rüge nicht mehr erhoben werden. [3]Formlos mitgeteilte Entscheidungen gelten mit dem dritten Tage nach Aufgabe zur Post als bekannt gemacht. [4]Die Rüge ist bei dem Gericht zu erheben, dessen Entscheidung angegriffen wird; § 4 Abs. 6 Satz 1 und 2 gilt entsprechend. [5]Die Rüge muss die angegriffene Entscheidung bezeichnen und das Vorliegen der in Absatz 1 Nr. 2 genannten Voraussetzungen darlegen.

(3) Den übrigen Beteiligten ist, soweit erforderlich, Gelegenheit zur Stellungnahme zu geben.

(4) [1]Das Gericht hat von Amts wegen zu prüfen, ob die Rüge an sich statthaft und ob sie in der gesetzlichen Form und Frist erhoben ist. [2]Mangelt es an einem dieser Erfordernisse, so ist die Rüge als unzulässig zu verwerfen. [3]Ist die Rüge unbegründet, weist das Gericht sie zurück. Die Entscheidung ergeht durch unanfechtbaren Beschluss. [4]Der Beschluss soll kurz begründet werden.

(5) Ist die Rüge begründet, so hilft ihr das Gericht ab, indem es das Verfahren fortführt, soweit dies aufgrund der Rüge geboten ist.

(6) Kosten werden nicht erstattet.

§ 4b Elektronische Akte, elektronisches Dokument

In Verfahren nach diesem Gesetz sind die verfahrensrechtlichen Vorschriften über die elektronische Akte und über das elektronische Dokument anzuwenden, die für das Verfahren gelten, in dem der Anspruchsberechtigte herangezogen worden ist.

§ 4c Rechtsbehelfsbelehrung

Jede anfechtbare Entscheidung hat eine Belehrung über den statthaften Rechtsbehelf sowie über die Stelle, bei der dieser Rechtsbehelf einzulegen ist, über deren Sitz und über die einzuhaltende Form zu enthalten.

Abschnitt 2: Gemeinsame Vorschriften

§ 5 Fahrtkostenersatz

(1) Bei Benutzung von öffentlichen, regelmäßig verkehrenden Beförderungsmitteln werden die tatsächlich entstandenen Auslagen bis zur Höhe der entsprechenden Kosten für die Benutzung der ersten Wagenklasse der Bahn einschließlich der Auslagen für Platzreservierung und Beförderung des notwendigen Gepäcks ersetzt.

(2) [1]Bei Benutzung eines eigenen oder unentgeltlich zur Nutzung überlassenen Kraftfahrzeugs werden

1. dem Zeugen oder dem Dritten (§ 23) zur Abgeltung der Betriebskosten sowie zur Abgeltung der Abnutzung des Kraftfahrzeugs 0,35 Euro,
2. den in § 1 Abs. 1 Satz 1 Nr. 1 und 2 genannten Anspruchsberechtigten zur Abgeltung der Anschaffungs-, Unterhaltungs- und Betriebskosten sowie zur Abgeltung der Abnutzung des Kraftfahrzeugs 0,42 Euro

für jeden gefahrenen Kilometer ersetzt zuzüglich der durch die Benutzung des Kraftfahrzeugs aus Anlass der Reise regelmäßig anfallenden baren Auslagen, insbesondere der Parkentgelte. [2]Bei der Benutzung durch mehrere Personen kann die Pauschale nur einmal geltend gemacht werden. [3]Bei der Benutzung eines Kraftfahrzeugs, das nicht zu den Fahrzeugen nach Absatz 1 oder Satz 1 zählt, werden die tatsächlich entstandenen Auslagen bis zur Höhe der in Satz 1 genannten Fahrtkosten ersetzt; zusätzlich werden die durch die Benutzung des Kraftfahrzeugs aus Anlass der Reise angefallenen regelmäßigen baren Auslagen, insbesondere die Parkentgelte, ersetzt, soweit sie der Berechtigte zu tragen hat.

(3) Höhere als die in Absatz 1 oder Absatz 2 bezeichneten Fahrtkosten werden ersetzt, soweit dadurch Mehrbeträge an Vergütung oder Entschädigung erspart werden oder höhere Fahrtkosten wegen besonderer Umstände notwendig sind.

(4) Für Reisen während der Terminsdauer werden die Fahrtkosten nur insoweit ersetzt, als dadurch Mehrbeträge an Vergütung oder Entschädigung erspart werden, die beim Verbleiben an der Terminsstelle gewährt werden müssten.

(5) Wird die Reise zum Ort des Termins von einem anderen als dem in der Ladung oder Terminsmitteilung bezeichneten oder der zuständigen Stelle unverzüglich angezeigten Ort angetreten oder wird zu einem anderen als zu diesem Ort zurückgefahren, werden Mehrkosten nach billigem Ermessen nur dann ersetzt, wenn der Berechtigte zu diesen Fahrten durch besondere Umstände genötigt war.

§ 6 Entschädigung für Aufwand

(1) Wer innerhalb der Gemeinde, in der der Termin stattfindet, weder wohnt noch berufstätig ist, erhält für die Zeit, während der er aus Anlass der Wahrnehmung des Termins von seiner Wohnung und seinem Tätigkeitsmittelpunkt abwesend sein muss, ein Tagegeld, dessen Höhe sich nach der Verpflegungspauschale zur Abgeltung tatsächlich entstandener, beruflich veranlasster Mehraufwendungen im Inland nach dem Einkommensteuergesetz bemisst.

(2) Ist eine auswärtige Übernachtung notwendig, wird ein Übernachtungsgeld nach den Bestimmungen des Bundesreisekostengesetzes gewährt.

§ 7 Ersatz für sonstige Aufwendungen

(1) [1]Auch die in den §§ 5, 6 und 12 nicht besonders genannten baren Auslagen werden ersetzt, soweit sie notwendig sind. [2]Dies gilt insbesondere für die Kosten notwendiger Vertretungen und notwendiger Begleitpersonen.

(2) [1]Für die Anfertigung von Kopien und Ausdrucken werden ersetzt
1. bis zu einer Größe von DIN A3 0,50 Euro je Seite für die ersten 50 Seiten und 0,15 Euro für jede weitere Seite,
2. in einer Größe von mehr als DIN A3 3 Euro je Seite und
3. für Farbkopien und -ausdrucke bis zu einer Größe von DIN A3 1 Euro je Seite für die ersten 50 Seiten und 0,30 Euro für jede weitere Seite, in einer Größe von mehr als DIN A3 6 Euro je Seite.

[2]Der erhöhte Aufwendungsersatz wird jeweils für die ersten 50 Seiten nach Satz 1 Nummer 1 und 3 gewährt. [3]Die Höhe der Pauschalen ist in derselben Angelegenheit einheitlich zu berechnen. [4]Die Pauschale wird nur für Kopien und Ausdrucke aus Behörden- und Gerichtsakten gewährt, soweit deren Herstellung zur sachgemäßen Vorbereitung oder Bearbeitung der Angelegenheit geboten war, sowie für Kopien und zusätzliche Ausdrucke, die nach Aufforderung durch die heranziehende Stelle angefertigt worden sind. [5]Werden Kopien oder Ausdrucke in einer Größe von mehr als DIN A3 gegen Entgelt von einem Dritten angefertigt, kann der Berechtigte anstelle der Pauschale die baren Auslagen ersetzt verlangen.

(3) [1]Für die Überlassung von elektronisch gespeicherten Dateien anstelle der in Absatz 2 genannten Kopien und Ausdrucke werden 1,50 Euro je Datei ersetzt. [2]Für die in einem Arbeitsgang überlassenen oder in einem Arbeitsgang auf denselben Datenträger übertragenen Dokumente werden höchstens 5 Euro ersetzt.

Abschnitt 3: Vergütung von Sachverständigen, Dolmetschern und Übersetzern

§ 8 Grundsatz der Vergütung

(1) Sachverständige, Dolmetscher und Übersetzer erhalten als Vergütung
1. ein Honorar für ihre Leistungen (§§ 9 bis 11),
2. Fahrtkostenersatz (§ 5),
3. Entschädigung für Aufwand (§ 6) sowie
4. Ersatz für sonstige und für besondere Aufwendungen (§§ 7 und 12).

(2) [1]Soweit das Honorar nach Stundensätzen zu bemessen ist, wird es für jede Stunde der erforderlichen Zeit einschließlich notwendiger Reise- und Wartezeiten gewährt. [2]Die letzte bereits begonnene Stunde wird voll gerechnet, wenn sie zu mehr als 30 Minuten für die Erbringung der Leistung erforderlich war; anderenfalls beträgt das Honorar die Hälfte des sich für eine volle Stunde ergebenden Betrags.

(3) Soweit vergütungspflichtige Leistungen oder Aufwendungen auf die gleichzeitige Erledigung mehrerer Angelegenheiten entfallen, ist die Vergütung nach der Anzahl der Angelegenheiten aufzuteilen.

(4) Den Sachverständigen, Dolmetschern und Übersetzern, die ihren gewöhnlichen Aufenthalt im Ausland haben, kann unter Berücksichtigung ihrer persönlichen Verhältnisse, insbesondere ihres regelmäßigen Erwerbseinkommens, nach billigem Ermessen eine höhere als die in Absatz 1 bestimmte Vergütung gewährt werden.

§ 8a Wegfall oder Beschränkung des Vergütungsanspruchs

(1) Der Anspruch auf Vergütung entfällt, wenn der Berechtigte es unterlässt, der heranziehenden Stelle unverzüglich solche Umstände anzuzeigen, die zu seiner Ablehnung durch einen Beteiligten berechtigen, es sei denn, er hat die Unterlassung nicht zu vertreten.

(2) [1]Der Berechtigte erhält eine Vergütung nur insoweit, als seine Leistung bestimmungsgemäß verwertbar ist, wenn er

1. gegen die Verpflichtung aus § 407a Absatz 1 bis 4 Satz 1 der Zivilprozessordnung verstoßen hat, es sei denn, er hat den Verstoß nicht zu vertreten;
2. eine mangelhafte Leistung erbracht hat und er die Mängel nicht in einer von der heranziehenden Stelle gesetzten angemessenen Frist beseitigt; die Einräumung einer Frist zur Mängelbeseitigung ist entbehrlich, wenn die Leistung grundlegende Mängel aufweist oder wenn offensichtlich ist, dass eine Mängelbeseitigung nicht erfolgen kann;
3. im Rahmen der Leistungserbringung grob fahrlässig oder vorsätzlich Gründe geschaffen hat, die einen Beteiligten zur Ablehnung wegen der Besorgnis der Befangenheit berechtigen; oder
4. trotz Festsetzung eines weiteren Ordnungsgeldes seine Leistung nicht vollständig erbracht hat.

[2]Soweit das Gericht die Leistung berücksichtigt, gilt sie als verwertbar. [3]Für die Mängelbeseitigung nach Satz 1 Nummer 2 wird eine Vergütung nicht gewährt.

(3) Steht die geltend gemachte Vergütung erheblich außer Verhältnis zum Wert des Streitgegenstands und hat der Berechtigte nicht rechtzeitig nach § 407a Absatz 4 Satz 2 der Zivilprozessordnung auf diesen Umstand hingewiesen, bestimmt das Gericht nach Anhörung der Beteiligten nach billigem Ermessen eine Vergütung, die in einem angemessenen Verhältnis zum Wert des Streitgegenstands steht.

(4) Übersteigt die Vergütung den angeforderten Auslagenvorschuss erheblich und hat der Berechtigte nicht rechtzeitig nach § 407a Absatz 4 Satz 2 der Zivilprozessordnung auf diesen Umstand hingewiesen, erhält er die Vergütung nur in Höhe des Auslagenvorschusses.

(5) Die Absätze 3 und 4 sind nicht anzuwenden, wenn der Berechtigte die Verletzung der ihm obliegenden Hinweispflicht nicht zu vertreten hat.

§ 9 Honorar für Sachverständige und für Dolmetscher

(1) [1]Das Honorar des Sachverständigen bemisst sich nach der Anlage 1. [2]Die Zuordnung der Leistung zu einem Sachgebiet bestimmt sich nach der Entscheidung über die Heranziehung des Sachverständigen.

(2) [1]Ist die Leistung auf einem Sachgebiet zu erbringen, das nicht in der Anlage 1 aufgeführt ist, so ist sie unter Berücksichtigung der allgemein für Leistungen dieser Art außergerichtlich und außerbehördlich vereinbarten Stundensätze nach billigem Ermessen mit einem Stundensatz zu vergüten, der den höchsten Stundensatz nach der Anlage 1 jedoch nicht übersteigen darf. [2]Ist die Leistung auf mehreren Sachgebieten zu erbringen oder betrifft ein medizinisches oder psychologisches Gutachten mehrere Gegenstände und sind diesen Sachgebieten oder Gegenständen verschiedene Stundensätze zugeordnet, so bemisst sich das Honorar für die gesamte erforderliche Zeit einheitlich nach dem höchsten dieser Stundensätze. [3]Würde die Bemessung des Honorars nach Satz 2 mit Rücksicht auf den Schwerpunkt der Leistung zu einem unbilligen Ergebnis führen, so ist der Stundensatz nach billigem Ermessen zu bestimmen.

(3) [1]Für die Festsetzung des Stundensatzes nach Absatz 2 gilt § 4 entsprechend mit der Maßgabe, dass die Beschwerde gegen die Festsetzung auch dann zulässig ist, wenn der Wert des Beschwerdegegenstands 200 Euro nicht übersteigt. [2]Die Beschwerde ist nur zulässig, solange der Anspruch auf Vergütung noch nicht geltend gemacht worden ist.

(4) [1]Das Honorar des Sachverständigen für die Prüfung, ob ein Grund für die Eröffnung eines Insolvenzverfahrens vorliegt und welche Aussichten für eine Fortführung des Unternehmens des Schuldners bestehen, beträgt 120 Euro je Stunde. [2]Ist der Sachverständige zugleich der vorläufige Insolvenzverwalter oder der vorläufige Sachwalter, so beträgt sein Honorar 95 Euro je Stunde.

(5) [1]Das Honorar des Dolmetschers beträgt für jede Stunde 85 Euro. [2]Der Dolmetscher erhält im Fall der Aufhebung eines Termins, zu dem er geladen war, eine Ausfallentschädigung, wenn

1. die Aufhebung nicht durch einen in seiner Person liegenden Grund veranlasst war,
2. ihm die Aufhebung erst am Terminstag oder an einem der beiden vorhergehenden Tage mitgeteilt worden ist und
3. er versichert, in welcher Höhe er durch die Terminsaufhebung einen Einkommensverlust erlitten hat.

[3]Die Ausfallentschädigung wird bis zu einem Betrag gewährt, der dem Honorar für zwei Stunden entspricht.

(6) [1]Erbringt der Sachverständige oder der Dolmetscher seine Leistung zwischen 23 und 6 Uhr oder an Sonn- oder Feiertagen, so erhöht sich das Honorar um 20 Prozent, wenn die heranziehende Stelle feststellt, dass es notwendig ist, die Leistung zu dieser Zeit zu erbringen. [2]§ 8 Absatz 2 Satz 2 gilt sinngemäß.

§ 10 Honorar für besondere Leistungen

(1) [1]Soweit ein Sachverständiger oder ein sachverständiger Zeuge Leistungen erbringt, die in der Anlage 2 bezeichnet sind, bemisst sich das Honorar oder die Entschädigung nach dieser Anlage. [2]§ 9 Absatz 6 gilt mit der Maßgabe, dass sich das Honorar des Sachverständigen oder die Entschädigung des sachverständigen Zeugen um 20 Prozent erhöht, wenn die Leistung zu mindestens 80 Prozent zwischen 23 und 6 Uhr oder an Sonn- oder Feiertagen erbracht wird.

(2) [1]Für Leistungen der in Abschnitt O des Gebührenverzeichnisses für ärztliche Leistungen (Anlage zur Gebührenordnung für Ärzte) bezeichneten Art bemisst sich das Honorar in entsprechender Anwendung dieses Gebührenverzeichnisses nach dem 1,3fachen Gebührensatz. [2]§ 4 Absatz 2 Satz 1, Absatz 2a Satz 1, Absatz 3 und 4 Satz 1 und § 10 der Gebührenordnung für Ärzte gelten entsprechend; im Übrigen bleiben die §§ 7 und 12 unberührt.

(3) Soweit für die Erbringung einer Leistung nach Absatz 1 oder Absatz 2 zusätzliche Zeit erforderlich ist, beträgt das Honorar für jede Stunde der zusätzlichen Zeit 80 Euro.

§ 11 Honorar für Übersetzer

(1) [1]Das Honorar für eine Übersetzung beträgt 1,80 Euro für jeweils angefangene 55 Anschläge des schriftlichen Textes, wenn der Text dem Übersetzer in editierbarer elektronischer Form zur Verfügung gestellt wird (Grundhonorar). [2]Andernfalls beträgt das Honorar 1,95 Euro für jeweils angefangene 55 Anschläge (erhöhtes Honorar). [3]Ist die Übersetzung wegen der besonderen Umstände des Einzelfalls besonders erschwert, insbesondere wegen der häufigen Verwendung von Fachausdrücken, der schweren Lesbarkeit des Textes, einer besonderen Eilbedürftigkeit oder weil es sich um eine in der Bundesrepublik Deutschland selten vorkommende Fremdsprache handelt, so beträgt das Grundhonorar 1,95 Euro und das erhöhte Honorar 2,10 Euro.

(2) [1]Maßgebend für die Anzahl der Anschläge ist der Text in der Zielsprache. [2]Werden jedoch nur in der Ausgangssprache lateinische Schriftzeichen verwendet, ist die Anzahl der Anschläge des Textes in der Ausgangssprache maßgebend. [3]Wäre eine Zählung der Anschläge mit unverhältnismäßigem Aufwand verbunden, so wird deren Anzahl unter Berücksichtigung der durchschnittlichen Anzahl der Anschläge je Zeile nach der Anzahl der Zeilen bestimmt.

(3) [1]Sind mehrere Texte zu übersetzen, ist die Höhe des Honorars für jeden Text gesondert zu bestimmen. [2]Für eine oder für mehrere Übersetzungen aufgrund desselben Auftrags beträgt das Honorar mindestens 20 Euro.

(4) Der Übersetzer erhält ein Honorar wie ein Dolmetscher, wenn
1. die Leistung des Übersetzers in der Überprüfung von Schriftstücken oder von Telekommunikationsaufzeichnungen auf bestimmte Inhalte besteht, ohne dass er insoweit eine schriftliche Übersetzung anfertigen muss, oder
2. die Leistung des Übersetzers darin besteht, aus einer Telekommunikationsaufzeichnung ein Wortprotokoll anzufertigen.

§ 12 Ersatz für besondere Aufwendungen

(1) [1]Soweit in diesem Gesetz nichts anderes bestimmt ist, sind mit der Vergütung nach den §§ 9 bis 11 auch die üblichen Gemeinkosten sowie der mit der Erstattung des Gutachtens oder der Übersetzung üblicherweise verbundene Aufwand abgegolten. [2]Es werden jedoch gesondert ersetzt
1. die für die Vorbereitung und Erstattung des Gutachtens oder der Übersetzung aufgewendeten notwendigen besonderen Kosten, einschließlich der insoweit notwendigen Aufwendungen für Hilfskräfte, sowie die für eine Untersuchung verbrauchten Stoffe und Werkzeuge;
2. für jedes zur Vorbereitung und Erstattung des Gutachtens erforderliche Foto 2 Euro und, wenn die Fotos nicht Teil des schriftlichen Gutachtens sind (§ 7 Absatz 2), 0,50 Euro für den zweiten und jeden weiteren Abzug oder Ausdruck eines Fotos;

3. für die Erstellung des schriftlichen Gutachtens je angefangene 1.000 Anschläge 0,90 Euro, in Angelegenheiten, in denen der Sachverständige ein Honorar nach der Anlage 1 Teil 2 oder der Anlage 2 erhält, 1,50 Euro; ist die Zahl der Anschläge nicht bekannt, ist diese zu schätzen;
4. die auf die Vergütung entfallende Umsatzsteuer, sofern diese nicht nach § 19 Abs. 1 des Umsatzsteuergesetzes unerhoben bleibt;
5. die Aufwendungen für Post- und Telekommunikationsdienstleistungen; Sachverständige und Übersetzer können anstelle der tatsächlichen Aufwendungen eine Pauschale in Höhe von 20 Prozent des Honorars fordern, höchstens jedoch 15 Euro.

(2) Ein auf die Hilfskräfte (Absatz 1 Satz 2 Nr. 1) entfallender Teil der Gemeinkosten wird durch einen Zuschlag von 15 Prozent auf den Betrag abgegolten, der als notwendige Aufwendung für die Hilfskräfte zu ersetzen ist, es sei denn, die Hinzuziehung der Hilfskräfte hat keine oder nur unwesentlich erhöhte Gemeinkosten veranlasst.

§ 13 Besondere Vergütung

(1) [1]Haben sich die Parteien oder Beteiligten dem Gericht gegenüber mit einer bestimmten oder einer von der gesetzlichen Regelung abweichenden Vergütung einverstanden erklärt, wird der Sachverständige, Dolmetscher oder Übersetzer unter Gewährung dieser Vergütung erst herangezogen, wenn ein ausreichender Betrag für die gesamte Vergütung an die Staatskasse gezahlt ist. [2]Hat in einem Verfahren nach dem Gesetz über Ordnungswidrigkeiten die Verfolgungsbehörde eine entsprechende Erklärung abgegeben, bedarf es auch dann keiner Vorschusszahlung, wenn die Verfolgungsbehörde nicht von der Zahlung der Kosten befreit ist. [3]In einem Verfahren, in dem Gerichtskosten in keinem Fall erhoben werden, genügt es, wenn ein die Mehrkosten deckender Betrag gezahlt worden ist, für den die Parteien oder Beteiligten nach Absatz 6 haften.

(2) [1]Die Erklärung nur einer Partei oder eines Beteiligten oder die Erklärung der Strafverfolgungsbehörde oder der Verfolgungsbehörde genügt, soweit sie sich auf den Stundensatz nach § 9 oder bei schriftlichen Übersetzungen auf ein Honorar für jeweils angefangene 55 Anschläge nach § 11 bezieht und das Gericht zustimmt. [2]Die Zustimmung soll nur erteilt werden, wenn das Doppelte des nach § 9 oder § 11 zulässigen Honorars nicht überschritten wird. [3]Vor der Zustimmung hat das Gericht die andere Partei oder die anderen Beteiligten zu hören. [4]Die Zustimmung und die Ablehnung der Zustimmung sind unanfechtbar.

(3) [1]Derjenige, dem Prozess- oder Verfahrenskostenhilfe bewilligt worden ist, kann eine Erklärung nach Absatz 1 nur abgeben, die sich auf den Stundensatz nach § 9 oder bei schriftlichen Übersetzungen auf ein Honorar für jeweils angefangene 55 Anschläge nach § 11 bezieht. [2]Wäre er ohne Rücksicht auf die Prozess- oder Verfahrenskostenhilfe zur vorschussweisen Zahlung der Vergütung verpflichtet, hat er einen ausreichenden Betrag für das gegenüber der gesetzlichen Regelung oder der vereinbarten Vergütung (§ 14) zu erwartende zusätzliche Honorar an die Staatskasse zu zahlen; § 122 Abs. 1 Nr. 1 Buchstabe a der Zivilprozessordnung ist insoweit nicht anzuwenden. [3]Der Betrag wird durch unanfechtbaren Beschluss festgesetzt. [4]Zugleich bestimmt das Gericht, welchem Stundensatz die Leistung des Sachverständigen ohne Berücksichtigung der Erklärungen der Parteien oder Beteiligten zuzuordnen oder mit welchem Betrag für 55 Anschläge in diesem Fall eine Übersetzung zu honorieren wäre.

(4) [1]Ist eine Vereinbarung nach den Absätzen 1 und 3 zur zweckentsprechenden Rechtsverfolgung notwendig und ist derjenige, dem Prozess- oder Verfahrenskostenhilfe bewilligt worden ist, zur Zahlung des nach Absatz 3 Satz 2 erforderlichen Betrags außerstande, bedarf es der Zahlung nicht, wenn das Gericht seiner Erklärung zustimmt. [2]Die Zustimmung soll nur erteilt werden, wenn das Doppelte des nach § 9 oder § 11 zulässigen Honorars nicht überschritten wird. [3]Die Zustimmung und die Ablehnung der Zustimmung sind unanfechtbar.

(5) [1]Im Musterverfahren nach dem Kapitalanleger-Musterverfahrensgesetz ist die Vergütung unabhängig davon zu gewähren, ob ein ausreichender Betrag an die Staatskasse gezahlt ist. [2]Im Fall des Absatzes 2 genügt die Erklärung eines Beteiligten des Musterverfahrens. [3]Die Absätze 3 und 4 sind nicht anzuwenden. [4]Die Anhörung der übrigen Beteiligten des Musterverfahrens kann dadurch ersetzt werden, dass die Vergütungshöhe, für die die Zustimmung des Gerichts erteilt werden soll, öffentlich bekannt gemacht wird. [5]Die öffentliche Bekanntmachung wird durch Eintragung in das Klageregister nach § 4 des Kapitalanleger-Musterverfahrensgesetzes bewirkt. [6]Zwischen der öffentlichen Bekanntmachung und der Entscheidung über die Zustimmung müssen mindestens vier Wochen liegen.

(6) [1]Schuldet nach den kostenrechtlichen Vorschriften keine Partei oder kein Beteiligter die Vergütung, haften die Parteien oder Beteiligten, die eine Erklärung nach Absatz 1 oder Absatz 3 abgegeben haben, für die hierdurch entstandenen Mehrkosten als Gesamtschuldner, im Innenverhältnis nach Kopfteilen. [2]Für die Strafverfolgungs- oder Verfolgungsbehörde haftet diejenige Körperschaft, der die Behörde angehört, wenn die Körperschaft nicht von der Zahlung der Kosten befreit ist. [3]Der auf eine Partei oder einen Beteiligten entfallende Anteil bleibt unberücksichtigt, wenn das Gericht der Erklärung nach Absatz 4 zugestimmt hat. [4]Der Sachverständige, Dolmetscher oder Übersetzer hat eine Berechnung der gesetzlichen Vergütung einzureichen.

(7) (aufgehoben)

§ 14 Vereinbarung der Vergütung

Mit Sachverständigen, Dolmetschern und Übersetzern, die häufiger herangezogen werden, kann die oberste Landesbehörde, für die Gerichte und Behörden des Bundes die oberste Bundesbehörde, oder eine von diesen bestimmte Stelle eine Vereinbarung über die zu gewährende Vergütung treffen, deren Höhe die nach diesem Gesetz vorgesehene Vergütung nicht überschreiten darf.

Abschnitt 4: Entschädigung von ehrenamtlichen Richtern

§ 15 Grundsatz der Entschädigung

(1) Ehrenamtliche Richter erhalten als Entschädigung
1. Fahrtkostenersatz (§ 5),
2. Entschädigung für Aufwand (§ 6),
3. Ersatz für sonstige Aufwendungen (§ 7),
4. Entschädigung für Zeitversäumnis (§ 16),
5. Entschädigung für Nachteile bei der Haushaltsführung (§ 17) sowie
6. Entschädigung für Verdienstausfall (§ 18).

(2) [1]Sofern die Entschädigung nach Stunden bemessen ist, wird sie für die gesamte Dauer der Heranziehung gewährt. [2]Dazu zählen auch notwendige Reise- und Wartezeiten sowie die Zeit, während der der ehrenamtliche Richter infolge der Heranziehung seiner beruflichen Tätigkeit nicht nachgehen konnte. [3]Eine Entschädigung wird für nicht mehr als zehn Stunden je Tag gewährt. [4]Die letzte begonnene Stunde wird voll gerechnet.

(3) Die Entschädigung wird auch gewährt,

1. wenn ehrenamtliche Richter von der zuständigen staatlichen Stelle zu Einführungs- und Fortbildungstagungen herangezogen werden,
2. wenn ehrenamtliche Richter bei den Gerichten der Arbeits- und der Sozialgerichtsbarkeit in dieser Eigenschaft an der Wahl von gesetzlich für sie vorgesehenen Ausschüssen oder an den Sitzungen solcher Ausschüsse teilnehmen (§§ 29, 38 des Arbeitsgerichtsgesetzes, §§ 23, 35 Abs. 1, § 47 des Sozialgerichtsgesetzes).

§ 16 Entschädigung für Zeitversäumnis

Die Entschädigung für Zeitversäumnis beträgt 7 Euro je Stunde.

§ 17 Entschädigung für Nachteile bei der Haushaltsführung

[1]Ehrenamtliche Richter, die einen eigenen Haushalt für mehrere Personen führen, erhalten neben der Entschädigung nach § 16 eine zusätzliche Entschädigung für Nachteile bei der Haushaltsführung von 17 Euro je Stunde, wenn sie nicht erwerbstätig sind oder wenn sie teilzeitbeschäftigt sind und außerhalb ihrer vereinbarten regelmäßigen täglichen Arbeitszeit herangezogen werden. [2]Ehrenamtliche Richter, die ein Erwerbsersatzeinkommen beziehen, stehen erwerbstätigen ehrenamtlichen Richtern gleich. [3]Die Entschädigung von Teilzeitbeschäftigten wird für höchstens zehn Stunden je Tag gewährt abzüglich der Zahl an Stunden, die der vereinbarten regelmäßigen täglichen Arbeitszeit entspricht. [4]Die Entschädigung wird nicht gewährt, soweit Kosten einer notwendigen Vertretung erstattet werden.

§ 18 Entschädigung für Verdienstausfall

[1]Für den Verdienstausfall wird neben der Entschädigung nach § 16 eine zusätzliche Entschädigung gewährt, die sich nach dem regelmäßigen Bruttoverdienst einschließlich der vom Arbeitgeber zu tragenden Sozialversicherungsbeiträge richtet, jedoch höchstens 29 Euro je Stunde beträgt. [2]Die Entschädigung beträgt bis zu 55 Euro je Stunde für ehrenamtliche Richter, die in demselben Verfahren an mehr als 20 Tagen herangezogen oder innerhalb eines Zeitraums von 30 Tagen an mindestens sechs Tagen ihrer regelmäßigen Erwerbstätigkeit entzogen werden. [3]Sie beträgt bis zu 73 Euro je Stunde für ehrenamtliche Richter, die in demselben Verfahren an mehr als 50 Tagen herangezogen werden.

Abschnitt 5: Entschädigung von Zeugen und Dritten

§ 19 Grundsatz der Entschädigung

(1) [1]Zeugen erhalten als Entschädigung

1. Fahrtkostenersatz (§ 5),
2. Entschädigung für Aufwand (§ 6),
3. Ersatz für sonstige Aufwendungen (§ 7),
4. Entschädigung für Zeitversäumnis (§ 20),
5. Entschädigung für Nachteile bei der Haushaltsführung (§ 21) sowie
6. Entschädigung für Verdienstausfall (§ 22).

[2]Dies gilt auch bei schriftlicher Beantwortung der Beweisfrage.

(2) [1]Sofern die Entschädigung nach Stunden bemessen ist, wird sie für die gesamte Dauer der Heranziehung gewährt. [2]Dazu zählen auch notwendige Reise- und Wartezeiten sowie die Zeit, während der der Zeuge infolge der Heranziehung seiner beruflichen Tätigkeit nicht nachgehen konnte. [3]Die Entschädigung wird für nicht mehr als zehn Stunden je Tag gewährt. [4]Die letzte bereits begonnene Stunde wird voll gerechnet, wenn insgesamt mehr als 30 Minuten auf die Heranziehung entfallen; andernfalls beträgt die Entschädigung die Hälfte des sich für die volle Stunde ergebenden Betrages.

(3) Soweit die Entschädigung durch die gleichzeitige Heranziehung in verschiedenen Angelegenheiten veranlasst ist, ist sie auf diese Angelegenheiten nach dem Verhältnis der Entschädigungen zu verteilen, die bei gesonderter Heranziehung begründet wären.

(4) Den Zeugen, die ihren gewöhnlichen Aufenthalt im Ausland haben, kann unter Berücksichtigung ihrer persönlichen Verhältnisse, insbesondere ihres regelmäßigen Erwerbseinkommens, nach billigem Ermessen eine höhere als die in Absatz 1 Satz 1 bestimmte Entschädigung gewährt werden.

§ 20 Entschädigung für Zeitversäumnis

Die Entschädigung für Zeitversäumnis beträgt 4 Euro je Stunde, soweit weder für einen Verdienstausfall noch für Nachteile bei der Haushaltsführung eine Entschädigung zu gewähren ist, es sei denn, dem Zeugen ist durch seine Heranziehung ersichtlich kein Nachteil entstanden.

§ 21 Entschädigung für Nachteile bei der Haushaltsführung

[1]Zeugen, die einen eigenen Haushalt für mehrere Personen führen, erhalten eine Entschädigung für Nachteile bei der Haushaltsführung von 17 Euro je Stunde, wenn sie nicht erwerbstätig sind oder wenn sie teilzeitbeschäftigt sind und außerhalb ihrer vereinbarten regelmäßigen täglichen Arbeitszeit herangezogen werden. [2]Zeugen, die ein Erwerbsersatzeinkommen beziehen, stehen erwerbstätigen Zeugen gleich. [3]Die Entschädigung von Teilzeitbeschäftigten wird für höchstens zehn Stunden je Tag gewährt abzüglich der Zahl an Stunden, die der vereinbarten regelmäßigen täglichen Arbeitszeit entspricht. [4]Die Entschädigung wird nicht gewährt, soweit Kosten einer notwendigen Vertretung erstattet werden.

§ 22 Entschädigung für Verdienstausfall

[1]Zeugen, denen ein Verdienstausfall entsteht, erhalten eine Entschädigung, die sich nach dem regelmäßigen Bruttoverdienst einschließlich der vom Arbeitgeber zu tragenden Sozialversicherungsbeiträge richtet und für jede Stunde höchstens 25 Euro beträgt. [2]Gefangene, die keinen Verdienstausfall aus einem privatrechtlichen Arbeitsverhältnis haben, erhalten Ersatz in Höhe der entgangenen Zuwendung der Vollzugsbehörde.

§ 23 Entschädigung Dritter

(1) Soweit von denjenigen, die Telekommunikationsdienste erbringen oder daran mitwirken (Telekommunikationsunternehmen), Anordnungen zur Überwachung der Telekommunikation umgesetzt oder Auskünfte erteilt werden, für die in der Anlage 3 zu diesem Gesetz besondere Entschädigungen bestimmt sind, bemisst sich die Entschädigung ausschließlich nach dieser Anlage.

(2) [1]Dritte, die aufgrund einer gerichtlichen Anordnung nach § 142 Abs. 1 Satz 1 oder § 144 Abs. 1 der Zivilprozessordnung Urkunden, sonstige Unterlagen oder andere Gegenstände vorlegen oder deren Inaugenscheinnahme dulden, sowie Dritte, die aufgrund eines Beweiszwecken dienenden Ersuchens der Strafverfolgungs- oder Verfolgungsbehörde

1. Gegenstände herausgeben (§ 95 Abs. 1, § 98a der Strafprozessordnung) oder die Pflicht zur Herausgabe entsprechend einer Anheimgabe der Strafverfolgungs- oder Verfolgungsbehörde abwenden oder
2. in anderen als den in Absatz 1 genannten Fällen Auskunft erteilen,

werden wie Zeugen entschädigt. [2]Bedient sich der Dritte eines Arbeitnehmers oder einer anderen Person, werden ihm die Aufwendungen dafür (§ 7) im Rahmen des § 22 ersetzt; § 19 Abs. 2 und 3 gilt entsprechend. [3]Die Sätze 1 und 2 gelten auch in den Fällen der Ermittlung von Amts wegen nach § 26 des Gesetzes über das Verfahren in Familiensachen und in den Angelegenheiten der freiwilligen Gerichtsbarkeit, sofern der Dritte nicht kraft einer gesetzlichen Regelung zur Herausgabe oder Auskunftserteilung verpflichtet ist.

(3) [1]Die notwendige Benutzung einer eigenen Datenverarbeitungsanlage für Zwecke der Rasterfahndung wird entschädigt, wenn die Investitionssumme für die im Einzelfall benutzte Hard- und Software zusammen mehr als 10 000 Euro beträgt. [2]Die Entschädigung beträgt

1. bei einer Investitionssumme von mehr als 10 000 bis 25 000 Euro für jede Stunde der Benutzung 5 Euro; die gesamte Benutzungsdauer ist auf volle Stunden aufzurunden;
2. bei sonstigen Datenverarbeitungsanlagen
   a) neben der Entschädigung nach Absatz 2 für jede Stunde der Benutzung der Anlage bei der Entwicklung eines für den Einzelfall erforderlichen, besonderen Anwendungsprogramms 10 Euro und
   b) für die übrige Dauer der Benutzung einschließlich des hierbei erforderlichen Personalaufwands ein Zehnmillionstel der Investitionssumme je Sekunde für die Zeit, in der die Zentraleinheit belegt ist (CPU-Sekunde), höchstens 0,30 Euro je CPU-Sekunde.

[3]Die Investitionssumme und die verbrauchte CPU-Zeit sind glaubhaft zu machen.

(4) Der eigenen elektronischen Datenverarbeitungsanlage steht eine fremde gleich, wenn die durch die Auskunftserteilung entstandenen direkt zurechenbaren Kosten (§ 7) nicht sicher feststellbar sind.

Abschnitt 6: Schlussvorschriften

§ 24 Übergangsvorschrift

[1]Die Vergütung und die Entschädigung sind nach bisherigem Recht zu berechnen, wenn der Auftrag an den Sachverständigen, Dolmetscher oder Übersetzer vor dem Inkrafttreten einer Gesetzesänderung erteilt oder der Berechtigte vor diesem Zeitpunkt herangezogen worden ist. [2]Dies gilt auch, wenn Vorschriften geändert werden, auf die dieses Gesetz verweist.

§ 25 Übergangsvorschrift aus Anlass des Inkrafttretens dieses Gesetzes

[1]Das Gesetz über die Entschädigung der ehrenamtlichen Richter in der Fassung der Bekanntmachung vom 1. Oktober 1969 (BGBl. I S. 1753), zuletzt geändert durch Artikel 1 Abs. 4 des Gesetzes vom 22. Februar 2002 (BGBl. I S. 981), und das Gesetz über die Entschädigung von Zeugen und Sachverständigen in der Fassung der Bekanntmachung vom 1. Oktober 1969 (BGBl. I S. 1756), zuletzt geändert durch Artikel 1 Abs. 5 des Gesetzes vom 22. Februar 2002 (BGBl. I S. 981), sowie Verweisungen auf diese Gesetze sind weiter anzuwenden, wenn der Auftrag an den Sachverständigen, Dolmetscher oder Übersetzer vor dem 1. Juli 2004 erteilt oder der Berechtigte vor diesem Zeitpunkt herangezogen worden ist. [2]Satz 1 gilt für Heranziehungen vor dem 1. Juli 2004 auch dann, wenn der Berechtigte in derselben Rechtssache auch nach dem 1. Juli 2004 herangezogen worden ist.

Anlage 1

(zu § 9 Absatz 1 Satz 1)

Teil 1

Nr.	Sachgebietsbezeichnung	Stundensatz (Euro)
1	Abfallstoffe einschließlich Altfahrzeuge und -geräte	115
2	Akustik, Lärmschutz	95
3	Altlasten und Bodenschutz	85
4	Bauwesen – soweit nicht Sachgebiet 14 – einschließlich technische Gebäudeausrüstung	
4.1	Planung	105
4.2	handwerklich-technische Ausführung	95
4.3	Schadensfeststellung und -ursachenermittlung	105
4.4	Bauprodukte	105
4.5	Bauvertragswesen, Baubetrieb und Abrechnung von Bauleistungen	105
4.6	Geotechnik, Erd- und Grundbau	100
5	Berufskunde, Tätigkeitsanalyse und Expositionsermittlung	105
6	Betriebswirtschaft	
6.1	Unternehmensbewertung, Betriebsunterbrechungs- und -verlagerungsschäden	135
6.2	Besteuerung	110
6.3	Rechnungswesen	105
6.4	Honorarabrechnungen von Steuerberatern	105
7	Bewertung von Immobilien und Rechten an Immobilien	115
8	Brandursachenermittlung	110
9	Briefmarken, Medaillen und Münzen	95
10	Einbauküchen	90

Nr.	Sachgebietsbezeichnung	Stundensatz (Euro)
11	Elektronik, Elektro- und Informationstechnologie	
11.1	Elektronik (insbesondere Mess-, Steuerungs- und Regelungselektronik)	120
11.2	Elektrotechnische Anlagen und Geräte	115
11.3	Kommunikations- und Informationstechnik	115
11.4	Informatik	125
11.5	Datenermittlung und -aufbereitung	125
12	Emissionen und Immissionen	95
13	Fahrzeugbau	100
14	Garten- und Landschaftsbau einschließlich Sportanlagenbau	90
15	Gesundheitshandwerke	85
16	Grafisches Gewerbe	115
17	Handschriften- und Dokumentenuntersuchung	105
18	Hausrat	110
19	Honorarabrechnungen von Architekten, Ingenieuren und Stadtplanern	145
20	Kältetechnik	120
21	Kraftfahrzeuge	
21.1	Kraftfahrzeugschäden und -bewertung	120
21.2	Kfz-Elektronik	95
22	Kunst und Antiquitäten	85
23	Lebensmittelchemie und -technologie	135
24	Maschinen und Anlagen	
24.1	Photovoltaikanlagen	110
24.2	Windkraftanlagen	120
24.3	Solarthermieanlagen	110
24.4	Maschinen und Anlagen im Übrigen	130

Nr.	Sachgebietsbezeichnung	Stundensatz (Euro)
25	Medizintechnik und Medizinprodukte	105
26	Mieten und Pachten	115
27	Möbel und Inneneinrichtung	90
28	Musikinstrumente	80
29	Schiffe und Wassersportfahrzeuge	95
30	Schmuck, Juwelen, Perlen, Gold- und Silberwaren	85
31	Schweiß- und Fügetechnik	95
32	Spedition, Transport, Lagerwirtschaft und Ladungssicherung	90
33	Sprengtechnik	90
34	Textilien, Leder und Pelze	70
35	Tiere – Bewertung, Haltung, Tierschutz und Zucht	85
36	Ursachenermittlung und Rekonstruktion von Unfällen	
36.1	bei Luftfahrzeugen	100
36.2	bei sonstigen Fahrzeugen	155
36.3	bei Arbeitsunfällen	125
36.4	im Freizeit- und Sportbereich	95
37	Verkehrsregelungs- und Verkehrsüberwachungstechnik	135
38	Vermessungs- und Katasterwesen	
38.1	Vermessungstechnik	80
38.2	Vermessungs- und Katasterwesen im Übrigen	100
39	Waffen und Munition	85

Teil 2

Honorargruppe	Gegenstand medizinischer oder psychologischer Gutachten	Stundensatz (Euro)
M 1	Einfache gutachtliche Beurteilungen ohne Kausalitätsfeststellungen, insbesondere 1. in Gebührenrechtsfragen (z.B. Streitigkeiten bei Krankenhausabrechnungen), 2. zur Verlängerung einer Betreuung oder zur Überprüfung eines angeordneten Einwilligungsvorbehalts nach § 1903 des Bürgerlichen Gesetzbuchs, 3. zur Minderung der Erwerbsfähigkeit nach einer Monoverletzung.	80
M 2	Beschreibende (Ist-Zustands-)Begutachtung nach standardisiertem Schema ohne Erörterung spezieller Kausalzusammenhänge mit einfacher medizinischer Verlaufsprognose und mit durchschnittlichem Schwierigkeitsgrad, insbesondere Gutachten 1. in Verfahren nach dem Neunten Buch Sozialgesetzbuch, 2. zur Erwerbsminderung oder Berufsunfähigkeit in Verfahren nach dem Sechsten Buch Sozialgesetzbuch, 3. zu rechtsmedizinischen und toxikologischen Fragestellungen im Zusammenhang mit der Feststellung einer Beeinträchtigung der Fahrtüchtigkeit durch Alkohol, Drogen, Medikamente oder Krankheiten, 4. zu spurenkundlichen oder rechtsmedizinischen Fragestellungen mit Befunderhebungen (z.B. bei Verletzungen und anderen Unfallfolgen), 5. zu einfachen Fragestellungen zur Schuldfähigkeit ohne besondere Schwierigkeiten der Persönlichkeitsdiagnostik, 6. zur Einrichtung oder Aufhebung einer Betreuung oder zur Anordnung oder Aufhebung eines Einwilligungsvorbehalts nach § 1903 des Bürgerlichen Gesetzbuchs, 7. zu Unterhaltsstreitigkeiten aufgrund einer Erwerbsminderung oder Berufsunfähigkeit, 8. zu neurologisch-psychologischen Fragestellungen in Verfahren nach der Fahrerlaubnis-Verordnung, 9. zur Haft-, Verhandlungs- oder Vernehmungsfähigkeit.	90
M 3	Gutachten mit hohem Schwierigkeitsgrad (Begutachtungen spezieller Kausalzusammenhänge und/oder differenzialdiagnostischer Probleme und/oder Beurteilung der Prognose und/oder Beurteilung strittiger Kausalitätsfragen), insbesondere Gutachten	120

Honorar-gruppe	Gegenstand medizinischer oder psychologischer Gutachten	Stundensatz (Euro)
	1. zum Kausalzusammenhang bei problematischen Verletzungsfolgen, 2. zu ärztlichen Behandlungsfehlern, 3. in Verfahren nach dem sozialen Entschädigungsrecht, 4. zur Schuldfähigkeit bei Schwierigkeiten der Persönlichkeitsdiagnostik, 5. in Verfahren zur Anordnung einer Maßregel der Besserung und Sicherung (in Verfahren zur Entziehung der Fahrerlaubnis zu neurologisch/psychologischen Fragestellungen), 6. zur Kriminalprognose, 7. zur Glaubhaftigkeit oder Aussagetüchtigkeit, 8. zur Widerstandsfähigkeit, 9. in Verfahren nach den §§ 3, 10, 17 und 105 des Jugendgerichtsgesetzes, 10. in Unterbringungsverfahren, 11. zur Fortdauer der Unterbringung im Maßregelvollzug über zehn Jahre hinaus, 12. zur Anordnung der Sicherungsverwahrung oder zur Prognose von Untergebrachten in der Sicherungsverwahrung, 13. in Verfahren nach den §§ 1904 und 1905 des Bürgerlichen Gesetzbuchs, 14. in Verfahren nach dem Transplantationsgesetz, 15. in Verfahren zur Regelung von Sorge- oder Umgangsrechten, 16. zu Fragestellungen der Hilfe zur Erziehung, 17. zur Geschäfts-, Testier- oder Prozessfähigkeit, 18. in Aufenthalts- oder Asylangelegenheiten, 19. zur persönlichen Eignung nach § 6 des Waffengesetzes, 20. zur Anerkennung von Berufskrankheiten, Arbeitsunfällen, zu den daraus folgenden Gesundheitsschäden und zur Minderung der Erwerbsfähigkeit nach dem Siebten Buch Sozialgesetzbuch, 21. zu rechtsmedizinischen, toxikologischen oder spurenkundlichen Fragestellungen im Zusammenhang mit einer abschließenden Todesursachenklärung, mit ärztlichen Behandlungsfehlern oder mit einer Beurteilung der Schuldfähigkeit, 22. in Verfahren nach dem Transsexuellengesetz.	

Anlage 2

(zu § 10 Absatz 1 Satz 1)

Nr.	Bezeichnung der Leistung	Honorar in Euro

Abschnitt 1
Leichenschau und Obduktion

Vorbemerkung 1:

(1) Das Honorar in den Fällen der Nummern 100 und 102 bis 107 umfasst den zur Niederschrift gegebenen Bericht. In den Fällen der Nummern 102 bis 107 umfasst das Honorar auch das vorläufige Gutachten. Das Honorar nach den Nummern 102 bis 107 erhält jeder Obduzent gesondert.

(2) Aufwendungen für die Nutzung fremder Kühlzellen, Sektionssäle oder sonstiger Einrichtungen werden bis zu einem Betrag von 300 € gesondert erstattet, wenn die Nutzung wegen der großen Entfernung zwischen dem Fundort der Leiche und dem rechtsmedizinischen Institut geboten ist.

(3) Eine bildgebende Diagnostik, die über das klassische Röntgen hinausgeht, wird in den Fällen der Nummern 100 und 102 bis 107 gesondert vergütet, wenn sie von der heranziehenden Stelle besonders angeordnet wurde und Säuglinge, Arbeits- oder Verkehrsunfallopfer, Fälle von Behandlungsfehlervorwürfen oder Verstorbene nach äußerer Gewalteinwirkung betrifft.

100	Besichtigung einer Leiche, von Teilen einer Leiche, eines Embryos oder eines Fetus oder Mitwirkung an einer richterlichen Leichenschau	70,00 €
	für mehrere Leistungen bei derselben Gelegenheit jedoch höchstens	170,00 €
101	Fertigung eines Berichts, der schriftlich zu erstatten oder nachträglich zur Niederschrift zu geben ist	35,00 €
	für mehrere Leistungen bei derselben Gelegenheit jedoch höchstens	120,00 €
102	Obduktion	460,00 €
103	Obduktion unter besonders ungünstigen äußeren Bedingungen: Das Honorar 102 beträgt	600,00 €
104	Obduktion unter anderen besonders ungünstigen Bedingungen (Zustand der Leiche etc.): Das Honorar 102 beträgt	800,00 €
105	Obduktion mit zusätzlicher Präparation (Eröffnung der Rücken-, Gesäß- und Extremitätenweichteile): Das Honorar 102 erhöht sich um	140,00 €
106	Sektion von Teilen einer Leiche oder Öffnung eines Embryos oder nicht lebensfähigen Fetus	120,00 €
107	Sektion oder Öffnung unter besonders ungünstigen Bedingungen: Das Honorar 106 beträgt	170,00 €

Nr.	Bezeichnung der Leistung	Honorar in Euro
	Abschnitt 2 **Befund**	
200	Ausstellung eines Befundscheins oder Erteilung einer schriftlichen Auskunft ohne nähere gutachtliche Äußerung	25,00 €
201	Die Leistung der in Nummer 200 genannten Art ist außergewöhnlich umfangreich: Das Honorar 200 beträgt	bis zu 55,00 €
202	Ausstellung eines Zeugnisses über einen ärztlichen Befund mit von der heranziehenden Stelle geforderter kurzer gutachtlicher Äußerung oder eines Formbogengutachtens, wenn sich die Fragen auf Vorgeschichte, Angaben und Befund beschränken und nur ein kurzes Gutachten erfordern	45,00 €
203	Die Leistung der in Nummer 202 genannten Art ist außergewöhnlich umfangreich: Das Honorar 202 beträgt	bis zu 90,00 €
	Abschnitt 3 **Untersuchungen, Blutentnahme, Entnahme von Proben für die genetische Analyse**	
300	Untersuchung eines Lebensmittels, Bedarfsgegenstands, Arzneimittels, von Luft, Gasen, Böden, Klärschlämmen, Wässern oder Abwässern oder dergleichen und eine kurze schriftliche gutachtliche Äußerung: Das Honorar beträgt für jede Einzelbestimmung je Probe	5,00 bis 70,00 €
301	Die Leistung der in Nummer 300 genannten Art ist außergewöhnlich umfangreich oder schwierig: Das Honorar 300 beträgt	bis zu 1 000,00 €
302	Mikroskopische, physikalische, chemische, toxikologische, bakteriologische oder serologische Untersuchung, wenn das Untersuchungsmaterial von Menschen oder Tieren stammt, soweit nicht in den Nummern 309 bis 317 oder 403 bis 411 geregelt: Das Honorar beträgt je Organ oder Körperflüssigkeit. Das Honorar umfasst das verbrauchte Material, soweit es sich um geringwertige Stoffe handelt, und eine kurze gutachtliche Äußerung.	5,00 bis 70,00 €

Nr.	Bezeichnung der Leistung	Honorar in Euro
303	Die Leistung der in Nummer 302 genannten Art ist außergewöhnlich umfangreich oder schwierig: Das Honorar 302 beträgt	bis zu 1 000,00 €
304	Elektrophysiologische Untersuchung eines Menschen Das Honorar umfasst eine kurze gutachtliche Äußerung und den mit der Untersuchung verbundenen Aufwand.	20,00 bis 160,00 €
305	Raster-elektronische Untersuchung eines Menschen oder einer Leiche, auch mit Analysenzusatz. . . . . Das Honorar umfasst eine kurze gutachtliche Äußerung und den mit der Untersuchung verbundenen Aufwand.	20,00 bis 430,00 €
306	Blutentnahme oder Entnahme einer Probe für die genetische Analyse . . . . Das Honorar umfasst eine Niederschrift über die Feststellung der Identität.	10,00 €
307	Herstellung einer Probe für die genetische Analyse und ihre Überprüfung auf Geeignetheit (z.B. DNA-Menge, humane Herkunft, Ausmaß der Degradation) . Das Honorar umfasst das verbrauchte Material, soweit es sich um geringwertige Stoffe handelt, und eine kurze gutachtliche Äußerung.	bis zu 250,00 €
308	Entnahme einer Probe für die genetische Analyse von einem Asservat einschließlich Dokumentation: je Probe.	30,00 €
309	Untersuchung von autosomalen STR-Systemen, bis 16 Systeme: je Probe.	140,00 €
310	Untersuchung von autosomalen STR-Systemen, mehr als 16 Systeme: je Probe.	200,00 €
311	Untersuchung von autosomalen STR-Systemen, mehr als 30 Systeme: je Probe.	260,00 €
312	Untersuchung von X-STRs, bis 12 Systeme: je Probe.	140,00 €
313	Untersuchung von X-STRs, mehr als 12 Systeme: je Probe.	200,00 €
314	Untersuchung von Y-STRs, bis 17 Systeme: je Probe.	140,00 €

Nr.	Bezeichnung der Leistung	Honorar in Euro
315	Untersuchung von Y-STRs, mehr als 17 Systeme: je Probe	200,00 €
316	Untersuchung von Y-STRs, mehr als 27 Systeme: je Probe	260,00 €
317	Untersuchung weiterer DNA-Marker, z.B. mtDNA, SNPs, Indels, DNA-Methylierung, sonstige komplexe genetische Merkmalsysteme: je Probe	bis zu 300,00 €
318	Biostatistische Berechnungen: je Spur	30,00 €

Abschnitt 4
Abstammungsgutachten

Vorbemerkung 4:

(1) Das Honorar umfasst die gesamte Tätigkeit des Sachverständigen einschließlich aller Aufwendungen mit Ausnahme der Umsatzsteuer und mit Ausnahme der Auslagen für Probenentnahmen durch vom Sachverständigen beauftragte Personen, soweit nichts anderes bestimmt ist. Das Honorar umfasst ferner den Aufwand für die Anfertigung des schriftlichen Gutachtens und von drei Überstücken.

(2) Das Honorar für Leistungen der in Abschnitt M III 13 des Gebührenverzeichnisses für ärztliche Leistungen (Anlage zur GOÄ) bezeichneten Art bemisst sich in entsprechender Anwendung dieses Gebührenverzeichnisses nach dem 1,15fachen Gebührensatz. § 4 Abs. 2 Satz 1, Abs. 2a Satz 1, Abs. 3 und 4 Satz 1 und § 10 GOÄ gelten entsprechend.

Nr.	Bezeichnung der Leistung	Honorar in Euro
400	Erstellung des Gutachtens Das Honorar umfasst 1. die administrative Abwicklung, insbesondere die Organisation der Probenentnahmen, und 2. das schriftliche Gutachten, erforderlichenfalls mit biostatistischer Auswertung.	170,00 €
401	Biostatistische Berechnungen, wenn der mögliche Vater für die Untersuchung nicht zur Verfügung steht und andere mit ihm verwandte Personen an seiner Stelle in die Begutachtung einbezogen werden (Defizienzfall) oder bei Fragestellungen zur Voll- und Halbgeschwisterschaft: je Person Beauftragt der Sachverständige eine andere Person mit der biostatistischen Berechnung, werden ihm abweichend von Vorbemerkung 4 Abs. 1 Satz 1 die hierfür anfallenden Auslagen ersetzt.	30,00 €
402	Entnahme einer Probe für die genetische Analyse einschließlich der Niederschrift sowie der qualifizierten Aufklärung nach dem Gendiagnostikgesetz	30,00 €

Nr.	Bezeichnung der Leistung	Honorar in Euro
403	Untersuchung von autosomalen STR-Systemen, bis 16 Systeme: je Probe.	140,00 €
404	Untersuchung von autosomalen STR-Systemen, mehr als 16 Systeme: je Probe.	200,00 €
405	Untersuchung von autosomalen STR-Systemen, mehr als 30 Systeme: je Probe.	260,00 €
406	Untersuchung von X-STRs, bis 12 Systeme: je Probe.	140,00 €
407	Untersuchung von X-STRs, mehr als 12 Systeme: je Probe.	200,00 €
408	Untersuchung von Y-STRs, bis 17 Systeme: je Probe.	140,00 €
409	Untersuchung von Y-STRs, mehr als 17 Systeme: je Probe.	200,00 €
410	Untersuchung von Y-STRs, mehr als 27 Systeme: je Probe.	260,00 €
411	Untersuchung weiterer DNA-Marker, z.B. mtDNA, SNPs, Indels, DNA-Methylierung, sonstige komplexe genetische Merkmalsysteme: je Probe.	bis zu 300,00 €
412	Herstellung einer Probe für die genetische Analyse aus anderem Untersuchungsmaterial als Blut oder Mundschleimhautabstrichen einschließlich Durchführung des Tests auf Eignung und Dokumentation: je Person	bis zu 140,00 €

Anlage 3

(zu § 23 Abs. 1)

Nr.	Tätigkeit	Höhe

Allgemeine Vorbemerkung:

(1) Die Entschädigung nach dieser Anlage schließt alle mit der Erledigung des Ersuchens der Strafverfolgungsbehörde verbundenen Tätigkeiten des Telekommunikationsunternehmens sowie etwa anfallende sonstige Aufwendungen (§ 7 JVEG) ein.

(2) Für Leistungen, die die Strafverfolgungsbehörden über eine zentrale Kontaktstelle des Generalbundesanwalts, des Bundeskriminalamtes, der Bundespolizei oder des Zollkriminalamtes oder über entsprechende für ein Bundesland oder für mehrere Bundesländer zuständige Kontaktstellen anfordern und abrechnen, ermäßigen sich die Entschädigungsbeträge nach den Nummern 100, 101, 300 bis 321, 400 bis 420 um 20 Prozent, wenn bei der Anforderung darauf hingewiesen worden ist, dass es sich bei der anfordernden Stelle um eine zentrale Kontaktstelle handelt.

Abschnitt 1
Überwachung der Telekommunikation

Vorbemerkung 1:

(1) Die Vorschriften dieses Abschnitts gelten für die Heranziehung im Zusammenhang mit Funktionsprüfungen der Aufzeichnungs- und Auswertungseinrichtungen der berechtigten Stellen entsprechend.

(2) Leitungskosten werden nur entschädigt, wenn die betreffende Leitung innerhalb des Überwachungszeitraums mindestens einmal zur Übermittlung überwachter Telekommunikation an die Strafverfolgungsbehörde genutzt worden ist.

(3) Für die Überwachung eines Voiceover-IP-Anschlusses oder eines Zugangs zu einem elektronischen Postfach richtet sich die Entschädigung für die Leitungskosten nach den Nummern 102 bis 104. Dies gilt auch für die Überwachung eines Mobilfunkanschlusses, es sei denn, dass auch die Überwachung des über diesen Anschluss abgewickelten Datenverkehrs angeordnet worden ist und für die Übermittlung von Daten Leitungen mit Übertragungsgeschwindigkeiten von mehr als 144 kbit/s genutzt werden müssen und auch genutzt worden sind. In diesem Fall richtet sich die Entschädigung einheitlich nach den Nummern 111 bis 113.

Nr.	Tätigkeit	Höhe
100	Umsetzung einer Anordnung zur Überwachung der Telekommunikation, unabhängig von der Zahl der dem Anschluss zugeordneten Kennungen: je Anschluss. . . .	100,00 €
	Mit der Entschädigung ist auch der Aufwand für die Abschaltung der Maßnahme entgolten.	
101	Verlängerung einer Maßnahme zur Überwachung der Telekommunikation oder Umschaltung einer solchen Maßnahme auf Veranlassung der Strafverfolgungsbehörde auf einen anderen Anschluss dieser Stelle. . . .	35,00 €
	Leitungskosten für die Übermittlung der zu überwachenden Telekommunikation: für jeden überwachten Anschluss,	
102	– wenn die Überwachungsmaßnahme nicht länger als eine Woche dauert	24,00 €

GvKostG/JVEG/JVKostG Kosten berufsger. Verfahren

Nr.	Tätigkeit	Höhe
103	– wenn die Überwachungsmaßnahme länger als eine Woche, jedoch nicht länger als zwei Wochen dauert	42,00 €
104	– wenn die Überwachungsmaßnahme länger als zwei Wochen dauert: je angefangenen Monat	75,00 €
105	– Die Entschädigung nach Nummer 102 beträgt	40,00 €
106	– Die Entschädigung nach Nummer 103 beträgt	70,00 €
107	– Die Entschädigung nach Nummer 104 beträgt	125,00 €
	Der überwachte Anschluss ist ein ISDN-Primärmultiplexanschluss:	
108	– Die Entschädigung nach Nummer 102 beträgt	490,00 €
109	– Die Entschädigung nach Nummer 103 beträgt	855,00 €
110	– Die Entschädigung nach Nummer 104 beträgt	1 525,00 €
	Der überwachte Anschluss ist ein digitaler Teilnehmeranschluss mit einer Übertragungsgeschwindigkeit von mehr als 144 kbit/s, aber kein ISDN-Primärmultiplexanschluss:	
111	– Die Entschädigung nach Nummer 102 beträgt	65,00 €
112	– Die Entschädigung nach Nummer 103 beträgt	110,00 €
113	– Die Entschädigung nach Nummer 104 beträgt	200,00 €
	Abschnitt 2 **Auskünfte über Bestandsdaten**	
200	Auskunft über Bestandsdaten nach § 3 Nr. 3 TKG, sofern 1. die Auskunft nicht über das automatisierte Auskunftsverfahren nach § 112 TKG erteilt werden kann und die Unmöglichkeit der Auskunftserteilung auf diesem Wege nicht vom Unternehmen zu vertreten ist und 2. für die Erteilung der Auskunft nicht auf Verkehrsdaten zurückgegriffen werden muss: je angefragten Kundendatensatz	18,00 €
201	Auskunft über Bestandsdaten, zu deren Erteilung auf Verkehrsdaten zurückgegriffen werden muss: für bis zu 10 in demselben Verfahren gleichzeitig angefragte Kennungen, die der Auskunftserteilung zugrunde liegen	35,00 €

Nr.	Tätigkeit	Höhe
	Bei mehr als 10 angefragten Kennungen wird die Pauschale für jeweils bis zu 10 weitere Kennungen erneut gewährt. Kennung ist auch eine IP-Adresse.	
202	Es muss auf Verkehrsdaten nach § 113b Abs. 2 bis 4 TKG zurückgegriffen werden: Die Pauschale 201 beträgt.	40,00 €
	Abschnitt 3 **Auskünfte über Verkehrsdaten**	
300	Auskunft über gespeicherte Verkehrsdaten: für jede Kennung, die der Auskunftserteilung zugrunde liegt	30,00 €
	Die Mitteilung der die Kennung betreffenden Standortdaten ist mit abgegolten.	
301	Für die Auskunft muss auf Verkehrsdaten nach § 113b Abs. 2 bis 4 TKG zurückgegriffen werden: Die Pauschale 300 beträgt.	35,00 €
302	Die Auskunft wird im Fall der Nummer 300 aufgrund eines einheitlichen Ersuchens auch oder ausschließlich für künftig anfallende Verkehrsdaten zu bestimmten Zeitpunkten erteilt: für die zweite und jede weitere in dem Ersuchen verlangte Teilauskunft	10,00 €
303	Auskunft über gespeicherte Verkehrsdaten zu Verbindungen, die zu einer bestimmten Zieladresse hergestellt wurden, durch Suche in allen Datensätzen der abgehenden Verbindungen eines Betreibers (Zielwahlsuche): je Zieladresse	90,00 €
	Die Mitteilung der Standortdaten der Zieladresse ist mit abgegolten.	
304	Für die Auskunft muss auf Verkehrsdaten nach § 113b Abs. 2 bis 4 TKG zurückgegriffen werden: Die Pauschale 303 beträgt.	110,00 €
305	Die Auskunft wird im Fall der Nummer 303 aufgrund eines einheitlichen Ersuchens auch oder ausschließlich für künftig anfallende Verkehrsdaten zu bestimmten Zeitpunkten erteilt: für die zweite und jede weitere in dem Ersuchen verlangte Teilauskunft	70,00 €

Nr.	Tätigkeit	Höhe
306	Auskunft über gespeicherte Verkehrsdaten für eine von der Strafverfolgungsbehörde benannte Funkzelle (Funkzellenabfrage)	30,00 €
307	Für die Auskunft muss auf Verkehrsdaten nach § 113b Abs. 2 bis 4 TKG zurückgegriffen werden: Die Pauschale 306 beträgt.	35,00 €
308	Auskunft über gespeicherte Verkehrsdaten für mehr als eine von der Strafverfolgungsbehörde benannte Funkzelle: Die Pauschale 306 erhöht sich für jede weitere Funkzelle um	4,00 €
309	Auskunft über gespeicherte Verkehrsdaten für mehr als eine von der Strafverfolgungsbehörde benannte Funkzelle und für die Auskunft muss auf Verkehrsdaten nach § 113b Abs. 2 bis 4 TKG zurückgegriffen werden: Die Pauschale 306 erhöht sich für jede weitere Funkzelle um	5,00 €
310	Auskunft über gespeicherte Verkehrsdaten in Fällen, in denen lediglich Ort und Zeitraum bekannt sind: Die Abfrage erfolgt für einen bestimmten, durch eine Adresse bezeichneten Standort	60,00 €
311	Für die Auskunft muss auf Verkehrsdaten nach § 113b Abs. 2 bis 4 TKG zurückgegriffen werden: Die Pauschale 310 beträgt.	70,00 €
	Die Auskunft erfolgt für eine Fläche:	
312	– Die Entfernung der am weitesten voneinander entfernten Punkte beträgt nicht mehr als 10 Kilometer: Die Pauschale 310 beträgt.	190,00 €
313	– Die Entfernung der am weitesten voneinander entfernten Punkte beträgt mehr als 10, aber nicht mehr als 25 Kilometer: Die Pauschale 310 beträgt.	490,00 €
314	– Die Entfernung der am weitesten voneinander entfernten Punkte beträgt mehr als 25, aber nicht mehr als 45 Kilometer: Die Pauschale 310 beträgt.	930,00 €
	Liegen die am weitesten voneinander entfernten Punkte mehr als 45 Kilometer auseinander, ist für den darüber hinausgehenden Abstand die Entschädigung nach den Nummern 312 bis 314 gesondert zu berechnen.	

Nr.	Tätigkeit	Höhe
315	– Die Entfernung der am weitesten voneinander entfernten Punkte beträgt nicht mehr als 10 Kilometer: Die Pauschale 310 beträgt	230,00 €
316	– Die Entfernung der am weitesten voneinander entfernten Punkte beträgt mehr als 10, aber nicht mehr als 25 Kilometer: Die Pauschale 310 beträgt	590,00 €
317	– Die Entfernung der am weitesten voneinander entfernten Punkte beträgt mehr als 25, aber nicht mehr als 45 Kilometer: Die Pauschale 310 beträgt	1.120,00 €
	Liegen die am weitesten voneinander entfernten Punkte mehr als 45 Kilometer auseinander, ist für den darüber hinausgehenden Abstand die Entschädigung nach den Nummern 315 bis 317 gesondert zu berechnen.	
318	Die Auskunft erfolgt für eine bestimmte Wegstrecke: Die Pauschale 310 beträgt für jeweils angefangene 10 Kilometer Länge	110,00 €
319	Die Auskunft erfolgt für eine bestimmte Wegstrecke und es muss auf Verkehrsdaten nach § 113b Abs. 2 bis 4 TKG zurückgegriffen werden: Die Pauschale 310 beträgt für jeweils angefangene 10 Kilometer Länge	130,00 €
320	Umsetzung einer Anordnung zur Übermittlung künftig anfallender Verkehrsdaten in Echtzeit: je Anschluss	100,00 €
	Mit der Entschädigung ist auch der Aufwand für die Abschaltung der Übermittlung und die Mitteilung der den Anschluss betreffenden Standortdaten entgolten.	
321	Verlängerung der Maßnahme im Fall der Nummer 320	35,00 €
	Leitungskosten für die Übermittlung der Verkehrsdaten in den Fällen der Nummern 320 und 321:	
322	– wenn die angeordnete Übermittlung nicht länger als eine Woche dauert	8,00 €
323	– wenn die angeordnete Übermittlung länger als eine Woche, aber nicht länger als zwei Wochen dauert	14,00 €
324	– wenn die angeordnete Übermittlung länger als zwei Wochen dauert: je angefangenen Monat	25,00 €

Nr.	Tätigkeit	Höhe
325	Übermittlung der Verkehrsdaten auf einem Datenträger	10,00 €
	Abschnitt 4 **Sonstige Auskünfte**	
400	Auskunft über den letzten dem Netz bekannten Standort eines Mobiltelefons (Standortabfrage)	90,00 €
401	Im Fall der Nummer 400 muss auf Verkehrsdaten nach § 113b Abs. 2 bis 4 TKG zurückgegriffen werden: Die Pauschale 400 beträgt	110,00 €
402	Auskunft über die Struktur von Funkzellen: je Funkzelle	35,00 €

27. Gesetz über Kosten in Angelegenheiten der Justizverwaltung (Justizverwaltungskostengesetz – JVKostG)

vom 23.7.2013, BGBl. I S. 2586[1]

zuletzt geändert durch das Gesetz zur Verbesserung der Hilfen für Familien bei Adoption (Adoptionshilfe-Gesetz) vom 12.2.2021, BGBl. I S. 226

Inhaltsübersicht

1 **Hinweis:** Die JVKostO ist zum 1.8.2013 durch Artikel 45 des 2. KostRMoG vom 23.7.2013 (BGBl. I S. 2586) aufgehoben und durch das JVKostG ersetzt worden. Ob in Übergangsfällen die JVKostO oder das JVKostG anzuwenden ist, richtet sich nach der Übergangsvorschrift in § 25 JVKostG. JVKostO ist in Kostentafeln, 33. Auflage 2014, Seiten 469 ff. zu finden.

Abschnitt 1: Allgemeine Vorschriften

§ 1 Geltungsbereich

(1) Dieses Gesetz gilt für die Erhebung von Kosten (Gebühren und Auslagen) durch die Justizbehörden des Bundes in Justizverwaltungsangelegenheiten, soweit nichts anderes bestimmt ist.

(2) [1]Dieses Gesetz gilt für die Justizbehörden der Länder in folgenden Justizverwaltungsangelegenheiten:

1. Befreiung von der Beibringung des Ehefähigkeitszeugnisses (§ 1309 Absatz 2 des Bürgerlichen Gesetzbuchs),
2. Anerkennung ausländischer Entscheidungen in Ehesachen (§ 107 des Gesetzes über das Verfahren in Familiensachen und in den Angelegenheiten der freiwilligen Gerichtsbarkeit),
3. Registrierung nach dem Rechtsdienstleistungsgesetz,
4. automatisiertes Abrufverfahren in Handels-, Partnerschafts-, Genossenschafts- und Vereinsregisterangelegenheiten,
5. automatisiertes Abrufverfahren in Grundbuchangelegenheiten, in Angelegenheiten der Schiffsregister, des Schiffsbauregisters und des Registers für Pfandrechte an Luftfahrzeugen,

5a. Einstellung von Schutzschriften in das Schutzschriftenregister

6. Rechtshilfeverkehr mit dem Ausland in zivilrechtlichen Angelegenheiten sowie
7. besondere Mahnung nach § 5 Absatz 2 des Justizbeitreibungsgesetzes.

[2]Im Fall des Satzes 1 Nummer 7 steht eine andere Behörde, die nach § 2 Absatz 1 Satz 2 und 3 des Justizbeitreibungsgesetzes an die Stelle der Gerichtskasse tritt, einer Justizbehörde gleich.

(3) Dieses Gesetz gilt ferner für den Rechtshilfeverkehr in strafrechtlichen Angelegenheiten mit dem Ausland, mit einem internationalen Strafgerichtshof und mit anderen zwischen- und überstaatlichen Einrichtungen einschließlich der gerichtlichen Verfahren.

(4) Die Vorschriften dieses Gesetzes über das gerichtliche Verfahren sind auch dann anzuwenden, wenn in Justizverwaltungsangelegenheiten der Länder die Kosten nach landesrechtlichen Vorschriften erhoben werden.

§ 2 Kostenfreiheit

(1) Der Bund und die Länder sowie die nach den Haushaltsplänen des Bundes oder eines Landes verwalteten öffentlichen Anstalten und Kassen sind von der Zahlung der Gebühren befreit.

(2) Von der Zahlung der Gebühren sind auch ausländische Behörden im Geltungsbereich der Richtlinie 2006/123/EG des Europäischen Parlaments und des Rates vom 12. Dezember 2006 über Dienstleistungen im Binnenmarkt (ABl. L 376 vom 27.12.2006, S. 36) befreit, wenn sie auf der Grundlage des Kapitels VI der Richtlinie Auskunft aus den in Teil 1 Hauptabschnitt 1 Abschnitt 4 oder Abschnitt 5 des Kostenverzeichnisses bezeichneten Registern oder Grundbüchern erhalten und wenn vergleichbaren deutschen Behörden für diese Auskunft Gebührenfreiheit zustünde.

(3) Von den in § 380 des Gesetzes über das Verfahren in Familiensachen und in den Angelegenheiten der freiwilligen Gerichtsbarkeit genannten Stellen werden Gebühren nach Teil 1 Hauptabschnitt 1 Abschnitt 4 des Kostenverzeichnisses nicht erhoben, wenn die Abrufe erforderlich sind, um ein vom Gericht gefordertes Gutachten zu erstatten.

(4) Sonstige bundesrechtliche oder landesrechtliche Vorschriften, durch die eine sachliche oder persönliche Befreiung von Kosten gewährt ist, bleiben unberührt.

§ 3 Kostenfreie Amtshandlungen

Keine Kosten mit Ausnahme der Dokumentenpauschale werden erhoben

1. für Amtshandlungen, die durch Anzeigen, Anträge und Beschwerden in Angelegenheiten der Strafverfolgung, der Anordnung oder der Vollstreckung von Maßregeln der Besserung und Sicherung oder der Verfolgung einer Ordnungswidrigkeit oder der Vollstreckung einer gerichtlichen Bußgeldentscheidung veranlasst werden;
2. in Gnadensachen;
3. in Angelegenheiten des Bundeszentralregisters außer für die Erteilung von Führungszeugnissen nach den §§ 30, 30a und 30b des Bundeszentralregistergesetzes;
4. in Angelegenheiten des Gewerbezentralregisters außer für die Erteilung von Auskünften nach § 150 der Gewerbeordnung;
5. im Verfahren über Anträge nach dem Gesetz über die Entschädigung für Strafverfolgungsmaßnahmen sowie über Anträge auf Entschädigung für sonstige Nachteile, die jemandem ohne sein Verschulden aus einem Straf- oder Bußgeldverfahren erwachsen sind;
6. für die Tätigkeit der Staatsanwaltschaft im Aufgebotsverfahren.

§ 4 Höhe der Kosten

(1) Kosten werden nach der Anlage zu diesem Gesetz erhoben.

(2) [1]Bei Rahmengebühren setzt die Justizbehörde, die die gebührenpflichtige Amtshandlung vornimmt, die Höhe der Gebühr fest. [2]Sie hat dabei insbesondere die Bedeutung der Angelegenheit für die Beteiligten, Umfang und Schwierigkeit der Amtshandlung sowie die Einkommens- und Vermögensverhältnisse des Kostenschuldners zu berücksichtigen.

(3) [1]Bei der Ablehnung oder Zurücknahme eines Antrags kann die Justizbehörde dem Antragsteller eine Gebühr bis zur Hälfte der für die Vornahme der Amtshandlung bestimmten Gebühr auferlegen, bei Rahmengebühren jedoch nicht weniger als den Mindestbetrag. [2]Das Gleiche gilt für die Bestätigung der Ablehnung durch die übergeordnete Justizbehörde.

§ 5 Verjährung, Verzinsung

(1) Ansprüche auf Zahlung von Kosten verjähren in vier Jahren nach Ablauf des Kalenderjahrs, in dem die Kosten fällig geworden sind.

(2) [1]Ansprüche auf Rückerstattung von Kosten verjähren in vier Jahren nach Ablauf des Kalenderjahrs, in dem die Zahlung erfolgt ist. Die Verjährung beginnt jedoch nicht vor dem in Absatz 1 bezeichneten Zeitpunkt. [2]Durch die Einlegung eines Rechtsbehelfs mit dem Ziel der Rückerstattung wird die Verjährung wie durch Klageerhebung gehemmt.

(3) [1]Auf die Verjährung sind die Vorschriften des Bürgerlichen Gesetzbuchs anzuwenden; die Verjährung wird nicht von Amts wegen berücksichtigt. [2]Die Verjährung der Ansprüche auf Zahlung von Kosten beginnt auch durch die Aufforderung zur Zahlung oder durch eine dem Schuldner mitgeteilte Stundung erneut. [3]Ist der Aufenthalt des Kostenschuldners unbekannt, so genügt die Zustellung durch Aufgabe zur Post unter seiner letzten bekannten Anschrift. [4]Bei Kostenbeträgen unter 25 Euro beginnt die Verjährung weder erneut noch wird sie oder ihr Ablauf gehemmt.

(4) Ansprüche auf Zahlung und Rückerstattung von Kosten werden nicht verzinst.

§ 5a Elektronische Akte, elektronisches Dokument, Rechtsbehelfsbelehrung

Für die elektronische Akte, das elektronische Dokument sowie die Rechtsbehelfsbelehrung gelten die §§ 5a und 5b des Gerichtskostengesetzes entsprechend.

Abschnitt 2: Fälligkeit und Sicherstellung der Kosten

§ 6 Fälligkeit der Kosten im Allgemeinen

(1) [1]Kosten werden, soweit nichts anderes bestimmt ist, mit der Beendigung der gebührenpflichtigen Amtshandlung fällig. [2]Wenn eine Kostenentscheidung der Justizbehörde ergeht, werden entstandene Kosten mit Erlass der Kostenentscheidung, später entstehende Kosten sofort fällig.

(2) Die Gebühren für den Abruf von Daten oder Dokumenten aus einem Register oder dem Grundbuch und für die Übermittlung von Rechnungsunterlagen einer Kleinstkapitalgesellschaft durch das Unternehmensregister werden am 15. Tag des auf den Abruf oder die Übermittlung folgenden Monats fällig, sofern sie nicht über ein elektronisches Bezahlsystem sofort beglichen werden.

(3) Die Jahresgebühr für die Führung des Unternehmensregisters wird jeweils am 31. Dezember für das abgelaufene Kalenderjahr fällig.

§ 7 Fälligkeit bestimmter Auslagen

Die Dokumentenpauschale sowie die Auslagen für die Versendung von Akten werden sofort nach ihrer Entstehung fällig.

§ 8 Vorschuss

(1) Die Justizbehörde kann die Zahlung eines Kostenvorschusses verlangen.

(2) Sie kann die Vornahme der Amtshandlung von der Zahlung oder Sicherstellung des Vorschusses abhängig machen.

§ 9 Zurückbehaltungsrecht

Urkunden, Ausfertigungen, Ausdrucke und Kopien können nach billigem Ermessen zurückbehalten werden, bis die in der Angelegenheit erwachsenen Kosten bezahlt sind.

Abschnitt 3: Kostenerhebung

§ 10 Ermäßigung der Gebühren und Absehen von der Kostenerhebung

Die Justizbehörde kann ausnahmsweise, wenn dies mit Rücksicht auf die wirtschaftlichen Verhältnisse des Kostenschuldners oder aus Billigkeitsgründen geboten erscheint, die Gebühren ermäßigen oder von der Erhebung der Kosten absehen.

§ 11 Absehen von der Kostenerhebung wegen des öffentlichen Interesses

(1) Die Justizbehörde kann von der Erhebung der Gebühr für die Beglaubigung von Kopien, Ausdrucken, Auszügen und Dateien absehen, wenn die Beglaubigung für Zwecke verlangt wird, deren Verfolgung überwiegend im öffentlichen Interesse liegt.

(2) Die Justizbehörde kann von der Erhebung der Dokumenten- und Datenträgerpauschale ganz oder teilweise absehen, wenn

1. Kopien oder Ausdrucke gerichtlicher Entscheidungen für Zwecke verlangt werden, deren Verfolgung überwiegend im öffentlichen Interesse liegt, oder
2. Kopien oder Ausdrucke amtlicher Bekanntmachungen anderen Tageszeitungen als den amtlichen Bekanntmachungsblättern auf Antrag zum unentgeltlichen Abdruck überlassen werden.

§ 12 Nichterhebung von Kosten in bestimmten Fällen

[1]Kosten in den Fällen des § 1 Absatz 3 werden nicht erhoben, wenn auf die Erstattung

1. nach § 75 des Gesetzes über die internationale Rechtshilfe in Strafsachen,
2. nach § 71 des IStGH-Gesetzes oder
3. nach europäischen Rechtsvorschriften oder völkerrechtlichen Vereinbarungen, die besondere Kostenregelungen vorsehen,

ganz oder teilweise verzichtet worden ist. [2]In den in Satz 1 bezeichneten Angelegenheiten wird eine Dokumenten- oder Datenträgerpauschale in keinem Fall erhoben. [3]Das Gleiche gilt für Auslagen nach Nummer 9001 des Kostenverzeichnisses zum Gerichtskostengesetz.

§ 13 Nichterhebung von Kosten bei unrichtiger Sachbehandlung

Kosten, die bei richtiger Behandlung der Sache nicht entstanden wären, werden nicht erhoben.

Abschnitt 4: Kostenhaftung

§ 14 Amtshandlungen auf Antrag

(1) Die Kosten für Amtshandlungen, die auf Antrag durchgeführt werden, schuldet, wer den Antrag gestellt hat, soweit nichts anderes bestimmt ist.

(2) [1]Absatz 1 gilt nicht in den in § 12 Satz 1 bezeichneten Angelegenheiten für den Verfolgten oder Verurteilten sowie im Schlichtungsverfahren nach § 57a des Luftverkehrsgesetzes. [2]Die §§ 57a und 87n Absatz 6 des Gesetzes über die internationale Rechtshilfe in Strafsachen bleiben unberührt.

§ 15 Datenabruf aus einem Register oder dem Grundbuch

[1]Die Gebühren für den Abruf von Daten oder Dokumenten aus einem Register oder dem Grundbuch schuldet derjenige, der den Abruf tätigt. [2]Erfolgt der Abruf unter einer Kennung, die aufgrund der Anmeldung zum Abrufverfahren vergeben worden ist, ist Schuldner der Gebühren derjenige, der sich zum Abrufverfahren angemeldet hat.

§ 15a Schutzschriftenregister

Die Gebühr für die Einstellung einer Schutzschrift schuldet derjenige, der die Schutzschrift eingereicht hat.

§ 16 Unternehmensregister

Die Jahresgebühr für die Führung des Unternehmensregisters schuldet

1. jedes Unternehmen, das seine Rechnungslegungsunterlagen im Bundesanzeiger bekannt zu machen hat oder beim Betreiber des Bundesanzeigers zur Hinterlegung eingereicht hat, und
2. jedes Unternehmen, das in dem betreffenden Kalenderjahr nach § 8b Absatz 2 Nummer 9 und 10, Absatz 3 Satz 1 Nummer 2 des Handelsgesetzbuchs selbst oder durch einen von ihm beauftragten Dritten Daten an das Unternehmensregister übermittelt hat.

§ 16a Behördliche Schlichtung nach § 57a des Luftverkehrsgesetzes

Die Gebühr 1220 des Kostenverzeichnisses schuldet nur das Luftfahrtunternehmen.

§ 17 Mahnung bei der Forderungseinziehung nach dem Justizbeitreibungsgesetz

Die Gebühr für die Mahnung bei der Forderungseinziehung schuldet derjenige Kostenschuldner, der nach § 5 Absatz 2 des Justizbeitreibungsgesetzes besonders gemahnt worden ist.

§ 18 Weitere Fälle der Kostenhaftung

Die Kosten schuldet ferner derjenige,

1. dem durch eine Entscheidung der Justizbehörde oder des Gerichts die Kosten auferlegt sind,
2. der sie durch eine vor der Justizbehörde abgegebene oder ihr mitgeteilte Erklärung übernommen hat und

3. der nach den Vorschriften des bürgerlichen Rechts für die Kostenschuld eines anderen kraft Gesetzes haftet.

§ 19 Mehrere Kostenschuldner

Mehrere Kostenschuldner haften als Gesamtschuldner.

Abschnitt 5: Öffentlich-rechtlicher Vertrag

§ 20 Übermittlung gerichtlicher Entscheidungen

(1) Für die Übermittlung gerichtlicher Entscheidungen in Form elektronisch auf Datenträgern gespeicherter Daten kann durch öffentlich-rechtlichen Vertrag anstelle der zu erhebenden Auslagen eine andere Art der Gegenleistung vereinbart werden, deren Wert den ansonsten zu erhebenden Auslagen entspricht.

(2) Werden neben der Übermittlung gerichtlicher Entscheidungen zusätzliche Leistungen beantragt, insbesondere eine Auswahl der Entscheidungen nach besonderen Kriterien, und entsteht hierdurch ein nicht unerheblicher Aufwand, so ist durch öffentlich-rechtlichen Vertrag eine Gegenleistung zu vereinbaren, die zur Deckung der anfallenden Aufwendungen ausreicht.

(3) Werden Entscheidungen für Zwecke verlangt, deren Verfolgung überwiegend im öffentlichen Interesse liegt, so kann auch eine niedrigere Gegenleistung vereinbart oder auf eine Gegenleistung verzichtet werden.

§ 21 Auskunft für wissenschaftliche Forschungsvorhaben

[1]Erfordert die Erteilung einer Auskunft für wissenschaftliche Forschungsvorhaben aus den vom Bundesamt für Justiz geführten Registern einen erheblichen Aufwand, ist eine Gegenleistung zu vereinbaren, welche die notwendigen Aufwendungen deckt. [2]§ 10 ist entsprechend anzuwenden.

Abschnitt 6: Rechtsbehelf und gerichtliches Verfahren

§ 22 Einwendungen und gerichtliches Verfahren

(1) [1]Über Einwendungen gegen den Ansatz der Kosten oder gegen Maßnahmen nach den §§ 8 und 9 entscheidet das Amtsgericht, in dessen Bezirk die Justizbehörde ihren Sitz hat. [2]Für das gerichtliche Verfahren sind § 66 Absatz 2 bis 8 sowie die §§ 67 und 69a des Gerichtskostengesetzes entsprechend anzuwenden.

(2) Betreffen gerichtliche Verfahren nach Absatz 1 Justizverwaltungsangelegenheiten der Vorstände der Gerichte der Verwaltungs-, Finanz-, Sozial- und Arbeitsgerichtsbarkeit, in denen Kosten nach landesrechtlichen Vorschriften erhoben werden, entscheidet anstelle des Amtsgerichts das Eingangsgericht der jeweiligen Gerichtsbarkeit, in dessen Bezirk die Behörde ihren Sitz hat.

Abschnitt 7: Schluss- und Übergangsvorschriften

§ 23 Bekanntmachung von Neufassungen

[1]Das Bundesministerium der Justiz und für Verbraucherschutz kann nach Änderungen den Wortlaut des Gesetzes feststellen und als Neufassung im Bundesgesetzblatt bekannt machen. [2]Die Bekanntmachung muss auf diese Vorschrift Bezug nehmen und angeben

1. den Stichtag, zu dem der Wortlaut festgestellt wird,
2. die Änderungen seit der letzten Veröffentlichung des vollständigen Wortlauts im Bundesgesetzblatt sowie
3. das Inkrafttreten der Änderungen.

§ 24 Übergangsvorschrift

[1]Das bisherige Recht ist anzuwenden auf Kosten

1. für Amtshandlungen, die auf Antrag durchgeführt werden, wenn der Antrag vor dem Inkrafttreten einer Gesetzesänderung bei der Justizbehörde eingegangen ist,
2. für ein gerichtliches Verfahren, wenn das Verfahren vor dem Inkrafttreten einer Gesetzesänderung anhängig geworden ist,
3. für den Abruf von Daten und Dokumenten aus einem Register oder dem Grundbuch, wenn die Kosten vor dem ersten Tag des auf das Inkrafttreten einer Gesetzesänderung folgenden Monats fällig geworden sind,
4. in den übrigen Fällen, wenn die Kosten vor dem Inkrafttreten einer Gesetzesänderung fällig geworden sind.

[2]Dies gilt auch, wenn Vorschriften geändert werden, auf die das Justizverwaltungskostengesetz verweist.

§ 25 Übergangsvorschrift aus Anlass des Inkrafttretens dieses Gesetzes

(1) Die Justizverwaltungskostenordnung in der im Bundesgesetzblatt Teil III, Gliederungsnummer 363–1, veröffentlichten bereinigten Fassung, die zuletzt durch Artikel 2 des Gesetzes vom 11. Juni 2013 (BGBl. I S. 1545) geändert worden ist, und Verweisungen hierauf sind weiter anzuwenden auf Kosten

1. für Amtshandlungen, die auf Antrag durchgeführt werden, wenn der Antrag vor dem Inkrafttreten des 2. Kostenrechtsmodernisierungsgesetzes vom 23. Juli 2013 (BGBl. I S. 2586) bei der Justizbehörde eingegangen ist,
2. für ein gerichtliches Verfahren, wenn das Verfahren vor dem Inkrafttreten des 2. Kostenrechtsmodernisierungsgesetzes vom 23. Juli 2013 (BGBl. I S. 2586) anhängig geworden ist,
3. für den Abruf von Daten und Dokumenten aus einem Register oder dem Grundbuch, wenn die Kosten vor dem ersten Tag des auf das Inkrafttreten des 2. Kostenrechtsmodernisierungsgesetzes vom 23. Juli 2013 (BGBl. I S. 2586) folgenden Kalendermonats fällig geworden sind,
4. in den übrigen Fällen, wenn die Kosten vor dem Inkrafttreten des 2. Kostenrechtsmodernisierungsgesetzes vom 23. Juli 2013 (BGBl. I S. 2586) fällig geworden sind.

(2) Soweit wegen der Erhebung von Haftkosten die Vorschriften des Gerichtskostengesetzes entsprechend anzuwenden sind, ist auch § 73 des Gerichtskostengesetzes entsprechend anzuwenden.

Kostenverzeichnis Justizverwaltungskostengesetz (JVKostG-KV)

Anlage

(zu § 4 Absatz 1)

Gliederung

Teil 1 Gebühren

Hauptabschnitt 1 Register- und Grundbuchangelegenheiten

Hauptabschnitt 2 Verfahren des Bundesamts für Justiz

Hauptabschnitt 3 Justizverwaltungsangelegenheiten mit Auslandsbezug

Hauptabschnitt 4 Sonstige Gebühren

Teil 2 Auslagen

Kostenverzeichnis Justizverwaltungskostengesetz (JVKostG-KV)

Teil 1:
Gebühren

Nr.	Gebührentatbestand	Gebührenbetrag

Hauptabschnitt 1
Register- und Grundbuchangelegenheiten

Abschnitt 1
Rechtsdienstleistungsregister

1110	Registrierung nach dem RDG	150,00 €
	Bei Registrierung einer juristischen Person oder einer Gesellschaft ohne Rechtspersönlichkeit wird mit der Gebühr auch die Eintragung einer qualifizierten Person in das Rechtsdienstleistungsregister abgegolten.	
1111	Eintragung einer qualifizierten Person in das Rechtsdienstleistungsregister, wenn die Eintragung nicht durch die Gebühr 1110 abgegolten ist: je Person.....................................	150,00 €
1112	Widerruf oder Rücknahme der Registrierung	7,50 €

Abschnitt 2
Unternehmensregister

Vorbemerkung 1.1.2:

Mit der Jahresgebühr nach den Nummern 1120 bis 1122 wird der gesamte Aufwand zur Führung des Unternehmensregisters mit Ausnahme der Übermittlung von Rechnungsunterlagen im Fall der Nummer 1124 entgolten. Sie umfasst jedoch nicht den Aufwand für die Erteilung von Ausdrucken oder Kopien, die Überlassung von elektronisch gespeicherten Dokumenten und die Beglaubigung von Kopien, Ausdrucken, Auszügen und Dateien.

1120	Jahresgebühr für die Führung des Unternehmensregisters für jedes Kalenderjahr, wenn das Unternehmen bei der Offenlegung der Rechnungslegungsunterlagen die Erleichterungen nach § 326 HGB in Anspruch nehmen kann	3,00 €
	(1) Die Gebühr entsteht für jedes Kalenderjahr, für das ein Unternehmen die Rechnungslegungsunterlagen im Bundesanzeiger bekannt zu machen hat oder beim Betreiber des Bundesanzeigers hinterlegt hat. Dies gilt auch, wenn die bekannt zu machenden Unterlagen nur einen Teil des Kalenderjahres umfassen. (2) Die Gebühr wird nicht erhoben, wenn für das Kalenderjahr die Gebühr 1122 entstanden ist.	
1121	Das Unternehmen kann die Erleichterungen nach § 326 HGB nicht in Anspruch nehmen: Die Gebühr 1120 beträgt	6,00 €

Nr.	Gebührentatbestand	Gebührenbetrag
1122	Jahresgebühr für die Führung des Unternehmensregisters für jedes Kalenderjahr, in dem das Unternehmen nach § 8b Abs. 2 Nr. 9 und 10, Abs. 3 Satz 1 Nr. 2 HGB selbst oder durch einen von ihm beauftragten Dritten Daten an das Unternehmensregister übermittelt hat	30,00 €
1123	Übertragung von Unterlagen der Rechnungslegung, die in Papierform zum Register eingereicht wurden, in ein elektronisches Dokument (§ 8b Abs. 4 Satz 2, § 9 Abs. 2 HGB):	
	für jede angefangene Seite	3,00 € – mindestens 30,00 €
	Die Gebühr wird für die Dokumente eines jeden Unternehmens gesondert erhoben. Mit der Gebühr wird auch die einmalige elektronische Übermittlung der Dokumente an den Antragsteller abgegolten.	
1124	Übermittlung von Rechnungslegungsunterlagen einer Kleinstkapitalgesellschaft oder Kleinstgenossenschaft, die beim Bundesanzeiger hinterlegt sind (§ 326 Abs. 2 HGB).	
	je übermittelter Bilanz..........................	1,00 €

Abschnitt 3
Bundeszentral- und Gewerbezentralregister

Vorbemerkung 1.1.3:

Die Gebühr 1130 wird nicht erhoben, wenn ein Führungszeugnis zur Ausübung einer ehrenamtlichen Tätigkeit benötigt wird, die für eine gemeinnützige Einrichtung, für eine Behörde oder im Rahmen eines der in § 32 Abs. 4 Nr. 2 Buchstabe d EStG genannten Dienste ausgeübt wird.

Nr.	Gebührentatbestand	Gebührenbetrag
1130	Führungszeugnis nach § 30, § 30a oder § 30b BZRG .	13,00 €
1131	(aufgehoben)	
1132	Auskunft nach § 150 Absatz 1 Satz 1 der Gewerbeordnung	13,00 €

Abschnitt 4
Abruf von Daten in Handels-, Partnerschafts-, Genossenschafts- und Vereinsregisterangelegenheiten

Vorbemerkung 1.1.4:

(1) Dieser Abschnitt gilt für den Abruf von Daten und Dokumenten aus dem vom Registergericht geführten Datenbestand. Für den Aufruf von Daten und Dokumenten in der Geschäftsstelle des Gerichts werden keine Gebühren erhoben.

(2) Neben den Gebühren werden keine Auslagen erhoben.

Nr.	Gebührentatbestand	Gebührenbetrag
1140	Abruf von Daten aus dem Register: je Registerblatt	4,50 €
1141	Abruf von Dokumenten, die zum Register eingereicht wurden: für jede abgerufene Datei.	1,50 €

Abschnitt 5

Einrichtung und Nutzung des automatisierten Abrufverfahrens in Grundbuchangelegenheiten, in Angelegenheiten der Schiffsregister, des Schiffsbauregisters und des Registers für Pfandrechte an Luftfahrzeugen

Vorbemerkung 1.1.5:

(1) Dieser Abschnitt gilt für den Abruf von Daten und Dokumenten aus dem vom Grundbuchamt oder dem Registergericht geführten Datenbestand. Für den Aufruf von Daten und Dokumenten in der Geschäftsstelle des Grundbuchamts oder des Registergerichts werden keine Gebühren erhoben. Der Abruf von Daten aus den Verzeichnissen (§ 12a Abs. 1 der Grundbuchordnung, § 31 Abs. 1, § 55 Satz 2 SchRegDV, §§ 10 und 11 Abs. 3 Satz 2 LuftRegV) und der Abruf des Zeitpunkts der letzten Änderung des Grundbuchs oder Registers sind gebührenfrei.

(2) Neben den Gebühren werden keine Auslagen erhoben.

1150	Genehmigung der Landesjustizverwaltung zur Teilnahme am eingeschränkten Abrufverfahren (§ 133 Abs. 4 Satz 3 der Grundbuchordnung, auch i.V.m. § 69 Abs. 1 Satz 2 SchRegDV, und § 15 LuftRegV) . . . . Mit der Gebühr ist die Einrichtung des Abrufverfahrens für den Empfänger mit abgegolten. Mit der Gebühr für die Genehmigung in einem Land sind auch weitere Genehmigungen in anderen Ländern abgegolten.	50,00 €
1151	Abruf von Daten aus dem Grundbuch oder Register: für jeden Abruf aus einem Grundbuch- oder Registerblatt	8,00 €
1152	Abruf von Dokumenten, die zu den Grund- oder Registerakten genommen wurden: für jedes abgerufene Dokument	1,50 €

Abschnitt 6

Schutzschriftenregister

1160	Einstellung einer Schutzschrift.	83,00 €

Nr.	Gebührentatbestand	Gebührenbetrag

Hauptabschnitt 2
Verfahren des Bundesamts für Justiz

Abschnitt 1
Ordnungsgeldverfahren

Vorbemerkung 1.2.1:

Wird ein Ordnungsgeldverfahren gegen mehrere Personen durchgeführt, entstehen die Gebühren für jede Person gesondert.

1210	Durchführung eines Ordnungsgeldverfahrens nach § 335 HGB	100,00 €
1211	Festsetzung eines zweiten und jedes weiteren Ordnungsgelds jeweils	100,00 €

Abschnitt 2
Schlichtung nach § 57a LuftVG

1220	Verfahrensgebühr . . . . Die Gebühr entsteht nicht, wenn dem Fluggast die Gebühr 1224 auferlegt oder das Schlichtungsbegehren dem Luftfahrtunternehmen nicht zugeleitet wird.	330,00 €
1221	Beendigung des gesamten Verfahrens infolge Anerkennung der Forderung des Fluggastes durch das Luftfahrtunternehmen innerhalb von vier Wochen ab Zuleitung des Schlichtungsbegehrens: Die Gebühr 1220 ermäßigt sich auf	75,00 €
1222	Beendigung des gesamten Verfahrens vor Absendung des Schlichtungsvorschlags an die Beteiligten in anderen als den in Nummer 1221 genannten Fällen: Die Gebühr 1220 ermäßigt sich auf	150,00 €
1223	Anspruchsteller sind in einem Verfahren mehrere Fluggäste: Die Verfahrensgebühr erhöht sich für jeden weiteren Fluggast um	30,00 €
1224	Auferlegung einer Gebühr nach § 57a Absatz 3 LuftVG	30,00 €

Nr.	Gebührentatbestand	Gebührenbetrag

Hauptabschnitt 3
Justizverwaltungsangelegenheiten mit Auslandsbezug

Abschnitt 1
Beglaubigungen und Bescheinigungen

1310	Beglaubigung von amtlichen Unterschriften für den Auslandsverkehr	25,00 €
	Die Gebühr wird nur einmal erhoben, auch wenn eine weitere Beglaubigung durch die übergeordnete Justizbehörde erforderlich ist.	
1311	Bescheinigungen über die Beurkundungsbefugnis eines Justizbeamten, die zum Gebrauch einer Urkunde im Ausland verlangt werden	15,00 €
	Die Gebühr wird nicht erhoben, wenn eine Beglaubigungsgebühr nach Nummer 1310 zum Ansatz kommt.	

Abschnitt 2
Rechtshilfeverkehr in zivilrechtlichen Angelegenheiten

Vorbemerkung 1.3.2:

Gebühren nach diesem Abschnitt werden nur in Zivilsachen und in Angelegenheiten der freiwilligen Gerichtsbarkeit erhoben. Die Gebühren nach den Nummern 1321 und 1322 werden auch dann erhoben, wenn die Zustellung oder Rechtshilfehandlung wegen unbekannten Aufenthalts des Empfängers oder sonst Beteiligten oder aus ähnlichen Gründen nicht ausgeführt werden kann. In den Fällen der Nummern 1321 und 1322 werden Gebühren und Auslagen nicht erhoben, wenn die Gegenseitigkeit verbürgt ist. Die Bestimmungen der Staatsverträge bleiben unberührt.

1320	Prüfung von Rechtshilfeersuchen in das Ausland	15,00 bis 55,00 €
1321	Erledigung von Zustellungsanträgen in ausländischen Rechtsangelegenheiten	15,00 €
1322	Erledigung von Rechtshilfeersuchen in ausländischen Rechtsangelegenheiten	15,00 bis 255,00 €

Abschnitt 3
Sonstige Angelegenheiten mit Auslandsbezug

1330	Befreiung von der Beibringung des Ehefähigkeitszeugnisses (§ 1309 Abs. 2 BGB)	15,00 bis 305,00 €
1331	Feststellung der Landesjustizverwaltung, dass die Voraussetzungen für die Anerkennung einer ausländischen Entscheidung vorliegen oder nicht vorliegen (§ 107 FamFG)	15,00 bis 305,00 €
	Die Gebühr wird auch erhoben, wenn die Entscheidung der Landesjustizverwaltung von dem Oberlandesgericht oder in der Rechtsbeschwerdeinstanz aufgehoben wird und das Ge-	

Nr.	Gebührentatbestand	Gebührenbetrag
	richt in der Sache selbst entscheidet. Die Landesjustizverwaltung entscheidet in diesem Fall über die Höhe der Gebühr erneut. Sie ist in diesem Fall so zu bemessen, als hätte die Landesjustizverwaltung die Feststellung selbst getroffen.	
1332	Mitwirkung der Bundeszentralstelle für Auslandsadoption (§ 1 Abs. 1 AdÜbAG) bei Übermittlungen an die zentrale Behörde des Heimatstaates (§ 4 Abs. 6 AdÜbAG)	15,00 bis 155,00 €
	Die Gebühr wird in einem Adoptionsvermittlungsverfahren nur einmal erhoben.	
1333	Bestätigungen nach § 9 AdÜbAG	40,00 bis 100,00 €
1334	Bescheinigungen nach § 7d AdVermiG	40,00 bis 100,00 €
1335	Ausstellung eines mehrsprachigen Formulars gemäß Artikel 7 der Verordnung (EU) 2016/1191 (§ 1119 ZPO)	25,00 €
	Sind die Kosten für die zugrunde liegende öffentliche Urkunde nachweislich geringer als der Gebührenbetrag, ist die Gebühr auf den Betrag der Kosten zu ermäßigen.	
	Hauptabschnitt 4 ***Sonstige Gebühren***	
1400	Beglaubigung von Kopien, Ausdrucken, Auszügen und Dateien	0,50 € für jede angefangene Seite – mindestens: 5,00 €
	Die Gebühr wird nur erhoben, wenn die Beglaubigung beantragt ist; dies gilt nicht für Ausdrucke aus dem Unternehmensregister und für an deren Stelle tretende Dateien. Wird die Kopie oder der Ausdruck von der Justizbehörde selbst hergestellt, so kommt die Dokumentenpauschale (Nummer 2000) hinzu.	
1401	Bescheinigungen und schriftliche Auskünfte aus Akten und Büchern	15,00 €
	Die Gebühr wird auch für eine Bescheinigung erhoben, aus der sich ergibt, dass entsprechende Akten nicht geführt werden oder ein entsprechendes Verfahren nicht anhängig ist.	
1402	Zeugnisse über das im Bund oder in den Ländern geltende Recht	15,00 bis 255,00 €
1403	Mahnung nach § 5 Abs. 2 JBeitrG	5,00 €

Teil 2:

Auslagen

Nr.	Gebührentatbestand	Gebührenbetrag

Vorbemerkung 2:

Für die Erhebung der Auslagen ist Teil 9 des Kostenverzeichnisses zum GKG entsprechend anzuwenden, soweit nachfolgend nichts anderes bestimmt ist.

2000	Pauschale für die Herstellung und Überlassung von Dokumenten:	
	1. Ausfertigungen, Kopien und Ausdrucke, die auf Antrag angefertigt oder auf Antrag per Telefax übermittelt worden sind:	
	für die ersten 50 Seiten je Seite	0,50 €
	für jede weitere Seite	0,15 €
	2. Überlassung von elektronisch gespeicherten Dateien oder deren Bereitstellung zum Abruf anstelle der in Nummer 1 genannten Ausfertigungen, Kopien und Ausdrucke: je Datei	1,50 €
	für die in einem Arbeitsgang überlassenen, bereitgestellten oder in einem Arbeitsgang auf denselben Datenträger übertragenen Dokumente insgesamt höchstens	5,00 €
	(1) Die Höhe der Dokumentenpauschale nach Nummer 1 ist für jeden Antrag und im gerichtlichen Verfahren in jedem Rechtszug und für jeden Kostenschuldner nach § 14 JVKostG gesondert zu berechnen; Gesamtschuldner gelten als ein Schuldner.	
	(2) Werden zum Zweck der Überlassung von elektronisch gespeicherten Dateien Dokumente zuvor auf Antrag von der Papierform in die elektronische Form übertragen, beträgt die Dokumentenpauschale nach Nummer 2 nicht weniger, als die Dokumentenpauschale im Fall der Nummer 1 betragen würde.	
	(3) Frei von der Dokumentenpauschale sind für jede Partei, jeden Beteiligten, jeden Beschuldigten und deren bevollmächtigte Vertreter jeweils	
	1. eine vollständige Ausfertigung oder Kopie oder ein vollständiger Ausdruck jeder gerichtlichen oder behördlichen Entscheidung und jedes vor Gericht abgeschlossenen Vergleichs,	
	2. eine Ausfertigung ohne Tatbestand und Entscheidungsgründe und	
	3. eine Kopie oder ein Ausdruck jedes Protokolls über eine Sitzung.	

Nr.	Gebührentatbestand	Gebührenbetrag
	§ 191a Abs. 1 Satz 5 GVG bleibt unberührt.	
	(4) Bei der Gewährung der Einsicht in Akten wird eine Dokumentenpauschale nur erhoben, wenn auf besonderen Antrag ein Ausdruck einer elektronischen Akte oder ein Datenträger mit dem Inhalt einer elektronischen Akte übermittelt wird.	
	(5) Keine Dokumentenpauschale wird erhoben, wenn Daten im Internet zur allgemeinen Nutzung bereitgestellt werden.	
2001	Dokumentenpauschale für einfache Kopien und Ausdrucke gerichtlicher Entscheidungen, die zur Veröffentlichung in Entscheidungssammlungen oder Fachzeitschriften beantragt werden: Die Dokumentenpauschale nach Nummer 2000 beträgt für jede Entscheidung höchstens	5,00 €
2002	Datenträgerpauschale	3,00 €
	Die Datenträgerpauschale wird neben der Dokumentenpauschale bei der Übermittlung elektronisch gespeicherter Daten auf Datenträgern erhoben.	

28. Kosten in berufsgerichtlichen Verfahren (BRAO, BNotO, PAO)

1. Bundesrechtsanwaltsordnung (BRAO)

vom 1.8.1959, BGBl. I S. 565

zuletzt geändert durch das Gesetz zur Verbesserung des Verbraucherschutzes im Inkassorecht und zur Änderung weiterer Vorschriften

vom 22.12.2020, BGBl. I S. 3320

– Auszug –

Zehnter Teil: Die Kosten in Anwaltssachen

Erster Abschnitt: Die Kosten in Verwaltungsverfahren der Rechtsanwaltskammern

§ 192 Erhebung von Gebühren und Auslagen

[1]Die Rechtsanwaltskammer kann für Amtshandlungen nach diesem Gesetz, insbesondere für die Bearbeitung von Anträgen auf Zulassung zur Rechtsanwaltschaft und auf Bestellung eines Vertreters sowie für die Prüfung von Anträgen auf Erteilung der Erlaubnis zur Führung einer Fachanwaltsbezeichnung, zur Deckung des Verwaltungsaufwands Gebühren nach festen Sätzen und Auslagen erheben. [2]Das Verwaltungskostengesetz in der bis zum 14. August 2013 geltenden Fassung findet mit der Maßgabe Anwendung, dass die allgemeinen Grundsätze für Kostenverordnungen (§§ 2 bis 7 des Verwaltungskostengesetzes in der bis zum 14. August 2013 geltenden Fassung) beim Erlass von Satzungen auf Grund des § 89 Abs. 2 Nr. 2 entsprechend gelten.

Zweiter Abschnitt: Die Kosten in gerichtlichen Verfahren in verwaltungsrechtlichen Anwaltssachen

§ 193 Gerichtskosten

[1]In verwaltungsrechtlichen Anwaltssachen werden Gebühren nach dem Gebührenverzeichnis der Anlage zu diesem Gesetz erhoben. [2]Im Übrigen sind die für Kosten in Verfahren vor den Gerichten der Verwaltungsgerichtsbarkeit geltenden Vorschriften des Gerichtskostengesetzes entsprechend anzuwenden, soweit in diesem Abschnitt nichts anderes bestimmt ist.

§ 194 Streitwert

(1) [1]Der Streitwert bestimmt sich nach § 52 des Gerichtskostengesetzes. [2]Er wird von Amts wegen festgesetzt.

(2) [1]In Verfahren, die Klagen auf Zulassung zur Rechtsanwaltschaft oder deren Rücknahme oder Widerruf betreffen, ist ein Streitwert von 50 000 Euro anzunehmen. [2]Unter Berücksichtigung der Umstände des Einzelfalls, insbesondere des Umfangs und der Bedeutung der Sache sowie der Vermögens- und Einkommensverhältnisse des Klägers, kann das Gericht einen höheren oder einen niedrigeren Wert festsetzen.

(3) Die Festsetzung ist unanfechtbar; § 63 Abs. 3 des Gerichtskostengesetzes bleibt unberührt.

Dritter Abschnitt: Die Kosten in dem anwaltsgerichtlichen Verfahren und in dem Verfahren bei Anträgen auf anwaltsgerichtliche Entscheidung gegen die Androhung oder die Festsetzung des Zwangsgeldes oder über die Rüge

§ 195 Gerichtskosten

[1]Im anwaltsgerichtlichen Verfahren, im Verfahren über den Antrag auf Entscheidung des Anwaltsgerichts über die Rüge (§ 74a Abs. 1) und im Verfahren über den Antrag auf Entscheidung des Anwaltsgerichtshofs gegen die Androhung oder die Festsetzung eines Zwangsgelds (§ 57 Abs. 3) werden Gebühren nach dem Gebührenverzeichnis der Anlage zu diesem Gesetz erhoben. [2]Im Übrigen sind die für Kosten in Strafsachen geltenden Vorschriften des Gerichtskostengesetzes entsprechend anzuwenden.

§ 196 Kosten bei Anträgen auf Einleitung des anwaltsgerichtlichen Verfahrens

(1) Einem Rechtsanwalt, der einen Antrag auf gerichtliche Entscheidung über die Entschließung der Staatsanwaltschaft (§ 123 Abs. 2) zurücknimmt, sind die durch dieses Verfahren entstandenen Kosten aufzuerlegen.

(2) Wird ein Antrag des Vorstandes der Rechtsanwaltskammer auf gerichtliche Entscheidung in den Fällen des § 122 Abs. 2, 3, des § 150a oder des § 161a Abs. 2 verworfen, so sind die durch das Verfahren über den Antrag veranlaßten Kosten der Rechtsanwaltskammer aufzuerlegen.

§ 197 Kostenpflicht des Verurteilten

(1) [1]Dem Rechtsanwalt, der in dem anwaltsgerichtlichen Verfahren verurteilt wird, sind zugleich die in dem Verfahren entstandenen Kosten ganz oder teilweise aufzuerlegen. [2]Dasselbe gilt, wenn das anwaltsgerichtliche Verfahren wegen Erlöschens der Zulassung zur Rechtsanwaltschaft eingestellt wird und nach dem Ergebnis des bisherigen Verfahrens die Verhängung einer anwaltsgerichtlichen Maßnahme gerechtfertigt gewesen wäre; zu den Kosten des anwaltsgerichtlichen Verfahrens gehören in diesem Fall auch diejenigen, die in einem anschließenden Verfahren zum Zwecke der Beweissicherung (§§ 148, 149) entstehen. [3]Wird das Verfahren nach § 139 Abs. 3 Nr. 2 eingestellt, kann das Gericht dem Rechtsanwalt die in dem Verfahren entstandenen Kosten ganz oder teilweise auferlegen, wenn es dies für angemessen erachtet.

(2) [1]Dem Rechtsanwalt, der in dem anwaltsgerichtlichen Verfahren ein Rechtsmittel zurückgenommen oder ohne Erfolg eingelegt hat, sind zugleich die durch dieses Verfahren entstandenen Kosten aufzuerlegen. [2]Hatte das Rechtsmittel teilweise Erfolg, so kann dem Rechtsanwalt ein angemessener Teil dieser Kosten auferlegt werden.

(3) Für die Kosten, die durch einen Antrag auf Wiederaufnahme des durch ein rechtskräftiges Urteil abgeschlossenen Verfahrens verursacht worden sind, ist Absatz 2 entsprechend anzuwenden.

§ 197a Kostenpflicht in dem Verfahren bei Anträgen auf anwaltsgerichtliche Entscheidung gegen die Androhung oder die Festsetzung des Zwangsgelds oder über die Rüge

(1) [1]Wird der Antrag auf anwaltsgerichtliche Entscheidung gegen die Androhung oder die Festsetzung des Zwangsgelds oder über die Rüge als unbegründet zurückgewiesen, so ist § 197 Abs. 1 Satz 1 entsprechend anzuwenden. [2]Stellt das Anwaltsgericht fest, daß die Rüge wegen der Verhängung einer anwaltsgerichtlichen Maßnahme unwirksam ist (§ 74a Abs. 5 Satz 2) oder hebt es den Rügebescheid gemäß § 74a Abs. 3 Satz 2 auf, so kann es dem Rechtsanwalt die in dem Verfahren entstandenen Kosten ganz oder teilweise auferlegen, wenn es dies für angemessen erachtet.

(2) Nimmt der Rechtsanwalt den Antrag auf anwaltsgerichtliche Entscheidung zurück oder wird der Antrag als unzulässig verworfen, so gilt § 197 Abs. 2 Satz 1 entsprechend.

(3) [1]Wird die Androhung oder die Festsetzung des Zwangsgelds aufgehoben, so sind die notwendigen Auslagen des Rechtsanwalts der Rechtsanwaltskammer aufzuerlegen. [2]Das gleiche gilt, wenn der Rügebescheid, den Fall des § 74a Abs. 3 Satz 2 ausgenommen, aufgehoben wird oder wenn die Unwirksamkeit der Rüge wegen eines Freispruchs des Rechtsanwalts im anwaltsgerichtlichen Verfahren oder aus den Gründen des § 115a Abs. 2 Satz 2 festgestellt wird (§ 74a Abs. 5 Satz 2).

§ 198 Haftung der Rechtsanwaltskammer

(1) Auslagen, die weder dem Rechtsanwalt noch einem Dritten auferlegt oder von dem Rechtsanwalt nicht eingezogen werden können, fallen der Rechtsanwaltskammer zur Last, welcher der Rechtsanwalt angehört.

(2) [1]In dem Verfahren vor dem Anwaltsgericht haftet die Rechtsanwaltskammer den Zeugen und Sachverständigen für die ihnen zustehende Entschädigung oder Vergütung in dem gleichen Umfang, in dem die Haftung der Staatskasse nach der Strafprozeßordnung begründet ist. [2]Bei weiterer Entfernung des Aufenthaltsorts der geladenen Personen ist ihnen auf Antrag ein Vorschuß zu bewilligen.

§ 199 Festsetzung der Kosten des Verfahrens vor dem Anwaltsgericht

(1) Die Kosten, die der Rechtsanwalt in dem Verfahren vor dem Anwaltsgericht zu tragen hat, werden von dem Vorsitzenden der Kammer des Anwaltsgerichts durch Beschluß festgesetzt.

(2) [1]Gegen den Festsetzungsbeschluß kann der Rechtsanwalt binnen einer Notfrist von zwei Wochen, die mit der Zustellung des Beschlusses beginnt, Erinnerung einlegen. [2]Über die Erinnerung entscheidet das Anwaltsgericht, dessen Vorsitzender den Beschluß erlassen hat. [3]Gegen die Entscheidung des Anwaltsgerichts kann der Rechtsanwalt sofortige Beschwerde einlegen. [4]Die Verfahren sind gebührenfrei. [5]Kosten werden nicht erstattet.

Kosten in berufsgerichtlichen Verfahren (BRAO)

Anlage

(zu § 193 Satz 1 und § 195 Satz 1)

Gebührenverzeichnis

Teil 1 Anwaltsgerichtliche Verfahren

Abschnitt 1 Verfahren vor dem Anwaltsgericht

Unterabschnitt 1 Anwaltsgerichtliches Verfahren erster Instanz

Unterabschnitt 2 Antrag auf gerichtliche Entscheidung über die Rüge

Abschnitt 2 Verfahren vor dem Anwaltsgerichtshof

Unterabschnitt 1 Berufung

Unterabschnitt 2 Beschwerde

Unterabschnitt 3 Antrag auf gerichtliche Entscheidung über die Androhung oder die Festsetzung eines Zwangsgelds

Abschnitt 3 Verfahren vor dem Bundesgerichtshof

Unterabschnitt 1 Revision

Unterabschnitt 2 Beschwerde

Unterabschnitt 3 Verfahren wegen eines bei dem Bundesgerichtshof zugelassenen Rechtsanwalts

Abschnitt 4 Rüge wegen Verletzung des Anspruchs auf rechtliches Gehör

Teil 2 Gerichtliche Verfahren in verwaltungsrechtlichen Anwaltssachen

Abschnitt 1 Erster Rechtszug

Unterabschnitt 1 Anwaltsgerichtshof

Unterabschnitt 2 Bundesgerichtshof

Abschnitt 2 Zulassung und Durchführung der Berufung

Abschnitt 3 Vorläufiger Rechtsschutz

Unterabschnitt 1 Anwaltsgerichtshof

Unterabschnitt 2 Bundesgerichtshof als Rechtsmittelgericht in der Hauptsache

Unterabschnitt 3 Bundesgerichtshof

Abschnitt 4 Rüge wegen Verletzung des Anspruchs auf rechtliches Gehör

Kosten in berufsgerichtlichen Verfahren (BRAO)

Teil 1:

Anwaltsgerichtliche Verfahren

Nr.	Gebührentatbestand	Gebührenbetrag oder Satz der jeweiligen Gebühr 1110 bis 1112

Vorbemerkung 1:

(1) Im anwaltsgerichtlichen Verfahren bemessen sich die Gerichtsgebühren vorbehaltlich des Absatzes 2 für alle Rechtszüge nach der rechtskräftig verhängten Maßnahme.

(2) Wird ein Rechtsmittel oder ein Antrag auf anwaltsgerichtliche Entscheidung nur teilweise verworfen oder zurückgewiesen, so hat das Gericht die Gebühr zu ermäßigen, soweit es unbillig wäre, den Rechtsanwalt damit zu belasten.

(3) Im Verfahren nach Wiederaufnahme werden die gleichen Gebühren wie für das wiederaufgenommene Verfahren erhoben. Wird jedoch nach Anordnung der Wiederaufnahme des Verfahrens das frühere Urteil aufgehoben, gilt für die Gebührenerhebung jeder Rechtszug des neuen Verfahrens mit dem jeweiligen Rechtszug des früheren Verfahrens zusammen als ein Rechtszug. Gebühren werden auch für Rechtszüge erhoben, die nur im früheren Verfahren stattgefunden haben.

Abschnitt 1
Verfahren vor dem Anwaltsgericht

Unterabschnitt 1

Anwaltsgerichtliches Verfahren erster Instanz

1110	Verfahren mit Urteil bei Verhängung einer oder mehrerer der folgenden Maßnahmen: 1. einer Warnung, 2. eines Verweises, 3. einer Geldbuße	240,00 EUR
1111	Verfahren mit Urteil bei Verhängung eines Vertretungs- und Beistandsverbots nach § 114 Abs. 1 Nr. 4 der Bundesrechtsanwaltsordnung	360,00 EUR
1112	Verfahren mit Urteil bei Ausschließung aus der Rechtsanwaltschaft	480,00 EUR

Unterabschnitt 2

Antrag auf gerichtliche Entscheidung über die Rüge

1120	Verfahren über den Antrag auf gerichtliche Entscheidung über die Rüge nach § 74a Abs. 1 der Bundesrechtsanwaltsordnung: Der Antrag wird verworfen oder zurückgewiesen	160,00 EUR

Nr.	Gebührentatbestand	Gebührenbetrag oder Satz der jeweiligen Gebühr 1110 bis 1112

Abschnitt 2
Verfahren vor dem Anwaltsgerichtshof

Unterabschnitt 1
Berufung

1210	Berufungsverfahren mit Urteil	1,5
1211	Erledigung des Berufungsverfahrens ohne Urteil . . . Die Gebühr entfällt bei Zurücknahme der Berufung vor Ablauf der Begründungsfrist.	0,5

Unterabschnitt 2
Beschwerde

1220	Verfahren über Beschwerden im anwaltsgerichtlichen Verfahren, die nicht nach anderen Vorschriften gebührenfrei sind: Die Beschwerde wird verworfen oder zurückgewiesen . . . . Von dem Rechtsanwalt wird eine Gebühr nur erhoben, wenn gegen ihn rechtskräftig eine anwaltsgerichtliche Maßnahme verhängt worden ist.	50,00 EUR

Unterabschnitt 3
Antrag auf gerichtliche Entscheidung über die Androhung oder die Festsetzung eines Zwangsgelds

1230	Verfahren über den Antrag auf gerichtliche Entscheidung über die Androhung oder die Festsetzung eines Zwangsgelds nach § 57 Abs. 3 der Bundesrechtsanwaltsordnung: Der Antrag wird verworfen oder zurückgewiesen . . .	200,00 EUR

Abschnitt 3
Verfahren vor dem Bundesgerichtshof

Unterabschnitt 1
Revision

1310	Revisionsverfahren mit Urteil oder mit Beschluss nach § 146 Abs. 3 Satz 1 der Bundesrechtsanwaltsordnung i.V.m. § 349 Abs. 2 oder Abs. 4 StPO	2,0

Nr.	Gebührentatbestand	Gebührenbetrag oder Satz der jeweiligen Gebühr 1110 bis 1112
1311	Erledigung des Revisionsverfahrens ohne Urteil und ohne Beschluss nach § 146 Abs. 3 Satz 1 der Bundesrechtsanwaltsordnung i.V.m. § 349 Abs. 2 oder Abs. 4 StPO . . . . Die Gebühr entfällt bei Zurücknahme der Revision vor Ablauf der Begründungsfrist.	1,0
	Unterabschnitt 2 *Beschwerde*	
1320	Verfahren über die Beschwerde gegen die Nichtzulassung der Revision: Die Beschwerde wird verworfen oder zurückgewiesen	1,0
1321	Verfahren über sonstige Beschwerden im anwaltsgerichtlichen Verfahren, die nicht nach anderen Vorschriften gebührenfrei sind: Die Beschwerde wird verworfen oder zurückgewiesen . . . . Von dem Rechtsanwalt wird eine Gebühr nur erhoben, wenn gegen ihn rechtskräftig eine anwaltsgerichtliche Maßnahme verhängt worden ist.	50,00 EUR
	Unterabschnitt 3 *Verfahren wegen eines bei dem Bundesgerichtshof zugelassenen Rechtsanwalts*	
1330	Anwaltsgerichtliches Verfahren mit Urteil bei Verhängung einer Maßnahme	1,5
1331	Verfahren über den Antrag auf gerichtliche Entscheidung über die Androhung oder die Festsetzung eines Zwangsgelds nach § 57 Abs. 3 i.V.m. § 163 Satz 2 der Bundesrechtsanwaltsordnung: Der Antrag wird verworfen oder zurückgewiesen . . .	240,00 EUR
1332	Verfahren über den Antrag auf gerichtliche Entscheidung über die Rüge nach § 74a Abs. 1 i.V.m. § 163 Satz 2 der Bundesrechtsanwaltsordnung: Der Antrag wird verworfen oder zurückgewiesen . . .	240,00 EUR

Nr.	Gebührentatbestand	Gebührenbetrag oder Satz der jeweiligen Gebühr 1110 bis 1112

Abschnitt 4
Rüge wegen Verletzung des Anspruchs auf rechtliches Gehör

1400	Verfahren über die Rüge wegen Verletzung des Anspruchs auf rechtliches Gehör: Die Rüge wird in vollem Umfang verworfen oder zurückgewiesen	50,00 EUR

Teil 2:
Gerichtliche Verfahren in verwaltungsrechtlichen Anwaltssachen

Nr.	Gebührentatbestand	Gebührenbetrag oder Satz der Gebühr nach § 34 GKG

Abschnitt 1
Erster Rechtszug

Unterabschnitt 1
Anwaltsgerichtshof

2110	Verfahren im Allgemeinen	4,0
2111	Beendigung des gesamten Verfahrens durch 1. Zurücknahme der Klage a) vor dem Schluss der mündlichen Verhandlung, b) wenn eine solche nicht stattfindet, vor Ablauf des Tages, an dem das Urteil, der Gerichtsbescheid oder der Beschluss in der Hauptsache der Geschäftsstelle übermittelt wird, c) im Fall des § 112c Abs. 1 Satz 1 der Bundesrechtsanwaltsordnung i.V.m. § 93a Abs. 2 VwGO vor Ablauf der Erklärungsfrist nach § 93a Abs. 2 Satz 1 VwGO, 2. Anerkenntnis- oder Verzichtsurteil, 3. gerichtlichen Vergleich oder	

Nr.	Gebührentatbestand	Gebührenbetrag oder Satz der Gebühr nach § 34 GKG
	4. Erledigungserklärungen nach § 112c Abs. 1 Satz 1 der Bundesrechtsanwaltsordnung i.V.m. § 161 Abs. 2 VwGO, wenn keine Entscheidung über die Kosten ergeht oder die Entscheidung einer zuvor mitgeteilten Einigung der Beteiligten über die Kostentragung oder der Kostenübernahmeerklärung eines Beteiligten folgt,	
	es sei denn, dass bereits ein anderes als eines der in Nummer 2 genannten Urteile, ein Gerichtsbescheid oder Beschluss in der Hauptsache vorausgegangen ist:	
	Die Gebühr 2110 ermäßigt sich auf	2,0
	Die Gebühr ermäßigt sich auch, wenn mehrere Ermäßigungstatbestände erfüllt sind.	
	Unterabschnitt 2 Bundesgerichtshof	
2120	Verfahren im Allgemeinen	5,0
2121	Beendigung des gesamten Verfahrens durch	
	1. Zurücknahme der Klage	
	a) vor dem Schluss der mündlichen Verhandlung,	
	b) wenn eine solche nicht stattfindet, vor Ablauf des Tages, an dem das Urteil oder der Gerichtsbescheid der Geschäftsstelle übermittelt wird,	
	c) im Fall des § 112c Abs. 1 Satz 1 der Bundesrechtsanwaltsordnung i.V.m. § 93a Abs. 2 VwGO vor Ablauf der Erklärungsfrist nach § 93a Abs. 2 Satz 1 VwGO,	
	2. Anerkenntnis- oder Verzichtsurteil,	
	3. gerichtlichen Vergleich oder	
	4. Erledigungserklärungen nach § 112c Abs. 1 Satz 1 der Bundesrechtsanwaltsordnung i.V.m. § 161 Abs. 2 VwGO, wenn keine Entscheidung über die Kosten ergeht oder die Entscheidung	

Nr.	Gebührentatbestand	Gebührenbetrag oder Satz der Gebühr nach § 34 GKG
	einer zuvor mitgeteilten Einigung der Beteiligten über die Kostentragung oder der Kostenübernahmeerklärung eines Beteiligten folgt,	
	es sei denn, dass bereits ein anderes als eines der in Nummer 2 genannten Urteile, ein Gerichtsbescheid oder Beschluss in der Hauptsache vorausgegangen ist:	
	Die Gebühr 2120 ermäßigt sich auf	3,0
	Die Gebühr ermäßigt sich auch, wenn mehrere Ermäßigungstatbestände erfüllt sind.	
	Abschnitt 2 **Zulassung und Durchführung der Berufung**	
2200	Verfahren über die Zulassung der Berufung: Soweit der Antrag abgelehnt wird	1,0
2201	Verfahren über die Zulassung der Berufung: Soweit der Antrag zurückgenommen oder das Verfahren durch anderweitige Erledigung beendet wird.	0,5
	Die Gebühr entsteht nicht, soweit die Berufung zugelassen wird.	
2202	Verfahren im Allgemeinen	5,0
2203	Beendigung des gesamten Verfahrens durch Zurücknahme der Berufung oder der Klage, bevor die Schrift zur Begründung der Berufung bei Gericht eingegangen ist:	
	Die Gebühr 2202 ermäßigt sich auf	1,0
	Erledigungserklärungen nach § 112c Abs. 1 Satz 1 der Bundesrechtsanwaltsordnung i.V.m. § 161 Abs. 2 VwGO stehen der Zurücknahme gleich, wenn keine Entscheidung über die Kosten ergeht oder die Entscheidung einer zuvor mitgeteilten Einigung der Beteiligten über die Kostentragung oder der Kostenübernahmeerklärung eines Beteiligten folgt.	

Nr.	Gebührentatbestand	Gebührenbetrag oder Satz der Gebühr nach § 34 GKG
2204	Beendigung des gesamten Verfahrens, wenn nicht Nummer 2203 erfüllt ist, durch 1. Zurücknahme der Berufung oder der Klage a) vor dem Schluss der mündlichen Verhandlung, b) wenn eine solche nicht stattfindet, vor Ablauf des Tages, an dem das Urteil oder der Beschluss in der Hauptsache der Geschäftsstelle übermittelt wird, oder c) im Fall des § 112c Abs. 1 Satz 1 der Bundesrechtsanwaltsordnung i.V.m. § 93a Abs. 2 VwGO vor Ablauf der Erklärungsfrist nach § 93a Abs. 2 Satz 1 VwGO, 2. Anerkenntnis- oder Verzichtsurteil, 3. gerichtlichen Vergleich oder 4. Erledigungserklärungen nach § 112c Abs. 1 Satz 1 der Bundesrechtsanwaltsordnung i.V.m. § 161 Abs. 2 VwGO, wenn keine Entscheidung über die Kosten ergeht oder die Entscheidung einer zuvor mitgeteilten Einigung der Beteiligten über die Kostentragung oder der Kostenübernahmeerklärung eines Beteiligten folgt, es sei denn, dass bereits ein anderes als eines der in Nummer 2 genannten Urteile oder ein Beschluss in der Hauptsache vorausgegangen ist: Die Gebühr 2202 ermäßigt sich auf . . . . Die Gebühr ermäßigt sich auch, wenn mehrere Ermäßigungstatbestände erfüllt sind.	3,0

Nr.	Gebührentatbestand	Gebührenbetrag oder Satz der Gebühr nach § 34 GKG

Abschnitt 3
Vorläufiger Rechtsschutz

Vorbemerkung 2.3:

(1) Die Vorschriften dieses Abschnitts gelten für einstweilige Anordnungen und für Verfahren nach § 112c Abs. 1 Satz 1 der Bundesrechtsanwaltsordnung i.V.m. § 80 Abs. 5 und § 80a Abs. 3 VwGO.

(2) Im Verfahren über den Antrag auf Erlass und im Verfahren über den Antrag auf Aufhebung einer einstweiligen Anordnung werden die Gebühren jeweils gesondert erhoben. Mehrere Verfahren nach § 112c Abs. 1 Satz 1 der Bundesrechtsanwaltsordnung i.V.m. § 80 Abs. 5 und 7 und § 80a Abs. 3 VwGO gelten innerhalb eines Rechtszugs als ein Verfahren.

Unterabschnitt 1
Anwaltsgerichtshof

2310	Verfahren im Allgemeinen	2,0
2311	Beendigung des gesamten Verfahrens durch 1. Zurücknahme des Antrags a) vor dem Schluss der mündlichen Verhandlung oder, b) wenn eine solche nicht stattfindet, vor Ablauf des Tages, an dem der Beschluss der Geschäftsstelle übermittelt wird, 2. gerichtlichen Vergleich oder 3. Erledigungserklärungen nach § 112c Abs. 1 Satz 1 der Bundesrechtsanwaltsordnung i.V.m. § 161 Abs. 2 VwGO, wenn keine Entscheidung über die Kosten ergeht oder die Entscheidung einer zuvor mitgeteilten Einigung der Beteiligten über die Kostentragung oder der Kostenübernahmeerklärung eines Beteiligten folgt, es sei denn, dass bereits ein Beschluss über den Antrag vorausgegangen ist: Die Gebühr 2310 ermäßigt sich auf	0,75
	Die Gebühr ermäßigt sich auch, wenn mehrere Ermäßigungstatbestände erfüllt sind.	

Nr.	Gebührentatbestand	Gebührenbetrag oder Satz der Gebühr nach § 34 GKG

Unterabschnitt 2

Bundesgerichtshof als Rechtsmittelgericht in der Hauptsache

Nr.	Gebührentatbestand	Gebührenbetrag oder Satz der Gebühr nach § 34 GKG
2320	Verfahren im Allgemeinen	1,5
2321	Beendigung des gesamten Verfahrens durch 1. Zurücknahme des Antrags a) vor dem Schluss der mündlichen Verhandlung oder, b) wenn eine solche nicht stattfindet, vor Ablauf des Tages, an dem der Beschluss der Geschäftsstelle übermittelt wird, 2. gerichtlichen Vergleich oder 3. Erledigungserklärungen nach § 112c Abs. 1 Satz 1 der Bundesrechtsanwaltsordnung i.V.m. § 161 Abs. 2 VwGO, wenn keine Entscheidung über die Kosten ergeht oder die Entscheidung einer zuvor mitgeteilten Einigung der Beteiligten über die Kostentragung oder der Kostenübernahmeerklärung eines Beteiligten folgt, es sei denn, dass bereits ein Beschluss über den Antrag vorausgegangen ist: Die Gebühr 2320 ermäßigt sich auf .... Die Gebühr ermäßigt sich auch, wenn mehrere Ermäßigungstatbestände erfüllt sind.	0,5

Unterabschnitt 3

Bundesgerichtshof

Vorbemerkung 2.3.3:

Die Vorschriften dieses Unterabschnitts gelten, wenn der Bundesgerichtshof auch in der Hauptsache erstinstanzlich zuständig ist.

Nr.	Gebührentatbestand	Gebührenbetrag oder Satz der Gebühr nach § 34 GKG
2330	Verfahren im Allgemeinen	2,5
2331	Beendigung des gesamten Verfahrens durch 1. Zurücknahme des Antrags a) vor dem Schluss der mündlichen Verhandlung oder,	

Nr.	Gebührentatbestand	Gebührenbetrag oder Satz der Gebühr nach § 34 GKG
	b) wenn eine solche nicht stattfindet, vor Ablauf des Tages, an dem der Beschluss der Geschäftsstelle übermittelt wird,	
	2. gerichtlichen Vergleich oder	
	3. Erledigungserklärungen nach § 112c Abs. 1 Satz 1 der Bundesrechtsanwaltsordnung i.V.m. § 161 Abs. 2 VwGO, wenn keine Entscheidung über die Kosten ergeht oder die Entscheidung einer zuvor mitgeteilten Einigung der Beteiligten über die Kostentragung oder der Kostenübernahmeerklärung eines Beteiligten folgt,	
	es sei denn, dass bereits ein Beschluss über den Antrag vorausgegangen ist:	
	Die Gebühr 2330 ermäßigt sich auf	1,0
	Die Gebühr ermäßigt sich auch, wenn mehrere Ermäßigungstatbestände erfüllt sind.	
	Abschnitt 4 **Rüge wegen Verletzung des Anspruchs auf rechtliches Gehör**	
2400	Verfahren über die Rüge wegen Verletzung des Anspruchs auf rechtliches Gehör:	
	Die Rüge wird in vollem Umfang verworfen oder zurückgewiesen	50,00 EUR

2. Bundesnotarordnung (BNotO)

in der im BGBl. III, Gliederungsnummer 303–1, veröffentlichten bereinigten Fassung vom 24.2.1961

zuletzt geändert durch das Gesetz zur Änderung von Vorschriften über die außergerichtliche Streitbeilegung in Verbrauchersachen und zur Änderung weiterer Gesetze vom 30.11.2019, BGBl. I S. 1942

– Auszug –

§ 111f

[1]In verwaltungsrechtlichen Notarsachen werden Gebühren nach dem Gebührenverzeichnis der Anlage zu diesem Gesetz erhoben. [2]Im Übrigen sind die für Kosten in Verfahren vor den Gerichten der Verwaltungsgerichtsbarkeit geltenden Vorschriften des Gerichtskostengesetzes entsprechend anzuwenden, soweit in diesem Gesetz nichts anderes bestimmt ist.

§ 111g

(1) [1]Der Streitwert bestimmt sich nach § 52 des Gerichtskostengesetzes. [2]Er wird von Amts wegen festgesetzt.

(2) [1]In Verfahren, die Klagen auf Bestellung zum Notar oder die Ernennung zum Notarassessor, die Amtsenthebung, die Entfernung aus dem Amt oder vom bisherigen Amtssitz oder die Entlassung aus dem Anwärterdienst betreffen, ist ein Streitwert von 50 000 Euro anzunehmen. [2]Unter Berücksichtigung der Umstände des Einzelfalls, insbesondere des Umfangs und der Bedeutung der Sache sowie der Vermögens- und Einkommensverhältnisse des Klägers, kann das Gericht einen höheren oder einen niedrigeren Wert festsetzen.

(3) Die Festsetzung ist unanfechtbar; § 63 Abs. 3 des Gerichtskostengesetzes bleibt unberührt.

Anlage
(zu § 111f Satz 1)

Gebührenverzeichnis

Abschnitt 1 Erster Rechtszug

Unterabschnitt 1 Oberlandesgericht

Unterabschnitt 2 Bundesgerichtshof

Abschnitt 2 Zulassung und Durchführung der Berufung

Abschnitt 3 Vorläufiger Rechtsschutz

Unterabschnitt 1 Oberlandesgericht

Unterabschnitt 2 Bundesgerichtshof als Rechtsmittelgericht in der Hauptsache

Unterabschnitt 3 Bundesgerichtshof

Abschnitt 4 Rüge wegen Verletzung des Anspruchs auf rechtliches Gehör

Nr.	Gebührentatbestand	Gebührenbetrag oder Satz der Gebühr nach § 34 GKG
	Abschnitt 1 **Erster Rechtszug**	
	Unterabschnitt 1 Oberlandesgericht	
110	Verfahren im Allgemeinen	4,0
111	Beendigung des gesamten Verfahrens durch 1. Zurücknahme der Klage a) vor dem Schluss der mündlichen Verhandlung, b) wenn eine solche nicht stattfindet, vor Ablauf des Tages, an dem das Urteil, der Gerichtsbescheid oder der Beschluss in der Hauptsache der Geschäftsstelle übermittelt wird, c) im Fall des § 111b Abs. 1 Satz 1 der Bundesnotarordnung i.V.m. § 93a Abs. 2 VwGO vor Ablauf der Erklärungsfrist nach § 93a Abs. 2 Satz 1 VwGO, 2. Anerkenntnis- oder Verzichtsurteil, 3. gerichtlichen Vergleich oder 4. Erledigungserklärungen nach § 111b Abs. 1 Satz 1 der Bundesnotarordnung i.V.m. § 161 Abs. 2 VwGO, wenn keine Entscheidung über die Kosten ergeht oder die Entscheidung einer zuvor mitgeteilten Einigung der Beteiligten über die Kostentragung oder der Kostenübernahmeerklärung eines Beteiligten folgt, es sei denn, dass bereits ein anderes als eines der in Nummer 2 genannten Urteile, ein Gerichtsbescheid oder Beschluss in der Hauptsache vorausgegangen ist: Die Gebühr 110 ermäßigt sich auf	2,0
	Die Gebühr ermäßigt sich auch, wenn mehrere Ermäßigungstatbestände erfüllt sind.	

Nr.	Gebührentatbestand	Gebührenbetrag oder Satz der Gebühr nach § 34 GKG
	Unterabschnitt 2 Bundesgerichtshof	
120	Verfahren im Allgemeinen	5,0
121	Beendigung des gesamten Verfahrens durch 1. Zurücknahme der Klage a) vor dem Schluss der mündlichen Verhandlung, b) wenn eine solche nicht stattfindet, vor Ablauf des Tages, an dem das Urteil oder der Gerichtsbescheid der Geschäftsstelle übermittelt wird, c) im Fall des § 111b Abs. 1 Satz 1 der Bundesnotarordnung i.V.m. § 93a Abs. 2 VwGO vor Ablauf der Erklärungsfrist nach § 93a Abs. 2 Satz 1 VwGO, 2. Anerkenntnis- oder Verzichtsurteil, 3. gerichtlichen Vergleich oder 4. Erledigungserklärungen nach § 111b Abs. 1 Satz 1 der Bundesnotarordnung i.V.m. § 161 Abs. 2 VwGO, wenn keine Entscheidung über die Kosten ergeht oder die Entscheidung einer zuvor mitgeteilten Einigung der Beteiligten über die Kostentragung oder der Kostenübernahmeerklärung eines Beteiligten folgt, es sei denn, dass bereits ein anderes als eines der in Nummer 2 genannten Urteile, ein Gerichtsbescheid oder Beschluss in der Hauptsache vorausgegangen ist: Die Gebühr 120 ermäßigt sich auf .... Die Gebühr ermäßigt sich auch, wenn mehrere Ermäßigungstatbestände erfüllt sind.	3,0

Nr.	Gebührentatbestand	Gebührenbetrag oder Satz der Gebühr nach § 34 GKG
	Abschnitt 2 **Zulassung und Durchführung der Berufung**	
200	Verfahren über die Zulassung der Berufung: Soweit der Antrag abgelehnt wird	1,0
201	Verfahren über die Zulassung der Berufung: Soweit der Antrag zurückgenommen oder das Verfahren durch anderweitige Erledigung beendet wird	0,5
	Die Gebühr entsteht nicht, soweit die Berufung zugelassen wird.	
202	Verfahren im Allgemeinen	5,0
203	Beendigung des gesamten Verfahrens durch Zurücknahme der Berufung oder der Klage, bevor die Schrift zur Begründung der Berufung bei Gericht eingegangen ist: Die Gebühr 202 ermäßigt sich auf	1,0
	Erledigungserklärungen nach § 111b Abs. 1 Satz 1 der Bundesnotarordnung i.V.m. § 161 Abs. 2 VwGO stehen der Zurücknahme gleich, wenn keine Entscheidung über die Kosten ergeht oder die Entscheidung einer zuvor mitgeteilten Einigung der Beteiligten über die Kostentragung oder der Kostenübernahmeerklärung eines Beteiligten folgt.	
204	Beendigung des gesamten Verfahrens, wenn nicht Nummer 203 erfüllt ist, durch 1. Zurücknahme der Berufung oder der Klage a) vor dem Schluss der mündlichen Verhandlung, b) wenn eine solche nicht stattfindet, vor Ablauf des Tages, an dem das Urteil oder der Beschluss in der Hauptsache der Geschäftsstelle übermittelt wird, oder c) im Fall des § 111b Abs. 1 Satz 1 der Bundesnotarordnung i.V.m. § 93a Abs. 2 VwGO vor Ablauf der Erklärungsfrist nach § 93a Abs. 2 Satz 1 VwGO, 2. Anerkenntnis- oder Verzichtsurteil, 3. gerichtlichen Vergleich oder	

Nr.	Gebührentatbestand	Gebührenbetrag oder Satz der Gebühr nach § 34 GKG
	4. Erledigungserklärungen nach § 111b Abs. 1 Satz 1 der Bundesnotarordnung i.V.m. § 161 Abs. 2 VwGO, wenn keine Entscheidung über die Kosten ergeht oder die Entscheidung einer zuvor mitgeteilten Einigung der Beteiligten über die Kostentragung oder der Kostenübernahmeerklärung eines Beteiligten folgt,	
	es sei denn, dass bereits ein anderes als eines der in Nummer 2 genannten Urteile oder ein Beschluss in der Hauptsache vorausgegangen ist:	
	Die Gebühr 202 ermäßigt sich auf	3,0
	Die Gebühr ermäßigt sich auch, wenn mehrere Ermäßigungstatbestände erfüllt sind.	
	Abschnitt 3 **Vorläufiger Rechtsschutz**	
	Vorbemerkung 3: (1) Die Vorschriften dieses Abschnitts gelten für einstweilige Anordnungen und für Verfahren nach § 111b Abs. 1 Satz 1 der Bundesnotarordnung i.V.m. § 80 Abs. 5 und § 80a Abs. 3 VwGO. (2) Im Verfahren über den Antrag auf Erlass und im Verfahren über den Antrag auf Aufhebung einer einstweiligen Anordnung werden die Gebühren jeweils gesondert erhoben. Mehrere Verfahren nach § 111b Abs. 1 Satz 1 der Bundesnotarordnung i.V.m. § 80 Abs. 5 und 7 und § 80a Abs. 3 VwGO gelten innerhalb eines Rechtszugs als ein Verfahren.	
	Unterabschnitt 1 Oberlandesgericht	
310	Verfahren im Allgemeinen	2,0
311	Beendigung des gesamten Verfahrens durch 1. Zurücknahme des Antrags a) vor dem Schluss der mündlichen Verhandlung oder, b) wenn eine solche nicht stattfindet, vor Ablauf des Tages, an dem der Beschluss der Geschäftsstelle übermittelt wird,	

Nr.	Gebührentatbestand	Gebührenbetrag oder Satz der Gebühr nach § 34 GKG
	2. gerichtlichen Vergleich oder	
	3. Erledigungserklärungen nach § 111b Abs. 1 Satz 1 der Bundesnotarordnung i.V.m. § 161 Abs. 2 VwGO, wenn keine Entscheidung über die Kosten ergeht oder die Entscheidung einer zuvor mitgeteilten Einigung der Beteiligten über die Kostentragung oder der Kostenübernahmeerklärung eines Beteiligten folgt,	
	es sei denn, dass bereits ein Beschluss über den Antrag vorausgegangen ist:	
	Die Gebühr 310 ermäßigt sich auf	0,75
	Die Gebühr ermäßigt sich auch, wenn mehrere Ermäßigungstatbestände erfüllt sind.	
	Unterabschnitt 2 Bundesgerichtshof als Rechtsmittelgericht in der Hauptsache	
320	Verfahren im Allgemeinen	1,5
321	Beendigung des gesamten Verfahrens durch	
	1. Zurücknahme des Antrags	
	a) vor dem Schluss der mündlichen Verhandlung oder,	
	b) wenn eine solche nicht stattfindet, vor Ablauf des Tages, an dem der Beschluss der Geschäftsstelle übermittelt wird,	
	2. gerichtlichen Vergleich oder	
	3. Erledigungserklärungen nach § 111b Abs. 1 Satz 1 der Bundesnotarordnung i.V.m. § 161 Abs. 2 VwGO, wenn keine Entscheidung über die Kosten ergeht oder die Entscheidung einer zuvor mitgeteilten Einigung der Beteiligten über die Kostentragung oder der Kostenübernahmeerklärung eines Beteiligten folgt,	
	es sei denn, dass bereits ein Beschluss über den Antrag vorausgegangen ist:	
	Die Gebühr 320 ermäßigt sich auf	0,5

Nr.	Gebührentatbestand	Gebührenbetrag oder Satz der Gebühr nach § 34 GKG
	Die Gebühr ermäßigt sich auch, wenn mehrere Ermäßigungstatbestände erfüllt sind.	
	Unterabschnitt 3 Bundesgerichtshof	
	Vorbemerkung 3.3: Die Vorschriften dieses Unterabschnitts gelten, wenn der Bundesgerichtshof auch in der Hauptsache erstinstanzlich zuständig ist.	
330	Verfahren im Allgemeinen	2,5
331	Beendigung des gesamten Verfahrens durch 1. Zurücknahme des Antrags a) vor dem Schluss der mündlichen Verhandlung oder, b) wenn eine solche nicht stattfindet, vor Ablauf des Tages, an dem der Beschluss der Geschäftsstelle übermittelt wird, 2. gerichtlichen Vergleich oder 3. Erledigungserklärungen nach § 111b Abs. 1 Satz 1 der Bundesnotarordnung i.V.m. § 161 Abs. 2 VwGO, wenn keine Entscheidung über die Kosten ergeht oder die Entscheidung einer zuvor mitgeteilten Einigung der Beteiligten über die Kostentragung oder der Kostenübernahmeerklärung eines Beteiligten folgt, es sei denn, dass bereits ein Beschluss über den Antrag vorausgegangen ist: Die Gebühr 330 ermäßigt sich auf	1,0
	Die Gebühr ermäßigt sich auch, wenn mehrere Ermäßigungstatbestände erfüllt sind.	
	Abschnitt 4 **Rüge wegen Verletzung des Anspruchs auf rechtliches Gehör**	
400	Verfahren über die Rüge wegen Verletzung des Anspruchs auf rechtliches Gehör: Die Rüge wird in vollem Umfang verworfen oder zurückgewiesen	50,00 EUR

3. Patentanwaltsordnung (PAO)

vom 7.9.1966, BGBl. I S. 557

zuletzt geändert durch das Gesetz zur Umsetzung der Verhältnismäßigkeitsrichtlinie (Richtlinie (EU) 2018/958) im Bereich öffentlich-rechtlicher Körperschaften vom 19.6.2020, BGBl. I S. 1403

– Auszug –

Achter Teil: Die Kosten in Patentanwaltssachen

Erster Abschnitt: Die Kosten in Verwaltungsverfahren der Patentanwaltskammer

§ 145 Erhebung von Verwaltungsgebühren und Auslagen

Die Patentanwaltskammer kann für Amtshandlungen nach diesem Gesetz, insbesondere für die Bearbeitung von Anträgen auf Zulassung zur Patentanwaltschaft und auf Bestellung eines Vertreters, zur Deckung des Verwaltungsaufwands Gebühren nach festen Sätzen und Auslagen erheben. Das Verwaltungskostengesetz in der bis zum 14. August 2013 geltenden Fassung findet mit der Maßgabe Anwendung, dass die allgemeinen Grundsätze für Kostenverordnungen (§§ 2 bis 7 des Verwaltungskostengesetzes in der bis zum 14. August 2013 geltenden Fassung) beim Erlass von Satzungen auf Grund des § 82 Abs. 2 Nr. 4 entsprechend gelten.

Zweiter Abschnitt: Die Kosten in gerichtlichen Verfahren in verwaltungsrechtlichen Patentanwaltssachen

§ 146 Gerichtskosten

In verwaltungsrechtlichen Patentanwaltssachen werden Gebühren nach dem Gebührenverzeichnis der Anlage zu diesem Gesetz erhoben. Im Übrigen sind die für Kosten in Verfahren vor den Gerichten der Verwaltungsgerichtsbarkeit geltenden Vorschriften des Gerichtskostengesetzes entsprechend anzuwenden, soweit in diesem Abschnitt nichts anderes bestimmt ist.

§ 147 Streitwert

(1) Der Streitwert bestimmt sich nach § 52 des Gerichtskostengesetzes. Er wird von Amts wegen festgesetzt.

(2) In Verfahren, die Klagen auf Zulassung zur Patentanwaltschaft oder deren Rücknahme oder Widerruf betreffen, ist ein Streitwert von 50 000 Euro anzunehmen. Unter Berücksichtigung der Umstände des Einzelfalls, insbesondere des Umfangs und der Bedeutung der Sache sowie der Vermögens- und Einkommensverhältnisse des Klägers, kann das Gericht einen höheren oder einen niedrigeren Wert festsetzen.

(3) Die Festsetzung ist unanfechtbar; § 63 Abs. 3 des Gerichtskostengesetzes bleibt unberührt.

Dritter Abschnitt: Die Kosten in dem berufsgerichtlichen Verfahren und in dem Verfahren bei Anträgen auf Entscheidung des Landgerichts gegen die Androhung oder die Festsetzung des Zwangsgelds oder über die Rüge

§ 148 Gerichtskosten

[1]Im berufsgerichtlichen Verfahren, im Verfahren über den Antrag auf Entscheidung des Landgerichts über die Rüge (§ 70a Abs. 1) und im Verfahren über den Antrag auf Entscheidung des Landgerichts gegen die Androhung oder die Festsetzung eines Zwangsgelds (§ 50 Abs. 3) werden Gebühren nach dem Gebührenverzeichnis der Anlage zu diesem Gesetz erhoben. [2]Im Übrigen sind die für Kosten in Strafsachen geltenden Vorschriften des Gerichtskostengesetzes entsprechend anzuwenden.

§ 149 Kosten bei Anträgen auf Einleitung des berufsgerichtlichen Verfahrens

(1) Einem Patentanwalt, der einen Antrag auf gerichtliche Entscheidung über die Entschließung der Staatsanwaltschaft (§ 108 Abs. 2) zurücknimmt, sind die durch dieses Verfahren entstandenen Kosten aufzuerlegen.

(2) Wird ein Antrag des Vorstands der Patentanwaltskammer auf gerichtliche Entscheidungen in dem Fall des § 107 Abs. 2 verworfen, so sind die durch das Verfahren über den Antrag veranlaßten Kosten der Patentanwaltskammer aufzuerlegen.

§ 150 Kostenpflicht des Verurteilten

(1) [1]Dem Patentanwalt, der in dem berufsgerichtlichen Verfahren verurteilt wird, sind zugleich die in dem Verfahren entstandenen Kosten ganz oder teilweise aufzuerlegen. [2]Dasselbe gilt, wenn das berufsgerichtliche Verfahren wegen Erlöschens der Zulassung zur Patentanwaltschaft eingestellt wird und nach dem Ergebnis des bisherigen Verfahrens die Verhängung einer berufsgerichtlichen Maßnahme gerechtfertigt gewesen wäre; zu den Kosten des berufsgerichtlichen Verfahrens gehören in diesem Fall auch diejenigen, die in einem anschließenden Verfahren zum Zwecke der Beweissicherung (§§ 130, 131) entstehen. [3]Wird das Verfahren nach § 123 Abs. 3 Nr. 2 eingestellt, kann das Gericht dem Patentanwalt die in dem Verfahren entstandenen Kosten ganz oder teilweise auferlegen, wenn es dies für angemessen erachtet.

(2) [1]Dem Patentanwalt, der in dem berufsgerichtlichen Verfahren ein Rechtsmittel zurückgenommen oder ohne Erfolg eingelegt hat, sind zugleich die durch dieses Verfahren entstandenen Kosten aufzuerlegen. [2]Hatte das Rechtsmittel teilweise Erfolg, so kann dem Patentanwalt ein angemessener Teil dieser Kosten auferlegt werden.

(3) Für die Kosten, die durch einen Antrag auf Wiederaufnahme des durch ein rechtskräftiges Urteil abgeschlossenen Verfahrens verursacht worden sind, ist Absatz 2 entsprechend anzuwenden.

§ 150a Kostenpflicht im Verfahren bei Anträgen auf Entscheidung des Landgerichts gegen die Androhung oder die Festsetzung des Zwangsgelds oder über die Rüge

(1) [1]Wird der Antrag auf berufsgerichtliche Entscheidung gegen die Androhung oder die Festsetzung des Zwangsgelds oder über die Rüge als unbegründet zurückgewiesen, so ist § 150 Abs. 1 Satz 1 entsprechend anzuwenden. [2]Stellt das Landgericht fest, daß die Rüge wegen der Verhängung einer berufsgerichtlichen Maßnahme unwirksam ist (§ 70a Abs. 5 Satz 2) oder hebt es den Rügebescheid gemäß § 70a Abs. 3 Satz 2 auf, so kann es dem Patentanwalt die in dem Verfahren entstandenen Kosten ganz oder teilweise auferlegen, wenn es dies für angemessen erachtet.

(2) Nimmt der Patentanwalt den Antrag auf Entscheidung des Landgerichts zurück oder wird der Antrag als unzulässig verworfen, so gilt § 150 Abs. 2 Satz 1 entsprechend.

(3) [1]Wird die Androhung oder die Festsetzung des Zwangsgelds aufgehoben, so sind die notwendigen Auslagen des Patentanwalts der Patentanwaltskammer aufzuerlegen. [2]Das gleiche gilt, wenn der Rügebescheid, den Fall des § 70a Abs. 3 Satz 2 ausgenommen, aufgehoben wird oder wenn die Unwirksamkeit der Rüge wegen eines Freispruchs des Patentanwalts im berufsgerichtlichen Verfahren oder aus den Gründen des § 103 Abs. 2 Satz 2 festgestellt wird (§ 70a Abs. 5 Satz 2).

§ 151 Haftung der Patentanwaltskammer

Auslagen, die weder dem Patentanwalt noch einem Dritten auferlegt oder von dem Patentanwalt nicht eingezogen werden können, fallen der Patentanwaltskammer zur Last.

Kosten in berufsgerichtlichen Verfahren (PAO)

Anlage

(zu § 146 Satz 1 und § 148 Satz 1)

Gebührenverzeichnis

Kosten in berufsgerichtlichen Verfahren (PAO)

Teil 1:

Berufsgerichtliches Verfahren

Nr.	Gebührentatbestand	Gebührenbetrag oder Satz der jeweiligen Gebühr 1110 und 1111

Vorbemerkung 1:

(1) Im berufsgerichtlichen Verfahren bemessen sich die Gerichtsgebühren vorbehaltlich des Absatzes 2 für alle Rechtszüge nach der rechtskräftig verhängten Maßnahme.

(2) Wird ein Rechtsmittel oder ein Antrag auf berufsgerichtliche Entscheidung nur teilweise verworfen oder zurückgewiesen, so hat das Gericht die Gebühr zu ermäßigen, soweit es unbillig wäre, den Patentanwalt damit zu belasten.

(3) Im Verfahren nach Wiederaufnahme werden die gleichen Gebühren wie für das wiederaufgenommene Verfahren erhoben. Wird jedoch nach Anordnung der Wiederaufnahme des Verfahrens das frühere Urteil aufgehoben, gilt für die Gebührenerhebung jeder Rechtszug des neuen Verfahrens mit dem jeweiligen Rechtszug des früheren Verfahrens zusammen als ein Rechtszug. Gebühren werden auch für Rechtszüge erhoben, die nur im früheren Verfahren stattgefunden haben.

Abschnitt 1
Verfahren vor dem Landgericht

Unterabschnitt 1

Berufsgerichtliches Verfahren erster Instanz

1110	Verfahren mit Urteil bei Verhängung einer oder mehrerer der folgenden Maßnahmen:	
	1. einer Warnung,	
	2. eines Verweises,	
	3. einer Geldbuße	240,00 EUR
1111	Verfahren mit Urteil bei Ausschließung aus der Patentanwaltschaft	480,00 EUR

Unterabschnitt 2

Antrag auf gerichtliche Entscheidung über die Androhung oder die Festsetzung eines Zwangsgelds oder über die Rüge

1120	Verfahren über den Antrag auf gerichtliche Entscheidung über die Androhung oder die Festsetzung eines Zwangsgelds nach § 50 Abs. 3 der Patentanwaltsordnung:	
	Der Antrag wird verworfen oder zurückgewiesen . . .	160,00 EUR

Nr.	Gebührentatbestand	Gebührenbetrag oder Satz der jeweiligen Gebühr 1110 und 1111
1121	Verfahren über den Antrag auf gerichtliche Entscheidung über die Rüge nach § 70a Abs. 1 der Patentanwaltsordnung:	
	Der Antrag wird verworfen oder zurückgewiesen . . .	160,00 EUR
	Abschnitt 2 **Verfahren vor dem Oberlandesgericht**	
	Unterabschnitt 1 Berufung	
1210	Berufungsverfahren mit Urteil	1,5
1211	Erledigung des Berufungsverfahrens ohne Urteil . . .	0,5
	Die Gebühr entfällt bei Zurücknahme der Berufung vor Ablauf der Begründungsfrist.	
	Unterabschnitt 2 Beschwerde	
1220	Verfahren über Beschwerden im berufsgerichtlichen Verfahren, die nicht nach anderen Vorschriften gebührenfrei sind:	
	Die Beschwerde wird verworfen oder zurückgewiesen	50,00 EUR
	Von dem Patentanwalt wird eine Gebühr nur erhoben, wenn gegen ihn rechtskräftig eine berufsgerichtliche Maßnahme verhängt worden ist.	
	Abschnitt 3 **Verfahren vor dem Bundesgerichtshof**	
	Unterabschnitt 1 Revision	
1310	Revisionsverfahren mit Urteil oder mit Beschluss nach § 128 Abs. 3 Satz 1 der Patentanwaltsordnung i.V.m. § 349 Abs. 2 oder Abs. 4 StPO	2,0
1311	Erledigung des Revisionsverfahrens ohne Urteil und ohne Beschluss nach § 128 Abs. 3 Satz 1 der Patentanwaltsordnung i.V.m. § 349 Abs. 2 oder Abs. 4 StPO	1,0

Nr.	Gebührentatbestand	Gebührenbetrag oder Satz der jeweiligen Gebühr 1110 und 1111
	Die Gebühr entfällt bei Zurücknahme der Revision vor Ablauf der Begründungsfrist.	
	Unterabschnitt 2 Beschwerde	
1320	Verfahren über die Beschwerde gegen die Nichtzulassung der Revision:	
	Die Beschwerde wird verworfen oder zurückgewiesen	1,0
1321	Verfahren über sonstige Beschwerden im berufsgerichtlichen Verfahren, die nicht nach anderen Vorschriften gebührenfrei sind:	
	Die Beschwerde wird verworfen oder zurückgewiesen	50,00 EUR
	Von dem Patentanwalt wird eine Gebühr nur erhoben, wenn gegen ihn rechtskräftig eine berufsgerichtliche Maßnahme verhängt worden ist.	
	Abschnitt 4 **Rüge wegen Verletzung des Anspruchs auf rechtliches Gehör**	
1400	Verfahren über die Rüge wegen Verletzung des Anspruchs auf rechtliches Gehör:	
	Die Rüge wird in vollem Umfang verworfen oder zurückgewiesen	50,00 EUR

Kosten in berufsgerichtlichen Verfahren (PAO)

Teil 2:

Gerichtliche Verfahren in verwaltungsrechtlichen Patentanwaltssachen

Nr.	Gebührentatbestand	Gebührenbetrag oder Satz der jeweiligen Gebühr nach § 34 GKG

Abschnitt 1
Erster Rechtszug

Unterabschnitt 1
Oberlandesgericht

2110	Verfahren im Allgemeinen	4,0
2111	Beendigung des gesamten Verfahrens durch 1. Zurücknahme der Klage a) vor dem Schluss der mündlichen Verhandlung, b) wenn eine solche nicht stattfindet, vor Ablauf des Tages, an dem das Urteil, der Gerichtsbescheid oder der Beschluss in der Hauptsache der Geschäftsstelle übermittelt wird, c) im Fall des § 94b Abs. 1 Satz 1 PAO i.V.m. § 93a Abs. 2 VwGO vor Ablauf der Erklärungsfrist nach § 93a Abs. 2 Satz 1 VwGO, 2. Anerkenntnis- oder Verzichtsurteil, 3. gerichtlichen Vergleich oder 4. Erledigungserklärungen nach § 94b Abs. 1 Satz 1 PAO i.V.m. § 161 Abs. 2 VwGO, wenn keine Entscheidung über die Kosten ergeht oder die Entscheidung einer zuvor mitgeteilten Einigung der Beteiligten über die Kostentragung oder der Kostenübernahmeerklärung eines Beteiligten folgt, es sei denn, dass bereits ein anderes als eines der in Nummer 2 genannten Urteile, ein Gerichtsbescheid oder Beschluss in der Hauptsache vorausgegangen ist: Die Gebühr 2110 ermäßigt sich auf	2,0
	Die Gebühr ermäßigt sich auch, wenn mehrere Ermäßigungstatbestände erfüllt sind.	

GvKostG/JVEG/JVKostG
Kosten berufsger.
Verfahren

Nr.	Gebührentatbestand	Gebührenbetrag oder Satz der jeweiligen Gebühr nach § 34 GKG
	Unterabschnitt 2 Bundesgerichtshof	
2120	Verfahren im Allgemeinen	5,0
2121	Beendigung des gesamten Verfahrens durch 1. Zurücknahme der Klage a) vor dem Schluss der mündlichen Verhandlung, b) wenn eine solche nicht stattfindet, vor Ablauf des Tages, an dem das Urteil oder der Gerichtsbescheid der Geschäftsstelle übermittelt wird, c) im Fall des § 94b Abs. 1 Satz 1 PAO i.V.m. § 93a Abs. 2 VwGO vor Ablauf der Erklärungsfrist nach § 93a Abs. 2 Satz 1 VwGO, 2. Anerkenntnis- oder Verzichtsurteil, 3. gerichtlichen Vergleich oder 4. Erledigungserklärungen nach § 94b Abs. 1 Satz 1 PAO i.V.m. § 161 Abs. 2 VwGO, wenn keine Entscheidung über die Kosten ergeht oder die Entscheidung einer zuvor mitgeteilten Einigung der Beteiligten über die Kostentragung oder der Kostenübernahmeerklärung eines Beteiligten folgt, es sei denn, dass bereits ein anderes als eines der in Nummer 2 genannten Urteile, ein Gerichtsbescheid oder Beschluss in der Hauptsache vorausgegangen ist: Die Gebühr 2120 ermäßigt sich auf . . . . Die Gebühr ermäßigt sich auch, wenn mehrere Ermäßigungstatbestände erfüllt sind.	3,0
	Abschnitt 2 **Zulassung und Durchführung der Berufung**	
2200	Verfahren über die Zulassung der Berufung: Soweit der Antrag abgelehnt wird	1,0

Kosten in berufsgerichtlichen Verfahren (PAO)

Nr.	Gebührentatbestand	Gebührenbetrag oder Satz der jeweiligen Gebühr nach § 34 GKG
2201	Verfahren über die Zulassung der Berufung: Soweit der Antrag zurückgenommen oder das Verfahren durch anderweitige Erledigung beendet wird	0,5
	Die Gebühr entsteht nicht, soweit die Berufung zugelassen wird.	
2202	Verfahren im Allgemeinen	5,0
2203	Beendigung des gesamten Verfahrens durch Zurücknahme der Berufung oder der Klage, bevor die Schrift zur Begründung der Berufung bei Gericht eingegangen ist: Die Gebühr 2202 ermäßigt sich auf	1,0
	Erledigungserklärungen nach § 94b Abs. 1 Satz 1 PAO i.V.m. § 161 Abs. 2 VwGO stehen der Zurücknahme gleich, wenn keine Entscheidung über die Kosten ergeht oder die Entscheidung einer zuvor mitgeteilten Einigung der Beteiligten über die Kostentragung oder der Kostenübernahmeerklärung eines Beteiligten folgt.	
2204	Beendigung des gesamten Verfahrens, wenn nicht Nummer 2203 erfüllt ist, durch 1. Zurücknahme der Berufung oder der Klage a) vor dem Schluss der mündlichen Verhandlung, b) wenn eine solche nicht stattfindet, vor Ablauf des Tages, an dem das Urteil oder der Beschluss in der Hauptsache der Geschäftsstelle übermittelt wird, oder c) im Fall des § 94b Abs. 1 Satz 1 PAO i.V.m. § 93a Abs. 2 VwGO vor Ablauf der Erklärungsfrist nach § 93a Abs. 2 Satz 1 VwGO, 2. Anerkenntnis- oder Verzichtsurteil, 3. gerichtlichen Vergleich oder 4. Erledigungserklärungen nach § 94b Abs. 1 Satz 1 PAO i.V.m. § 161 Abs. 2 VwGO, wenn keine Entscheidung über die Kosten ergeht oder die Entscheidung einer zuvor mitgeteilten Einigung der Beteiligten über die Kostentragung oder der Kostenübernahmeerklärung eines Beteiligten folgt,	

Nr.	Gebührentatbestand	Gebührenbetrag oder Satz der jeweiligen Gebühr nach § 34 GKG
	es sei denn, dass bereits ein anderes als eines der in Nummer 2 genannten Urteile oder ein Beschluss in der Hauptsache vorausgegangen ist: Die Gebühr 2202 ermäßigt sich auf	3,0
	Die Gebühr ermäßigt sich auch, wenn mehrere Ermäßigungstatbestände erfüllt sind.	

Abschnitt 3
Vorläufiger Rechtsschutz

Vorbemerkung 2.3:

(1) Die Vorschriften dieses Abschnitts gelten für einstweilige Anordnungen und für Verfahren nach § 94b Abs. 1 Satz 1 PAO i.V.m. § 80 Abs. 5 und § 80a Abs. 3 VwGO.

(2) Im Verfahren über den Antrag auf Erlass und im Verfahren über den Antrag auf Aufhebung einer einstweiligen Anordnung werden die Gebühren jeweils gesondert erhoben. Mehrere Verfahren nach § 94b Abs. 1 Satz 1 PAO i.V.m. § 80 Abs. 5 und 7 und § 80a Abs. 3 VwGO gelten innerhalb eines Rechtszugs als ein Verfahren.

Unterabschnitt 1
Oberlandesgericht

2310	Verfahren im Allgemeinen	2,0
2311	Beendigung des gesamten Verfahrens durch 1. Zurücknahme des Antrags a) vor dem Schluss der mündlichen Verhandlung oder, b) wenn eine solche nicht stattfindet, vor Ablauf des Tages, an dem der Beschluss der Geschäftsstelle übermittelt wird, 2. gerichtlichen Vergleich oder 3. Erledigungserklärungen nach § 94b Abs. 1 Satz 1 PAO i.V.m. § 161 Abs. 2 VwGO, wenn keine Entscheidung über die Kosten ergeht oder die Entscheidung einer zuvor mitgeteilten Einigung der Beteiligten über die Kostentragung oder der Kostenübernahmeerklärung eines Beteiligten folgt,	

Nr.	Gebührentatbestand	Gebührenbetrag oder Satz der jeweiligen Gebühr nach § 34 GKG
	es sei denn, dass bereits ein Beschluss über den Antrag vorausgegangen ist: Die Gebühr 2310 ermäßigt sich auf	0,75
	Die Gebühr ermäßigt sich auch, wenn mehrere Ermäßigungstatbestände erfüllt sind.	
	Unterabschnitt 2 Bundesgerichtshof als Rechtsmittelgericht in der Hauptsache	
2320	Verfahren im Allgemeinen	1,5
2321	Beendigung des gesamten Verfahrens durch 1. Zurücknahme des Antrags a) vor dem Schluss der mündlichen Verhandlung oder, b) wenn eine solche nicht stattfindet, vor Ablauf des Tages, an dem der Beschluss der Geschäftsstelle übermittelt wird, 2. gerichtlichen Vergleich oder 3. Erledigungserklärungen nach § 94b Abs. 1 Satz 1 PAO i.V.m. § 161 Abs. 2 VwGO, wenn keine Entscheidung über die Kosten ergeht oder die Entscheidung einer zuvor mitgeteilten Einigung der Beteiligten über die Kostentragung oder der Kostenübernahmeerklärung eines Beteiligten folgt, es sei denn, dass bereits ein Beschluss über den Antrag vorausgegangen ist: Die Gebühr 2320 ermäßigt sich auf	0,5
	Die Gebühr ermäßigt sich auch, wenn mehrere Ermäßigungstatbestände erfüllt sind.	
	Unterabschnitt 3 Bundesgerichtshof	

Vorbemerkung 2.3.3:

Die Vorschriften dieses Unterabschnitts gelten, wenn der Bundesgerichtshof auch in der Hauptsache erstinstanzlich zuständig ist.

2330	Verfahren im Allgemeinen	2,5

Nr.	Gebührentatbestand	Gebührenbetrag oder Satz der jeweiligen Gebühr nach § 34 GKG
2331	Beendigung des gesamten Verfahrens durch 1. Zurücknahme des Antrags a) vor dem Schluss der mündlichen Verhandlung oder, b) wenn eine solche nicht stattfindet, vor Ablauf des Tages, an dem der Beschluss der Geschäftsstelle übermittelt wird, 2. gerichtlichen Vergleich oder 3. Erledigungserklärungen nach § 94b Abs. 1 Satz 1 PAO i.V.m. § 161 Abs. 2 VwGO, wenn keine Entscheidung über die Kosten ergeht oder die Entscheidung einer zuvor mitgeteilten Einigung der Beteiligten über die Kostentragung oder der Kostenübernahmeerklärung eines Beteiligten folgt, es sei denn, dass bereits ein Beschluss über den Antrag vorausgegangen ist: Die Gebühr 2330 ermäßigt sich auf	1,0
	Die Gebühr ermäßigt sich auch, wenn mehrere Ermäßigungstatbestände erfüllt sind.	
	Abschnitt 4 **Rüge wegen Verletzung des Anspruchs auf rechtliches Gehör**	
2400	Verfahren über die Rüge wegen Verletzung des Anspruchs auf rechtliches Gehör: Die Rüge wird in vollem Umfang verworfen oder zurückgewiesen	50,00 EUR

29. Zins- und Lombardsätze

EZB-Zinssätze für ständige Fazilitäten

Gültig ab	Zinssätze für die					
	Einlagefazilität		**Spitzenrefinanzierungsfazilität**		**Hauptrefinanzierungsgeschäfte**[1]	
2019–09	ab 18.	-0,50	unverändert	0,25	unverändert	0,25
2016–03	ab 16.	-0,40	ab 16.	0,25	ab 16.	0,00
2015–12	ab 09.	-0,30	ab 09.	0,30	ab 09.	0,05
2014–09	ab 10.	-0,20	ab 10.	0,30	ab 10.	0,05
2014–06	ab 11.	-0,10	ab 11.	0,40	ab 11.	0,15
2013–11	ab 13.	0,00	ab 13.	0,75	ab 13.	0,25
2013–05	ab 08.	0,00	ab 08.	1,00	ab 08.	0,50
2012–07	ab 11.	0,00	ab 11.	1,50	ab 11.	0,75
2011–12	ab 14.	0,25	ab 14.	1,75	ab 14.	1,00
2011–11	ab 09.	0,50	ab 09.	2,00	ab 09.	1,25
2011–07	ab 13.	0,75	ab 13.	2,25	ab 13.	1,50
2011–04 bis 2011–05	ab 13.04.	0,50	ab 13.04.	2,00	ab 13.04.	1,25
2009–06 bis **2011**–03		0,25		1,75		1,00
2009–05 bis 2009–07		0,25	ab 13.05.	1,75	ab 13.05.	1,00
2009–04	ab 08.	0,25	ab 08.	2,25	ab 08.	1,25
2009–03	ab 11.	0,50	ab 11.	2,50	ab 11.	1,50
2009–02		1,00		3,00		2,00
2009–01	ab 21.	1,00	ab 21.	3,00	ab 21.	2,00
2008–12	ab 10.	2,00	ab 10.	3,00	ab 10.	2,50
2008–11	ab 12.	2,75	ab 12.	3,75	fest ab 12.	3,25
2008–10	ab 08.	3,25	ab 08.	4,25	fest ab 15.	3,75
2008–09		3,25		5,25		4,25
2008–08		3,25		5,25		4,25
2008–07	ab 09.	3,25	ab 09.	5,25	ab 09.	4,25
2008–01 bis 2008–06		3,00		5,00		4,00
2007–07 bis 2007–12		3,00		5,00		4,00
2007–06	ab 13.	3,00	ab 13.	5,00	ab 13.	4,00
2007–05		2,75		4,75		3,75
2007–04		2,75		4,75		3,75
2007–03	ab 14.	2,75	ab 14.	4,75	ab 14.	3,75

1 Der Zinssatz für Hauptrefinanzierungsgeschäfte ist gem. Art. 16c EuVTVO von Bedeutung für den europäischen Vollstreckungstitel.

Gültig ab	Zinssätze für die		
	Einlagefazilität	**Spitzenrefinanzierungsfazilität**	**Hauptrefinanzierungsgeschäfte**[1]
2007–02	2,50	4,50	3,50
2007–01	2,50	4,50	3,50
2006–12	ab 13. 2,50	ab 13. 4,50	ab 13. 3,50
2006–11	2,25	4,25	3,25
2006–10	ab 11. 2,25	ab 11. 4,25	ab 11. 3,25
2006–09	2,00	4,00	3,00
2006–08	ab 9. 2,00	ab 9. 4,00	ab 9. 3,00
2006–07	1,75	3,75	2,75
2006–06	ab 15. 1,75	ab 15. 3,75	ab 15. 2,75

Basiszinssatz nach § 247 BGB

Gültig ab	Aktueller Stand
1. Januar 2021	– 0,88 %
1. Juli 2016 bis 31. Dezember 2020	– 0,88 %
1. Januar 2015 bis 30. Juni 2016	– 0,83 %
1. Juli 2014	– 0,73 %
1. Januar 2014	– 0,63 %
1. Juli 2013	– 0,38 %
1. Januar 2013	– 0,13 %
1. Juli 2012	0,12 %
1. Januar 2012	0,12 %
1. Juli 2011	0,37 %
1. Juli 2009	0,12 %
1. Januar 2009	1,62 %
1. Juli 2008	3,19 %
1. Januar 2008	3,32 %
1. Juli 2007	3,19 %
1. Januar 2007	2,70 %
1. Juli 2006	1,95 %
1. Januar 2006	1,37 %
1. Juli 2005	1,17 %
1. Januar 2005	1,21 %

1 Der Zinssatz für Hauptrefinanzierungsgeschäfte ist gem. Art. 16c EuVTVO von Bedeutung für den europäischen Vollstreckungstitel.

30. Zins- und Diskont-Tabellen

I. Zinstabelle A

Nach der Zinstabelle A werden die Zinsen nach einem gegebenen Satz für gegebene Tage von einem Darlehenskapital oder von einer Urteilsforderung berechnet. Wenn der Zinssatz 1, 1 1/2, 2, 2 1/2, 3, 3 1/2 usw. % beträgt (also nicht 1/4, 3/4 usw.) und wenn ferner die Dauer der Laufzeit **runde Zahlen** (10, 20, 30 usw. Tage) beträgt, liest man die Euro-Zinsen aus der Tabelle A ab.

Beispiel:

Urteilsforderung 630 € zuzüglich 4 % Zinsen auf 180 Tage.

Lösung:

Aus der Tabelle A liest man aus der Spalte 4 % und der Zeile 180 Tage die Zahl 2,00 ab. Diese multipliziert man mit dem Hundertsatz des Kapitals (Komma um 2 Stellen nach links gerückt: 6,30).

Also 2,00 x 6,30 = 12,60 € Zinsen.

II. Zinstabelle B

Die Universaltabelle B kann bei **jedem Prozentsatz** und **für jede Laufzeit** und **bei jedem Kapital** angewandt werden.

Beispiel 1:

Wie viel Zinsen bringt ein Kapital von 1 200 € in 108 Tagen bei einem Zinssatz von 4 1/4 (4,25) %?

Lösung:

Man findet in der Tabelle B bei 108 (Tagen) die Zahl 0,3. Diese multipliziert man mit dem Zinssatz 4,25 und weiter mit dem Hundertsatz des Kapitals 12.

Also 0,3 x 4,25 = 1,275 x 12 = 15,30 € Zinsen.

Beispiel 2:

Wie viel Zinsen bringt ein Kapital von 13 300 € in 66 Tagen bei einem Zinssatz von 1/4 (0,25) %?

Lösung:

Man findet in der Tabelle B bei 66 (Tagen) die Zahl 0,18333. Diese multipliziert man mit dem Zinssatz 0,25 und weiter mit dem Hundertsatz des Kapitals 133.

Also 0,18333 x 0,25 = 0,0458325 x 133 = 6,09572 € Zinsen.

Die Zinstabellen können auch zur Berechnung des Diskonts (Skontos) verwandt werden.

Zinstabelle A

Tage	1 %	1 1/2 %	2 %	2 1/2 %	3 %	3 1/2 %	4 %	4 1/2 %	5 %
10	0,02777	0,04166	0,05555	0,06955	0,08333	0,09722	0,11111	0,125	0,13888
20	0,05555	0,08333	0,11111	0,13888	0,16666	0,19444	0,22222	0,25	0,27777
30	0,08333	0,125	0,16666	0,20833	0,25	0,29166	0,33333	0,375	0,41666
40	0,11111	0,16666	0,22222	0,27777	0,33333	0,38888	0,44444	0,50	0,55555
50	0,13888	0,20833	0,27777	0,34722	0,41666	0,48611	0,55555	0,625	0,69444
60	0,16666	0,25	0,33333	0,41666	0,50	0,58333	0,66666	0,75	0,83333
70	0,19444	0,29166	0,38888	0,48611	0,58333	0,68055	0,77777	0,875	0,97222
80	0,22222	0,33333	0,44444	0,55555	0,66666	0,77777	0,88888	1,00	1,11111
90	0,25	0,375	0,50	0,625	0,75	0,875	1,00	1,125	1,250
100	0,27777	0,41666	0,55555	0,69444	0,83333	0,97222	1,11111	1,25	1,38888
110	0,30555	0,45833	0,61111	0,76388	0,91666	1,06944	1,22222	1,375	1,52777
120	0,33333	0,50	0,66666	0,83333	1,00	1,16666	1,33333	1,50	1,66666
130	0,36111	0,54166	0,72222	0,90277	1,08333	1,26388	1,44444	1,625	1,80555
140	0,38888	0,58333	0,77777	0,97222	1,16666	1,36111	1,55555	1,75	1,94444
150	0,41666	0,625	0,83333	1,04166	1,25	1,45833	1,66666	1,875	2,08333
160	0,44444	0,66666	0,88888	1,11111	1,33333	1,55555	1,77777	2,00	2,22222
170	0,47222	0,70833	0,94444	1,18055	1,41666	1,65277	1,88888	2,125	2,36111
180	0,50	0,75	1,00	1,25	1,50	1,75	2,00	2,25	2,50
190	0,52777	0,79166	1,05555	1,31944	1,58333	1,84722	2,11111	2,375	2,63888
200	0,55555	0,83333	1,11111	1,38888	1,66666	1,94444	2,22222	2,50	2,77777
210	0,58333	0,875	1,16666	1,45833	1,75	2,04166	2,33333	2,625	2,91666
220	0,61111	0,91666	1,22222	1,52777	1,83333	2,13888	2,44444	2,75	3,05555
230	0,63888	0,95833	1,27777	1,59722	1,91666	2,23611	2,55555	2,875	3,19444
240	0,66666	1,00	1,33333	1,66666	2,00	2,33333	2,66666	3,00	3,33333
250	0,69444	1,04166	1,38888	1,73611	2,08333	2,43055	2,77777	3,125	3,47222
260	0,72222	1,08333	1,44444	1,80555	2,16666	2,52777	2,88888	3,35	3,61111
270	0,75	1,125	1,50	1,875	2,25	2,625	3,00	3,375	3,75
280	0,77777	1,16666	1,55555	1,94444	2,33333	2,72222	3,11111	3,50	3,88888
290	0,80555	1,20833	1,61111	2,01388	2,41666	2,81944	3,22222	3,625	4,02777
300	0,83333	1,25	1,66666	2,08333	2,50	2,91666	3,33333	3,75	4,16666
310	0,86111	1,29166	1,72222	2,15277	2,58333	3,01388	3,44444	3,875	4,30555
320	0,88888	1,33333	1,77777	2,22222	2,66666	3,11111	3,55555	4,00	4,44444
330	0,91666	1,375	1,83333	2,29166	2,75	3,20833	3,66666	4,125	4,58333
340	0,94444	1,41666	1,88888	2,36111	2,83333	3,30555	3,77777	4,25	4,72222
350	0,97222	1,45833	1,94444	2,43055	2,91666	3,40277	3,88888	4,375	4,86111
360	1,00	1,50	2,00	2,50	3,00	3,50	4,00	4,50	5,00

Tage	$5\frac{1}{2}$%	6%	$6\frac{1}{2}$%	7%	$7\frac{1}{2}$%	8%	$8\frac{1}{2}$%	9%	$9\frac{1}{2}$%
10	0,15277	0,16666	0,18055	0,19444	0,20833	0,22222	0,23611	0,25	0,26388
20	0,30555	0,33333	0,36111	0,38888	0,41666	0,44444	0,47222	0,50	0,52777
30	0,45833	0,50	0,54166	0,58333	0,625	0,66666	0,70833	0,75	0,79166
40	0,61111	0,66666	0,72222	0,77777	0,83333	0,88888	0,94444	1,00	1,05555
50	0,76388	0,83333	0,90277	0,97222	1,04166	1,11111	1,18055	1,25	1,31944
60	0,91666	1,00	1,08333	1,16666	1,25	1,33333	1,41666	1,50	1,58333
70	1,06944	1,16666	1,26388	1,36111	1,45833	1,55555	1,65277	1,75	1,8472
80	1,22222	1,33333	1,44444	1,55555	1,66666	1,77777	1,88888	2,00	2,1111
90	1,375	1,50	1,625	1,75	1,875	2,00	2,125	2,25	2,375
100	1,52777	1,66666	1,80555	1,94444	2,08333	2,22222	2,36111	2,50	2,63888
110	1,68055	1,83333	1,98611	2,13888	2,29166	2,44444	2,59722	2,75	2,90277
120	1,83333	2,00	2,16666	2,33333	2,50	2,66666	2,83333	3,00	3,16666
130	1,98611	2,16666	2,34722	2,52777	2,70833	2,88888	3,06944	3,25	3,43055
140	2,13888	2,33333	2,52777	2,72222	2,91666	3,11111	3,30555	3,50	3,69444
150	2,29166	2,50	2,70833	2,91666	3,125	3,33333	3,54166	3,75	3,95833
160	2,44444	2,66666	2,88888	3,11111	3,33333	3,55555	3,77777	4,00	4,22222
170	2,59722	2,83333	3,06944	3,30555	3,54166	3,77777	4,01388	4,25	4,48611
180	2,75	3,00	3,25	3,50	3,75	4,00	4,25	4,50	4,75
190	2,90277	3,16666	3,43055	3,69444	3,95833	4,22222	4,48611	4,75	5,01388
200	3,05555	3,33333	3,61111	3,88888	4,16666	4,44444	4,72222	5,00	5,27777
210	3,20833	3,50	3,79166	4,08333	4,375	4,66666	4,95833	5,25	5,54166
220	3,36111	3,66666	3,97222	4,27777	4,58333	4,88888	5,19444	5,50	5,80555
230	3,51388	3,83333	4,15277	4,47222	4,79166	5,11111	5,43055	5,75	6,06944
240	3,66666	4,00	4,33333	4,66666	5,00	5,33333	5,66666	6,00	6,33333
250	3,81944	4,16666	4,51388	4,86111	5,20833	5,55555	5,90277	6,25	6,59722
260	3,97222	4,33333	4,69444	5,05555	5,41666	5,77777	6,13888	6,50	6,86111
270	4,125	4,50	4,875	5,25	5,625	6,00	6,375	6,75	7,125
280	4,27777	4,66666	5,05555	5,44444	5,83333	6,22222	6,61111	7,00	7,38888
290	4,43055	4,83333	5,23611	5,63888	6,04166	6,44444	6,84722	7,25	7,65277
300	4,58333	5,00	5,41666	5,83333	6,25	6,66666	7,08333	7,50	7,91666
310	4,73611	5,16666	5,59722	6,02777	6,45833	6,88888	7,31944	7,75	8,18055
320	4,88888	5,33333	5,77777	6,22222	6,66666	7,11111	7,55555	8,00	8,44444
330	5,04166	5,50	5,95833	6,41666	6,875	7,33333	7,79166	8,25	8,70833
340	5,19444	5,66666	6,13888	6,61111	7,08333	7,55555	8,02777	8,50	8,97222
350	5,34722	5,83333	6,31944	6,80555	7,29166	7,77777	8,26388	8,75	9,23611
360	5,50	6,00	6,50	7,00	7,50	8,00	8,50	9,00	9,50

Zinstabelle B

Tage	1 %	Tage	1 %	Tage	1 %	Tage	1 %	Tage	1 %
1	0,00277	**51**	0,14166	**101**	0,28055	**151**	0,41944	**201**	0,55833
2	0,00555	**52**	0,14444	**102**	0,28333	**152**	0,42222	**202**	0,56111
3	0,00833	**53**	0,14722	**103**	0,28611	**153**	0,425	**203**	0,56388
4	0,01111	**54**	0,15	**104**	0,28888	**154**	0,42777	**204**	0,56666
5	0,01388	**55**	0,15277	**105**	0,29166	**155**	0,43055	**205**	0,56944
6	0,01666	**56**	0,15555	**106**	0,29444	**156**	0,43333	**206**	0,57222
7	0,01944	**57**	0,15833	**107**	0,29722	**157**	0,43611	**207**	0,575
8	0,02222	**58**	0,16111	**108**	0,30	**158**	0,43888	**208**	0,57777
9	0,025	**59**	0,16388	**109**	0,30277	**159**	0,44166	**209**	0,58055
10	0,02777	**60**	0,16666	**110**	0,30555	**160**	0,44444	**210**	0,58333
11	0,03055	**61**	0,16944	**111**	0,30833	**161**	0,44722	**211**	0,58611
12	0,03333	**62**	0,17222	**112**	0,31111	**162**	0,45	**212**	0,58888
13	0,03611	**63**	0,175	**113**	0,31388	**163**	0,45277	**213**	0,59166
14	0,03888	**64**	0,17777	**114**	0,31666	**164**	0,45555	**214**	0,59444
15	0,04166	**65**	0,18055	**115**	0,31944	**165**	0,45833	**215**	0,59722
16	0,04444	**66**	0,18333	**116**	0,32222	**166**	0,46111	**216**	0,60
17	0,04722	**67**	0,18611	**117**	0,325	**167**	0,46388	**217**	0,60277
18	0,05	**68**	0,18888	**118**	0,32777	**168**	0,46666	**218**	0,60555
19	0,05277	**69**	0,19166	**119**	0,33055	**169**	0,46944	**219**	0,60833
20	0,05555	**70**	0,19444	**120**	0,33333	**170**	0,47222	**220**	0,61111
21	0,05833	**71**	0,19722	**121**	0,33611	**171**	0,475	**221**	0,61388
22	0,06111	**72**	0,20	**122**	0,33888	**172**	0,47777	**222**	0,61666
23	0,06388	**73**	0,20277	**123**	0,34166	**173**	0,48055	**223**	0,61944
24	0,06666	**74**	0,20555	**124**	0,34444	**174**	0,48333	**224**	0,62222
25	0,06944	**75**	0,20833	**125**	0,34722	**175**	0,48611	**225**	0,625
26	0,07222	**76**	0,21111	**126**	0,35	**176**	0,48888	**226**	0,62777
27	0,075	**77**	0,21388	**127**	0,35277	**177**	0,49166	**227**	0,63055
28	0,07777	**78**	0,21666	**128**	0,35555	**178**	0,49444	**228**	0,63333
29	0,08055	**79**	0,21944	**129**	0,35833	**179**	0,49722	**229**	0,63611
30	0,08333	**80**	0,22222	**130**	0,36111	**180**	0,50	**230**	0,63888
31	0,08611	**81**	0,225	**131**	0,36388	**181**	0,50277	**231**	0,64166
32	0,08888	**82**	0,22777	**132**	0,36666	**182**	0,50555	**232**	0,64444
33	0,09166	**83**	0,23055	**133**	0,36944	**183**	0,50833	**233**	0,64722
34	0,09444	**84**	0,23333	**134**	0,37222	**184**	0,51111	**234**	0,65
35	0,09722	**85**	0,23611	**135**	0,375	**185**	0,51388	**235**	0,65277
36	0,10	**86**	0,23888	**136**	0,37777	**186**	0,51666	**236**	0,65555
37	0,10277	**87**	0,24166	**137**	0,38055	**187**	0,51944	**237**	0,65833
38	0,10555	**88**	0,24444	**138**	0,38333	**188**	0,52222	**238**	0,66111
39	0,10833	**89**	0,24722	**139**	0,38611	**189**	0,525	**239**	0,66388
40	0,11111	**90**	0,25	**140**	0,38888	**190**	0,52777	**240**	0,66666
41	0,11388	**91**	0,25277	**141**	0,39166	**191**	0,53055	**241**	0,66944
42	0,11666	**92**	0,25555	**142**	0,39444	**192**	0,53333	**242**	0,67222
43	0,11944	**93**	0,25833	**143**	0,39722	**193**	0,53611	**243**	0,675
44	0,12222	**94**	0,26111	**144**	0,40	**194**	0,53888	**244**	0,67777
45	0,125	**95**	0,26388	**145**	0,40277	**195**	0,54166	**245**	0,68055
46	0,12777	**96**	0,26666	**146**	0,40555	**196**	0,54444	**246**	0,68333
47	0,13055	**97**	0,26944	**147**	0,40833	**197**	0,54722	**247**	0,68611
48	0,13333	**98**	0,27222	**148**	0,41111	**198**	0,55	**248**	0,68888
49	0,13611	**99**	0,275	**149**	0,41388	**199**	0,55277	**249**	0,69166
50	0,13888	**100**	0,27777	**150**	0,41666	**200**	0,55555	**250**	0,69444

Tage	1 %	Tage	1 %	Tage	1 %	Tage	1 %	Tage	1 %
251	0,69722	**276**	0,76666	**301**	0,83611	**326**	0,90555	**351**	0,975
252	0,70	**277**	0,76944	**302**	0,83888	**327**	0,90833	**352**	0,97777
253	0,70277	**278**	0,77222	**303**	0,84166	**328**	0,91111	**353**	0,98055
254	0,70555	**279**	0,775	**304**	0,84444	**329**	0,91388	**354**	0,98333
255	0,70833	**280**	0,77777	**305**	0,84722	**330**	0,91666	**355**	0,98611
256	0,71111	**281**	0,78055	**306**	0,85	**331**	0,91944	**356**	0,98888
257	0,71388	**282**	0,78333	**307**	0,85277	**332**	0,92222	**357**	0,99166
258	0,71666	**283**	0,78611	**308**	0,85555	**333**	0,925	**358**	0,99444
259	0,71944	**284**	0,78888	**309**	0,85833	**334**	0,92777	**359**	0,99722
260	0,72222	**285**	0,79166	**310**	0,86111	**335**	0,93055	**360**	1,00
261	0,725	**286**	0,79444	**311**	0,86388	**336**	0,93333		
262	0,72777	**287**	0,79722	**312**	0,86666	**337**	0,93611		
263	0,73055	**288**	0,80	**313**	0,86944	**338**	0,93888		
264	0,73333	**289**	0,80277	**314**	0,87222	**339**	0,94166		
265	0,73611	**290**	0,80555	**315**	0,875	**340**	0,94444		
266	0,73888	**291**	0,80833	**316**	0,87777	**341**	0,94722		
267	0,74166	**292**	0,81111	**317**	0,88055	**342**	0,95		
268	0,74444	**293**	0,81388	**318**	0,88333	**343**	0,95277		
269	0,74722	**294**	0,81666	**319**	0,88611	**344**	0,95555		
270	0,75	**295**	0,81944	**320**	0,88888	**345**	0,95833		
271	0,75277	**296**	0,82222	**321**	0,89166	**346**	0,96111		
272	0,75555	**297**	0,825	**322**	0,89444	**347**	0,96388		
273	0,75833	**298**	0,82777	**323**	0,89722	**348**	0,96666		
274	0,76111	**299**	0,83055	**324**	0,9	**349**	0,96944		
275	0,76388	**300**	0,83333	**325**	0,90277	**350**	0,97222		

Amortisationstabelle

Die Amortisationstabelle ermöglicht dem Anwender, bei einem Tilgungsdarlehen (Tilgungshypothek) zu errechnen, wie lange der Schuldner Zinsen und Tilgungssatz zahlen muss, um den Gläubiger wegen Kapital und Zinsen zu befriedigen. Das Wesen der Tilgungsschuld besteht darin, dass der Schuldner an jedem Zahlungstermin den gleichen Betrag, die sog. Annuität, bezahlt. Mit jeder Rate wird die Kapitalschuld geringer; der Zinsbetrag (Anteil der Zinsen) an der Annuität verringert sich mehr und mehr, während sich gleichzeitig der Tilgungsbetrag ständig erhöht.

Zinssatz	Tilgungssatz														
	1/2	3/4	1	1 1/4	1 1/2	1 3/4	2	2 1/4	2 1/2	2 3/4	3	3 1/4	3 1/2	3 3/4	4
2	81,27	65,60	55,47	48,25	42,77	38,48	35,00	32,12	29,67	27,59	25,78	24,81	22,81	21,58	20,47
2 1/4	76,60	62,30	52,95	46,27	41,18	37,15	33,86	31,15	28,83	26,85	25,15	23,63	22,31	21,12	20,06
2 1/2	72,55	59,38	50,73	44,48	39,71	35,91	32,82	30,26	28,07	26,18	24,55	23,10	21,81	20,67	19,65
2 3/4	68,97	56,76	48,71	42,85	38,38	34,80	31,86	29,42	27,34	25,54	23,96	22,59	21,37	20,27	19,28
3	65,81	54,44	46,87	41,39	37,17	33,76	30,97	28,65	26,66	24,93	23,44	22,12	20,92	19,86	18,91
3 1/4	62,97	52,33	45,24	40,05	36,04	32,80	30,17	27,92	26,04	24,38	22,92	21,65	20,52	19,50	18,58
3 1/2	60,44	50,41	43,70	38,78	34,96	31,90	29,40	27,27	25,44	23,84	22,46	21,24	20,15	19,16	18,27
3 3/4	58,13	48,65	42,32	37,64	34,03	31,10	28,67	26,62	24,86	23,36	22,03	20,81	19,76	18,80	17,93
4	56,02	47,06	41,03	36,57	33,12	30,32	28,01	26,05	24,35	22,86	21,58	20,44	19,42	18,49	17,65
4 1/4	54,09	45,56	39,81	35,58	32,28	29,58	27,37	25,47	23,83	22,43	21,20	20,09	19,10	18,20	17,38
4 1/2	52,30	44,20	38,70	34,65	31,48	28,88	26,75	24,92	23,38	22,02	20,78	19,72	18,75	17,87	17,12
4 3/4	50,65	42,89	37,67	33,77	30,72	28,27	26,21	24,44	22,90	21,60	20,44	19,40	18,46	17,61	16,83
5	49,14	41,72	36,69	32,94	30,05	27,64	25,65	23,94	22,50	21,23	20,10	19,09	18,18	17,36	16,60
5 1/2	46,40	39,58	34,91	31,48	28,74	26,53	24,66	23,10	21,69	20,50	19,43	18,48	17,61	16,82	16,15
6	44,02	37,67	33,38	30,16	27,59	25,51	23,75	22,29	21,00	19,82	18,81	17,90	17,13	16,38	15,69

Beispiel: 4 % Zinsen und 1 % Tilgung. Dann ist die Annuität, d.h. der Betrag, den der Schuldner alljährlich insgesamt zu zahlen hat, 5 %. Aus der Tabelle liest man die Zahl 41,03 ab. Das bedeutet, der Schuldner muss die Annuität von 5 % 41 Jahre lang zahlen, mit der letzten Rate muss er noch den Kapitalrest von 0,03 x 5 % = 0,15 % zahlen.

31. Hebegebühr (Nr. 1009 RVG-VV)

Die Hebegebühr wird für die Auszahlung oder Rückzahlung von entgegengenommenen Geldbeträgen erhoben.

Unbare Zahlungen stehen dabei baren Zahlungen gleich. Die Gebühr kann bei der Ablieferung an den Auftraggeber entnommen werden.

Ist das Geld in mehreren Beträgen gesondert ausgezahlt oder zurückgezahlt, wird die Gebühr von jedem Betrag besonders erhoben.

Für die Ablieferung oder Rücklieferung von Wertpapieren und Kostbarkeiten entsteht die in den Absätzen 1 bis 3 der Anmerkung bestimmte Gebühr nach dem Wert.

Die Hebegebühr entsteht nicht, soweit Kosten an ein Gericht oder eine Behörde weitergeleitet oder eingezogene Kosten an den Auftraggeber abgeführt oder eingezogene Beträge auf die Vergütung verrechnet werden.

Neben der Hebegebühr können die Entgelte für Post- und Telekommunikationsdienstleistungen nach VV RVG Nr. 7001 erhoben werden. Anstelle der tatsächlich angefallenen Auslagen kann auch die nach der jeweiligen Hebegebühr anfallende Postentgeltpauschale nach VV RVG Nr. 7002 angesetzt werden. Jede Auszahlung löst eine Postentgeltpauschale aus, weil jede Auszahlung eine Hebegebühr auslöst.[1]

Die Mindestgebühr beträgt 1 €, § 13 Abs. 2 RVG gilt nicht. Die Hebegebühr ist bis auf den Cent genau zu berechnen. Lediglich Beträge unter einem Cent werden auf einen vollen Cent angehoben; ab 0,5 Cent wird aufgerundet (§ 2 Abs. 2 S. 2 RVG).

Die Höhe der Hebegebühren errechnet sich nach Nr. 1 bis 3 wie folgt:

– Nr. 1: Bei Auszahlungen bis zu 2.500,00 € einschließlich erhält der Anwalt
  - aus dem Auszahlungsbetrag 1,0 %, mindestens 1 €.

  Berechnungsformel:

  $$\text{Betrag} \times 1\,\% \quad \text{oder} \quad \frac{\text{Betrag}}{100}$$

– Nr. 2: Bei einem Betrag über 2.500,00 € bis zu 10.000,00 € einschließlich erhält er
  - 1,0 % aus 2.500,00 € = 25,00 €
  - aus dem darüber hinausgehenden Wert weitere 0,5 %.

  Berechnungsformel:

  $$(\text{Betrag} - 2.500{,}00\,€) \times 0{,}5\,\% + 25{,}00\,€ \quad \text{oder} \quad \frac{(\text{Betrag} - 2.500{,}00\,€)}{200} + 25{,}00\,€$$

– Nr. 3: Bei Zahlungen über 10.000,00 € steht ihm zu:
  - 1,0 % aus 2.500,00 € = 25,00 €
  - zuzüglich 0,5 % aus 7.500,00 € = 37,50 €
  - aus dem Mehrwert über 10.000,00 € weitere 0,25 %.

  Berechnungsformel:

  $$(\text{Betrag} - 10.000{,}00\,€) \times 0{,}25\,\% + 62{,}50\,€ \quad \text{oder} \quad \frac{(\text{Betrag} - 10.000{,}00\,€)}{400} + 62{,}50\,€$$

1 Aus AnwK-RVG/*N. Schneider*, 8. Aufl., VV 1009 Rn 1, 26 ff. und 55 ff.

Hebegebühr

Berechnungsbeispiele nach VV RVG Nr. 1009	Nr. 1: 1 %	Nr. 2: 0,5 %	Nr. 3: 0,25 %	Summe
Beispiel 1: 50,00 € Lösung: Die Gebühr beträgt 1,00 € (Mindestgebühr).	0,50 €			**1,00 €**
Beispiel 2: 2.000,00 € Lösung: Die Gebühr beträgt 20,00 € (1 % von 2.000,00 €).	20,00 €			**20,00 €**
Beispiel 3: 4.000,00 € Lösung: Die Gebühr beträgt 32,50 € (1 % von 2.500,00 € und 0,5 % von 1.500,00 €).	25,00 €	7,50 €		**32,50 €**
Beispiel 4: 15.000,00 € Lösung: Die Gebühr beträgt 75,00 € (1 % von 2.500,00 €, 0,5 % von 7.500,00 € und 0,25 % von 5.000,00 €).	25,00 €	37,50 €	12,50 €	**75,00 €**

32. Verwahrgebühren des Notars (Nrn. 25300 f. GNotKG-KV)

1. Allgemein

Die Gebühren des Notars für die Verwahrung von Geld, Wertpapieren und Kostbarkeiten sind in KV GNotKG Nrn. 25300 f. geregelt.

Die Verwahrgebühren entstehen neben Gebühren für Betreuungstätigkeiten (Betreuungsgebühr und Treuhandgebühr) nach KV GNotKG Nrn. 22200 f. gesondert.

Der in § 35 Abs. 2 GNotKG geregelte Höchstwert in Höhe von 60 Mio. € gilt nicht.

Neben der Verwahrgebühr können die Entgelte für Post- und Telekommunikationsdienstleistungen nach KV GNotKG Nr. 32004 erhoben werden. Anstelle der tatsächlich angefallenen Auslagen kann auch die Postentgeltpauschale nach KV GNotKG Nr. 32005 angesetzt werden. Die Pauschale berechnet sich dabei aus dem Gesamtbetrag der Verwahrgebühren für das Verwahrgeschäft und entsteht gesondert, insbesondere zu der Postentgeltpauschale eines zugrunde liegenden Beurkundungsverfahrens.

2. Gebühr KV GNotKG Nr. 25300 – Verwahrung von Geldbeträgen

Die Verwahrgebühr KV GNotKG Nr. 25300 wird für die Auszahlung von verwahrten Geldbeträgen erhoben. Die Auszahlung muss vom Notar veranlasst werden, für die Abbuchung von Bankspesen oder Kapitalertragssteuer durch die Bank fällt beim Notar keine Verwahrgebühr an.

Die Gebühr wird bei Auszahlungen bis 13 Mio. € als Wertgebühr mit einem Gebührensatz von 1,0 erhoben. Der Geschäftswert bei der Verwahrung von Geldbeträgen bestimmt sich gem. § 124 S. 1 GNotKG nach der Höhe des jeweils ausgezahlten Betrags. Die 1,0 Gebühr ist dabei aus der Gebührentabelle B (vgl. S. 483) abzulesen und beträgt bei einem Auszahlungsbetrag in Höhe von 13 Mio. € 13.185 €. Soweit der einzelne Auszahlungsbetrag 13 Mio. € übersteigt (ab 13.000.000,01 €), wird neben der 1,0 Gebühr aus einem Wert von 13 Mio. € eine weitere Verwahrgebühr in Höhe von 0,1 % des 13 Mio. € übersteigenden Auszahlungsbetrages erhoben.

Die Mindestgebühr beträgt 15,00 €, § 34 Abs. 5 GNotKG, so dass die Gebühr bei Auszahlungen unter 15,00 € den Auszahlungsbetrag übersteigt. Die Verwahrgebühr ist bis auf den Cent genau zu berechnen. Lediglich Beträge unter einem Cent werden auf einen vollen Cent angehoben; ab 0,5 Cent wird aufgerundet (§ 34 Abs. 4 GNotKG).

Unbare Zahlungen stehen baren Zahlungen gleich. Die Verwahrgebühr kann der Notar bei der Ablieferung des Geldbetrages an den Auftraggeber entnehmen. Allerdings löst die Auszahlung der Verwahrgebühr keine Verwahrgebühr (aus der Verwahrgebühr) aus. Die Verwahrgebühr entsteht aber, soweit Auszahlungen an ein Gericht oder eine Behörde veranlasst oder andere Kosten des Notars, abgesehen von der Verwahrgebühr, aus dem verwahrten Geldbetrag entnommen werden.

Die Gebühr entsteht je Auszahlung. Wird verwahrtes Geld in mehreren Beträgen gesondert ausgezahlt oder zurückgezahlt, wird die Gebühr KV GNotKG Nr. 25300 von jedem Betrag besonders erhoben.

Verwahrgebühren des Notars

Die Höhe der Verwahrgebühr KV GNotKG Nr. 25300 errechnet sich wie folgt:

Nr. 1: Bei Auszahlungen bis zu 13 Mio. € einschließlich erhält der Notar
- aus dem Auszahlungsbetrag 1,0 Gebühr, mindestens 15,00 €.

Nr. 2: Bei Auszahlungen über 13 Mio. € erhält er
- 0,1 % aus dem Auszahlungsbetrag + 13.185,00 €

Berechnungsformel:

$$(\text{Betrag} - 13\text{ Mio. €}) \times 0{,}1\,\% + 13.185{,}00\text{ €} \quad \text{oder} \quad \frac{(\text{Betrag} - 13\text{ Mio. €})}{1.000} + 13.185{,}00\text{ €}$$

Berechnungsbeispiele nach KV GNotKG Nr. 25300	Nr. 1: 1,0 Gebühr Tabelle B	Nr. 2: 0,1 % des Auszahlungsbetrages über 13 Mio. €	Summe
Beispiel 1: 50,00 € Lösung: Die Gebühr beträgt 15,00 € (Mindestgebühr).	15,00 €		**15,00 €**
Beispiel 2: 2.000,00 € Lösung: Die Gebühr beträgt 27,00 € (1,0 von 2.000,00 €).	27,00 €		**27,00 €**
Beispiel 3: 15.000,00 € Lösung: Die Gebühr beträgt 91,00 € (1,0 von 15.000,00 €).	91,00 €		**91,00 €**
Beispiel 4: 15 Mio. € Lösung: Die Gebühr beträgt 15.185,00 € (13.185,00 € + 0,1 % von 2 Mio. €).	13.185,00 €	2.000,00 €	**15.185,00 €**
Beispiel 5: Der Notar veranlasst Auszahlungen über 10,00 €, 57.000,00 € und 37 Mio. € Lösung: Die Gebühren betragen:			
– Auszahlung 10,00 € (Mindestgebühr)	15,00 €		
– Auszahlung 57.000,00 € (1,0 von 57.000,00 €)	192,00 €		
– Auszahlung 37 Mio. € (13.185,00 € + 0,1 % von 24 Mio. €).	13.185,00 €	24.000,00 €	**37.392,00 €**

3. Gebühr KV GNotKG Nr. 25301 – Verwahrung von Wertpapieren und Kostbarkeiten

Für die Verwahrung/Entgegennahme von Wertpapieren und Kostbarkeiten[1] entsteht die in KV GNotKG Nr. 25301 geregelte Gebühr.

Die Gebühr, die auch die Verwahrung abgilt, entsteht bereits mit der Entgegennahme der Wertpapiere und Kostbarkeiten.

Die Gebühr wird bei Verwahrungen bis zu einem Wert in Höhe von 13 Mio. € als Wertgebühr mit einem Gebührensatz von 1,0 erhoben. Bei der Entgegennahme von Wertpapieren und Kostbarkeiten zur Verwahrung ist Geschäftswert gem. § 124 S. 2 GNotKG der Wert der Wertpapiere oder Kostbarkeiten. Die 1,0 Gebühr ist dabei aus der Gebührentabelle B (vgl. S. 483) abzulesen und beträgt bei einem Wert in Höhe von 13 Mio. € 13.185,00 €. Soweit der Wert 13 Mio. € übersteigt (ab 13.000.000,01 €), wird neben der 1,0 Gebühr aus einem Wert von 13 Mio. € eine weitere Verwahrgebühr in Höhe von 0,1 % des 13 Mio. € übersteigenden Werts erhoben.

1 Vgl. dazu LG Düsseldorf, Beschl. v. 4.2.2020 – 25 OH 80/18.

33. Lohnpfändungstabellen und Streitwertkataloge

Hinweise

1. Lohnpfändungstabellen für Monats-, Wochen- und Tageseinkommen

Hinweis:

Zum Zeitpunkt des Redaktionsschlusses ist die Pfändungsfreigrenzenbekanntmachung 2021 noch nicht verkündet. Es wird darauf hingewiesen, dass die aktuellen Lohnpfändungstabellen mit dem Stand von 1.7.2019 und ggfs. mit dem Stand von 1.7.2021 auf der Seite des Bundesjustizministeriums zu finden sind unter: *https://www.bmjv.de/DE/Themen/FinanzenUndAnlegerschutz/ZwangsvollstreckungPfaendungsschutz/Pfaendungsfreigrenzen.html* (Stand: 1.4.2021).

2. Streitwertkataloge

Hinweis:

Da die Streitwertkataloge kostenfrei online zur Verfügung stehen, wird auf die unten stehenden Links verwiesen. Diese Streitwertkataloge und einige weitere Streitwerttabellen finden Sie auch in der gedruckten Fassung von *Finke*, Streitwerttabelle, 8. Auflage (Deutscher Anwaltverlag).

a) Streitwertkatalog für die Arbeitsgerichtsbarkeit

https://www.justiz.nrw.de/BS/broschueren_hilfen/Streitwertkatalog/streitwertkatalog_arbg.pdf (Stand: 1.4.2021).

b) Streitwertkatalog für die Finanzgerichtsbarkeit

https://www.justiz.nrw.de/BS/broschueren_hilfen/Streitwertkatalog/streitwertkatalog_fg.pdf (Stand: 1.4.2021).

c) Streitwertkatalog für die Sozialgerichtsbarkeit

https://sgsp.justiz.rlp.de/de/themen/streitwertkatalog (Stand: 1.4.2021).

d) Streitwertkatalog für die Verwaltungsgerichtsbarkeit

https://www.bverwg.de/rechtsprechung/streitwertkatalog (Stand: 1.4.2021).